KB266858

싱글 신학

싱글 신학

초판 1쇄	2026년 4월 1일
지은이	탁영철
펴낸이	이규종
펴낸곳	엘맨출판사
	서울 마포구 토정로222 422-3
출판등록	제2026-000097호(2026. 03. 19)
Tel	02-322-4477
Fax	02-323-6416
E-mail	elman1985@hanmail.net
IBSN	979-11-99835-0-8 03230

값 70,000 원

싱글 신학

싱글 상태의 성경적 위치 재정립 위한 신학

탁영철 지음

OIKOS UNIVERSITY
오이코스출판사

목차

2부 • 주권적 싱글 신학을 향한 항해

3부 · 성경적 에클레시아를 향한 항해

4부 · 제2의 종교개혁을 향한 항해

감사의 말

한국교회의 급격한 쇠락은 중차대한 문제임에도 불구하고 그 원인과 대안을 찾지 못하며 기꺼해야 '초대교회로 돌아가자'는 구호만 난무하다. 내용이 없는 구호는 찻잔 속의 태풍에 불과하다. 시대정신(zeitgeist)이 없는 노래는 교회를 아무리 뒤흔들어도 술주정뱅이의 주사나 다름없다. 대상이 없는 믿음은 정한수 떠놓고 밤새도록 빌기만 하는 무속신앙이나 다름없다. 기존관념에 갇혀서 문제를 해결하려는 의지와 시대를 감당할 능력이 없는 리더는 땅만 허비하는 삯꾼의 수준을 벗어날 수 없다. 목회자라면 늘 던져야 하는 질문이 있다.

왜 목사가 되었냐구요? 하나님만큼 사람이 좋아서요. 하나님만 사랑했다면 수도승이 되었겠지만 하나님만큼 사람이 좋아서 목사가 되었습니다. […] 나를 목사가 되게 하신 그 큰 기적에 감사하며 사랑하는 삶을 살겠습니다. 그 큰 부르심을 마음에 담고 순간순간의 발걸음이 사랑이 되게 하겠습니다.[1]

왜 목사가 되었냐는 질문에 자문자답하며 수도 없이 되뇌었던 대답

1　Young-chul Tak, *Waiting Is Hope* (Seoul: New Wave Plus, 2017), pp. 121-122.

이다. 정말 간절히도 목회자로 살아가고 싶었지만 결국 연구자로 남
아 수도승처럼 살고 있다. 누군가는 시대를 읽고 변혁을 시도하지 않
으면 한국교회가 종교개혁 이전의 전철을 밟게 될 것이라는 두려움
이 연구를 위한 은둔의 삶을 선택하게 했다.

새포도주를 새부대에 담지 않으면 터져버린다는 경고가 수십년 간
의 삶을 이끌었다. 그 시작은 신대원 재학 시절 번역했던 하워드 스
나이더의 『하나님 나라와 오늘의 도전』(*The Left Hand of God:
Essays on Discipleship and the Kingdom*)이다. 하워드 스나이
더는 이 책에서 하나님 나라의 현재성과 미래성 그리고 그 안에서 교
회가 감당해야 할 선교적 과제를 다룬다. 특히 '하나님의 왼손'이라
는 표현은 세상 속에서 역사하시는 하나님의 섭리와 교회의 사회적
책임을 상징적으로 나타낸다. 따라서 그가 제시한 하나님 나라의 전
포괄적 성격을 싱글의 삶에 투영함으로써 본 논문을 마무리할 예정
이다. 스나이더는 그의 저서 『하나님 나라와 오늘의 도전』에서 교회
가 단순히 개인의 구원이나 내세의 소망에 머무는 것이 아니라, '지
금 여기'(here and now)에 임한 하나님 나라의 통치를 세상에 드러
내야 한다고 역설한다.[2] 이러한 '하나님 나라'의 관점은 싱글 신학에
두 가지 중대한 도전을 던진다.

첫째, 싱글의 삶은 하나님 나라의 '공적 영역'이다. 스나이더는 하
나님이 교회뿐만 아니라 세상의 모든 영역(정치, 경제, 사회)을 당신

---

2   Howard A. Snyder, *The Left Hand of God: Essays on Discipleship and the King-
dom* (Grand Rapids: Francis Asbury Press, 1991), 22-25. (Korean translation: *The
Kingdom of God and Today's Challenges*, translated by Tak Young-chul, Christian
Wisdom Press, 1994). Snyder emphasizes that the present reality of the Kingdom of
God must be concretely manifested in the daily life of the disciple.

의 '왼손'을 통해 다스리신다고 보았다.[3] 싱글 성도의 삶 또한 단순히 '결혼을 준비하는 사적인 대기 상태'가 아니라, 하나님 나라의 공의와 사랑을 사회 곳곳에서 실천하는 공적인 선교의 현장이다. 싱글 제자들은 가계 보존이라는 사적 욕망을 넘어 하나님 나라라는 거대한 통치 안에서 주체적으로 기능하는 '하나님 나라의 대리자'이다.

둘째, 문화적 이데올로기에 대한 '거룩한 저항'이다. 스나이더는 교회가 시대의 문화적 우상(물질주의, 개인주의 등)에 맞서야 한다고 보았다.[4] 한국 교회 안에서 싱글의 존재는 '가족 우상주의'에 대항하는 상징적 지표가 된다. 싱글 성도들이 교회 내에서 주체로 바로 서는 것은 단순히 인권의 문제가 아니라, 교회가 세상의 혈연적 가치관을 따르지 않고 오직 하나님의 통치만을 구하는 '하나님 나라 공동체'임을 증명하는 오늘의 도전(challenge)이다.

이러한 소명의 내용을 알게 한 것이 동일한 저자의 『새포도주는 새부대에』(*The Problem of Wineskins: Church Structure in a Technological Age*)였다. 결국, 하워드 스나이더가 강조하듯 새 포도주는 낡은 부대에 담길 수 없다. 싱글 성도들의 역동적인 소명을 담아내기 위해서는 교회가 '가족 중심'이라는 좁은 틀을 깨고 '하나님 나라 중심'이라는 넓은 부대로 갱신되어야 한다.[5] 이때 비로소 싱

---

3 Howard A. Snyder, *The Left Hand of God: Essays on Discipleship and the Kingdom*, 48-52. The author reinterprets Luther's doctrine of the two kingdoms, pointing out that God exercises His sovereignty not only through the church but also through the realm of common grace in the world.

4 Howard A. Snyder, *The Community of the King* (Downers Grove: InterVarsity Press, 1977), 115-117. He criticizes that when the church blindly accepts the world's cultural trends, the alternative values of God's kingdom are undermined.

5 Snyder, *The Left Hand of God*, 182-185. Snyder concludes that the greatest challenge facing the church in the 21st century is renewing its structure to align with

글과 기혼자 모두가 그리스도의 장성한 분량에 이르는 영적 '격'(格, class)을 회복하고, 사도행전 1:8의 권능을 입어 땅 끝까지 이르는 증인 공동체로 거듭나게 될 것이다.

이와 같이 본 논문을 집필하게 된 것은 무엇보다도 이미 수십년 전부터 시작된 하나님의 섭리이며 역사라는 사실을 부정할 수 없다. 따라서 가장 먼저 하나님의 인도하심과 역사하심 그리고 베풀어 주신 은혜에 깊이 감사드린다. 그런데 이 땅에서의 많은 이들의 격려와 지원 그리고 사랑과 인내가 있었기에 이 자리까지 올 수 있었다. 먼저 본 논문에 집중할 수 있도록 배려해준 가족(아내 Karen과 세 아이들 Christopher, Jonathan, Rachael)에게 깊은 미안함과 고마움을 전하고 싶다. 또한 오이코스 글로벌 캠퍼스 사역전문대학원을 함께 이끌어가는 믿음의 동역자들(유영용장로님, 황성희목사님, 박준영목사님, 이동희사모님, 탁용수선교사님, 전미현목사님, 이대윤 대표님)에게 감사를 표한다. 그리고 본 논문을 집필하도록 여건을 만들어 주신 김종인 총장님과 박흥식 학장님에게도 존경과 감사의 마음을 표하고 싶다. 본 논문을 접하는 모든 이들이 아무쪼록 시대적 소명을 인식하고 인생을 허비하지 않고 하나님께 소중히 쓰임받는 계기와 동기부여가 되길 간절히 소망한다.

2025년 12월 부산에서

탁영철

---

changed social structures (such as the single society).

초록

본 연구는 오늘날 서구와 한국 사회를 막론하고 기독교 공동체 내부에 깊게 뿌리내린 '정상 가족'이라는 헤게모니적 이데올로기가 초래한 신학적 위기를 비판적으로 고찰하고, 싱글 성도의 존재론적 가치를 재정립하는데 목적이 있다. 현대의 세속적 담론은 결혼과 낭만적 파트너십을 인간 삶의 완성을 위한 필수 불가결한 요소로 규정하며, 싱글의 삶을 결핍되거나 부적응적인 상태로 타자화 해왔다. 더욱 심각한 지점은 현대 교회 역시 이러한 세속적 신념(doxic convictions)을 비판 없이 수용함으로써 싱글에 관한 신학적 구성을 훼손시키고 미혼 기독교인의 삶을 주변화해 왔다는 사실이다. 이에 본고는 급증하는 싱글 인구에 대한 목회적 응답으로서, 성경적 주석과 정통 교리에 부합하는 '싱글 신학'을 수립해야 할 시대적 책무를 역설하고자 한다.

본 연구는 신학적 재정립을 위한 방법론으로서 과거의 전통에서 잊힌 자원을 되찾아 현대적으로 재해석하는 '신학적 회수'(theological retrieval) 방식을 취한다. 이는 싱글 신학을 단순히 현대적 요구에 부응하기 위해 고안된 새로운 이론이 아니라, 교회의 역사적 유산 속에 이미 존재해 온 싱글 신학을 현대 사회에 유효한 '심층 싱글 신학'(thick singleness theology)으로 회수하기 위함이다. 특히 본고는 싱글의 삶이 혈연적 가문의 영속성보다 하나님 나라의 도래에 기반을 둔다는 점에서 '지속적인 종말론적 성찰'을 신학적 재구성의 핵심 동력으로 삼는다.

이러한 회수의 작업은 본 논문에서 다층적인 신학적 대화로 전개된다. 첫째, 초대교회 교부로부터 종교개혁기에 이르기까지 형성된 '동정(virginity)' 전통과 신학적 입장들을 고찰한다. 이는 하나님 나라를 향한 신앙 선배들의 고민을 현재의 삶의 자리로 이어오는 작업이다. 둘째, 한스 큉(Hans Küng)의 교회론을 통해 모든 성도에게 부여된 '보편적 사제직'의 가치를 회수한다. 이는 싱글을 수동적 수혜자가 아닌 성령의 카리스마(은사)를 지닌 주체로 설정하는 '재중심화'(recentering)의 과정이다. 셋째, 옥한흠의 제자도를 통해 사도행전 1:8에 근거한 '선교적 주체성'을 회수한다. 싱글 제자들은 가계 보존이라는 사적인 열망을 넘어 '땅 끝'을 향해 민첩하게 움직임으로써 교회가 세상의 가치로부터 '탈중심화'(decentering)된 공동체임을 실천적으로 증명한다. 넷째, 하워드 스나이더(Howard Snyder)의 구조 갱신론을 통해 '새 포도주를 위한 새 부대'를 준비한다. 이는 낡은 목회 구조를 개혁하여 싱글의 라이프스타일이 하나님 나라의 군사로서 온전히 기능하게 하는 제도적 유연성을 확보하는 일이다.

결론적으로 이러한 다층적 회수 작업은 싱글 성도 개개인의 삶을 지탱하는 목회적 근거가 될 뿐만 아니라, 그리스도의 몸 된 교회 전체를 본질적인 갱신으로 인도한다. 싱글이라는 삶의 형태는 교회가 세상의 혈연적 가치와 대조되는 '대조 사회(contrast society)'임을 보여주는 가장 강력한 증거이다. 스탠리 하우어워스(Stanley Hauerwas)가 강조하듯, 싱글의 삶은 우리의 미래가 생물학적 자손이 아닌 하나님의 신실하심에 달려 있음을 선포하는 예언적 행위가 된다. 본 연구는 이러한 싱글 신학의 정립을 통해 한국 교회가 양과 질의 시대를 넘어 존재의 고귀한 가치를 회복하는 '격(格)의 시대'로 진입하기 위한 신학적 이정표를 제시하고자 한다.

주제어: 싱글 신학, 신학적 회수(retrieval), 종말론적 성찰, 보편적 사제직, 제자도, 대조 사회(contrast society), 격(格)의 시대

서론

사람의 인지 구조에는 근본적으로 선을 추구하는 성향이 내재되어 있고 이것이 교육이 가능한 이유이다.[1] 사실상 교육은 이해가 가능한 범위 내에서 이뤄지며 그것을 벗어난 것은 교육이나 훈육이 아니라 주입과 세뇌를 통한 가스라이팅에 불과하다. 따라서 문화와 문명 혹은 관습이나 전통이라는 미명 하에 무지성적으로 답습되는 기존관념은 철저한 고증과 현대적 검증을 통해 정제된 양식으로 탈바꿈해야 한다. 이러한 필수불가결한 과정을 통해서 우리의 말과 행위는 유의미하며 유익한 열매로 맺힐 수 있다.[2] 여기서 주의할 것은 개인을 뛰어 넘어 특정 사회나 집단이 이해 가능하며 성장과 발전 가능한 상태로 존재하려면 시대적 변화와 본래적 의미를 통해 철저한 검증과 재정립의 과정을 거쳐야 한다.[3] 쉽게 말해서 특정 사회나 집단의 선 혹은 옳음이라고 여기는 행동이나 판단은 본질적 의미와 시대라는 두 가지 기준을 통해 객관적 성찰 과정을 거쳐야 하고 이것은 시간이 지

---

1   Alasdair MacIntyre, "The Intelligibility of Action," in *Rationality, Relativism, and the Human Sciences*, ed. Joseph Margolis, Michael Krausz, and Richard M. Burian, Greater Philadelphia Philosophy Consortium Book 1 (Dordrecht: Martinus Nijhoff Publishers, 1986), 79.

2   MacIntyre, "Intelligibility," 64.

3   MacIntyre, "Intelligibility," 65–66.

날수록 더욱 필수불가결한 과제이자 의무로 간주되어야 한다. 이해와 납득을 벗어나는 기존관념이나 문화양식 혹은 전통은 결국 폭력이 되며 그 사회나 집단의 성장을 저해하고 더 나아가 부패로 이끄는 촉매제에 불과하기 때문이다.

본 논문은 오늘날 한국교회에서의 크리스천 싱글에 대한 성경적 이해와 기존관념의 실존적 상태를 비교하여 파악하고 평가하여 이해 가능한 수준으로 재정립하는 것에 초점을 둔다. 따라서 이 과정은 한국교회의 충격적인 상태에 대한 인과응보적 분석을 포함하여 그 인지적 결과에 따른 대안을 제시할 수밖에 없다. 싱글 크리스천 개인에게 교회는 분리될 수 없는 그리스도의 몸이다. 그 분리를 조장하는 사회구조와 체제 그리고 팽배해 있는 기존 관념은 철저히 가려져야 하며 그 결과의 수용 여부에 따라 한국교회의 미래가 결정된다고 보아야 한다. 크리스천에게 교회는 사회적 맥락에서 볼 때 그 자신 즉 그리스도의 몸이다. 그러므로 그리스도의 몸이라는 개념은 단순히 추상화된 싱글 신학의 경계를 반드시 넘어서야 하며 실존적 개념으로서 삶의 현장 특히 사역과 교회 구조를 지배해야 한다. 그러므로 현대교회를 위하여 싱글에 관한 성경적인 개념을 발전시키고 더 나아가 싱글 신학을 정립하기 위해 노력해야 한다.

이를 위해 현재 한국교회가 머물고 있는 사회적 특수성과 그로 인해 부딪힐 불편함과 거절 그리고 배제를 감내해야 한다. 기존 관념을 거부하고 새로운 체제를 제안하는 과정이 무모하게 여겨지듯이 현재의 한국교회의 패러다임을 뒤집으려는 시도 역시 무모할 수밖에 없다. 그러나 이러한 시도를 포기할 수 없는 이유는 다름의 문제가 아닌 옳음의 문제이며 부유나 빈곤의 문제가 아니라 존폐와 생존의 문제이기 때문이다.

이것을 방기한다는 것은 언젠가는 주체이던 기존 교회가 객체가 되어 난도질 당하는 상황에 부딪힐 수 있다는 것을 의미한다. 한국 교회를 위한 '심층 신학'(thick theology)을 재구성하는 것은 무엇보다도 현재 상황을 '심층 기술'(thick skills)로 다루어야 하며, 세상과 교회 양쪽 모두에 주의를 기울이는 태도를 지녀야 한다.[4] 따라서 본 논문의 초반 챕터들은 현대의 세속적 환경과 기독교적 담론 속에서 싱글 생활 형태의 인지 가능성과 거주 가능성(또는 그 결여)에 대한 진단을 다루게 될 것이다. 이러한 진단은 현대 교회를 위한 성경적 개념 확립과 신학의 정립이라는 과업에 필요한 맥락과 추진력을 제공할 것이다.

그런데 이러한 진단은 싱글이라는 개념 자체가 오늘날 시대 특히 교회에서의 부정적인 인식 때문에 힘겹고 어려운 작업이 될 수밖에 없다. 이 상황은 당연히 일반 사회에서도 예외가 아니며 '많은 사람들에게 적용된다'.[5] 더욱이 '싱글'이란 용어 자체가 성경의 각 페이지와 더 넓게는 역사적 기독교 전통 안에서도 자명한 개념으로 존재하지 않는다.[6] 실제로 '싱글'이라는 단어는 14세기 초에 그 기원을 찾을 수 있지만,[7] 최근 몇 세기, 더 구체적으로는 최근 수십 년 동안에 비로

---

4   Jonathan Grant, *Divine Sex: A Compelling Vision for Christian Relationships in a Hypersexualized Age* (Grand Rapids, Michigan: Brazos Press, 2015), 23.

5   Jana Marguerite Bennett, *Water Is Thicker than Blood: An Augustinian Theology of Marriage and Singlehood* (New York, NY: Oxford University Press, 2008), 84.

6   Throughout Christian history, a diverse array of terms and their respective etymologies have been employed and prioritized to characterize the social and theological dimensions of singleness.

7   *Chambers Dictionary of Etymology*, s.v. "single", ed. Robert K. Barnhart, (London,

소 기독교 내에서 일반 용어로 자리 잡아 미혼의 삶을 지칭하는 대중적 표현이 되었다. 이에 더하여 싱글 상태(즉, 미혼 형태의 삶)에 대한 정의조차도 모호하여 본 연구 과제가 더 복잡하며 어려워진다. 특별히 한국교계에는 관련 연구나 논문 혹은 서적이나 자료 자체가 전무하여 첫발을 내딛는 것조차 힘겹다. 본 논문이 싱글이라는 개념을 명시적으로 다루고 있음에도 불구하고, 동시에 그 의미를 연구하고 정립하며 일반화시켜야 한다는 심층과제가 산적해 있다.

먼저, 마주할 수 있는 다양한 사회적 개념, 역사적 표현 그리고 신학적 근거를 고려하여 싱글에 대한 적절한 개념을 정립하려고 한다. 이러한 목표를 달성하기 위해 개념정립과 설명에 가장 적절한 유기적 접근 방식을 채택할 것이다. 즉, '싱글'에 대한 선결적이고 확정된 정의를 확립하려고 시도하기보다는 기독교 전통 전반에 걸쳐 다양하게 사용된 싱글 생활에 대한 다양한 개념과 유사어를 탐구하고 그 내용을 분석과 논증을 통해 검증하려고 한다. 그래서 오늘날의 싱글 상태(singleness)에 적절한 개념과 내용을 신학적이며 성경적으로 표현할 수 있도록 시도하려고 한다. 이러한 과정 속에서 성경적이며 신학적인 개념을 정립할 수 있을 것으로 기대한다. 니콜라스 힐리(Nicholas M. Healy)는 현대 윤리 신학자 스탠리 하우어워스(Stanley Hauerwas)에게 반론을 제기하면서, 신학자들에게 '의제'(agenda)와 '논증'(argument) 사이의 구분을 제안한 바 있다. 의제는 '무엇을 논할 것인가'라는 질문이라면 논증은 '그것이 정당한가'라는 질문에 해당한다. 그의 견해에 따르면 싱글에 대한 기존

U.K.: Chambers, 2015), 1009.

의 개념은 크리스천과 교회의 삶과 사상 속에서 특별히 추구하던 변화(desired changes)에 의해 구성되었다.[8] 본 논문의 신학적 의제는 기독교 공동체의 이러한 의도를 존중하면서 그것에 보조를 맞추어 변화를 추구하려고 한다. 의제는 단독으로 생겨날 수 없고 존재할 수도 없기 때문이다. 계속해서 그는 주장하기를 신학자가 다른 사람들을 설득하여 추구하는 변화(desired changes)의 합리성과 유익을 받아들일 수 있도록 하려면 의제와 이론적 설명(rationale)을 구분해야만 한다.[9] 이러한 방식으로 현대 교회를 위하여 정립한 싱글상태(singleness)를 논증(argument)하려고 한다.

연구 배경 및 문제제기: '가족 이데올로기'의 지배와 신학적 위기

현대 사회가 마주한 가장 급격한 인구통계학적 변화 중 하나는 1인 가구의 폭발적 증가와 그에 따른 싱글 라이프스타일의 보편화이다. 그러나 이러한 사회적 변화에도 불구하고, 기독교 공동체 내부에 깊게 뿌리내린 핵심적인 신학적 위기는 여전히 '정상 가족(Normal Family)'이라는 헤게모니적 이데올로기에서 기인하고 있다. 현대 서구와 한국 사회를 관통하는 주류 담론은 결혼과 낭만적 파트너십 그리고 그 안에서의 성적 만족을 인간 삶의 완성과 성숙을 위한 필수 불가결한 요소로 규정한다.[10] 이러한 세속적 가치관은 교회 담론에 비

---

8   Nicholas M. Healy, *Hauerwas: A (Very) Critical Introduction* (Grand Rapids, Michigan: Wm. B. Eerdmans Publishing, 2014), 4.

9   Healy, *Hauerwas*, 5

10 Christine A. Colon and Bonnie Kristian, *Ages of Singleness: Faith and Ministry in a Single-Majority Culture* (Downers Grove: IVP Academic, 2024), 12-15. Bourdieu defines "doxic conviction" (or *doxa*) as an internalized, pre-reflexive belief in the

판 없이 수용되어, 싱글의 삶을 단순히 '아직 결혼하지 않은 미완의 상태'인 결핍(deficiency)으로 간주하거나, 심지어는 공동체의 질서에서 벗어난 부적응의 상태(deviancy)로 인식하게 만드는 심각한 부작용을 낳았다.[11]

더욱 본질적인 문제는 교회가 이러한 세속적 신념, 즉 '독사적 확신'(doxic convictions)[12]을 신학적으로 정당화함으로써 결혼과 싱글에 관한 신학적 구성이 세속 담론과 구별하기 어려울 정도로 훼손되었다는 점이다.[13] 교회가 결혼을 유일한 '축복의 통로'이자 '영적 성숙의 척도'로 절대화할 때, 공동체 내의 싱글 인구는 신학적·목회적 소외를 경험한다. 이는 단순한 정서적 배제를 넘어, 기독교인이 지닌 '그리스도 안에서의 새로운 신분'보다 '혈연적 가족 안에서의 역할'을 우위에 두는 신학적 전도를 야기한다.[14] 따라서 교회는 미혼 기독교인의 삶을 부수적이거나 일시적인 것으로 치부해 온 기존의 관행을 멈추고, 성경적 주석과 정통 교리에 부합하는 '싱글 신학'을 새롭

---

naturalness and necessity of the social world. It represents a state where the natural and social world appear as self-evident, thus falling outside the scope of conscious interrogation or political subversion. This alignment between objective structures and subjective dispositions (habitus) serves to legitimize existing power dynamics as "the only way things can be" (Bourdieu 1977, 164-166).

11 Stanley Hauerwas, *A Community of Character* (Notre Dame: University of Notre Dame Press, 1981), 174-175. Hauerwas points out that the church has undermined the prophetic value of celibacy by sanctifying marriage.

12 Pierre Bourdieu & Loïc Wacquant, *An Invitation to Reflexive Sociology* (University of Chicago Press, 1992), pp. 167-170.

13 Barry Dancy, *Theological Constructs of Singleness* (London: T&T Clark, 2012), 44-46. The author criticizes the church for becoming submerged in secular 'Doxa' and losing its unique singular discourse.

14 Ok Han-heum, *Awakening the Laity* (Seoul: International Discipleship Training Institute, 1984), 82.

게 정립해야 할 긴급한 시대적 책무를 마주하고 있다.

연구의 목적과 방법론: '신학적 회수'(retrieval)와 종말론적 재구성

본 연구는 이러한 신학적 공백을 메우기 위해 '지속적인 종말론적 성찰'을 신학적 재정립의 핵심 동력으로 사용할 것을 제안한다. 싱글의 삶은 본래 혈연적 가문의 영속성이나 생물학적 자손을 통한 미래의 확보보다, 하나님 나라의 도래에 삶의 기반을 두는 종말론적 윤리를 가장 첨예하게 보여주는 신앙적 지표이다.[15] 싱글 성도는 그 존재 자체로 기독교의 소망이 지상의 혈연적 연속성에 있지 않고 오직 하나님의 신실하심에 있음을 선포하는 예언적 역할을 수행한다.

그러나 이러한 싱글 신학의 정립은 단순히 현대적 요구에 부응하기 위해 임의로 고안된 '새로운 발명품'이 되어서는 안 된다. 오히려 우리는 과거의 전통으로 거슬러 올라가 잊힌 자원을 되찾는 '신학적 회수'(theological retrieval) 방식을 취해야 한다.[16] 기독교 역사는 고대와 중세의 '동정'(virginity) 전통과 같이 싱글의 존재적 고귀함을 뒷받침할 풍부한 유산을 이미 보유하고 있다. 본 연구는 이러한 역사적 유산을 현재의 맥락으로 길어 올림으로써 현대 교회를 위한 '심층 싱글 신학'(thick singleness theology)의 토대를 마련하고자 한다.

이를 위해 본고는 다음과 같은 다층적인 신학적 대화를 전개할 것이다. 첫째, 초대교회 교부들로부터 종교개혁에 이르기까지 형성된

---

15 Howard A. Snyder, *The Left Hand of God: Essays on Discipleship and the Kingdom* (Grand Rapids: Francis Asbury Press, 1991), 182-184.

16 The term 'Theological Retrieval' used in this paper refers to a methodology for finding contemporary alternatives within past traditions. Note: *Retrieving History for the Future of the Church* (Downers Grove: IVP Academic, 2015).

싱글에 대한 신학적 입장을 회수한다. 둘째, 한스 큉(Hans Küng)의 교회론을 통해 보편적 사제직의 가치를 회수하여 싱글을 사역의 주체로 '재중심화'(recentering)한다.[17] 셋째, 옥한흠의 제자도를 통해 싱글의 선교적 주체성을 회수하여 교회를 세속적 사고와 구조로부터 '탈중심화'(decentering)된 공동체로 재정립한다.[18] 넷째, 하워드 스나이더(Howard Snyder)의 구조 갱신론을 통해 싱글의 라이프스타일을 수용할 수 있는 '새 부대'로서의 유기적 목회 체제를 제안한다.[19]

결론적으로 본 연구는 싱글 신학을 통해 한국 교회가 양과 질의 성장을 넘어, 모든 성도의 고유한 삶의 양식이 하나님의 형상으로 존중받는 '격'(格)의 시대' 진입하기 위한 신학적 이정표를 제시하고자 한다.[20] 싱글 라이프가 성례전적이며 예언적인 삶의 형태로 인정받을 때, 교회는 비로소 세상을 거스르는 '대조 사회'(contrast society)로서의 진정한 정체성을 회복하게 될 것이다.[21]

---

17 Hans Küng, *Die Kirche* (Freiburg: Herder, 1967), 450.

18 Ok Han-heum, *Awakening the Laity*, 145.

19 Howard A. Snyder, *The Problem of Wineskins* (Downers Grove: InterVarsity Press, 1975), 154.

20 Cho Shin-young and Park Hyun-chan, *Class* (Seoul: Wisdom House, 2011), pp. 24-27.

21 Stanley Hauerwas and William H. Willimon, *Resident Aliens* (Nashville: Abingdon Press, 1989), 112.

1부 •

담론 속 싱글을 향한 항해

제1장
세속적 담론에서의 싱글 개념

담론은 역사적이며 사회적인 실체를 형성하는 대인 관계 과정(inter-personal processes)이자 행동(behaviors)이다.[1] 이것은 사회적 관행, 다양한 형태의 주체성 그리고 권력 관계와 더불어 지식을 구성하는 방식이다.[2] 사회 현실(social reality)을 구성하는 담론의 핵심은 현재 순간에 존재하는 바람직하고 수용 가능한 방식을 결정하는 것이다. 담론은 의미 즉 진리일 뿐만 아니라 역사이고 더 나아가 외부 변화와 구별되는 특정 역사에 해당한다.[3] 따라서 지식의 담론적 생산에 대하여 현대적으로 검증하려면 담론의 과거와 현재 사이의 고고학적인 연속성과 불연속성을 확립해야 한다.

싱글 상태(singleness)는 현대적 삶의 형태로 현실에 광범위하게 뿌리내리고 있을 뿐만 아니라 역사의 변곡점마다 만연해 있던 지배

---

1 Foucauldian theory refers to the body of ideas developed by the French philosopher Michel Foucault, especially concerning power, knowledge, discourse, and the constitution of the subject. It is widely used in sociology, cultural studies, political science, gender studies, education, and many other fields.

2 Chris Weedon, *Feminist Practice & Poststructuralist Theory*, 2nd ed. (N.J.: Wiley-Blackwell, 1996), 108.

3 Michele Foucault, *The Archaeology of Knowledge and the Discourse of Language*, trans. A.M. Sheridan Smith (New York: Pantheon Books, 1972), 127.

적 담론에 깊이 영향을 받았다.[4] 그러나 오늘날의 싱글에 대한 개념은 과거의 역사적 문화적 고립 가운데 형성된 것과 확연히 다르다. 따라서 본 장에서 후기 산업 서구 사회(post-industrialized western society)의 지배적인 문화 담론에 싱글의 범주를 형성하려고 하며, 이것은 폭발적으로 팽창한 싱글 크리스천 사회에 강력한 영향을 끼칠 것이다. 그런데 여기서 두 가지 유혹에 직면할 수밖에 없다. 하나는 다른 시대와 장소에서 존재하던 싱글 개념과 유사점을 지닌다는 가정이고[5] 다른 하나는 반대로 연속성이 전혀 없는 새로운 개념으로 형성하는 것이다. 이 두가지 모두 부적절하며 연속성과 불연속성의 적절한 교차점을 찾아야 한다. 물론 그 출발점은 현재가 아니고 앞서 일어난 최근 문화적 상황에서 싱글이 폭발적으로 늘어난 순간이어야 한다. 그런데 여기서 싱글에 대한 담론적 고찰이 중요한 이유를 명확히 인지할 필요가 있다. 그것은 타당성 구조(plausibility structure)와의 상관관계 때문이다.

1.1. 타당성 구조와 담론의 상관관계에 관한 고찰

사회적 실제(social reality)가 개인에게 객관적 타당성을 획득하는 과정은 단순히 정보의 전달을 넘어 이를 지탱하는 사회적 하부구조와 언어적 실천의 상호작용을 통해 이루어진다. 이 과정에서 핵심적인 역할을 수행하는 것이 피터 버거(Peter L. Berger)의 '타당성 구

---

4   Joann Maria Vasconcellos, "Befriending Ambivalence: Single Women Constructing Identity"(PhD diss., Boston College, 1999), 2-3.

5   Rudolph M. Bell and Virginia Yans-McLaughlin, *Women on their Own: Interdisciplinary Perspectives on Being Single* (New Brunswick, N.J.: Rutgers University Press, 2008), 3-4.

조(plausibility structure)'와 미셸 푸코(Michel Foucault)식 의미의 '담론(discourse)'이다. '타당성 구조'란 특정한 세계관이나 신념 체계가 개인에게 의심의 여지없는 '실재'로 받아들여지기 위해 요구되는 사회적 기초를 의미한다.[6] 인간의 의식은 사회적 지지로부터 분리될 때 취약해지므로, 특정 신념이 유지되기 위해서는 그 신념을 공유하는 공동체와 이를 재확인해주는 사회적 기제가 필수적이다. 즉, 타당성 구조는 특정 지식이 상식으로 통용될 수 있게 하는 '사회적 인프라'로서의 역할을 한다.

담론은 단순히 언어적 소통에 그치는 것이 아니라, 지식과 권력이 결합하여 진리를 생산하고 규정하는 실천적 체계가 된다.[7] 담론은 타당성 구조 내부에서 무엇이 말해질 수 있고 무엇이 배제되어야 하는지를 결정하는 규칙을 제공한다. 타당성 구조가 신념을 지탱하는 외적 울타리라면, 담론은 그 울타리 내부에서 신념을 끊임없이 재생산하고 정당화하는 내적 논리이자 작동 방식이다. 따라서 타당성 구조와 담론은 상호 의존적인 순환 관계를 형성한다. 특정 담론이 사회 내에서 지배적 위치를 점하기 위해서는 이를 지지하는 타당성 구조가 견고해야 하며, 역으로 타당성 구조는 구체적인 담론적 실천(discursive practice)을 통해 구성원들에게 반복적으로 주입됨으로써

---

6   Peter L. Berger, *The Sacred Canopy: Elements of a Sociological Theory of Religion* (Garden City, NY: Doubleday, 1967), pp. 45-47. According to Burger, every religious and secular worldview requires a social foundation—plausibility structure—that makes it appear as if it exists.

7   Michel Foucault, *L'Ordre du discours*, Paris: Gallimard, 1971. (Lee Jung-woo, trans., The Order of Discourse, Saegil), 1994, pp. 15-18. Foucault emphasizes that discourse is not merely a collection of signs denoting things, but rather practices that systematically constitute them.

유지된다.[8] 만약 타당성 구조가 약화되면 기존의 담론은 설득력을 잃고 '비합리적인 것'으로 전락하며, 새로운 담론의 등장은 기존의 타당성 구조를 재편하거나 해체하는 동인으로 작용한다. 정리하면 지식의 사회적 구성은 타당성 구조라는 거시적 환경과 담론이라는 미시적 실천이 결합할 때 비로소 완성된다. 이는 특정 시대의 '진리'가 객관적 보편성보다는 사회 구조적 지지와 언어적 권력 관계에 의해 형성된 산물임을 시사한다. 따라서 '싱글'에 대한 현재의 인식 역시 '진리'라기보다는 타당성 구조 속에서 움직이는 담론의 결과물일 수밖에 없다. 이런 연유로 싱글에 대한 개념이 어떻게 변화되고 형성되며 담론으로 구체화되었는지를 살펴볼 필요가 있다.

1.2. 싱글 개념 변천사

싱글 생활을 상세히 기록한 역사적 자료는 결혼 생활에 대한 기록에 비하여 매우 드물지만, 역사가들이 이 주제에 대해 아예 다루지 않은 것은 아니다. 사실, 결혼에 관한 역사적 기록이 존재하기 때문에, 그에 상응하는 기록이 존재할 수밖에 없다. 쉽게 말해서 결혼 생활을 기록하면서 대안적 형태인 싱글 생활을 다루지 않는다는 것은 불가능하다. 물론 이러한 기록이 제한적이고 편향적이라는 점도 인정해야 한다. 구체적으로 말해서, 싱글 개인의 경험과 그들의 태도에 관한 역사적 통찰의 대부분은 싱글 남성보다는 싱글 여성에게 크

---

8   For a particular worldview to transition from the subjective to the objective level, a continuous process of intersubjective verification is necessary, and at this point, discursive dialogue becomes the most crucial tool for maintaining the plausibility structure. Peter L. Berger and Thomas Luckmann, *The Social Construction of Reality* (New York: Anchor Books, 1966), p. 152.

게 치우쳐 있다.

　사실상 싱글 남성들은 가족과 사회에서 대체로 배제되었다.[9] 물론, 합법적이지는 않더라도 적어도 이해할 수 있는 이유 때문에 역사 기록은 싱글 남성보다 싱글 여성에 대해 더 많이 언급하는 경향이 있다. 예를 들어, 남성의 직위와 이름은 결혼 후에도 변경되지 않았으며, 싱글이라 할지라도 부양가족으로 분류되는 경우가 드물었다는 사실은 그들의 존재가 사회 및 인구 통계 문헌에서 거의 부각되지 않았음을 의미한다. 반면에 미혼 여성들은 돌봄 및 교육 참여, 가족 생활에서의 이모, 유모, 동반자 및 연인의 역할을 감당하므로 수많은 문학 작품에서 두드러진 위상을 차지했고 역사적 보존이 강화되는 데에도 기여했을 것이다. 그럼에도 불구하고 여전히 싱글 생활에 대한 기록은 결혼생활에 대한 기록에 비하여 상대적으로 대단히 적다는 사실은 명약관화하다.[10] 이 문제에 관해 역사 기록의 불균형을 초래한 인구학적, 역사적, 문화적 요인들에 대한 올바른 해석이 무엇이든 간에, 싱글 여성이 주요 기록 대상이 되어 왔으므로 그들 또한 주요 주제가 되어야 한다.

9　Roona Simpson, "Book Review." Review of The Shadow of Marriage: Singleness in England 1914-1960, by Katherine Holden. Feminist Review, no. 96 (2010): 19-22.

10　Simpson, "Book Review,"97. It should be noted that a large portion of the literature published within the field of historical singleness studies has been authored by women in contemporary academia whose work has often, and to some extent or another, been informed by feminist discourse. As a result, a significant portion of the literature produced by these female academics— including their argument of the gendered significance of singleness and marriage—has arisen within the context of their concern for the perceived inequitable plight of single women (as opposed to single men) throughout history.

1.2.1. 근대 유럽에서의 개념

현재를 과거와 관련 지어 이해할 때 지나간 시대에 대한 인식은 정확한 기억만큼이나 상상력에 의해 형성되는 경우가 많다. 예를 들면 다음과 같은 경우이다:

> 1800년 이전 유럽의 마을과 도시를 상상할 때, 핵가족—남편, 아내, 그리고 그들의 자녀들로 구성된 가족—의 분주한 모습이 떠오른다. 물론 일부는 배우자도 자녀도 아니었지만, 마치 결혼하여 가정을 이루고 가족을 유지하는 게임의 어느 지점에 일시적으로 갇힌 개개인에 불과할 수 있다.[11]

역사 기록에서 그러한 상상은 실제이며 일부분만 상상에 해당한다. 어느 시대의 특정 지역과 특정 시기에 더 많거나 적은 수의 싱글들이 분명히 존재했으며 의심할 것도 없이 단지 그들은 항상 성인 인구 중 소수 집단이거나 다수 집단이었다는 차이만 있을 뿐이다.[12] 예를 들어, 1575년부터 1700년 사이에 미혼 여성은 영국 전체 인구의 27%를 차지했다.[13] 당시 젊은 처녀들이 10대 초중반에 결혼을 위해 거래되었다고 상상하는 성향이 있는 21세기 대중의 인식과는 달리, 미혼 영국 여성들은 일반적으로 결혼 전에 경제적·사회적 독립을 누

---

11 Judith Bennett and Amy Froide, "A Singular Past," in *Single Women in the European Past*, ed. Judith

12 Bennett and Froide, "Singular Past," 1–2.

13 Amy M Froide, *Never Married: Single Women in Early Modern England* (Oxford: Oxford University Press, 2005), 2.

렸으며, 평균 결혼 연령은 26세였고, 미혼 남성들의 결혼 연령은 미혼 여성보다 더 많았다.[14] 사실상, 미혼자들은 근대 초기 유럽 사회에서 매우 중요한 부분을 차지했기에, 싱글들이 적어도 세 가지 부류로 뚜렷하게 식별되었다. 첫번째는 일시 싱글(life-cycle single)이다. 이 그룹에는 미혼 청년 남녀와 함께 과부, 홀아비, 그리고 드물지만 이혼자들도 포함된다. 두번째 그룹은 평생 싱글(life-long single)이다. 여기에는 수녀, 승려, 장애인, 부양 대상자, 미혼 딸과 고모, 그리고 '부양 받는' 여성들이 포함되었다.[15] '평생' 싱글 여성은 1250년에서 1800년까지 유럽 전체 성인 여성 인구 중 10~20%를 차지했으며 사회에서 비주류에 속했다.[16] 마지막으로, 형태가 불분명한 제3의 싱글 집단으로 특별히 싱글 여성들은 개인적 여건과 사회적 상황에 따라 첫 두 범주 사이를 다소 유동적으로 오가는 경향이 있다. 이 세 번째 범주에는 노예, 매춘부, 미혼모 그리고 동성애자들이 포함된다. 비록 싱글 성인, 특히 싱글 여성들이 근대 초기의 인구에서 상당한 비중을 차지했음에도 불구하고, 그들의 생활 상황에 대한 사회적 태도는 양가적 태도와 부정적 태도 사이에서 오락가락하는 경향이 있었다. 이러한 유동적 태도는 관련 어휘와 용어의 진화 과정에서 잘 드러난다. 예를 들어, 17세기 후반 이전까지 미혼 여성을 지칭하는 영어 용어—'동정녀(virgin)'나 '처녀(maiden)' 등—는 '처녀성, 젊음

---

14 Froide, *Never Married*, 2.

15 Laurel Amtower and Dorothea Kehler, *The Single Woman in Medieval and Early Modern England: Her Life and Representation*, vol. 263 (Tempe, Arizona: Arizona Center for Medieval and Renaissance Studies, 2003), ix.

16 Bennett and Froide, "Singular Past,"2.

또는 향후 결혼'을 전제로 형성되었다.[17] 그러나 17세기 중반에는 너무 많은 싱글 여성들이 방직공장의 노동자 (spinster)로 종사하면서, 이 직업과 노동에 종사하는 여성의 상태(singleness)가 동의어로 인식되었다. 따라서 여성 방직공을 뜻하는 '스핀스터'(spinster)는 결혼 의향이나 과거 결혼 여부와 무관하게 모든 연령대의 싱글 성인 여성을 지칭하는 중립적 용어로 사용되었다. 그 당시 이 단어는 부정적 고정관념으로 사용되기보다는 미혼 여성을 사회 내 명확하고 중요한 집단으로 공식 인정하는 역할을 했다. 그러나 17세기 말에 이르러서는 싱글에 대한 대중의 태도가 점차 강경해지기 시작했다. 이는 주로 유럽 사회에서 반 결혼 정서가 확산되고 미혼 여성의 수가 증가하자 사회적 불안감이 커지면서 일어난 결과였고 이에 따라 이 단어는 '노처녀'를 의미하는 본질적으로 부정적인 시각으로 변질되었다. 이 단어의 이미지가 '인정에서 조롱으로 변환'[18]되자 결국 싱글 여성의 역할에 대한 인식이 사회의 희생자로 전환되고, '대중은 어떻게 하면 그 여성들을 돕고 곤경에서 빠져나오게 할지에 초점을 맞추기 시작했다.'[19] 17세기가 18세기로 전환되면서, 더 지배적인 풍자적 어휘 '노처녀'(Old Maid)가 등장했다. 삶 자체가 불쌍하게 여겨지는 스핀스터(spinster, 노동자 여성)와 달리, 노처녀는 결혼을 고의적으로 거부하며 '정신적 편협에 빠져서 한가하게 차나 마시면서 수다나 떠는 경멸적 특성'을 지닌 존재를 의미한다.[20] 결국 영국 사회는 특히 노처

---

17 Froide, *Never Married*, 159.

18 Lanser, "Rise of British Nation," 298.

19 Froide, *Never Married*, 174.

20 Katherine R. Allen, *Single Women/Family Ties: Life Histories of Older Women*

녀를 '오염원, 즉 존재 자체가 위험한 상태'로 여기게 되었다.[21] 실제로 18세기 풍자시『노처녀 풍자』(*A Satyr Upon Old Maids*)의 익명의 작가는 싱글 여성을 '혐오스러운, 불결한, 역겨운, 추잡한, 더러운 창녀들'이라 비난하며,[22] 단지 싱글이라는 이유로 '경멸의 오줌을 뒤집어쓰는 것'을 피하려면 '비장하고 장렬히 결혼에 몸을 던져야 한다'고 촉구했다.[23] 불과 한 세기가 채 지나지 않아, 영국의 미혼 여성들은 서정시에서 '사랑과 성 그리고 구애를 추구하는 젊은 처녀'로 묘사되던 존재에서,[24] 무기력한 운명의 희생자(spinster)로 그리고 결국 공공연한 조롱과 비웃음의 대상으로 전락했다.

역사학자들은 이러한 서사적 변화를 초래한 지배적 담론이 본질적으로 민족주의의 발로라고 주장해왔다. 영국의 대표적인 여성학자 랜서가 주장하듯, '영국에서 늙은 처녀라는 개념의 형성은 영국 인구 증가에 대한 시급한 관심과 연결되어 있으며 따라서 임신하지 않는 여성의 몸을 극도로 혐오하는 태도가 형성되었다'.[25] 이러한 민족주의적 담론 속에서 싱글 여성들은 '나라의 무용지물'로 여겨졌다. 그들은 피해자였지만, 사실상 영국은 더 큰 피해자였다.[26] 이에 따라 영국 지도부는 미혼 상태로 남아 있는 자국민의 수를 줄이기 위한 여

(Newbury Park: Sage Publications, 1989), 22.

21 Lanser, "Rise of British Nation," 304.

22 Anonymous, *Old Maids: Their Varieties, Characters and Conditions* (London: Smith, Elder and Co., 1835), Cited in Lanser, "Rise of British Nation," 297.

23 Anonymous, *Old Maids.* Cited in Lanser, "Rise of British Nation," 297.

24 Froide, *Never Married,* 167.

25 Lanser, "Rise of British Nation," 309.

26 Froide, *Never Married,* 17.

러 방안을 추진하였다. 예를 들어 싱글에 대한 과세 제안, 미혼 여성 공개 경매, 결혼 적령기 미혼 여성 및 남성 명부 작성 그리고 1709년 '사랑 복권: 혹은 여성 포상'(Love Lottery: Or, A Woman the Prize)과 같은 결혼 복권 제도의 도입 등이 있다.[27] 심지어 18세기 말에 이르러서 영국에서는 미혼 여성, 특히 평생 결혼하지 않은 여성들이 공공연한 조롱과 비웃음 그리고 경멸의 대상이 되었고, 심각한 문젯거리로 여겨졌다.

18세기와 19세기에 걸쳐 미혼 개인, 특히 미혼 여성의 사회적 지위가 비참하게 주변부로 계속해서 밀려나가는 동안, 기혼 남성의 지위는 정반대의 운명을 누렸다. 사실상, 산업혁명 이전에는 '결혼이 주로 한 남자와 한 여자의 개인적 욕구와 그들이 낳은 자녀에 관한 것이 아니었다'.[28] 유럽 역사의 대부분 기간 동안 가정이라는 개념은 배우자와 부모 그리고 자녀뿐만 아니라 친척, 견습생, 하인, 고아 그리고 다른 성인들(특히 미혼 여성과 과부)까지 포괄하는 포용적인 집단으로 구성되어 있었다. 더욱이 '가족이 모여 사는 집'은 일반적으로 '개인적 애정만큼이나 경제적 활동을 중심으로 관계가 형성되는 장소'였다.[29] 가정 내 구성원은 어린이든 어른이든 각자 사회 경제 전반에 기여하는 생산 활동에 참여해야 했다. 실제로 개신교의 영향을 받은 유럽에서는 배우자들이 '서로 지나치게 사랑하지 말라'는 경고를

---

27 Froide, *Never Married*, 17.

28 Stephanie Coontz, *Marriage, a History: From Obedience to Intimacy or How Love Conquered Marriage* (New York, New York: Viking, 2005), 6.

29 Lina Andronoviene, "Transforming the Struggles of Tamars: Singleness in Intentional Baptistic Communities"(PhD diss., International Baptist Theological Seminary of the European Baptist Federation (Czech Republic), 2012), 112.

받았으며, 부모들은 자신과 자녀들이 이별에 대비하도록 했다. 따라서 가족 구성원이 다른 구성원을 바라보는 모습은 연대가 강하지 않으며 실체가 없었다.[30] 그러나 18세기 후반 산업 혁명이 도래하면서 가족의 내적 성격과 사회와의 외적 관계 모두에 급진적 변화의 시기가 찾아왔다. 이 시대에는 '산업' 즉 '기술' 혁명이 일어났을 뿐만 아니라 가족이 토양 깊숙이 뿌리를 내리고 파고들었다.[31] 경제 생산의 중심이 점차 공장으로 이전되고, '은행과 주식 시장이 가족과 친족을 자본의 원천으로 대체함에 따라',[32] 결국 가족의 개념에서 '넓고 공적인 의미'가 사라지고 '친밀함과 사적인 관계'만을 목적으로 형성되는 새로운 형태의 결혼과 가족이 구체화되기 시작했다.[33]

18세기 말에 이르러, '5천 년 만에 처음으로 결혼은 정치적·경제적 동맹 체계의 한 고리가 아니라 두 개인 사이의 '사적인 관계'로 인식되기 시작했다'.[34] 부부 간의 새롭게 사적화된 관계(privatized relationship)로 인하여 가족 단위가 급격하게 독자적이며 자족적인 사회 체계로 변모하게 되었다. 사회가 산업화가 되므로 가정 밖에서의 취업(성인과 아동 모두에게 해당)이 점점 더 필요하게 되었고, 이로 인해 가족이 '외부 임금 노동 활동'과 '가정의 존속' 사이에서 균

---

30 John R Gillis, *A World of their Own Making: Myth, Ritual, and the Quest for Family Values* (Cambridge, Massachusetts: Harvard University Press, 1997), 63.

31 Stuart Ewen, *Captains of Consciousness: Advertising and the Social Roots of the Consumer Culture* (N.p.: Basic Books, 2008), 115.

32 Gillis, *Their Own Making*, 70.

33 Rodney Clapp, "From Family Values to Family Virtues,"in *Virtues and Practices in the Christian Tradition*, ed. Brad J. Kallenberg, Nancey Murphy, and Mark Thiessen Nation (Harrisburg, Pennsylvania: Trinity Press International, 1997), 65.

34 Coontz, *Marriage, a History*, 145-146.

형을 맞추는 것은 점차 어려워졌다. 따라서 많은 어머니들이 자녀가 어릴 때는 노동 시장에 참여했지만, 자녀들이 노동 시장에 진입할 나이가 되면 가사에 집중하기 위해 임금 노동 일선에서 물러나는 경향이 강했다.[35] 시간이 흐르면서 이러한 사회적 패턴은 남성과 여성, 특히 남편과 아내가 서로 다르면서도 상호 보완적인 삶의 영역—즉 각각 경제적 영역과 가정적 영역—을 정당하게 차지한다는 확신을 낳았다. 사실, 남성 생계부양자와 여성 가정주부라는 패러다임—'남성과 여성이 서로 의존하게 되고 각 성별이 결혼 없이는 불완전하다고 주장'[36]—은 단순히 19세기 결혼과 가족 제도의 조직 원리가 된 것이 아니라, 더 나아가 양자 즉 남편과 아내를 지배하는 내적 정서적 관계의 근본 원리가 되었다. 동시에 신자본주의 사회의 극도로 경쟁적이고 개인주의적인 정신은 비생물학적 가족 구성원들을 가정의 테두리에서 점차 밀어내고, 결국 가족이 거주하는 집은 '다른 어떤 장소와도 같지 않고 신화적 인물들이 사는 마법 같은 세계'가 되었다.[37] 결혼과 가족의 이러한 우월적 지위—그리고 암시적으로 싱글 상태의 상대적 주변성—은 19세기 빅토리아 시대에 이르러 더욱 공고해졌으며, 여왕 자신이 가정적 여성성의 극치(superlative)를 상징하게 되었고 그녀의 결혼은 낭만적 결혼의 이상을 구현한 것으로 여겨졌다.

---

35 Sara Horrell and Jane Humphries, "Women's Labour Force Participation and the Transition to the Male-Breadwinner Family, 1790-1865," *The Economic History Review* 48, no. 1 (1995): 112.

36 Coontz, *Marriage, a History*, 176.

37 Gillis, *Their Own Making*, 72.

1.2.2. 미국 식민지 시대와 19세기의 개념

한편 대서양 건너 미국 초기 식민지에서는 여성의 결혼—특히 조혼—이 극히 정상적인 것으로 여겨졌다. 남성 인구가 여성 인구를 훨씬 웃도는 사회적 상황에서 여성의 싱글 상태는 사회 질서를 위협하므로 공동체 생활에서 추방해야 할 사회악으로 간주되었다.[38] 여성은 스물 세 살이 넘어서도 싱글로 지내면 노처녀로 분류되었으며, 그보다 겨우 세 살 위인 여성들은 날카로운 가시가 있는 못생긴 '바다 가오리'(thornback)라고 불렸다.[39] 또한 뉴헤이븐 식민지의 극단적 청교도법(Blue Laws of the New Haven Colony)은 싱글이 거주하는 가정의 가장이 '해당 싱글의 행동 양식, 태도 및 행실을 반드시 관찰하고 무질서한 행위를 신고하여 필요한 경우 해당 싱글을 심문하고 처벌할 수 있도록' 규정하였다.[40]

시간이 흐르면서 초기 미국 사회의 싱글에 대한 관점과 태도는 다소 누그러졌다. 결국 경멸과 두려움 그리고 조롱은 비난이 섞여 있긴 하지만 결국은 억지로 참아주는 관용으로 바뀌었다. 실제로 비참한 결혼을 하는 것보다 싱글로 남는 것이 낫다는 관념을 고수하던 여성들도 어느 정도 존중을 받게 되었다.[41] 그러나 이러한 문화적 헤게모니 내부의 긍정적 변화에도 불구하고, 18세기와 19세기 미국의 지배적인 담론은 결혼이 남성과 여성 모두가 사회와 국가에 기여할 수 있

---

38 Lee Virginia Chambers-Schiller, *Liberty, A Better Husband: Single Women in America: The Generations of 1780–1840* (New Haven: Yale University Press, 1984), 11.

39 Chambers-Schiller, *Liberty*, 11.

40 Anonymous, *The Blue Laws of New Haven Colony, Usually Called Blue Laws of Connecticut [. . .] Interesting Extracts* (Hartford: Case, Tiffany & Company, 1838), 211.

41 Chambers-Schiller, *Liberty*, 12, 18.

는 가장 이상적인 상태로 간주했다. 남북전쟁 이전 남부 주들 내에서, 이러한 개념은 (백인) 여성성에 대한 두 가지 대안적 개념으로 발전했다. '진정한 여성성 숭배'(Cult of True Womanhood)[42]는 '중상류층 백인 여성들에게 결혼과 모성 그리고 가정생활을 기반으로 한 특정 여성성 모델을 실현하도록 고무하고 장려했다'.[43] 반면에 그 변증법적 대안인 '싱글 축복 숭배'(Cult of Single Blessedness)는 미혼 여성들에게 '결혼보다 높은 소명', 즉 자기 희생의 삶을 요구했다. 따라서 그들은 '남편이나 자녀의 필요에 희석되지 않는 수준으로 헌신함으로써 신과 가정 그리고 공동체의 완벽한 종이 되는 경건한 그릇'이 되도록 강요받았다.[44]

수많은 남성이 동원된 남북전쟁 이후, 싱글 여성이 급격히 늘어나자 의도적으로 서부로 이동할 수 있는 교통과 기회를 제공해 주었다. 일부 여성들은 그곳에서 개척지 남성들과 결혼할 기회를 얻었고 다른 일부 여성들은 혼자서 개척지로 이동해 직접 토지를 개간하기도 했다. 미국이 농업 중심 경제에서 산업 중심 경제로 전환되면서, 하층 미혼 여성들은 공장에서 일자리를 찾기 시작했고, 중상층 미혼 여성들은 교육과 간호 분야 같은 전문직을 찾았다. 결과적으로 거대한 사회·정치적 변화가 뚜렷한 '진보 시대'(Progressive Era, 1890년대

---

42 Or the "Cult of Domesticity".

43 Marie S. Molloy, "'A Noble Class of Old Maids': Surrogate Motherhood, Sibling Support, and Self-Sufficiency in the Nineteenth-Century White, Southern Family," *Journal of Family History* 41, no. 4 (2016): 403.

44 Rebecca Traister, *All the Single Ladies: Unmarried Women and the Rise of an Independent Nation* (New York, NY: Simon and Schuster, 2016), 45.

초~1920년대)에는 미국 역사상 싱글 여성의 비율이 가장 높았다.[45] 싱글 여성들은 직업군이 끊임없이 확장되는 사회적 상황에서 쉽게 일자리를 찾아서 독립적인 생활을 누렸고 그것을 바탕으로 결혼한 여성들과 동등한 투표권을 획득했다. 결국 제1차 세계대전으로 남성의 숫자가 급격히 줄어들자 여성이 부족한 자리를 채우면서 자율성을 확고히 장악했다.

1.2.3. 서구 20세기의 싱글

이러한 중대한 사회적 변화에도 불구하고, 1920년대 초 서구 문화는 여전히 결혼과 가족에 우선순위를 부여하는 분위기가 팽배해 있었다. 미국과 유럽의 지도자들은 사회 내에 싱글 여성의 증가하는 상황에 대해 점점 더 우려를 표하기 시작했다. 특별히 '제1차 세계대전 이후 영국 인구 중 100만 명에서 (일부 주장으로는) 200만 명의 잉여 싱글 여성이 존재할 것이라는 추측이 확산되었다.[46] 심리학자와 성학자(sexologist)들은 규범적인 이성애 결혼을 추구하지 않기로 선택한 '비정상적인' 여성을 병리학적인 문제에 포함시키므로 싱글 여성에 대한 부정적 시각에 불을 붙였다.[47] 결혼에서 가정적 여성성을 강조하던 초기 이데올로기가 다시 급부상하면서, 싱글 여성은 점차 반항적이고 일탈적인 존재로 재정의되기 시작했다. 결국 1920년대 후

---

45 Vasconcellos, "Befriending Ambivalence," 49.

46 Katherine Holden, *The Shadow of Marriage: Singleness in England, 1914–60* (Manchester: Manchester University, 2007), 29.

47 See for example, Havelock Ellis, "Studies in Psychology of Sex, Vol II: Sexual Inversion," in *British Women's History: A Documentary History from the Enlightenment to World War I*, ed. Alison Twells (London, UK: L.B. Tauris & Co. Ltd, 2007).

반에는 사회 내에 싱글과 결혼 평균 연령이 모두 크게 감소했고, 이러한 사회 분위기 속에서도 결혼을 선택하지 않는 싱글 여성에 대한 부정적 시각이 더욱 팽배해지기에 이르렀다.[48]

그러나 이 시기는 불과 수십 년 후에 펼쳐질 '결혼 붐'의 전조 현상일 뿐이었다. 제2차 세계대전 이후 번성하는 경제와 함께 귀환한 군인들을 위한 일자리를 창출하기 위해 여성들이 직장을 떠나도록 유도할 필요가 있었다. 그래서 서구 유럽 국가들은 '완전히 새로운 모습의 가정형태(domesticity)를 주입하고 확산시키기 시작했다. 이러한 가운데 여성이 감당해야만 하는 소명은 경제활동을 하는 남성들의 안식처(가정)를 유지하는 것이었다.[49] 1950년대에 정점을 찍은 부부 중심 사회에서는 플라토닉한 '동성 간의 우정'과 '확대 가족'의 중요성이 급격히 감소한 반면, '성관계를 기반으로 한 헌신적 관계가 가장 중요한 성인 동료 관계'로 자리 잡았다.[50] 이 당시에는 핵가족이 심지어 일종의 종교처럼 숭배하는 분위기였다는 지적까지 나올 정도였다.[51] 당시의 담론은 여성이 결혼해야 한다고 주장했을 뿐만 아니라, 행복하고 풍요로운 결혼 및 가정 생활을 더 잘 이루기 위해 젊은 나이에 결혼할 것을 촉구했다. 따라서 20세기 중반 서구 여성들은 대체로 20세나 21세에 결혼하는 경향이 있었으며 적지 않은 수가 심지어 10대

---

48 Vasconcellos, "Befriending Ambivalence," 51.

49 Traister, *All the Single Ladies*, 63–64.

50 Monica Pignotti and Neil Abell, "The Negative Stereotyping of Single Persons Scale," *Research on Social Work Practice* 19, no. 5 (2009): 640.

51 David Brooks, "The Nuclear Family Was a Mistake," *The Atlantic*, March, 2020, accessed on February, 18, 2020, https://www.theatlantic.com/magazine/archive/2020/03/the-nuclear-family-was-a-mistake/ 605536/.

후반에 약혼하고 대학 교육을 시작도 않거나 중도 포기를 선택했다.[52]

실제로 제2차 세계대전 중이나 직후에 성년이 된 사람들은 기록상 가장 높은 결혼율을 보인 세대가 되었으며, 해당 시기에 성년이 된 미국 여성의 96.4%가 결혼했다.[53] '20세기의 모든 10년 중 1950년대는 아마도 여성이 싱글로 살기 가장 어려웠던 시기'[54]였지만, 싱글 남성들에게는 오히려 가능한 한 결혼에 매이지 말고 자유로운 생활을 즐기도록 적극 권장했다. 여성과 달리 남성의 '싱글 생활'을 정당화는 사회적 분위기로 인해 1953년 창간된 플레이보이 잡지의 폭발적 성장이라는 기이한 현상이 나타나기도 했다. 음지에서 판매되던 잡지가 양지로 나와서 '싱글 생활에 긍정적 의미를 부여하고, 세련된 취향과 감각적 다양성을 추구하도록 이끈다는 분위기가 확산되었다.[55] 싱글 생활이 결혼과 부성 그리고 가족이라는 가정 영역과 분리된 대안적 남성 정체성을 제공한 반면, 미혼 여성들은 계속해서 '실패한 노처녀'(frustrated spinsters)로 간주되며 버려진 인생으로 여겨지고 있었다.[56]

결혼 붐은 1960년대까지 이어졌으나, 반문화 운동과 사회 운동 경향이 점차 확산되면서 이전 10년간 고조되었던 순응주의적 기대

---

52 Traister, *All the Single Ladies*, 64.

53 Frank Alexander Larsen, "From Fatherhood to Bachelorhood: An Analysis of Masculinities in the 1950s US through Forbidden Planet, Invasion of the Body Snatchers"(PhD diss., University of Oslo, 2012), 61.

54 Vasconcellos, "Befriending Ambivalence,"57.

55 Larsen, "From Fatherhood to Bachelorhood," 62–63.

56 Lixia Qu and Grace Soriano, "Trends: Forming Couple Relationships: Adolescents'Aspirations and Young Adults'Actualities,"*Family Matters*, no. 68 (2004): 43.

는 서서히 약화되었다. 20세기 후반이 시작되면서 결혼 평균 연령은 급격히 상승하기 시작했으며, 교육과 경력을 우선시하는 남녀의 비율이 지속적으로 증가함에 따라 30대 후반, 심지어 40대가 되어서야 결혼을 선택하는 사례가 늘어났다. 무과책 이혼 제도(no-fault divorce)의 도입으로 인해 결혼이라는 제도가 질적으로 다양하다는 점을 매우 공개적으로 인정하는 효과가 나타남으로 싱글 생활의 이미지가 어느 정도 회복되었다.[57] 1970년대 급성장한 페미니즘 운동은 '모든 여성의 삶에 결혼과 자녀가 포함될(또는 포함되어야 할) 필요는 없다'는 점을 거의 인정하지 않았지만,[58] 더 진보적인 페미니스트들은 결국 여성의 진정한 지속적인 평등은 직장 내에서만 달성되는 것이 아니라, 결혼과 모성이 여성 정체성을 정의하지 않는다는 인식에서도 이루어져야 한다고 주장했다. 궁극적으로 1970년대는 20세기 마지막 수십 년과 21세기 초반 수십 년의 토대를 마련했으며, 이 기간 동안 여성의 교육, 전문직 진출, 경제적 자립, 성적 해방 그리고 대중문화에 여성이 주류 영역으로 진입하므로 특히 싱글 여성을 중심으로 싱글 인구의 급증으로 이어졌다.

1.3. 문화적 변화

1960년대 이후 서구 사회에서 결혼에 대한 태도, 낭만적 파트너십

---

57 Traister, *All the Single Ladies*, 28. This is a legal system that allows divorce without proving fault (such as infidelity or violence) on the part of either spouse. Under the traditional divorce system, the party seeking divorce had to prove clear fault on the part of the other spouse. However, no-fault divorce permits the dissolution of the marriage based solely on 'irreconcilable differences' or 'irretrievable breakdown'.

58 Traister, *All the Single Ladies*, 21.

의 의미와 형태, 가족 구성, 그리고 싱글의 위치는 극적인 변화를 겪어왔다. 성별, 교육 수준, 민족성, 종교성 등 독특한 인구학적 차이가 이러한 사회적 흐름에 미묘한 차이와 제한을 부여한다는 점을 인식하는 것이 중요하지만, 그럼에도 불구하고 결혼에서 멀어지는 경향이 점점 더 강해지고 있다는 사실을 간과해서는 안 된다. 예를 들어 영국에서는 1970년 인구 1000명당 8.5건이던 결혼율이 2010년에는 거의 절반 수준인 4.5건으로 감소했다.[59] 마찬가지로, 유럽연합 전체의 총혼율은 1965년 이후 거의 50% 가까이 감소하여 2016년 기준 4.4에 불과했다.[60] 미국 성인의 총혼율은 1960년 72%에서 2010년 51%로 떨어진 반면, 미혼 비율은 15%에서 28%로 증가했다.[61] 한편, 1981년부터 2011년 사이에 캐나다에서는 미혼 인구 비율이 44% 증가했다.[62] 호주의 2017년 총혼률 4.6은 사상 최저치였으며,[63] 1961년 8.01에서 2011년 4.59로 하락한 뉴질랜드의 경우 '결혼 사막화 현상'이 나타나고 있다는 지적도 있다.[64]

---

59 Eurostat, "Eurostat: Crude Marriage Rate, Selected Years, 1960-2014 (per 1000 Inhabitants) "in *Statistics Explained* (2016).

60 Eurostat, "Marriage and Divorce Statistics,"(2016), accessed August 29, 2019 https://ec.europa.eu/ eurostat/statistics-explained/index.php/Marriage_and_divorce_statistics.

61 D'Vera Cohn et al., "Barely half of US adults are married-A record low,"*Pew Research Social & Demographic Trends* (2011): 7.

62 Anne Milan, "Marital Status: Overview 2011,"Canada; Ministry of Industry,Statistics Canada (2013), accessed February 4, 2017 http://www.statcan.gc.ca/pub/91-209-x/2013001/article/11788- eng.pdf.

63 Australian Institute of Family Studies, "Marriage in Australia Source Data,"accessed December 16, 2019, https://aifs.gov.au/facts-and-figures/marriage-australia/marriage-australia-source-data.

64 Katie Kenny and Brittany Mann, "New Zealand a 'Marital Wasteland',"The Press, June 19, 2014, accessed on October 16, 2017, http://www.stuff.co.nz/the-press/news/10175961/New-Zealand-a- marital-wasteland.

인구통계학자와 사회 평론가들은 이같이 확산되는 추세 뒤에 다양한 원인이 있다고 지적한다. 여기에는 거시경제적 변화와 세계화로 향하는 전환,[65] 대인관계에서의 세대 차이,[66] 여성의 피임 접근성 향상, 고등교육 기회 확대, 경제적 자원 확보 및 전문직 진출 증가,[67] 노동시장 내 숙련된 노동력에 대한 수요 증가 그리고 주택 가격 변동에 따른 '호황과 불황'이 포함된다.[68] 또한 풍요로운 사회에서 개인적 자아실현과 번영 추구를 우선시하는 경향도 있다. 그러나 관점의 다양성에도 불구하고 사회학자들이 대체로 동의하는 한 가지가 있다. 출산율 감소와 고령화 사회의 전형적인 현상이다. 정확히 말해서 풍요로운 사회에서 개인적 자아실현과 번영 추구를 우선시하는 경향이다.[69] 관점의 다양성에도 불구하고 사회학자들이 대체로 동의하는 한 가지가 있다—포스트산업화 서구 국가 시민들은 지속적으로 결혼 시기를 늦추고(따라서 훨씬 더 긴 기간을 미혼 상태로 보내며), 아예 결혼하지 않는 이들의 비율도 꾸준히 증가하고 있다는 점이다. 정리하면 '싱글 상태의 세계화'를 향한 역사적 추세는 지속적이고 거대하며 막을 수 없는 흐름으로 보인다.[70]

---

65 Qu and Soriano, "Forming Couples Relationships," 43.

66 Anthea Taylor, Dr, *Single Women in Popular Culture: The Limits of Post feminism* (Basingstoke: Palgrave Macmillan, 2011), 30.

67 Qu and Soriano, "Forming Couples Relationships," 44; Taylor, *Single Women in Popular Culture*, 30; Zoya Gubernskaya, "Changing Attitudes Toward Marriage and Children in Six Countries," *Sociological Perspectives* 53, no. 2 (2010): 182.

68 L. Moloney, Weston, R., Qu, L., & Hayes, A., "Families, Life Events and Family Service Delivery: A Literature Review," in *Research Report No. 20* (Melbourne: Australian Institute of Family Studies., 2012), 7.

69 Gubernskaya, "Changing Attitudes," 181.

70 Jean-Claude Kaufmann, *The Single Woman and the Fairytale Prince* (Cambridge,

1.4. 싱글 상태의 문화적 복잡성

아쉽게도 인구통계학적 관찰과 연구를 통해 현대 사회 내에 존재하는 담론적 구조체로서의 싱글 상태를 아무리 포괄적으로 분석해도 내재되어 있는 복잡함 (complexities)을 설명할 수는 없다. 예를 들어, '미혼' 상태가 반드시 '싱글' 상태와 동일한 것은 아니다. 즉, '기혼/미혼'이라는 엄격한 이분법(후자가 '미혼', '과부/미망인', '이혼'으로 세분화되더라도)은 21세기 남녀 모두에게 열려 있는 관계적 가능성의 복잡한 사회 환경(matrix)을 완전히 포착하지 못한다. 오늘날 각 개인이 로맨틱하고 친밀한 성적 관계를 추구할 때, 단순히 결혼을 선택하거나 싱글 생활을 유지하는 경우만 있는 것은 아니다. 그들은 둘 중 하나를 선택하거나, 둘 다 선택하지 않거나, 또는 둘을 독특하게 조합하여(순차적이거나 동시에) 관계를 맺을 수 있다. 장기적인 일부일처제 관계부터 일련의 단기적인 성적 '만남', 동거인 제도(civil union), 사실혼 관계 및 동거, 모든 형태의 로맨틱·성적 관계 거부, '친구 이상의 관계', 동성 결합 및 결혼, 다자간 연애, 종교나 특정 사회에 의한 합동 결혼에 이르기까지 현실은 '인구조사 및 기타 데이터로 이러한 현실을 보고할 수 있는 범주 내에 있지 않다.[71] 따라서 미혼과 기혼으로만 구분 짓는 정부 통계는 '싱글' 개인의 수를 부풀려 인식하는 경향이 있을 수밖에 없다.

하지만 '미혼'이라고 해서 반드시 '싱글'이라고 할 수 없다는 점을 고려하더라도, 인구통계학자들은 실제 싱글의 비율이 증가하고 있다

UK: Polity Press, 2008), 184.

71 United Nations, "World Fertility Report 2009," United Nations Publication, Population Division Department of Economic and Social Affairs (2011).

고 결론짓는다. 예를 들어, 동거율의 증가는 결혼률 감소분을 상쇄할
만큼 크지 않으며[72] 특히 성인 초반 세대는 더욱 그렇다. 왜냐하면 젊
은 성인 남녀는 과거보다 오늘날 파트너 없이 사는 경우가 더 많기 때
문이다.[73] 이 주장을 가장 정확히 입증하는 인구학적 요소는 1인 가구
에 관한 통계이다. 실제로, 한국[74]을 비롯하여 영국[75]과 미국[76] 및 기
타 서구화된 국가[77]에서 1인 가구의 비율이 모든 연령층에서 증가하

---

72   Moloney, "Families, Life Events,"7.

73   Qu and Soriano, "Forming Couples Relationships,"43.

74   https://www.1conomynews.co.kr/news/articleView.html?idxno=20831

75   Office for National Statistics (UK), "The Cost of Living Alone,"England Popula-
tion Statistics Division (2019), accessed August 28, 2019 https://www.ons.gov.uk/
peoplepopulationandcommunity/birthsdeathsandmarriages/families/arti   cles/
thecostoflivingalone/2019-04-04.

76   'In 1960, according to census data, just 13 percent of all [U.S.] households were
single-person households. In 2018, that figure was 28 percent'. Brooks, "The
Nuclear Family". See also, Jonathan Vespa, Jamie M. Lewis, and Rose M Kreider,
"America's Families and Living Arrangements: 2012,"U.S. Census Bureau,U.S. De-
partment of Commerce (2013), accessed February 6, 2017 http://www.census.gov/
prod/2013pubs/p20-570.pdf; U.S. Census Bureau, "Table H1: Households by Type
and Tenure of Householder for Selected Characteristics: 2016"(Current Population
Survey, 2016 Annual Social and Economic Supplement, 2016).

77   See, Australian Bureau of Statistics, "2016 Census Quickstats," ABS (2018), ac-
cessed May 14, 2018 http://www.censusdata.abs.gov.au/census_services/getprod-
uct/census/2016/quickstat/036.; Daniel Bachman and Akrur Barua,"Single-Per-
son Households: Another Look at the Changing American Family"of Behind the
Numbers, (2015). Accessed on February 6, 2015.; David de Vaus and Lixia Qu,
"Demographics of Living Alone,"Journal of the Home Economics Institute of Aus-
tralia 22, no. 1 (2015): 2.;Margrit Eichler, "Marriage in Canada,"Historica Canada,
accessed December 18, 2019, http://www.thecanadianencyclopedia.ca/en/article/
marriage-and-divorce/.; Eurostat, "People in the EU - Statistics on Household and
Family Structures,"(2017), accessed August 30, 2019 https://ec.europa.eu/eurostat/
statistics-explained/index.php/People_in_the_EU_-_statistics_on_household_
and_family_structures#Single-person_households.; ; U.S. Census Bureau, "Table
H1: Households by Type and Tenure of Householder for Selected Characteristics:
2016"(Current Population Survey, 2016 Annual Social and Economic Supplement,
2016).;Eleanor Wilkinson, "Single People's Geographies of Home: Intimacy and
Friendship beyond 'the Family,"Environment and Planning A 46, no. 10 (2014):
2453.

는 추세에 있다.[78] 그러나 다시 한번 인구통계학적 데이터에 대한 더 욱 세밀한 해석이 필요하다. '미혼'(not married)과 '싱글'이라는 단 어의 개념이 동등하지 않은 것처럼, '혼자 사는 것'(living alone)과 '싱글'이라는 단어 역시 동등하지 않기 때문이다. 다른 개인과 헌신 적인 연인 관계를 맺고 있지만 단순히 (아직) 결혼하지 않았거나, 단 순히 (아직) 동거하지 않는 많은 개인들이 있다. 즉, 그들은 자기 자 신을 절대로 '싱글'이라고 표현하지 않는다. 여기서 정의상의 문제가 발생한다. 수많은 사람이 존재하는 사회에서, 싱글이라는 것은 무엇 을 의미하는가?[79] 사실상 어떤 정의를 선택하든 한계가 생길 수밖에 없다.[80] 이 분야에서 활동하는 사회학자, 인구통계학자, 역사학자들 은 모두 이 문제와 씨름했으며, 당연하게도 정의의 스펙트럼이 넓기 때문에 다양한 지점에 도달했다. 어떤 자료는 싱글 상태의 기준을 법 적으로 결혼하지 않은 상태로 설정하는 반면,[81] 다른 어떤 자료는 현 재 동거 중이거나 진지한 관계에 있지 않은 사람들을 더 일반적으로 지칭하는 것으로 규정한다.[82] 한 연구는 매우 구체적인 기준을 제시

---

78 https://www.1conomynews.co.kr/news/articleView.html?idxno=20831. Joan Chandler et al., "Living Alone: Its Place in Household Formation and Change," http://socresonline.org.uk /9/3/chandler.html.

79 Traister, *All the Single Ladies*, 254.

80 Vasconcellos, "Befriending Ambivalence," 13.

81 For example, Pignotti and Abell, "Negative Stereotype."

82 For example, Elizabeth A. Sharp and Lawrence Ganong, "'I'm a Loser, I'm Not Married, Let's Just All Look at Me': Ever-Single Women's Perceptions of Their Social Environment," *Journal of Family Issues* 32, no. 7 (2011).

하는 반면,[83] 다른 연구는 매우 광범위하게 정의한다.[84] 여기에 더하여 더 복잡한 문제는 사회가 개인을 싱글 또는 동반자로 분류하는 방식이 그 개인이 스스로를 인식하는 상태와 일치하지 않을 수 있다는 점이다. 즉, 사회가 그 관계를 중요하고 헌신적인 성격으로 판단하여 누군가를 동반자로 간주할 수 있지만, 그 동반자 관계의 구성원들은 그 관계를 가볍고 일시적인 것으로 생각하여 자신을 싱글로 표현하는 것을 선호할 수 있고 혹은 그 반대의 경우도 있을 수 있다. 상황을 더욱 복잡하게 만드는 것은, 현대의 싱글 상태(singleness)에 관한 정의와 논의가 종종 한 개인의 선택, 우연, 상황, 변화 등 복잡한 요소의 상호작용에 의해 형성된다는 점을 간과한다는 점이다.[85] 쉽게 말해서 개인의 상황은 절대로 고정되어 있지 않으며 끊임없이 변한다는 사실을 놓칠 수밖에 없다. 결혼 경험이 없는 미혼 상태에 이르는 경로는 다양하다. 일부는 선택에 의한 독신이며, 다른 이들은 언젠가는 결혼하고 싶지만 아직 기회가 없었을 뿐이다. 또 다른 이들은 지속적인 연애 관계를 형성하는 데 장애가 되는 심리적 또는 신체적 어려움을 겪고 있을 수 있다.[86]

또한, 동일하게 결혼경험이 없을지라도 어떤 개인은 자신의 싱글 상태를 성적 금욕이나 로맨틱한 친밀감의 완전한 부재와 동일시할 수 있는 반면, 다른 개인은 자신의 싱글 상태가 높은 수준의 성적 활동

---

83 For example, Jan Macvarish, "What is 'the Problem' of Singleness?," *Sociological Research Online* 11, no. 3 (2006).

84 For example, Taylor, *Single Women in Popular Culture*.

85 Taylor, *Single Women in Popular Culture*, 30.

86 Anne Byrne and Deborah Carr, "Caught in the Cultural Lag: The Stigma of Single-hood," *Psychological Inquiry* 16, no. 2-3 (2005): 16.

이나 로맨틱한 관계와 양립 가능하다고 여길 수 있다. 이뿐만 아니라 기술과 산업이 발달하고 글로벌 사회가 되어감에 따라, 실제로 결혼했거나 파트너가 있는 개인이 실제로는 어느 정도 싱글인 사람들과 유사한 삶을 살아가는 경우가 점점 더 늘어나고 있다. 이러한 사례에는 해외 거주자, 전문 경영진 심지어 군 복무 중인 사람들까지 포함되며, 이들은 상당한 기간 동안 배우자나 파트너와 떨어져 살 수밖에 없는 상황에 처해 있다. 심지어 온라인 데이트의 확산으로 인해 그 현상은 더욱 가속화되고 있다. 사회적 여건이나 거리의 제약으로 인해 완전히 분리된 삶을 살아가므로 1인가구에 해당하여 사회가 공식적으로 싱글로 규정하지만, 그들은 자신을 헌신적인 연애 관계나 결혼 생활 중에 있다고 규정한다.

요약하자면, 세속적 담론 내에서 싱글 상태라는 개념을 포괄적으로 분석하려는 시도는 복잡하게 얽힌 정의 문제로 인해 필연적으로 복잡해지고, 어쩌면 타협될 수밖에 없다는 결론을 내릴 수 있다. 아무리 많은 문제가 얽혀 있고 복잡하더라도 싱글 상태는 현대 사회에서 점점 더 보편화되며 중요한 삶의 모습으로 자리잡아 가고 있다.

1.5. 정상가족 담론의 관성과 존재적 결핍: 싱글리즘의 사회학적 기제

당연히 예상하겠지만, 최근 수십 년간 싱글에 대한 직간접적인 경험으로 인해 대중의 인식 속에서 재개념화되어 싱글 상태가 점차 정당화되고 긍정적으로 받아들여지고 있는 중이다.[87] 그런데 싱글이 보편화된 사회조차도 문화적으로 이를 받아들이는 데 있어 놀라울 정

---

87 Taylor, *Single Women in Popular Culture*, 27.

도로 완고한 태도를 유지하는 경우가 많다. 실제로 현실과 그 현실을 수용하는 것 사이에는 상당한 차이가 있다는 것을 의미한다. 사실상 처음 시도하는 연구를 진행하기 전에는 그 과정을 담고 갈 틀을 선택하는 것이 가장 합리적이며 바람직하다. 20세기 초, 사회학자 윌리엄 오그번은 '문화 지체' 이론은 결정적인 틀이 될 것으로 확신한다:

> 물질적 조건(material condition)이 변하면 문화에도 변화가 발생한다. 그러나 이러한 변화는 물질적 문화의 변화와 정확히 동기화되지 않는다. 시간 차가 발생하며, 그 기간은 다양하고 때로는 수년에 걸쳐 지속되기도 한다.[88]

일부 사회학자들은 이러한 '문화 지체'(Cultural Lag) 현상이 최근의 인구학적 변화(물질적 조건)에 나타나고 있다고 주장한다. 즉 최근 급격하게 진전이 되는 싱글화 현상(물리적 변화)과 그 시류에 적응하지 못하는 문화적 환경이라는 현대적 괴리가 존재한다는 것을 의미한다. 그들은 현대 사회가 뚜렷한 문화 지체의 소용돌이에 휩싸여 있다고 주장한다. 즉, 결혼과 가족이라는 이데올로기가 여전히 굳건하게 존재하고 지속되고 있음에도 불구하고, 이를 벗어나는 상당한 사회적 흐름이 존재한다는 것이다.[89] 이러한 이데올로기는 '부부 사랑, 특히 성애를 전제로 결합된 사랑이 현대 문화의 일원이 되고 정상으로

---

88 William Fielding Ogburn, *Social Change with Respect to Culture and Original Nature* (N.J.: BW Huebsch, Incorporated, 1922), 203.

89 Byrne and Carr, "Cultural Lag," 10.

인정받는 주요 방식이 되었다'는 문화적 전제에 기반을 두고 있다.[90] 결과적으로, 배우자/파트너가 있는 개인과 싱글 동료들 간의 비교는 불가피하며, 일반적으로 전자를 '더 나은 사람들 즉 더 가치 있고, 중요한' 사람들로,[91] 후자를 '문화적 규범에서 벗어난' 사람들로 이념화하는 결과를 초래한다.[92] 이러한 의미에서 싱글은 사회적으로 문제가 있는 일탈로 규정되며, 이 '일탈적인' 집단의 구성원들은 완전히 낯선 사람들에게 조차도 개인적인 질문을 할 수 있는 공공의 재산이 되며, 특히 그들의 가족으로부터 그러한 대우를 받는다.[93]

결혼과 가족에 대한 지속적 지배 이데올로기에 의해 고착화된 문화 지체 현상에 싱글들이 갇혀 있다는 가설을 제시한 이상, 당연히 이러한 이론적 주장이 타당한지 입증할 필요가 있다. 이를 위해 현대 사회에서 싱글에 대한 태도와 문서화된 각종 경험을 검토하려고 한다. 미디어와 대중문화가 현대 사회의 싱글에 대한 인식 형성에 미친 영향력은 매우 강력하며 아무리 강조해도 지나치지 않을 만큼 중요하다. 실제로 싱글 연구 분야의 여러 저자들은 미디어가 싱글이라는 주제에 집착하는 현상—혹은 더 정확히 말하면 싱글이라는 주제에 대한 '해결책'에 집착하는 현상—을 탐구해왔다.[94] 그들의 주장에 의하

---

90 Jana Marguerite Bennett, *Singleness and the Church: A New Theology of the Single Life* (New York, NY: Oxford University Press, 2017), 19.

91 Bella M DePaulo and Wendy L Morris, "Singles in Society and in Science," *Psychological Inquiry* 16, no. 2 & 3 (2005): 58.

92 Leonard Cargan, *Being Single on Noah's Ark* (N.J.: Rowman & Littlefield, 2007), 56.

93 Vasconcellos, "Befriending Ambivalence," 1.

94 For example, Macvarish, "Problem of Singleness"; Andrea Michelle McClanahan, "Completely Single? Representations of Single Women through Multiple Media Narratives" (PhD diss., Ohio University, 2003); Taylor, *Single Women in Popular Culture.*; Traister, *All the Single Ladies.*

면 사랑에 대한 목적론적 추구 즉 예상되는 해피엔딩에서 그 완성을 찾는 대중문화가 현대에는 상당히 깊게 뿌리내려 있기 때문에 싱글 상태에 대한 연구는 필연적으로 이러한 낭만적 사랑의 이데올로기가 미디어로 둘러 쌓여 있는 환경에서 어떻게 작용하는지에 대한 연구이기도 하다.[95] '첫눈에 반한 결혼'(Married at First Sight),[96] '싱글남성'(The Bachelor),[97] '싱글여성'(Bachelorette),[98] '데이팅 네이키드'(Dating Naked)[99] 등 수많은 리얼리티 TV 프로그램부터 로맨스 소설로 가득 찬 서가와 동화를 재해석한 애니메이션과 실사 영화의 범람에 이르기까지, 현대 사회의 로맨틱한 사랑에 대한 집착을 살펴보면 싱글들은 그 어느 때보다 더 많이 고독하며 외로운 상태에 있다는 것을 알 수 있다.[100] 대중문화는 일반적으로 '자신의 생활 방식에서 벗어나 남성과의 로맨틱한 결합을 통해 성취감을 찾으려는 싱글 여성'을 묘사하는 경향이 있기 때문에,[101] 이러한 지배적 서사를 무너뜨리고 21세기에 적합한 '싱글 시대'(singleton)을 열어가려는 대중적

---

95 Taylor, *Single Women in Popular Culture*, 19.

96 Charlie Mysak, Michael Fitzpatrick Lawrence Jr., and Nick Petrie, "Married at First Sight (U.S.),"(A + E Networks, 2014–2019). The format has also been adapted for 17 other countries worldwide.

97 Ken Fuchs, "The Bachelor (U.S.),"(Warner Bros. Television Distribution, 2002–2019). The format has also been adapted for 25 other countries worldwide.

98 Ken Fuchs, "The Bachelorette (U.S.),"(Warner Bros. Television Distribution, 2003–2019). The format has also been adapted for 11 other countries worldwide.

99 Lyndsey Burr, "Dating Naked (U.S.),"(VH1 Television, 2014–2016). The format has also been adapted for 2 other countries worldwide.

100 Virginia Nicholson, *Singled Out: How Two Million British Women Survived Without Men After the First World War* (New York, NY: Oxford University Press, 2008), xii.

101 McClanahan, "Completely Single,"16.

시도들이 있었다. 〈브리짓 존스의 일기〉(Bridget Jones' Diary)[102]
시리즈나 TV 드라마 〈섹스 앤 더 시티〉(Sex in the City)[103] 같은 작
품들이 대표적인 예이지만 결국 여성의 완성이 커플 관계에서 이뤄
진다는 메타 담론(meta-discourse)을 강화하는 데 그친다. 현대 대
중문화는 싱글 개인(특히 싱글 여성)이 미혼 또는 배우자가 없는 상
태에 만족하는 모습을 묘사하는 경우는 거의 없다. 이것은 인구 구조
가 싱글화하는 실질적 변화(material changes)와 싱글을 여전히 천
대받는 타자로 간주하는 적응적 문화(adaptive culture) 사이에 문
화 지체 현상이 존재한다는 사실에 대한 방증이다.

대중문화가 낭만적 사랑이라는 이데올로기에 매료되어 있는 것
에 상응하여, 더 넓게 사회적 의식에 스며든 두 가지 보완적 서사
(narratives)가 존재한다. 첫 번째는 '성장 서사'(Maturation Nar-
rative)이다. 오랫동안 사회학자들은 교육 완료, 가정을 떠남, 경제
적 독립에 더하여 결혼(과 출산)이 성인으로의 전환을 의미하는 필수
적인 이정표로 간주해왔다.[104] 최근 수십 년간 일방적으로 높아진 결
혼 평균 연령으로 인해 '성인기의 급변하는 시간표'에 대한 사회적
한탄이 일어났으며,[105] 싱글로 보내는 시간이 길어질수록 '성인기 시
작의 실패'(failure to launch)로 인식되는 경향이 커지고 있다. 실

---

102 Sharon Macguire, *Bridget Jones'Diary*, (Miramax, 2001). Based on H. Fielding,
    Bridget Jones'Diary (London: Viking Press, 1996).

103 Michael Patrick King, "Sex and the City,"(USA: Home Box Office (HBO), 1998-
    2004).

104 Robin Marantz Henig, "What Is It About 20-Somethings?," *The New York
    Times*, August 18, 2010, accessed on February 13, 2017, http://www.nytimes.
    com/2010/08/22/magazine/ 22Adulthood- t.html.

105 Henig, "20-Somethings".

제로 20대 미혼·무배우자 성인들은 이제 무모한 신세대 그룹으로 여겨지는 "키덜트"(kidults)로 분류되며,[106] 특히 20~30대 미혼 여성들은 '쇼핑, 신발, 자기 관리, 여자들끼리의 수다' 같이 사소한 일에 집착하는 소녀 감성에 빠진 모습으로 묘사된다.[107] 반면에, 나이 든 싱글 여성들은 진정한 성인 생활에서만 누릴 수 있는 모험을 놓친 사람들로 여겨진다.[108] 역사적으로 미혼 남성은 여성에 비해 사회적 낙인이 훨씬 적었다. 그러나 21세기에 들어서서는 싱글 남성들도 이 같은 서사에서 완전히 자유롭지는 못하다. 20대 싱글 남성들은 '성인이 되었지만 부모님 집 소파에서 자고 제대로 된 직장을 갖지 못한 아이들'[109]로 묘사되며, 30대 싱글 남성들은 헌신에 대한 공포를 가진 '피터팬' 정도로 보고, 그보다 더 나이가 많은 남성들은 '엄마의 품을 떠나지 못한 문제아'(mummy's boys)로 여겨진다. 이러한 고정관념의 상당 부분은 이론적(비록 논란의 여지가 있지만)으로 등장한 '신흥 성인기'(emerging adulthood: 청소년기의 연장으로 특징지어지는 새로운 세대) 이론에서 비롯되었다.[110] 사실상 새로운 세대의 특성과 기성세대의 기존관념이 부딪히는 갈등 국면에 접어들었다. '낭만적 사랑을 수반하는 성인기로의 여정을 마치지 못한 사람들'이 '그 여정을

---

106 For example, Olivia Lambert, "Kidults are Getting Themselves into Crippling Debt," News.com.au, June 3, 2016, accessed on April 13, 2018, http://www.news.com.au/finance/money/ budgeting/kidults-are-getting-themselves-into-crippling-debt/news story/ 5ea4ae2c5a182757a0bf39ecf0446bda.

107 Macvarish, "Problem of Singleness," 6.

108 Cargan, *Noah's Ark*, 58.

109 Traister, *All the Single Ladies*, 134.

110 Henig, "20-Somethings".

마친 사람들보다 덜 성숙하다'고 보는 경향이 팽배하지만,[111] 이러한 성향은 신체적, 심리적, 정서적 성숙의 모든 발달 단계에 걸쳐 싱글 상태를 선택하는 요즘 추세와는 명확히 상충된다.

21세기 낭만적 사랑과 결혼 이데올로기에서 비롯된 두 번째 부가적 담론은 '완성 서사'(Completion Narrative)이다. 비록 이 서사의 기원은 아니지만, 영화 〈제리 맥과이어〉(Jerry Maguire)[112]는 이를 거의 완벽하게 묘사한다. 영화가 절정에 다다를 때, 잘생기고 직업적으로 성공한 남성 주인공은 연약하지만 매력적인 예비 신부를 바라보며 선언한다. "사랑해. 네가 나를 완성시켜줘(I love you. You complete me)."[113] 현대 로맨틱 담론의 핵심에는 궁극적인 개인적 성취, 실현 심지어 존재적 완성이 로맨틱한 동반자를 통해 달성되어야 한다는 개념이 자리 잡고 있다. 흔히 '소울 메이트'나 '운명의 상대'라 불리는 이 동반자는 '사랑, 충실함, 정서적 친밀감, 그리고 연대감(togetherness)을 결합할 수 있는 사람'이다.[114] 이 이야기는 개인이 자신을 온전하게 만들어 줄 운명의 상대와 결합하기 전까지는 궁극적인 자기실현과 깨달음이 계속해서 그에게서 멀어질 것이라고 주장한다. 진정한 개인적 깨달음이 특정 개인과의 낭만적(성적) 결합을 통해서만 달성 가능하다고 여겨질 때, 싱글들은 단순히 불완전한 삶을 살 운명이라 묘사될 뿐 아니라 본질적으로 불완전하고 결핍된 존재로 그려진다. 이는 '싱글'과 '결혼/동반자 관계에 있는 이들'

---

111 DePaulo and Morris, "In Society," 60.

112 Cameron Crowe, "Jerry Macguire,"(USA: Sony Pictures Entertainment (SPE), 1996).

113 Crowe, *Jerry Macguire*, 129 mins.

114 E Kay Trimberger, *The New Single Woman* (Boston, MA: Beacon Press, 2005), 1.

을 중에서 후자를 계층 구조의 최상층에 위치시키는 이분법적 구조를 만들어낸다.[115]

　문화적 현실과 문화적 이념 사이의 부조화를 보여주는 또 다른 증거는 평론가들이 많은 싱글들에게 부여하는 낙인과 고정관념 그리고 차별에서 찾을 수 있다. 역사사회학자 어빙 고프만(Erving Goffman)에 의하면, 개인은 '타인과 차별화되는 특징을 지니고 있으며 바람직하지 않은 유형에 속한다고 인식될 때, 실재하고는 상관없이 타자의 마음속에서 온전하고 평범한 존재에서 오염되고 평가절하된 존재로 전락한다.[116] 세속적 연구자들은 싱글에 대한 사회적 인식과 태도를 평가하며, 싱글들이 결혼하거나 동반자가 있는 동료들에 비해 바람직하지 않게 다르다고 여겨진다는 결론을 종종 도출해내었다. 이로 인해 싱글들에게 상황적으로 일방적인 낙인(contextually informed stigmatization)이 찍혔다는 점은 부정할 수 없는 사실이다.[117] 예를 들어, 기혼자들은 미혼자나 이혼자보다 일반적으로 더 행복하고 만족하며 안락한 삶을 사는 것으로 인식된다.[118] 이들은 대개 '싱글들의 삶을 주로 슬픈 붓질로 묘사하는 반면, 부부의 삶은 따

115　McClanahan, "Completely Single," 17.

116　Erving Goffman, *Stigma: Notes on the Management of Spoiled Identity* (New York: Jason Aronson, 1963), 3.

117　Contextual factors such as gender, age, and race play a significant role in determining the type and extent of stigmatisation. For a fuller discussion see Tobias Greitemeyer, "Stereotypes of Singles: Are Singles What We Think?," *European Journal of Social Psychology* 39, no. 3 (2009).

118　Robyn Penman, "Current Approaches to Marriage and Relationship Research in the United States and Australia," *Family Matters*, no. 70 (2005): 28.; Qu and Soriano, "Forming Couples Relationships," 43.

뜻하고 포근한 사랑으로 채웠다'.[119] 싱글들은 배우자가 없는 사람들에 비해 '외향성과 친화성 그리고 성실성이 낮으며 신경증적 경향이 더 강하고 신체적 매력이 떨어지며, 삶에 대한 만족도와 자존감이 낮고, 사교성도 떨어진다'고 인식된다.[120] 이러한 연구들은 또한 혼인 여부가 건강 및 웰빙의 정도와 밀접한 관계에 있다고 주장한다.[121] 예를 들어, 웨이트와 갤러거(Waite and Gallagher)가 2000년에 출간한 『결혼의 가치: 기혼자들이 더 행복하고 건강하며 재정적으로 더 나은 이유』(*The Case for Marriage: Why Married People are Happier, Healthier and Better Off Financially*)에서 내린 결론에 의하면, 기혼 남성과 여성이 '우울증과 불안이 덜하고 다른 유형의 심리적 고통 수준도 낮다'.[122] 다른 연구에서는 기혼자들이 수명이 더 길며,[123] 자살할 가능성이 더 낮다고 주장한다.[124]

낭만적이며 성적인 친밀함(intimacy)을 행복 및 웰빙(well-being)과 연관 짓는 또 다른 연구 분야는 성적 경험이 없는 성인에 대한 낙인과 낭만적인 관계 형성에서의 차별에 대한 탐구이다.[125] 현대

---

119 DePaulo and Morris, "In Society," 79.

120 Greitemeyer, "Stereotypes of Singles," 380.

121 Marita P McCabe, Robert A Cummins, and Yolanda Romeo, "Relationship Status, Relationship Quality, and Health," *Journal of Family Studies* 2, no. 2 (1996): 109.

122 Linda Waite and Maggie Gallagher, *The Case for Marriage: Why Married People are Happier, Healthier and Better Off Financially* (New York, NY: Broadway Books, 2002), 67.

123 Penman, "Current Approaches," 27.

124 McCabe, Cummins, and Romeo, "Relationship Status," 109.

125 Amanda N. Gesselman, Gregory D. Webster, and Justin R. Garcia, "Has Virginity Lost Its Virtue? Relationship Stigma Associated with Being a Sexually Inexperienced Adult," *The Journal of Sex Research* 54, no. 2 (2017): 202.

의 일반적인 싱글이 불가피하게 성적 경험이 지연되거나 제약을 받는 것은 아니다. 그러나 일부 인구 집단, 특히 사회적으로나 종교적으로 보수적인 집단 내에서는 성적 미경험과 싱글 상태 사이에는 강한 연관성이 존재한다. 게셀만(Gesselman)과 웹스터(Webster) 그리고 가르시아(Garcia)는 그들의 논문(article) '순결은 그 가치를 잃었는가?'(Has Virginity Lost Its Virtue?)에서 밝힌 바에 따르면, 연구 참가자 중 성적 경험이 없는 성인이 '성적 경험이 있는 성인들보다 성적 경험과 관련된 낙인에 대하여 훨씬 더 민감하며,[126] 두 경우의 성인 모두 낭만적인 관계 경험이 많은 파트너를 선호한다. 충격적이게도 연애 경험이 없는 성인들도 연애 경험이 많은 사람을 선호한다.[127] 더 나아가 이 논문의 저자들은 '친밀한 관계가 웰빙에 필수불가결한 요소이기 때문에, 성적 경험이 늦을수록 사회 및 대인 관계에 부정적인 결과가 나타날 수 있다'고 결론지었다.[128] 이러한 결론은 2005년 개봉한 영화 〈40살의 처녀〉(The 40 Year Old Virgin)와 같은 대중문화 영역에서 잘 입증된 바 있다.[129] 또한 어떤 연구자들은 사회가 연애와 결혼에 지나치게 긍정적으로 인식하면, 그러한 상태에 있는 개인에게 더 우호적으로 대한다고 주장한다. 따라서 연애경험이 없고 결혼하지 않은 싱글은 차별을 당할 수밖에 없다. 실제로 드파울로(DePaulo)와 모리스(Morris)는 싱글들이 특정 형태의

---

126 Gesselman, Webster, and Garcia, "Has Virginity Lost," 210.

127 Gesselman, Webster, and Garcia, "Has Virginity Lost," 211.

128 Gesselman, Webster, and Garcia, "Has Virginity Lost," 212.

129 Judd Apatow, *The 40-Year-Old Virgin*, (USA: Universal Pictures, 2005).

차별인 '싱글리즘'(singlism)에 노출되어 있다고 주장한다.[130] '싱글리즘'은 결혼하지 않은 사람(싱글, 비혼자)에게 부정적인 편견을 갖거나 차별하는 현상을 의미한다. 이러한 차별은 단순히 싱글에 대한 사회적 태도에서 끝나지 않고, '부부를 싱글보다 우대하는 법률과 사회 정책'으로도 나타난다.[131]

트레이스터(Traister)의 보고에 따르면, 미국에서 건강, 생명, 주택, 자동차 보험료 모두 싱글에게 더 많이 부과된다.[132] 그리고 테일러는 싱글에 대한 차별이 막연하거나 개념적으로 혹은 인지적 수준으로 존재하는 것이 아니고 정부 차원에서 특정 정책과 입법 조치를 통해 부부에게 특권을 제공하고 있다는 사실을 연구하여 제시한 바 있다.[133] 모리스(Morris)와 싱클레어(Sinclair) 그리고 드파울로(De-Paulo)는 싱글들이 주거지 확보에 있어 상당히 큰 불이익을 당하고 있다고 결론지었다.[134] 그리고 아놀드(Arnold)와 캠벨(Campbell)은 미혼 여성들이 의료비와 세금 등을 포함해 기혼 여성들보다 최대 백만 달러까지 더 지출할 수 있다고 분석했다.[135] 이 분야에서 활동하는

---

130 DePaulo and Morris, "In Society."; Wendy L Morris et al., "Singlism—Another Problem that has No Name: Prejudice, Stereotypes and Discrimination Against Singles,"in The *Psychology of Modern Prejudice*, ed. M. A. Morrison and T. G. Morrison (New York: Nova Science Publishers, 2008).

131 Sharp and Ganong, "I'm a Loser,"957.

132 Traister, *All the Single Ladies*, 188.

133 Taylor, *Single Women in Popular Culture*, 24.

134 See, Wendy L. Morris, Stacey Sinclair, and Bella M. DePaulo, "No Shelter for Singles: The Perceived Legitimacy of Marital Status Discrimination,"*Group Processes & Intergroup Relations* 10, no. 4 (2007).

135 Lisa Arnold and Christina Campbell, "The High Price of Being Single in America,"The Atlantic, accessed September 5, 2018, https://www.theatlantic.com/sexes/archive/2013/01/the-high-price- of-being-single-in-america/267043/.

사회학자들은 '싱글리즘'이 대중의 의식과 사회적 행동 속에 너무 깊이 뿌리내리고 있어서, 대체로 양심의 가책이나 의도성 심지어 인식조차 없다고 주장한다.[136] 현대 기독교 공동체가 직면한 신학적 위기를 규명하기 위해서는 미혼 성도를 향한 사회적 편견과 차별의 기제인 '싱글리즘(singlism)'에 대한 고찰이 선행되어야 한다. 이는 단순히 개인의 취향에 따른 선호를 넘어, 결혼을 인격적 완성과 사회적 책임의 척도로 삼는 '정상 가족주의'의 폭력적 투사라고 볼 수 있다.[137]

이같이 현대 사회는 행복한 부부가 싱글보다 더 건강하고, 더 행복하며, 더 부유하고, 더 매력적이라고 인식하고 있음을 확인했다.[138] 그러나 이러한 싱글에 대한 고정관념을 실제 사실과 비교하고 싱글 성인의 자기 인식과 대조해 보면, 그러한 사회적 인식이 명백하게 맞다고 할 수는 없다. 비록 많은 싱글들이 자신의 인간관계 상태에 대해 어느 정도의 불만족을 느끼기는 하지만, 이러한 특정 불만족이 삶의 일반적인 불만족과 동일한 것은 아니다.[139] 예를 들어, 그라이테마이어(Greitemeyer)에 따르면 싱글과 기혼자에게 개인의 '외향성, 친화성, 성실성, 신경증, 새로운 경험에 대한 개방성, 신체적 매력, 자

136　DePaulo and Morris, "In Society,"65. Singlism is a term combining 'single'—meaning unmarried—and the suffix '-ism'denoting discrimination. First proposed by social psychologist Bella DePaulo, it encompasses stereotypes, stigma, and social discrimination against unmarried individuals (singles).

137　Bella DePaulo, *Singled Out: How Singles Are Stereotyped, Stigmatized, and Ignored, and Still Live Happily Ever After* (New York: St. Martin's Press, 2006), 2-4. DePaulo demonstrates that the stereotype that singles are lonelier and unhappier than married people is a socially constructed notion lacking scientific basis.

138　E. Mavis Hetherington and John Kelly, *For Better or for Worse: Divorce Reconsidered* (WW Norton & Company, 2003), 273.

139　Greitemeyer, "Stereotypes of Singles," 381.

기 삶에 대한 만족도, 자존감 및 사회적 능력'[140]을 스스로 평가하도록 요청했을 때, 두 집단 간의 결과는 매우 유사했다. 이것은 싱글이라고 해서 무조건 삶이 불행한 것은 아니란 것을 의미한다. 정확히 말하면 싱글로서의 삶의 무게 못지 않게 기혼자로서의 삶도 무겁다는 것을 뜻한다. 또한 기혼자가 싱글보다 일방적으로 더 건강하다는 결론은 현실을 지나치게 단순화하고 과장하는 위험이 있다. 예를 들어, 삶의 사건이 웰빙에 미치는 장기적 영향을 측정한 연구들을 대상으로 실시한 2012년 메타분석에 따르면, '결혼에 대한 초기 반응은 삶의 만족도에는 긍정적이지만, 관계 만족도나 정서적 웰빙에는 그렇지 않다. 시간이 지남에 따라 삶의 만족도와 관계 만족도 모두 감소한다'.[141] 즉, 결혼한 사람들은 '허니문 기간'이 지나면 일반적으로 결혼 전의 만족도나 불만족 수준으로 돌아간다. 이혼한 사람들은 오히려 반대의 상황을 경험한다. 그들은 이혼 시 상당한 고통과 불만족을 경험하지만,[142] 시간이 지남에 따라 주관적이긴 하지만 웰빙이 증가한다.[143] 결혼, 싱글, 삶의 만족도, 건강, 부유함 사이의 복잡한 인과관계는 연령, 인종, 지역, 교육 수준, 소득 등에 따라서 더욱 혼란스러워진다. 그런데 결혼이 가져오는 만족도에서 종종 간과하는 가장 중

---

140 Greitemeyer, "Stereotypes of Singles," 380.

141 Maike Luhmann et al., "Subjective Well-Being and Adaptation to Life Events: A Meta-Analysis on Differences Between Cognitive and Affective Well-Being," *Journal of Personality and Social Psychology* 102, no. 3 (2012): 15.

142 Luhmann et al., "Subjective Well-Being," 16.

143 See also Bella DePaulo, "Marriage and Happiness: 18 Long-Term Studies," *Psychology Today*, no. 9 February, March 15, 2013, accessed on July 16, 2018, https://www.psychologytoday.com/blog/ living-single/201303/marriage-and-happiness-18-long-term-studies.

요한 요인은 결혼 당사자들과 그 주변의 사람들이 결혼을 매우 높게 평가하며 지나칠 정도로 만사해결의 수단으로 여긴다는 점이다.[144]

이러한 제한적·보완적 연구 결과에도 불구하고, 현대 사회 속에는 여전히 연인 관계에 있는 사람들이 더 행복하고 건강하며 더 나은 삶을 산다는 보편적 인식이 지속되고 있다. '싱글들의 실제 삶과 그 삶에 대한 일반적인 인식 사이의 거대한 격차'[145]는 많은 싱글들이 동시에 눈에 띄면서도 보이지 않는 존재로 느끼게 하는 문화 지체 현상에 대한 방증이다. 싱글들이 비정상적이고 결핍된 존재, 진정한 성숙에 도달하지 못한 존재, 실존적으로 불완전한 존재 그리고 우울하며 고통받는 존재라는 고정관념 때문에, 사회 내에서 더욱 부담스럽고 두드러지는 존재로 느껴진다.[146] 이로 인해 그들은 로맨스와 결혼 그리고 동반자 관계라는 이데올로기가 지배하는 사회에서 자신들이 천대받는 타자로 존재한다는 사실을 매우 강하게 인식한다. 또한 동시에 사회에서 주변인에 불과하다는 느낌으로 인해 그 사회 안에서 보이지 않는 존재라는 생각이 강해지고 주체가 아닌 객체에 불과하다는 인식이 강화된다.[147] 이는 도나 와드(Donna Ward)가 2020년 회고록 『내가 감히 이름을 부르지 못하는 그녀: 노처녀의 삶에 대한 명상』(*She I Dare Not Name: A Spinster's Meditation on Life*) 서두에 잘 나타난다:

---

144 'Happily married couples are healthier, happier, wealthier, and sexier than singles'. Hetherington and Kelly, *Divorce Reconsidered*, 273.

145 DePaulo and Morris, "In Society,"79.

146 Sharp and Ganong, "I'm a Loser,"964

147 Anne Byrne, "Singular Identities Managing Stigma, Resisting Voices," *Women's Studies Review* 7 (2000): 16.

문은 닫혔다. 나는 친밀함과 고독의 균형을 넘어, 감히 이름 붙일 수 없는 그녀라는 영역에 깊숙이 빠져들었다. 나는 노처녀이다. 나는 슬픔과 외로움 속에 서 있다, 중단된 이야기의 산산조각 난 문장들 [. . .] 이방인의 고립에 휩싸여, 내 고독의 거대함은 타인에게 이해될 수 없다.[148]

그리고 계속해서 한탄을 털어놓으며 자신의 심경을 이렇게 밝혔다. "관계적 고립과 투명인간 취급으로 인한 고통을 타인에게 말하면 모두가 겪는 고독에 대한 불평으로 여겨진다. 나는 배은망덕한 사람이 아니다. 나는 준비가 부족할 뿐이며 그것에 대해 이야기하고, 그것을 뚫고 나갈 길을 찾고 싶다."[149]

1.6. 싱글 상태의 재개념화

워드와 같은 학자는 '실천이 이론을 앞지르고 있으며 사생활의 규범이 시대와 동떨어져 있다'는 점을 인식하면서,[150] 자신의 상황을 재개념화하려 했다. 즉 자신의 그 상황을 헤쳐 나갈 길을 찾으려는 것이다. 이는 결국 사회의 외부인(outsider)에서 벗어나서 내부인(insider)으로 이동하려는 의도의 발로이다. 이러한 의도를 현실화하려면 자신의 싱글 상태(singleness)를 다른 사람에게 설명하는 이야기 즉 레퍼토리를 구축하여 다양하고 대안적인 상호작용을 이루므로 루

---

148 Donna Ward, *She I Dare Not Name: A Spinster's Meditations on Life* (Crows Nest, Australia: Allen & Unwin, 2020), 5.

149 Ward, *She I Dare Not Name*, 5.

150 Kaufmann, *Fairytale Prince*, 177.

저(loser)로 낙인 찍히는 상태에서 벗어나야 한다.[151] 쉽게 말해서 자신이 싱글로 살아가게 된 서사를 구축해야 한다. 다음 세 가지 사실은 이러한 목적을 이루는데 결정적인 역할을 할 것이다.

첫 번째는 트레이스터가 자신의 저서에서 가장 포괄적으로 서술한 것으로, "오늘날 싱글 상태는 오히려 칭송받아야 한다. 왜냐하면 수세기 동안 거의 모든 여성들을 조기 결혼과 모성이라는 길로 몰아가던 강박이 사라지고 선택의 폭이 넓어졌다는 것을 의미하기 때문이다."라고 했다.[152] 그녀의 주장에 의하면, 싱글(특히 싱글 여성)의 급증은 지각변동 수준의 격변이며 독립적인 여성 성인기를 일탈이 아닌 정상으로 규정하고 완전히 새로운 인구 집단이 나타난 것이다.[153] 2019년 영국 배우 엠마 왓슨의 어느 잡지 인터뷰는 이러한 재해석의 대표적인 사례로 꼽힌다. 자신의 싱글 상태에 대해 언급하며 왓슨은 과거에 '싱글이면서 행복할 수 있다'는 가능성에 회의적이었지만 어떻게 현재의 사고방식으로 변화했는지를 이야기했다:

"나는 '싱글이어서 행복해'라는 말에 속아 넘어간 적 없어요. 오히려 '완

---

151 Byrne, "Single Identities,"23. See also Jill Reynolds and Stephanie Taylor, "Narrating Singleness: Life Stories and Deficit Identities,"*Narrative Inquiry* 15, no. 2 (2005). A unique counter- narrative is the niche, but growing trend of self-marriage in which singles "marry themselves"as a defiant response to pro-couple ideology. Self-marriage celebrant, Dominque Youkhehpaz, regards it as a 'profound rite of passage into wholeness, trust, self-responsibility, self-liberation, and love sourced from within'. Dominique Youkhehaz, "Self-Marriage Ceremonies,"accessed 9 February 2017, http://www.selfmarriageceremonies.com/. See also Abigail Pesta, "Why I Married Myself," *Cosmopolitan*, 20 December, 2016.

152 Traister, *All the Single Ladies*, 9.

153 Rebecca Traister, "The Single American Woman," *The Cut*, February 21, 2016, accessed on May 6, 2017, http://nymag.com/thecut/2016/02/political-power-single-women-c-v-r.html.

전 헛소리야'라고 생각했어요. 오랜 시간이 걸렸지만, 지금은 싱글인 게 정말 행복해요. 저는 이것을 '자기 자신과 파트너가 되는 것'(self-part-nered)이라고 부르죠."[154]

자급-자족적이고 만족스러운 싱글 생활을 정상 범주에 편입시키는 이러한 문화 현상은 점점 더 확산되고 있는(비록 아직은 상당히 드물지만) 셀프-매리지(self-marriage) 의식에서도 드러난다. 서양의 솔로가미(sologamy) 의식은 아직 법적으로 인정된 '결합'은 아니지만 2000년에 시작되어 점차 자리를 잡아가는 트렌드로 자기 권한 강화 운동의 일부이다.[155] 많은 지지자와 실행자들은 이를 '깊은 자기 수용 행위이며 자기 사랑에 대한 헌신'이라고 표현한다.[156] 이 첫 번째 대안적 서사 즉 혁명과 재정의를 향한 건설적 재개념화(reconceptu-alization)는 싱글들이 완고한 문화 속에서 배우자가 없는 상태의 존엄성과 정당성을 주장하는 방식이다. 다만 흥미롭게도 그들은 이를 위해 결혼과 동반이라는 문화적 패러다임 구조를 활용한다는 사실에 주목할 필요가 있다.

혁명이라는 서사에 대응하는 또 다른 반서사는 자유에 관한 것이다. 샬봉-드메르세(Chalvon-Demersay)는 언급하기를 '개인 문화

---

154 Paris Lees, "I'm Not All That My Name Has Come to Mean," *British Vogue*, 2019, 177.

155 Allie Conti, "Is Getting Married to Yourself the Next Hot Self-Esteem Trend?," Vice, January 23, 2015, accessed on February 20, 2020, https://www.vice.com/en_us/article/8gdp8b/marry- yourself.

156 Patricia Garcia, "Why Women Are Choosing to Marry Themselves," *Vogue*, October 6, 2017, accessed on February 20, 2020, https://www.vogue.com/article/women-marrying-themselves- sologamy.

의 중심에 자리잡고 있는 진정성은 자신의 욕망에 따라 행동해야 하는 피할 수 없는 의무를 부여한다'고 했다.[157] 현대의 주인공들은 점점 더 싱글을 삶의 방식으로 받아들이고 있으며, 이로 인해 자기 방종(self-indulgence)이라는 '피할 수 없는 의무'에 빠져들 뿐만 아니라 강요당하기도 한다. 이 이야기를 명확히 보여주는 사례는 2015년 뉴욕 매거진 기사 '41세에 싱글로 사는 뜻밖의 짜릿한 자유'(The Unexpected, Exhilarating Freedom of Being Single at 41)에서 찾아볼 수 있다:

예상치 못한 자유에 휩싸여 기분이 아주 좋지만, 때로는 불안함이 찾아든다. 이렇게 기분이 좋아도 되는 걸까? 나는 행복의 전통적 열쇠라 불리는 것들—남편도, 아이도—하나도 갖고 있지 않다. 나는 혼자다. 평생 피하려 애써야 했던 상태다. 하지만 동시에 어떤 비밀을 발견한 기분이기도 하다. 오 정말 미치겠다. 아무도 알지 못하길 바랄 정도로 정말 최고이다.[158]

끊임없이 열등한 것으로 규정짓는 사회 속에서 수십 년간 비교와 비판을 견뎌내며 살아온 오늘날의 싱글들—특히 싱글 여성들—은 자신들의 이야기를 단순한 삶 즉 원하는 것을 원하는 때에 원하는 이유

---

157 Sabine Chalvon-Demersay, "An Elective Society," *Land [Online]*, accessed on February 10, 2017, https://journals.openedition.org/terrain/3392.

158 Glynnis McNicol, "The Unexpected, Exhilirating Freedom of Being Single at 41," *New York Magazine*, 13 November, 2015. Emphasis original.

로 자유롭게 선택할 수 있는 삶으로 재구성하려고 시도하고 있다.[159] 하버드 대학 출신 사회과학자 벨라 드파울로(Bella DePaulo)의 연구는 싱글 생활의 연구와 실제에 철저히 초점이 맞춰져 있으며 싱글 여성들의 이러한 시도가 가장 드러난다.[160] 드파울로(DePaulo)의 싱글 생활을 재평가하려는 노력은 단순히 싱글들의 복지 향상을 바라는 마음뿐만 아니라, 싱글들이 속해 있지만 무관심하거나 심지어 적대적인 사회에 그들이 기여할 수 있는 바가 많다는 확신에서 비롯되었다. 저널리스트 제시 싱걸(Jessie Singal)은 드파울로(DePaulo)의 연구를 살펴보고나서 싱글들이 다른 사람들에게 가르쳐줄 점이 많다고 지적하면서 말하기를, '우리는 싱글들에게 자신의 가치관에 따라 삶을 살아간다는 것이 무엇인지, 종종 잊혀지는 고독의 즐거움이 무엇인지, 그리고 사회적·정서적 바구니에 모든 달걀을 한데 담지 않는 법에 대해 배워야 한다'고 했다.[161] 드파울로는 싱글들의 자원봉사 참

---

159 Macvarish, "Problem of Singleness,"3.

160 See, Bella DePaulo, "Everything You Think You Know About Single People is Wrong,"Everything You Think, *The Washington Post*, February 9, 2016, accessed on October 13, 2019, https://www.washingtonpost.com/news/in-theory/wp/2016/02/08/everything-you-think-you- know-about-single-people-is-wrong; DePaulo, "Marriage and Happiness"; Bella DePaulo, "Single in a Society Preoccupied with Couples,"in Solitude, ed. Coplanm Robert J. and Julie C. Bowker (Wiley Blackwell, 2014); Bella DePaulo, "Think Single People are Selfish? The Research Proves Otherwise,"The Washington Post, May 25, 2018, accessed on October 3, 2019, https://www.washingtonpost.com/news/soloish/wp/2018/05/25/think-single-people-are-selfish- the-research-proves-otherwise; Bella DePaulo, "Unselish Singles: They Give More Time, Money and Care,"*Psychology Today*, no. December 3, February 24, 2017, accessed on September 15, 2017, https://www.psychology-today.com/au/blog/living-single/201702/unselfish-singles-they-give- more-time-money-and-care; DePaulo and Morris, "In Society."; Morris, Sinclair, and DePaulo, "No Shelter for Singles."; Morris et al., "Singlism."

161 Jesse Singal, "The New Science of Single People," *The Cut*, August 16, 2016, accessed on September 5, 2018, https://www.thecut.com/2016/08/the-new-science-of-single-people.html.

여율이 기혼그룹보다 훨씬 더 높다는 통계가 무궁무진하며,[162] 개인적 성장, 발전, 자기 결정 및 자율성에서 월등한 점수를 받고,[163] 타인에게 조언과 지원을 제공하며, 노부모를 돌보는 비율이 높다는 것[164] 등을 제시하므로, 싱글 상태의 현실에 대한 부정확하고 왜곡된 묘사를 바로잡으려고 시도했다. 왜냐하면 그러한 왜곡된 묘사로 인해 결혼과 사회 구조 자체에 대한 파괴적인 불안감이 드러나고 기존관념과 구조를 유지하는 것에만 집착하게 되었기 때문이다.

1.7. 문화적 담론 고찰에서의 결론

본 장의 시작 부분에서 언급했듯이, 문화적 담론은 단순히 그것이 작용하는 사회 환경에 대한 지식을 전달하는 것이 아니라, 사실상 그 지식을 형성한다. 문화적 담론은 대인 관계의 과정과 행동을 기술하는 것을 넘어, 적극적으로 만들어낸다. 결과적으로 담론의 주체들은 자신의 환경 내에서 그 환경에 작용하며 활동하므로 사회 내에서 수용 가능한 존재 방식을 이해하고 결정한다. 이것은 곧 담론에 내재되어 있는 헤게모니와 관련되어 있다.

본 장에서 주장했듯이, 서구 문화의 담론이 오랫동안 결혼(그리고 최근에는 로맨틱 및 성적 파트너십)에 대한 뚜렷한 헤게모니적 이데올로기로 존재하면서 사회적 관계와 정체성의 규범적 패턴을 규제했다. 이러한 지배적 이데올로기의 결과로 인해 싱글 생활은 최선의 경

---

162 See, DePaulo, "Unselish Singles".

163 See, DePaulo, "Everything You Think You Know About Single People is Wrong".

164 See, DePaulo, "Think Single People are Selfish".

우에도 결핍된 것으로 여겨지며 최악의 경우에는 일탈로 인식되었
다. 서양 역사 전반에 걸쳐 싱글 여성은 특히 불리한 처지에 놓여왔으
며, '노처녀, 늙은 처녀, 양성적 존재, 반항아, 결혼 거부자, 슬프거나
미쳤거나 나쁜 여자, 원한에 찬, 성욕 없는, 잉여인, 금욕주의자, 고
결한 체하는, 위험한, 동성애자, 미혼 여성, 또는 독립적인 여성' 등
으로 다양하게 묘사되어 왔다.[165] 의도적으로 싱글 기간을 연장하는
현대 사회의 인구학적 추세는 개인과 더 넓은 사회 전반에 대한 싱글
의 타당성과 이점에 대한 재개념화와는 맞물리지 않았다. 현대의 능
동적 반론과 싱글에 대한 재개념화로 다소 완화되었지만, 서구 문화
의 담론 내에는 여전히 그 결핍에 대한 인식이 확고하게 자리잡고 있
다. 커플로 존재하지 않는 이들의 사회적 정체성과 가치 그리고 소속
감에 대한 양가적 태도가 여전히 만연해 있다.

다음 장에서는 일반적인 관점에서 바라본 싱글 생활에 대한 논의
에서 벗어나, 현대 기독교 문화 내에서의 싱글 생활의 위치를 연구할
것이다. 앞서 상세히 검토한 세속적 담론이 기독교적 담론에 막대한
영향을 미쳤다는 사실을 입증하려고 한다.

---

165 Anne Byrne, "Single Women in Ireland: A Re-examination of the Sociological Ev-
    idence," in *Women on Their Own: Interdisciplinary Perspectives on Being Single*,
    ed. Rudolph M. and Virginia Yans Bell (New Brunswick: Rutgers University Press,
    1997), 35.

제2장
기독교 담론 내에서의 싱글

지금까지 언급한 일반적 담론과 마찬가지로, 기독교적 지식은 특정 역사적 시기에 만연했던 문화적 담론에 깊은 영향을 받아 형성되었다. 믿음의 공동체로서 교회는 '주변 세계를 이해하기 위한 특정 해석 체계'를 형성하여 철저히 지키려는 성향이 강하다.[1] 읽고 가르치며 노래하고 암송하는 것, 교리 선언문이나 신조 같은 참여적 의식, 그리고 그 외의 공식적 혹은 예배적 가르침의 방식 모두 참과 거짓을 판명할 수 있는 명제적 의미(propositional meaning)를 확립하고 기독교적 존재 방식을 강조한다. 그러나 기독교적 담론이 형성하는 문화는 예배나 공적 프로그램 훨씬 뛰어넘어 막대한 영향을 미치고 강력한 지배 이데올로기가 된다. 실제로 현대의 기독교적 담론은 풍부하고 다양한 의미를 생성하며 막대한 영향을 끼치고 있다. 특히 중요한 것은 기독교 서적 및 기타 문헌 자료이다. 이것들은 기독교 담론에 매우 광범위한 영향력을 행사하며 2018년 미국에서만 5억 8,370만 달러 이상의 매출을 기록했고,[2] 2017년까지 전 세계 도서관 소장

---

1 Andronoviene, "Transforming the Struggles," 47.

2 An increase of over 25 million US dollars from 2017 revenue totals. Amy Watson,

량이 총 900만 권에 달할 것으로 예상된다.[3] 기술이 포화된 디지털 문화와 점점 더 글로벌화되는 사회로 인해 기독교 TV, 라디오, 음악, 팟캐스트, 컨퍼런스, 설교, 웹사이트, 블로그, 소셜 미디어 논평 역시 기독교 담론의 형성에 더 크게 영향을 미쳤다. 이러한 담론은 또한 자기 반복적 즉 재귀적(recursive) 성격을 지닌다.

즉, 기독교 지도자, 신학자, 설교자, 해설가, 저자들의 가르침과 관점은 상당 부분 기독교 문화와의 상호작용을 통해 형성되는 동시에, 그러한 문화를 만들어 가는 공동체 역시 그러한 핵심 인물들로부터 받은 가르침과 교육의 산물이다. 이러한 복잡성을 고려할 때, '기독교 담론' 내에서 싱글에 대한 포괄적인 분석을 시도하는 것은 실질적으로 불가능하다는 점을 인정해야만 한다. '기독교 담론'이나 '교회' 또는 '기독교 문화'를 마치 단일하고 표준화된 기독교 신념, 태도, 의미 체계의 집합체인 양 말하는 것은 근본적으로 어불성설이다. 현실적으로 현대 기독교 안에는 수많은 '기독교'가 존재하며, 심지어 교회 안에도 수많은 '교회'가 존재한다. 2017년 인구 통계 조사에 근거하여 유추해보면, 오늘날 전 세계적으로 47,000개 이상의 서로 다른 기독교 교단과 5,520,000개 이상의 개별 교회 교회가 존재한다.[4] 뿐만 아니라, 이러한 수치가 2025년까지 각각 55,000개와 7,500,000

"Religious Books Sales Revenue in the United States in 2017 and 2018," *Statista*, October 30, 2019, accessed on February 20, 2020, https://www.statista.com/statistics/251467/religious-books-sales-revenue-in- the-us/.

3　Todd M. Johnson et al., "Christianity 2017: Five Hundred Years of Protestant Christainity," *International Bulletin of Mission Research* 41, no. 1 (2016): 11.

4　Johnson et al., "Christianity 2017,"9. This is an increase from 1,600 and 400,000 respectively in 1900.

개로 증가할 것이라고 예측된다.[5] 이러한 모든 교단과 종파에 대한 명확한 목록이 존재하지 않는다는 사실 자체가 21세기의 기독교 담론이 매우 다양하며 광범위하고 방대하다는 것을 의미한다. 기독교 담론의 일반적 논의는 민족적·지리적·언어적 다양성과 심오한 의미 때문에 더욱 복잡하다. 지난 세기에 기독교는 지각 변동을 겪었다. 1910년 당시 전 세계 기독교인의 80%가 유럽이나 북미에 거주했으나, 지난 세기에 절반 이상 감소하여 현재 40% 미만 수준이다.[6] 21세기 기독교인의 대다수는 이제 '글로벌 남부' 즉 아프리카, 아시아, 라틴아메리카에 위치해 있다. 실제로 2050년까지 아프리카에 10억 명 이상의 기독교인이 거주할 것으로 예측된다.[7] 이러한 지리적 변화와 그에 수반되는 기독교 신앙과 실천의 문화적 표현 및 양상의 다양화는 지배적인 기독교 담론 문화를 정의하거나 단순히 묘사하려는 모든 시도에 강력한 영향을 끼친다.

현재 현대 기독교 담론을 명확히 구분하는 것이 불가능하다는 사실을 고려할 때, 본 장—그리고 본 논문의—과제는 기독교 담론 내에서의 싱글(singleness)의 입지를 뚜렷하고 식별 가능한 수준으로 좁히기 위한 특정 기준을 설정하는 데 있다. 물론, 이러한 노력을 기울이면서 주의해야 할 것은 그 기준이 지나치게 좁아 특이성으로 이어지거나 지나치게 넓어 방해가 될 정도로 일반화되는 매개변수를 피

---

5   Johnson et al., "Christianity 2017,"9.

6   Todd M Johnson and Brian J Grim, *The World's Religions in Figures: An Introduction to International Religious Demography* (West Sussex, UK: John Wiley & Sons, Ltd., 2013), 12.

7   Johnson and Grim, *World's Religions*, 14.

하는 것이다. 또한 여러 기여 요인과 경우에 따라 제한 요인도 고려해야 한다. 예를 들어, 담론 문화에 대한 심층적 검토는 해당 문화에 대한 정확하고 상세한 통찰을 제공하는 충분한 자료가 필요하다. 기독교 중심지가 글로벌 남부로 이동한 시기가 비교적 최근이라는 점과 부와 교육 그리고 기회가 지속적으로 서구에 집중되고 있다는 점이 결합되면서, 현대 기독교 자료의 대부분은 여전히 서구적이고 선진화된 담론을 선호하는 경향을 보인다. 또한 서구 기독교인의 대다수는 로마 가톨릭 신자(전체 기독교인의 약 50%로 추정됨)[8]인데도 불구하고, 싱글이라는 주제와 관련된 자료는 압도적으로 개신교적 토대에 기반을 두고 있다.[9] 더 구체적으로 말하면, 싱글(결혼과 가족 문제도 마찬가지)에 관한 현대 담론 자료의 대부분은 신학적으로 보수적인 복음주의 전통 내에서 생성되었으며, 이 전통의 신봉자들은 개신교 전체의 거의 절반을 차지하고,[10] 이 수치는 전 세계 기독교인의 거의 20%에 해당한다.

　이 주제에 관한 개신교, 특히 복음주의 자료가 다량 생산된 주요 이유 중 하나는 개신교의 통제가 어려운 비공식적(non-magisterial) 성격으로 인해 싱글 생활을 포함하여 다양한 주제에 관한 다양한 문헌의 생산이 용이하기 때문이다. 개신교와는 달리 카톨릭은 중앙집권적 정치체제로 인하여 거의 모든 자료와 문헌이 통제된 상태에서 만들어지고 있다. 개신교의 자료들은 다양한 배경을 가진 수많은 저

8　Johnson and Grim, *World's Religions*, 15.

9　Protestants are estimated to constitute approximately 40 per cent of all Christians worldwide. See, Johnson et al., "Christianity 2017," 2, 16.

10　Johnson et al., "Christianity 2017," 5.

자, 지도자, 신학자 및 교사들에 의해 형성되었으며, 해당 주제에 대해 서로 다른 다양한 의견을 담고 있다. 이는 주로 교황청(즉, 주교들과 교황이 행사하는 교권)에 의해 확립된 로마 카톨릭 교회의 담론과는 대조적인 형태이다. 카톨릭 전통 내의 다양한 담론적 목소리가 자료 형성에 영향을 미쳤다는 사실을 배제하지는 않지만, 로마 카톨릭의 교리적 기반은 그러한 목소리들을 어느 정도는 전통적인 기준에 근거하여 공식적이고 확정적이며 오류가 없는 상태인지 확인하는 경향이 있음을 의미한다. 복음주의적 목소리가 싱글(및 관련 주제)에 대해 자유주의적이며 진보적인 입장을 표방하는 개신교의 목소리보다 더 강력하게 나타난 이유는 성(性)과 결혼에 대한 보수 신학적인 접근 방식과 그 신학적 흐름을 유지하려는 성향이 강했기 때문이다. 기독교 교단, 교회, 또는 지도자가 성관계를 남성과 여성 간의 결혼이라는 유일한 맥락 안에서만 허용된다는 것으로 보는 전통적 관점을 고수한다면, 이를 점점 더 기이하고 시대에 뒤떨어진 것으로 여기는 세상—심지어 교회 안에서도—에 그 입장을 설명하는 데 중점을 두는 경향이 필연적으로 뒤따를 수밖에 없다. 그 결과, 최근 들어 독신, 성, 연애, 결혼, 가족이라는 주제들은 복음주의자들의 뜨거운 관심의 대상이 되었다.

따라서 본 장이 관련성 있고 이용 가능한 자료에 의존한다는 점을 고려할 때 앞으로의 분석은 서구적·개신교적·복음주의적 성격을 주로 띠고 있지만, 새 포도주는 새부대에 담아야 한다는 성경적 관점에 맞춰 전통적인 기독교 담론에 맞서는 입장을 취할 것이다.

1.1. 싱글 개념의 다양성과 통일성

현대 기독교 담론 내에서 싱글의 위치와 위상을 분석할 때, 관련 자료들은 다양성과 통일성이라는 두 가지 중요한 요소를 동시에 반영하고 있다. 그 담론의 다양한 성향은 여러 방식으로 드러난다. 예를들어, 이 주제가 담론 내에서 형성되고 구체화될 때 싱글에만 초점을 맞춘 자료만 사용된 것은 아니다. 많은 자료들이 실제로 싱글 상태를 독립적인 연구 주제로 특별히 다루고 있지만, 이에 더하여 결혼, 연애, 성(性), 데이트, 가족 생활, 우정 그리고 더 일반적으로 공동체와 같은 다양한 주제들을 참조하며 구성되었다.

수많은 기독교 웹사이트와 온라인 자료 그리고 라이브러리에서 발행된 싱글에 관한 글들이[11] 일반적으로 '기독교인의 삶'이나 '관계' 카테고리 아래에서는 찾아보기 어려운 반면, '결혼'이나 '가족'이라는 카테고리 아래에 포함되는 경우가 대단히 많다. 관련 자료의 다양성은 자료 유형의 다양성에서도 드러난다. 예를 들어 학술지 논문[12]과

---

11 See for example, Barna Group Inc., "Barna Group," accessed May 8, 2017, https://www.barna.com/.;Christianity Today, accessed May 8, 2017, http://www.christianitytoday.com/.;Salem Media Group, "Crosswalk.com," accessed May 8, 2017, http://www.crosswalk.com/.

12 See for example, Clare Amos, "Marriage—and its Alternatives: An Anglican Perspective, Yesterday and Today,"*Islam and Christian-Muslim Relations* 17, no. 3 (2006); Lina Andronoviene, "Involuntarily Free: Single Women in the Believing Community,"*Journal of European Baptist Studies* 3, no. 1 (2002); Cheryl Bradbee, "Standing Alone in the Church," *The Presbyterian Record*, 2013; D. J. Burke, "Singleness as a Christian lifestyle," Review & Expositor 74, no. 1 (1977); Clyde Ervine, "Single in the Church: Eunuchs in the Kingdom," *Churchman* 119, no. 3 (2012); Michael J. McClymond, "The Last Sexual Perversion: An Argument in Defense of Celibacy," *Theology Today* 57, no. 2 (2000); Teresa Morgan, "Bridget Jones's Theology: Reflections on Involuntary Singleness:," Theology 108, no. 841 (2005); Henri J. M. Nouwen, "Celibacy," *Pastoral Psychology* 27, no. 2 (1978); Gerry O'Hanlon, "Towards a Theology of the Single Life," The Furrow 41, no. 5 (1990); Paul Ramsey, "Human Sexuality in the History of Redemption," *Journal of Religious Ethics* 16, no. 1 (1988); Roger Repohl, "The Spirituality of Singleness," America 135, no. 17 (1976); David L. Smith,

학위 논문[13]은 인간관계, 성(性) 또는 기독교 윤리[14]라는 광범위한 주
제를 다루는 학술 서적 내에 상당한 분량의 장(章)과 에세이 또는 논
의와 함께 존재한다. 그 외의 자료들은 대중적 기독교 문학이라는 접
근성이 더 높은 범주에 속하며, 그중 상당수는 기독교화된 '자기계발'

"Towards a Theology of Singleness," *Didaskalia (Otterburne, Man.)*, no. 1 (1989);
Frank Stagg, "Biblical Perspectives on the Single Person," *Review & Expositor* 74,
no. 1 (1977); John Thompson, "Celibacy: The Forgotten Gift," *Touchstone* 3, no. 1
(1989); Kathryn Wehr, "Virginity, Singleness and Celibacy: Late Fourth-Century and
Recent Evangelical Visions of Unmarried Christians," *Theology & Sexuality* 17, no.
1 (2011).

13 See for example, Andronoviene, "Transforming the Struggles."; Valerie Y. Ber-
    nard-Allan, "It is Not Good to be Alone: Singleness and the Black Seventh-Day
    Adventist Woman"(PhD diss., UCL Institute of Education, 2016); Barry Danylak,
    "Secular Singleness and Paul's Response in 1 Corinthians 7"(PhD diss., University of
    Cambridge, 2012); Tuula Gordon, *Single Women: On the Margins?*, ed. Jo Campling,
    Women in Society: A Feminist List (Basingstoke: Macmillan, 1994); Betty M. Gropp,
    "Celibacy in Matthew 19:10–12: A Judeo-Christian approach"(M.A. diss., University
    of Ottawa (Canada), 1969); Russell Joseph Hobbs, "Toward a Protestant Theology
    of Celibacy: Protestant Thought in Dialogue with John Paul II's 'Theology of the
    Body'"(PhD diss., Baylor University, 2006); Bradley Varnell, "It Is Good: Theological
    Reflections on Celibacy and Sexual Life"(Hons diss., Baylor University, 2016).

14 See for example, David M. Cloutier, "Composing Love Songs for the Kingdom of
    God?: Creation and Eschatology in Catholic Sexual Ethics,"*Journal of the Society
    of Christian Ethics* 24, no. 2 (2004); Grant, *Divine Sex*; Stanley James Grenz, *Sexual
    Ethics: An Evangelical Perspective* (Louisville, Kentucky.: Westminster John Knox
    Press, 1990); Stanley Hauerwas, *A Community of Character* (Notre Dame, Indiana:
    Notre Dame Press, 1981); Stanley Hauerwas, "The Radical Hope in the Annuncia-
    tion: Why Both Single and Married Christians Welcome Children,"in *The Hauerwas
    Reader*, ed. John Berkman and Michael Cartwright (Durham: Duke University Press,
    2001); Stanley Hauerwas and Allen Verhey, "From Conduct to Character: A Guide
    to Sexual Adventure," *The Reformed Journal* 36, no. 11 (1986); Timothy Keller, *The
    Meaning of Marriage: Facing the Complexities of Commitment with the Wisdom
    of God* (London: Hodder & Stoughton Ltd, 2011); Andreas J Köstenberger and Da-
    vid Wayne Jones, *God, Marriage, and Family* (Wheaton, Illinois: Crossway, 2004);
    William Loader, *The New Testament on Sexuality* (Grand Rapids, Michigan: Wm.
    B. Eerdmans Publishing, 2012); William Loader, *Sexuality in the New Testament:
    Understanding the Key Texts* (London, UK: Society for Promoting Christian Knowl-
    edge, 2010); J. Robin Maxson and Garry Friesen, *Singleness, Marriage, and the Will
    of God: A Comprehensive Biblical Guide* (Eugene, Oregon: Harvest House Publish-
    ers, 2012); Christopher West, *Theology of the Body Explained: A Commentary on
    John Paul II's"gospel of the Body"*(Leominster, UK: Gracewing Publishing, 2003);
    Brent Waters, *The Family in Christian Social and Political Thought* (Oxford Univer-
    sity Press on Demand, 2007).

장르에 속한다고 표현하는 것이 가장 적절할 것이다.[15] 세 번째 유형
의 자료들은 싱글에 관한 기독교의 대표적인 자료로 간주할 수 있으
며,[16] 성경적·신학적·역사적·사회학적·윤리적 성찰을 결합하여 싱글

---

15 See for example, Lydia Brownback, *Fine China is For Single Women Too* (Phillipsburg: P&R Publishing Company, 2003); Tony Evans, *Living Single* (Chicago, IL: Moody Publishers, 2013); Michelle McKinney Hammond, *How to be Found by the Man You've Been Looking For* (Eugene, Oregon: Harvest House Publishers, 2008); June Hunt, *Singleness: How to be Single and Satisifed* (Torrance, California: Rose Publishing, 2014); Gien Karssen, *Getting the Most of out Being Single* (Colorado Springs, Colorado: Navpress, 1982); Carrie Lloyd, *The Virgin Monologues: Confessions of a Christian Girl in a Twenty-First Century World* (Milton Keyes, UK: Authentic Media Limited, 2014); Leslie Ludy, *Sacred Singleness: The Set-Apart Girl's Guide to Purpose and Fulfillment* (Eugene, Oregon: Winston and Brooks Inc, 2009); Debbie Maken, *Getting Serious about Getting Married: Rethinking the Gift of Singleness* (Wheaton, Illinois: Crossway Books, 2006); Jennifer A. Marshall, *Now and Not Yet: Making Sense of Single Life in the Twenty-First Century* (Colorado Springs, Colorado: Multnomah Books, 2007); Holly Virden and Michelle McKinney Hammond, *If Singleness Is a Gift, What's the Return Policy?* (Nashville, TN: Thomas Nelson Inc, 2003); Candice Watters, *Get Married: What Women Can do to Help it Happen* (Chicago, IL: Moody Publishers, 2008); Kate Wharton, *Single- Minded: Being Single, Whole and Living Life to the Full* (Oxford, England: Monarch Books, 2013). Some notable and more theologically or pastorally significant resources within the mass-market category include Lily A Arasaratnam, *P.S. I'm Single: Reflections on Singleness*, Australian Pentecostal Studies Supplementary Series (Chester Hill: Alphacrucis College Press, 2011); Kristin Aune, *Single Women: Challenge to the Church?* (Carlisle: Paternoster Press, 2002); Lakshmi Deshpande, *Singled Out or One in the Body? : An Exploration of Singleness in the Church Today* (Cambridge: Grove Books, 2001); Marcy Hintz, "Choosing Celibacy: How to Stop Thinking of Singleness as a Problem," *Christianity Today* 52, no. 9 (2008); John Richardson, *God, Sex & Marriage: Guidance from 1 Corinthians 7*, Biblical Application Series (Surrey, United Kingdom: The Good Book Company, 1998); Andrea Trevenna, *The Heart of Singleness: How to be Single and Satisfied* (United Kingdom: Good Book Company, 2013); Lauren F Winner, *Real Sex: The Naked Truth about Chastity* (Grand Rapids, Michigan: Brazos Press, 2005).

16 See for example, Sam Allberry, *7 Myths About Singleness*, trans. 7 Myths (Wheaton, Illinois: Crossway, 2019); Aune, *Challenge*; Kutter Callaway, *Breaking the Marriage Idol: Reconstructing our Cultural and Spiritual Norms* (Downers Grove, Illinois: IVP Books, 2018); Christine A. Colón and Bonnie Field, *Singled Out: Why Celibacy must be Reinvented in Today's Church* (Grand Rapids, Michigan: Brazos Press, 2009); Gina Dalfonzo, *One by One: Welcoming the Singles in Your Church* (Grand Rapids, Michigan: Baker Books, 2017); Barry Danylak, *Redeeming Singleness : How the Storyline of Scripture Affirms the Single Life* (Wheaton, Ill.: Crossway, 2010); Albert Y. Hsu, *The Single Issue* (Leicester: Inter-Varsity Press, 1998); Annemarie S Kidder, *Women, Celibacy, and the Church: Toward a Theology of the Single Life* (New York, NY: Herder & Herder, 2003); Ed Shaw, *The Plausibility Problem* (Nottingham,

에 대한 기독교적 통념을 비판적으로 검토한다. 최근 몇 년간 발전된
네 번째 범주에는 다양한 온라인 도서관과 컬렉션 그리고 블로그에
게재된 전자 출판물이다.[17] 이러한 자료들의 대부분은 신학적 성찰

England: Inter-Varsity Press, 2015); Laura A Smit, *Loves Me, Loves Me Not: The Ethics of Unrequited Love* (Grand Rapids, Michigan: Baker Academic, 2005); Philip B. Wilson, *Being Single in the Church Today : Insights From History and Personal Stories* (Harrisburg, PA.: Morehouse Publishing, 2005); Winner, *Real Sex*.

17　https://www.thegospelcoalition.org/article/thats-odd-on-bias-against-single-pastors/; Kevin DeYoung, "What Not to Say to the Single Women in your Church," The Gospel Coalition, November 4, 2011, accessed on March 28, 2017, https://blogs.thegospelcoalition.org/kevindeyoung/2011/11/04/what-not-to-say-to-single-women- in-your-church/; Ryan Griffith, "Is My Singleness a Gift?," *Desiring God*, April 25, 2016, accessed on March 28, 2017, http://www.desiringgod.org/articles/is-my-singleness-a-gift; Collin Hansen, "Singleness is Not a Curse," *The Gospel Coalition*, January 17, 2013, accessed on March 28, 2017, https://www.thegospelcoalition.org/article/singleness-is-not-a-curse; Fabienne Harford, "Sex and the Single Woman," The Gospel Coalition, October 16, 2014, accessed on March 28, 2017, https://www.thegospelcoalition.org/article/sex-and-the-single-woman; Phillip Holmes, "Single You Will Be the Married You," *Desiring God*, October 20, 2015, accessed on March 28, 2017, http://www.desiringgod.org/articles/single-you-will-be-the-married-you; Drew Hunter, "The Beauty and Challenges of Singleness," *The Gospel Coalition*, February 9, 2016, accessed on March 28, 2017, https://www.thegospelcoalition.org/article/the-beauty-and-challenge-of-singleness; Bethany Jenkins, "Turning 40 While Single and Childless," *The Gospel Coalition*, October 5, 2016, accessed on March 28, 2017, https://www.thegospelcoalition.org/article/turning-40-while-single-and-childless; Timothy Keller, "Gospel Community, Singleness, Marriage and Family," *Monergism*, November, 2001, accessed on March 28, 2017, https://www.monergism.com/gospel-community-singleness- marriage-and-family; Chelsea Kingston, "Jesus, Eunuchs and the (Almost) 30-Year-Old-Virgin," *The Gospel Coalition*, July 24, 2014, accessed on March 28, 2017, https://www.thegospelcoalition.org/article/jesus-eunuchs-and-the-almost-30-year-old-virgin; Andreas J Köstenberger, "Do You Have the Gift of Singleness? (Part 1)," *Biblical Foundations*, August 18, 2006, accessed on March 28, 2017, http://www.biblicalfoundations.org/the-gift-of- singleness; Jeremy Pierre, "Pastoring Discontented Singles," *9Marks Journal*, March 20, 2017, accessed on March 10, 2018, https://www.9marks.org/article/pastoring-discontented-singles/; Grace Rankiin, "Valentine's Day for Single Christians," *Desiring God*, February 14, 2017, accessed on March 29, 2017, http://www.desiringgod.org/articles/valentine-s-day-for-single-christians; Marshall Segal, "Nine Lies in the Not-Yet-Married Life," Desiring God, February 13, 2014, accessed on March 28, 2017, http://www.desiringgod.org/articles/nine-lies-in-the-not-yet-married-life; Ed Shaw, "How Can You Live Without Sex?," *The Gospel Coalition*, May 2, 2017, accessed on May 3, 2017, https://www.thegospelcoalition.org/article/how-can-you-live-without-sex; Owen Strachan, "Singleness in Modern Culture," *9Marks Journal*, March 20, 2017, accessed on March 10, 2018, https://www.9marks.org/article/singleness-in-mod-

과 목회적 적용 사이의 균형을 추구하지만, 형식의 제약으로 인해 종
종 한계에 부딪힌다. 마지막 범주에는 설교,[18] 컨퍼런스 강연,[19] 팟캐
스트,[20] 유명 기독교 인사들과의 짧은 영상 인터뷰나 패널 토론,[21] 또

---

ern-culture/; Stephen J. Wellum, "Can a Single Person Fully Image God?," *9Marks Journal*, March 20, 2017, accessed on May 11, 2018, https://www.9marks.org/article/can-a-single-person-fully-image-god/; Douglas Wilson, "Seven Reasons Young Men Should Marry Before Their 23rd Birthday," *Blog & Mablog*, April 11, 2016, accessed on December 2, 2019, https://dougwils.com/s7-engaging-the-culture/7-reasons-young- men-marry-23rd-birthday.html.

18　See for example, Mark Driscoll, *Single Like Jesus, 1 Corinthians - Christians Gone Wild* (2006), Sermon, accessed May 4, 2017, https://markdriscoll.org/sermons/single-like-jesus/; John Piper, *Marriage, Singleness, and the Christian Virtue of Hospitality, Desiring God* (2007), Sermon, accessed May 4, 2017, http://www.desiringgod.org/messages/marriage-singleness-and-the-christian-virtue-of- hospitality; John Piper, *Single in Christ: A Name Better Than Sons and Daughters, Desiring God* (2007), Sermon, accessed May 4, 2017, http://www.desiringgod.org/messages/single-in-christ-a-name- better-than-sons-and-daughters; Vaughan Roberts, *God and Singleness* (2006), Sermon, accessed May 4, 2017, https://s3.eu-west-2.amazonaws.com/ebbesaudio/2006/2006-11-26_0000_Vaughan_Roberts_God_Sex_and_Marriage_(2006)-1_Corinthians_7-1- 40_God_and_Singleness.mp3; Vaughan Roberts, *The Christian and Singleness* (2009), Sermon, accessed May 4, 2017, https://s3.eu-west-2.amazonaws.com/ebbesaudio/2009/2009-08-16_1000_Vaughan_Roberts_God_Sex_and_Marriage_(2009)-1_Corinthians_7-25-40_The_Christian_and_singleness.mp3; Vaughan Roberts, *Singleness* (2014), Sermon, accessed May 4, 2017, https://s3.eu-west- 2.amazonaws.com/ebbesaudio/2014/160314_Vaughan_Roberts_The_Maker's_Instructions-_God_Sex_and_Marriage-1_Corinthians_7-25-40_Singleness.mp3; Ed Shaw, *Singleness* (2010), Sermon, accessed May 4, 2017, https://emmanuelbristol.org.uk/sermons/singleness/

19　See for example, John MacArthur, *Children in the Shade, Council for Biblical Manhood and Womanhood* (2016), Conference Recording, accessed May 4, 2017, https://cbmw.org/uncategorized/2016-cbmw-conference-media/; Jenny Salt, Singleness (2012), Conference Talk - Audio, accessed May 4, 2017, http://resources.thegospelcoalition.org/library/singleness-en

20　See for example, James Dobson, Singleness: *Waiting For God's Best, Part 1, Family Talk* (2012), Podcast, accessed May 4, 2017, http://www.oneplace.com/ministries/family- talk/listen/singleness-waiting-for-gods-best-i-248325.html; James Dobson, *Singleness: Waiting For God's Best, Part 2, Family Talk* (2013), Podcast, accessed May 4, 2017, http://www.oneplace.com/ministries/family-talk-weekends/listen/singleness-waiting-for-gods- best-ii-321158.html; John Piper, *Q&A On Singleness* (Desiring God, 2008), Podcast Audio, accessed May 4, 2017, http://www.desiringgod.org/messages/q-a-on-singleness

21　See for example, Sam Allberry, *How do Churches Unintentionally Undermine Biblical Teaching on Singleness?* (The Gospel Coalition, 2017), Video, accessed May 4, 2017, https://www.thegospelcoalition.org/article/how-do-churches-unintention-

는 주요 기독교 교회, 사역 단체, 기관에서 제작한 영상 자료 등이 포함된다. 자료의 출처는 지리적으로도 광범위하며 다양하다. 미국,[22]

<hr>

ally-undermine-biblical- teaching-on-singleness; Sam Allberry, The Most Common Misconception About Singleness in the Churches Today (The Gospel Coalition, 2016), Video, accessed May 4, 2017, https://www.thegospelcoalition.org/article/ sam-allberry-most-common-misconception-singleness- churches-today; Carolyn McCulley, Jennifer Marshall, and Betsy Childs, *How to Honor and Encourage the Singles in Your Church* (The Gospel Coalition, 2014), Video, accessed May 4, 2017, https://www.thegospelcoalition.org/article/how-to-honor-and-encourage-singles-in-our-churches; Jenny Salt, Lydia Brownback, and Carrie Sandom, *What Does God Say About Singleness, Difficult Questions* (2012), Video, accessed May 4, 2017, http://resources.thegospelcoalition.org/library/what-does-god-say-about-singleness

22 A limited selection of which includes Deborah Griffin, *Single For a Season, Married for a Reason* (Lake Mary, Florida: Creation House, 2007).; Brownback, *Fine China*.; Rodney Clapp, *Families at the Crossroads: Beyond Tradition & Modern Options* (Downers Grove, IL.: InterVarsity Press, 1993).; DeWitt, "On Bias".; DeYoung, "What Not to Say".; Driscoll, *Single Like Jesus*, ; Evans, *Living Single*.; Mandy Hale, *The Single Woman: Life, Love, and a Dash of Sass* (Nashville, Tennessee: Thomas Nelson Inc, 2013).; Hammond, *How to be Found*.; Hintz, "Choosing Celibacy."; Hobbs, "Protestant Theology of Celibacy."; Hsu, *Single Issue*.; Hunt, *Single and Satisfied*.; Karssen, *Getting the Most*.; Keller, "Gospel Community".; Kidder, Women, Celibacy.; Köstenberger, "Gift".; Carolyn Leutwiler, *Singleness Redefined* (N.p.: P&R Publishing Company, 2008).; Ludy, *Sacred Singleness*.; Maken, *Getting Serious*.; Marshall, *Now and Not Yet*.; Maxson and Friesen, *Will of God*.; Kate McVeigh, *Single and Loving it: Living Life to the Fullest* (N.p.: Harrison House Incorporated, 2003).; Damien K.H. Nash, *#CompletelySingle: Learning How to Become the Right One Before Meeting the Right One* (N.p.: TNG Publishing, LLC, 2015).; John Piper, "Married or Single: For Better or Worse,"*Desiring God*, May 3, 2007, accessed on March 28, 2017, http://www.desiringgod.org/articles/married-or-single- for-better-or-worse.; Repohl, "Spirituality."; Marshall Segal, "Good News for the Not-Yet-Married,"in *Designed for Joy: How the Gospel Impacts Men and Women, Identity and Practice*, ed. Jonathan Parnell and Owen Strachan (Wheaton, Illinois: Crossway, 2015).; Virden and Hammond, *Return Policy*.; Watters, *Get Married*.; Wehr, "Virginity."; Wilson, *Being Single*.; Winner, *Real Sex*.

영국,[23] 아일랜드,[24] 유럽 대륙,[25] 캐나다,[26] 호주[27] 등 다양한 국가의 저자들이 포함된다. 또한 복음주의(또는 비소속),[28] 침례교,[29] 남침례교,[30] 장로교,[31] 성공회,[32] 오순절[33]을 비롯해 메노나이트[34] 및 예수회/로마 가톨릭[35] 저자들의 소수 자료까지 포함된다.

---

23 Including but not limited to Allberry, "Not the Same".; Aune, *Challenge.*; Steve. Chilcraft, *One of Us: Single People as Part of the Church* (Milton Keynes: Nelson Word,1993).; Lloyd, *Virgin Monologues*; Carrie Lloyd, *Prude: Misconceptions of a Neo-Virgin* (Redding, CA: Red Arrow Media, 2016).; Vaughan Roberts, "Four Things God Says to Singles,"*The Gospel Coalition*, September 2, 2014, accessed on March 28, 2017, https://www.thegospelcoalition.org/article/four-things-god-says- singles.; Shaw, "Without Sex".; Trevenna, *Heart of Singleness.*; Wharton, *Single-Minded.*

24 Amos, "Marriage - and its Alternatives."; Deshpande, *Singled Out*; Gordon, *Margins*; O'Hanlon, "Towards a Theology."; Wehr, "Virginity."

25 Andronoviene, "Involuntarily Free."; Andronoviene, "Transforming the Struggles."

26 Bradbee, "Standing Alone."; Danylak, "Secular Singleness."; Lydia Crutwell, "An Affirmation of Celibacy," *Canadian Mennonite*, 2014; Ervine, "Eunuchs."

27 Arasaratnam, *Reflections*; Salt, *Singleness*

28 Much of the relevant mass-market and landmark books, as well as the applicable online articles and audio-visual resources have been produced from within an evangelical context.

29 Andronoviene, "Transforming the Struggles."; Andronoviene, "Involuntarily Free."; Nell Magee, "Singleness as a Christian Life-Style, II," *Review & Expositor* 74, no. 1 (1977).

30 Burke, "Christian Lifestyle."

31 Ervine, "Eunuchs."

32 Amos, "Marriage - and its Alternatives."

33 Arasaratnam, *Reflections*; Dennis Franck, *Reaching Single Adults: An Essential Guide for Ministry* (Grand Rapids, Michigan: Baker Books, 2007).

34 Crutwell, "Affirmation."

35 O'Hanlon, "Towards a Theology."; Bernardo Olivera, "Celibacy as Love Relationship," *Cistercian Studies Quarterly* 39, no. 4 (2004); Repohl, "Spirituality."; Eve Tushnet, "Beyond Religious Life and Marriage: A Look at Friendship as Vocation,"*America: The Jesuit Review*, no. August 13, January 24, 2017, accessed on April 18, 2018, http://www.americamagazine.org/faith/2017/01/24/beyond- religious-life-and-marriage-look-friendship-vocation; Eve Tushnet, Gay and Catholic: *Accepting My Sexuality, Finding Community, Living My Faith* (Notre Dame, Indiana: Ava Maria Press, 2014).

이 주제에 관한 기독교 담론의 다양성 때문에 정의를 내리는 단계부터 매우 복잡하다. 기독교 저자들은 일반적으로 '싱글'에 대한 일관된 정의를 내리는 작업을 세속적 저자들보다 훨씬 더 단순한 과제로 보는 경향이 강하다. 교회나 교단이 역사적으로 결혼과 성에 관하여 전통적인 신학을 고수하는 경우(복음주의 전통 내에서 흔히 그러하듯), 일반적으로 결혼했거나 약혼한 상태가 아니면 싱글로 분류한다. 이러한 의미에서 현대 기독교의 담론에서는 상당히 단순하게 이분법적 적용을 취하고 있다. 즉, 결혼한 상태(또는 결혼 예정 상태)가 아니면 '싱글'로 간주한다.

그러나 '금욕'(celibacy)이라는 용어(및 관련 어휘)와 '싱글'이라는 용어 간의 상관관계에 대해서는 합의가 이뤄지고 있지 않다. 어떤 저자들은 두 용어를 구분 없이 사용하지만, 다른 이들은 매우 세밀하게 사용한다. 어떤 이들은 '금욕'이라는 용어가 의도적이고 헌신적이며 평생 지속되며 때로는 성스러운 헌신을 수반하는 낭만적·성적 절제를 특별히 가리키는 의미로 사용한다.[36] 다른 이들은 이 용어를 단순히 현재 결혼하지 않은 이들이 실천하도록 부름받은 절제된 생활 방식, 혹은 단순히 미혼 상태를 지칭하는 데 사용한다.[37] 또 다른 이들은 중도적 입장을 모색하며, 싱글 생활은 의도적으로 서약한 상태로 이해되어야 하지만 소명의식에 해당하는 것은 아니라고 제안한다.[38]

---

36 See, Hobbs, "Protestant Theology of Celibacy."; Wehr, "Virginity.", and Roman Catholic authors such as Repohl, "Spirituality."

37 See, Aune, *Challenge*., Colón and Field, Singled Out., Kidder, *Women, Celibacy*; Aune, *Challenge*. and McClymond, "Last Sexual Perversion."

38 Hintz, "Choosing Celibacy".

따라서 본 논문에서는 이 용어의 독립성과 상호의존성을 상세히 탐
구할 것이다. 결론적으로, 싱글이라는 주제를 다루는 기독교 담론 내
의 자료는 스타일, 내용, 구조, 맥락 측면에서 정말 매우 다양하다. 그
러나 이러한 다양성에도 불구하고, 대다수에게 공통적으로 나타나는
놀라운 수준의 일관된 지점이 하나 있다. 이 주제에 관한 자료들은 거
의 예외 없이 싱글 기독교인을 신앙 공동체 내에서 문제가 많은 개인
으로 묘사하며, 교회 내에서 싱글 기독교인들이 겪는 어려움을 공공
연하게 드러내는 경향이 있다. 쉽게 말해서, 싱글 기독교인은 교회의
담론적 규범에 부합하지 않는 것으로 규정한다.

이러한 주장의 실증적 근거는 특별히 서구화된 복음주의 교회 구성
원의 인구통계학적 분석에서 찾아볼 수 있다. 예를 들어, 싱글 중 예
수 그리스도께 개인적으로 헌신했다고 말하는 미국 성인 중 약 50%
를 차지하지만, 미혼자들은 기혼자들보다 교회 출석률이 매우 저조
하다고 주장하는 사람들이 있다.[39] 이는 2014년 미국 성인 인구 전
체의 28%가 미혼[40] 상태였음에도 불구하고(18~49세 연령층에서는
이 수치가 거의 두 배인 54%에 달함),[41] 2018년 개신교 교회 신자 중
미혼자의 비율은 18%에 불과했다는 사실로 더욱 입증된다.[42] 호주에
서 2016년 교회 내 기혼 성인 비율(65%)은 사회 전체 비율보다 현저

---

39 Colón and Field, *Singled Out*.

40 The Pew Research Center, "Share of Married Adults Varies Widely Across U.S. Reli-
    gious Groups,"(Pew Research Center, 2018), 12.

41 Joyce Chiu, "A Single-Minded Church,"Barna Trends, accessed April 12, 2017,
    https://www.barna.com/single-minded-church/.

42 The Pew Research Center, "Marital Status by Religious Group,"accessed April 26,
    2016, http://www.pewforum.org/religious-landscape-study/marital-status/.

히 높았다.[43] 미망인과 홀아비는 교회 내에서 비율상 많은 숫자가 있었지만(교회 10%, 일반 인구 5%),[44] 이혼 또는 별거 상태인 이들의 비율은 오히려 3분의 1가량 낮았다(교회 6%, 일반 인구 9%). 또한, 2016년 호주 인구 중 미혼자는 28%를 차지했으나, 호주 교회 출석자 중 미혼자는 17%에 불과했다.[45] 지구 반대편에서는, 2014년 영국 인구의 절반 미만이 결혼한 반면, 같은 해 정기적으로 예배 장소에 출석한 사람들 중 5명 중 3명은 결혼한 상태였다.[46] 또한, 기혼 인구의 12.4% 이상이 한 달에 한 번 이상 교회에 출석한 반면, 미혼 인구의 비율은 6.7%에 불과했다.[47] 이러한 통계적 사례는 서구 기독교 교회(특히 개신교 교회)가 일반 인구 집단과 비교할 때 결혼한 신자의 비율이 현저히 높고, 이에 따라 미혼 신자의 비율이 상대적으로 낮다는 점을 보여준다(과부나 홀아비는 제외). 이러한 인구통계학적 결론은 현대 기독교 교회 내에서 미혼 신자들의 주변화 현상이 팽배해지고 있다는 것에 대한 방증이다. 싱글들이 '교회 생활의 상당 부분에서 대체로 무시당하고, 소외되며, 배려 받지 못해 왔다'[48]는 주장에 대한 추가 증거는 싱글 기독교인들의 경험담에서 찾아볼 수 있다. 기독교 관

---

43 Aaron McAleese, Miriam Pepper, and Ruth Powell, "Comparing Church and Community: A Demographic Profile,"(Strathfield, Australia: NCLS Research, 2018), 12.

44 McAleese, Pepper, and Powell, "Comparing Church," 13.

45 McAleese, Pepper, and Powell, "Comparing Church," 13.

46 David Pullinger, "The Numbers of Single Adults Practicing Christian Worship,"accessed May 2, 2017, http://www.singlefriendlychurch.com/downloads/yougovsc-cvmlowresrpt25jan2015-(2).pdf.

47 Pullinger, "The Numbers of Single Adults Practicing Christian Worship"11.

48 Clive Calver, "Foreword,"in *One of Us: Single People as Part of the Church*, ed. Steve Chilcraft (Milton Keynes: Nelson Word, 1993), 12.

련 자료에는 개인의 다양한 일화적 경험담이 압도적으로 많지만, 안 타깝게도 이 분야에 대한 체계적인 연구, 데이터 수집 및 분석은 거의 이루어지지 않았다. 영국에 기반을 둔 단체 [싱글 크리스천](Single Christians Ltd.)은 싱글 기독교인들의 개인적 경험을 더 잘 이해하기 위해 자체적으로 정량적·정성적 연구[49]와 함께 독립적인 설문조사[50]를 실시하고 그 데이터를 분석하여 주목할 만한 사례를 남겼다. 그

---

49 David Pullinger, *The Eyes of the Perceiver: The Numbers and Issues of Single People in Churches* (Cambridge, United Kingdom: Deedot Press, 2015). This resource reflects the analysis of a 2014 survey conducted by Christian Research Ltd as part of their annual Resonate survey. The sample of this survey was markedly different to that of the Christian Connection 2012 survey. A self-selected sample of 1401 Christian individuals were surveyed (of which 400 were church leaders). 53.3 per cent of survey respondents were male, and the average age of all respondents at 57.1 years. Respondents included those who were married as well as those who were single, though no specific information concerning the exact numbers of each status within the sample is available. The survey focused on issues of perception rather than experience, with the questions addressing the proportion of single people in churches, how respondents thought church talks and sermons might be made more relevant to single Christians and what respondents believed were some of the main issues facing contemporary single Christians.

50 David Pullinger, "Singleness in the UK Church," Single Friendly Church, accessed May 8, 2017, http://www.singlefriendlychurch.com/what-do-single-christians-say-about-church/about-the- research. and David Pullinger, "Singleness in the UK Church: Data- Survey Numbers Summarised," Single Friendly Church, accessed May 8, 2017, http://www.singlefriendlychurch.com/downloads/data--survey-numbers-summarised.pdf. This 2012 survey was undertaken by online dating organisation, Christian Connection (http://www.christianconnection.com). A self-selected sample of 3174 individuals responded, including a significantly higher number of female respondents (71 per cent), compared to male respondents (29 per cent). 81 per cent of respondents identified themselves as weekly church attenders, with another 8 per cent indicating that they attend church at least once a month. As noted by the survey analyst, there are a number of factors which may potentially distinguish the specific responses given by these respondents from those which might have been given by other unmarried Christians in the UK. For example, the self-selecting sample was primarily constituted of individuals proactively seeking to find a life-partner through online dating (i.e., they did not wish to remain single). Furthermore, online activity (including subscription to online dating services) may indicate a somewhat higher level of disposable income (and therefore possibly also higher levels of education). Nonetheless, analyst Dr David Pullinger concludes that '[d]espite the caution [. . .] the number of respondents that are single and church-going, in a range of types of households and types of area and paid for work' indicate that the sample ought to be considered favourably (http://www.sin-

들의 분석에 따르면, 미혼 응답자의 67%는 결혼이 교회에서 기대되고 인정받는 생활 방식이라고 느꼈고, 40%는 미혼이라는 이유로 자신들에게 문제가 있다고 여겨진다는 점에 동의했으며(해당 질문에 중립적으로 응답한 비율은 20%), 43%는 교회가 자신들이 싱글이라는 이유로 어떻게 처신해야 할지 모른다고 답했으며, 27%는 교회에서 소외되거나 무시받는다고 느꼈다. 그리고 37%는 교회가 가족이라고 말하지만 싱글을 가족 구성원으로 대우하지 않는다고 주장했고[51](45세 이상 응답자의 경우 이 수치가 50% 이상으로 상승),[52] 응답자의 61.85%는 교회 지도자의 연애 관계 및 독신 문제에 대한 조언이 관련성이 없거나 도움이 되지 않거나 사실상 존재하지 않는다고 느꼈다.[53] 그리고 응답자의 33%만이 교회 지도자와 일대일로 자신의 싱글 상태에 대해 논의한 적이 있었다(그 중 지도자가 먼저 대화를 시작한 경우는 불과 4분의 1에 불과했다).[54] 싱글 기독교인들이 교회 공동체에서 소외감과 고립감을 느낀 주된 이유 중 하나는 결혼과 가정 생활을 중심으로 한 설교 예화가 지나치게 많았기 때문이다.[55] 이

---

glefriendlychurch.com/what-do-single-christians-say-about-church/about-the-research).

51   All above data sourced from Pullinger, "Singleness in the UK (Data)," 15.

52   Pullinger, *The Eyes of the Perceiver: The Numbers and Issues of Single People in Churches*, 8.

53   Pullinger, "Singleness in the UK (Data)," 16.

54   Pullinger, "Singleness in the UK (Data)," 17.

55   Pullinger, *The Eyes of the Perceiver: The Numbers and Issues of Single People in Churches*, 14. A significant factor contributing to this is surely that the vast majority of Protestant church leaders are themselves married, family men. For instance, it was found that in 2016, 92–93 per cent of all "senior leaders" of Australian Protestant churches were married. Of the remaining 8 per cent who were unmarried, only 4 per cent had never been married. See, Ruth Powell, Sam Sterland, and Miriam Pepper, "Demographics Paint a Picture Local Church Leaders," (National Church

는 교회 소식지에 종종 '약혼한 부부, 기혼 부부, 미취학 아동이 있는 기혼 부부, 십대 자녀가 있는 기혼 부부, 자녀가 독립한 부부 등을 위한 주일학교 수업'이 가득하다는 다른 이들의 관찰과도 일치한다.[56] 이 데이터는 미국의 경우와 일맥상통하며 절대 다르지 않다. 미혼 성인 중 거의 50%가 교회 공동체 내에서 종종 양가적인 태도로 대우받는다고 느끼는 것뿐만 아니라,[57] 거의 60%가 싱글이라는 점 때문에 어느 정도 영향을 받아 교회를 떠나거나 아예 교회 출석을 중단할 생각을 해본 적이 있다.[58]

1.2. 최근의 변화

싱글 기독교인들이 신앙 공동체에서 항상 소외되거나 이방인처럼 느껴진 것은 아니었다. 하나님 백성의 역사 속에서 어떤 때에는 싱글 생활로의 부르심이 영적으로 더 우월한 것으로 인식되었고 다른 어떤 때에는 가정 생활로의 부르심이 더 우월한 것으로 인식되었다.[59] 따라서, 이전 장에서 세속적 담론에 대해 역사적 탐구를 진행했듯이, 여기서는 교회가 싱글 상태에 역사적 방식으로 접근하여 동일한 과정을 진행하려고 한다. 특별히 본 장에서는 싱글 상태에 대하여 종교개혁 이후 시점부터의 역사적 전개 양상에 초점을 맞출 것이다.

기독교회의 첫 1500년 동안 오늘날 '싱글 생활'이라고 부르는 삶

Life Survey, 2018).

56　Colón and Field, *Singled Out*, 81.

57　Wehr, "Virginity,"76.

58　Colón and Field, *Singled Out*, 80.

59　Deshpande, *Singled Out*, 9.

의 우월함은 신학적으로 중대한 문제였으며 때로는 정통과 이단을 구분하는 기준점으로도 사용되었다. 16세기 종교개혁이 일어나기 전까지 신앙 공동체 내에서 지배적이던 '결혼에 대한 회의적인 관점'은 거의 변함이 없었다.[60] 초기 종교개혁 주도자들은 결혼과 미혼의 대립적 상태에 대해 균형 잡힌 접근을 추구하며, 양자 모두 동등하게 신성한 소명으로 간주했다. 그러나 종교개혁이 불길처럼 번지고, 교회 지도자들이 성적 타락을 시급한 윤리적 위기로 인식하면서, 결혼은 결국 '개혁을 위한 헌신의 시금석 중 하나'가 되었다.[61] 실제로 1525년이 되자 유명한 종교개혁자들은 거의 모두 결혼했으며, '싱글로 구별되던 사제는 좋은 가장 역할을 감당하는 목사에게 자리를 내주었다'.[62] 루터의 가르침과 저술, 그리고 그의 삶 자체가 이러한 신학적 교정의 주요 사례가 되었다. 타락 이후 인간의 성욕은 통제 불가능하고 무질서한 정욕에 의해 지배된다는 인식에 이끌려, 루터는 결혼을 인류의 타락한 정욕에 대한 필수적인 치료제로 이해했다. 그는 어떤 기독교인도 '예레미야처럼(렘 16:2) 하나님께서 특별히 부르시지 않는 한, 또는 그 안에 하나님의 은혜가 너무나 강력하여 '생육하고 번성하라' 는 신성한 명령이 적용되지 않는 한 싱글로 남아서는 안 된다고 주장했다.[63] 종교개혁이 끝날 무렵, 개신교는 초기 및 중세 교회의 역사적

---

60 Ervine, "Eunuchs," 223.

61 Eric Josef Carlson, "Clerical Marriage and the English Reformation," *Journal of British Studies* 31, no. 1 (1992): 4.

62 Christopher Hill, *Society and Puritanism in Pre-Revolutionary England* (Middlesex, England: Penguin Books Ltd., 1986), 439.

63 Martin Luther, "The Estate of Marriage," in *Luther's Works: The Christian in Society II*, ed. W.I. Brandt (Philadelphia: Muhlenberg Press, 1962), 21.

입장에서 멀리 벗어나서 결혼이 '규범적이며 긍정적인 의무이고 가족은 건강한 사회의 새로운 기초'로 간주하게 되었다.[64] 비록 개신교의 비권위적 성향으로 인해 결혼의 우위에 관한 구속력 있는 규정적 신학은 존재하지 않았지만,[65] 실제 관행에서는 '종교개혁 이후 기독교인들에게 가장 우선적인 삶의 방식이 결혼과 가정이 되도록 이끌었다'.[66] 그러나 21세기의 좋은 결혼과 가정 생활의 조건이 초대교회나 그 전의 조건과 동일하다고 생각한다면 대단히 큰 착각이다. 역사 대부분에 걸쳐 결혼은 남성과 여성의 개인적 욕구와 그들이 낳은 자녀에 관한 것이 주요 목적이 아니었다.[67] 이는 19세기 이전의 개신교에도 분명히 적용되는 사실이었다:

개신교도들이 가족 구성원들을 대하는 태도는 그들의 신중심적인 종교적 신념과 부모 공경의 계명이 자신의 부모뿐만 아니라 모든 아버지와 어머니에게 적용된다는 인식에서 비롯된 것이었다. 배우자들은 지나친 사

---

64 John Howard Yoder, *Singleness in Ethical and Pastoral Perspective* (N.p.: Associated Mennonite Biblical Seminaries, 1974), 14.

65 The closest resemblance of such is perhaps to be found within The Southern Baptist Convention's *Baptist Faith and Message*. See Article XVIII of The Southern Baptist Convention, "The Baptist Faith and Message," accessed May 4, 2017, http://www.sbc.net/bfm2000/bfm2000.asp. For its part, the magisterium of the Roman Catholic Church has gone on to esteem the single life as either a specific invitation from Christ to 'certain persons to follow him in this way of life' for the sake of the kingdom of heaven (normally expressed through the consecrated celibacy within a religious order) or as the preliminary and transitory state prior to what the Catechism regards to be the 'great good of marriage'. See, *Catechism of the Catholic Church* [Libreria Editrice Vaticana] (Homebush, Australia: St Pauls - Society of St Paul, 1994): 2.2.3.7.§1618.

66 Stanley Hauerwas, "Knowing How to Go on When You Do Not Know Where You Are: A Response to J Cobb, Jr," *Theology Today* 51, no. 4 (1995): 568.

67 Coontz, *Marriage, a History*, 6.

랑을 경계해야 했고, 부모와 자녀들은 이별을 준비해야 했다. 가족이 스스로를 바라보는 이미지는 희미하고 실체가 없었지만, 천국의 가정은 지상의 어떤 거처보다 훨씬 생기 있게 다가왔다.[68]

그러나 산업 혁명이 자리를 잡으면서 애정을 중심으로 이뤄지는 결혼과 가족이 이상적인 모습으로 구체화되기 시작하자, 개인의 삶은 점차 공적 영역과 사적 영역으로 분리되기 시작했다. 특히, 가정의 주거 공간은 이전에는 생산과 복지의 관계적 단위로 함께 일하던 주민들에게 피난처를 제공하던 처소였지만, 개인을 위한 은신처와 피난처로 재구성되었다. 그 결과 기독교는 점점 더 공적 영역에서 더 아늑하지만 중요성이 떨어지는 사적 영역으로 밀려났으며,[69] 유럽과 미국의 중산층 개신교도들은 '경건한 사회를 만들려는 시도를 포기하고 경건한 가정을 만드는 것에 집중했다'.[70] 19세기에 재탄생한 20세기 중반에 재구성된 결혼 및 가족의 개념이 바로 오늘날 현대 서구 기독교의 모습을 지배하는 감성적 이상향(sentimental ideal)의 토대이다. 이러한 일련의 역사적·사회적 발전을 거치면서 1950년대에는 단순히 결혼과 가족을 이상향으로 여기는 '황금기'에 머물지 않았다. 즉, 20세기 중반 모두가 결혼해야 한다는 문화적 합의가 다른 모든 관점을 짓누르는 증기 압축기 같은[71] 시대 정도가 아니라, 더 나아

---

68 Gillis, *Their Own Making*, 63.

69 Clapp, "Family Values," 188.

70 Rosemary Radford Ruether, *Christianity and the Making of the Modern Family* (MA: Beacon Press, 2001), 103.

71 Coontz, *Marriage, a History*, 229.

가 기독교적인 도덕성이자 사회적 책임으로 여기는 시대가 되었다. 실제로 1957년 미국 설문 조사에 따르면, 당시 사람들의 80%가 싱글로 사는 것을 병적이고 신경증적이며 심지어 비도덕적인 것으로 분류했다.[72] 사회 혁명의 급속한 진행과 이후 싱글에 대한 수십 년간 지속된 환멸로 인해서 '가족'이라는 개념은 현대인의 인식에 충격적일 정도의 영향력을 행사하고 있다.[73] 다양한 사회적, 경제적, 정치적 역학이 지속적으로 가정의 신성함을 부추겼지만, 기독교—특히 복음주의 개신교—의 영향력을 간과할 수 없다.

그러나 20세기 후반 전쟁과 세계화 같은 정치 및 사회적 변동으로 인해 1950년대에 이상화된 '전통적 가족'의 개념이 급격히 무너지기 시작했고, 북미 개신교도들은 전통적 가족의 모습을 지켜야 한다는 절박함과 사명감에 사활을 걸기 시작했다. 이에 따라 1970년대와 1980년대 그리고 1990년대는 복음주의 교회 지도자들이 과거의 '전통적 가족의 가치'를 회복하자는 캠페인을 벌인 시기로 특징지어진다. 특히 제임스 돕슨(James Dobson), 팻 로버트슨(Pat Robertson), 팀 라헤이(Tim LaHaye), 게리 바우어(Gary Bauer), 제임스 로빈슨(James Robinson)과 같은 저명한 복음주의 지도자들은 핵가족, 특히 생계부양자 남편과 가정주부 아내를 중심으로 이뤄진 가정을 '미국식 생활 방식'과 동일시하기 시작했다.[74] 결혼과 부모 역할은

---

72 Coontz, Marriage, a History, 230. For more on the historical and theological development of the 1950s ideal, see Coontz, *Marriage, a History*, 229–246; Stephanie Coontz, *The Way We Never Were: American Families and the Nostalgia Trap* (New York, New York: Basic Books, 1992).

73 Gillis, *Their Own Making*, 238.

74 Clapp, *Families at the Crossroads*, 162.

특히 여성에게 있어 기독교적 열망 중 가장 고귀한 것으로 권장되기 시작했다. 돕슨의 '가족에 집중하라'(Focus on the Family)와 같은 사역 단체들은 지도자 양성 기관을 개설하고 컨퍼런스를 개최하며, 문헌, 잡지, 라디오 프로그램, 영화 등을 제작하며 결혼과 가족에 대한 신자의 도덕적 의무와 규범을 주입시켰다. 실제로 반세기가 지났지만 '가족에 집중하라'는 모토를 다음과 같은 현대적 비전 선언문으로 발전시키며 사역적 논조를 여전히 유지하고 있다:

> 궁극적으로 우리는 삶의 목적이 예수 그리스도와의 진정한 관계를 통해 하나님을 알고 그분을 영화롭게 하는 데 있다고 믿는다. 이 목적은 먼저 우리 가정 안에서 실현된 후, 그분을 절실히 필요로 하는 더 상처받은 세상에 사랑으로 확장된다.[75]

그 당시 기독교 문헌 역시 교회 문 밖에 바로 펼쳐진 타락한 사회로부터 기독교적 결혼과 가족의 모습이 심각한 위협을 받고 있다는 관념을 적극적으로 조성하기 시작했다. 예를 들어, 1991년 돕슨(Dobson)과 바우어(Bauer)의 저서 『위험에 처한 아이들』(Children at Risk)의 표지에 '길 건너편 아이들만이 아닙니다. 바로 여러분의 자녀가 위험에 처해 있습니다'라는 경고 문구가 있으며,[76] 라헤이(LaHaye)의 1982년 저서 『가족을 위한 전투』(*The Battle for the*

---

75 Focus on the Family, "Our Vision,"accessed 7th September, 2019, https://www.focusonthefamily.com/about/foundational-values. Emphasis added.

76 James Dobson and Gary Bauer, Children At Risk (TN: Thomas Nelson Incorporated, 1991).

Family)에는 기독교 가정에 심각한 위협을 가하는 열다섯 가지의 서로 다른 세력—혹은 적들—을 언급하고 있다.[77] 당시 복음주의자들은 페미니즘의 등장, 낙태 접근성 확대, 이혼율 증가, '가치 중립적' 교육, 타락하고 타락시키는 미디어, 동성애자 권리 운동 및 기타 사회적 발전에 대항하여 '전통적'이며 '성경적'이고 심지어 '자연적'이라고 표현하면서 점점 더 강력하게 가정 수호에 초점을 맞추었다.[78] 세속적 이념과 기독교적 이념 사이의 격차가 계속 벌어지자, 복음주의 진영은 기독교 공동체 내 핵가족의 '생존'에 더욱 절박하게 집착하게 되었다:

> 가족은 전례가 없을 정도로 중요한 시대가 도래했으며 최근 들어 복음주의자들에게 존재 이유가 되었고, 사회적 안정과 전통적 도덕적 미덕의 상징이 되었다. 현대 세계에서 가족의 생존은 아마도 복음주의 사회에서 가장 높은 우선순위가 되었다.[79]

20세기 후반과 21세기 초 기독교 담론 내에서 가정에 관한 신학적·윤리적 서사가 중요한 이유는 '기독교적 헌신'과 '가족의 신성함' 사이의 동맹이 공공 담론에서 너무나 당연시되어 '기독교적 가정의 가치' 같은 표현이 신학자와 목회자 그리고 평신도 모두의 입에서 이

---

77 Tim LaHaye, *The Battle for the Family* (MI: Fleming H. Revell Co, 1982).

78 Clapp, *Families at the Crossroads*, 11.

79 James Davison Hunter and Helen V. L. Stehlin, "Family: Toward Androgyny," in *Evangelicalism: The Coming Generation*, ed. James Davidson Hunter (Chicago, Illinois: The University of Chicago, 1987), 76.

구동성으로 흘러나와 강력한 영향을 끼치고 있기 때문이다.[80] 실제로 현대 서구 개신교, 특히 복음주의 내에서 '좋은 기독교인이 되는 것은 좋은 가장이 되거나 좋은 아내이자 어머니가 되는 것과 분리될 수 없는 것으로 여겨진다'.[81]

기독교 지도자들은 여전히 '전통적'이고 상징적인 핵가족을 보호하는데 깊이 관심을 두고 있지만, '기독교 가정', '전통적 가정' 또는 '전통적 가족의 가치'를 언급할 때 그들이 실제로 지칭하는 것은 '19세기 부르주아 가정의 전형적인 모습'[82]이며 1950년대 및 1960년대 초반에 불과한 놀라울 정도로 짧은 전성기를 구가한 형태임을 인식하지 못하고 있다. 현대 서구 핵가족 개념이 '성경 저자들이 알고 있던 전통적 가족과 현저히 다르다'는 사실에도 불구하고,[83] 오늘날 복음주의 기독교 담론 내 지배적 집단은 여전히 결혼과 '전통적 핵가족'을 성경적 이상과 동일시하고, 이를 기독교 최고의 미덕이자 명령으로 여기며 우선시하고 있다.

따라서 기독교 내에서는 싱글 상태가 본질적으로 문제적이고 심지어 비정상적인 것으로 여겨지는 것은 전혀 놀라운 일이 아니다. 관련 문헌과 자료를 더 자세히 살펴보면, 싱글 상태에 대한 이러한 '수동적

---

80 Sondra Wheeler, "Christians and Family," in *The Oxford Handbook of Theological Ethics*, ed. Gilbert Meilaender and William Werpehowski (Oxford: Oxford University Press, 2005), 344.

81 Wheeler, "Christians and Family," 344.

82 Hunter and Stehlin, "Family," 92.

83 Nancey Murphy, *Virtues and Practices in the Christian Tradition* (Harrisburg, Pennsylvania: Trinity Press International, 1997), 185.

이고 억제적인'(passive and palliative)[84] 담론적 대응이 싱글 기독교인의 존재 방식과 관련된 세 가지 뚜렷하면서도 연결된 측면—그 정의적 특성, 인식된 가치, 신앙 공동체 내에서의 소속감—과 특별히 연관되어 있음이 분명해질 것이다.

1.3. 싱글 생활의 이미지와 특징

자신의 논문에서 브릿지 존스라는 대중문화 캐릭터를 신학적 해석에 차용한 모건은 '자발적이지 않은 싱글 상태(involuntary single-ness)를 신학적 윤리적 문제로 다루며, 더 나아가 현대 심리학 및 심리치료의 강력한 흐름이 싱글을 비정상적이며 결핍된 상태로 규정한다'고 지적한 바 있다.[85] 동일한 인식이 현대 교회의 가르침과 사역에도 이어져 싱글 생활이 '기독교 공동체 내에서 실패의 한 형태로 취급된다'.[86] 아래에서 입증되듯이, 기독교 담론은 일반적으로 싱글 생활을 본질적으로 결핍되고, 비정상적이며, 충족되지 못한 상태로 간주하며, 특별한 영적 역량이 필요하다고 여긴다.

1.3.1. 결여

싱글이라는 이유로 독립적이고 인격적인 존재로 인정받지 못하는 결정적인 이유는 결혼이라는 대립 개념이 지나치게 신성시되었기 때문이다. 결혼 여부가 어른의 척도가 될 수 없듯이 신앙의 척도 역시

---

84 Hintz, "Choosing Celibacy," 49.

85 Morgan, "Bridget Jones's," 33.

86 Bradbee, "Standing Alone," 27. See also, Magee, "Singleness," 82.

될 수가 없다. 즉, '싱글'이라는 용어가 '미혼' 또는 '결혼하지 않은' (혹은 더 일반적으로 '파트너가 없는' 또는 '커플이 아닌')이라는 용어와 동의어로 사용되기 때문에, 싱글 개인을 규정하는 근본적 결정 요인은 그들이 누구의 배우자가 되거나 되지 못하는 것에 달려 있다. 싱글은 남편도, 아내도, 커플도 아니다. 그런데 주목해야 할 점은 이 등식이 역방향으로는 성립하지 않는다는 것이다. 비록 싱글이 모든 인간의 본래 상태였으며 결혼이라는 행위를 통해 약간 변화된 상태이지만 결혼한 개인을 '비-싱글'이나 심지어 '전-싱글'이라고 지칭하는 것은 사회적으로 통용되지 않는다. 이러한 불균형으로 인해 결혼은 바람직한 정체성을 규정하는 측면으로 특권화되고 동시에, 싱글 상태는 '결핍된 정체성'으로 특징짓는 상황에 이르게 되었다.[87] 이러한 언어 습관은 세속 영역에만 국한되지 않는다. 교회 역시 싱글을 결혼하지 않은 상태로 묘사하는 패턴을 동일하게 따르기 때문이다. 2017년 목사들을 대상으로 쓴 글에서 드마르스(DeMars)는 기독교인들은 모두 싱글인 이유를 제시했다. 그의 관점에 의하면, '어떤 젊은 교인은 아직 배우자를 찾지 못한 상태이며, 어떤 교인은 배우자를 잃고 현재 과부/홀아비가 되었고, 또 어떤 이들은 일찍이 이혼을 경험했지만 아직 재혼하지 않았거나 영원히 재혼하지 않을 수도 있다.'[88] 즉, 싱글 기독교인은 한 번 결혼한 적이 있거나 아직 결혼하지 않은 사람

---

87 Shelley Budgeon, "Couple Culture and the Production of Singleness," Sexualities 11, no. 3 (2008): 313; Karen Daiter, "The Experience of Competent, Never Married, Over Forty Adults"(PhD diss., Institute for Clinical Social Work (Chicago), 2010), 2; Jennifer A. Moore and H. Lorraine Radtke, "Starting 'Real' Life: Women Negotiating a Successful Midlife Single Identity," Psychology of Women Quarterly 39, no. 3 (2015): 305; Reynolds and Taylor, "Narrating Singleness," 198.

88 DeMars, "Folding Singles".

으로 정의된다는 말이다. 또한 이 주제를 다룬 2017년 책 『아직 결혼하지 않은 상태: 싱글생활과 연애 속에서 기쁨을 찾아서』(*Not Yet Married: The Pursuit of Joy in Singleness and Dating*)[89]는 싱글 상태가 아직 (혹은 더 이상) 결혼하지 않은 상태라고 묘사하는 것의 문제점을 명확히 보여준다. 교회가 싱글 상태를 '무엇이 아닌지' 또는 '무엇이 부족한지'로 규정할 때, 결국 싱글 기독교인의 삶을 부정적으로 규정하게 된다. 이렇게 부정적으로 규정하는 방식은 싱글 상태 자체에 본질적으로 좋은 점이 없다는 생각을 강화하며, 단지 결혼에 내재된 본질적 선을 결여한 상태에 불과하다는 인식을 심어준다.[90] 이같이 싱글에 대한 뿌리 깊은 인식으로 인해 싱글 기독교인은 내적·사회적 정체성을 긍정적으로 구축하려는 노력조차 포기한다.

1.3.2. 비정상

싱글 상태를 결핍으로 간주하는 관점은 기독교 공동체의 신학적 이론과 목회적 실천에 의해 더욱 강화되었으며, 이로 인해 싱글 상태는 오랫동안 비정적인 위치(aberrant status)에 머물러 있었다. 예를 들어, 프랭크 스태그의 1977년 논문 「독신자에 대한 성경적 관점」에는 불과 19페이지 분량에서 12회 이상 결혼을 규범으로 언급한다.[91] 1989년 데이비드 L. 스미스(David L. Smith)는 '결혼과 가족은 성경에서 발견되는 가장 중요한 생활 방식이다. 따라서 기독교

---

89 Marshall Segal, *Not Yet Married: The Pursuit of Joy in Singleness and Dating* (Wheaton, Illinois: Crossway Books, 2017).

90 Allberry, *7 Myths About Singleness*, 12.

91 Stagg, "Biblical Perspectives," 5; 6; 7; 12; 13; 16; 17; 19.

인에게 이는 규범적이라고 결론 내려야 한다'고 주장했다.[92] 2000년 미국 남침례회 총회의 '침례교 신앙과 메시지' 제18조는 '하나님께서 가족을 인간 사회의 기초적 제도로 정하셨다'고 명시하고 있다.[93] 2004년 저명한 개신교 신학자 안드레아스 쾌스텐베르거(Andreas Köstenberger)는 '대다수 서구 기독교인들에게 결혼이 정상적인 상태라는 것은 자명해 보인다'고 단언했다.[94] 2006년 당시 유명한 목회자이자 설교자였던 마크 드리스콜(Mark Driscoll)은 말하기를 '성경은 결혼을 높이 평가하며, 결혼을 포용하며, 결혼은 존중받고 우선시되어야 한다'고 했다.[95] 또한 작가 데비 메이큰(Debbie Maken)은 '거의 모든 기독교 선조들이 싱글을 비성경적이라 여겼으며 젊은 성인들은 결혼할 신성한 의무를 지닌다고 믿었다'고 주장했다.[96] 2016년, '지난 50년 동안 가장 영향력 있는 설교자 25인'[97] 중 한 명으로 인정받는 존 F. 맥아더는 중요한 기독교 회의에서 연설하면서 목회자로서 자신의 책임은 '젊은이들에게 그리스도를 사랑하는 사람을 찾아 인생의 동반자가 되어 사랑 안에서 함께 성장하도록 권면하는 것'이라고 말했다. 그는 명료하게 '사랑과 결혼은 명령입니다. 그렇지 않

---

92   Smith, "Towards a Theology," 39.

93   Article XVIII of Southern Baptist Convention, "Faith and Message."

94   Köstenberger and Jones, *God, Marriage and Family*, 173.

95   Driscoll, *Single Like Jesus*, 3:20mins.

96   Maken, *Getting Serious*, 16.

97   Craig Brian Larson, "The Top 25 Most Influential Preachers," *Christianity Today*, February 1, 2006, accessed on June 28, 2017, https://web.archive.org/web/20060201142833/http://www.christianitytoday.com/anniversary/fe atures/top25preachers.html. Archived from the original: http://www.christianitytoday.com/anniversary/features/top25preachers.html.

습니까? 그것은 명령입니다.'라고 말했다.[98]

기독교인에게 결혼이 지닌 규범성, 나아가 도덕적 필연성에 대한 이러한 특정 언급들은 광범위하지만 놀라울 정도로 일관된 담론 속에서 선별된 일부 사례에 불과하다. 수많은 평론가들이 비판적으로 지적했듯이, 현대 서구 기독교는 개인에게 "결혼에 구현된 하나님의 '계획'이 실현되기를 희망하라"고 권장한다.[99] 또한 결혼을 '고독과 정체성 문제에 대한 해답으로 간주하고 '성공에 대한 욕구'를 충족시켜 줄 목표 지점'으로 모델링하며,[100] 종종 '가족을 예배와 섬김 다음으로 교회의 최우선 순위로 삼고, 교회에 더 낮은 우선순위를 부여하며'[101] 결혼과 가정을 '기독교인들 사이에서 가장 우선적인 삶의 방식'으로 교육한다.[102] 미국 신학자 커터 캘러웨이(Kutter Callaway)는 2018년 저서 『결혼 우상 깨기: 우리의 문화적·영적 규범 재구성』(*Breaking the Marriage Idol: Reconstructing Our Cultural and Spiritual Norms*)에서 현대 기독교의 결혼에 대한 이러한 관점은 주로 '인간의 삶과 번영에 관한 특정 가정들'을 무분별하게 수용함으로써 가능해졌고 이러한 가정들은 역사적 기독교 전통보다 대중 음악, 영화, 텔레비전에 훨씬 더 뿌리를 두고 있다'고 주장한다.[103] 조나단 그랜트(Jonathan Grant) 역시 동의하며, '교회는 [세상과] 동일

---

98 MacArthur, *Children in the Shade*, 5:40mins.

99 Andronoviene, "Involuntarily Free,"6.

100 Linda Harding, *Better than or Equal to? A Look at Singleness* (N.p.: Pioneer Perspectives, 1993), 27.

101 Hobbs, "Protestant Theology of Celibacy,"4.

102 Hauerwas, "How to Go On,"568.

103 Callaway, *Marriage Idol*, 47.

한 관점들을 다수 흡수해 왔기 때문에 주변 문화를 변화시키기보다는 반영하는 지경에 이르렀다'고 주장한다.[104] 정리하면 싱글을 천시하는 세속적 싱글주의가 성경적 개념으로 차용되어 기독교 담론 내에 자리잡았고 이로 인해 세속적 '성장 서사'(Maturation Narrative)가 기독교 버전으로 변모했다고 보아야 한다.

영적 성장은 기독교적 정체성과 삶의 근본에 해당하기 때문에, 기독교 내에 형성되는 담론은 각 신자들이 영적 성숙 단계에 점진적으로 도달하도록 이끈다. 이것은 신학적으로 성화 라고 불린다. 최근에는 결혼을 통해 실현되는 낭만적·성적 관계의 형성이 그러한 영적 성숙에 이르는 희망의 핵심이 되었다. 실제로 기독교 담론은 세속적 '성장 서사'(Maturation Narrative)를 '성화 서사'로 변형시켜 왔다. 이 같은 사례는 저명한 남침례교 신학대학원 총장이자 '미국에서 가장 영향력 있는 복음주의자 중 한 명'으로 평가받는 앨버트 몰러(Albert Mohler)의 저작에서 찾아볼 수 있다.[105] 2009년 논문에서 몰러는 '진정한 성숙을 보여주는 성경적 남성성'의 열세 가지 핵심 자질을 제안했다.[106] 이 중 첫 다섯 가지 특징은 전적으로 남편과 아버지로서의 역할에 초점을 맞춘다. 즉, '소년이 남자로 성장한다'는 것은 아내와 자녀를 이끌 만큼 성숙해지고, 책임감 있는 남편이자 아버지가 되

---

104 Grant, *Divine Sex*, 17.

105 B.C., "Trump's Papal Problem Reopens Some Old Fault Lines," *The Economist*, February 19, 2016, accessed on https://www.economist.com/democracy-in-america/2016/02/19/trumps-papal- problem-reopens-some-old-fault-lines.

106 Albert Mohler, "The Marks of Manhood," *Boundless*, October 30, 2009, accessed on May 28, 2017, http://www.boundless.org/adulthood/2009/the-marks-of-manhood.

며, 가족을 위해 직업을 갖고 돈을 관리하며, 육체적 힘을 이용해 가족을 보호하고, 결혼이라는 맥락 안에서 남성으로서의 성적 잠재력을 실현하는 것을 의미한다.[107] 결혼(과 양육)을 영적 성숙 즉 성화와 동일시하는 이 관념 때문에, 싱글 상태—특히 그것이 장기화되거나 선호하는 경우—는 종종 이기심이라는 불순한 동기와 연결된다. 예를 들어, 맥아더는 '종말적 싱글 상태'의 핵심을 '점점 심화되는 자기중심성, 개인적 야망, 개인적 발전, 개인적 출세'라고 단정 짓는다.[108]

싱글일 때는 마음대로 왔다 갔다 하며 하고 싶은 대로 할 수 있죠. 일정은 내 마음대로, 돈도 내 마음대로, 집도 내 마음대로. 원하는 대로 다 할 수 있어요. 그러나 결혼하면 완전히 달라져요. 항상 이런 질문을 하게 되죠. '여보, 내가 어떻게 당신을 사랑하고 섬길 수 있을까?'[109]

마샬 세갈(Marshall Segal)은 같은 맥락으로 주장하기를 '이기심이 결혼 생활에도 만연할 수 있지만, 싱글 생활은 본질적으로 이기심 그 자체이다. 매일 대부분을 자신이 필요로 하고 원하는 것에 기반해 결정을 내릴 것'이라고 했다.[110] 또한 그는 '특권 의식은 싱글의 큰 위험 중 하나'라고 주장하며,[111] '싱글 생활만큼 통제받지 않는 삶은 없

---

107 Mohler, "Manhood".

108 MacArthur, *Children in the Shade*, 3:03mins.

109 Driscoll, *Single Like Jesus*, 25:09mins.

110 Segal, "Nine Lies".

111 Segal, "Nine Lies".

다. 무모하고 현명하지 못하게 살기 매우 쉽다'고 말한다.[112] '성화 서사'(Sanctification Narrative)는 결혼을 '희생과 섬김, 상대방을 돌보는 것'으로 묘사하는 반면,[113] 싱글 생활은 이기주의와 자기중심성에 사로잡힌 상태로 표현한다. 이러한 맥락에서 기독교 생활 내 싱글 상태를 정당화하려는 시도는 '나쁜 행동을 정당화하는 위험한 결과를 초래할 수 있다'.[114]

그러나 이 '성화 서사'는 단순히 이기적인 싱글 생활과 희생적인 결혼 생활이라는 이분법적 사고를 담고 있다. 즉 장기적인 싱글 생활은 영적 성숙으로의 '레벨 업'을 꺼리는 개인의 태도를 배신하는 것으로 묘사할 뿐만 아니라, 결혼을 '그 어떤 것과 비교할 수 없는 거룩함을 위한 시련의 용광로'[115]로 간주하는 것이다. 와터스(Watters)는 '성경은 하나님께서 주로 결혼을 통해 우리를 거룩하게 하실 것임을 분명히 하고 있다'라고 주장한다.[116] 이런 맥락에서 볼 때 '싱글 기독교인이 예수님과 더 닮아가고 싶다면 결혼하는 것보다 더 좋은 방법은 존재하지 않는다. 결혼은 그분을 닮아가는 지름길이다.'[117] 결혼하지 못한 사람들은 '하나님을 더 깊고 친밀하게 알기 위해 하나님이 마

---

112 Segal, "Nine Lies".

113 Driscoll, *Single Like Jesus*, 26:36.

114 Maken, *Getting Serious*, 141.

115 Watters, *Get Married*, 35. See also Maken, Getting Serious, 50.

116 Albert Mohler, *The Mystery of Marriage - Part 2* (2004), Sermon, accessed June 28, 2017, http://www.albertmohler.com/2004/08/01/the-mystery-of-marriage-part-2/ at 30:39 mins.

117 Gary Thomas, *Sacred Marriage: What If God Designed Marriage to Make Us Holy More Than to Make Us Happy?* (Grand Rapids, Michigan: Zondervan, 2002), 17.

련하신 이 수단을 놓치는 것'[118]일뿐만 아니라, '장기간의 싱글 생활은 거의 하나님을 영화롭게 하지 못하며, 당신을 구원하거나 거룩하게 하거나 하나님의 눈앞에서 의롭게 할 수 없다'.[119] 결혼이 '싱글 상태로는 결코 도달할 수 없는 긍정적인 영적 성장과 발전을 가져온다'고 믿기 때문에,[120] 싱글 기독교인들은 달폰조(Dalfonzo)가 비판적으로 지적하듯 '결혼하지 않았기 때문에 완전한 성숙이나 거룩함에 이르지 못하는, 성장이 멈춘 성인과 반쪽짜리 성도'로 묘사된다.[121]

1.3.3. 미달

현대 기독교 공동체가 유지하고 있는 신학적 타당성 구조 내에서 싱글(singleness)이 부적절한 상태로 인식되는 현상은 단순히 인구학적 통계의 미달이나 기능적 결핍에 근거하는 것이 아니라 그들이 '충만한 상태'에 있지 않다는 근본적인 전제에서 기인한다. 즉, 오늘날의 싱글 기독교인은 사랑과 친밀감, 로맨스와 성적 만족, 나아가 일반적인 행복에 이르기까지 진정한 자기실현의 핵심 요소들이 결여된 주체로 간주되며, 이러한 담론적 압박은 싱글들을 신앙 공동체의 중심부로부터 소외시키는 결과를 초래한다.

기독교적 맥락에서의 '완성 서사'는 혼인을 그리스도와 교회의 신비적 연합을 지상에서 구현하는 유일하거나 가장 탁월한 양식으로 설정함으로써, 싱글 상태를 본질적으로 불완전하고 결핍된 존재로 규

---

118 Maken, *Getting Serious*, 124.

119 Maken, *Getting Serious*, 141.

120 Maken, *Getting Serious*, 50.

121 Dalfonzo, *One by One*, 30.

정한다.[122] 이러한 타당성 구조 안에서 싱글 기독교인의 삶은 그 자체로 목적이 되는 실존적 양식이 아니라, 혼인이라는 '궁극적 성취'를 향해 나아가야 할 유예된 과정이자 미성숙한 단계로 치부된다. 이는 싱글들이 겪는 고립감이 개인의 심리적 성향보다는, 공동체가 규정한 '정상적 삶'의 궤적에서 이탈해 있다는 사회적 인식에서 비롯된 것임을 시사한다.[123]

이러한 존재적 미달의 담론은 교회 내 사목적 실천과 미디어 서사에서 구체적인 사례로 드러난다. 많은 공동체 내에서 싱글을 위한 사역은 그들의 현재 삶이 지닌 고유한 영적 가치를 긍정하기보다는, 싱글 상태를 해결해야 할 '결핍'으로 규정하고 이를 혼인으로 이행시키기 위한 '잠재적 배우자 찾기'에 집중하는 경향을 보인다.[124] 특히 친밀감과 성적 만족에 대한 담론은 오직 기혼 관계 내에서만 정당화되므로, 싱글 기독교인들은 인간의 기본적인 욕구조차 박탈당하거나 억제해야 하는 '비정상적' 존재로 타자화된다. 결과적으로 이러한 이데올로기적 환경은 싱글들이 그리스도 안에서 이미 온전한 (complete) 존재라는 성경적 선언을 무색하게 만들며, 그들을 끊임

---

122 Jana Marguerite Bennett, *Singleness and the Church: A New Theology of the Single Life*, New York, NY: Oxford University Press, 2017, p. 19. Bennett criticizes the modern church for placing singles in a theologically inferior position by elevating the marital relationship to the pinnacle of human fulfillment.

123 Bella M. DePaulo and Wendy L. Morris, "Singles in Society and in Science," *Psychological Inquiry* 16, no. 2 & 3 (2005): 60. The authors analyze the psychological mechanisms of 'singlism,' where singles are portrayed as less mature and less happy than married individuals within societal perceptions.

124 The phenomenon where the life of a single Christian fails to achieve wholeness in itself and is viewed as a 'waiting room' for marriage reveals that the dominant discourse within the church defines singlehood as a temporary problem. See Carrie A. Miles, "The Single Christian: A Sociological Perspective," *Christian Scholar's Review* 33, no. 1 (2003): 55-57.

없이 타인의 평가와 시선에 노출된 '공공재' 즉 일상의 담론적 소재(안줏거리)로 전락시키는 문제점을 야기한다.[125]

결국, 기독교 내의 '싱글리즘'은 낭만적 사랑과 정상 가족주의가 결합한 강력한 문화적 담론이 교회의 타당성 구조를 점유한 결과라 볼 수 있다. 싱글을 불완전하고 결핍된 존재로 형상화하는 이러한 서사는 실제 싱글들의 주관적인 삶의 만족도와 무관하게 작동하며, 그들이 공동체 내에서 주체적인 위치를 점하지 못하도록 차단하는 보이지 않는 벽으로 작용한다.[126] 따라서 싱글 상태를 '미달'이 아닌 또 다른 방식의 '충만'으로 재정의하는 것은, 현대 기독교가 직면한 문화 지체 현상을 극복하고 진정한 의미의 환대 공동체를 회복하기 위한 필수적인 신학적 과제라 할 수 있다. 그렇다면 이에 앞서서 싱글 상태에 무엇이 미달인지를 재단하고 낙인찍는 사회적 담론을 살펴볼 필요가 있다.

1.1.1.1 낭만 미달

산업화가 도래하기 전까지 낭만적 사랑은 가족과 결혼 생활의 중심부가 아닌 주변부에 머물러 있었다. 이전에도 이러한 감성적 요소가 결혼 관계에 낯선 것은 아니었으나, 산업화이후 달라진 점은 그

---

125 Christina S. Hitchcock, *The Single Christian: Life with God in a Better Way than Marriage*, Waco, TX: Baylor University Press, 2018, p. 89. Hitchcock points out that the existential castration and lack of intimacy experienced by single Christians within the community is a theologically imposed alienation.

126 Erving Goffman, *Stigma: Notes on the Management of Spoiled Identity*, New York: Jason Aronson, 1963, p. 3. According to Goffman's stigma theory, singles are assigned a devalued identity within the community's unconscious perception by deviating from the 'desirable type' (married).

것이 '삶을 가치 있고 의미 있게 만드는 핵심 요소'로 인식되기 시작했다는 것이다. 쉽게 말해서 전에는 이것이 일상적인 요소로 여겨졌던 반면에 이제는 결정적인 요소로 간주된다.[127] 요즘 남성과 여성들이 '결혼의 가장 근본적인 이유가 사랑이어야 하며 사랑을 바탕으로 결혼 상대를 자유롭게 선택할 수 있어야 한다는 사상을 받아들이기 시작하면서',[128] 사랑의 감정은 개인적 성취와 더불어 광범위한 행복을 얻는 데 핵심적 요소로 재해석되기 시작했다. 최근 학계에는 이러한 '좋은 삶'(good life) 즉 유다이모니아($\varepsilon\dot{\upsilon}\delta\alpha\iota\mu\upsilon\nu\acute{\iota}\alpha$)를 추구하는 것이 '번성'(flourishing)이라는 용어와 밀접하게 연계되었으며, 심지어 '구원'이라는 개념과도 연결되고 있다.[129] 그랜트의 주장에 따르면 번성하는 삶과 현대의 자기 중심적 집착 간의 밀접한 연결고리는 감성과 감각적 즐거움(sensuality) 그리고 직관에 집중되어 있고, 그곳에서 인간 정체성의 가장 깊고 중요한 부분이자 진정한 의미를 경험한다. 그 결과로 파생되는 진정한 관계는 진정성을 추구하는 과정에서 가장 완전하게 자신을 표현하고 실현할 수 있는 장소가 된다.[130]

이처럼 번영하는 '좋은 삶'을 추구하는 이념적 노력의 주요 결과물은 앞서 언급한 '완성 서사'(completion narrative)이다. 여기서 '소울메이트'와의 낭만적인 사랑은 개인적 완성의 실현에 필수적이며, '

---

127 Charles Taylor, *Sources of the Self: The Making of the Modern Identity* (Cambridge, Massachusetts: Harvard University Press, 1989), 292.

128 Coontz, *Marriage, a History*, 5.

129 See for example, Elaine L. Graham, "The 'Virtuous Circle': Religion and the Practices of Happiness," in *The Practices of Happiness: Political Economy, Religion and Wellbeing*, ed. J. Atherton, E. Graham, and I. Steedman (London: Routledge, 2011).

130 Grant, *Divine Sex*, 30–31. Emphasis original.

무엇보다도 갈망해야 할 감정'이고, '그것 없이는 살아본 것이 아니므로' 다른 모든 것을 희생하더라도 추구해야 하는 것이다:[131]

> 소년과 소녀 모두가 청춘의 꽃이 피는 시절에 한 번은 사랑에 빠질 것이라고 기대한다. 갑작스럽고 강렬하며 젊고 아름다우며 아무런 연고도 없는 사람과 같이 사랑에 빠져 서로를 향한 마음이 깊어질 수 있을 것이라고 생각한다. 그리고 결혼하여 말로 형용할 할 수 없는 행복을 경험할 것이라고 예상한다.[132]

그러나 이러한 기대는 헛된 백일몽에 불과한 경우가 오히려 일반적이다. '초기 기독교의 반문화적·종말론적 성향이 현재까지 지속되어서 그리스도 안에서 새 생명을 얻는 것 즉 천국에 입성하는 것이 현실에서 행복하게 사는 것과 거의 또는 전혀 상관이 없었는데도 불구하고',[133] 실제 실천에서 기독교인들은 기독론적으로 완성된 삶과 세속적이며 궁극적인 행복의 개념을 구분하는 데 어려움을 겪었다. 예를 들어, 현대 및 포스트모던 기독교 담론이 결혼과 가족에 관한 세속적 담론과 충돌하는데도 불구하고, 기독교 진영은 세속적 행복인 로맨틱한 사랑을 기독교인의 행복과 자아실현에도 필수적인 요소로 수용하고 있다. 사실상 현대 기독교가 지나치게 열성적으로 '낭만적인 사랑에 대한 비현실적 관점과 비현실적인 성적 기대(sexual expecta-

---

131 Diogenes Allen, *Love: Christian Romance, Marriage, Friendship* (Eugene, Oregon: Wipf and Stock Publishers, 2006), 65.

132 Thomas Gould, *Platonic Love* (New York: Free Press of Glencoe, 1963), 12.

133 Graham, "Virtuous Circle," 228.

tions)를 받아들였으며, 이 둘 모두 결혼에서 인간 구원에 대한 갈망을 해결해 줄 행복을 약속하는 것처럼 간주하고 있다.[134] 실제로 '광고판과 잡지 그리고 각종 신문과 미디어에 드러나는 관점이 기독교 문헌과 미디어에서 담고 있는 것과 거의 차이가 없다.[135]

그 결과, 현대 교회는 이제 낭만적 사랑의 획득과 표현을 신학적 인간학의 필수 요소로 간주하며 기독교적 결혼의 성공에 필수불가결한 요소로 여기고 있다. 이러한 상황은 한동안 미국에서 날개 돋친 듯이 팔리던 책에서 잘 드러나 있다. 이 책은 낭만적 자아의 실현을 '와서 내가 너에게 의도한 존재가 되어 살아가라'는 하나님의 초대의 핵심으로 제시한다.[136] '아름다운 여성만큼 남성을 고무시키는 것은 없기 때문에 여성을 구하는 일이 진정한 남성성에 대한 하나님의 계획에서 핵심 요소라고 주장한다. 특별히 이 책의 표현은 상당히 자극적이며 실제적이다. "그녀는 당신이 성을 향해 돌진하고, 거인을 죽이고, 성벽을 뛰어넘고 싶게 만들 것이다."[137] 이 책은 또한 백마 탄 기사를 갈망하는 것이 여성성의 핵심이라고 주장한다. "모든 여성은 자신을 위해 싸워 주길 갈망한다. 어린 시절 빛나는 갑옷을 입은 기사가 구하러 올 것이라는 꿈은 소녀의 환상이 아니라, 여성적 마음의 핵심이자 창조된 삶 그 자체이다."[138] 이 책 저자의 아내이자 『매혹:

---

134 Allen, *Love*, 87.

135 Clapp, "Family Values,"195.

136 John Eldredge, *Wild at Heart: Discovering the Secret of a Man's Soul* (Nashville, TN: Thomas Nelson Publishers, 2001), 8.

137 Eldredge, *Wild at Heart*, 15.

138 Eldredge, *Wild at Heart*, 16.

여성 영혼의 신비를 밝히다』(*Captivating: Unveiling the Mystery of a Woman's Soul*)라는 책의 공동 저자는 '모든 여성이 마음 깊은 곳, 숨겨 있거나 묻혀 있을지도 모르는 중심에서부터 남성에게 동경의 대상이 되고 로맨스의 주인공이 되길 소원한다'는 점에 동의한다.[139] "아니, 우리는 동화에 중독된 게 아닙니다. 오히려 그 반대입니다. 진실은 우리가 동화를 충분히 진지하게 받아들이지 않았다는 점입니다."[140] 그들의 관점에서 보면 오늘날의 기독교인들은 아름다운 여성을 구하러 달려가는 보호자의 강렬하고 낭만적인 전설을 매우 진지하게 받아들여야 한다. 왜냐하면 이 이야기는 '인간 본성에 보편적이며 마음에 새겨져 있고 모든 남성과 여성의 핵심적 욕망 중 하나'이기 때문이다.[141]

이들만 기독교 결혼에서 낭만적인 사랑이 필수적이라고 주장하는 것은 아니다.[142] 기독교 작가 데비 메이켄(Debbie Maken)은 남편을 찾기 위해 전문 중매인을 (성공적으로) 활용한 자신의 경험을 회고하면서, 이 접근방식이 '다소 형식적이며 로맨틱한 사랑과는 관계

---

139 John Eldredge and Stasi Eldredge, *Captivating: Unveiling the Mystery of a Woman's Soul* (Nashville, TN: Thomas Nelson Inc, 2010), 11.

140 Eldredge, *Wild at Heart*, 181-2.

141 Eldredge, *Wild at Heart*, 183.

142 See also other titles such as C. Thomas Anderson and Maureen Anderson, Making Marriage a Love Story (N.p.: Windword Publishing, 2005); Jim Burns and Stephen Arterburn, *Creating an Intimate Marriage: Rekindle Romance Through Affection, Warmth and Encouragement* (Bethany House Publishers, 2007); Rick Johnson, *Romancing Your Better Half: Keeping Intimacy Alive in Your Marriage* (Grand Rapids, Michigan: Revell, 2015); Erin Smalley and Greg Smalley, *Crazy Little Thing Called Marriage: 12 Secrets For a Lifelong Romance* (Illinois: Focus on the Family, 2017).

가 멀다'고 생각할 수 있지만,[143] 결국 그녀와 그녀의 남편은 낭만적인 관계에 이르렀다고 주장했다.[144] 그녀는 자신의 책에서 '우리는 사랑에 빠졌어요. 미친 듯이 사랑했죠. 그렇지 않았다면 결혼하지 않았을 거예요'라고 표현했다.[145] 패밀리 라이프 공동 창립자인 데니스 레이니(Dennis Rainey) 역시 비슷하게 주장하기를, "로맨스는 벽난로의 불꽃처럼 따뜻함과 안정감을 줍니다. 어려움을 겪을 수도 있지만, '당신을 사랑하고 모든 것이 괜찮아'라고 말하는 관계로 이끌어 줍니다'"라고 했다.[146] 그는 이어서 헌신적인 기독교인 남편과 아내는 '평생 배우자를 로맨틱하게 대하는 법을 배워야 한다'고 주장한다.[147]

궁극적으로, 이러한 형태의 기독교적 '완성 서사'(completion narrative)는 종교개혁이후 개신교 사상과 상당히 다른 듯하지만 매우 밀접하게 연관되어 있다. 왜냐하면 낭만적 완성보다는 '배우자라는 빈자리를 지닌 채 창조된 아담과 하와 후손'의 실존적 온전함에 초점을 맞추는 경향이 강하기 때문이다.[148] 실제로 칼뱅과 같은 거장들은 '남자는 여자가 없으면 마치 반쪽짜리 인간과 같으며 아내는 남자를 완성하는 존재'라고 주장했다.[149] 현대에는 이 이야기를

---

143 Maken, *Getting Serious*, 168.

144 Maken, *Getting Serious*, 168.

145 Maken, *Getting Serious*, 168.

146 Dennis Rainey and Barbara Rainey, "Why Romance is Important,"Family Life To-day, accessed December 2, 2019, https://www.oneplace.com/ministries/fami-lylife-today/read/articles/why- romance-is-important-12241.html.

147 Rainey and Rainey, "Romance."

148 Maken, *Getting Serious*, 24.

149 John Calvin, *Commentary on the Epistle of Paul to the Corinthians*, trans. Reverend John Pringle, vol. 1 (Grand Rapids, Michigan: Christian Classics Ethereal Library, 1979), 224.

더 발전시켜, 각 기독교인 개인에게 하나님이 정해 놓은 배필이 있다고 주장하는 목소리가 높다. 예를 들어, 스테판 라보시에르(Stephan Labossiere)는 그의 저서 『하나님, 나의 보아스는 어디에 있나요?』(*God, Where is My Boaz?*)에서 독자들에게 하나님께서 그들을 위해 사랑의 관계를 마련해 두셨음을 확신하라고 촉구하고,[150] 윌슨(P.B. Wilson)은 여성 독자들에게 '이 땅 위에 당신을 사랑할 남자가 반드시 존재한다'는 주장으로 위로를 전한다.[151] 이러한 과정에서 '소울메이트'(soulmate)의 개념은 유지되지만, 기독교적 틀을 통해 재해석되면서 하나님이 '나를 위해 특별히 창조하신' 사람이라는 일종의 '갓메이트'(Godmate)로 재구성되었다. 이러한 상황을 조슈아 해리스(Joshua Harris)는 이렇게 표현했다. "성경 속 아담이 젊고 미혼인 손녀를 안심시키려는 모습을 상상해 보자. '너를 만드신 분이 네 남편을 데려오실 것이다. 그분이 서로를 위해 너를 만드셨고 너희 만남을 계획하셨음을 알게 될 것이다. 그리고 그 순간, 우리처럼 너도 그분을 찬양하고 싶어질 것이다.'"[152] 그랜트는 이 부분에 대하여 종지부를 찍는 수준의 결론을 내렸다:

---

150 Stephan Labossiere, *God, Where is My Boaz?* (N.p.: Highly Favoured Publishing, 2013).

151 P. Bunny Wilson, *Your Knight in Shining Armor: Discovering Your Lifelong Love* (N.p.: Harvest House Publishers, 2006), 14.

152 Joshua Harris, *Boy Meets Girl: Say Hello to Courtship* (Colorado Springs, Colorado: Multnomah Books, 2005), 12. It should be noted that Joshua Harris has now publicly distanced himself and critiqued some of his influential contributions on the topic of Christian singleness, sexuality and relationships, including, most notably, his bestselling book (Joshua Harris, *I Kissed Dating Goodbye* (Colorado Springs, Colorado: Multnomah, 2003).). See, Joshua Harris, "A Statement on I Kissed Dating Goodbye," accessed September 2, 2019, https://joshharris.com/statement/.

교회 안에서 이 소울메이트 환타지를 영성화함으로써 강력한 소망으로 확산시켰다. 그래서 '배우자'는 하나님이 우리의 모든 필요와 갈망에 완벽하게 부합하도록 빚어내신 유일한 존재이다. 하나님은 우리가 그 순간을 놓치지 않도록 그 사람을 우리 삶에 보내실 완벽한 순간과 계시를 준비하고 계신다.[153]

그랜트의 통찰은 싱글 상태와 결혼 사이의 '기다림'에 초점을 맞춘 수많은 기독교 싱글 관련 서적(특히 기독교화된 '자기계발' 장르 내 대다수 서적들)에 스며들어 있다. 이러한 상황에서 싱글 기독교인은 '하나님의 최선의 뜻을 기다릴 용의가 있는가, 아니면 기다리기에 지쳐 스스로 선택한 남자와 타협할 것인가?'[154]를 자문하라는 권면을 받으며, 더 나아가 기다림의 기간 동안 '하나님이 예비하신 배필을 만나는 것이 분명한 목적의식이 되도록 하는 방법'[155]을 고민하라는 권고를 받는다. 결과적으로, 아직 '진정한 반려자'를 찾지 못한 이들—특히 미혼인 사람들—은 실질적으로 불완전하고 진정한 영적 충족을 이루지 못한 존재로 여겨진다. 홈즈는 이를 '독신의 현대적 공포증'(modern horror of celibacy)이라 규정한다:[156]

---

153 Grant, *Divine Sex*, 48.

154 Jackie Kendall, *A Man Worth Waiting for: How to Avoid a Bozo* (N.p.: FaithWords, 2008), 218.

155 Bethany Jett, *The Cinderella Rule: A Young Woman's Guide to Happily Ever After* (Grand Rapids, Michigan: Revell, 2013), 12.

156 Stephen Holmes, "On Not Handling Snakes: Late-Modern Cultural Assumptions About Sexuality," in *Marriage, Family and Relationships*, ed. Thomas A. Noble, Sarah K. Whittle , and Philip S. Johnston (London: Apollos, 2017), 271.

배우자/파트너와의 관계에서 갈망하는 정서적 친밀감을 사람다운 삶의 기준으로 규정한다면, 싱글은 정서적 친밀감 없이 살아갈 수밖에 없는 운명이고, 이로 인해 다시 한번 싱글 상태(celibacy)는 필연적으로 건강하지 못하고 해로우며 바람직하지 않은 상태라는 문화적 전제를 받아들여야 한다.[157]

물론 성경이 남편과 아내 사이의 낭만적 사랑에 관한 현대적 이상을 긍정적으로 강화하는 데 활용될 수 있음을 인식하는 것이 중요하다. 예를 들어 솔로몬의 노래는 그러한 이미지로 가득하다. 그럼에도 그랜트가 지적하듯, 기독교인들은 '문화 형성 과정에서 물려받은 왜곡된 자아 개념—특히 충실함보다 충족을 추구하며 새로움과 변화에 이끌리는 낭만적이고 소비주의적인 자아의 직관'에 저항해야 한다.[158] '기독교인들 사이에서 낭만적 사랑을 비판 없이 받아들이는 것이 논쟁의 여지가 있는 전통이 아니고 자연스러운 전통으로 인식되는'[159] 한계를 벗어나지 않는 한, 싱글 기독교인은 계속해서 '구원은 아니더라도 적어도 '행복'이라 부를 수 있는 것'[160]을 놓친 사람으로 희화화될 것이다.

1.1.1.2 성적 미달

18세기와 19세기가 낭만적 사랑 이데올로기의 토대를 마련했다

---

157 Holmes, "Handling Snakes,"271.

158 Grant, *Divine Sex*, 160.

159 Clapp, *Families at the Crossroads*, 195.

160 Andronoviene, "Transforming the Struggles,"129.

면, 그 이후 시대들은 성적 대상화(sexualization)에 사로잡혔다. 실제로 프로이트 사상은 현대 세속 담론에 깊이 뿌리내려 성적 문제(sexuality)가 인간의 행동 동기를 이해하는 데 핵심적인 역할을 하도록 유도하며, 성적인 것과는 전혀 상관없던 것으로 여겨지는 행위에도 영향을 미치는 것으로 간주하도록 이끌었다.[161] 역사적으로 볼 때, 개인 간의 관계 중 극히 일부만이 성적 욕망 및 잠재성과 관련되어 있는 것으로 간주했지만, 오늘날에는 인간 상호작용에서의 모든 영역과 인간관계에 성적 문제가 결부되어 있거나 실제 원인으로 작용하는 것으로 여긴다. 이것은 성적 친밀감이 '인간 존재의 정점이자 목표'[162]가 되고, 사실상 '최고의 행복'[163]으로 여긴 결과이다. 예상할 수 있듯이, 기독교 담론은 이러한 개념을 무비판적으로 수용하지 않았다. 실제로 보수적 기독교 사상과 실천은 대체로 세속적 성적 관습과 구별하여 차별화하며 이를 바로잡는 역할을 하려 노력해왔다. 그러나 이러한 적극적인 차별화에도 불구하고, 현대 문화의 성에 대한 태도가 내포하는 근본 개념 중 상당수는 여전히 기독교 담론 내에서 표출되고 있다.[164] 실제로 기독교 내에서 성의 개념 일부가 수정되었지만, 그 조치들은 종종 결혼에 대한 기존 담론을 이상화하기 위한 방편에 불과했다.

---

161 Ervine, "Eunuchs,"224.

162 Andrew J.B. Cameron, *Joined-Up Life: A Christian Account of How Ethics Works* (Eugene, Oregon: Wipf and Stock Publishers, 2011), 291.

163 Andronoviene, "Transforming the Struggles,"122.

164 As Andronoviene contends, 'The story claiming that everything boils down to libido is not a story typically accepted by the disciples of Jesus. Yet it creeps in [. . .]'. Andronoviene, "Transforming the Struggles,"122.

이 중 첫 번째는 성적 경험과 기독교적 의미에서 완전히 실현된 정체성 사이의 일치도가 높아진 데서 찾아볼 수 있다. 남성과 여성이 인류의 주요 책임 중 하나인 '생육하고 번성하라'(창 1:28)는 명령을 성취하기 위해 '신체적, 정서적 차원에서 이성과 친밀함을 이루도록 만들어진 유전적 코드'를 유지한다는 주장[165]은 상당히 평범하고 정통적인 기독교적 진술이다. 그러나 창조적 사명 안에서 성의 위치를 이해하는 이러한 관점은 최근 '성적 사고, 감정, 경험이 인간의 정체성에 필수적이라고 결정한' 세속적 사고의 영향을 더 많이 받고 있다. 따라서 창조적 사명 안에서 성의 위치를 이해하려는 이러한 관점은 최근 '성적 사고, 감정 및 경험이 인간 정체성에 필수적이라고 결론 내린' 세속적 사상에 영향을 받은 결과이다.[166] 결과적으로, 성관계가 특정 목적(즉, 부부 간의 유대감 형성 및 출산)을 위해 특정 맥락(즉, 결혼)에서 이루어지도록 설계되었다는 전통적인 성경적 관점이 성관계가 개인의 번영에 필수적이라는 집착에 의해 점점 더 흐려지고 있다:

비록 결혼이 기독교인의 성(性)적인 욕구를 온전히 이룰 수 있는 유일한 맥락으로 이해되지만, 동시에 성은 삶의 전 영역을 움직이는 원동력 즉 궁극적인 선이다. 이처럼 성은 기독교인이 '사랑하는 삶'으로 들어가는 관문이며, 모든 남성과 여성이 단순히 갈망할 뿐만 아니라 마땅히 누려야

---

165 Maken, *Getting Serious*, 27.

166 Cameron, *Joined-Up*, 291.

할 경험이다. 그것은 개인의 자기실현을 위한 필수 요소이다.[167]

성적 친밀감의 경험이 개인적 존재의 한 차원이 아니라 '존재의 중심'[168]으로 드러남에 따라, 정욕은 성령의 도움이 있어도 기독교인이 저항하기 어려운 유일한 유혹으로 점차 자리매김하게 되었다. 성적 욕망이 진정한 자아 실현에 있어 매우 근본적인 요소로 간주되기 때문에, '기독교인 개인은 성생활 없이 존재할 수 없고 단지 결혼할 때까지 기다릴 수밖에 없다는 가정 하에 살아간다. 따라서 기독교인 싱글들은 유혹에 굴복하기 전에 결혼할 수 있기를 바란다'.[169]

물론 이러한 가정은 현대 기독교 담론에만 국한된 것이 아니다. 교회 역사 전반에 여러 시기에 걸쳐 저명한 기독교 인사들이 견지한 신학적 신념이다. 예를 들어 루터는 대다수가 '성적 본성을 통제하여 성생활 없이도 자연스럽게 살 수 있을 만큼' 스스로를 다스릴 능력이 없다고 주장했다.[170] 실제로 그는 한 걸음 더 나아가, 육체적 성관계를 할 수 없는 경우나 영적으로 평생의 순결을 위한 특별한 소명을 받은 경우가 아니라면, 어떤 남자도 '결혼 상태 외에는 성생활을 고려해서는 안 된다'고 주장하기에 이르렀다. 그렇지 않으면 의로움을 유

---

167 Callaway, *Marriage Idol*, 65.

168 Daniel Day Williams, *The Spirit and Forms of Love* (New York: Harper and Row, 1968), 235.

169 Colón and Field, *Singled Out*, 88.

170 Martin Luther, "The Judgment of Martin Luther on Monastic Vows," in *Luther's Works: The Christian in Society I*, ed. James Atkinson (Philadelphia: Fortress Press, 1966), 341.

지하는 것은 불가능하며 끝없이 흉악한 죄를 저지를 수밖에 없다.[171] 한편 칼뱅은 '결혼의 동반자 관계가 정욕에 빠지지 않도록 하기 위한 필수적인 해결방법으로 정해졌다'고 이해했으며,[172] 결혼하지 않고 견디는 절제는 특별히 그 은사를 받은 소수에게만 가능하다고 단언 했다. 그 외에도 그는 "오늘날 많은 이들이 그러하듯, '하나님의 도움 으로 나는 모든 것을 할 수 있다'고 외치는 자가 없도록 하라."고 경 고했다.[173] 크리스토퍼 로버츠(Christopher Chenault Roberts)가 결론 지은 바와 같이, "루터와 칼뱅 모두에게 결혼은 타락 이후의 정 욕 문제에 대한 해결책이며, 싱글 상태는 불경한 고독이자 타락의 지 름길이다."[174] 욕망, 정욕, 금욕 그리고 결혼의 본질에 대한 개혁주의 적 이해는 이후 수세기 동안 성(sexuality)에 대한 개신교 신학의 형 성에 결정적인 역할을 했다. 정욕에 빠지는 타락을 피하려는 자에게 성 생활이 생물학적으로 필수 요소라는 기독교적 확신은 인간의 현 실에 근본적인 것으로 뿌리내려, 저명한 기독교 저자들과 지도자들 은 기독교인이 '결혼하지 않고서는 도덕적으로 살아갈 수 없다'고 주 장하게 되었다.[175] 그 결과, 기독교인의 싱글 생활은 필연적으로 성적 죄악으로 귀결되는 것으로 묘사되곤 한다. 충족될 수 없는 억눌린 욕

---

171 Luther, "Estate," 21.

172 John Calvin, *Institutes of the Christian Religion (Vol.1)*, ed. John Baillie, John T. McNeill, and Henry P. Van Dusen, trans. Ford Lewis Battles, vol. 20, The Library of Christian Classics (Philadelphia: Westminster John Knox Press, 1960), 405, 3.8.41.

173 Calvin, *Institutes*, 20, 406, 3.8.42.

174 Christopher Chenault Roberts, *Creation & Covenant: The Significance of Sexual Difference in the Moral Theology of Marriage* (New York, NY: T&T Clark International, 2007), 132.

175 Watters, *Get Married*, 32.

망을 가진 수많은 사람들이 폭발 직전 상태에 있기 때문이다.[176] 실제로 2014년, 드리스콜(Driscoll)은 싱글 남성들이 사역 리더의 직분을 맡는 것에 대해 경고하며, 자신이 '수천 명의 목회자를 알고 있지만, 성적으로 자격을 상실하지 않은 싱글 목회자는 단 한 명뿐이다'라고 주장했다.[177] 이러한 신학적·목회적 분위기 속에서, 싱글 기독교인의 금욕적 독신 생활은 점점 더 '지독하게 잔혹한 것',[178] 절망적으로 이상주의적인 것 그리고 아이러니하게도 '지속적인 성적 변태'[179]로 여겨지고 있다.

현대의 기독교 담론이 (결혼 내) 성을 개인적 실현의 핵심으로 간주하게 된 또 다른 이유는 '순결 문화'라는 이념적 발전 때문이다. 이것의 특히 중요한 사례로는 1990년대의 '진정한 사랑은 기다린다'(True Love Waits) 캠페인(2014년 '진정한 사랑 프로젝트'로 재출범)[180]과 1995년부터 2019년까지의 '실버 링 씽' 운동(Silver Ring Thing movement)[181]이 있다. '진정한 사랑은 기다린다' 운동에 참

---

176 MacArthur, *Children in the Shade*, 3:25mins.

177 Mark Driscoll, "Single Pastors?," *Ministry Today*, January 9, 2014, accessed on December 14, 2018, https://ministrytodaymag.com/leadership/personal-charac-ter/20636-mark-driscoll-single- pastors.

178 Cameron, *Joined-Up*, 292.

179 McClymond, "Last Sexual Perversion,"224.

180 Aaron Earls, "True Love Waits Relaunched, Refocused as True Love Project,"*The Ethics & Religious Liberty Commission*, February 11, 2014, accessed on May 29, 2018, https://erlc.com/resource-library/articles/true-love-waits-relaunched-re-focused-as-true-love-project.

181 Silver Ring Thing, "Silver Ring Thing,"accessed September 7, 2018, https://www.silverringthing.com/. Between 1995 and 2019, Silver Ring Thing operated as a 'worldwide movement [. . .] that challenged a generation of teens to live with sexual purity and integrity through the Gospel of Jesus Christ'. In 2019 its vision was expanded and relaunched as 'Unaltered Ministries'. See, Unaltered Ministries, "What is Unaltered?,"accessed September 7, 2019, https://www.unaltered.org/

여한 이들은 공개적으로 다음과 같이 서약했다:

진정한 사랑은 기다린다는 믿음으로, 나는 하나님과 나 자신, 가족, 친구, 미래의 배우자, 그리고 미래의 자녀들에게 오늘부터 성경적 결혼 관계에 들어설 그날까지 성적 절제를 포함한 평생의 순결을 다짐합니다.[182]

이 서약을 비롯하여 20세기 후반과 21세기 초반 금욕주의 및 순결 문화 운동에서 만든 자료들을 살펴보면 기독교인 개인은 성적 영역에서 자제력을 갖고 있지 않으며 단지 '미래의 배우자'와 결혼하여 '미래의 자녀'를 가질 때까지만 성적 영역에서 자제력을 행사할 수 있다는 관점을 소유하고 있다. 따라서 이러한 운동들은 싱글 기독교인들이 독신 생활 그 자체를 가치 있는 기독교 삶의 형태로 이해하도록 돕는 데 초점을 두지 않고, 싱글 생활을 '금욕의 보상으로서 성적 만족으로 가득 찬 결혼'을 누릴 수 있게 될 때까지의 준비 기간이자 성적 억제의 시기로 규정한다.[183] 실제로 점점 더 많은 기독교 평론가들이 과거와 현재의 순결 문화 운동을 근본적으로 번영 신학의 특정 표현에 불과하다고 비판하고 있다.[184] 캘러웨이는 이러한 프로그램들이

---

whatisunaltered.

182 Diana Bridgett, "True Love Waits Sexual Purity Mov't Celebrates 20 Years," *The Christian Post*, February 8, 2013, accessed on September 22, 2017, https://www.christianpost.com/news/true-love-waits-sexual-purity-movt-celebrates-20-years-89747/.

183 Callaway, *Marriage Idol*, 66.

184 '[. . .] the purity and courtship movements were almost a kind of prosperity gospel that, instead of promising fulfillment through financial riches, held out the promise of sex and marriage to those who rigidly followed God's will.' Tim Challies, "I Survived I Kissed Dating Goodbye", November 26, 2018, accessed on

'싱글 상태에서 성적 피조물로 살아간다는 것이 무엇을 의미하는지에 대해서는 언급하지 않고 예수 그리스도의 제자로서의 삶에 기본적인 성적 성향(sexuality)을 어떻게 통합할 수 있을지를 고려한 적이 없다'고 지적한다.[185] 이러한 의미에서 순결 문화는 궁극적으로 정욕에 대한 치료제이자 인간이 전체적인 성적 피조물로서 삶을 경험할 수 있는 유일한 맥락으로서의 결혼에 대한 광범위한 담론적 그리고 이념적 헌신을 확증하는 역할을 수행했다.

현대 기독교의 성에 대한 담론적 접근은 싱글 기독교인의 우정 관계에도 강력하게 영향을 끼쳤다. 서로 '친구'라 부르는 두 무관한 개인 사이의 자발적·개인적·상호적 관계는 인간 사회에서 항상 높은 가치를 인정받아 왔다. 이는 그 관계를 통해 주어지는 대인 관계적 상호혜택 때문이다. C.S. 루이스의 꽤 매력적인 표현을 빌리자면, 우정은 "한 사람이 다른 사람에게 '뭐? 너도? 나 말고는 아무도 없을 줄 알았는데…'라고 말하는 순간에 탄생한다."[186] 그러나 리비도(libido)가 인간의 모든 행동 양상의 근원으로 보는 프로이트적 관점이 널리 퍼지면서 우정은 점차 문화 속에서 '불확실한 위치와 모호한 지위'로 밀려났다.[187] 기독교 담론 내에서도 모든 관계의 근저에는 어느 정도의 성적 애정이나 갈망이 깔려 있을 것이라는 의혹이 제기되면서, 21세기 우정은 '순수한 동료애나 심지어 영혼의 동반자적 유

February 19, 2020, https://www.challies.com/articles/i-survived-i-kissed-dating-goodbye/.

185 Callaway, *Marriage Idol*, 52.

186 C.S. Lewis, *The Four Loves* (New York, New York: Harcourt Books, 1988), 78.

187 Wesley Hill, *Sprirtual Friendship* (Grand Rapids, Michigan: Brazos Press, 2015), 6.

대'로 묘사되기보다 '다양한 은밀하거나 노골적인 성적 욕망의 장'으로 불가피하게 그려진다.[188] 이 부분과 관련하여 신학자 웨슬리 힐은 이렇게 지적한다:

> 특정 시대에는 단순히 서로를 존경하며 더 높은 성숙과 도덕성을 향해 서로를 격려했던 두 사람을 보았지만, 현대 서구 사회에서는 그 이면에 잠재된 무의식적 성적 끌림(erotic attraction)의 가능성에 더 민감하게 반응한다. 그리고 그러한 신화로 인해 우정에 대해 느끼는 불안감이나 불확실성이 증폭되었다.[189]

세상과 교회 모두에서 우정의 관계는 점차 그 고유한 플라토닉한 특성과 내재적 가치를 상실해 왔으며, 심지어 이제는 점점 더 경계하는 대상이 되고 있다. 그 결과, 두 명(혹은 그 이상)의 싱글 기독교인 사이의 우정은 종종 (아마도 무의식적인) 좌절된 성적 긴장으로 가득한 관계를 가리기 위한 연막으로 의심받곤 한다. 물론 이러한 의심은 싱글들 간의 우정에만 국한되지 않는다. 결혼한 사람과 싱글 사이의 우정, 심지어 두 결혼한 사람 사이의 우정에도 유사한 수준의 의심이 적용되는 경우가 많다. 이로 인해 싱글 기독교인들이 정서적·관계적 친밀감에 대한 갈망을 합법적으로 충족시키는 영역으로서의 우정의 가치가 빈약해졌다.

기독교 문화 내에서 우정의 성적 대상화(sexualization)로 인해 진

---

188 Ervine, "Eunuchs," 244.

189 Hill, *Spiritual Friendship*, 7.

정한 궁극적 우정을 실현하는 이상적인 상황은 결혼이라는 집착이 증대되었다. 오늘날 결혼한 기독교인은 배우자에게 낭만적·성적 실존적 완성을 제공할 뿐만 아니라 배우자의 가장 진실하고 진정한 친구라는 이상적인 역할까지 수행해야 한다는 기대를 받는다. 기독교 작가들과 지도자들은 부부들에게 이렇게 조언한다. '우정이 지닌 첫 번째 신성한 서정시는 우리가 어떤 대가를 치르더라도 결혼 생활에서 가장 친한 친구가 되기로 헌신해야 한다는 것'이며,[190] '결혼한 남편을 사랑하는 비결'은 '남편의 가장 친한 친구가 되는 것'이고,[191] 그리고 '가장 중요한 우정은 바로 가장 친한 친구인 배우자와의 우정'이다.[192] 우정의 자리가 점점 더 결혼 관계 안에 위치하게 되고, 심지어 그 관계로 제한되면서, 싱글 기독교인들 사이의 우정은 궁극적이고 가장 중요한 형태의 우정—즉 남편과 아내 사이의 우정—의 전조로 인식되는 경향이 생겼다. 실제로 이상적인 우정이 결혼 관계 안에 너무 깊이 내포되어, 결혼한 기독교인과 이성 간의 우정은 종종 결혼에 대한 잠재적 위협으로 여겨 지기도 한다. 예를 들어, '포커스 온 더 패밀리'(Focus on the Family)의 어느 기고문은 개인이 결혼하기 전에는 이성 친구가 많을 수 있지만 '결혼 서약 후에는 배우자와의 관계가 다른 모든 관계보다 우선시되어야 하고 어떠한 위협으로부터도 보

---

190 Barry R. Leventhal, "Becoming Best Friends in Marriage," *Crosswalk.com*, November 6, 2003, accessed on http://www.crosswalk.com/family/marriage/becoming-best-friends-in-marriage- 1190429.html.

191 David Frisbie and Lisa Frisbie, *Becoming Your Husband's Best Friend: Secrets to Loving the Man You Married* (Eugene, Oregon: Harvest House Publishers, 2011).

192 Mark Driscoll, *Real Marriage: The Truth About Sex, Friendship & Life Together* (Nashville, Tennessee: Thomas Nelson, 2012), 25-26.

호받아야 한다'고 강조한다.[193] 이 글은 이어서 이성 간에 형성된 친밀한 플라토닉 우정이 결혼한 사람을 서서히 그러나 피할 수 없이 '결혼을 산산조각 낼 수 있는 감정적 불륜으로 끌어들일 수 있으며 비록 그 관계가 육체적 관계로 발전하지 않더라도 결혼생활을 파국으로 치닫게 할 수 있다고 주장한다.[194] 따라서 드리스콜 (Driscoll)과 같은 다른 학자들은 이성 친구가 있는 기혼자가 '감정적 간통'에 빠질 위험에 처해 있다고 주장해왔다.[195] 결과적으로 싱글 기독교인이 이성 친구와의 깊은 플라토닉 친밀함을 추구하는 것이 바람직하게 여겨지지 않을 뿐만 아니라, 잠재적인 '결혼 파괴자'로 간주되므로,[196] 그들의 상황과 정체성 그리고 관계의 완전성이 심하게 훼손된다.

1.3.4. 독신의 은사

현대 기독교 담론은 싱글 상태를 결핍, 일탈, 불완전의 위치로 전락시키는 경향이 있지만, 그럼에도 특정 성경 구절들이 싱글 기독교인의 삶을 어느 정도 긍정적으로 바라본다는 점은 여전히 인정한다. 예를 들어, 마태복음에서 예수께서 제자들과 결혼과 이혼 그리고 독신에 대해 논의하실 때, '천국을 위하여' 결혼하지 않은 이들을 인정

193　Debby Cherry, "Emotional Affairs," *Focus on the Family - Couples Edition*, no. December 3, January 1, 2008, accessed on https://www.focusonthefamily.com/marriage/emotional-affairs/.

194　Cherry, "Emotional Affairs".

195　Mark Driscoll, "How is Your Friendship With Your Boyfriend, Girlfriend, or Spouse?," *Patheos*, January 4, 2017, accessed on June 28, 2017, http://www.patheos.com/blogs/markdriscoll/2017/01/how-is-your-friendship-with-your- boy-friend-girlfriend-or-spouse/.

196　Driscoll, *Real Marriage*, 25.

하시는 모습이 보인다(마태복음 19:12). 고린도전서 7장 35절에서 사도 바울은 고린도 교회 교인들에게 주님께 온전히 헌신하려면 싱글 상태를 유지하라고 권면한다. 실제로 같은 장에서 사도 바울은 독신 생활을 매우 높이 평가하며 "약혼한 자를 취하는 자는 잘하는 것이요, 결혼하지 아니하는 자는 더 잘하는 것이니라"(고전 7:38)고 선언한다. 따라서 기독교 담론 내에서 싱글 생활의 존엄성과 가치에 대한 부정적인 인식과 그 완전성을 존중하고 지지하는 듯한 성경 구절들 사이에는 뚜렷한 긴장감이 존재한다. 많은 저자, 교사, 신학자, 주석자들은 독신, 금욕, 절제라는 '신성한 선물'을 받은 이들을 위한 생활 방식으로 기독교적 싱글을 용인하고 장려함으로써 이 긴장을 해소하려 한다.[197] 이러한 은사 중심의 생활 방식은 일반적으로 '소명'

---

197 Such authors and theologians include (but are not limited to) C.K. Barrett, *The First Epistle to the Corinthians*, second ed., Black's New Testament Commentaries (London: Hendrickson Publishers, 1993); Calvin, *Corinthians*, 1; Roy E. Ciampa and Brian S. Rosner, *The First Letter to the Corinthians*, ed. D.A. Carson, The Pillar New Testament Commentary (Grand Rapids, Michigan: Wm. B. Eerdmans Publishing Co., 2010); Danylak, *Redeeming Singleness*; Gordon D. Fee, *The First Epistle to the Corinthians*, The New International Commentary on the New Testament (Grand Rapids, Michigan: Wm. B. Eerdmans Publishing Co., 1987); David E. Garland, *First Corinthians*, ed. Robert W. Yarbrough and Robert H. Stein, Baker Exegetical Commentary on the New Testament (Grand Rapids, Michigan: Baker Academic, 2004); Karssen, *Getting the Most*; Keller, "Gospel Community"; Andreas J Köstenberger, "Do You Have the Gift of Singleness? (Part 2)," *Biblical Foundations*, August 25, 2006, accessed on June 27, 2017, http://www.biblicalfoundations.org/the-gift-of- singleness-part-2/; Martin Luther, "Exhortation to the Knights of the Teutonic Order That They Lay Aside False Chastity and Assume the True Chastity of Wedlock," in *Luther's Works*, ed. Helmut T. Lehmann (Philadelphia: Muhlenberg Press, 1523); Maken, *Getting Serious*; Leon Morris, *The First Epistle of Paul to the Corinthians: An introduction and commentary*, ed. Leon Morris, Tyndale New Testament Commentaries (Grand Rapids, Michigan: Wm. B. Eerdmans Publishing, 1985); Bruce R. Reichenbach, "The Gift of Singleness," *Reformed Journal* 32, no. 3 (1982); Archibald Thomas Robertson and Alfred Plummer, *A Critical and Exegetical Commentary on the First Epistle to the Corinthians*, 2nd ed. (T. & T. Clark, 1914); Thomas R. Schreiner, "Did Paul Prefer Singleness?," *9Marks Journal*, March 20, 2017, accessed on September 6, 2018, https://www.9marks.org/article/did-paul-prefer-singleness/; Stagg, "Biblical Perspectives."; S Vantassel, "Celibacy:

또는 '사명'이라는 용어로 표현되며,[198] 사도 바울은 "내가 바라는 것은 모든 사람이 나처럼 되는 것이지만, 각자에게는 하나님께서 주신 은사가 있으니, 하나는 이러하고 다른 하나는 저러하니라"(고린도전서 7:7)라고 기록하므로 이 관점을 지지하고 있다. '7절에 있는 사도 바울의 진술이 정확히 무엇을 의미하는지는 명확하지 않으며 상당한 논쟁을 불러일으켰다'[199]는 점에도 불구하고, 이 구절이 '하나님이 그리스도의 몸의 일부 구성원들에게 싱글을 유지하고 그 상태를 누리며, 결혼하지 않으면서도 성적 유혹을 겪지 않도록 주신 특별한 능력'[200]을 가리킨다는 해석은 오랜 역사와 권위를 지닌 전통을 가지고 있다. 이러한 해석은 결혼이 명백한 규범으로 자리잡고 '싱글들이 성경적 결혼으로만 성적 욕구를 채울 수 있다'는 주장의 근거가 되고 있다.[201] 기독교적 서사의 근본 전제는 싱글 생활의 비정상성에 대한 문화적 가정이 단순히 옳다고 여기는 것에 그치지만, 하나님은 '싱글의 은사'(gift of singleness)를 받은 싱글들을 불가피한 부정적 결과로

The Forgotten Gift of the Holy Spirit," T*he Journal of Biblical Counselling* 12, no. 3 (1994); Watters, *Get Married*; Wilson, "Seven Reasons"; C. Peter Wagner, *Your Spiritual Gifts Can Help Your Church Grow* (Bloomington, Minnesota: Chosen Books, 2012).

198 For example, 'Over the past decade, churches in America have begun to better recognize and appreciate that many Christians are called to singleness. But we must not overlook that marriage remains the cultural norm'. Joe Carter, "How the Shortage of Young Men in Churches Affects Marriage," *The Gospel Coalition*, August 24, 2019, accessed on September 5, 2019, https://www.thegospelcoalition.org/article/shortage-young-men-churches-affects-marriage/.

199 Maxson and Friesen, *Will of God*, 155. Maxson provides a helpful, albeit brief, overview of the major alternate exegetical interpretations of this verse. Maxson and Friesen, *Will of God*, 155. See also Hobbs, "Protestant Theology of Celibacy,"7-70.

200 Wagner, *Spiritual Gifts*, 54.

201 Maken, *Getting Serious*, 28.

부터 기적적으로 보호하신다는 사실을 잊지 말아야 한다.[202] 결과적으로, 고린도전서 7:7의 싱글의 은사에 대한 이러한 "전통적인" 이해는 그것을 '성적 욕망의 부재',[203] '성적 유혹으로부터의 자유',[204] 또는 '싱글로서 봉사의 삶에 전적으로 헌신하는 만족감'으로 특징지어진다.[205] 이 은사는 수혜자가 '주님께 온전히 헌신하고 이타적인 봉사의 삶을 살도록' 하기 위하여 주어지는 것으로 이해된다.[206] 고린도전서 7장의 이러한 해석을 고수하는 이들 중 일부는 영적으로 부여된 이 은사를 받지 못한 싱글 기독교인들이 '결혼하지 않으려 애써서는 안 된다'고 주장하기도 하며,[207] 다른 이들은 이 은사 없이는 '결혼하지 않는 것이 재앙이 될 것'이라고 단언하기도 한다.[208] 실제로 일부 저자들은 '싱글의 은사를 받지 못했으면서 의도적으로 싱글의 삶을 선택하는 것은 기독교적 책임을 소홀히 하는 것'이라고 주장한다.[209] 왜냐하면 '싱글의 은사 외에는 성경적으로 인정되는 지속적

---

202 Holmes, "Handling Snakes,"265.

203 Colón and Field, *Singled Out*, 112.

204 Maxson and Friesen, *Will of God*, 155.

205 Ciampa and Rosner, *Corinthians*, 286.

206 Watters, *Get Married*, 33.

207 Morris, *Corinthians*, 107.

208 Robertson and Plummer, *First Epistle to the Corinthians*, 136.

209 Albert Mohler, "Looking Back at 'The Mystery of Marriage'- Part Two," *Albert Mohler*, August 20, 2004, accessed on June 28, 2017, http://www.albertmohler. com/2004/08/20/looking-back-at- the-mystery-of-marriage-part-two/. Calvin also concurs on this point—'For those who do not receive this precept [cf. Mt 19:11], if they do not have recourse to the remedy offered and conceded them for their intemperance, are striving against God and resisting his ordinance. Calvin, *Institutes*, 20, 406, 3.8.42.

인 싱글 상태의 범주가 존재하지 않기' 때문이다.[210] 싱글 기독교인들
은 따라서 종종 자신의 주관적 감정이 은사적 싱글 생활이나 일반적
결혼 생활 중 어느 쪽으로 부르심을 받았는지 판단해야 한다고 조언
받는다. 예를 들어, 쾨스텐베르거(Köstenberger)는 비록 이생에서
자신이 진정으로 '독신의 은사'를 받았는지 알 수 없다고 인정하면서
도, '두려움과 불안으로 이 질문을 던진다면 아마도 그 은사가 없다
는 뜻일 것'이라고 주장한다.[211] 마찬가지로, 바그너는 미혼 기독교인
에게 이렇게 조언한다:

> 만약 싱글이지만 합리적인 기회가 주어지면 즉시 결혼할 의향이 마음 깊
> 이 존재한다면, 아마도 싱글의 은사를 받지 못한 것이다. 미혼이면서 충
> 족되지 않은 성적 충동으로 인해 극심한 좌절감을 느낀다면, 아마도 그
> 은사를 받지 못한 것이다. 그러나 이 두 가지 모두 당신을 괴롭히지 않
> 는다면 기뻐하라. 영적 은사 중 하나를 발견했다는 것을 의미한다.[212]

따라서 이 담론은 주로 '싱글로 지내는 것이 잘못된 것은 아니지만,
그것이 반드시 은사여야 한다'고 주장한다.[213] 그렇지 않으면 싱글 기
독교인은 결국 성적 유혹에 압도되어 타락하고 이기적인의 삶으로 내
몰리며, 기독교적 성숙과 성화 안에서 성장하지 못할 것이기 때문이

---

210 Albert Mohler, *The Mystery of Marriage - Part 1* (2004), Sermon, accessed June 28,
     2017, http://www.albertmohler.com/2004/08/01/the-mystery-of-marriage-part-
     1/32:23mins.

211 Köstenberger, "Gift".

212 Wagner, *Spiritual Gifts*, 54.

213 MacArthur, *Children in the Shade*, 4:05mins.

다. 따라서 싱글 상태를 '은사적 정체성'으로 보는 개념은 처음에는 싱글 상태에 대한 독특한 긍정과 인정을 부여하는 것처럼 보일 수 있지만, 실제로는 일반적인 싱글 기독교인의 정체성을 더욱 소외시키고 주변화하는 메커니즘이다.

1.4. 싱글의 가치

싱글 기독교인의 삶은 지배적 담론에 의하여 '억제되며 수동적인'(palliative and passive)[214] 상태로만 특징지을 수 없다. 기독교적 싱글 생활의 이차적 측면—개인, 교회, 그리고 더 넓은 세계에서의 인식되는 가치—은 또한 그 신학적·목회적으로 배제되어 철저히 주변화되었다는 것도 부정할 수 없는 사실이다. 기독교 담론 내 지배적 서사는 '결혼이 오늘날 기독교인들에게 표준이며 싱글로 남는 것은 그 표준에 미치지 못한 상태'라는 관점을 견지한다.[215] 따라서 싱글 기독교인의 삶은 단순히 비정상적인 것으로 여겨질 뿐만 아니라 잠재적으로 일탈적인 것으로 간주된다. 성경의 가르침(특히 고린도전서 7장)을 수호하려는 노력 속에서, 적어도 일부 싱글 상태에는 신성한 가치가 내재한다는 점을 확인하며, 기독교 담론은 합법적인 싱글 생활과 그 일탈적 형태를 구분해 왔다. 이러한 노력의 결과로 신학적으로나 목회적으로 합리적이라고 여겨지는 네 가지 유형의 싱글 상태가 분류되었다.

---

214 Hintz, "Choosing Celibacy," 49.

215 Köstenberger, "Gift (Part 2)".

1.4.1. 은사 범주의 정당한 싱글

이 범주 중 첫 번째는 앞서 언급한 싱글 즉 독신의 은사로 그 가치는 일반적으로 기독교적 봉사와의 관계에 있다. 고린도전서 7:7의 카리스마(χάρισμα, 은사)가 평생 금욕을 위한 초자연적으로 부여된 소명으로 이해되어야 하며, 이를 통해 싱글은 그리스도께 더욱 철저히 헌신할 수 있다.[216] 칼뱅은 이에 동의하며, '주님은 절제가 하나님의 특별한 은사이며 유일무이한 것임을 확인하신다. 이는 그들이 하나님 나라의 사역에 더욱 전념하고 자유롭게 헌신할 수 있도록 하기 위함이다'라고 주장한다.[217] 티슬턴 역시 다음과 같이 결론지었다:

현대 후기 프로이드적 용어로 말하자면, 바울의 카리스마(χάρισμα, 은사)는 충동을 승화시키는 능력에 있었다고 할 수 있다. 그 결과 그의 창조적 에너지는 의식의 모든 수준에서 복음 사역에 쏟아져 나와 큰 영향력을 발휘했으며, 더 이상의 욕망이 존재하지 않았다.[218]

싱글의 은사를 싱글로 만족하는 능력으로 이해하든 싱글 생활에로의 특별한 부르심으로 이해하든, 고린도전서 7:7에 대한 이 '전통적' 해석을 지지하는 이들은 싱글 생활의 온전함과 가치가 전적으로 초자연적으로 부여된 자유 안에 있다고 주장한다. 이 자유는 복음에 헌

---

216 Garland, *First Corinthians*, 272.

217 Calvin, *Institutes*, 20, 406, 3.8.42.

218 Anthony C Thiselton, *The First Epistle to the Corinthians: A Commentary on the Greek Text*, ed. I. Howard Marshall and Donald A. Hagner, vol. 7, The New International Greek Commentary (Grand Rapids, Michigan: Wm. B. Eerdmans Publishing, 2000), 513.

신하는 삶에 특별히 집중할 수 있도록 한다. 이런 방식으로 독특한 은사를 받은 기독교인은 다소 역설적이게도, 하나님이 그들에게 형성하신 심리적·정서적·육체적 본성과 가장 일치하는 방식으로 '개인적 소명의 성취를 위한 최선의 선택으로서 싱글 생활을 선택한'[219] 존재로 여겨진다. 이를 통해 그들은 진정한 헌신이나 목적 있는 생활 방식 없이 단순히 싱글 생활을 선호하는 것과는 구별되는 정당한 싱글 상태를 선택한 것이다.[220] 기독교 싱글들은 '충족되지 못한 성적 욕망에 사로잡힌다면 주님을 효과적으로 섬길 수 없다'고 여겨지며,[221] 또한 오늘날 대부분의 싱글들이 '성경이 정의한 싱글 봉사의 영역 밖에서 자유 시간을 보내는 일'로 비난받기 때문에,[222] 이 견해를 지지하는 이들은 하나님의 은혜로 이 특별한 영적 능력을 받도록 선택된 소수가 미리 정해져 있다고 주장한다. 루터에 따르면, 그러한 사람들은 '천 명 중 한 명도 되지 않을 만큼 드물다. 그들은 하나님이 정하신 특별한 기적이기 때문이다. 하나님께서 특별히 부르시지 않는 한 누구도 그런 삶을 감히 선택해서는 안 된다'.[223] 따라서 그러한 은사를 받지 못한 이들은 '하나님의 결혼이라는 선물을 받아들이도록' 부르심을 받는다.[224]

---

219 Grenz, *Sexual Ethics*, 197.

220 Thompson, "Forgotten Gift," 1.

221 John MacArthur, *1 Corinthians: Godly Solutions for Church Problems* (Nashville, Tennessee: Thomas Nelson, 2015), 48.

222 Watters, *Get Married*, 34.

223 Luther, "Estate," 21.

224 Greg Morse, "The Girl You Want May Not Exist: How Pride Keeps Some Men Single," *Desiring God*, August 13, 2019, accessed on September 5, 2019, https://www.desiringgod.org/articles/the- girl-you-want-may-not-exist.

1.4.2. 과도기적 범주의 정당한 싱글

신학적으로나 목회적으로 싱글이 정당하다고 여겨지는 두 번째 범주는 결혼을 앞둔 준비 기간으로서의 싱글 상태이다. 복음주의 교회 내에서 지배적인 합의는 일반적으로 사회 전반의 지지를 받으며 싱글을 일시적인 상태 즉 궁극적인 목적지인 결혼으로 가는 과도기적 단계로 보아야 한다는 것이다.[225] 이러한 의미에서 대다수 기독교인에게 싱글의 주요 가치와 의미는 결혼이라는 궁극적 목표를 준비하는 동안 '남녀가 자신의 능력을 향상시키는 훈련의 장이 될 수 있는 흥미진진한 시기'[226]로 여겨진다. 그 결과, 복음주의 사역은 젊은이들이 '성숙해지고, 자신의 신앙을 확립하며, 목적을 가지고 연애하고, 결혼과 가정을 준비할 수 있도록' 자원을 제공하는 차원에서 진행된다.[227] 싱글 상태를 과도기로 보는 관점은 관련 서적에서도 흔치 않게 찾아볼 수 있다. 예를 들어, 『한때의 독신, 결혼의 이유』(*Single for a Season, Married for a Reason*),[228] 『여자가 할 수 있는 일: 이상형을 기다리며』(*What's a Girl to Do?: While Waiting for Mr Right*),[229] 『기다림의 여인: 이상형을 기다리며 하나님의 최선을 이루기』(*Lady in Waiting: Becoming God's Best While Waiting*

---

225 Maxson and Friesen, *Will of God*, 130.

226 Jad Jamal Khalaf, "A Variety of Questions Christian Singles May Ask that Require Honest and/or Biblical Answers"(PhD diss., Louisiana Baptist University, 2007), 9.

227 Focus on the Family, "Boundless,"accessed May 20, 2017, http://www.boundless.org/.

228 Griffin, *Single For a Season*.

229 Jane Folger, *What's a Girl to Do?: While Waiting For Mr Right* (Colorado Springs, CO: Multnomah Books, 2004).

for Mr Right),[230] 『결혼하기: 여성이 결혼을 이루기 위해 할 수 있는 일』(*Get Married: What Women Can Do to Help it Happen*),[231] 『빛나는 갑옷의 기사: 평생의 사랑을 발견하다』(*Your Knight in Shining Armour: Discovering Your Lifelong Love*),[232] 그리고 2017년 출간된 『아직 결혼하지 않았다: 싱글 상태와 데이트 속에서 기쁨을 추구하며』(*Not Yet Married: The Pursuit of Joy in Singleness and Dating*)[233]와 같은 책들이다. 실제로 이 담론이 "결혼하지 않았다"라는 표현을 "싱글"의 주요 동의어로 사용하는 경향으로 인해 싱글의 주요 가치는 더 나은 것 즉 결혼으로 대체될 때 비로소 궁극적으로 실현된다는 관점이 조성된다.

1.4.3. 불행한 현실 범주의 정당한 싱글

이 담론이 정당화하는 마지막 두 가지 싱글의 범주는 사별하거나 이혼한 기독교인과 동성애 성향을 가지면서도 싱글 생활을 결심한 기독교인에 해당한다. 전자의 경우, 사망이나 이혼으로 인해 결혼이 조기에 종료된 싱글은 '다시 싱글이 된'(single again, 돌싱) 상태라고 표현하는 것이 더 적절할 수 있다. 후자는 지속적인 성적·낭만적 매력을 동성에게만 느끼는 기독교인 남녀가, 성(性)과 결혼에 대

---

230 Jackie Kendall, *Lady in Waiting: Becoming God's Best While Waiting for Mr. Right* (Shippensburg, PA: Destiny Image Publishers, 2005).

231 Watters, *Get Married.*

232 Wilson, *Shining Armor.*

233 Segal, *Not Yet Married.* See also, Segal, "Good News."; Segal, "Nine Lies"; Marshall Segal, "Nine Prayers for the Not-Yet-Married," *Desiring God,* June 20, 2016, accessed on March 28, 2017, http://www.desiringgod.org/articles/nine-prayers-for-the-not-yet-married.

한 신학적 입장을 실천하는 차원에서 독신과 금욕을 선택하는 경우를 가리킨다.

이 두 범주 모두 개인의 상황에 어느 정도 '정당성'을 부여하는 것으로 간주되지만 즉, 이들이 일반적으로 재혼할 도덕적 의무가 있다고 여겨지지 않으며, 특히 서둘러 재혼해야 한다고 보지도 않음에도 이 두 범주에 대한 담론적 접근은 여전히 일정한 수준의 부조화와 양가성을 띠고 있다. 특히 다른 두 범주의 합법적 싱글 상태와 비교할 때 더욱 그러하다. 궁극적인 목적인 결혼을 준비하기 위한 일시적 싱글과 사역을 통해 교회를 섬기기 위한 은사적 싱글과는 대조적으로, 동성애 성향을 가진 싱글, 과부/홀아비, 이혼자의 싱글 상태는 비록 일탈로 간주되지는 않지만(일부 이혼 상황을 제외할 수 있음), 그럼에도 불구하고 본질적인 가치가 결여된 것으로 묘사되는 경우가 많다. 이들의 싱글 상태는 대개 '그저 그런 것'(is what it is)으로 여겨진다. 결과적으로, 그들이 (여전히) 결혼한 상태라면 개인적으로 더 유리한 처지에 있을 뿐만 아니라, 기독교 공동체는 물론 사회 전체에 더 많은 것을 기여할 수 있을 것이라고 여겨진다.

1.4.4. 기독교 담론 내 싱글의 도구화 비판: 가치 판단의 이중성

이 담론은 네 가지 서로 다른 싱글 상태에 어느 정도의 정당성, 혹은 최소한 비일탈성을 부여하지만, 일반적으로는 오직 '선천적' 그리고 '과도기적' 싱글 상태만이 개인과 신앙 공동체 전체에게 문제없고 가치를 지닌 것으로 간주된다는 점을 확인했다. 그러나 담론을 분석하고 깊이 들여다보면, 싱글의 정당성과 가치는 궁극적으로 개인의 상황에 대한 주관적 반응 또는 신앙 공동체의 인식에 의해 결정된다는 점이 드러난다. 이는 현대 기독교 담론 내에서 결혼과 미혼이 평가받는 방식을 비교해 보면 잘 입증된다.

수많은 책, 설교, 기사 및 기타 자료들이 건강하고 행복한 기독교적 결혼을 권장하기 위해 존재하지만, 오늘날의 담론은 결혼이 주관적인 개인의 결혼 생활에 대한 건강과 행복을 뛰어 넘어 신학적 가치를 지닌 것으로 이해한다. 결혼을 신성하게 정해진 창조적 구조이자 종말론적 예표(엡 5:25-32)로 인식하는 기독교 교사와 저자 그리고 주석자들은 결혼이 남편과 아내의 경험을 넘어서 신학적 가치를 지닌 것으로 여긴다. 따라서 개인이 문제가 많거나 힘겨운 결혼 생활을 견디더라도, 그 관계 자체에 대한 신성한 의도는 결혼이라는 제도가 계속해서 기독교적 '선(善)'으로 간주됨을 의미한다. 더 나아가, 특정 결혼의 신학적 가치는 그 결혼이 하나님의 창조적·종말론적 의도를 얼마나 정확히 반영하는지 타인이 인식하는 정도에 따라 달라지지 않는다. 즉, 문제가 많은 결혼이라도 신학적 잠재력을 실현할 가능성은 현재의 실제 상황에 따라 좌지우지되지 않는다.[234]

반면, 싱글 상태―선천적이든 일시적이든 혹은 기타 사유에 의한 것이든―는 각기 싱글 기독교인이 스스로 또는 타인에 의해 '선한 싱글 생활'을 영위하고 있다고 인식될 때에만 선한 것으로 여겨지는 경향이 있다. 즉, 현대 기독교 담론은 주로 개인의 주관적인 경험이나

---

234 This does not mean that every individual expression of Christian marriage is always to be considered good. For instance, a marriage in which abuse occurs cannot be described as a "good marriage". However, even in this situation the construct of marriage itself retains an intrinsic and independent theological value, regardless of any problematic experience, expression or perception of it in practice.

타인에 의하여 범주적 정의에 내재된 가치를 충족시키고 있다고 인식되는 정도에 따라 싱글 상태의 합법성을 평가한다. 만약 싱글 기독교인이 슬픔, 외로움, 성적 좌절감 같은 개인적 감정에 시달린다면, 그들의 싱글 상태(결혼 경험이 없는 경우, 이혼한 경우, 사별한 경우 모두 포함)는 일반적으로 본질적으로 '좋지 않은' 것으로 평가되며, 따라서 본질적으로 신학적 가치(intrinsic theological value)가 거의 없다고 여겨진다. 마찬가지로, 다른 사람들이 싱글 기독교인의 생활 방식이 산만함과 이기적인 삶으로 치우친다고 인식한다면, 그들의 싱글 상태 역시 본질적으로 '좋지 않은' 것으로 평가되며 본질적인 신학적 가치(intrinsic theological value)를 지니지 못한다고 여겨진다. 개인의 싱글 상태에 대한 외부의 부정적 인식(problematic external perception)으로 인해 싱글 상태의 가치뿐만 아니라 정당성까지 재구성해야할 가능성이 존재한다. 예를 들어, 한 개인이 성적 욕망에 전혀 흔들리지 않아 스스로를 '영적 은사로서의 싱글 상태'를 부여받은 자로 인식하지만 신앙 공동체 내 다른 구성원들이 그 개인의 '은사적 싱글 상태'를 올바른 목적(즉, 희생적인 봉사에 전념하는 것)으로 온전히 향하지 않는다고 인식한다면, 그 싱글 상태는 일탈된 것으로 해석될 가능성이 매우 높으며, 따라서 가치가 거의 없다고 여겨질 것이다. 마찬가지로, 싱글 시절에 적극적으로 결혼을 준비하고 추구하는데 에너지를 쏟지 않는다면, 그 싱글 상태 역시 일탈적이라 여겨져 신학적 가치를 거의 인정받지 못할 수 있다.

요약하자면, 많은 어려움이나 힘겨움으로 인해 결혼 관계의 유용성이 훼손된 경우에도 결혼 자체는 여전히 심오한 수준의 선(善)으로 간주된다. 그러나 싱글 상태의 유용성이 훼손되거나 심지어 단순히 훼손된 것으로 인식된다면, 결혼상태와는 달리 싱글 상태는 신학적으로 가치 있게 여겨지지 않는다. 이러한 빈약한 신학적 접근은 상당 부분 고린도전서 7장에만 의존하여 '싱글의 선함에 대한 실용적 신학을 구축'하므로 벌어진 근시안적 안목의 결과이다.[235] 역사적으로 성경 전체에 얼마나 많은 싱글이 하나님 나라를 위하여 얼마나 강력하고 영향력있는 역할을 감당했는지를 고려하지 않고 단 한 구절만 의지해 싱글 신학을 구성한 관행은 현대 기독교 담론이 싱글 상태를 그 삶 자체 특유의 신학적 잠재성보다는 오로지 시대의 필요에 따라 평가하는 결과를 초래했다. 따라서 싱글 상태에 대한 신학은 기존의 미시적 관점을 넘어 성경 전체를 아우르는 거시적 관점을 토대로 통전적 싱글 신학을 구성해야 한다.

싱글 상태에 대한 이러한 도구적 한계는 2017년 『레러번트 매거진』(Relevant Magazine)의 기사에서 잘 드러난다. 이 잡지는 "20~30대 기독교인 대상의 선도적 플랫폼으로 예수 그리스도 중심의 삶이 실제로 구현되는 지점에서의 이야기를 전한다".[236] 『싱글은 문제가 아니다』(Singleness isn't a Problem)의 저자는 싱글 기독교인의 상태가 '저주가 아니며 동정의 대상도 문제도 아니다'라고 주장하며 격려한다.[237] 그러나 그가 이러한 부정적 왜곡에서 싱글을 회복시키려는 프레임워크(framework)는 전적으로 실용적이다. 그가

---

235 Anyabwile, "Basic Thoughts".

236 Relevant Magazine, "The Relevant Story,"accessed May 21, 2017, https://relevant-magazine.com/about/.

237 Tyler Edwards, "Singleness Isn't a Problem," *Relevant Magazine*, February 20, 2017, accessed on March 28, 2017, https://relevantmagazine.com/article/singleness-isnt-a-problem/.

제시하는 싱글의 장점은 싱글이 결혼을 향한 도전을 피하고 더 풍부한 에너지와 시간을 가지므로 '하나님께 온전히 헌신할 수 있다'는 사실에 있다고 한다.[238] 이러한 유형의 자료들은[239] '싱글 기독교인이 예수 그리스도와 교회를 위한 봉사에 적극적으로 참여할 때만이 싱글의 의미가 드러난다'는 현대 기독교 신앙의 흐름과 맥락을 같이한다.[240] 결과적으로, 싱글 상태의 가치와 정당성을 인정받는 기독교인은 '그리스도와 그분이 맡겨 주신 사명에 전념하는'[241] 사람이며, '하나님을 위해 자신을 비우고 그분의 임재를 위해 자유롭게 열어놓으며 그분의 섬김을 위해 준비된' 사람이다.[242] 이는 싱글 개인이 '오로지 자신을 위해 살고, 오직 자신만을 생각하며, 자신 외에는 누구에

---

238 Tyler Edwards, "Singleness Isn't a Problem," *Relevant Magazine*, February 20, 2017, accessed on March 28, 2017, https://relevantmagazine.com/article/single-ness-isnt-a-problem/.

239 Others include, thought are not limited to, Branner, "Dream Singleness"; Griffith, "Gift"; Katelynn Luedke, "The Unwanted Good Gift of Singleness," *Desiring God*, November 18, 2015, accessed on March 28, 2017, http://www.desiringgod.org/articles/the-good-unwanted-gift-of- singleness; Stacy Reaoch, "Singleness Is Not a Problem to Be Solved," *Desiring God*, August 2, 2016, accessed on March 28, 2017, http://www.desiringgod.org/articles/singleness-is-not-a-problem-to-be-solved; Marshall Segal, "Hope for the Unhappily Single," *Desiring God*, August 11, 2015, accessed on March 28, 2017, http://www.desiringgod.org/articles/hope-for-the-unhappily-single; Strachan, "Singleness in Modern Culture"; Ben Stuart, "Love the Single Chapter of Your Life," *Desiring God*, August 5, 2014, accessed on March 28, 2017, http://www.desiringgod.org/articles/love-the-single-chapter-of-your-life; Frank Thielman, "How Did Paul Pastor Singles?," *9Marks Journal*, March 10, 2017, accessed on April 22, 2018, https://www.9marks.org/article/how-did-paul-pastor-singles/; Brooke Waldron, "Singleness with Purpose," *The Gospel Coalition*, November 17, 2010, accessed on March 28, 2017, https://www.thegospelcoalition.org/article/singleness-with-purpose.

240 Waldron, "Purpose".

241 Hunter, "The Beauty and Challenges of Singleness".

242 Nouwen, "Celibacy,"83.

게도 책임지지 않는'[243] 것으로 인식되는 일탈적 싱글과 대조를 이룬다. 사명적 도구로 구성된 싱글 신학이 환영받고 받아들여질 여지가 많다는 것은 부인할 수 없는 사실이다. 다음 글은 이 부분에 대한 명확한 방증에 해당한다:

> 수많은 싱글들이 타인을 섬기는 데 성숙한 영웅적 모습을 보인다. 여기에는 분명히 잠재해 있는 강력한 사도적 가치가 있으며, 싱글들이 교회를 위한 선물이자 자원임을 분명히 보여주는 영역이기도 하다.[244]

마찬가지로, 복음 사역을 위해 자신의 자유를 활용하려면 싱글 기독교인들은 세속적 싱글 생활을 정의하는 묘사하는 '즐거움과 흥분으로 가득한 생활, 브레이크 없는 감각적 쾌락, 책임으로부터의 자유, 탐욕적인 개인주의'[245]의 '대척점'(opposite pole)에서 서서 살아가야 한다. 그리고 싱글이 '그리스도께 온전히 헌신'(고전 7:35)할 수 있는 자유는 '교회가 그리스도께 대하여 품는 사랑과 헌신'을 반영해야 한다.[246]

그러나 기독교적 싱글 생활의 실용적 가치에 대한 이처럼 거의 독점적인 초점은 싱글 기독교인 개인뿐만 아니라 더 넓은 신앙 공동체 전체에도 영향을 미치는 몇 가지 신학적·목회적 문제를 초래했다. 예

---

243 Danielle Crittenden, *What our Mothers Didn't Tell Us: Why Happiness Eludes the Modern Woman* (New York, NY: Simon and Schuster, 1999), 69.

244 O'Hanlon, "Towards a Theology,"272.

245 Repohl, "Spirituality,"367.

246 Waldron, "Purpose".

를 들어, '기독교적 싱글의 의미는 그리스도와 교회에 대한 봉사에 적극적으로 참여할 때 드러난다'고 주장함으로써,[247] 이 담론은 싱글 기독교인들 사이에서 봉사의 주요 동기를 죄책감과 의무감으로 고착화시켰을 뿐만 아니라, 자신의 처지의 의미와 가치가 그렇게 도구적으로 규정되는 것을 원망하는 사람들이 극도의 반감을 갖게 했다. 두 번째로 우려되는 결과는 구원에 대한 응답으로 그리스도께 온전히 헌신하는 삶을 살 수 있는 능력을 평가하면서 싱글 기독교인과 기혼 기독교인 사이의 잘못된 이분법적 구분을 형성했다는 사실이다. '모든 신자는 싱글일 때 사역에 더 잘 헌신할 수 있으며 마땅히 그래야 한다'는 주장[248]은 결혼과 자녀양육으로 나아가는 것이 사역에 온전히 헌신하는 것이라는 인식으로 대체되었다. 그 결과, 기독교 생활 전체를 지탱하는 근본이 복음 사역이 아니라 지역 교회 체제와 활동에 참여하는 것으로 전락했다. 결혼과 결혼생활 자체가 그리스도께 온전히 헌신하는 것이란 개념은 성경 전체에 나타나는 개념에서 상당히 벗어난다.

그러나 싱글 상태에 대한 이러한 근시안적이고 도구적인 집중이 초래한 가장 심각한 결과는 싱글 생활의 본질적 존엄성이 주변화되고 훼손된 점일 것이다. 현대의 기독교 문헌, 디지털 미디어 그리고 설교는 싱글 기독교인에게 그들의 독특한 상황을 어떻게 활용하느냐를 제외하면 본질적인 의미나 목적을 지니지 않는다고 일관되게 가르친다. 개인의 싱글 상태가 자신이나 기독교 공동체 그리고 사회에 별 가

---

247 Waldron, "Purpose".

248 Smith, "Towards a Theology," 37.

치가 없는 것으로 인식되기 때문에, 비자발적이거나 불행한 싱글 기독교인이 싱글 상태가 긍정적인 이상향이라는 관점을 스스로 납득시키려 애쓰는 것이다. 당연히 이러한 합리화는 타인뿐만 아니라 자기 자신을 속이려는 무모한 시도이다. 시련은 시련이다. 시련을 시련이 아니라고 가장하는 것은 아무런 도움이 되지 않는다.[249]

요약하자면, 각종 문헌이 싱글 생활의 특정 범주에 정당성을 부여하려는 의도가 무엇이든 간에 싱글 기독교인 그 자체로 귀하며 소중하다는 성경적 개념을 훼손하고 있다는 사실을 부정할 수 없다. 지금까지의 기독교 담론은 싱글 기독교인의 삶 심지어 '은사적' 싱글 기독교인의 삶조차 궁극적으로 그 자체로 가치 있다고 말하지 않으며 가치 있게 쓰일 때만 의미있는 것으로 간주하는 제한된 가능성에 불과하다.

1.5. 보이지 않는 주변인, 싱글 기독교인

이 담론이 싱글 상태에 대해 취하는 '억제되며 수동적인'(palliative and passive)[250] 접근 방식의 세 번째이자 마지막 측면은 싱글 기독교인이 신앙 공동체 내에서 느끼는 소속감의 문제이다. 2013년 기사에서 싱글 기독교 작가 셰릴 브래드비(Cheryl Bradbee)는 이렇게 털어놓았다:

수년간 교회에의 나의 헌신이 경멸받는 것을 지켜보았고, 내 목소리는

---

249 Wilson, "Seven Reasons".
250 Hintz, "Choosing Celibacy," 49.

묵살되며 무시당했고, 은근한 경멸이 나의 많은 기독교적 관계들을 지배하고 있다. 아이도 없고 함께 하는 남자도 없는 여성은 교회 안에서 자리를 찾기가 정말 어렵다. 이런 연유로 대부분의 교회에서 떠날 수밖에 없었다.[251]

안타깝게도 브래드비의 교회 내 경험과 그 후의 교회 이탈은 결코 드문 사례가 아니다. 많은 싱글들이 결혼과 가정을 이상화하고 심지어 우상화하는 기독교 문화 속에서 자신의 정체성과 가치를 찾는다는 것은 거의 불가능할 뿐만 아니라, 교회 공동체 내에서 소속감을 갖는 것도 쉽지 않다.

21세기 서구 기독교 교회 대부분이 가족 중심적 성향을 띠고 있다는 사실은 쉽게 관찰할 수 있다. 심지어 일부 교회는 가족을 위한 클럽처럼 존재하는 경향이 있다.[252] 교회 예배는 흔히 '가족 예배'로 불리며, 사역 일정은 어린이 활동, 청소년 행사, 부모 교육 강좌가 주를 이룬다. 결혼을 준비 중이거나 신혼부부, 결혼 생활에 문제가 있거나 결혼 생활을 강화하고자 하는 사람들을 위한 교육 과정이 운영된다. 개신교 목사 및 교회 지도자의 대다수는 기혼 가정을 가진 남성이다. 설교는 종종 가족적 예화와 적용으로 채워진다. 지역사회로의 선교 활동은 가족과의 연결에 초점을 맞추는 경향이 있다. 그 결과, 싱글이나 교회 내 비주류 구성원들은 '소외된 존재'로 느껴질 수 있다:[253]

---

251 Bradbee, "Standing Alone," 28.

252 Andronoviene, "Involuntarily Free," 10.

253 Magee, "Singleness," 82.

문제는 '가족 전용'이라는 꼬리표를 단 모든 수업, 모임, 슬로건에는 '싱글 출입 금지'라는 두 번째 꼬리표가 붙어 있다는 점이다. 특권층 내부에서는 보지 못할 수 있어도 분명히 존재한다. 그리고 싱글들은 그 지시를 따르고 있다. 교회 문을 박차고 나갈 때까지이지만 말이다.[254]

안드로노비엔은 교회 내에서 개인이 배척당하는 것을 심각한 문제로 간주한다. 그녀는 교회의 정체성이 '신학에서 가족, 또는 의도적인 공동체, 즉 교회를 따르는 사람들에게 소속감을 주는 장소로 이해되어야 한다'고 말한 바 있다.[255] 그녀는 여기서 자신이 속한 침례교적 맥락(Baptist context)에서 언급한 말이지만, 교회 공동체에 소속감을 갖는 방법에 대한 그녀의 신학적 입장은 사실상 모든 개신교 교단에 적용될 수 있다. 개종이나 신앙 고백 시점에 기독교인의 가족적 충성심은 출생 가족에서 입양 가족, 즉 하나님의 백성인 교회로 이전된다. 이 새로운 충성심의 중요한 표현은 개인이 특정 교회 공동체(보편 교회의 지역적 구현체)에 가입하거나 그 헌신을 재확인하는 선택이다. 따라서 지역 교회 내에서 싱글 개인이 주변인으로 밀려나는 것은 심각한 문제이다. 왜냐하면 개인의 그리스도 안에서의 입양은 그들의 결혼 상태와 무관하게 이루어지기 때문이다(예를 들어, 엡 1:5; 갈 4:5-7; 요 1:12; 요일 3:1; 롬 8:14-19 참조). 따라서 그들의 지역 교회 공동체 내에서의 소속감은 결코 훼손되어서는 안 된다. 그러나 통계적 증거와 경험적 사례를 보면, 현대 기독교 공동체는 싱글

---

254 Dalfonzo, *One by One*, 79.

255 Andronoviene, "Transforming the Struggles," 29.

신자를 공동체 생활의 동등한 구성원으로 완전히 통합하는데 여전히 주저하는 경향이 있다. 이러한 양가적 태도의 원인은 복잡한 매트릭스로 구성되어 있으며(본 장 앞부분에서 부분적으로 다루었음), 그러한 거부감은 주로 교회 내 결혼 상태와 싱글 상태 사이의 경쟁적 이분법—즉 '제로섬 게임'—을 통해 드러나는 경향이 있다. 즉, 기독교 담론은 개인적·공동체적 경험 속에서 결혼과 싱글의 관계를 규명할 때 두 상태를 불필요하게 양극화시키고 있다.[256] 이러한 양극화의 한 예는 결혼을 지나치게 우상화하고 독신을 주변화하는 방식에서 드러난다. 이로 인해 많은 싱글 기독교인들이 교회 내에서 싱글을 판단하거나 평가하려는 기혼자들의 시도에 대해 불신과 심지어 원망을 표출하게 되었다. 예를 들어, 기혼 작가 마셜 시걸(Marshall Segal)이 쓴 싱글에 관한 글에 달린 댓글에는 다음과 같은 분노가 담겨 있다:

또 다른 기독교 싱글 관련 책이네, 저자가 기혼자일 줄 알았어![257]

물어봐도 될까요? 싱글 상태를 받아들이고 실제로 싱글이면서 싱글에 관해 말하고 있는 목소리들, 작가들, 블로거들은 누구인가요?[258]

마찬가지로, 세갈의 2017년 저서 『아직 결혼하지 않은』(Not Yet

---

256 See Deshpande, *Singled Out*, 3.

257 Paul Eugene, "Comments on 'Marriage is Very Good. Singleness May Be Even Better',"Gospel Coalition, accessed June 28, 2017, https://www.thegospel-coalition.org/article/marriage-is-very-   good-singleness-even-better#comment-3384904314.

258 Anonymous, "Comments on 'Marriage is Very Good. Singleness May Be Even Better',"The Gospel Coalition, accessed June 28, 2017, https://www.thegos-pelcoalition.org/article/marriage-is-   very-good-singleness-even-better#comment-3384904314.

Married)의 소셜미디어 홍보에 대한 반응으로 한 댓글 작성자는 이렇게 썼다. '이 주제에 대해 항상 나를 짜증나게 하는 것 중 하나는 기독교인 싱글들에게 싱글 생활이 얼마나 훌륭한 지를 상기시키는 블로거들과 작가들 모두 결혼했다는 점이다. 이 책의 저자도 마찬가지다.'[259] 그러나 결혼과 싱글 사이의 양극화로 인해 나타나는 거부감은 일부 기혼자들에게서 쉽게 찾아볼 수 있다. 이들은 기독교적 싱글의 정당화에 의문을 품는 데 그치지 않고 때로는 결혼 제도 자체에 대한 직접적인 공격으로 간주하기도 한다. 예를 들어, 2016년 기독교 지도자 및 목사 회의에서 존 맥아더는 이렇게 주장했다:

> 가족과 결혼에 대한 공격은 여러분이 예상하지 못한 방향에서 매우 교묘한 방식으로 다가오고 있다고 생각합니다. [...] 오늘날 결혼에 대한 가장 파괴적인 공격은 싱글 생활에서 비롯되고 있다고 말씀드립니다. 싱글 생활은 결혼 생활에 대한 공격입니다.[260]

마찬가지로, '사탄은 싱글이 괜찮다고 믿게 함으로써 결혼을 모독한다'고 주장하는 책[261]이 영향력 있는 기독교 블로거이자 작가이고 서평가인 팀 챌리스(Tim Challies)[262]와 저명한 복음주의 지도자 앨

---

259 Jason Ursy, "Comments on Desiring God's Facebook post, 'We Live and Date in a Society of Now'," Facebook, accessed June 28, 2017, https://www.facebook.com/DesiringGod/posts/10156082518954240?comment_id=10156083514674240&comment_tracking=%7B%22tn%22%3A%22R9%22%7D.

260 MacArthur, *Children in the Shade*, 1:54mins; 2:30mins.

261 Maken, *Getting Serious*, 43.

262 Tim Challies, "Books I Recommend: Dating & Courtship," accessed September 7, 2018, https://www.challies.com/recommendations/dating-and-courtship/.

버트 몰러(Albert Mohler)의 추천서이다. 몰러는 이 책을 '건전한 조언, 진지한 사고력으로 이끄는 모든 기독교 청년 성도들이 반드시 읽어야 할 필독서'라고 칭찬했다.[263] 결혼과 싱글이 신앙 공동체에 제공하는 특유의 신학적 기여를 설명하기보다는 양측 지지자들 사이의 지배적인 적대적 대립각을 세우는 형국은 어느 쪽도 제대로 존중받지 못할 뿐만 아니라, 남편이나 아내로 부르심을 받지 못한 이미 소외된 개인들을 더욱 소외시키는 결과를 초래한다. 그러나 싱글 기독교인들의 이러한 고립은 기독교 공동체 전체에도 해로운 영향을 미친다. '결혼과 다양한 싱글 상태가 함께 조화를 이루어야 함을 인식하지 못한다는 것은 하나님의 가정이 무엇인지 이해하지 못한다는 뜻'이기 때문이다.[264] 실제로 빈곤한 싱글 신학은 교회의 심각한 문젯거리이다. 건강한 성경적 싱글 신학 없이는 건강한 성경적 공동체 형성이 불가능하기 때문이다. 이러한 신학은 싱글뿐만 아니라 수많은 유혹에 맞서 하나님의 나라 비전을 제시하는 예언자로서의 싱글을 필요로 하는 교회를 위해서도 존재해야만 한다.[265] 싱글 생활이 신학적으로 정당하고 목회적으로 규범적인 신실한 기독교적 경험 중 하나로 따뜻하게 포용되고 진정으로 이해되어야 한다는 절박함을 인식하며 40여년 전에 글을 쓴 저자가 있다. 그는 자신의 책에서 '싱글은 교회 안에서 자신의 자리를 찾아야 한다'고 주장하였다.[266] 유감스럽게

---

263 Albert Mohler, "Recommendation,"in *Getting Serious about Getting Married: Rethinking the Gift of Singleness* (Wheaton, Illinois: Crossway Books, 2006), 1.

264 Jana Marguerite Bennett, "Mary and Martha Meet Saint Augustine: Marriage, Virginity, and Household Formation"(PhD diss., Duke University, 2005), 130.

265 Andronoviene, "Transforming the Struggles,"29.

266 Repohl, "Spirituality," 366.

도 그 이후로 싱글 기독교인은 이 부분에서 별다른 진전을 이루지 못했다. 물론 이 조언의 대상은 잘못된 인식을 갖고 있는 독자들일 수 있다. 왜냐하면 교회 공동체에서 소속감을 갖는 것이 싱글 기독교인의 책임은 아니기 때문이다. 실제로 션 드 마르스(Sean De Mars)는 그의 글「교회 생활 속에서 싱글을 가족으로 포용하기」에서[267] 그러한 노력은 사실 교회의 공동체적 책임이라고 단언한다. 교회 목회자들에게 '싱글 성도들을 섬기는 가장 쉬운 방법은 성도들이 자신을 교회 구성원이 아닌 가족 구성원으로 인식하는 교회 문화를 조성하는 것이다.'라고 제시했다.[268] 이어 그는 그러한 목표를 실현하는 방법에 대한 실질적인 조언을 제시한다. 그러나 안타깝게도 그의 초점은 결혼한 신자와 싱글 신자가 동일한 가족 구성원으로서 새롭게 공유된 현실을 함께 살아가는 방법에 있지 않다. 오히려 그의 목회적 지침은 싱글이 '교회 공동체 내 다양한 가족들과 사랑하고 연결되어 있다고 느끼도록'[269] 하는 방법이나 교회 공동체 가족들이 '싱글들을 자신들의 삶에 포용하기 위해 노력하는'[270] 방법에 집중되어 있다. 따라서 그의 조언은 교회를 주로 개별 핵가족들의 집합체로 보고, 가족이 없는 이들을 그들 가운데로 환대하며 받아들이려는 기독교 담론의 성향을 대표한다. 싱글 기독교 작가 조슈아 베켓(Joshua Beckett)은 이 부분에 대하여 적절히 지적한 바 있다. 그의 견해에 의하면 '문제는 싱글들이 교회 공동체의 리더십에서 제외되고 교회 생활 주변부에 머

---

267 DeMars, "Folding Singles".

268 DeMars, "Folding Singles".

269 DeMars, "Folding Singles".

270 DeMars, "Folding Singles".

물고 포함되더라도 단지 손님으로만 대우받는다는 점이다. 환대는 오직 한 방향으로만 흐른다.'[271] 핵가족 단위의 기독교인들이 가족이 없는 이들을 자신들의 가족으로 받아들이도록 권장하는 것은 분명히 큰 가치가 있지만, 이러한 관점은 궁극적으로 진정한 입양 신학을 제대로 이해하지 못한 상태에 해당한다. 단순히 '가족이 없는 이들이 하나님의 가족으로 편입되는' 것이 아니라,[272] 모든 신자들이 동일하게 아들딸로 입양되어 하나의 새롭고 근본적인 가족이 되는 것이다. 그러한 가족의 구성원은 누구도 손님처럼 대우받아서는 안 된다. 현대 기독교 담론에 시급히 인식되어야 할 사안이 있다. 오늘날의 신앙 공동체는 신학적·목회적 의무로서 싱글 신자들—결혼 경험이 없는 자, 이혼자, 사별자, 영적 '은사'를 가진 자, 철새 교인, 동성애 성향을 지닌 싱글, 혹은 단순히 결혼하지 않은 자 등—을 비롯하여 온갖 유형의 사람들을 완전하고 동등한 구성원으로 존중하고, 그에 걸맞게 사랑하며 대해야 한다.

1.6. 현대 교회 싱글 담론의 신학적 빈곤과 비성경적 구조

현대 교회는 기독교적 싱글 생활에 대해 명확히 '수동적이고 억제적'[273] 접근 방식을 보인다는 점을 제기한 바 있다. 방대한 관련 문헌과 자료를 상세히 검토하고 나서 실망스러운 결론을 확인했다. 오늘

---

271 Joshua Beckett, "Desire in Singleness: Ascetics and Eternity (or, Why Christians Don't Need to Get Married),"in *Breaking the Marriage Idol: Reconstructing our Cultural and Spiritual Norms*, Kutter Callaway (Downers Grove, Illinois: IVP Books, 2018), 208.

272 DeMars, "Folding Singles".

273 Hintz, "Choosing Celibacy,"49.

날 기독교 담론이 싱글 기독교인의 삶에 대해 신학적으로 빈약하고 목회적으로 부적절하며 비성경적인 구조를 조장하는 것은 의심할 여지없이 역사적, 문화적, 신학적, 심리적 요인들이 복잡하게 상호작용한 결과이다. 그럼에도 불구하고, 이러한 개별적 요인들 상당수를 적절히 분류할 수 있는 두 가지 구체적인 문제에 주목하는 것은 매우 유익하며, 명쾌한 방법론적 방향을 제시해 줄 것이다.

1.6.1. 신앙의 이름으로 포장된 세속적 편견: 싱글리티를 향한 비판적 성찰

첫 번째 문제는 특정 역사적 시점의 기독교 담론이 그 담론이 자리 잡은 광범위한 문화적 맥락에 무의식적으로 영향을 받았다는 사실이다. 프랑스의 세속적 사회학자이자 철학자인 피에르 부르디외(Pierre Bourdieu)는 모든 '정립된 질서는 (매우 다른 정도와 매우 다른 수단을 통해) 그 자체의 임의성을 자연화하는 경향이 있다'고 주장한다.[274] 그는 이것이 주체의 자연 세계와 사회 세계 사이에 자명한 대응 관계를 초래한다고 주장한다. 그는 이러한 현실을 도크사(doxa, 개인이나 사회가 정설로 믿고 있는 것)로 명명하며, '사상과 인식의 체계로 즉각적인 순응을 만들어내어 사회 세계의 재생산에 기여하므로 자명하고 논쟁의 여지가 없는 정설을 만들어내지만 사실과는 거리가 먼 상태'라고 설명했다.[275] 독사(doxa)는 철학적 개념으로

---

274 Pierre Bourdieu, *Outline of a Theory of Practice*, trans. Richard Nice, Cambridge Studies in Social and Cultural Anthropology (Cambridge: Cambridge University Press, 1977), 164.

275 Bourdieu, Outline, 164. Bourdieu's reference to doxa is clearly distinct from the typical Christian biblical translation of doxa (from the koine Greek) as "glory".

'실용적 감각에서 비롯된 세계에 대한 언어적 표현 이전의 당연시하는 상태'[276] 즉 '주체가 즉각적으로 알 수 있지만 자신이 알고 있다는 사실을 인지하지 못하는 상태'이다.[277] 도그마적 신념이 특정 영역 내에서 '지배 계층의 관점이 보편적 관점으로 제시되고 강요되는'[278] 형태로 우위를 점하며, 이로 인해 '의문의 여지없는 통일된 문화적 "전통"[279]이 형성된다. 따라서 이렇게 형성된 도그마는 해당 영역 내에서 개인의 정체성과 행동이 합법적 또는 불법적으로 평가되는 기준이 되는 '규칙'을 제공하기도 한다. 간단히 말해서, 독사(doxa)는 의문의 여지없는 문화적 전제로서 특정 분야나 사회적 영역의 현실을 형성할 뿐만 아니라, 그 영역 내 구성원들의 존재 자체와 상호작용에 대한 결정적인 승인 또는 불승인의 기준점을 제공한다. 20세기 중반 철학자 알라스데어 매킨타이어(Alasdair MacIntyre)[280]의 사상을 되짚어보며, 기독교 작가 로드니 클랩(Rodney Clapp)은 이러한 문화적 가정과 규범이 작동하는 방식에 대한 근거 있는 통찰을 제시한다:

Bourdieu's development and definition of the term is derived from its use within classical philosophical literature such as Plato, Aristotle and Isocrates.

276 Pierre Bourdieu, *The Logic of Practice* (Stanford University Press, 1990), 68.

277 Jacques Berlinerblau, "Ideology, Pierre Bourdieu's Doxa, and the Hebrew Bible," *Semeia*, no. 87 (1999): 202.

278 Pierre Bourdieu, *Practical Reason: On the Theory of Action* (Stanford University Press, 1998), 57.

279 Pierre Bourdieu and Loïc J. D. Wacquant, *An Invitation to Reflexive Sociology* (Chicago: University of Chicago Press, 1992), 248.

280 Alasdair MacIntyre, *A Short History of Ethics: A History of Moral Philosophy from the Homeric age to the 20th Century* (Great Britain: Routledge & Kegan Paul Ltd, 1967).

인간은 역사적 존재로서, 단순히 '현실'이나 '사물이 실제로 존재하는 방식'을 바라볼 수 있는 시간과 공간을 초월한 관점들로 도피할 수 없다. 특정한 개인과 공동체가 세상을 보고 반응하는 방식은 그들이 속한 전통에 의해 결정되며, 이 전통은 그들에게 세상의 모습을 규정지어준다.[281]

즉, 어떤 개인이나 공동체도 현실에 대한 그들의 작동적 인식과 더 나아가 그 현실 속에서의 자신들의 위치를 형성하는 지배적 도식 체계로부터 영향을 받지 않거나 분리될 수 없다. 이것은 기독교인 개인과 공동체에게도 예외일 수 없다. 기독교 담론은 당연시되는 도식적 가정과 인식으로부터 독립적이거나 영향을 받지 않았다고 주장할 수 없다는 말이다. 실제로 기독교적 사고와 행동은 다른 담론과 마찬가지로 그 자의성을 당연시하며 자연화하는 경향에 동일하게 취약하다.

이러한 자연화(naturalizing)는 기독교 전통과 당대의 신앙적 경험 두가지가 특정 시대 기독교인의 지식 형성에 알게 모르게 작용하는 과정에서 잘 드러난다.[282] 그러나 역사적 기독교의 현실관을 형성된 독자적 사고 체계가 그 성격과 근거 면에서 모두 기독교적인 것이라고 결론 짓는다면 대단히 큰 오류일 것이다. '기독교 공동체는 밀폐된 벙커 안에서 활동하지 않는다'.[283] 기독교인 개인, 공동체, 교파는 필연적으로 그들이 존재하는 더 넓은 문화 속에 자리 잡고, 그 문

---

281 Clapp, "Family Values," 186.

282 Berlinerblau, "Ideology," 202.

283 Grant, *Divine Sex*, 57.

화 속에서 발언하며, 그 문화와 교류하고, 그 문화로부터 깊은 영향을 받는다. 결국 그들도 '현대 생활의 복잡성은 성숙한 성인이라면 하루 동안에도 필연적으로 수많은 메시지를 접할 수밖에 없다'는 규칙에서 벗어날 수 없다.[284] 따라서 교회는 자리 잡고 있는 사회의 문화적 측면을 상당히 많이 내면화할 가능성은 항상 존재했으며 앞으로도 계속 그러할 것이다.[285] 위에서 분석한 담론적 맥락 내에 싱글에 관한 신학적·목회적 관점에는 확실히 그러한 자연화와 내면화 과정이 존재했다. 현대적 그리고 주로 서구 복음주의 담론 내에서 싱글의 위치는 세속적 사고와 원칙에 확고히 뿌리내리고 있으며 그로부터 파생된 독자적 개념과 맥락 그리고 신념으로 가득하다. 쉽게 말해서 이전 장에서 세속적 분석을 통해 확립된 많은 것들이 본 장의 기독교 담론에도 뚜렷이 드러난다는 것을 의미한다. 여기에는 특별히 결혼한(또는 최소한 커플을 이룬) 사람의 정체성 대비 싱글 정체성의 결핍, 싱글로 삶을 영위하는 것의 비정상성과 일탈성 대비 결혼/커플의 정상성 제시, 세속적 버전과 기독교적 버전의 "성장 서사" 간의 일치, 진정으로 충족된 인간 정체성의 핵심으로서 낭만적 사랑과 성적 친밀감에 대한 세속적·기독교적 담론의 공통된 강조 그리고 양 담론 내에서 우정에 대한 낭만화(romanticization)와 성적 대상화(sexualization)의 증가 등이 포함되어 있다.

현대 기독교 담론은 종종 '성경적'이라는 형용사를 사용하여 기혼 기독교인의 삶이 지닌 헤게모니적이며 이상적인 규범성을 묘사하고

---

284 Graham, "Virtuous Circle," 232.

285 Andronoviene, "Transforming the Struggles," 47.

정의하는 반면, 싱글 기독교인의 삶은 일탈적이고 도덕적으로 모호한 비정상성으로 규정한다. 그러나 이러한 구분 자체가 성경 본문에서 직접 도출되지 않았다는 것을 거의 인식하지 못한 채 이루어져 왔다. 실제로 본 장에서 상세히 다루는 싱글에 대한 신학적·목회적 접근은 상당 부분 세속적 인간관계 및 성적 규범의 암묵적·명시적 차용을 통해 형성되었다. 그러나 현대 교회는 여전히 사회의 사상과 규범에 깊이 뿌리내린 가족에 대한 도덕적 관점의 강력한 힘이 어떻게 성경적·전통적 가르침의 일부 측면을 보지 못하게 하고, 심지어 예수 그리스도를 따라가겠다고 고백하면서도 성경과 상당히 다른 신념과 이상을 견지하고 있다는 사실을 거의 인식하지 못하고 있다.[286] 이는 급증하는 싱글에 대한 성경적·목회적 대응에 심각한 문제를 초래했을 뿐만 아니라, 결혼에 대한 성경적·목회적 대응에도 마찬가지로 치명적인 결함을 야기시켰다. 현대의 많은 기독교인들은 주변 문화 속에서 깊이 뿌리내려 인간관계와 결혼을 순전히 개인주의적 관점에서 바라보게 되었다. 쉽게 말해서 결혼을 교회와 세상에 대한 성경적 선포가 아닌 오로지 자신들의 이익을 위한 의식으로 인식하고 있다.[287]

현대 기독교, 특히 복음주의적 관점에서 결혼과 싱글 그리고 성에 대한 개념 형성에 세속적 개념이 끼친 영향력과 역할을 규명하면서, 홈즈는 '이 분야에서 시급한 신학적 과제는 성경적 관점으로 재검토하는 것이 아니고 성경에 접근할 때 사용하는 세속적 관점을 분석하

---

286 Wheeler, "Christians and Family,"254.

287 Grant, *Divine Sex*, 38.

는 것'이라고 주장한다.[288] 따라서 복음에 부합하는 요소와 거짓의 아
비에게서 비롯된 요소를 구분하려면 먼저 현대의 '결혼'에 대한 기존
관념을 신중하게 해체하는 작업부터 진행해야 한다.[289] 이 첫 번째 문
제에 대하여 취해야 할 도전은 자기 틀에서 벗어나는 '비판적 수용'
이며 이 과정 중 현대 사회·도덕 체계 속에서 무엇이 수용될 수 있고
무엇이 도전받거나 거부되어야 하는지를 판단할 지혜가 필요하다.[290]

1.6.2. 창조론적 근시안: 결혼 신학에 가려진 싱글 기독교인의 존재론적 실종

기독교의 싱글과 결혼에 대한 개념이 주로 성경적 가르침과 진리(
비성경적 신학적 사고 체계와 대조적으로)에 의존해야 하므로, 주석
자와 저자 그리고 설교자는 결혼과 핵가족이 차지하는 특권적 위치
를 창세 당시 하나님이 세우신 소위 '자연적 질서' 안에 위치시키려는
경향이 강하다. 이러한 경향은 거의 전적으로 창세기 1-2장의 창조
관련 구절과 이를 언급하는 다른 성경 구절들을 근거로 이루어진다.
실제로, "성경이 '남자와 여자가 함께 창조되었다'고 말한 만큼(창
2:21), 모든 사람을 예외 없이 동등하게 결혼으로 부르신다"고 주장
한 칼뱅 같은 개혁주의 거장들부터,[291] '하나님은 [결혼이라는] 언약
의 맥락에서 사랑받고 그 사랑을 표현하도록 계획하셨다'고 믿는 현

---

288 Holmes, "Handling Snakes," 259.

289 Holmes, "Handling Snakes," 274.

290 Wheeler, "Christians and Family," 355.

291 John Calvin, *Commentary on the Epistles of Paul the Apostle to the Corinthians*, trans. John Pringle (Grand Rapids, Michigan: Wm. B. Eerdmans Publishing Company, 1948), 252.

대적 선언에 이르기까지,[292] 싱글에 대한 신학적·목회적 접근은 주로 창세기 기록에 근거하며 광범위하게 보면 '자연적'인 인류학적 필연성으로 해석되는 남녀 간의 한 몸에 대한 성경적 교리에 의존해 왔다.

기독교 담론은 '창조'라는 용어를 신학적 약어로 자주 사용하며, 이는 '현실 전체의 기원과 현재 상태 그리고 궁극적 목표에 대한 기독교적 신념'을 의미하고 이러한 용례는 '자연'이나 '존재'라는 단어가 사용되는 방식과 유사하다.[293] 그리고 이러한 이해는 창조에 대한 사고와 창조 안에서 그리고 창조를 향한 인간 행동에 영향을 미친다.[294] 창조 교리와 윤리적 행동 사이의 연관성을 살펴보면, 창조 신학은 모든 사람이 하나님의 피조물이며 하나님의 형상대로 지음받았다는 사실(창 1:27)을 확증할 수 있는 근거이며 기독교 사상의 오랜 전통이라고 확신할 수밖에 없다.[295]

창조 교리와 윤리적 통찰 사이(즉, '자연스러운' 것으로 간주되는 것과 그 결과 인간 존재가 올바르게 살아야 할 방식 사이)에 연관성이 존재한다는 것은 분명히 신학적 자명성(self-evidence)의 문제이다.[296] 본 장의 분석을 통해 이러한 윤리적 방법론의 근시안적 적용이

---

292 Segal, "Good News," 100.

293 Hans Schaeffer, *Createdness and Ethics: The Doctrine of Creation and Theological Ethics in the Theology of Colin E. Gunton and Oswald Bayer* (Berlin: Walter de Gruyter, 2012), 10.

294 Schaeffer, *Createdness*, 10.

295 Lisa Sowle Cahill, "Creation and Ethics," in *The Oxford Handbook of Theological Ethics*, ed. Gilbert Meilaender and William Werpehowski (Oxford: Oxford University Press, 2005), 12.

296 That the existence of such a relationship is (to some degree or another) self-evident does not necessarily imply that it is also able to be self-evidentially comprehended in all of its theological rationale and detail. Indeed, consideration of the connection between divinely established creative purposes and human moral

'싱글은 비자연적이다—그것은 우리의 본성에 반한다'는 결론으로 이어져 싱글 기독교인의 삶을 축소시켰음을 보여주었다.[297] 결과적으로 기독교에서 싱글은 특정된 예외적 상황에서만 정당화되며, 주관적 경험과 외부적 인식이라는 공리주의적 도구성을 통해서만 정당화될 수 있다. 따라서 싱글 기독교인의 삶은 내재적, 독립적, 또는 고유한 신학적 가치나 윤리적 존엄성을 전혀 인정받지 못한다.

본 논문에서는 이러한 결론이 정당하게 유지될 수 있으며 성경적 근거는 명확하고 충분한지에 관해 다루려고 한다. 독단적이고 근시안적인 창조 기반 윤리 체계의 문제 사례들을 제시하고 종말론적 가능성의 핵심까지 나아가므로 신학적으로 더 확장되고 목회적으로 지속 가능하며 성경적으로 탄탄한 싱글 윤리를 탐구하려고 한다. 교회가 창조의 종말론적 갱신과 변혁이라는 지평선에 시선을 고정시킬 수 있다면, 싱글 신학이 현재에서 영광스럽게 입증되고 장엄하게 변형될 수 있는지를 유도할 수 있을 것이다. 이와 관련하여 몰트만은 이렇게 주장한다:

---

action has a long doctrinal history. (Perhaps the most foundational contribution to this field comes from Thomas Aquinas whose "Natural Law" theory postulates that human beings are the divinely gifted recipients of a set of naturally discerned rules by which their action are to be determined as rationally, and therefore, morally, reasonable or unreasonable. See Thomas Aquinas, *Summa Theologica* (Irvine, California: Xist Publishing, 2015), §IaIIae 94.) A detailed analysis of the contribution of natural law theory to the field of theological ethics is beyond the scope of this chapter As such our comments about the contemporary Christian discourse's myopic focus on a creation-based (or "natural") theological ethic of marriage and singleness is intended to be broadly diagnostic, rather than meticulous in both character and purpose.

297 Maken, *Getting Serious*, 28.

신자는 삶의 한낮에 서 있는 것이 아니라, 낮과 밤이 지나가고 새로 다가올 시간과 맞부딪치는 지점, 즉 새날의 새벽에 서 있다. 그러므로 신자는 단순히 다가오는 날을 받아들이기만 하는 것이 아니라, 무에서 유를 창조하고 죽은 자를 살리시는 분의 약속에 따라 아직 오지 않은 것들을 향해 그 날 너머를 바라보는 존재이다.[298]

싱글에 대하여 창조론에만 몰두하고 있는 현 시점에서 몰트만의 견해처럼 다가오는 날 즉 종말론의 관점에서 바라보는 혜안이 있어야 한다. 그렇지 않으면 진정 성경적이고 윤리적이며 현 시대에 유용한 싱글 신학의 탄생을 기대하기는 어렵다.

이제 본 장의 담론 분석을 통해 해결해야 할 현재 싱글 개념의 문제점, 견뎌내야 할 과도기 그리고 일으켜야 할 싱글의 잠재력을 제시하려고 한다. 즉 기독교 싱글의 직면해 있는 현재 상황을 파악하고 열어 나가기 위한 초석을 놓으려 한다. 따라서 현대의 싱글 접근방법이 당연시되기보다 논증되어야 하며, 목회적으로 규정되기보다 신학적으로 정당화되어야 하고, 문화적·교리적 진리로 주장되기보다 '성경적이며 권위있는 하나님의 말씀에 대한 신실함으로 회복'[299]되기 위해 재검토해야 한다.

---

298 Jürgen Moltmann, *Theology of Hope: On the Ground and the Implications of a Christian Eschatology* (N.p.: Fortress Press, 1993), 31.

299 'The Chicago Call: An Appeal to Evangelicals' in Robert E. Webber, *Common Roots: The Original Call to an Ancient-Future Faith* (Grand Rapids, Michigan: Zondervan, 2009), 281.

제3장
회수 방법론

종교개혁의 해석학적 유산 중 하나는 '현재 눈앞에 놓인 것은 논증과 정당화가 필요하며, 반드시 이러해야만 하는 것은 아니다'라는 원칙을 천명한 것이다. 다시 말해서 이러해야 한다고 주장하더라도 여전히 그 주장을 입증하기 위해 노력해야 한다'는 원칙이다.[1] 이미 기독교의 지배적인 싱글 개념은 더 깊이 있는 신학적 논증과 정당화가 필요하다고 언급한 바 있다. 그러나 현재 이 순간 제시해야 할 대안 역시 논증과 정당화가 필요하다. 당면한 과제는 현재의 '수동적이고 억제적인'[2] 싱글 개념을 성경적인 개념으로 재정립하기 위하여 신중하고 일관된 신학적 논증을 전개하는 것이다. 신학적 회수(theological retrieval) 방법론은 이러한 과제 수행에 가장 적합한 방법론일 것이다. 신학적 회수(theological retrieval)는 역사적으로 중요한 신학적 아이디어나 교리, 특히 교부들, 종교개혁자들, 중세 신학자들 등의 사상을 현대 신학적 논의에 다시 도입하고 그것을

---

1 Rowan Williams, *Why Study the Past? The Quest for the Historical Church*, Sarum Theological Lectures (London, UK: Darton, Longman and Todd Ltd, 2005), 22.

2 Hintz, "Choosing Celibacy," 49.

현대의 신앙과 실천에 적용하려는 시도이다. 다시 말해서 전통적인 신학적 자원들을 현대 신학이 직면한 문제나 질문에 답하는 데 사용하는 방법이다.

3.1. 신학적 온고이지신(溫故而知新)

인간은 본질적으로 역사적 존재이며, 따라서 현실 인식은 반드시 특정 역사적 순간 내에서의 위치와 상황에 의해 형성된다. 그러므로 교회의 신학적 사명은 필연적으로 그것이 수행되는 시대와 문화 그리고 공동체의 특수성에 의해 형성된다. 그러나 역사는 단순히 인간의 영역이 아니라, 아마도 가장 중요하게는 신적 행위의 장이기도 하다. 역사적 우연성을 초월하여 존재하시는 하나님은 그분의 목적을 역사 안에서 그리고 역사를 통해 성취하기로 선택하셨다. 실제로 기독교의 핵심에는 부활이라는 역사적 순간이 자리 잡고 있으며, 이 순간에 역사의 흐름은 돌이킬 수 없이 바뀌었고, 목적론적 종말이 선포되었다. 따라서 신학은 '항상 한가운데서 시작한다'. 그것은 하나님의 구속 사역(God's reconciling activity)의 흐름에 이끌리며, 그것은 곧 역사의 일부가 된다.[3] 그러므로 신학자의 임무는 과거의 증인들, 현재의 증인들, 그리고 아직 오지 않은 증인들로 이루어진 거대한 구름 속에서 수행되며, 자신만의 독특한 시간과 장소에 수많은 요소들과 복잡하게 얽혀 있다. 신학적 사명은 현재 교회의 지원을 받아 그 미래를 위해 수행되는 집단적 사명이지만, 과거에 대한 깊은 감사

---

3 W. David Buschart and Kent Eilers, *Theology as Retrieval: Receiving the Past, Renewing the Church* (Downers Grove, Illinois: InterVarsity Press, 2015), 11.

와 적극적인 의존을 그 근본에 깔고 있다.

결국 신학적 사명은 모더니티(modernity)와 포스트모더니티(post-modernity)라는 역사적 순간에 자리 잡고 있다. 모더니티는 '무엇보다도 과거에서 차용된 것이 없으며, 스스로를 창조했고, 가장 중요한 것은 바로 지금 일어나고 있는 일'이다.[4] 실제로 '모더니즘'의 개념적 토대 자체가 이전 것들로 부터의 독립성, 심지어 무관심이라고 까지라고 말하기도 한다. 그것은 스스로를 전례 없고, 자율적이며, 궁극적인 것이라고 선언한다. 그것은 '과거의 낡고 먼지 쌓인 제도들보다 앞서 가기 위하여 대담하게 새로운 미래'를 선포한다.[5] 교계와 심지어 신학계조차도 C.S.루이스의 표현 '연대기적 속물근성'(chronological snobbery)[6]에서 자유롭지 못하다. 다시 말해서 과거의 사상이나 관점을 현재의 기준으로 평가하거나 경시하는 태도를 지녔다는 것을 부인할 수 없다. 사실상 오늘날의 신학자는 '비판적 시각을 가진 현대의 지적 탐구는 과거의 지적 탐구와 질적으로 다르며, 과거로부터 심오하고 해방적인 단절을 이루고 있다'는 전제와 맞서 싸워야 한다.[7] '새로운 것'이 더 나은 것'(궁극적으로는 '진정한 것')과 동의어가 될 수는 없다. 일반적으로 오늘날의 서구 신학은 다양한 억압

4　Michael Allen Gillespie, *The Theological Origins of Modernity* (Chicago, Illinois: The University of Chicago Press, 2008), 293.

5　Jason Byassee, "Emerging From What, Going Where? Emerging Churches and Ancient Christianity," in *Ancient Faith for the Church's Future*, ed. Mark Husbands and Jeffrey P. Greenman (Downers Grove, Illinois: IVP Academic, 2008), 262.

6　C.S. Lewis, *Surprised by Joy: The Shape of My Early Life* (New York: Harcourt, Brace & World, 1966), 207.

7　John Webster, "Theologies of Retrieval," in *The Oxford Handbook of Systematic Theology* (Oxford, UK: Oxford University Press, 2007), 585.

을 이해하고 그것에 대응하는 교차 정치학(intersectional politics)과 현재적 불의에 저항하는 '사회적 각성'(social wokeness)의 지배를 받는다.[8] 그 결과, 교회 신학과 목회 자원의 이천 년 역사는 기껏해야 현재와 관련이 거의 없는 먼 옛날의 희미한 메아리이고 최악의 경우엔 역사적 한계에 갇혀서 진정한 신학적 진정성을 이해하지 못한 이들이 저지른 시대착오적 방해물로 인식되어 왔다. 이런 연유로 오늘날의 신학은 끊임없이 과거의 요소들을 버리고 가장 현대적인 것으로 대체하는 게임'이 될 수밖에 없었다.[9]

이러한 주장은 현대 교회가 결혼과 가족의 '역사적 황금기'를 갈망한다는 이전 장의 주장과 모순되는 것처럼 보일 수 있다. 사실, '과거로의 회귀'에 대한 갈망은 과거를 진정한 신학적·목회적 진보의 장애물로 보는 현대주의 이념과 직접적으로 모순되는 것으로 보인다. 그러나 이러한 향수 어린 경향을 자세히 살펴보면, 오늘날 교회가 이 문제에서 갈망하는 과거는 사실상 '과거'라고 할 수 없다. 왜냐하면 기독교의 가족적·결혼적 '황금시대'에 대한 인식은 궁극적으로 근대 초기의 부르주아 가족에 대한 현대적 집착이며, 이는 20세기 중반 포스

---

8   Tavis Bohlinger,"Don't Call it 'Retro': Retrieval Theologians are Looking Back to Move Forward"of *The LAB: The Logos Academic Blog,* (2018). Accessed on April 11, 2018, https://academic.logos.com/dont-call-it-retro-retrieval-theologians-are-looking-back-to-move- forward/. Bohlinger's observation about the impact of modernism on theology is well-exemplified by Emerging Church theologian and leader Doug Pagitt, who argues that today's churches 'are called to be communities that are cauldrons of theological imagination not "authorized re-staters"of past ideas'. Doug Pagitt, "The Emerging Church and Embodied Theology,"in *Listening to the Beliefs of the Emerging Churches*, ed. Robert Webber (Grand Rapids, Michigan: Zondervan, 2007), 127.

9   Darren Sarisky, "Tradition II: Thinking with Historical Texts - Reflections on Theologies of Retrieval,"in *Theologies of Retrieval: An Exploration and Appraisal*, ed. Darren Sarisky (London,UK: Bloomsbury T&T Clark, 2017), 198.

트모더니티에서 잠시 이상화되고 과장된 현상에 불과하기 때문이다. 즉, 결혼과 가족에 관한 소위 진정한 기독교적 역사의 시대를 재현하려는 현대적 열망은 놀라울 정도로 근시안적이며, 산업화된 서구 사회의 지난 2세기를 벗어나지 못한다. 이러한 의미에서 현대 기독교의 결혼과 가족에 대한 향수적 이상화는 진보주의적 서사를 후퇴시키는 역할만 할 뿐이다.

두 번째 요인도 '연대기적 속물근성'과 함께 과거 기독교와의 관련성을 최소화하려는 현대 신학적 환경 조성에 기여해 왔다. 14세기 이전까지 기독교의 핵심적 성향은 성경을 하나님이 인간에게 자신을 계시하기로 선택하신 권위적 수단으로 간주하는 것이었으며, 전통(특히 교회 교부들의 고대 저작들)은 성경의 해석과 적용에 활용되어야 할 매우 중요한 해석학적 열쇠로 여겨졌다.[10] 그러나 중세 후기 동안, 전통을 '성경에 명시되지 않은 계시된 진리의 독립적 근원'으로 바라보는 새로운 신학적 경향이 점점 더 강해지기 시작했다.[11] 트렌트 공의회(the Council of Trent)[12]에서 확정된 이 경향은 점차 '전통'의 권위를 성경과 동등한 위치에 놓았으며, 이는 종교 개혁의 불길, 특히 오직 성경(sola scriptura)이라는 외침에 적지 않은 연료를 제공했다. 그러나 종교개혁자들이 주장한 성경의 권위와 충족성 그리고 명

---

10 Avery Cardinal Dulles, "Tradition and Creativity in Theology," *First Things*, no. 27 (1992): 21.

11 Dulles, "Tradition and Creativity,"21.

12 Selby summarizes that the Council of Trent concluded that 'the content of Tradition is not the same as Scripture, not is it merely the hermeneutical key to Scripture [. . .] We need both in order to have the full content of revelation [. . .] Scripture and Tradition together are sufficient, each being incomplete without the other'. Matthew L. Selby, "The Relationship Between Scripture and Tradition According to the Council of Trent"(M.A. diss., University of Saint Thomas, 2013), 69.

확성은 결코 성경을 교회의 역사적 전통으로부터 분리시키려는 의도가 전혀 아니었으며, 더욱이 후자를 본질적으로 의심스러운 것으로 간주해야 한다는 의미도 아니었다. 사실상 주요 종교개혁자들은 교회의 역사적 전통에 대하여 깊이 존중하는 태도를 취했다. 예를 들어 칼뱅은 '개혁 교리가 신학적 참신함이 아니라 초기 복음의 회복이라는 점을 스스로 확신한 후'에야 비로소 새로운 신학 운동을 받아들일 수 있었다.[13] 프랑스 개혁가 자신의 말대로, '우리는 교부들을 무시하지 않는다. 오늘날 우리가 말하는 내용의 상당 부분이 그들의 승인을 받는다는 점을 아무런 어려움 없이 증명할 수 있다'.[14]

개혁자들은 자신들의 신학적 노력이 이전(특히 초대교회) 선배들과 연속성을 지닌다고 여겼으나, 안타깝게도 '후대 개신교 계승자들은 이러한 근원을 기독교 정체성에 불필요하거나 심지어 성경적 권위에 반하는 것으로 간주하며 외면하는 경향을 보였다'.[15] 긍정적으

---

13 David C. Steinmetz, "Things Old and New: Tradition and Innovation in Constructing Reformation Theology," *Reformation & Renaissance Review* 19, no. 1 (2017): 7.

14 John Calvin, "Epistle Dedicatory to Francis," in *Institutes of the Christian Religion*, ed. John T. McNeill, The Library of Christian Classics (Philadelphia: Westminster Press, 1960), 18. For further discussion regarding the necessity of nuanced understanding of the relationship between Reformation theology and tradition see, for example, Steinmetz, "Things Old and New," 7; John Webster, "Ressourcement Theology and Protestantism," ed. Gabriel Flynn and Paul D. Murray, *Ressourcement: A Movement for Renewal in Twentieth-Century Catholic Theology* (Oxford Scholarship Online, 2012), https://www.oxfordscholarship.com/view/10.1093/acprof:oso/9780199552870.001.0001/acprof- 9780199552870-chapter-31. 4–6; Willem van Vlastuin, "Between Tradition and Renewal: Some Considerations about the Use of Tradition in Reformed Theology," *In die Skriflig/In Luce Verbi* 47, no. 1 (2013): 2–3; Simeon Zahl, "Tradition and its 'Use': the Ethics of Theological Retrieval," *Scottish Journal of Theology* 71, no. 3 (2018): 319.

15 D.H. Williams, "Similis et Dissimilis: Gauging our Expectations of the Early Fathers," in *Ancient Faith for the Church's Future*, ed. Mark Husbands and Jeffrey P. Greenman (Downers Grove, Illinois: IVP Academic, 2008), 71.

로 보면, 보수적 복음주의자는 성경에 깊이 헌신한다. 안타깝게도 이러한 헌신으로 인해 종종 권위 있고 신뢰할만한 교회 전통의 안전장치와 분리된다. 종종 자신들의 성경 해석을 위해 과거의 역사적 선례를 뒤엎을 수 있다고 생각한다.[16] 싱글에 관한 현대 복음주의 신학적·목회적 담론은 확실히 초대교회와 교부의 전통에서 완전히 벗어나 있다. 종교개혁자들이 일반적으로 순결에 대한 이상적인 표현들—특히 성직자 독신제도—을 비난하고 결혼을 재평가한 것은 그들의 신학적 노력에서 중요한 측면이었다. 그러나 현대 개신교가 선조들의 '오직 성경으로'(*sola scriptura*)라는 구호를 과거 전통과 삶의 양식에 대한 비난으로 보는 경향으로 인해 싱글 생활에 대한 전통적 고찰과 현대적 성찰이 분리되는 결과가 나타났다.

이러한 현대주의적 결함에 대해 깊이 숙고하면서 '기독교인들은 단순히 과거를 연구하는 것이 아니라, 과거가 현재에 여전히 결정적으로 중요하다'[17]는 사실을 망각하지 말아야 한다. 실제로 과거의 신학적 전통을 성찰하는 가장 중요한 이유는 그것이 현재의 신학적 작업에 오염되지 않은 '맑은 공기'를 제공하기 때문이다. 현대교회는 공동체의 역사에 깊이 몰입함으로, 당대의 지배적 가정에서 한 걸음 물러설 기회를 얻으며, 현대의 복잡함에 오염되지 않고 예상치 못한 지평을 엿볼 수 있는 자리에 존재할 수 있다. 초기(특히 전근대) 신학의

---

16 Christopher A. Hall, "Tradition, Authority, Magisterium: Dead End or New Horizon?," in *Ancient Faith for the Church's Future*, ed. Mark Husbands and Jeffrey P. Greenman (Downers Grove, Illinois: IVP Academic, 2008), 42–3.

17 Stanley Hauerwas, "The Past Matters Theologically: Thinking Tradition," in *Theologies of Retrieval: An Exploration and Appraisal*, ed. Darren Sarisky (London, UK: Bloomsbury T&T Clark, 2017), 37.

텍스트와 사고체계에 몰입하는 습관을 들이면 신학적 성찰의 대상에 대한 시야가 넓게 열리며, 현대의 신앙인들에게 굳건한 신앙을 제시하여 현재의 불안에 시달리지 않게 할 수 있고, 불안하고 흔들리며 복잡한 현재로부터 자유로울 수 있다.[18] 이러한 연습은 지적 상쾌함을 줄 뿐만 아니라, 연구자의 기본 태도인 '탈중심화'(de-centering)[19]에 이를 수 있다. 과거와 현재의 연관성을 수용한다는 것은 현대주의 이데올로기가 현재에 부여한 암묵적 우월성을 비판하려는 의지의 표출이다. 즉, 그것은 '구원의 역사에서 한 순간에 불과한 현재 상황을 있는 그대로 볼 수 있는 기회'를 포착한다는 것을 의미한다.[20] 우리보다 먼저 존재했던 문화와의 상호 작용은 우리의 문화적 우상들이 여실히 드러나게 하며[21] 이런 과정을 통해 현대 교회는 신학적 자기 인식과 분석 그리고 평가에 임할 수 있다.

만약 현시대의 신학이 '기독교의 과거에 의해 훈련되고, 현재의 기회에 민감하며, 경외와 희망으로 실천되는 신학적 판단의 기술'을 필요로 한다면,[22] 현대 기독교인은 과거에 대하여 새롭게 몰두해야 한다. 왜냐하면 과거는 '현재까지 이어지는 대화 속에서 연결점 역할을 하는 증인들'로 가득하기 때문이다.[23] 이것이 바로 신학적 회수

---

18 Webster, "Theologies of Retrieval," 584-5.

19 Williams, *Why Study the Past*, 110.

20 Webster, "Theology and Protestantism," 13.

21 Matthew Barrett, "Interview with Todd Billings on Union with Christ," *Credo*, January 17, 2012, accessed on March 23, 2019, https://credomag.com/2012/01/interview-with-todd-billings-on- union-with-christ/.

22 Webster, "Theologies of Retrieval," 596.

23 Sarisky, "Tradition II: Thinking with Historical Texts - Reflections on Theologies of Retrieval," 202.

(theological retrieval) 방식의 핵심 원칙이다.

3.2. 개신교적 회수 신학

다행히도 새 밀레니엄 전후 시기에는 여러 신학적 접근 방식들이 재활성화되는 현상이 많이 나타났으며, 이러한 방식들은 한결같이 '초대교회의 구성요소와 실천 그리고 텍스트들을 기억하거나 되찾을 것을 촉구한다'.[24] 실제로 20세기가 21세기로 넘어가면서, 의도적인 신학적 회수라는 실천 자체가 진행되는 것으로 보인다.

크라이더[25] 그리고 부샤르트와 아일러스[26]는 현대의 신학적 회수 현상의 주도권을 개신교인 특히 복음주의자들이 쥐고 있다고 지적하지만, 그 현대적 부흥의 배경에는 복잡한 계보(pedigree)가 자리 잡고 있다. 이 계보에는 20세기 초중반 로마 가톨릭의 레소스망(Ressourcement)과 누벨 테올로기(Nouvelle Théologie) 운동, 칼 바르트(Karl Barth), 도널드 블로쉬(Donald Bloesch), 토마스 오덴(Thomas Oden) 등의 개인적 '재발견' 작업, 비르쿵스게쉬흐테(Wirkungsgeschichte, 성경 수용사), 로버트 웨버(Robert Webber)의 고대-미래 기독교, 현대 찬송 운동, 성경의 신학적 해석, 급진적 정통주의, 재소생 토미즘(Ressourcement Thomism), 시카고 선언(The Chicago Call), 복음주의 재소생(Evangelical Ressou-

---

24 Michael Allen and Scott R. Swain, *Reformed Catholicity: The Promise of Retrieval for Theology and Biblical Interpretation* (Grand Rapids, Michigan: Baker Academic, 2015), 4.

25 Alan Kreider, "Ressourcement and Mission," *Anglican Theological Review* 96, no. 2 (2014): 240.

26 Buschart and Eilers, *Theology as Retrieval*, 83, 91–2.

rcement); 신흥 교회 운동(The Emerging or Emergent Church)
등이 포함된다.[27] 이러한 복잡한 계보는 현대의 신학적 회수(theo-
logical retrieval)를 위한 노력들이 연대적, 신앙적, 방법론적으로
상당히 다양하게 구성되었다는 것을 보여준다. 따라서 회수는 '단일
한 체계'[28]의 통일된 운동이나 집단적 학파를 지칭하는 용어가 결코
아니다. 오히려 회수 접근법은 신학의 한 양식,[29] 즉 '신학적 과제에
접근하는 사고 태도와 방식'으로 이해하는 것이 가장 적절하며, 이는
일련의 '중첩된 관심사와 지속적 헌신'에 의하여 통합된다.[30]

회수 신학은 가장 근본적인 차원에서 과거를 돌아보면서 미래로 나
아가려는 태도의 통합이다. 이는 '신학적 작업을 수행하는 특정한 방
식으로 과거의 자료가 현재 상황에 뚜렷이 유의미한 것으로 드러나게
하는' 것이다.[31] 따라서 회수는 혁신을 피하고 계승에 초점을 맞추는
성향이 강하다. 이는 형식적인 반복에 만족하거나 전통이 말하는 모
든 것을 지지한다는 의미는 아니다. 단지 회수는 다루는 문제에 대한
해결책이 이미 과거 기독교의 과거 어딘가에 존재할 수 있다는 전제
하에 신학적 작업을 진행한다는 것을 의미한다.[32] 회수는 세상에 새
로운 것이 없다는 점(또는 적어도 매우 적다는 점)을 주장할 뿐만 아

---

27 For a more detailed analysis of the historical development behind current theolog-
    ical expressions of retrieval, see Allen and Swain, *Reformed Catholicity*, 4-12., and
    Webster, "Theologies of Retrieval,"587-88.

28 Sarisky, "Introduction,"5.

29 Webster, "Theologies of Retrieval,"584.

30 Sarisky, "Introduction,"5.

31 Buschart and Eilers, *Theology as Retrieval*, 12.

32 Webster, "Theologies of Retrieval,"592-3.

니라, 과거에 같은 태양 아래 살았던 이들이 현재 그 아래 사는 이들의 고민에 대해 말할 수 있는 유리한 위치에 있다고 본다. 이 방식은 현대 기독교인들이 '교회 안에서 과거의 신학자들과 나란히 서 있다'는 점을 인정한다. 우리가 그들을 더 깊이 알기 전에 이미 그들 역시 우리가 직면한 문제에 대한 답을 찾고 있기 때문이다.[33]

회수 신학은 또한 기독교가 오랫동안 고수해 온 수용과 전승 과정에 지속적으로 전념하는 신학적 분별력이다. 교회가 '비록 온 세상에 퍼져 있지만, 마치 한 집에 사는 것처럼 받은 설교와 믿음을 소중하게 지키며 마치 하나의 입을 가진 것처럼 조화롭게 설교하고 가르치며 전수하고 있다'면,[34] 신학적 회수 시도는 아마도 바로 이러한 상태에 대한 '규칙성 강화'(intensification of the cadence)[35]가 될 것이다. 회수 작업에 공통적으로 적용되는 정의적 전제 중 하나는 이러한 작업이 단순히 실용적이거나 전통주의적인 시도가 아니라 동기와 욕구 자체가 교리적이라는 사실이다: 회수 프로그램의 가장 기본적인 근거는 삼위일체론과 기독론이다. 공식적으로 표현하자면, 이는 신학의 원리와 교회 사이의 관계, 특히 예수 그리스도의 영과 교회의 새롭게 된 마음 사이의 관계를 다룬다.[36]

---

33 Karl Barth, *Protestant Theology in the Nineteenth Century: Its Background & History* (London: SCM Press, 1972), 27.

34 Ireneaus, *Against the Heresies: Book I*, ed. Walter J. Burghardt, Thomas Comerford Lawler, and John J Dillon, trans. Dominic J. Unger, vol. 1, Ancient Christian Writers: The Works of the Fathers in Translation (New York, N.U.: Paulist Press, 1992), 49.

35 Buschart and Eilers, *Theology as Retrieval*, 14.

36 Allen and Swain, *Reformed Catholicity*, 18. For an extended presentation of the core 'metaphysical, soteriological, and ethical claims' central to a program of theological retrieval see Michael Allen, "Reformed Retrieval," in *Theologies of Retrieval: An Exploration and Appraisal*, ed. Darren Sarisky (London, UK: Bloomsbury T&T

회수 신학은 '전통의 주요 전달자가 개인이나 교회가 아닌, 교회를 온전한 진리로 인도하시는 성령'[37]이라는 성령론적 진리를 고수할 뿐만 아니라, 시간과 공간을 초월하여 그리스도의 안에서의 구성원들의 역사적 연속성과 신학적 일치를 강조함으로써 교회론적 관심도 공유한다. 회수 신학자들은 현대 기독교인들이 신학적 선조들의 기여를 '그들의 통찰력보다 결코 뒤지지 않는 것으로 여겨야 한다'고 주장한다. 왜냐하면 '성도들과의 교제 안에는 시간을 초월하여 그리스도의 사랑의 넓이와 길이와 깊이와 높이가 담겨 있기 때문이다'.[38] 따라서 회수 신학은 과거의 교회가 현재의 교회에 영원히 선물을 주고 있으며, 현재의 교회는 언젠가 과거의 교회가 될 것임을 인식할 책임이 있다고 주장한다.

회수 신학 방식 전반에 걸쳐 있는 또 다른 공통점은 회수가 이루어지는 전통과 성경 사이의 교리적 관계를 설명하려는 욕구이다. 이러한 모든 접근법이 신학적 회수를 위한 성경의 중요성을 설명하려 하지만, 개신교적 맥락에 위치한 접근법들은 이 시점에서 필연적으로 로마 가톨릭이나 정교회적 맥락에서 시도된 접근법들과 갈라지게 된다. 왜냐하면 각 교파가 '성경'과 '전통'의 관계에 대해 서로 다른 입장을 취하기 때문이다.[39] 개신교 측의 복원 시도는 단순히 신학적·교

Clark, 2017), 70.

37 Dulles, "Tradition and Creativity," 26. For a more detailed doctrinal discussion of the way in which theological retrieval is rightly understood as a pneumatologically dictated and driven task, see Allen and Swain, *Reformed Catholicity*, 32–34.

38 van Vlastuin, "Between Tradition and Renewal," 4.

39 The Roman Catholic Church holds that 'Sacred Tradition and Sacred Scripture make up a single sacred deposit of the Word of God'. Catholic Church, *Catechism*, 1.1.2.2.§97. According to Stylianopolous, the Orthodox Church regards 'scripture,

리적 복원을 위해 사도적 성경의 궁극적 권위를 고수하는 데 그치지 않는다. 그들은 또한 '성경에 주목하는 것이 근본적이고 원형적인 기독교적 복원으로 정당하게 간주된다'고 주장한다.[40] 그러나 사도적 유산이 교회 역사 전반에 걸쳐 수용되고 이해되며 적용된 방식은 여전히 개신교적 회수 과정에 있어 막대한 중요성을 지닌다. 실제로 사려 깊은 개신교 옹호자들은 '전통이 성경적 근거 없이 전승되는 것을 허용할 수 없으며 동시에 성경에 대한 사적 해석이 전통에 대한 책임 없이 이루어지는 것도 허용할 수 없다'고 주장한다.[41] 여기서 구상하는 것은 성경과 전통 사이의 상호작용적 대화이며, 전자의 궁극적·본질적 권위는 유지되지만(즉, 전통은 항상 성경에 의한 비판과 교정이 가능함), 후자는 전자의 진실한 이해와 적용을 촉진하는 방식에서 가치를 인정받는다.[42]

역사적 전통을 적절히 활용한다는 것은 회수신학 작업 전반에 걸쳐 나타나는 또 다른 공통점이 나타난다는 것을 의미한다. 교회 지도자들은 역사적으로 '기독교 전통 안에 위치한다는 것은 특유의 삶의 방식을 유지하는데 필요한 습관을 형성한다는 것을 의미한다'고 주장

---

tradition and Church [. . . as] a comprehensive unity with interdependent parts'. Theodore G Stylianopoulos, "Scripture and Tradition in the Church," in *The Cambridge Companion to Orthodox Christian Theology*, ed. Mary Cunningham and Elizabeth Theokritoff (Cambridge: Cambridge University Press, 2008), 21.

40　Buschart and Eilers, *Theology as Retrieval*, 21. Further implications of a Protestant confessional context for retrieval will be explored later in this chapter.

41　Hall, "Tradition, Authority, Magisterium,"45.

42　See J. Todd Billings, "Afterword: Rediscovering the Catholic-Reformed Tradition for Today: A Biblical, Christ-Centered Vision for Church Renewal,"in *Reformed Catholicity: The Promise of Retrieval for Theology and Biblical Interpretation*, ed. Michael Allen and Scott R. Swain (Grand Rapids, Michigan: Baker Academic, 2015), 151.

해왔다.[43] 이러한 습관은 정통 신앙과 올바른 실천 사이의 연속성을 형성하고 확증하는 자원의 역사적 발전을 가져왔다. 이러한 자원에는 '신조나 고백문, 논문이나 교리문답, 예배나 예전 수행을 위한 예식 규정, 일상적 경건과 영적 수련을 위한 규율, 권위 구조, 개인적 또는 공동체적 예배를 위한 음악, 기독교 실천의 공간을 형성하는 건축적·예술적 구조물',[44] 주석서, 신학 저작, 개인적 소통, 설교 등이 포함된다. 회수론자들은 이 방대한 역사적 자원을 활용하겠다는 의지를 표명하지만 그러한 과정에는 상당히 섬세한 분별력이 필요하다. 따라서 회수론자들은 전통 안에서 맹목적으로 헤매는 것이 아니라 '원천에서 마시되, 건강하게 마실 수 있는 원천을 선택하는' 사려 깊고 현명한 선택을 추구한다.[45] 따라서 회수 신학은 활용하는 원천의 유형뿐만 아니라, 현대 신앙의 문제들에 대해 어느 정도 유익한지 평가하는 비판적 검토와 선택을 필요로 한다.

회수 신학은 긍정적으로 공유하는 공통점만이 아니라 특정 다른 신학적 접근법과 구별되는 고유한 특징을 갖고 있다. 예를 들어, 회수 신학은 방법론적 유사점을 공유하는 역사 신학과 혼동해서는 안 된다. 역사 신학자의 의도는 역사가 어떻게, 왜 그렇게 전개되었는지를 파악하여, 과거 그 자체를 위해 이 전개가 지닌 역동적 함의를 이해하는 데 있다. 이러한 역사신학자는 과거에 대해 말하지만, 그것에 대해 어떠한 판단도 내리지 않으며, 특히 현재를 위해 판단을 더욱 유보한

---

43 Hauerwas, "The Past Matters," 49.

44 Allen, "Reformed Retrieval," 76

45 Kreider, "Ressourcement," 244.

다. 반대로, '회수 신학자들의 가장 중요한 긍정적 명제는 역사적 텍스트에 관해 생각하기보다 그 텍스트와 함께 생각하려고 한다는 점이다'.[46] 실제로 회수 신학의 존재 이유는 과거의 유산이 현재를 위해 올바르게 활용될 수 있도록 하기 위함이다.

회수신학(retrieval)은 또한 '기독교의 구원 메시지를 현대적 맥락과 비판적으로 연관시키려는' 상관신학(correlative theology)과도 상당히 다르다.[47] 신학적 회수 방식과 상관 방식 간의 초기 비교는 유사성을 보일 수 있으나, 사실상 이 둘은 상당히 다른—심지어 상반되는—접근방식이다. 상관 신학은 현재—'우리의 문화적 의제, 질문, 그리고 필요'[48]—에서 출발하여, 현재를 이해시키는 상관점들을 규명하기 위해 기독교의 과거적 측면을 다룬다. 현재의 순간을 대화의 조건을 설정하는 것으로 특정화함으로써, 상관적 신학은 현대/포스트모던적 오만에 종속되는 위험에 처할 수 있다. 이는 '그리스도께 속한 자로서의 자아를 찾는 것에서 출발하기보다는 "자기 중심적" 종교를 수용하는 예수를 찾아내려고 한다'.[49] 반면 회수적 접근법은 '현대성에 대한 더 충실하고 신학적인 이해에 도움이 되는 과거의 기독교'를 되찾는 데 전념한다.[50] 이를 통해 현재를 방해하고 침범하는

---

46 Sarisky, "Tradition II: Thinking with Historical Texts - Reflections on Theologies of Retrieval," 196.

47 Michael B. Aune, "What's Needed in Theology? World-view Construction, Retrieval, or⋯?," *Currents in Theology and Mission* 39, no. 4 (2012): 273.

48 Billings, "Afterword," 150.

49 Billings, "Afterword," 151.

50 Aune, "What's Needed," 275.

것의 적절성—사실상 필요성—을 인정한다.[51] 정리하면 상관 신학은 현재를 지키기 위하여 과거의 기독교신학을 이용하는 성향이 강하지만 회수 신학은 현재를 바꾸기 위하여 과거의 기독교신학을 살펴보는 성향이 강하다. 따라서 회수신학은 현재 영향력 있는 사상들과 과거 신학의 유사성을 확립함으로써 기독교 신학의 타당성을 확보하기보다는 단지 과거의 신학적 전제가 기독교 복음의 가장 설득력 있는 표현이라고 여기는 것들에 주목하고, 그 안에 머물며, 칭송하는 데 더 집중한다.[52] 따라서 신학적 회수 과정은 현재의 관심사가 규범적이거나 강압적인 의제를 수립하는 것을 허용하지 않는다. 오히려 '과거에 성령이 행하신 일을 감사하며, 인내심과 창의력을 가지고 이전 시대의 문헌과 전통에 주목한다'.[53] 그래야만 그 과거가 현재에 정보를 제공하고 현재의 약속과 관심사를 비판할 수 있다. 그렇게 함으로써 회수신학은 현재의 순간 안에서 이전에는 인식되지 못했던 기회를 열어 놓는다.

3.3. 싱글 신학 회수의 원칙

지금까지 회수 신학 방식이 현대 개신교 교회 내에서 싱글에 관한 풍부한 신학을 (재)구성하는 데 많은 가능성을 제공한다고 제안해 왔다. 그러나 이 방법론을 실행에 옮기기 전에, 그러한 작업의 방향을 잡고, 결정하며, 안내하는 데 도움이 될 몇 가지 원칙을 확립할 필요

---

51 Aune, "What's Needed," 275.

52 Sarisky, "Introduction," 2.

53 Billings, "Afterword," 152.

가 있다. 본 주제에 관한 회수신학 전반에 걸쳐 존재하는 여섯 가지 일관된 원칙이 있다.[54] 이 원칙은 앞으로 수행할 검색이라는 특정 작업의 기회와 한계를 명확히 할 수 있는 유용한 틀을 제공해 주므로, 각각을 차례로 간략히 살펴보려고 한다.[55]

3.3.1. 현대 신학의 부적절성을 위한 회수신학

회수 신학은 '현재 이용 가능한 자원을 살피고 그것들이 현대의 필요와 기회를 충족시키기에 부족하며 불충분하다고 판단하기 때문에 과거로 돌아서서 살펴보는 방식을 취한다.[56] 앞 장은 싱글에 관한 현대적 담론에 대해 바로 이런 결론을 내렸다. 먼저 기독교 담론 내 싱글에 대한 태도가 세속적 관계, 로맨틱, 성적 규범의 암묵적·명시적 차용을 통해 상당 부분 형성되었음을 입증했다. 세속의 교리적 신념이 유입되어, '성경적'인 것과 인위적인 것을 구분하지 못하는 교회의 무능력—심지어는 의지 부족까지도—이 생겨났다.

현대 기독교는 문화적 환경으로부터 왜곡되고 왜곡시키는 결혼과 싱글 그리고 성에 대한 시각을 비판 없이 받아들였을 뿐만 아니라, 이제는 이 시각이 기독교 공동체 내 모든 이에게 규범적인 것처럼 교회 공동체 전체를 지배하며 체계를 만들고 있다. 그 결과 시야가 가려져 진실을 인식하지 못하며 거짓을 진실로 착각한다. 눈가리개를 쓰고

---

54 Buschart and Eilers, *Theology as Retrieval*, 28-37; 258-269.

55 In each of the following subheadings, we cite Buschart's and Eilers' taxonomic terminology almost verbatim. See, Buschart and Eilers, *Theology as Retrieval*, 258; 259; 260; 263; 264; 266.

56 Buschart and Eilers, *Theology as Retrieval*, 28.

있으면서도 그것을 안경이라고 착각하고 있다.[57] 또한 이 주제에 관한 기존 자료들은 창세기 1-3장(및 관련 구절들)의 창조 서사가 차지하는 특권적 위치에 지배받으므로 더욱 불충분해졌다. 이 서사들은 결혼과 출산을 단순히 규범적인 것으로만 보는 것이 아니라, 기독교인에게 의무적인 것으로 규정하게 한다. 현재 자원의 이러한 불충분함을 감안할 때, 현대 교회를 위한 신실한 싱글 신학을 발전시키기 위해서는 '진단 도구로서의 회수'(retrieval)를 활용해야 한다. 이것은 현재의 왜곡된 신학적 고백 아래에 묻혀 있는 것들을 발굴해내는 수단이다.[58] 따라서 본 연구에서 회수신학을 활용하므로 과거의 전통적 기독교가 최근 세속적 이데올로기에 의해 형성된 기독교 싱글 개념을 어떻게 비판적으로 '탈중심화'할 수 있는지를 탐구하려고 한다. 또한 오늘날을 위한 신실한 신학을 형성하기위해 과거 기독교로부터 싱글에 대한 종말론적 성찰 과정을 거치므로 '재중심화'(recentering) 작업을 진행하고자 한다. 그러나 주목할 점은 싱글에 관한 현대 신학 자료들이 전체적으로 불충분함에도 불구하고, 당면한 과업에 중요할 뿐만 아니라 실제로 가치 있는 것으로 입증될만한 특정 현대 자료들이 존재한다는 사실이다. 우리는 '성경을 과거 문화권의 기독교인들과 함께 읽을 뿐만 아니라, 우리 시대 다른 문화권의 기독교인들과도 교제하며 읽는다'[59]는 점에서, 회수 신학 접근법은 기독교 과거로부터 관련성 있고 중요한 목소리들을 식별할 뿐 아니라, 최근 시대 내에

---

57 Callaway, *Marriage Idol*, 47.

58 Allen, "Reformed Retrieval," 68.

59 van Vlastuin, "Between Tradition and Renewal," 6.

서도 결정적인 이단적 목소리들을 찾아낼 것이다.

3.3.2. 회수 신학은 하나님의 섭리의 영역

회수 신학은 역사가 '신적 행위의 영역'이며 따라서 기독교 과거의 자원이 현재에 유용하다는 주장에 의존한다.[60] 이러한 역사관은 앞으로의 과제에 대해 여러 구체적인 함의를 낳는다. 역사는 진정 하나님의 주권적 계획과 목적이 실행되는 무대이지만, 동시에 타락한 피조물들의 잘못된 발걸음에 대응하고 이를 바로잡는 가운데 신적 행위가 이루어지는 공간이기도 하다. 따라서 싱글에 대한 신학적 재조명은 이 주제에 관한 부적절함과 결함 그리고 오류가 우리 시대에 국한된 것이 아님을 인식해야 한다. 이러한 경고가 필요한 이유는 재조명에 대한 열정이 때로 전문가들로 하여금 기독교 과거 내의 오류들을 경시하거나 심지어 의도적으로 정당화하도록 유혹할 수 있기 때문이며 이는 일종의 역전된 형태의 현대주의 이념이라 할 수 있다. 따라서 본 연구의 핵심 과제는 신학적 재발견을 위해 검토되는 목소리와 기여에 비판적 분별력과 신학적 통찰력을 적용하는 것이다. 신적 작용의 공간으로서의 역사는 '인간의 연약함과 실수에도 불구하고 성령님의 현존을 분별하기 위해' 현대 신학자의 시선을 과거 기독교로 집중시켜야 한다.[61]

이 원칙의 두 번째는 작업 자체의 핵심 관심사 중 하나는 종말론이 신학적 체계화에 지니는 중요성이다. 이미 회수 신학 방식 자체가 본

---

60 Buschart and Eilers, *Theology as Retrieval*, 30.

61 Buschart and Eilers, *Theology as Retrieval*, 30.

질적으로 신학적 동기 및 근거를 지닌다는 점을 확인했다. 과거로부터 성경적 진리를 받아들여 현재를 위해 활용하고, 이를 미래로 전승하는 리듬은 깊이 성령론과 기독론 그리고 교회론적이다. 그러나 역사가 신적 작용의 장이라는 확언은 또한 종말론 역시 이러한 유형의 신학적 접근의 특징으로 강조하는 역할을 한다. 교회의 전통은 '어둠에서 은혜를 입었으나 아직 빛나지 않는 종말론적 색채'를 고려해야 한다.[62] 따라서 여기서의 회수 신학은 싱글에 대한 탄탄한 신학적 구조를 형성하기 위해 역사적으로 인정된 종말론적 약속의 핵심을 찾아내는 것으로 그 자체가 종말론적 작업이다.

3.3.3. 회수 신학의 기능

회수 신학은 신학적 정립이 기독교 신앙 자체에 내재된 자원에 의해 올바르게 형성되어야 한다는 원칙을 고수한다. 즉, '기독교 신앙과 그 실천의 논리는 신학 작업에 있어 활용 가능한 자원이다'.[63] 따라서 싱글에 관한 신학적 구조와 관련된 현대 기독교 자료들은 대체로 현재의 필요를 충족시키기에 부적절하다고 평가되어 왔지만, 이러한 부적절함의 근원은 기독교 자체의 개념적 자원에 있는 것이 아니라 오히려 그 자원의 오용과 오해 또는 잘못된 해석에 있다.

회수 신학 작업은 기독교 외부 자원에서 싱글의 개념에 관한 신학적 지식을 도출하려 하기보다는 당당히 '기독교 내부의 방식을 적용

62　Allen, "Reformed Retrieval,"78.

63　Buschart and Eilers, *Theology as Retrieval*, 31.

하며 그것에 대한 확신'을 드러내려고 한다.[64] 또한 개혁주의 신앙고백적 맥락 안에서 수행되는 회수 신학 작업에서,[65] 성경 자체가 주요 개념적·정의적·권위적 토대가 될 것이다. 그 원칙의 구체적 사례로서, 후속 장에서는 싱글 상태의 종말론적 중요성에 관한 핵심 성경 구절들이 전통의 역사 속에서 어떻게 수용되어 왔는지에 특별히 초점을 맞출 것이다.

그러나 성경의 궁극적 권위에 몰입한다는 것은 기독교 역사 전반에 걸쳐 성경이 어떻게 다양하게 이해되고 적용되어 왔는지에 세심히 주목한다는 것을 의미한다. 따라서 회수 신학 작업을 진행하면서 기독교 '자산'의 다른 측면들, 즉 교회 역사 초기 천오백 년 동안 형성된 싱글 기독교인의 삶에 대한 신학과 다양한 신앙 고백 그리고 시대적 전통을 포괄적으로 관찰하며 구체적인 신학적 통찰들에 대하여 상세하게 탐구할 것이다.

3.3.4. 회수 신학의 토양

회수 신학은 '교회가 신학의 씨앗을 뿌리는 밭이며, 오직 그 비옥한 토양 안에서만 그리스도의 가르침이 꽃을 피울 수 있다'[66]는 점을 인정한다. 따라서 회수 신학은 교회라는 정황 안에서, 교회를 위해, 교회에 대해 언급한다. 이는 본 논문에서 수행하는 구체적인 작업에 두

---

64 Buschart and Eilers, *Theology as Retrieval*, 261.

65 Various aspects of the importance and implications of acknowledging the confessional context of any attempt of theological retrieval continues in the discussion of the following pages.

66 Allen and Swain, *Reformed Catholicity*, 18.

가지 중요한 의미를 지닌다.

첫째, 회수 신학은 '오해의 소지가 있는 간결함의 위험을 무릅쓰더라도 교회는 교회여야 한다'고 주장하기 때문에,[67] 본 논문의 초점은 그리스도의 몸인 교회를 위한 싱글 신학 정립에 있다. 본 논문의 관심사는 기독교적 싱글 개념이며 교회가 싱글 기독교인의 삶을 이해하고 접근하는 방식을 새롭게 하며 개혁하여 활력을 불어넣는 데 있다. 물론, 기독교는 언제나 교회와 교회가 특정 시공간에 육화되어 있는 더 넓은 문화적 상황과의 관계를 조율하며 씨름해야 한다.[68] 그러나 이 관계를 올바르게 조정하거나 재조정하려는 노력은 세상의 이익을 위해서가 아니라 교회를 위해서 이루어져야 한다.[69] 따라서 본 논문에서 재검토하고 재확립하고자 하는 싱글의 정의와 범위 그리고 목적은 특히 기독교적 싱글의 정의와 범위 그리고 목적으로 한정될 것이다.

둘째, 회수 신학은 '교회적' 노력으로서, 교회의 역사와 전통이 어느 특정 기독교 공동체의 권리가 아니라 모든 기독교 공동체에 속해 왔고, 현재도 속해 있으며, 앞으로도 속해야 할 공유 유산임을 인정한다. 개신교, 가톨릭, 정교회 모두가 동일한 샘물, 즉 공통된 기독교 전통을 공유하고 있다.[70] 이러한 확신은 회수 신학 접근법이 세 교파

---

67   Buschart and Eilers, *Theology as Retrieval*, 262.

68   Buschart and Eilers, *Theology as Retrieval*, 262.

69   This is not, of course, to argue that the church does not have a role in serving and loving those who do not belong to it. However, the primary purpose of any theological exercise is to shape the character, conduct and convictions of the church so it might rightly "be" the church, both for its own sake and for the sake of a world whom it is called to serve and evangelize.

70   George Kalantzis, "The Radical-ness of the Evangelical Faith," in *Evangelicals and the Early Church: Recovery, Reform, Renewal*, ed. George Kalantzis and Andrew Tooley (Eugene, Oregon: Cascade Books, 2012), 243.

간의 신학적 구분에 무관심하거나 중요하지 않다는 뜻이 아니다. 이 원칙은 곧 살펴볼 교회의 역사가 공동체적 역사이며, 어느 단일 교파 공동체도 이를 독점적으로 주장하거나 다른 공동체가 자신의 유산으로 받아들이는 것을 부정할 수 없음을 인정한다는 의미이다. 따라서 회수 신학자들은 자신의 고백적, 교회론적, 지리적 그리고 시대적 환경 안팎의 자원과 개인의 대화를 분별력 있게 활용하려고 한다. 이를 통해 '회수의 방식은 신학자의 대화 상대 범위를 현재의 상황이 제공하는 것 이상으로 확장하고 완전히 새로운 가능성의 영역을 열어, 신학자가 특정 문제들을 성찰할 수 있도록 지평을 넓힌다'.[71]

따라서, 이전 장에서 기독교 담론 내 싱글의 위치에 대한 분석이 주로 개신교적—특히 복음주의적—관점에서 작성된 자료들과 (필연적으로) 상호작용했음에도 불구하고, 신학적 회수 문화의 정립이 '단순히 개신교의 과제가 아니라 기독교적 과제'임을 인식한다.[72] 따라서 시간과 전통을 초월한 싱글에 대한 기독교적 접근법 중 관련성 있고 신실한 제안들을 분별력 있게 수용하는 것이 신학적 회수 작업에서 중요한 특징이 될 것이다.

3.3.5. 회수신학의 과제

회수 신학은 교회가 고유의 정체성, 형태, 기준 그리고 실천을 지닌 독특한 공동체라고 주장하는 반면에 또한 기독교적 존재가 사회

---

71 Sarisky, "Tradition II: Thinking with Historical Texts - Reflections on Theologies of Retrieval," 202.

72 Webster, "Theology and Protestantism," 13.

에 녹아 들어 있으며 신앙의 표현들이 특정 시대와 장소 그리고 문화 속 공동체에 내재되어 있다는 사실도 인정한다.[73] 회수 신학은 고고학적 분석에 머물지 않으며 과거의 핵심적 측면들을 드러내어 현재에서의 그 중요성을 식별하고 삶의 현장에 구현하려고 한다. 따라서 '그 당시와 지금의 자리에서 기독교 신앙과 실천의 사회적 특수성을 분별하고 탐색'해야 하는 해석적 과제를 안고 있다.[74] 따라서 본 논문의 목적에는 몇 가지 중요한 의미가 내포되어 있다.

첫째, 본 논문의 회수 신학적 작업은 필연적으로 끌어오는 역사적 자료들이 특정한 영적, 문화적 그리고 사회적 상상력 안에서 형성되었다는 사실을 놓치지 않을 것이다. 따라서 현대적 상황과 영적 선조들의 상황 사이의 차이점을 인식하는 것뿐만 아니라, 이것이 그 자료를 해석하는 데 미치는 영향력과 의미를 이해하는 것이 중요할 것이다. 현대(특히 복음주의) 독자들에게 초기 교회의 자료에서 회수하려는 과정에서 마주하게 될 교부들의 모습이 '모두 친숙하거나 편안한 것만은 아닐 것'이다. '그들은 자신들의 종교적 세계관과 쉽게 조화시키기 어려운 완전히 독특한 교부시대의 특징들을 발견하게 될 것이다.'[75] 초기 기독교는 '결혼하여 교회 공동체에서 신앙 생활하는 모습보다 하나님 앞에 홀로 서서 금욕주의 추구하는 모습을 영적으로 우월한 상태에 있다고 여겼기' 때문이다.[76] 대부분의 현대인들에게 미혼의 싱글 생활이 현저히 우월한 위치에 놓여 있는 모습은 단순히 도

73　Buschart and Eilers, *Theology as Retrieval*, 264.

74　Buschart and Eilers, *Theology as Retrieval*, 34.

75　Williams, "Similis et Dissimilis," 73.

76　Williams, "Similis et Dissimilis," 74.

전적일 뿐만 아니라 어쩌면 혼란스러울 수도 있다. 그러나 아무리 혼란스러워도 종교개혁자들의 자료를 해석하고 검토하면서 동일한 원칙을 적용해야 한다. 그들은 자신들이 살았던 시대에 사제직 내 결혼을 재활성화할 뿐만 아니라, 결국 기독교 생활 전반에 걸쳐 결혼을 규범으로 확립하면서 혼란을 야기했다. 혼란은 개혁과 변혁에 필수불가결한 요소라는 사실을 부정할 수 없다. 따라서 기독교의 과거로부터 유용한 교훈을 얻기 위해서는 '그 시대의 번영에 기여한 사회적 요소들, 즉 가정, 신념, 교리 및 관행 등을 고려해야 한다'.[77] 이 원칙은 다음 장에서 다룰 고대와 중세의 역사 개관을 서술하는 목적일 뿐만 아니라, 이전 두 장에서 제시한 최근의 역사적 통찰의 중요성을 재차 강조하는 것이기도 하다.

그러나 회수 신학 접근법은 '그 당시'의 독특한 특성을 중시해야 함과 동시에 '지금' 상황에 필요한 중요성도 인식해야 한다. 앞선 두 장의 담론 분석을 통해 이미 이러한 원칙의 중요성을 입증하였다. 그러나 기독교의 사회적 성격이 가져오는 결과는 구체적인 회수 신학 작업에 더 깊은 의미를 지닌다. 회수 신학을 실천하는 모든 이는 자신들이 수행하는 해석 작업에 필연적으로 특정 고백적·신학적 입장을 적용시키고 있다. 즉, '신학자의 고백적 충성심은 회수 신학 작업에 접근하는 방식에 영향을 미칠 수 있다'는 말이다.[78] 따라서 본 논문의 회수 신학 작업이 개신교적, 더 구체적으로는 개혁주의 및 복음주의 신학적 맥락 안에서 수행됨을 인정할 필요가 있다. 그러나 이미 확립된

77　Buschart and Eilers, *Theology as Retrieval*, 264.

78　Sarisky, "Introduction," 3.

다양한 관련 기독교 자원 및 대화 파트너들의 싱글 신학을 참고할 수 있다는 사실을 부정하지 않는다.[79] 실제로 사도신경에서 확인된 교회의 보편성은 개신교 고백의 핵심 구성 요소이다. 그러나 본 논문의 개신교적 맥락으로 인해 특정 신앙고백이 회수 신학 작업의 수행 방식에 불가피하게 영향을 미칠 것이다. 아마도 이러한 것들 중 가장 주요한 것은 개혁주의의 '오직 성경으로'(sola scriptura)라는 선언을 통해 성경의 권위를 교리적으로 녹여내는 것이다. 결과적으로, 여기서의 신학적 재발견 작업은 성경이라는 권위적인 렌즈에 복종하면서, 현재에 진정한 기독교적 싱글 신학을 정립하기 위해 기독교 과거의 자료들의 신실함을 분별하고 평가하며 해석하는 데 치중할 것이다.[80]

3.3.6. 과거의 현재의 연속성과 불연속성

회수 신학을 주장하는 이들이 직면한 명백한 위험 중 하나는 해석적·실천적 과제 내에서 역사적 변화라는 근본적 현실을 어느 정도 성공적으로 고려하느냐에 달려 있다. 하나님이 역사라는 영역 안에서 그리고 역사를 통해 일하셨기 때문에, '연속성과 불연속성을 하나의 이야기로 통합하려는 학문에 초점을 맞춰야 한다'.[81] 이것은 필연적으로 변화가 과거의 방식을 방해하고 심지어는 파괴하며, 비록 과거

---

79 Although, as Hall argues, when 'we encounter interpretative traditions other than our own, we can expect to experience theological cognitive dissonance, especially if we treat others' perspectives fairly'. Hall, "Tradition, Authority, Magisterium," 46.

80 For a more detailed exploration of the features of theological retrieval undertaken within a Protestant sociality, see the example of Buschart and Eilers, *Theology as Retrieval*, 277-278.

81 Williams, *Why Study the Past*, 8.

가 현재와 관련성을 유지하고 있지만 과거가 현재와 동일하지 않다는 점을 인정한다는 것을 의미한다. 따라서 회수 신학은 역동적인 작업이며, '새로운 말씀 즉 전례 없는 새로움'이 아니라 '지금 이 시점'을 위해 신앙의 유산을 수용하는 방식을 취한다.[82] 과거의 '옛' 말씀이 현재에 어떻게 '새' 말씀이 되는지를 판단하는 연속성과 불연속성 사이를 항해한다 원칙은 신학자가 회수 작업에서 어떻게 해야 바람직한 결과를 정립할 수 있는지에 대한 기준점을 마련해준다. 특히 회수 신학 신학자들은 오늘날 교회를 위해 궁극적으로 무엇을 이뤄야 하는지에 주목해야 한다. 역사적 변화와 오늘날 교회의 관계를 신중히 고려하지 못하면, 회수 신학 작업 자체가 근본적으로 결함이 있는 행위가 될 수 있기 때문이다.

예를 들어, 연속성/불연속성 개념에 대하여 제대로 고찰하지 않으면 특히 모더니즘의 이념적 환경에 영향을 받은 경우에, 회수 신학은 현대의 기독교적 성향을 무비판적으로 강화하는 결과를 초래할 수 있다. 지적 우위를 차지하는 현재 상태에 과거의 자원이 깊은 고찰 없이 '현재의 선호도와 가정을 비추는 거울'[83]로 활용될 때, 회수 신학 작업은 단지 현재의 신학적 상상과 기독교적 성향을 강화하는 데에 그칠 뿐이다. 이러한 결과는 사실상 전진이 아닌 후퇴에 해당한다. 그런데 이러한 결과적 오류는 당면 과제를 수행할 때 더 큰 유혹으로 이끌 수 있다. 역사적 연속성과 불연속성을 무책임하게 다루는 것은 과거의 특정 역사적 순간을 낭만적 이상화(romantic idealization)로 이어

82　Buschart and Eilers, *Theology as Retrieval*, 266.

83　Williams, *Why Study the Past*, 102.

질 수 있으며, 실제로 그러한 낭만적 이상화가 부적절한 동기로 작용할 수 있기 때문이다. 이러한 낭만적 이상화는 과거의 특정 순간을 현대에 재현해야 한다는 주장으로 이어진다. 따라서 회수 신학의 일부 사례는 의도적이든 잠재적이든 현재 안에서 과거를 복원하려는 목적을 지닐 수 있다. 과거로부터의 후퇴(後退)라는 결과(또는 동기)가 현재를 과거보다 우월한 위치에 두려는 것이라면, 이 대안적 접근법 즉, 과거의 부활(復活)을 추구하는 접근법은 정반대의 행보에 해당한다. 그것은 '과거를 과거로서 존중하지 않으며 과거 자체의 조건 때문에 과거와 마주하지 못한다'[84]는 것을 의미한다. 이러한 회수 신학 작업의 결과로 인해 교회 역사 전반에 걸쳐 일어난 특정 발전들은 사실은 역사적 오류에 직면하여 이루어진 결과물에 불과할 수 있다.[85] 따라서 죄론(hamartiology) 즉 피치못할 오류의 범위 내에서 수행되는 신학적 회수 작업은 필연적으로 '과거는 순수하지 않으며, 현재보다 더 완벽하다는 것을 보장하지 않는다'는 점을 인정해야 한다.[86] 따라서 이어질 신학적 회수 작업은 교회 역사 속 특정 시기—특히 싱글 생활이 우월한 것으로 숭배받던 시대—를 교회의 현재에 재현해야 할 궁극적 영적 순간으로 이상화하려는 유혹에 반드시 저항해야 한다.

본 논문의 주요 의제는 수축(retrenchment)과 복원(repristinating)이라는 양극단 사이의 복잡한 긴장을 책임감 있게 조율하는 일이며 이것은 매우 어렵고 까다로운 과정일 수밖에 없다. 다음 장에서

---

84 Buschart and Eilers, *Theology as Retrieval*, 271.

85 Buschart and Eilers, *Theology as Retrieval*, 274.

86 Allen, "Reformed Retrieval," 77.

다루겠지만, 초대 교회의 싱글 생활에 대한 신학 사상은 특권을 부여받은 금욕주의와 수도원주의 관행이 복잡하고 불가피하게 얽혀 있다. 이러한 초기 기독교 생활 양식은 이후 천 년에 걸쳐 교회 내에서 성직자 의무 독신제와 신학적 순결 우월성에 기초가 되었다. 바로 이 역사 신학적·실천적 맥락 속에서 종교개혁자들은 결혼에 대한 신학적·목회적 재평가와 그에 따른 싱글 생활 경시 현상을 대응책으로 내어 놓았다. 그러나 이 두 역사적 맥락 모두 현대 기독교의 싱글 개념과는 단절되어 있으며 어느 쪽에도 일치하지 않는다. 따라서 본 논문의 신학적 복원 작업은 궁극적으로, 단절된 현대적 시점이라는 광범위한 맥락 속에서 신학적 연속성의 사례들을 충실히 포용하는 방식으로 수행되며 기독교 전통 내부의 관련 자원을 어떻게 활용할 것인가라는 질문과 씨름할 것이다. 따라서 본 논문은 허즈번즈[87], 윌리엄스[88], 웹스터[89], 부샤르트와 아일러스[90]와 같은 회수 신학 주창자들의 견해에 동의한다. 즉, 이처럼 신중하게 시대를 조율하기 위한 탐색은 회귀나 복원(repristinating)이 아닌 레소스망(ressourcement, 재자원)이라는 결과를 지향한다.

'레소스망'(ressourcement, 근원으로의 회귀)이라는 용어와 원칙은 20세기 중반 로마 가톨릭 운동에서 차용된 개념으로, 이 운동의 지지자들은 '기독교 과거에 대한 담론적 논평'에 참여했으며, 그들의

---

87 Mark Husbands, "Introduction," in *Ancient Faith for the Church's Future*, ed. Mark Husbands and Jeffrey P. Greenman (Downers Grove, Illinois: IVP Academic, 2008), 12.

88 Williams, "Similis et Dissimilis," 81.

89 Webster, "Theology and Protestantism," 3.

90 Buschart and Eilers, *Theology as Retrieval*, 274.

주요 목표는 교회를 신적 계시에 대한 초기의 이해 속에 발견될 수 있는 보물들로 인도함으로써 교화를 이루는 것이었다.[91] 레소스망 중심의 복원은 '과거에 믿어지고 가르쳐진 것의 보존이나 단순한 반복'을 추구하지 않으며 '현재의 사상들과의 건설적 교류'를 지향한다.[92] 이를 통해 회수신학자들에게 과거 기독교의 전통이 현재 기독교의 관점에 도전하도록 허용함으로써 역사적 연속성을 존중할 것을 요구한다. 그러나 동시에 두 역사적 순간의 고유성을 인정함으로써 역사적 불연속성도 존중한다. 레소스망(ressourcement)식의 회수는 '그것이 끌어오는 시대에 대한 정직하고 진실한 평가'[93]를 확립한다. 그것은 과거 기독교가 제공하는 것들—전통의 신실함(개신교 맥락에서는 성경의 맥락에 반하여 이루어짐)을 시험하는 것을 포함하여—에 대한 책임 있는 해석, 평가, 활용을 추구하는 동시에 항상 '성령의 역사하심에 열려 있어 지금 여기에서 새로운 실천을 시작하게'[94] 한다.

요약하자면, 본 논문은 기독교의 과거와 현재 사이에서 연속성과 불연속성을 신중하게 탐색할 필요성을 인정하면서도, 현재의 싱글에 관한 신학적 구조를 축소하기 위한 목적으로 과거를 되살리는 것을 거부한다. 더 나아가, 교회 역사의 특정 시기가 본 주제와 특별한 관련성을 가질 수 있음을 주장하더라도, 본 접근법은 기독교 역사 중 어느 시기도 '회복'이 필요한 싱글 생활의 '황금기'로 규정하지 않는다. 오히려 본 작업은 오늘날 교회를 위한 싱글 생활의 신학적 복원

---

91 Webster, "Theology and Protestantism," 3.

92 Buschart and Eilers, *Theology as Retrieval*, 82.

93 Husbands, "Introduction," 14.

94 Buschart and Eilers, *Theology as Retrieval*, 275.

을 위해 '레소스망(재자원화)'에 기반한 접근법을 발전시키려 노력할
것이다. 이러한 접근법은 책임감 있게 과거를 돌아보고 신실하게 앞
으로 나아가며 회수 과정에서 발생하는 긴장들을 자신의 전통이 지
닌 고유한 특성들—역사에 대한 관점과 기독교 전통의 지속적인 관
련성을 정당화하는 교리적·사회적 요소들—과 공명하는 방식으로 조
율한다.[95]

3.4. 회수신학의 출발점

회수 신학에 관한 흥미로운 질문은 '우리가 그것을 해야 하는지 여
부가 아니라, 어떻게 해야 하는지, 그리고 그것을 잘 수행하기 위해
우리가 인지해야 할 특별한 문제나 역학이 존재하는지 여부'이다.[96]
지금까지 현대 교회를 위한 책임감 있고 신실한 싱글 신학 구축을 위
한 방향성과 명확성을 제공하기 위한 일련의 원칙과 기준을 확립하
고자 했다. 그 작업은 오직 오늘날 교회의 중흥과 하나님 나라의 확장
이라는 과업을 진행하기 위함이며 일종의 개혁이라고 표현할 수밖에
없는 중압감을 선봉에 서서 맞서야 한다는 것을 의미한다. 절대로 완
전할 수 없고 오히려 헛점이 많거나 빈약할 수 있지만 누군가는 주춧
돌이라도 놓아야 한다는 사실은 변함없는 사실이다. 이를 위하여 먼
저 기독교회사를 그 출발점으로 삼는 것이 가장 적절하며 설득력이
있고 합리적일 것이다.

95　Buschart and Eilers, *Theology as Retrieval*, 275.

96　Zahl, "Tradition and its 'Use'," 309.

제4장
기독교회사에서의 싱글 신학

본 장의 목적은 기독교 역사의 흐름 속에서 형성된 '싱글 상태'의 신학적 층위를 '동정성(virginity)'과 '독신(celibacy)'이라는 개념을 중심으로 고찰하는 데 있다. 현대 사회에서 싱글의 삶은 흔히 생애주기의 미완성 단계나 사회적 고립으로 치환되곤 하지만, 기독교 전통 안에서의 동정성은 단순한 비혼(non-marriage)의 상태를 넘어 지상의 질서를 전복하고 하나님 나라의 질서를 현재화하는 급진적인 신학적 선언이었다. 이러한 역사적 탐색은 현대 교회가 직면한 가족중심주의적 편향을 극복하고, 싱글리티(singularity)를 온전한 신학적 주체로 복구하기 위한 필수적인 작업이다.[1]

기독교 동정성 신학의 기원은 본래 종말론적 긴장 속에서 태동하였다. 신약성경에 나타난 바울의 독신 권고는 단순히 성적인 금욕을 장려한 것이 아니라, '임박한 환난'의 시기에 신자가 오직 주께만 마음을 쏟게 하려는 목회적 배려이자 종말론적 결단이었다.[2] 이는 가부

---

1   This discussion aligns with the attempt to historically deconstruct the "doxic conviction" of the modern church, which regards marriage as the only "normal" state. Cf. Pierre Bourdieu, *The Logic of Practice, trans. Richard Nice* (Stanford: Stanford University Press, 1990), 66-68.

2   1 Corinthians 7:25-35.

장적 가문의 계승과 생산성이 인간의 정체성을 결정하던 고대 사회의 가치관에 대한 정면 도전이었으며, 신자의 존재론적 근거를 생물학적 가족이 아닌 그리스도와의 연합에 두는 새로운 패러다임을 제시하였다.[3]

초기 교회에서 동정성 담론은 순교의 영성과 결합하며 그 위상이 더욱 격상되었다. 박해의 종식과 함께 피의 순교가 불가능해진 상황에서, 금욕적 동정성(ascetic virginity)은 자아를 죽이고 하나님께 자신을 봉헌하는 '화이트 순교(White Martyrdom)'로 간주되었다. 암브로시우스와 같은 교부들은 동정녀를 '그리스도의 신부'로 명명하며, 이들이 누리는 영적 순결을 타락 전 인간이 누렸던 천사적 삶(*bios angelikos*)의 회복으로 보았다.[4] 이 시기에 동정성은 사회적 약자였던 여성들에게 가부장적 결혼 제도로부터의 해방과 영적 자율성을 제공하는 해방적 기제로도 작용하였다.

중세에 이르러 이러한 동정성 신학은 수도원 제도 안에서 더욱 정교한 위계적 구조를 갖추게 되었다. 토마스 아퀴나스로 대표되는 중세 신학은 동정성을 결혼보다 본질적으로 우월한 덕목으로 규정하였으며, 이는 성직 독신제(clerical celibacy)의 확립과 맞물려 교회의 거룩함을 표징하는 제도적 장치가 되었다.[5] 비록 이러한 위계화가 결혼의 가치를 상대적으로 격하시켰다는 비판을 받기도 하지만,

---

3   Peter Brown, The Body and Society: Men, Women, and Sexual Renunciation in Early Christianity (New York: Columbia University Press, 1988), 150-153.

4   Ambrose, On Virgins, I.3.12-13.

5   Thomas Aquinas, Summa Theologiae, II-II, q. 152, a. 3. Aquinas argued that virginity is superior to other virtues because it allows the mind to be more freely devoted to divine things through purity of spirit.

다른 한편으로는 세속적 소유와 관계로부터 자유로워진 '관조적 삶(vita contemplativa)'이 지닌 고유한 영적 가치를 보존하는 역할을 수행했다.

이와 같은 역사적 변천을 고찰하는 작업은 오늘날 싱글 신학을 정립하는 데 있어 중대한 신학적 의미를 지닌다. 첫째, 동정성 신학의 역사는 인간의 온전함이 결혼 여부에 달려 있지 않음을 실증한다. 둘째, 초기 교회가 견지했던 종말론적 독신관은 현대 교회가 잃어버린 '하나님 나라의 우선성'을 상기시킨다. 결국, 기독교 역사 속의 싱글 신학은 싱글의 삶이 결코 결핍된 상태가 아니라, 교회의 공동체성을 완성하며 종말론적 희망을 미리 살아내는 가장 적극적인 소명(vocation) 중 하나였음을 시사한다.[6]

싱글리티와 싱글리즘은 대척점에 있는 것 같지만 사실상 동전의 양면과도 같다. 기독교회사에서 중세 이전은 이 두 가지 관점 중 전자에 해당한다. 그렇다면 기독교회사에서의 싱글에 대한 담론 즉 싱글리티의 개념을 우선 인지해야 한다.

4.1. 싱글리티와 사회학적 층위

본 연구에서 주목하는 '싱글리티(singularity)'는 단순히 혼인하지 않은 상태를 뜻하는 '싱글(single)'의 명사형을 넘어, 싱글이 사회의 비주류나 일시적 상태가 아닌 하나의 독립적이고 완결된 삶의 양식으로 자리 잡는 사회문화적 현상을 의미한다. 이는 기술 과학 분야의

---

6   This chapter aims to discuss, based on this historical legacy, the theological position that modern singles should occupy within the ecclesial community.

'특이점'(singularity)이 기존의 질서를 근본적으로 뒤바꾸는 지점을 뜻하듯, 인구 구조와 삶의 가치관에서 싱글이 지배적 상수로 등장하며 기존의 '정상 가족 이데올로기'를 해체하는 전환점을 시사한다.[7]

첫째는 인구학적 층위 즉 1인 가구의 보편화이다. 싱글리티는 통계적 수치로서의 '1인 가구 급증'을 토대로 한다. 이는 더 이상 생애주기의 특정 단계에서 잠시 거쳐 가는 '유예기'가 아니라, 생애 전반에 걸쳐 지속될 수 있는 보편적 삶의 형태로 구조화되었음을 의미한다. 둘째로 문화적 층위 즉 자율적 주체의 확립이다. 사회학적 관점에서 싱글리티는 타인(배우자나 가족)을 통해 자신의 정체성을 완성하려는 '의존적 서사'에서 벗어나, 자기 결정권과 자율성을 바탕으로 삶을 구성하는 '자기 완결적 주체'의 등장을 뜻한다.[8] 이는 앞서 언급한 '완성 서사(completion narrative)'에 정면으로 도전하는 개념이다. 셋째는 담론적 층위 즉 타자화에 대한 저항이다. 싱글리티는 싱글의 삶을 '안쓰거리'나 '결핍'으로 치부하는 외부의 시선에 저항하며, 싱글로서의 존재론적 충만함을 적극적으로 드러내는 담론적 실천을 포함한다.[9] 즉, 사회적 낙인에 대항하여 싱글 상태를 '사회적 실

---

7   Eric Klinenberg, *Going Solo: The Extraordinary Rise and Surprising Appeal of Living Alone*, New York: Penguin Books, 2012, pp. 4-7. Kleinberg emphasizes that the rise of single-person households represents an unprecedented 'social experiment' and a massive transformation in human history, defining it as an independent social reality.

8   This term is often used interchangeably with 'singleton,' but 'singularity' is a concept that focuses more on the cultural distinctiveness and the power of identity they form, beyond being a simple demographic group. See Elyakim Kislev, *Happy Singlehood: The Rising Acceptance and Celebration of Solo Living*, Oakland, CA: University of California Press, 2019, p. 12.

9   Bella DePaulo, *Singled Out: How Singles Are Stereotyped, Stigmatized, and Ignored, and Still Live Happily Ever After*, New York: St. Martin's Press, 2006. DePaulo emphasizes that overcoming discrimination against singles (singlism) and adopting

격'이 아닌 '주체적 기획'으로 재정의하는 인식의 전환점이 바로 싱
글리티의 핵심이다.

4.1.1. 싱글리티와 싱글리즘의 길항 관계(antagonism)

현대 사회의 인구 지형은 1인 가구의 보편화와 자율적 개인의 등장
을 뜻하는 '싱글리티'의 시대로 진입하고 있으나, 사회적 의식과 제
도는 여전히 '싱글리즘'이라는 완고한 타당성 구조에 포박되어 있다.
이 두 개념 사이의 격차는 단순한 인식의 차이를 넘어, 현대 싱글들이
마주하는 실존적 갈등의 핵심을 형성한다.

전술한 바와 같이 싱글리티는 싱글의 삶이 더 이상 혼인으로 가는
과정의 '결핍된 상태'가 아니라 그 자체로 완결된 '상수'가 된 현상을
지칭한다. 이는 기술적 특이점이 인류의 패러다임을 바꾸듯, 가족 중
심의 사회 구조를 개인 중심의 구조로 재편하는 특이점적 변화를 의
미한다.[10] 싱글리티의 도래는 싱글 주체들로 하여금 기존의 '완성 서
사'에서 벗어나, 자신의 삶을 스스로 기획하고 영위하는 존재론적 충
만함을 추구하게 만든다. 반면 싱글리즘(singlism)은 결혼하지 않은
사람들에 대한 고정관념, 낙인, 그리고 제도적 차별을 포괄하는 개념
이다.[11] 이는 앞서 논의한 '문화 지체' 현상의 구체적인 발현으로, 사

---

an attitude of affirming one's own life represents a crucial epistemological shift in
modern society.

10 Elyakim Kislev, *Happy Singlehood: The Rising Acceptance and Celebration of Solo
Living*, (Oakland: University of California Press, 2019), pp. 10-12. Kislev defines
singularity as a 'social turning point' where modern lifestyles undergo fundamental
change.

11 Bella DePaulo, *Singled Out: How Singles Are Stereotyped, Stigmatized, and Ignored,
and Still Live Happily Ever After*, (New York: St. Martin's Press, 2006), pp. 155-157.
DePaulo emphasized that social prejudice against singles constitutes structural vi-

회적 인프라와 지배적 담론이 여전히 '정상 가족'만을 유효한 시민의 모델로 상정하고 있음을 보여준다. 싱글리즘은 싱글의 삶을 대중문화 속에서 '치유가 필요한 불행'이나 '성숙의 실패'로 묘사하며, 정책적으로는 세제와 복지 혜택에서 이들을 배제함으로써 구조적 불이익을 정당화한다. 결국 이 상황은 충돌과 소외 즉 '안줏거리'가 된 실존이라는 결과에 직면하게 한다. 싱글리티라는 실재(reality)와 싱글리즘이라는 인식(perception)의 충돌은 싱글들을 사회적 '투명인간'이자 동시에 '공공 재산'으로 만드는 모순적 상황을 연출한다. 싱글들은 자신의 삶에서 주체적인 만족을 누리면서도(싱글리티), 타인에 의해 끊임없이 평가받고 '안줏거리'처럼 소비되는(싱글리즘) 분열적 경험을 한다.[12] 특히 기독교 공동체에서 싱글리즘은 이러한 차별에 신학적 정당성을 부여하므로 싱글리티를 향한 인식의 전환을 더욱 어렵게 만드는 장벽으로 작용한다. 그러므로 싱글 주체들은 싱글리티(singularity)라는 시대적 흐름과 싱글리즘(singlism)이라는 구조적 장벽이 충돌하는 지점에서 수동적인 피해자로 머물지 않고 다양한 **대응 및 저항 전략**을 구축하며, 궁극적으로 **새로운 신학적·사회적 대안**을 모색해야 한다.

4.1.2. 싱글리즘에 대한 주체적 대응과 대안

싱글리즘의 압박에 직면한 개인들은 고프만이 제시한 '훼손된 정체

---

olence akin to racism or sexism through the term 'singlism'.

12 Erving Goffman, *Stigma: Notes on the Management of Spoiled Identity*, New York: Jason Aronson, 1963. From Goffman's perspective, the subjective efforts of individuals aspiring to singularity are constantly threatened by the social stigma of singularism, which renders their identity as 'damaged.'

성'을 회복하기 위해 다층적인 방어 기제를 가동한다. 먼저, 싱글들은 지배적 서사가 강요하는 '결핍된 존재'라는 정의를 거부하고, 자신의 삶을 '자율적 기획'으로 재구성하는 '정체성 재구조화(identity restructuring)'를 시도한다.[13] 이는 싱글 상태를 혼인으로 가는 유예기가 아닌, 그 자체로 온전한 '독립적 성인기'로 선언함으로써 사회적 낙인을 무력화하는 전략이다. 또한, 싱글들은 파편화된 개인으로 남기보다 유사한 실존적 경험을 공유하는 이들과의 '대안적 네트워크'(alternative networks)를 구축함으로써 싱글리즘에 저항할 수 있다. 전통적 가족 담론이 제공하지 못하는 정서적 지지와 친밀감을 '선택된 가족'(chosen family)이나 우정의 공동체를 통해 확보함으로써, 싱글리티를 지탱하는 새로운 타당성 구조를 스스로 형성하는 것이다.[14] 이러한 저항은 사적인 영역을 넘어, 싱글에 대한 부당한 질문이나 사회적 편견에 대해 침묵하지 않고 자신의 권리를 주장하는 '담론적 투쟁'의 형태로 나타나기도 한다. 그렇다면 신학적·사회적 대안은 환대와 충만함의 공동체로 변모해야 한다는 당위성이다. 싱글리티와 싱글리즘의 갈등을 해소하기 위해서는 기존의 정상 가족주의를 넘어선 근본적인 패러다임의 전환이 요구된다.

사회적 차원에서는 혼인 여부와 관계없이 개인이 인간다운 삶을 영

---

13 Elyakim Kislev, *Happy Singlehood: The Rising Acceptance and Celebration of Solo Living*, pp. 145-147. In this book, Kislev meticulously analyzed the psychological mechanisms through which singles actively promote their life satisfaction and challenge social stereotypes in order to overcome social stigma.

14 Sasha Roseneil and Shelley Budgeon, "Cultures of Resemblance: Patterns of Co-existence in Contemporary Family and Intimate Life," *Sociology* 38, no. 1 (2004): 135-159. The authors examine how friendship and alternative communities function as discourses of resistance that replace the existing blood-related family system.

위할 수 있도록 보장하는 '보편적 생활 공동체 중심의 제도 개편'이 시급하다. 세제, 의료, 주거 정책 등에서 싱글에게 가해지는 구조적 차별을 철폐하고, 다양한 결합 형태를 법적으로 인정함으로써 싱글리즘의 제도적 기반을 해체해야 한다.[15] 신학적 차원에서는 싱글 상태를 '미달'이 아닌 그리스도 안에서의 '종말론적 충만함(eschatological fullness)'으로 재정의하는 작업이 선행되어야 한다. 성경은 혼인을 귀히 여기는 동시에 바울의 유산과 예수 그리스도의 삶을 통해 독신(celibacy)이 지닌 독특한 '영적 탁월성'과 '해방적 가치' 그리고 '예표적 의미'와 '소명적 헌신'을 증언한다.[16] 따라서 교회는 싱글을 '돌봄의 대상'이나 '결혼의 예비 후보'로 보던 시각에서 벗어나, 그들이 지닌 자율성과 헌신성이 공동체를 더욱 풍성하게 만드는 영적 자산임을 인정해야 한다. 이러한 인식의 전환은 교회가 특정 가족 모델에 매몰된 폐쇄적 집단에서 벗어나, 모든 실존적 양식을 환대하는 '영적 가족'으로 거듭나게 하는 동력이 된다.[17]

---

15 Bella DePaulo, *Singled Out: How Singles Are Stereotyped, Stigmatized, and Ignored, and Still Live Happily Ever After*, (New York: St. Martin's Press, 2006), pp. 210-212. DePaulo proposes a comprehensive reexamination of legal and social institutions as a practical approach to overcoming singlism.

16 Christina S. Hitchcock, *The Single Christian: Life with God in a Better Way than Marriage*, (Waco, TX: Baylor University Press, 2018), p. 112. Hitchcock emphasizes that Christian identity comes not from marriage but from union with Christ, and he insists that the single state is an important form that reveals the essence of Christian spirituality.

17 Jana Marguerite Bennett, *Singleness and the Church: A New Theology of the Single Life*, (New York, NY: Oxford University Press, 2017), pp. 188-190. Bennett presents a vision of the church as an alternative family where singles and married couples complement each other, setting a welcoming community free from singlism as the church's goal.

4.1.3. 동정성 신학 회수의 의미

초대교회의 동정성(virginity) 신학을 현대의 관점에서 재발견하고 회수(retrieval)하는 작업은 단순히 과거의 전통을 복원하는 행위를 넘어 현대 사회의 '싱글리티'를 신학적으로 정당화하고 '싱글리즘'의 폭력성을 해체하는 데 있어 필수불가결한 이론적 토대를 제공한다. 초대교회 전승에서 동정성은 결코 혼인에 도달하지 못한 '결핍'이나 '사회적 미달'이 아니었으며, 오히려 당대의 지배적 가치관이었던 가부장적 가계 계승과 로마적 정상 가족주의에 저항하는 가장 급진적인 영적 실천이었다.[18]

이러한 동정성 신학의 회수가 싱글리티 형성에 필수적인 이유는 그것이 싱글의 존재론적 기반을 '동반자 관계'가 아닌 '그리스도와의 직접적 연합'으로 재설정하기 때문이다. 초대교회 교부들에게 동정성은 인간이 타인과의 결합을 통해서만 온전해질 수 있다는 '완성 서사'를 전복하고, 오직 신적 실재 안에서 개인이 이미 온전한 주체임을 선포하는 종말론적 표징이었다.[19] 이는 현대 싱글들이 겪는 '누군가에 의해 보충되어야 한다'는 심리적 압박과 문화적 지체를 극복할 수 있는 강력한 신학적 항체를 제공한다. 즉, 동정성 신학은 싱글의 삶을 혼인으로 이행하기 전의 잠정적 상태가 아니라 그 자체로 종말론적 충만함을 선취한 '특이점'(singularity)으로 격상시킨다. 또한,

---

18 Peter Brown, *The Body and Society: Men, Women, and Sexual Renunciation in Early Christianity*, (New York: Columbia University Press, 1988), pp. 5-8. Brown meticulously analyzes how the asceticism and virginity of the early church constituted a form of social resistance that shook the family-centered order of Roman society at the time.

19 Methodius of Olympus, *The Banquet of the Ten Virgins*, 1.1. Methodius describes virginity as the highest level of freedom and perfection the soul can attain through its mystical marriage to Christ.

동정성 신학의 회수는 현대 기독교 공동체 내에 뿌리 깊은 싱글리즘을 해체하는 결정적인 도구가 된다. 초대교회에서 동정적 삶을 선택한 이들은 혈연과 혼인으로 묶인 기존 사회 구조를 벗어나 '그리스도 안에서의 새로운 가족'이라는 타당성 구조를 창출해냈다.[20] 이는 오늘날 교회가 싱글들을 향해 던지는 "왜 결혼하지 않는가?"라는 질문이 실상 성경적 근거보다 세속적 정상 가족주의에 오염된 것이라는 사실에 대한 방증이다. 동정성을 영적 은사로서 회복하는 것은 싱글의 삶을 공동체의 '안줏거리'나 '목회적 대상'으로 타자화하는 담론을 중단시키고, 그들이 지닌 자율과 헌신이야말로 공동체의 영적 지평을 넓히는 핵심적 자산임을 시인하도록 이끈다.[21]

결국, 초대교회의 동정성 신학은 현대의 싱글 기독교인이 자신의 삶을 '사회적 실격'이 아닌 '주체적 소명'으로 재개념화할 수 있는 신학적 서사를 제공한다. 이는 싱글리즘이라는 구조적 차별에 맞서는 가장 강력한 저항 담론이며, 싱글리티가 단순한 인구학적 현상을 넘어 하나의 거룩한 실존적 양식으로 자리 잡게 하는 필수적인 동력이 된다.[22]

---

20 Elizabeth A. Clark, *Reading Renunciation: Early Christian Biblical Interpretation on Sexual Abstinence*, Princeton, NJ: Princeton University Press, 1999, pp. 42-45. Clark examines how the early church dismantled the marriage-centered Judeo-Roman legitimacy structure through biblical interpretation and constructed a new social reality: the virgin community.

21 Christina S. Hitchcock, *The Single Christian: Life with God in a Better Way than Marriage*, Waco, TX: Baylor University Press, 2018, p. 134. Hitchcock argues that the restoration of the tradition of compassion grants modern single Christians an identity of 'spiritual autonomy' rather than the stigma of 'imperfection'.

22 Jana Marguerite Bennett, *Singleness and the Church: A New Theology of the Single Life*, New York, NY: Oxford University Press, 2017, pp. 210-212. Bennett re-invokes the virginity tradition of the early church as a theological resource against modern celibacy, emphasizing that it is the key to restoring the church's universal hospitality.

4.2. 싱글 신학의 원류 동정성 신학

본 논문의 첫 두 장에서는 결혼과 싱글 상태의 광범위한 역사적 윤곽—문화적·신학적 측면 모두에서—을 15세기부터 포스트모던 서구 사회와 현대 기독교 담론 내에서의 현재 위치에 이르기까지 탐구하였다. 본 장에서는 기독교 초기와 중세 시대를 거치며 싱글 상태라는 현대적 개념의 선구적 형태로서의 '동정성'(virginity) 신학 발전 과정 탐구에 집중하려고 한다. 이러한 접근에는 두 가지 목적이 있다. 첫째, 본 분석은 후속 장들의 신학적·주석적 재구성을 위한 필수적인 역사적 맥락화를 마련하는 것이다. 둘째, 동정성에 대한 신학적(특히 종말론적) 발전의 역사적 측면을 탐구하는 과정을 통해 교회의 역사적 전통을 배경으로 파생되는 현대 기독교의 싱글 개념이 수면위로 떠오르게 하는 역할을 할 것이다. 이러한 과정의 재중심화와 탈중심화를 통해 본 장 자체가 회수 신학의 메타적 실천으로 자리잡게 될 것을 기대한다.

본격적으로 이 작업을 시작하기 전에, 서론에서 제기한 용어학적 관찰로 되돌아가서 정리할 필요가 있다. 영어 단어 'single'은 14세기 초 고대 프랑스어 'sengle'(하나)에서 유래했다.[23] 이전 장에서 'spinster', 'old maid', 'bachelor'와 같이 더 미묘한(그리고 종종 성별화된) '싱글' 개념이 특정 역사적·문화적 상황 속에서 싱글 상태를 묘사하고 정의하며 그 변천사를 다루었다. 교회사 초기 1500년 동안 시간적·지리적 영역 전반을 특징짓는 지배적 개념은 주로 '동정성'이었다. 따라서 본 장에서는 이 개념에 초점을 맞출 것이다. 그러

---

23 *Chambers Dictionary of Etymology, s.v.* "single", 1009.

나 역사적 '동정성에 대한 개념이 20세기적 의미의 동정성과는 매우 다르다'는 점도 인지해야 한다.[24] 어떤 의미에서는 현대의 동정성에 대한 개념적 이해는 전근대적 사용과 일치하는 것으로 보인다. 지금과 마찬가지로 초기 및 중세 교회도 다른 사람과 성관계를 가지지 않은 개인을 처녀라고 지칭했기 때문이다.[25] 그러나 곧 입증하겠지만, 전근대 교회는 동정성을 좀 더 광범위하게 바라보므로 도덕적, 신학적 범주 심지어 그 이상의 것으로 이해했다. 단순히 신체적 순결을 넘어서 마음과 의도 그리고 순종의 삶을 포함하기 때문이다. 그 결과, 동정성에 관한 논의에서 금욕, 순결, 독신[26]을 비롯하여 과부, 결혼, 수도원 생활 같은 비교군이 등장하는 경우가 빈번하게 발생했다. 이는 궁극적으로 초대 교회와 중세 교회에서 형성된 동정성에 대한 이념적·신학적 개념을 정확히 규명하기가 상당히 어렵다는 것을 의미한다. 따라서 본 논문의 의도는 해당 기간 전반에 걸친 모든 신학적 순결 개념의 변화를 철저히 평가하는 데 있지 않으며, 오히려 기독교 역사 초기 천오백 년 동안 이해되고 실천된 순결의 광범위한 신

24　Jocelyn Wogan-Browne, *Saints'Lives and Women's Literary Culture c.1150-1300: Virginity and its Authorizations* (Oxford: Oxford University Press, 2001), 20.

25　Admittedly, this shared conception requires further nuance, for the act of restraining oneself from engaging in sexual behaviour can be seen to exist along a spectrum which, at one end refers to complete abstinence from any intimate sexually oriented touch, and at the other to abstinence from the activity of specifically penetrative intercourse. Thus, the exact historical and contemporary definitional referent of "virginity"is always potentially ambiguous.

26　For a detailed analysis of the sense in which the specific cognates of chastity and continence in later Middle Ages 'continued to lack determined and settled definitions'see Pierre J. Payer, *The Bridling of Desire: Views of Sex in the Later Middle Ages* (Toronto: University of Toronto Press Incorporated, 1993), 154-161.

학적—특히 종말론적—윤곽을 추적하는 데 있다.[27] 이를 통해 오늘날을 위해 싱글 신학을 회수신학으로 재구성하는 작업에 한걸음 가까이 갈 수 있을 것이다.

4.3. 초대교회에서의 동정성

기독교 역사 속 기혼과 싱글의 위치를 고찰할 때, 초대 교회가 싱글 생활에 대해 일관되게 추앙했다고 묘사하려는 경향이 생길 수 있다. 이러한 결론은 종종 현대 기독교인들이 신앙의 선조들의 삶과 시대에 대해 내리는 다양한 가정들 특히 초대 교회 교인들이 성 문제에 관해 전반적으로 지나치게 엄격했다고 가정하려는 성향에서 비롯된다. 그러나 초대 기독교 사회 내 싱글 생활의 신학적 현실은 사실 매우 복잡하고 정교한 뉘앙스를 지니며 때로는 역설적이기까지 하다. 이러한 점을 고려하여 저명한 역사학자 피터 브라운(Peter Brown)은 현대인들이 초대 기독교의 텍스트에 '적절한 수준의 생기'를 불어넣어야 한다고 주장한다. 그 당시 삶은 너무 무겁고 복잡하며 어두워서 현대에 적용하기에는 상당히 무리가 되기 때문에 학자는 당시 삶

---

27 Key texts for more extensive argumentation concerning the ancient and medieval theological concepts of virginity include Peter Brown, *The Body and Society: Men, Women, and Sexual Renunciation in Early Christianity* (New York: Columbia University Press, 1988); Peter Brown, "The Notion of Virginity in the Early Church," in Christian *Spirituality: Orgins to the Twelfth Century*, ed. Bernard McGinn and John Meyendorff (London: Routledge & Kegan Paul, 1986); Charles A. Frazee, "The Origins of Clerical Celibacy in the Western Church," *Church History* 57, no. Supplement: Centennial Issue (1988); Payer, *The Bridling of Desire*; Sarah Salih, *Versions of Virginity in Late Medieval England* (Cambridge, UK: D.S. Brewer, 2001); Sarah Salih, Anke Bernau, and Ruth Evans, *Medieval Virginities*, ed. Anke Bernau, Ruth Evans, and Sarah Salih (Toronto: University of Toronto Press, 2003); Liesl Ruth Smith, "Virginity and the Married-Virgin Saints in Ælfric's Lives of Saints, the Translation of an Ideal"(PhD diss., University of Toronto, 2000); Wogan-Browne, *Saints' Lives*.

의 정황을 연구하면서 신학적 그리고 사회적으로 교통 정리하여 그
인간적 무게를 조금이나마 줄여주어야 한다.[28]

4.3.1. 1세기와 2세기 교회에서의 동정성

이러한 노력은 동정성에 관해 '예수와 바울의 가르침이 초기 기독
교의 결혼과 성에 대한 성찰에 다소 불길한 시작을 제공했다는 인식
에서 출발한다. 실제로 그들은 초기 기독교 경건성 안에서 상반된 경
향을 불러일으킨 것으로 보인다'.[29] 예수 그리스도의 죽음 후 반세기
안에, 순회 설교자들은 서부 지중해 지역 전역의 기독교 공동체들을
섬겼다. 이 유랑하는 사람들 대다수는 싱글로 남았거나 소명을 따르
기 위해 고향과 배우자 그리고 가족을 뒤로 한 채 떠났다. 이러한 선
택은 '삶의 정상적인 흐름에 대한 극적인 단절'[30]을 의미했으며, 현
재 사회 질서에 대한 종말론적—심지어 묵시록적—파괴를 예상한 데
따른 반응이었다. 이들은 예수님의 부르심을 듣고 순종하여, 천국을
위해 결혼과 가정이 주는 안락함과 안정 그리고 혜택을 포기한 사람
들이었다(마태복음 19:12, 누가복음 18:29). 그러나 의도적으로 싱
글 생활을 시작하거나 결혼 생활에서 금욕을 실천한 이들은 일반적
인 경우가 아니라 드문 경우에 해당했다. 실제로 1세기(그리고 이후
세기들) 대부분의 기독교인들은 남편과 아내로서, '고생하며 정직하

---

28 Brown, *Body and Society*, 447.

29 David G. Hunter, *Marriage, Celibacy and Heresy in Ancient Christianity: The Jovinianist Controversy*, ed. Gillian Clark and Andrew Louth, Oxford Early Christian Studies (Oxford: Oxford University Press, 2007), 89.

30 Brown, *Body and Society*, 42.

게 살아가는 가정주부로서의 사회적 정체성을 어렵게 구축한 구조
가 소수의 유랑 제자들에 의해 부정적으로 인식되거나 천대받을 상
황은 아니었다'.[31]

세월이 흘러 1세기가 2세기로 접어들면서, 동정적 싱글 생활—혹
은 일부에게는 결혼한 채 금욕하는 삶—은 여전히 소수만의 전유물
로 남아 있었다. 이 첫 두 세기 동안조차 주교와 사제 그리고 장로 직
분은 여전히 헌신적으로 가정 생활하는 사람들이 대부분이었다. 수
많은 교회 지도자들과 변증가들이 적대적인 세상 환경과 전략적 교
류를 모색하면서, 그들의 논증은 '거의 항상 기독교인들의 엄격한 결
혼 생활에 대한 호소를 수반했다'.[32] 질서 있는 성생활과 결혼을 장
려하고 촉진하는 데 집중한 것은 기독교 공동체 내에서 유포된 성적
방탕 행위에 대한 지속적인 소문에 대한 대응이자, 이교도의 방종과
대비되는 기독교적 도덕적·윤리적 탁월성을 고취하기 위한 의도였
다.[33] 따라서 순결을 촉구하는 목소리는 일반적으로 바람직하거나 쉽
게 달성 가능한 우월성의 위치에 있는 것이 아니라, 오히려 초대 교
회 내에서 상당한 긴장을 야기할 정도로 힘겨운 싸움이었다. 로마의
클레멘트(Clement of Rome)와 안디옥의 익나티우스(Ignatius of

---

31 Brown, *Body and Society*, 44.

32 Hunter, *Marriage, Celibacy & Heresy*, 98. For numerous ancient apologetic exam-
ples see Hunter, *Marriage, Celibacy & Heresy*, 98-101.

33 'They recognize each other by secret marks and signs; hardly have they met when
they love each other, throughout the world uniting in the practice of a verita-
ble religion of lusts. Indiscriminately they call each other brother and sister, thus
turning even ordinary fornication into incest by the intervention of these hallowed
names.'Marcus Minucius Felix, *The Octavius of Marcus Minucius Felix*, ed. Jo-
hannes Quasten, Walter J. Burghardt, and Thomas Comerford Lawler, trans. G.W.
Clarke, vol. 39, Ancient Christian Writerts: The Works of the Fathers in Translation
(New York, N.Y.: Newman Press, 1974), 64, §9.

Antioch)는 모두 '공동체 내 실제 분열'에 대해 심각하게 우려를 표명했다. 이는 '절제를 선택함으로써 결혼한 신자들보다 우월한 종교적 지위를 점유한다고 선포하는 계층의 형성'과 관련이 있었다.[34] 그 결과, 2세기와 3세기 초의 교부들은 성경적 이상향으로서의 성적 절제를 찬양하는 복잡성과 동시에 결혼의 존엄성을 성경적 가르침이자 사회적 선으로 고수해야 하는 문제에 자주 직면했다.[35]

이러한 노력은 2세기에 등장한 기독교 금욕주의 종파들로 인해 더욱 복잡 해졌다. 이들은 성생활과 번식 그리고 인류의 타락 사이에 신학적 연관성이 있다고 부정적으로 인식하여 결혼과 성생활을 거부하는 태도를 취하는 경향이 강했다. 어느 정도 영지주의적 반물질적(따라서 반육체적) 영향을 받아서 금욕주의 교리는 일반적으로 성적 금욕을 '낙원으로의 귀환 및 창조시의 천사적 상태의 회복'과 동일시했다.[36] 그러나 3세기 초에 이르러 정통 교회에서 이러한 금욕주의 교리에 대한 반발이 일어나면서 '결혼을 거부하는 것은 이단'이 되었고, '금욕주의자들'은 초기 기독교 이단 연구 학자들이 작성한 이단 집단 목록에 포함되기 시작했다.[37] 그 결과, 알렉산드리아의 클레멘트와 같은 일부 초기 교부들은 '독신과 결혼이 주님을 섬기는 각기 다른

34　Giulia Sfameni Gasparro, "Asceticism and Anthropology: Enkrateia and "Double Creation"in Early Christianity,"in *Asceticism*, ed. Vincent L. Wimbush and Richard Valantasis (New York: Oxford University Press, 1998), 131.

35　James A. Brundage, *Law, Sex and Christian Society in Medieval Europe* (Chicago: The University of Chicago Press, 1987), 66.

36　Teresa M. Shaw, "Sex and Sexual Renunciation I,"ed. Philip F. Esler, *The Early Christian World* (London: Routledge, 2017). 265. See also Brundage, *Law, Sex and Christian Society*, 63.

37　Hunter, *Marriage, Celibacy & Heresy*, 113.

형태의 봉사와 사역'이라고 묘사하려 했으나,[38] 기독교적 싱글 생활이 신학적으로 매우 가치가 있다고 여기려는 대부분의 시도는 분리주의적 금욕주의에 대한 반대 목소리로 인하여 점차 사라지게 되었다.

결혼에 대한 기독교적 대안으로 영원한 동정성이 인정되었던 곳에서도, 그러한 삶을 선택하는 것은 초기 교회의 대다수 젊은 기독교 남녀에게는 여전히 불가능한 영역이었다. 왜냐하면 '성적 포기 논의는 가정을 이루고 있는 노년층이 청년층을 대상으로 정해 놓은 암묵적인 기준이었기'[39] 때문에, 자원하여 비혼을 선택하는 것은 사실상 대부분 청년층에게 수용 불가능한 제약이었다. 실용적인 제약들—즉 자녀가 기독교 및 특정 사회 집단에서 배우자를 확보하는 것—이 일부에게 장기적 동정성을 강요하는 경우는 많이 있었지만, 현실은 초기 몇 세기 동안의 기독교적 성적·관계적 금욕 윤리가 주로 결혼을 통해 형성되었다. 즉, 결혼하지 않은 사람보다 오히려 과부가 적극적으로 싱글 생활을 선택할 수 있는 위치에 있었다. 따라서 당시의 금욕적인 생활을 선택해야 하는 개인은 일반적으로 처녀나 총각이 아니라, 배우자를 잃은 남편이나 아내 그리고 아버지나 어머니였다.

4.3.2. 3세기 교회에서의 동정성

그런데 3세기 접어들면서 '젊은 지도자 세대'가 등장하여 점점 더 부상하기 시작했다. 이들은 결혼 생활의 성화 문제에 관심이 없었고

---

38 Clement, *Stromata*, ed. John Ernest Leonard Oulton and Henry Chadwick, vol. 2, The Library of Christian Classics: Alexandrian Christianity - Selected Translations of Clement and Origen (London: SCM Press, 1954), 76, ᴣ.12.79.

39 Brown, *Body and Society*, 148.

오직 '순결'을 슬로건으로 내세우며 그것에 집중했다.[40] 실제로, 시간이 흐르면서 이 시대의 많은 지도자와 성직자들—그 중에서도 오리겐과[41] 키프리아누스(Cyprian)[42] 그리고 터툴리안[43]—은 결혼과 순결에 대한 자신들만의 신학적 접근법을 발전시켰고, 이로 인해 이전 시대의 영지주의 이단들과는 다소 구별되기는 했지만, 종종 '성욕을 죄와 연관시키고 구원을 성적 순결과 연결시키는 엔크라타이트(Encratite, 2세기 '절제'를 명분으로 결혼과 창조 질서를 부정한 초기 기독교 금욕주의로 초대교회는 이를 이단으로 규정함)적 틀 안에서 독신과 결혼이라는 주제에 접근했다'.[44] 새롭게 부활한 성적 금욕 개념의 신학적 토대는 상당 부분 종말론적인 내용을 담고 있었다. 예를 들어, 3세기 전반 자신의 저서에서 오리겐(Origen, 약 184-253년)은 '아담이 낙원에서 육신을 지녔으나 하와를 알아보지 못했다'고 주장했다.[45] 오리겐은 성(性)이 타락 이후 생긴 인간 경험의 현실이라고 보았기 때문에, 육체를 '변화를 일으키는 강력한 욕망'으로 묘사

---

40 Brown, *Body and Society*, 138.

41 See for example Origen, "Prayer,"in *Origen: Prayer and Exhortation to Martyrdom*, ed. Johannes Quasten and Joseph C. Plumpe, Ancient Christian Writers: The Works of the Fathers in Translation (New York, N.Y.: Newman press, 1954), 18, 5.2., Claude Jenkins, "Origen on I Corinthians II,"*The Journal of Theological Studies* os-IX, no. 35 (1908): 370-1, Fr.29; Claude Jenkins, "Origen on I Corinthians III," *The Journal of Theological Studies* os-IX, no. 36 (1908): 510, Fr.39.

42 See, for example Cyprian, *Treatise II: On the Dress of Virgins*, vol. 5, Ante-Nicene Fathers (Edinburgh: T&T Clark, 1995), 435-436, §21-23.

43 See, for example Tertullian, "*An Exhortation to Chastity*,"in *Treatises on Marriage and Remarriage*, ed. Johannes Quasten and Joseph C. Plumpe, Ancient Christian Writers: The Works of the Fathers in Translation (Westminster, Maryland: The Newman Press, 1951). Tertullian eventually joined the Montanists, a heretical sect who were renowned for rejecting marriage altogether.

44 Hunter, *Marriage, Celibacy & Heresy*, 128.

45 Jenkins, "Origen on I Corinthians II,"370, Fr.29.

했다. 더 나아가 그 변화는 너무나 거대하여, 성별 차이에 얽혀 있는 정체성 개념과 결혼·생식·출산에 기반한 모든 사회적 역할이 햇살 속 먼지처럼 미미하게 보일 정도라고 표현했다.[46] 오리겐에게 미혼시절 기독교적 삶은 불완전한 세상과 영광의 세상사이의 불연속성에 다리를 놓아 연속성에 이르게 하는 것으로 보았다. 이러한 의미에서 동정성은 땅과 하늘 사이를 중재하는 과정을 상징하며, 종말론적 낙원의 순수성으로의 귀환을 지상에서 예표하는 것이고, 가시적인 '주님의 성전'이었다.[47] 따라서 초기 기독교 신학의 기틀을 마련한 오리겐은 당시에 가장 독창적이면서도 가장 논란이 많은 신학자였다. 특히 성경 해석에서 영해(spiritual interpretation)를 중시하며, 인류의 원시적 상태를 독특한 형이상학적 관점에서 고찰하였다. 그래서 그는 아담이 낙원에서 하와를 육체적으로 인지하지 못했다는 주장을 전개하며 이는 그의 영혼 선존설(Pre-existence of souls) 및 물질 세계에 대한 부정적 인식과 깊은 연관을 맺고 있다.

오리겐은 에덴동산을 지리적·물리적 공간으로 국한하기보다 고차원적인 영적 영역으로 이해하였다. 그에 따르면 타락 전의 아담과 하와는 현재 인류가 지닌 무겁고 불투명한 물질적 신체, 즉 '가죽 옷'(창 3:21)을 입기 이전의 상태였다.[48] 당시의 신체는 천사와 유사한 '영적인 몸' 혹은 '빛의 몸'(*soma pneumatikon*)으로서, 어떠한 육

---

46 Brown, *Body and Society*, 168.

47 Jenkins, "Origen on I Corinthians II," 370, Fr.29.

48 Origen, *De Principiis*, II.1.4. Origen interprets the 'garment of skin' in Genesis 3:21 as the material and mortal body that humans came to wear after the Fall.

체적 욕망이나 정욕의 개입이 불가능한 순수 지성적 존재였다.[49] 따라서 영혼의 본질에는 성별의 구분이 존재하지 않으며, 낙원 상태의 인간은 성적 정체성에 기초한 이성적 끌림으로부터 자유로웠다는 것이 그의 논거이다. 또한 창세기 4장 1절의 '아담이 그의 아내 하와와 동침하매'('알매', *yada*)라는 서술에 대해 철저히 타락 이후의 사건으로 규정한다. 그래서 그는 낙원 안에서의 아담이 하와를 육체적 '대상'이나 '배우자'로 인식하지 못했다고 주장한다.[50] 오리겐의 관점에서 '앎' 혹은 '인식'은 영적 지각의 감퇴와 물질적 감각의 각성을 의미한다. 즉, 아담이 하와를 육체적으로 인지하게 된 것은 낙원에서 추방되어 물질적인 육신에 갇히게 된 결과이며, 이는 영적 지각을 상실하고 육체적 가시성에 매몰된 타락의 증거로 해석된다.[51] 이러한 주장의 배경에는 오리겐의 엄격한 금욕주의적 신학이 자리하고 있다. 그는 육체적 쾌락을 영혼의 상승을 방해하는 저급한 단계로 보았으며, 인류의 가장 순결한 시원적 상태에는 육체적 결합이나 그에 바탕을 둔 인지 작용이 존재할 수 없다고 논증하였다.[52] 오리겐에게 있어 구원이란 타락 이전의 영적 상태로 회귀하는 '만유회복'(Apokatastasis)을 의미하므로, 성적 인지가 없는 낙원의 상태는 인간이 도달해야 할 궁극적인 지향점이 된다.

---

49 Origen, *De Principiis*, II.10.1. He believed that the bodies the saints would receive at the resurrection would also be glorious forms similar to this body of light.

50 Henri de Lubac, *History and Spirit: The Understanding of Scripture According to Origen*, (SF: Ignatius Press, 2007), pp. 152-155.

51 Origen, *Commentary on Genesis*, Fragment. Origen explains that physical knowledge (*gnosis*) is reversed into a state of spiritual ignorance.

52 Peter Brown, *The Body and Society: Men, Women, and Sexual Renunciation in Early Christianity*, Columbia University Press, 1988, pp. 160-170.

오리겐이 '아담이 하와를 알아보지 못했다'고 주장한 것은 인간의 진정한 본질을 육체가 아닌 영혼에 두었음을 시사한다. 그는 육체적 관계의 시작을 영적 순결의 상실과 동일시함으로써, 인류의 타락이 단순히 불순종을 넘어 존재론적인 하락(영적 신체에서 물질적 신체로의 이행)이었음을 강조하였다. 비록 이러한 그의 관점은 훗날 제2차 콘스탄티노플 공의회(553년) 등을 통해 영혼 선존설 및 부활체 논쟁과 맞물려 비판의 대상이 되었으나, 초기 기독교의 영성 형성과 인간론 이해에 심오한 궤적을 남겼다.

동시대 후반에 글을 쓴 올림푸스의 메토디우스(Methodius, 기원후 250년경~311년) 역시 결혼을 인간의 타락에 대한 신의 은혜로운 양보로 보았으며 동정성을 타락이전 아담의 상태이자 그리스도 안에서 지향해야 할 종말론적 모범으로 규정했다.[53] 이 시기 내내 동방 교회 신자들의 대다수에게 결혼이 사회적 규범으로 남아 있었음에도 불구하고, 독신 생활에 롭게 활력을 불어넣은 신학적 찬사는 독신을 실천하는 이들—특히 동정성을 유지한 이들—이 신앙 공동체 내에서 점차 엘리트적 지위를 차지하게 되었으며, 심지어 구원적 지위에서 우월한 존재로 인식하게 했다.

이러한 신학적 순결 이상화는 결국 3세기 동방 교회 내에서 다양한 금욕 공동체의 출현으로 이어졌다. 시리아의 '걸어다니는 사람들'(walking men)부터 소아시아의 분리주의 공동체(separatist communities) 그리고 메소포타미아 북부의 독신 종파(celibate

---

53 Methodius, *The Symposium: A Treatise on Chasity*, ed. Johannes Quasten and Joseph C. Plumpe, trans. Herbert Musurillo, vol. 27, Ancient Christian Writers (London, U.K.: Longmans, Green and Co., 1958), 106–107, 3.2.

sects)에 이르기까지,[54] 독신 기독교 생활은 동방 전역에 걸쳐 확산되었다. 비록 각 집단이 '자신들만의 영성과 실천, 그리고 이를 지지하고 표현하기 위한 구조와 어휘를 발전시켰지만',[55] 종말론적으로 최상위급으로 정당화된 동정성은 이들 사이에서 일관되게 그 지위를 유지했다. 그러나 금욕주의 종파들이 점점 더 인기를 얻고 영향력을 행사했음에도 불구하고, 분리주의적 삶은 그것을 영위하는 데 따르는 사회적·재정적 비용을 감당할 수 있는 특권층의 전유물이었다. 따라서 동방 교회 교인 대다수가 계속해서 결혼하여 가정을 꾸리는 가운데,[56] 결혼한 이들과 금욕주의 영웅들의 '천사 같은 삶' 사이에 경외심을 불러 일으키는 간극이 점점 더 벌어질 수밖에 없었다.[57]

한편, 동시대 라틴 교부들의 순결에 관한 저술은 헬라어를 사용하는 동료들의 저술만큼의 명성을 얻지 못했으며, 동방 수도자들은 여전히 멀리 떨어져 있고 수수께끼 같은 존재로 남아 있었다. 그럼에도 불구하고 라틴 사제단은 이미 '이전과는 달리 특별한 기독교 계급으로 변모하는 길목에 접어들었다'는 평가를 받고 있었다.[58] 비록 독신이 아직 교회적으로 의무화되지는 않았지만, 서방에서 사제단의 엘리트적 지위가 높아짐에 따라 주요 라틴 성직자들이 자신의 소명적

---

⁵⁴ For a detailed exploration of the development of these various groups and traditions, see Brown, *Body and Society*, 196–202. and Columba Steward, "Monasticism,"ed. Philip F. Esler, *The Early Christian World* (London: Routledge, 2017). 309–324.

⁵⁵ Steward, "Monasticism,"309.

⁵⁶ Including the preponderance of Eastern church leaders. See, Brundage, Law, *Sex and Christian Society*, 69.

⁵⁷ Brown, *Body and Society*, 208.

⁵⁸ Frazee, "Origins of Clerical Celibacy,"111.

고유성을 가시적으로 반영하려면 평생 순결을 다짐해야 한다는 분위기가 점점 더 확대되었다:

> 진지한 성직자들은 어떤 형태의 공동체에서 독신 생활을 해야 한다는 규범이 확립되었다. 자신의 가정을 꾸린 기혼 주교, 사제 또는 부제는 싱글 동료보다 덜 거룩하고 헌신이 덜 확고한 것으로 여겨졌다.[59]

3세기 말에 이르러 동서방 교회는 이후 이어질 두 세기의 놀라운 변화를 받아들일 준비가 되어 있었다. 실제로 4세기와 5세기에 걸쳐 독신의 강력한 옹호자로 급부상한 이들은 혁명을 직접 시작한 것이 아니라 자연스럽게 계승한 것이라고 봐야 한다. 가능성의 지평은 이미 기독교계의 도덕적 풍경에서부터 서서히 무르익어가며 조용하고 단호하게 막을 수 없는 상태에 이르렀고 성생활의 포기는 가장 경건한 기독교 생활의 널리 인정받는 특징이 되었다.[60]

4.3.3. 4,5세기 교회에서의 동정성

기독교 순결이라는 화두에 지배당한 4,5세기가 시작될 무렵, 동방의 담론은 수도원주의에 완전히 물들었다. 안토니우스와 파코미우스(Anthony and Pachomius) 같은 이집트 수도사들은 세상과 속박적인 사회 구조들—결혼, 성, 출산, 자녀 양육, 가사 관리—에서 벗어나, 이집트 내륙의 외딴 마을과 모래 평원의 황무지 사이에 정교

---

59 Frazee, "Origins of Clerical Celibacy," 111.

60 Brown, *Body and Society*, 208.

하게 균형을 잡은 대안적 현실을 구축하기 시작했다. 사막의 수도사들—남녀 모두[61]—은 그들의 금욕적 생활 방식을 '죄를 애도하고 이 생에서 고통받음으로 장차 육신의 영광을 되찾을 수 있는 소중한 자유'로 여겼다.[62] 성적 금욕은 영원을 위해 세속적 자아를 박탈한다는 개념의 토대였다. 5세기 전환기에 이르러, 조직화된 생활과 공동체적 관행 그리고 지도부를 갖춘 공동체적(종종 폐쇄적인) 사회가 황량한 이집트 사막에 확고히 자리 잡았다. 그러나 이러한 금욕적 공동체들이 수도원생활의 독신적 삶을 이상화했음에도 불구하고, 수도사들은 결혼의 종말을 촉구함으로써 '현 시대'를 극적으로 종식시키려고 시도하지는 않았다.[63] 가정의 가장들, 왕조 확립과 도시 번영에 헌신하는 이, 그리고 특히 젊은 남성들이 수도원적 순결을 추구하는 것은 경제적·사회적 종말을 의미하기 때문이다. 따라서 오히려 만류하거나 단호히 금지해야 할 생활 형태였다. 결과적으로 공동체적 수도원생활은 재정적 독립과 사회적 유연함을 갖춘 도시 엘리트 내 선별된 소수 집단의 영역으로 남았다. 4세기 이집트 수도원주의가 동방 교회를 휩쓸었음에도 불구하고, 금욕적 '동방의 천사들'과 주변 마을·도시의 기혼자 집단 사이 격차는 점점 더 벌어졌다.

따라서 4~5세기 교회의 새로운 금욕적이며 격동적인 삶을 고상하게 공개적으로 표현하도록 설득하려 했던 주요 사상가들은 분리주의 수도사들이 아니라 도시의 지식인들이었다는 점은 다소 주목할 만하

---

61 For discussion of the female ascetics of the desert see Steward, "Monasticism," 314–315.

62 Brown, *Body and Society*, 222.

63 Brown, *Body and Society*, 254.

다.[64] 니사의 그레고리(Gregory of Nyssa, c. AD 335-394)는 카파
도기아의 기독교인들에게 금욕적 수도원 생활이라는 제한된 영역을
벗어나 기독교적 독신의 우월성을 받아들일 것을 권고했다. 3세기 선
배들의 주장을 되풀이하며, 인간이 원래 창조되었을 때 천사처럼 성
별이 없었음을 주장했다. 따라서 그는 아담과 이브의 에덴 동산 생활
에는 결혼, 성관계, 심지어 성별 차이조차 전혀 존재하지 않았다고 주
장했다.[65] 그는 인간 현실의 이러한 측면들이 하나님께서 은혜로 주
신 것—혹은 성별 차이의 경우 자비로 활성화된 것—이라며, 낙원적
불멸을 타락으로 날려버린 인류의 생존을 보장하기 위하여 하나님이
베풀어주신 사랑의 양보라고 설명했다. 따라서 결혼은 '죽음과 소멸
에 대한 대안'이었지만,[66] 동정성으로 이 과정을 거부한 자들은 자신
안에 죽음의 경계선을 긋고, 거룩함과 도덕성을 지키는 최후의 보루
역할을 감당하므로 죽음의 진격을 막아냈다. 사실상 그들은 자신들
을 생명과 죽음 사이의 경계선이자 죽음을 저지하는 장벽으로 만든
것이다.[67] 결혼(그리고 이어서 따라오는 성생활)이 시간의 무자비한
흐름과 죽음의 비참한 필연성으로부터 분리될 수 없기에, 순결은 현
재 삶의 타락에서 벗어나 창조의 본래 모습으로의 회복하는 첫걸음
이었다. 본래의 창조 모습은 성별, 정욕, 결혼이 없이 하나님의 형상

---

64   Brown, *Body and Society*, 291.

65   Gregory, *"On Virginity,"* in *A Select Library of the Christian Church*, ed. Philip
      Schaff and Henry Wace, Nicene and Post-Nicene Fathers: Second Series (Massa-
      chusetts: Hendrickson Publishers, 1995), 359, §13..

66   Gregory, *"On Virginity,"* 358, §12.

67   Gregory, *"On Virginity,"* 359, §13.

을 지니고 살아가는 불멸의 상태였다.[68] 타락한 인류의 목표가 에덴적 존재의 목적론적 재발견을 향해 노력하는 것으로 이해했기 때문에, 동정성은 '죽음의 힘보다 강하며, 바람직한 삶'이었다.[69] 실제로 동정성은 종말론적 미래를 가장 닮은 존재였다. 왜냐하면 아담과 하와의 무성적·비혼적 존재와 유사하다는 점뿐만 아니라, '결혼을 포기하는 것은 죽음에 맞서는 것이었기 때문이다. 그것은 어린 아이의 형태로 죽음에게 넘겨지지 않도록 하는 거룩한 상태이다'.[70]

4세기 동방교회에서 동정의 삶(virginal life)을 옹호한 또 다른 인물은 그레고리와 동시대 인물이며 '황금 입'(Golden Mouth)으로 유명한 요한 크리소스톰(John Chrysostom, 약 349-407년)이었다. 크리소스톰은 이교적 신앙이 자신의 도시 안디옥의 신앙인들 사이에서 퍼져 있고 파괴적인 영향을 미친다고 주장했다.[71] 따라서 그는 기독교 시민들이 제국의 도시를 하나님 나라와 같은 신성한 모습으로 변화시키기 위해 적극적으로 노력하기를 갈망했다. 니사의 그레고리와 마찬가지로 '죽음이 결혼과 성관계 그리고 출산'을 뒤따르게 했다'는 타락 이후의 주장을 공유하면서, 크리소스톰은 성(sexuality)이 인간의 삶에 필수 요소가 아니며 결혼도 창조의 명령에 속하지 않는다고 가르쳤다. 오히려 둘 다 인류의 죄로 인한 타락의 직접적 결과이며 동정성을 지키는 삶을 종말론적 순종의 시급한 형태로 받아들

---

68 Shaw, "Sexual Renunciation,"367.

69 Gregory, "*On Virginity*," 359, §13.

70 Brown, *Body and Society*, 298.

71 John Chrysostom, "*On Virginity*," in *John Chrysostom: On Virginity; Against Remarriage*, Studies in Women and Religion (New York: The Edwin Mellen Press, 1983), 23, §15.2.

일 것을 촉구했다. "태초에 생겨난 결혼이 미래까지도 구속하며 그로 인해 자유를 얻을 수가 없다. 따라서 하나님은 자기 백성이 그것을 유보하기를 원하신다."[72]그러나 크리소스톰의 생각에 따르면, 동정기간의 헌신적인 삶은 기독교인이 하나님에 대한 순종을 드러낼 이상적인 기회일 뿐만 아니라, 악하고 이교적인 제국에 맞서 저항하는 수단이기도 했다. 즉, 타락 이후의 현실인 결혼과 출산이 부활 이후 시대를 식민지화하고 찬양하게 만든다고 인식한 크리소스톰은 기독교적 성적 금욕이 그가 간절히 바라는 사회 변혁의 필수 수단이라고 여겼다.

니사의 그레고리와 요한 크리소스톰(그 외 여러 인물들)의 가르침에 의하여 동정성이 종말론적으로 우월한 삶의 방식으로 발전한 것의 중요성을 과소평가해서는 안 된다. 이 4세기 인물들은 기독교적 형태의 후기 초대교회 문화가 지닌 모든 자원을 동원하여 동정성 실천을 찬양했고,[73] 이 분위기가 '팔레스타인, 시리아, 소아시아로 급격히 확산되어 수만 명의 남녀를[74] 수도원 운동으로 유입시키는 상황에 이르렀다.

4세기 기독교계의 동방 지역이 다양한 수도원 운동의 놀라운 인기와 그 주도자들의 동정성 찬양에 직면해 있던 동안, 기독교계의 서방 지역 역시 동정성에 관한 이념적 관행을 발전시키고 있었다. 지리적 거리와 역사적 맥락 그리고 문화적 특수성으로 인해 라틴 문화권인 서방 교회는 동방의 금욕적 수도원 거주자들과 주요 헬라 교부들

---

72 John Chrysostom, *"On Virginity,"* 25, §17.3.

73 Brown, "Notion of Virginity,"428.

74 Frazee, "Origins of Clerical Celibacy," 115.

의 가르침에 거의 영향을 받지 않았다. 이는 서방 교회 전반에 걸쳐 '초기 몇 세기 동안 순결의 중요성과 이상화를 확립하는 데 기여한'[75] 이들은 그곳의 교부들이었음을 의미한다. 밀라노의 암브로시오 주교 (Ambrose Bishop of Milan, 약 339-397년)는 세속과 초월적 현재에 대한 이분법적 감정을 독립적으로 성찰한 대표적인 인물 중 하나였으며 그의 성찰은 요한 크리소스톰에게서 발견되는 것과 상당히 유사하다. 암브로시오의 세계는 '강력한 대립각—기독교와 이교, 가톨릭과 이단, 성경적 진리와 세속적 추측—을 통해 구축된 체계'였다.[76] 그는 기독교인의 책임이 이러한 이분법들 사이의 '혼합' 즉 오염을 피하는 것이라고 보았다. 그의 사고에 따르면, 성(性)과 결혼은 기독교인이 혼합의 위험에 빠지기 쉬운 주요 영역인 반면, 순결은 정반대의 영역이었다. "순결한 정절이란 오염되지 않은 순수함 그 자체가 아닌가?"[77]라는 언급에서 알 수 있듯이 암브로시오에게 순결은 '남성들, 특히 성직자들이 자신의 것으로 삼기 위해 노력해야 할 성적 온전함의 정점이자 모범'이었다.[78]

로마의 금욕주의자 요비니안(Jovinian, 약 340-405년)은 이러한 독신 생활 우월성에 대한 가르침에 유일하게 맞선 사람이었다. 요비니안(Jovinianus로 알려짐)은 기독교인들의 서로 다른 생활 방식 사이에 도덕적 구분을 두려는 모든 시도를 강력히 거부했으며, 특히 기

---

75 Smith, "Virginity and Married-Virgin Saints," 13.

76 Brown, *Body and Society*, 347.

77 Ambrose, "*Concerning Virgins: Book I*," in *Some of the Principal Works of St. Ambrose*, ed. Henry Wace and Philip Schaff, Nicene and Post-Nicene Fathers, Second Series (Buffalo, NY: Christian Literature Publishing Co., 1995), 366, ⅓.21.

78 Brown, *Body and Society*, 359.

독교의 동정성을 유지한 자가 기혼자보다 우월하다는 주장을 부정했다.[79] 엄격한 금욕주의자였던 요비니아누스의 의도는 동정성을 폄하하거나 비난하려는 것이 아니었다. 오히려 요비니아누스가 동정성을 '특정 인간에게 적용하기에는 너무 강력하고 중대한 완전성의 상징'으로 여겼으며 '동정성'의 적용은 기독교 공동체 그 자체에만 가능한 것으로 간주했다.[80] 그는 기독교적 삶과 공동체 안에서 동정성을 유지한 자와 기혼자 모두를 축복하며 평등주의적 이해를 강력히 촉구하며[81] 어느 쪽도 다른 쪽보다 우월하다고 여겨서는 안 된다고 주장했다. 이처럼 요비니아누스는 독신자들—특히 성직 독신자들—을 특권적인 위치로 격상시키려는 시도의 강력한 반대자가 되었다. 그의 교리적 입장, 즉 '한 번 그리스도의 세례를 받은 처녀, 과부, 기혼 여성들은 동등한 공로를 지닌다'는 주장[82]은 현대인의 귀에는 지루할 정도로 정통적으로 들릴 수 있지만, 4세기 후반 기독교 세계의 신학적 환경에서는 전혀 그렇지 않았다. 사실, 이 시점까지 동정성의 신학적 우월성은 너무 확고하게 자리 잡혀 있었기 때문에 밀라노와 로마의 공의회는 세례받은 모든 기독교인들 사이의 본질적 평등이라는 요비니아누스의 가르침을 이단으로 정죄했다. 그의 주장은 '다른 평범한

79　Bernhard Jussen, "'Virgins-Widows-Spouses': On the Language of Moral Distinction as Applied to Women and Men in the Middle Ages," *The History of the Family* 7 (2002): 17.

80　Brown, *Body and Society*, 360.

81　See Jerome's refutation of Jovinian's rejection of hierarchical rewards, Jerome, "*Against Jovinianus: Book II*," in *Jerome: Letters and Select Works*, ed. Philip Schaff and Henry Wace, Nicene and Post-Nicene Fathers: Second Series (Massachusetts: Hendrickson Publishers, 1995), 403, §19.

82　Cited by Jerome, "*Against Jovinianus: Book I*," 348, §1.3. Cited by Jerome, "*Against Jovinianus: Book I*," 348, §1.3.

교리 논쟁과 같은 단순한 잘못된 가르침 정도로 간주되지 않았다. 아우구스티누스는 이를 '괴물', 암브로시오는 '유해한' '원시적인 헛소리', 히에로니무스는 '토사물'이라고 표현했을 정도이다.'[83]

이 비판자들 중 마지막 인물인 제롬(Jerome, 약 342-420년)은 요비니아누스 (Jovinian)의 가장 강력한 반대자였다. 사실, '암브로시오가 순결을 기독교 생활의 이상적인 상태라고 표현하므로 동정성 우월 신학의 기초를 마련했다면, 제롬은 순결의 위상을 계시된 진리로 공고히 하기 위해 자신이 사용할 수 있는 모든 공격적, 방어적 그리고 수사적 무기를 총동원했다'.[84] 제롬은 많은 신학계 선배들의 업적을 바탕으로, 타락 이후(postlapsarian)의 결혼과 성에 대한 견해를 강력히 주장했다. 타락 이후 아담과 하와는 '낙원에서 쫓겨났으며, 그들이 낙원에서 하지 못했던 일을 지상에서 행하게 되었다. 그리하여 인류의 가장 초창기부터 동정성은 낙원에 의해, 결혼은 지상에 의해 성화되었다'.[85] 제롬에게 결혼과 성관계는 인류가 죄와의 피할 수 없는 비극적 투쟁을 상기시키는 것이었다. 따라서 그는 결혼을 '죄를 짓지 않는' 상태로 규정(비록 그것을 '선한 행위'로 여기지는 못하게 했지만)하고[86] 동정성을 유지한 삶을 낙원으로의 회귀로 여겼다. 결혼과 성 그리고 순결에 관한 그의 방대한 저작에 계기를 제공한 것은 요비니아누스의 '역겨운 쓰레기'[87]이지만, 사실 상 그 저변에

---

83 Jussen, "Virgins-Widows-Spouses," 17.

84 Smith, "Virginity and Married-Virgin Saints," 15.

85 Jerome, "*Against Jovinianus: Book I*," 368, §29.

86 Jussen, "Virgins-Widows-Spouses," 18.

87 Jerome, "*Against Jovinianus: Book I*," 348, §4.

는 '종말론적 관심이 깔려 있었다'.[88] 고대의 다른 신학자들처럼, 제롬 역시 계시록적 종말의 현시적 의미를 인식하고 있었다. 그러나 그가 종말 시기에 두었던 강조점은 주로 그 임박한 계시적 성취에 대한 확고한 기대에서 비롯된 것이 아니었다. 실제로 제롬은 동시대 많은 이들과 마찬가지로 '옛 사람들이 그랬듯 우리가 구백 년을 산다 해도, 언젠가는 끝나고 사라지므로 짧게 여기며 소중히 보내야 한다'고 주장했다.[89] 제롬에게 동정성을 유지하는 삶은 하늘의 미래를 미리 맛보는 찬양이고, 귀하게 여겨야 할 천상의 삶이었다. '다른 이들이 장차 하나님 나라에서 누릴 것을, 동정을 유지하는 자들은 지상에서 이미 누리기 시작한다'[90]라는 말로 시작한 그의 언급은 이러한 표현으로 마무리가 된다:

세상의 유행과 관계(intercourse)가 구름처럼 사라지듯, 세상의 다른 모든 것들 가운데서 결혼도 사라질 것이다. 부활 이후에는 혼인 제도가 없을 것이기 때문이다. 결혼은 죽음으로 끝난다는 것을 알면서도, 왜 자발적으로 인정하며 받아들이지 않는가? 그리고 왜 세속적인 보상 때문에 결국 모두 내려놓게 될 것에 미련을 버리지 못하고 하나님께 드리지 않는가?[91]

---

88 Jane Tibbetts Schulenburg, *Forgetful of Their Sex: Female Sanctity and Society, ca. 500–1100* (Chicago: The University of Chicago Press, 1998), 129.

89 Jerome, "*Against Jovinianus: Book I*," 356, §13.

90 Jerome, "*Against Jovinianus: Book I*," 374, §38.

91 Jerome, "*Against Jovinianus: Book I*," 357, §13.

제롬은 자신의 동정성의 종말론적 우월성 신학 사상을 주장하면서 요비니아누스와 격렬한 논쟁을 벌이고, 동정성 교리를 타락 이후에 존재하게 된 기독교적 성 가치관의 시금석으로 확립하려고 결심했다.[92] 불행하게도, 동정성의 종말론적 중요성에 대한 제롬의 강력한 열정은 결혼제도가 완전히 파괴되는 분위기가 생겨날 정도까지 나아갔다.[93] 그 결과, 그의 저작은 라틴 세계 전역에서 '영감이자 자극제'로 받아들여졌고 심지어 일부 전투적인 사람들은 그 저작을 대단히 기뻐했고 어떤 사람들 대립각을 세우며 그의 신학사상에 반대했다.[94] 물론 두 적대적 극단 사이에서 섬세하고 절제된 중간 길을 모색하려는 그룹도 존재했다.

히포의 아우구스티누스(약 354-430년)가 바로 그런 인물이었다. 그는 결혼, 처녀성, 과부 생활 그리고 성(性)에 관한 방대한 논문을 남겼고 이는 이후 천 년간 교회의 절대적인 기초가 되었다. 아우구스티누스는 처음부터 요비니아누스의 명백한 반대자였으며, 그의 사후 영향력을 약화시키려고 최선을 다했다:

요비니아누스의 주장이 특정 인물들의 수군거림과 속삭임 속에서 계속 존재하며 여전히 독버섯처럼 퍼져 나가고 있다. 따라서 주님께서 내게 주신 모든 힘으로 은밀히 퍼져가는 이 독을 막아야 했다. 특히 그들은 결혼을 귀하게 여기지 않고 천하게 여겨야 이단자 요비니아누스에 대항

---

92 Payer, *The Bridling of Desire*, 161.

93 Willemien Otten, "Augustine on Marriage, Monasticism, and the Community of the Church,"

94 Brown, *Body and Society*, 377.

할 수 있다고 자랑하고 있다. 그들의 주장은 결국 요비니아누스의 주장과 다를 바가 없다. 그래서 『결혼의 선함에 관하여』(On the Good of Marriage)라는 제목의 책을 출판하였다.[95]

그러나 아우구스티누스의 신학적 공격 대상이 요비니아누스라는 것은 명확한 사실이지만, 제롬 역시 그의 서면 반박과 가르침을 촉발시킨 장본인이었다. 실제로 아우구스티누스는 관련 저작 어디에서도 제롬을 직접 언급하지 않았지만, 그럼에도 그의 이 주제들에 관한 저술들은 요비니아누스에 대한 반박일 뿐만 아니라 '결혼에 대한 제롬의 폄하에 대한 은근히 드러난 답변', 즉 '제롬에 대한 은밀한 논박'이기도 했다는 사실을 부정할 수는 없다.[96] 아우구스티누스의 제롬과의 극적 결별 즉 대척점에 있는 같은 부류의 신학자와의 극적 결별 지점은 '결혼과 출산은 인간에 대한 하나님의 본래 의도이며 성별이 다른 두 육체적 존재 즉 아담과 하와는 성적 활동을 위해 창조되었다'라는 주장이다.[97] 즉, 이전 신학의 지배적인 입장과는 달리, 아우구스티누

---

95 Augustine, *The Retractions*, ed. Roy Joseph Deferrari., trans. M. Inez Bogan, The Fathers of the Church (Washington, D.C.: The Catholic University Press, 1968), 164, §2.48.1.

96 Robert Austin Markus, *The End of Ancient Christianity* (Cambridge, UK: Cambridge University Press, 1990), 45. See, for example, 'These brief comments were needed to put the reader on guard against those who use [1 Cor 7:28 . . .] to slander marriage [. . .] Those who think like this about the scripture, or who want others to do so, are constructing for themselves, as it was, a way to have a license to lie and a method of defending depraved opinions, whenever they hold views that conflict with sound doctrine.' Augustine, "*Holy Virginity*," in *Marriage and Virginity*, The Works of Saint Augustine: A Translation for the 21st Century (New York: New City Press, 1996), 77, §17.17.

97 Dyan Elliot, *Spiritual Marriage: Sexual Abstinence in Medieval Wedlock* (Princeton, New Jersey: Princeton University Press, 1993), 45.

스는 결혼과 성이 타락 이전이라는 신학적 입장을 옹호한다. 그가 어떻게 결혼과 성을 에덴의 현실로 인정하면서 동시에 순결을 종말론적으로 더 우월한 것으로서 고수하려 했는지는 본 논문의 후속 장에서 상세히 논의할 예정이다. 따라서 여기서는 아우구스티누스의 타락 전에도 결혼은 선한 것이었다는 논점이 오늘날의 지배적인 신학적 입장의 토대가 되었다는 점만 언급하는 것으로 충분하다.

5세기에 들어서서 '동정성 신학에 관한 실천과 실용성에 관한 논문들이 교회 전반에 걸쳐 확산되었다. 헬라와 라틴 교부들 모두 동정성을 기독교 생활의 최고 표현으로 장려했다'.[98] 이때 즘 성직자의 금욕 생활에 대한 명령은 기독교 세계의 일부 지역에서 확고히 정착되어 있었다. 예를 들어, 4세기 초 스페인 이베리아 반도에서 열린 엘비라 공의회(Synod of Elvira)는 성직자들이 원할 경우 결혼할 자유는 있지만, 배우자와의 성생활은 금지한다고 결정했다.[99] 20년 후에 열린 니케아 공의회(Council of Nicea)는 이미 결혼한 사제에 대해 이러한 규정의 시행에 소극적 행보를 보였지만, 미혼 성직자들이 서품 후 결혼하는 것은 더 이상 허용하지 않는다고 확정했다.

사제들의 성적 금욕 우선성에 대한 이 공식적 확정 선언은 그 세기 내내 그리고 다음 세기에 걸쳐 서구 신학 및 교회론적 논쟁의 기조가 되었다. 이 논쟁은 복잡성과 심지어 역설성으로 특징지어진다. 비록 4세기 말까지 '성직자들의 영구적 금욕을 지지하는 의견이 오랫동안 존재해 왔음에도 불구하고 이론은 한 가지였으나 실천은 완전히 다

---

98 Smith, "Virginity and Married-Virgin Saints," 13.

99 Frazee, "Origins of Clerical Celibacy," 114.

른 문제였다'.[100] 신학자와 주교 그리고 사제들은 동정성을 기독교적 삶의 이상화된 종말론적 우월성으로서 옹호하는 경향이 있었지만, 동시에 인간의 죄악된 약점(특히 성적 행동 영역에서) 때문에 모든 사람이 그러한 삶을 살아갈 수 없다는 점도 인정했다. 제롬의 말을 빌리자면, 동정성은 여전히 '어려운 일이며, 따라서 드문 일'이었다.[101] 이러한 이분법적 태도는 독신 생활이 점차 '부름에 응답할 의지와 용기를 지닌' 소수의 선택된 자들의 영역으로 여겨지게 되었다는 것을 의미했다. 이들은 '다른 기독교인들을 뛰어넘는 강인함과 순수한 성품을 보여주었다'.[102] 서방교회에서는 이러한 구분이 주로 성직자와 주교 계급 내에서 성적 절제, 궁극적으로는 독신을 장려하는 방식으로 계속 유지되었다. 동방교회에서는 동일한 구분이 공동체적·폐쇄적·성스러운 특성을 지닌 수도원적 독신의 제도화된 관행으로 발전했다.[103]

4.3.4. 결론

이 간략한 개요는 기독교 초기 6세기 동안의 순결 숭배가 현대 학자

---

100 Brown, *Body and Society*, 357.

101 Jerome, "*Against Jovinianus: Book I*," 373, §36.

102 Smith, "Virginity and Married-Virgin Saints," 33.

103 It is important to note that during this time, and in both regions of the Empire, the 'state of virginity was upheld as the state to which all human beings—men quite as much as women—had every right to aspire' (Brown, "Notion of Virginity," 427.). That is, while the status of virgin tended to be restricted to a privileged elite who had the "luxury" of forgoing marital and familial bonds, their ranks were populated by both men *and* women, though of course some specific gendered implications for its expression remained. For further discussion on the modes and significance of female virginity in Christian antiquity see, for example, Brown, *Body and Society*, 259–284; Jean Marie Stross, "Intentional Living: Expanding Life-style Options for Christian Women in the 21st Century" (PhD diss., Union Institute Graduate College, 2001), 79–125.

들이 흔히 인식하는 것보다 훨씬 더 복잡하고 정교했음을 명백히 보여
준다. 초기 기독교의 동정성에 대한 접근이 '성적 관계에 대한 부정적
태도 이상도 이하도 아니었다'는 현대적 가정,[104] 불가피한 영지주의적
영향의 불행한 산물이라는 주장,[105] '교회에 수익을 끌어 올리던 시기
에 교회 권위와 권력에 주로 관심을 두었다'는 주장,[106] 또는 '독립적이
고 존경받는 여성들을 정통성과 복종에 대한 위협으로 간주한' 여성
혐오적 이데올로기의 직접적 결과라는 주장[107]은 초기 교회의 다양한
입장들과 논증 속에 담긴 신학적 중요성과 미묘한 차이를 제대로 이
해하지 못한 것이다. 기독교 초기 사회에서 동정성 숭배가 전개되는
과정에 문화적 요인들이 분명히 기여한 측면이 있었다는 것은 사실이
지만, 그 발전 과정이 본질적으로 신학적 성격을 띠었으며 내용 면에
서 대체로 종말론적이었다는 점에는 의심의 여지가 없다.

4.4. 중세교회에서의 동정성

이같이 초기 교회의 신학적·교회론적·목회적 순결 개념의 발전은
현대 관찰자들이 예상하는 것보다 이념적으로 훨씬 복잡했다. 이후
천 년에 걸쳐 지속적으로 발전하며 더욱 정교해졌다. 워건-브라운

---

104 Williams, *Why Study the Past*, 39. See also Brown, "Notion of Virginity," 428.

105 See for example, John Bugge, *Virginitas: An Essay in the History of a Medieval Idea* (Springer Science+Business Media Dordrecht, 1975). For critique of this argument see Joseph Wittig, "Review of Bugge, 'Virginitas'," *Speculum* 52 (1977).

106 Cassandra Green, "King, Mother, Soldier, Whore. Multiple Performances of Virginity in Anglo- Saxon Prose Saints' Lives: The Heterogeneity of an Ideal" (PhD diss., The University of Manchester, 2007), 36–37.

107 Joyce E. Salisbury, "Fruitful in Singleness," *Journal of Medieval History* 8, no. 2 (1982): 97. For a critique of this argument see Smith, "Virginity and Married-Virgin Saints," 55–59.

(Wogan- Browne)과 같은 현대의 중세학자들은 당시의 순결 개념
이 '현재의 것과 다른 패러다임에 기반을 두고 있어서 현재의 탐구
프레임에 동화될 수 없다'고 조언한다.[108] 실제로 중세의 동정성은 다
중적이었다:

> 세속적 중세적 동정성은 종교적 동정성과 동일하지 않으며, 남성의 동정
> 성도 여성의 동정성과 동일하지 않다. 영구적 정체성으로서의 동정성은
> 생애 주기에서 일시적인 단계로서의 동정성과 같지 않다. 동정성은 다양
> 한 장르와 담론에서 여러 기능을 수행한다.[109]

이 시대의 기독교적 순결의 개념적 복잡성은 절제와 독신 그리고
정절과 같은 관련 개념들과 더불어 시대적 범위와 신학적 다양성 그
리고 광범위한 지리적 영역에 의해 더욱 심화된다. 이러한 복잡성을
고려하여 중세교회의 순결에 대한 분석은 초대교회의 순결에 대한 탐
구와 달리 시대적으로뿐만 아니라 주제별로도 전개될 것이다.

4.4.1. 중세시대의 역사적 관점에서 본 동정성

초대 교회의 동정성에 대한 이해는 시공간을 가로지르며 독특하고
뚜렷한 특징을 지녔으나 '후대 저자들이 이를 뷔페 식으로 취급함으

---

108 Jocelyn Wogan-Browne, "Virginity Now and Then: A Response to Medieval Vir-
     ginities," in *Medieval Virginities*, ed. Anke Bernau, Ruth Evans, and Sarah Salih
     (Toronto: University of Toronto Press, 2003), 234.

109 Sarah Salih, Anke Bernau, and Ruth Evans, "Introduction: Virginities and Virginity
     Studies," in *Medieval Virginities*, ed. Anke Bernau, Ruth Evans, and Sarah Salih
     (Toronto: University of Toronto Press, 2003), 2.

로써 그 차이점이 다소 희미해졌다'.[110] 실제로 중세 전반에 걸쳐 동정성과 관련된 신학적 논의는 다루기 어려울 만큼 풍부했으며, 세비야의 레안데르(Leander of Seville, AD 550-600), 말즈버리의 앙헬름(Aldhelm of Malmesbury, AD 639-709), 히르샤우의 콘라트(Conrad of Hirschau, AD 1100년경), 레이볼스의 엘레드(Aelred of Reivaulx, AD 1100년경), 샤르트르의 이보(Ivo of Chartres, AD 1040-1115), 라바르댕의 힐데베르트(Hildebert of Lavardin, AD 1056-1133), 클레르보의 베르나르(Bernard of Clairvaux, AD 1090-1115), 클레어의 오스베르트(Osbert of Clare, AD 1158) 그리고 블루아의 피터(Peter of Blois, AD 1135-1204) 등 수많은 인물들의 저작에서 발견된다.[111] 이 개념의 발전은 신학 서적, 목회적 권고, 교회법, 설교 등에서 흔히 발견되지만, 가장 강력하게 실천적으로 드러난 것은 '수도회의 확산과 사제단의 독신 생활에 대한 점점 더 강해지는 요구'에서였다.[112] 예를 들어, 6세기 중반에 성 베네딕트(St Benedict, 약 480-546년)는 당시까지 가장 체계적인 수도원 생활 방식을 확립했다. '고립된 자립 공동체로서, 선출된 수도원장(*paterfamilias*, abbot)이 이끌고, 순종과 가난 그리고 겸손이라는 수도원적 덕목으로 구성된'[113] 베네딕토 규칙은 그 후 천 년 동안

---

110 Smith, "Virginity and Married-Virgin Saints," 78.

111 For references to the relevant works of each of these individuals see Bella Millett, "Introduction,"in *Hali Meidhad*, ed. Bella Millett (London: Oxford University Press, 1982), xxv.

112 Smith, "Virginity and Married-Virgin Saints," 14.

113 "Monasticism," in *The Middle Ages: A Concise Encyclopedia*, by H.R. Loyn (London: Thames and Hudson, 1989), 229.

수도원주의의 지배적 모델이 되었다. 초기 중세 교회는 성직자의 순결과 독신 생활이라는 주제에 계속해서 몰두했다. 692년 동방 트룰로 공의회(Eastern Synod of Trullo)는 주교들이 성적 절제를 실천해야 한다고 결정하여, '선출 당시 기혼자일 경우 후보자의 아내는 수녀원으로 은퇴해야 한다'고 규정했으며,[114] 서품 당시 미혼이었던 사제들은 아내를 맞이하는 것이 금지되었다. 서방 교회의 일부 지역에서는 이미 미혼 사제들에게 유사한 규율을 설정해 놓은 상태였으며, 이후에는 주교뿐만 아니라 이미 결혼한 모든 성직자에게도 성적 절제를 요구했다.[115]

그러나 중세 초기의 기독교적 순결은 남성 수도자와 성직자만의 관심사가 아니었다. 이 시대 여성들 역시 점점 더 헌신적인 순결의 삶을 선택했고 대개 '가정 내 순결'의 형태로 실천되었다. 이 현상은 특히 지방 중심지와 도시의 미혼 여성들이 부모의 집에 거주하면서 동정을 지키는 삶을 선택하는 것을 의미했다. 중세 초기에 널리 퍼졌던 '가정 내 동정성'은 이후 수세기에 걸쳐 점차 사라졌으며,[116] 서원한 여성들의 동정성은 점점 더 수도원과 수도원 구역의 폐쇄된 벽 안에서만 이루어지게 되었다.[117]

동정성은 천년기의 나머지 기간 동안 수도원과 성직자의 이상적인

---

114 Frazee, "Origins of Clerical Celibacy," 117.

115 Frazee, "Origins of Clerical Celibacy," 117.

116 Stross, "Intentional Living," 113.

117 For an extended survey of the forms and varieties of female monasticism in the Middle Ages see Suzanne Fonay Wemple, "Women's Religious Orders," in *Dictionary of the Middle Ages*, ed. Jospeh Strayer (New York, NY: Charles Scribner's Sons, 1989), 682–689.

모습으로 지속되었으나, ‘975년 수도원 규칙을 도입하며 교회질서 확립을 주도하던 에드거 왕(King Edgar)의 죽음 이후 발생한 반성직자 폭동과 반수도원 소송 시기’[118]에는 영국의 수도원 공동체들이 폐쇄와 해산 그리고 파괴의 표적이 되었다.[119] 그러나 이러한 반수도원적 움직임은 오래가지 못했으며, 11세기에 이르러 ‘초대 교회의 열정이 수도원 개혁 운동 속에서 재등장하는 현상이 나타났다.[120] 실제로 여성들 역시 남성들처럼 개혁된 수도원의 부름을 받았으나 그 부름을 받은 여성들 중 극소수만이 수녀원에 입소할 수 있었고, 남성 중심의 수도회는 그들을 원하지 않았다.[121] 이러한 딜레마는 베긴여성회(Beguines) 같은 공동체의 발전에 기여했다. 이들은 미혼 여성들로 구성된 평신도 종교 단체로 ‘가정 집에서 단독으로 살거나, 구성원 중 한 명이 상속받은 집이나 자원을 모아 구입한 집에서 소규모 집단으로 생활을 했다’.[122] 중세 여성들 중—주로 귀족 출신—수녀원에서 폐쇄적 순결 서약을 할 수 있는 위치에 있던 이들은 점차 ‘중세 궁정에서 젊은 귀족 여성으로 우아하게 영원히 사는’ 존재로 묘사되었

---

118 Andrew Rabin, "Holy Bodies, Legal Matters: Reaction and Reform in Ælfric's Eugenia and the Ely Privilege," *Studies in Philosophy* 110, no. 2 (2013): 220.

119 For more on this period, see Shashi Jayakumar, "Reform and Retribution: The 'Anti-Monastic Reaction in the Reign of Edward the Martyr'," in *Early Medieval Studies in Memory of Patrick Wormald*, ed. Stephen Baxter, et al. (Burlington, VT: Ashgate, 2009), 337–352.

120 Frazee, "Origins of Clerical Celibacy," 119.

121 Clarissa W. Atkinson, "'Precious Balsam in a Fragile Glass': The Ideology of Virginity in the Later Middle Ages," *Journal of Family History* 8, no. 2 (1983): 138–9.

122 P. Sheldrake, "Context and Conflicts: The Beguines," in *Spirituality and History: Questions of Interpretation and Method*, ed. P. Sheldrake (London: SPCK, 1991), 137.

다.[123] 이러한 여성 순결에 대한 이상화된 표현은 그 시대 전반에 걸쳐 나타난 낭만주의와 일맥상통했다. 여성의 순결은 '중세 귀족 여주인공의 이상적인 모습으로 간주되었으며, 이는 궁정 문학과 세속적 로맨스의 상당 부분을 차지했다'.[124] 이러한 순결 숭배는 당시 성자전기(hagiography), '특히 남녀를 막론한 순결 순교자들 숭배와 민속 전설'[125]에 의해 더욱 보완되었다.[126]

두번째 천년기 초기에는 동정성의 이상화가 재활성화되었을 뿐만 아니라, 성직자 독신 생활 규율이 훨씬 더 포괄적으로 시행되었다. 교황 칼리스토 2세(Pope Calistus II)의 주도 아래, 제1차 라테라노 공의회(Lateran Council, 1123년)는 고위 성직자들의 기존 혼인 서약을 무효화했으며, 제2차 라테라노 공의회(1139년)는 기혼자의 성직 임명을 금지하는 법령을 비준했다. 모든 기독교 성직자에게는 (단순한 절제나 결혼 생활의 순결이 아닌) 독신이 의무화되었다. 이는 '희생과 순교의 한 형태, 의식적 순결을 지키는 수단, 성직자와 평신도의 구분을 나타내는 표식 그리고 구원으로 가는 확실한 길'로 여겨졌다.[127] 현대적 관점, 특히 개신교적 관점은 이 역사적 발전을 종종 '수도원 형태의 수행적 경건을 꺼리는 세속 성직자들에게 강요된 것'으로 간주하는 경향이 있으며, 이들은 법령의 형식적 규정만 따르고 그

---

123 Wogan-Browne, *Saints' Lives*, 22.

124 Wogan-Browne, *Saints' Lives*, 23.

125 Salih, Bernau, and Evans, "Introduction," 3.

126 See also Green, "Multiple Performances of Virginity," 14–15.

127 Katherine Harvey, "Episcopal Virginity in Medieval England," *Journal of the History of Sexuality* 26, no. 2 (2017): 287.

정신은 따르지 않았다고 본다.[128] 실제로 이 시대에 대한 현대적 상상력은 대개 공개적으로는 성적 금욕의 미덕을 찬양하면서도 수도원과 교회 문 뒤에서는 연인과 정부 그리고 매춘부들과 불법적인 성적 행위에 연루된 부패한 성직자들을 중심으로 전개된다. 그러나 수도사들 사이에서 서약을 어기는 일이 상대적으로 드물었다는 점과 세속 성직자에 대한 재검토는 그들의 성적 행위에 관한 초기 기록들이 지나치게 비관적이었다는 점을 간과하면 안 된다.[129] 중세의 관행에 대한 현대적 해석이 정확성보다 선정성에 치우치는 경향이 있을지라도 한 가지 결론은 분명하다: 중세 후기에 성직자의 순결은 실제로 매우 중요하고 우려되는 문제였기에 역사학자들은 이를 단순히 여성에게나 적용해야 할 개념이라거나 극히 한정적 그룹에 해당하는 수도원적 덕목으로 치부해서는 안 된다.[130]

4.4.2. 중세시대의 신학적 관점에서 본 동정성

간략한 역사적 개관을 통해 중세 전반에 걸쳐 동정성에 대한 문화적·교회학적 윤곽을 조명하고자 시도하였다.[131] 그러나 본 논문의 목

---

128 Pat Cullum, "'Give me Chastity': Masculinity and Attitudes to Chastity and Celibacy in the Middle Ages," *Gender & History* 25, no. 3 (2013): 622.

129 Cullum, "Give Me Chastity," 622. Cullum cites a range of other studies to support his thesis and suggests that such modern presuppositions are firmly grounded in a blinkered twenty-first century ideology of 'compulsory sexuality for men'. Cullum, "Give Me Chastity," 622.

130 Harvey, "Episcopal Virginity," 292.

131 For examples of more detailed analysis of the historical elaboration and implementation of virginity (both male and female) throughout this period, see Atkinson, "Precious Balsam."; Cordelia Beattie, *Medieval Single Women: The Politics of Social Classification in Late Medieval England*, (Oxford Scholarship Online, 2008); Cindy L. Carlson and Angela Jane Weisl, eds., *Constructions of Widowhood and*

적상 가장 중요한 것은 이러한 역사적 발전에 영향을 미친 신학적 의
제이다. 검토 대상 시기가 천 년에 걸쳐 지속되었고 광대한 지리적
영역을 아우르며 거대한 사회적·문화적·정치적 변화를 감안할 때, 그
의제가 본질적으로 복잡함을 예상해야 한다. 교회 역사상 이 시대에
동정성에 대한 신학적 구축은 수많은 질문과 우려 그리고 중대한 문
제들의 결과물이었다.[132]

예를 들어, 캐런 돕슨(Karen Dodson)은 지적하기를 '중세 순결
에 관한 연구는 완전한 동정성의 심오한 영향력을 다루지 않고서는
완성될 수 없다'고 했다.[133] 바로 예수 그리스도의 어머니 마리아를
말한다. 중세 후반부, 특히 베네딕토회 개혁 시대에 마리아는 기독

Virginity in the Middle Ages, The New Middle Ages (New York: St Martin's Press, 1999); Cullum, "Give Me Chastity," 622; Harvey, "Episcopal Virginity," 292; Frazee, "Origins of Clerical Celibacy."; Megan McLaughlin, "The Bishop in the Bedroom: Witnessing Episcopal Sexuality in an Age of Reform," *Journal of the History of Sexuality* 19, no. 1 (2010); Stross, "Intentional Living."; Wogan-Browne, Saints' Lives; Wogan-Browne, "Virginity Now and Then.".

132 One such matter was the positioning of gender within the theological construct of virginity. As shall be demonstrated in the discussion to follow, it is certainly a historical reality that medieval virginity was prominently depicted and expressed as feminine in character. However, the degree to which this is perceived as accurate by the modern imagination has also been influenced by the focus of modern "virginity studies" which are often undertaken as self-conscious exercises in feminist academia. Green contends that this has resulted in the 'majority of scholars either consciously excluding or failing to recognise virginity as a meaningful category for some males.' (Green, "Multiple Performances of Virginity," 16. See also, Cullum, "Give Me Chastity," 621.) For more detailed argumentation on the gendered nature of medieval virginity, see John Arnold, "The Labor of Continence: Masculinity and Clerical Virginity," in *Medieval Virginities*, ed. Anke Bernau, Ruth Evans, and Sarah Salih (Toronto: University of Toronto Press, 2003), 102–118; Cullum, "Give Me Chastity," 621–636; Green, "Multiple Performances of Virginity," 16–24, 49–101; K.C. Kelly, *Performing Virginity and Testing Chastity in the Middle Ages* (London: Routledge, 2000), 91–118.

133 Karen Dodson, "The Price of Virtue for the Medieval Woman: Chastity and the Crucible of the Virgin," *English Studies: A Journal of English Language and Literature* 99, no. 6 (2018): 601.

교적 동정성의 이상적 구현으로 여겨졌다. 그녀 안에서 순결은 '삶의 상태이자, 영적 삶의 절대적 순수성이며, 그녀가 낳은 그리스도와의 완전한 일체감'이었다.[134] 마리아는 중세 순결의 궁극적 구현체로서 단순히 숭배의 대상이 아니라 순결, 순수함, 영성 그리고 여성성의 모범이었다.[135]

이 시기 순결에 관한 신학적 발전의 또 다른 핵심 주제는 신랑 그리스도와 신부 교회 사이의 천상적 혼인이었다. 특히 수많은 중세 주석자들은 이 신학적 모티프를 그리스도와 개별 기독교인 사이의 낭만화된 사랑 이야기로 개인화하고 해석하려 했다. 그 예로 13세기 초에 동정성을 권면하고 격려하기 위해 쓴 필사본 『거룩한 순결』(*Hali Meiðhad*, 혹은 *Holy Maidenhood*)에서 저자는 '지상 결혼과 천상 결혼을 양자택일 사안으로 제시한다. 즉 결혼하는 사람은 그리스도의 신부가 되는 것을 멈추는 것이고 동정성을 유지하는 사람만 그리스도의 신부이다'라고 밝히고 있다.[136] 이러한 맥락에서 중세 특히 폐쇄된 공동체 내에서 동정성을 지킨 이들은 '그리스도의 신부들'이라

---

134 Jean Leclercq, "Virginity," in Encyclopedia of the Middle Ages, by André Vauchez (James Clarke & Co, 2001), 1524. For more on the veneration of Mary, and particularly the theological significance of her virginity throughout the Middle Ages see Dodson, "The Price of Virtue," 593–608; Andre Vauchez, "Between Virginity and Spiritual Espousals: Models of Feminine Sainthood in the Christian West in the Middle Ages," *The Medieval History Journal* 2, no. 2 (1999): 349–359; Marina Warner, *Alone of All Her Sex: The Myth and The Cult of the Virgin Mary* (London: Weidenfield and Nicolson, 1976).

135 For further discussion of this motif in the writings of Anselm of Canterbury, Rupert of Deutz, Bernard of Clairvaux, and Ælred of Rievaulx see, Karen Cheatham, "They Hasten Toward Perfection: Virginal & Chaste Monks in the High Middle Ages" (PhD diss., University of Toronto, 2010), 43–46, 143–150, 183–195, 231–233.

136 Millett, "Introduction," xlii.

는 명칭으로 규정되었다.[137] 동정성에 대한 지속적인 신학적 발전에
기여한 중세 논증의 또 다른 사례는 이탈리아 학자, 스콜라 철학자,
수도사 그리고 추기경 주교인 바뇨레죠의 보나벤투라(Bonaventure
of Bagnoregio, c. AD 1221-1274)의 저작에서 찾을 수 있다. 본명
조반니 디 피단차(Giovanni di Fidanza)인 보나벤투라는 '성경 신
학적' 접근법으로 보일 수 있는 주제를 제안하면서 구약 시대와 신약
시대가 결혼과 동정성에 대해 상이한(비록 불연속적이지는 않지만)
입장을 취한다고 주장했다. 보나벤투라는 현재(신약) 시대의 순결을
가장 중요한 것으로 여겼다. 왜냐하면 '결혼이 [구약의] 율법 아래에
서는 우월한 반면, 출산의 결실을 요구하지 않는 [신약의] 은혜 아래
에서는 순결이 우월하다'고 보았기 때문이다.[138]

　이러한 모티프는 중세 전반에 걸쳐 동정성에 대한 신학 체계를 형
성하는 데 기여한 복잡한 요인들의 상호작용을 보여주는 몇 가지 예
에 불과하다. 이러한 논점들이 모두 중요하지만, 그 시대에 가장 일관
되고 보편적인 기초를 제공한 것은 동정성의 종말론적 의미였을 것이
다. 중세적 동정성의 궁극적 핵심은 '잃어버린 원초적 완전성, 필멸의
삶 속에서 경험하는 영원에 대한 잊을 수 없는 이미지'를 상징적으로
표현한 데 있었다.[139] 이러한 동정성에 대한 종말론적 평가는 초기 교
회의 신학적 접근을 계승한 것으로, '중세 후기의 동정성에 관한 텍
스트에는 암브로시오, 아우구스티누스, 키프리아누스, 제롬'[140] 등의

137　See Wogan-Browne, *Saints' Lives*, 22.

138　Payer, *The Bridling of Desire*, 175.

139　Wogan-Browne, *Saints' Lives*, 20.

140　Wogan-Browne, *Saints' Lives*, 20.

언급이 곳곳에 산재해 있다.

중세 교회가 초대 교회에서 계승받은 핵심적 측면은 종말론적 천사적 삶(*vita angelica*)의 지상적 표현으로서의 동정성 모티프였다. 12세기 초, 클레르보의 베르나르(Bernard of Clairvaux, c. AD 1090–1153)는 순결이 '필멸의 삶 속에서 불멸의 영광스러운 상태를 표출하며 세상에서 천상의 삶을 경험하게 해준다'고 주장했다.[141] 그리고 그는 이렇게 질문을 던졌다. "누가 독신 생활을 서원한 삶을 천상적이고 천사적이라 부르기를 두려워하겠는가? 그리고 오늘날에도, 부활 후 언젠가 모든 선택받은 자들이 하늘의 천사들처럼 될 것인데, 그들과 마찬가지로 미혼인 너희가 그렇게 되지 말아야 할 이유가 무엇인가? 아, 나의 형제들아, 이 진주를 소중히 지키라. 너희를 복된 자들로 만들어 주는 그 거룩한 삶을 받아들이라."[142]

그런데 중세 시대 순결의 종말론적 의미는 영원한 천사적 삶의 지상적 현현이라는 기능에 국한되지 않았다. 사실 순결의 우월성은 주로 종말론적 관점을 반영한 수사학적 공식이라는 렌즈를 통해 설명되었다. 그러나 이러한 공식은 중세 시대에 너무나 보편적이어서 다른 개념과의 도덕적 차이에 초점을 맞춰서 구체화하고 계층을 나눴다.[143] 이 계층적 분류법은 동정, 과부, 결혼 각각의 상태에 따라 다

---

141 Bernard, "*In Labore Messis 5*," in *Sancti Bernardi Opera Omnia*, ed. Jean Leclercq and C.H. Talbot (Rome: Cistercienses, 1957), 7: §107. Cited in Cheatham, "Hasten Toward Perfection," 180.

142 Bernard, "*In Labore Messis 5*," 2: §255. Cited in Jean Leclercq, *The Life of Perfection: Points of View on the Essence of the Religious State*, trans. Leonard J Doyle (Collegeville, MN: Liturgical Press, 1961), 30.

143 Jussen, "Virgins-Widows-Spouses," 15.

른 수준의 천상적 보상을 부여하며, 그 기원은 씨 뿌리는 자의 비유와 그 안에 담긴 백 배, 육십 배, 삼십 배의 보상(마태복음 13:4-9)에 대한 초기 교회 주석에서 비롯되었다. 이 비유의 3세기 주석에서[144] 순교자와 성적 금욕자 그리고 순결한 배우자에 대한 종말론적 보상의 비유적 계층 구조가 사용되었다. 그러나 기독교가 로마 제국의 공식 종교로 제정된 후(이로 인해 박해와 순교가 상대적으로 줄어들었다) 일부 교회 교부들은 이 비유의 적용 범위를 재해석하여 처녀와 과부 그리고 배우자를 가리키는 것으로 여기게 했다. 제롬이 '처녀, 과부, 기혼자'라는 범주를 '영원에서 백 배, 육십 배, 삼십 배의 상을 받는다는 성경 구절'과 연결한 것은 그리 놀라운 일이 아니다.[145] 6세기 아를의 카이사리우스 (Caesarius of Arles, AD 470-542)는 처녀, 과부, 기혼자 모두 천국의 곳간에 가서 영원한 행복을 누리지만, 그 계층적 차이가 있다고 주장했다.[146] 앙헬름(Aldhelm, AD 639-709)은 이 설명 공식에 준해서 '동정상태는 부유함, 순결상태는 평균, 혼인상태는 가난'[147]이라고 해석했으며, 더 나아가 '동정상태는 살아있는 사람, 순결상태는 반 정도 살아 있는 사람, 혼인상태는 (생명이

---

144 Katherine Clark, "Purgatory, Punishment, and the Discourse of Holy Widowhood in the High and Later Middle Ages," *Journal of the History of Sexuality* 16, no. 2 (2007): 170, Note #2.

145 Jussen, "Virgins-Widows-Spouses," 19. See, Jerome, "*Against Jovinianus: Book II*," 403, §19.

146 Caesarius, *Sermons: Volume 1 (1-80)*, ed. Hermigild Dressler, trans. Sister Mary Magdeleine Mueller, vol. 31, The Fathers of the Church: A New Translation (Washington D.C.: The Catholic Univteisy of America Press, 1977), 43, §6.7.

147 Aldhelm, "*The Prose De Virginitate*," in *Aldhelm the Prose Works*, ed. Michael Lapidge and Michael Herren (Cambridge: D.S. Brewer, 1979), 75, §XIX.

없는) 시체'로 의인화하는 결과로 이어졌다.[148] 12세기 초, 『처녀들의 거울』(*Speculum Virginum*)의 저자는 신학 교사 페레그리누스(Peregrinus)와 그의 여성 수도원 제자 테오도라 사이의 가상의 대화를 기록했다. 그들의 교훈적 대화 중 한 지점에서 페레그리누스는 제자에게 세상의 다양한 노력이 서로 동등한 보상을 받아야 한다고 믿느냐고 묻는다. 테오도라는 이렇게 답한다:

'이는 참으로 불의에 가까운 일입니다. 의심할 여지없이 심판자이신 하나님(*deus iudex*)은 각 개인의 행위에 따라 공평하게 갚아 주십니다.' 교사는 계층적 보상 형태로 요약한다: '그러므로 과부들은 아내들보다, 처녀들은 과부들보다 우대받을 것이니, 각자가 자신의 행위의 척도에 따라 상을 받게 될 것이다.'[149]

페이어(Payer)는 계층적 보상 공식이 '동정성의 우월성을 직접적으로 입증하는 것은 아니지만, 결국 그 시대 전반에 걸쳐 번져 있는 우월성을 지지하는 강력한 인신공격적 논증'[150]이라고 주장한다. 실제로, '중세 사회의 도덕적 질서를 표현하는 주요 모델'[151]로서, 특히 여성과 관련된 이 종말론적 패러다임은 '과부의 재혼은 말할 것도 없고, 결혼에 대한 명예로운 해석조차 거의 허용하지 않았다'.[152] 그 시

---

148 Aldhelm, "*The Prose De Virginitate*," 75, §XIX.

149 Jutta Seyfarth, ed. *Speculum Virginum*, vol. 5 (Turnhout: Brepols, 1990), 218.

150 Payer, *The Bridling of Desire*, 175.

151 Jussen, "Virgins-Widows-Spouses," 13.

152 Jussen, "Virgins-Widows-Spouses," 13.

대의 마지막 몇 세기가 되어서야 이 공식이 신학적, 교회학적 그리고 대중적 의식에서 점차 사라지기 시작했다. 예를 들어, 12세기 후반의 인물인 클레르보의 베르나르도(Bernard of Clairvaux) 저술과 가르침에는 계층적 보상이 전혀 나타나지 않으며, 유센(Jussen)은 이 사실을 중세 시대의 '종말'이라고 불리는 '강력한 변혁의 첫 징후 중 하나로 해석될 수 있다'고 가정한다.[153] 한편 13세기 중반 신학자 토마스 아퀴나스는 '정절(또는 절제)을 처녀, 과부, 기혼자의 삼분법으로 나누는 전통적 구분에 적극적으로 반대했다'.[154] 사실상 종교개혁 시기에 이르러 이 계층적 보상 공식은 사회적·신학적 적용과 함께 완전히 폐기되었다.[155]

4.4.3. 중세 후기 동정성 신학

중세 초기에 수도원 생활 양식이 확산되고, 10~11세기에 르네상스 시기가 도래하며, 12세기 초에 성직자 독신제가 보편화됨에 따라, 후기 중세의 동정성 개념은 점점 더 약화되고 낭만화된 개념으로 자리매김했다. 세월이 흐를수록 이 특권층에 속한 동정성 계층은 평범한 기혼 가정의 확산에 따라 사라져 갔다. 뿐만 아니라 심지어 '천상

---

153 Jussen, "Virgins-Widows-Spouses," 13.

154 Payer, *The Bridling of Desire*, 159. Aquinas' unwillingness to subscribe to the threefold paradigm was not because he in any way denied the superiority of virginity but rather because he did not regard marriage and widowhood as significantly noteworthy states of chastity such that they might be rightly compared with virginity.

155 The theological system of "special" and "general" rewards which had developed by the thirteenth century may also have contributed to the decline of the formula's central significance. See Payer, *The Bridling of Desire*, 175.

의 동정성 보상이 세속적 번영과 지위로 대치되려는 경향'[156]이 증가함에 따라, 13세기에 이르러서는 미혼의 삶이 점점 더 세속적인 욕망으로 여겨지게 되었다.

동정성에 대한 점진적인 제도화와 더불어 그 옹호자들의 이기적인 동기에 대한 우려가 커지면서, 결국 중세 말기 수세기 동안 동정성이란 무엇인지 신학적으로 재정의하려는 지속적인 시도가 뚜렷하게 나타났다. 특히 동정성은 점차 '도덕적·심리적 측면에서' 재해석되기 시작했다.[157] 점차적으로 그것은 '삶의 상태나 개인의 객관적 조건이 아닌 주관적이며 도덕적인 미덕'이고,[158] 심지어 '선천적 조건이 아닌 문화적 수행'[159]으로 인식되기 시작했다. 물론 이러한 변화는 중세 시대에 나타난 새로운 현상은 아니다. 사실상, '교부들의 정신에서 순결은 단순히 육체적으로 온전한 신체를 의미하는 것이 아니라 의지의 의식적인 행동'을 의미하기 때문에, 이것은 초대 교회의 또 다른 유산으로 봐야 한다.[160] 그러나 육체적 순결과 독신 생활 이상의 의미를 지닌 순결의 뿌리는 초대 교회에 있지만,[161] 중세 시대에는 순결을 심리적, 도덕적 그리고 수행적 행위로 여기므로 훨씬 더 구체적인 실체를 부여했다.

삼중 계층적 보상 공식이 사회·신학적으로 널리 확산되자 중세적

---

156 Millett, "Introduction," xlv.

157 Atkinson, "Precious Balsam," 131.

158 Leclercq, "Virginity," 1523.

159 Nicole R. Rice, "'Temples to Christ's Indwelling': Forms of Chastity in a Barking Abbey Manuscript,"*Journal of the History of Sexuality* 19, no. 1 (2010): 123.

160 Green, "Multiple Performances of Virginity," 42.

161 For specific examples, see Green, "Multiple Performances of Virginity," 42-43.

순결 개념은 재협상 더 나아가 재정의해야 한다는 견해가 우후죽순 일어났다. 왜냐하면 이러한 보상 공식 개념이 영적 교만을 조장하기 때문이었다. 육체적 순결을 영적 진보의 수단이 아닌 그 자체로 목적을 삼은 동정성은 자만에 빠지기 쉬웠다.[162] 이러한 교만과 안일함이 중세 순결성 신봉의 심각한 위험 요소였다는 사실은 『거룩한 순결』(*Hali Meiðhad*)과 같은 일부 중세시대 권고문에서 찾아볼 수 있다. 이 책에서 '하나님 사랑'에 대한 보상이 '사적 이익에만 집중된' 것으로 묘사하고 있다.[163] 이러한 동정성 개념의 명백한 위험성으로 인해 '천국에서의 특별한 자리, 태양보다 더 밝게 빛나는 특별한 면류관, 오직 동정성을 유지한 자만이 부를 수 있는 노래 그리고 가장 아름다운 신랑 그리스도와의 혼례'를 약속하는 영적 보상에 관한 더 넓은 신학적 논의가 급격히 일어났다.[164]

후기 중세 신학자들은 왜 동정성이 그렇게 소중한 덕목으로 여겨져 종말론적 신봉을 받게 되었는지 정확히 탐구하려 했다. 그들의 논의는 주로 초기 기독교 논의의 특징이었던 '성생활의 육체적 추구와 동정성의 영적 추구 사이의 갈등'이라는 개념을 바탕으로 이루어졌다.[165] 결국 "동정성은 성적으로 순결한 몸, 찢어지지 않은 처녀막, 남성의 사정 억제로 정의되어야 하는가? 교회는 자신의 의지와 반대로 동정을 잃은 강간 피해자를 어떻게 생각해야 하는가? 어떤 조건에

---

162 Millett, "Introduction," xxxix.

163 Millett, "Introduction," xiv.

164 Melissa Hofmann, "Virginity and Chastity for Women in Late Antiquity, Anglo-Saxon England, and Late Medieval England: On the Continuity of Ideas," *TCNJ Journal of Student Scholarship* 9, (2007): 6.

165 Smith, "Virginity and Married-Virgin Saints," 71.

서 동정성은 진정으로 상실되거나 유지되거나, 혹은 재확립될 수 있는가?" 중세 시대에 이러한 문제에 관한 논쟁은 복잡하고 미묘했지만,[166] 순결의 본질은 결국 의지적인 겸손과 헌신 그리고 영혼의 순수성과 동일시되었으며, 이는 신체적 겸손과 헌신 그리고 순수성에서 가장 명확하게 드러난다고 인식되었다. 결국 '동정성'이 아닌 '단정함'(chastity)이 '성적 감정 및 욕망과 관련된 미덕'으로 자리 잡았다.[167] 실제로 중세 말기에는 '육체적 동정의 보존은 진정한 영혼의 단정함을 낳기보다는 반영한다'는 주장이 제기되었다:[168]

> 동정성은 신체적 온전함에 내재한다는 주장이 나오자 마자 그것은 의지에 내재하는 것이라는 주장으로 전환되었다. 따라서 신체적으로 자신의 동정성을 확신할 수 있는 여성조차도 자신의 의지 상태에 대해 두려움을 유지하도록 권장 받았으며, 진정한 동정성을 유지하기 위해 주의해야 할 많은 사항들이 제시되었다.[169]

이러한 용어적 전환의 결과로, 신학 문헌과 성자 이야기(hagiographical tales) 그리고 사회적 관행은 점차 '수녀의 동정성과 기혼 여성의 절제가 연속선상에 존재한다'는 개념을 받아들이게 되었

---

166 For more detailed treatment of such discussions see, for example, Atkinson, "Precious Balsam."; Payer, *The Bridling of Desire*, 161-178. and Wogan-Browne, *Saints'Lives*, 41-48.

167 Payer, *The Bridling of Desire*, 154-55.

168 Smith, "Virginity and Married-Virgin Saints," 53.

169 Wogan-Browne, *Saints'Lives*, 41.

다.[170] 중세 담론은 처녀성에 대한 인식과 성격이 성적 순결과 미혼 생활이라는 구체적인 신체적 맥락에서 점점 더 분리됨에 따라, '동정성을 재조정하고 재정의하여 아내와 어머니들에게 명예 처녀로서의 지위를 부여할 수 있도록 했다'.[171] 즉, 이 시대의 기독교인들이 점점 더 '미덕을 강조하고, 그 미덕이 드러나는 문제적인 맥락을 분리하는 데' 만족하게 되면서,[172] 결혼 제도 자체가 동정성의 신학적 재정의에 기여했다. 이 점을 특히 잘 보여주는 사례는 동정성을 유지하거나 절제된 결혼을 동일선상에 놓는 관행에서 찾아볼 수 있다. 물론 중세 시대 이러한 '경건한 결혼'[173] 관행에 대한 현존 증거는 '역사 연구 활용이 악명 높게 어려운 성자전(聖者傳, Hagiography)에서 주로 유래한다'.[174] 그럼에도 역사가들은 이러한 대체로 법제화되지 않은 결혼 제도가 부부 간의 성생활까지 지배하는 상황에 이르렀다고 추론해왔다. 여기에는 결혼 시 의도적(종종 참회의 의미로)인 금욕 실천, 출산을 위한 성적 친밀감의 제한, 부부가 상호 합의한 결혼 내 영구적 성적 금욕 서약 심지어 신혼부부의 성관계 거부까지 포함된다.[175]

이처럼 다양한 제도의 존재는 중세 후기 동정성에 대한 신학적 재검토의 직접적 결과였다. 13세기 전환기에 활동한 주교이자 신학 연

---

170 Rice, "Temples to Christ's Indwelling," 119.

171 Wogan-Browne, *Saints' Lives*, 48.

172 Elliot, *Spiritual Marriage*, 300.

173 See Elliot's argument for the definitional employment of this term. Elliot, *Spiritual Marriage*, 3-4.

174 Elliot, *Spiritual Marriage*, 8.

175 See Atkinson, "Precious Balsam," 140; Cullum, "Give Me Chastity," 5-6; Elliot, *Spiritual Marriage*, 4; Wogan-Browne, *Saints' Lives*, 46-47.

대기 작가인 자크 드 비트리(Jacques de Vitry, 약 1180-1240년)는 '동정성으로 알려진 덕목은 결혼으로 인해 상실되지 않고, 새로운 이름인 '결혼한 상태의 순결'(*casitas matriomonialis*)로 유지된다'고 주장했다.[176] 이제 모든 사람이 '이전의 성적 경험과 상관없이 동정성의 삶'에 포함될 가능성이 생겼기 때문에,[177] 미혼 개인—특히 미혼의 성별된 여성(consecrated woman) 그리고 결국 독신 남성 성직자[178]—의 종말론적 우월성과 특권은 급격히 쇠퇴했다.

이러한 과정을 거쳐서 16세기의 신학적 무대가 마련되었으며, 특히 오직 믿음으로 의롭다 함을 얻는다는 신념과 모든 신자의 사제직(만인 사제설)을 전적으로 주장하는 종교개혁자들은 기혼 여성들이 최고의 영적 보상을 받는 것을 막지 않는 전통을 물려받았기 때문에 아내들에게 주방과 자녀 방에서 하나님을 발견하도록 촉구했다.[179] 실제로 종교개혁자들은 동정성에 관한 신학적 담론을 계승했지만 '교회 교부들이 정의를 내리고 중세 초기 기독교인들이 받아들인 전통과는 중요한 측면에서 달랐다.'[180] 물론 주요 종교개혁자들은 결혼과 독신의 신학적 동등성을 주장해 나갈 것이다. 그러나 유럽의 수도

---

176 D.L. D'Avray and M. Tausche, "Marriage Sermons in ad status Collections fo the Central Middle Ages," *Archives d'histoire doctrinale et littéraire du Moyen Age* 47 (1980): 88 n.70. Cited in Wogan- Browne, *Saints' Lives*, 46.

177 Rice, "Temples to Christ's Indwelling," 118.

178 That the analysis directly above—especially with respect to its eschatological significance—has predominantly focused on the female expression of "virginity" is a reflection of the fact that there 'have been extensive studies of the attractions of virginity, chaste or spiritual marriage and vowed widowhood for women [⋯ but] a relative absence of such consideration for medieval men'. Cullum, "Give Me Chastity," 621.

179 Atkinson, "Precious Balsam," 142.

180 Atkinson, "Precious Balsam," 132.

원과 여수도원이 해체되고, 독신 사제가 점차 기혼 목사에게 밀려나며, 성적 금욕이 대다수 기독교인에게는 불가능한 것으로 묘사되자, 동정성과 싱글 상태가 개신교 환경 내에서 많은 의심를 받게 되었다. 결국, '공동체 모든 구성원이 지향해야 할 이상'으로서의 초대·중세 교회적 순결 개념은 '이상적인 부부애'로 대체되었고, 결혼 상태는 이제 '덕스러운 기독교인의 윤리적 규범'이 되었다.[181]

4.5. 신학적 회수의 의미

본 장에서 두 가지 목적을 달성하고자 한다고 명시했다. 첫째, 후속 연구 자료들이 올바른 위치에 지정되고 적절히 해석될 수 있는 역사적 맥락을 제시하는 것이다. 그러나 이러한 작업을 수행함에 있어 본 장은 또한 '우리의 역사적·문화적 배경에서 비롯된 편향, 편견 또는 선입견으로 인해 흐려지거나 가려졌을 수 있는 시야'를 열어 보이려 노력했다.[182] 즉, 초대 교회와 중세 교회 시대에 주류를 이루던 동정성(단일한 기독교적 삶의 표현으로서)의 신학적·목회적 윤곽을 분석하는 과정은 사실상 동시대 담론이 동일한 주제에 접근하는 방식을 재중심화하고 탈중심화하려는 적극적인 시도를 의미한다. 따라서 본 장의 부차적 목적은 회수 신학 입문서 기능을 하도록 하는 것이다. 이제 기독교 전통의 동정성 개념을 회수과정을 통해 레소스망(재자원화, ressourcement)하기 위해 이 역사적 탐구가 제시할 수 있는

---

181 Lawrence Stone, *The Family, Sex and Marriage in England 1500–1800*, vol. 43 (Citeseer, 1979), 100–101.

182 Buschart and Eilers, *Theology as Retrieval*, 29.

초기 결론들을 간략히 살펴보려 한다.

비록 '동정성을 단순히 바람직한 상태가 아니라 다른 모든 상태보다 우월한 것으로 강조하는 관점은 초기 기독교부터 중세에 이르기까지 변함없는 전통이었다'[183]고 해도, 이 긴 기간 동안 동정성에 관한 공식적인 신학은 존재하지 않았다. 물론 이 전통은 이론과 실천 양면에서(특히 성직자에게) 동정성이 우월하다는 의식을 지속적으로 고양시킨다. 그러나 동정성을 가장 강력히 옹호한 초기 지지자들조차도 뚜렷이 미묘하거나 심지어 상이한 신학적 논증을 통해 결론에 도달했다.[184] 역사적으로 동정성 유지의 삶은 순회 교사, 고독한 사막 거주자, 금욕적 종파 구성원, 독신 사제, 폐쇄된 수도원 수도사, 은둔 수녀, 가정 내 처녀, 평신도, 봉헌된 과부, 심지어 금욕적인 배우자까지 해당되었다. 교회사 초기 15세기 동안 순결이 신학적으로 고양되었으면서도 다각적으로 복잡한 개념이었다. 이것은 '거의 모든 신앙의 선조들이 장기적인 독신을 비성경적이라 여겼으며 젊은 성인들은 결혼할 신성한 의무를 지닌다고 믿었다'고 주장하려는 현대 기독교의 경향이 편향된 관점이라는 것을 의미한다.[185] 실제로 기독교 전통이 동정성에 접근하던 방식을 진정으로 이해한다면, 기독교회 역사 전반에 걸쳐 결혼이 항상 신학적으로 규범적이라고 여겨져 왔다는 현대적 주장에서 벗어날 수밖에 없다. 본 논문에서의 분석을 통해 오늘

---

183 Payer, *The Bridling of Desire*, 161.

184 Consider for example the theological distinctions between Jerome and Augustine on this topic. While both conclude that virginity is theologically superior, the former adopts an aggressive postlapsarian position while the latter argues for a prelapsarian interpretation.

185 Maken, *Getting Serious*, 16.

날 존재하는 교회의 인식이 정답이며 올바른 견해라는 주장의 편향성
을 분석하고 평가하려고 한다.

회수 신학을 통한 고찰이 의미가 있는 또 다른 이유는 초대교회 및
초기~중세 후기 교회가 동정성 구축 방식이 금욕의 개인적 가치에 관
심을 두지 않았다는 사실을 파악하게 해준다는 점이다. 현대와 달리,
중세 초기부터 중세 말기까지 동정성 신봉은 개인의 이익과 번영에
기반하지 않았으며, 오히려 '더 넓은 기독교 공동체를 위한 교훈적이
며 예언적인 역할'에 초점이 맞춰져 있었다.[186] 동정성은 '죄 이전, 종
말론적 완성에 이르기 전 인간의 최초 상태에 가장 근접한 모습'으로
여겨졌기 때문에,[187] '기독교 공동체가 하나님과 세상의 관계를 인식
하게 하는 더 넓은 시각으로 들어가는 주요 관문'으로 간주되었다.[188]
일부는 이를 새창조를 통해 에덴의 완전함으로 회복되는 목적론적 귀
환을 상징하거나 미리 보여주는 지상의 구현이라 주장했고, 다른 이
들은 동정녀를 천사와 같은 삶(*vita angelica*)이라고 찬양하며 '그리
스도가 예언한 생명을 하늘에서 지상으로 가져온 것'이라 여겼다.[189]
또 다른 이들은 기독교 동정녀에게만 주어지는 종말론적 축복의 풍요
로움을 지적하기도 했다. 이러한 견해의 다양성에도 불구하고, 사실
상 그 다양성 안에서, 초기 교회 및 중세 교회의 동정성은 바로 그 본
질에 내재된 심오한 종말론적·공동체적 차원의 개념 때문에 신학적
으로 높이 평가되었다. 동정성은 상실된 원초적 완전성을 상징하며,

---

186 Smith, "Virginity and Married-Virgin Saints," 78.

187 Leclercq, "Virginity," 1523.

188 Stross, "Intentional Living," 82.

189 Smith, "Virginity and Married-Virgin Saints," 36.

필멸의 삶 속에서 경험하는 영원에 대한 잊을 수 없는 이미지이다.[190]

본 논문에서 살펴보았듯이 초기교회와 중세교회의 기독교인들 역시 현대의 후대 신자들처럼 동정성을 비정형적이며 어쩌면 '비정상적'으로 보는 경향이 있었다. 그러나 역사적으로 볼 때, 이러한 경향은 우려하기보다는 오히려 축하할 일로 인식되었다. 실제로, 소위 비정상적인 미혼 기독교인의 삶은 신앙 공동체가 주변 세상을 규정하는 시선과 근본적으로 다른 독특한 영역으로 구별되는 패러다임이었다:

> 동정성 개념과 아담과 하와 이야기의 급진적 해석으로 인해 기독교의 다른 세상과는 완전히 다른 자발적 공동체로서 가능성을 탐구하고 싶도록 유도하는 강력한 계기가 되었다. 성적인 부분에서의 사회적 통념이 존재하지 않는 사회는 아무것도 없는 백지 상태(*tabula rasa*)나 마찬가지여서 주변 세계의 통념과 완전히 다른 방식으로 재편될 수 있었다.[191]

이러한 재편 과정을 통해 초기 기독교 공동체는 결혼과 생물학적 가족이라는 세속적 유대 관계에 기반한 전통적 사회 구조의 우위를 거부하고 '극도로 비사회적(profoundly asocial)'인[192] 종말론적 정체성을 선택했다. 즉, 동정성의 '비사회성'은 교회가 결혼과 혈연의 유대에 의존하여 안정성을 유지하는 세속성의 유혹에 물들지 않고 독자성을 지켜왔다는 종말론적 증거이다.[193]

---

190 Wogan-Browne, *Saints' Lives*, 20.

191 Brown, "Notion of Virginity," 430-1.

192 Brown, "Notion of Virginity," 435.

193 Michael Banner, *Christian Ethics and Contemporary Moral Problems* (Cambridge,

　역사적으로 볼 때, 기독교적 순결은 항상 ‘영원성과 초월성에 대한 수사학을 통해 강력한 논리를 펼쳐왔다’.[194] 이 논리가 현대의 싱글 신학에 미치는 함의에 대한 보다 포괄적인 논의는 후반부에서 다시 다룰 것이다.

UK: Cambridge University Press, 1999), 25.

194　Wogan-Browne, *Saints' Lives*, 20. Emphasis added.

제5장
해석학 분야로부터의 회수

회수 신학은 다양한 방법론적 접근법을 포괄하며, '각각은 초기 기독교회로부터 요소, 실천 그리고 텍스트를 회수하는 방식을 높이 평가하거나 요구한다'.[1] 그러한 접근법 중 하나인 '수용사'(受容史, reception history)는 한스-게오르크 가다머(Hans-Georg Gadamer)의 해석학적 작업, 특히 그의 '영향사'(Wirkungsgeschichte)' 개념에 그 기초를 두고 있다.[2] 가다머는 모든 해석학적 행위가 역사적 맥락안에 위치해 있으며 따라서 '사회와 국가의 거대한 역사적 현실은 어떤 '경험'에 반드시 결정적인 영향력을 행사하기 때문에'[3] 해석자 자신도 자신의 역사적 상황의 산물이라고 주장한다. 그 결과, 해석자는 점차 '역사 대담자의 타자성을 인식하고 그 과정에서 자신의 편견을 인식하는' 과거와의 대화적 탐구 방식을 선택한다.[4] 가다머의 제자 한스 로베르트 야우스(Hans Robert Jauss)는 자기 스승의 논

---

1   Allen and Swain, *Reformed Catholicity*, 4.

2   Hans-Georg Gadamer, *Truth and Method*, Revised Edition ed. (New York, NY: Continuum International Publishing Company, 2004), 300–306.

3   Gadamer, *Truth and Method*, 278.

4   Jonathan Roberts, "Introduction," in *The Oxford Handbook of the Reception History of the Bible*, ed. Michael Lieb, et al. (Oxford, UK: Oxford University Press, 2011), 1.

문을 확장하여 리셉션게슈히테(Rezeptiongeschichte, 문자 그대로 '수용역사')라는 탐구 프레임을 발전시켰다.[5]

가다머와 야우스의 해석학적 접근은 세속 문학 연구 상황에서 발전되었지만 (예를 들어 야우스는 중세 문학을 전공했다), 성경 학자들은 이 해석학이 자신들의 분야에 가져다 줄 잠재적 이점을 인식하는 데는 그리 오랜 시간이 걸리지 않았다. 그 이후로 수용사 방법론은 울리히 루츠(Ulrich Luz)[6]나 앤서니 티슬턴(Anthony Thiselton)[7] 같은 영향력 있는 성경학자들에 의해 점점 더 널리 채택되는 접근법이 되었다. 이 방식은 성경 본문이 역사적으로 어떻게 이해되고 적용되어 왔는지를 탐구하는 것을 목표 지점으로 삼는다. 이는 작품이 시간에 따라 어떻게 해석되어 왔는지를 파악하기 위한 수단일 뿐만 아니라, 원본 텍스트를 이해하려는 노력에도 결정적인 영향을 미친다.[8] 수용사 연구는 교회의 과거를 이해하는 통찰을 제공받기 위한 역사적 주해 뿐만 아니라 과거가 해석학적 현재 안에서 그리고 현재를 위해 어

---

5   Hans Robert Jauss, *Toward an Aesthetic of Reception: Theory and History of Literature*, trans. Timothy Bahti (Minnesota, USA: University of Minnesota Press, 1982), 3-45. It is instructive to note that both Gadamer's and Jauss's hermeneutical approaches arose within a secular literary context, rather than one which was focused on Christian or even generally religious literature.

6   Ulrich Luz, *Matthew 1-7*, ed. Helmut Koester, Revised Edition ed., vol. 40, Hermeneia - A Critical and Historical Commentary of the Bible (Minneapolis: Fortress Press, 2007); Ulrich Luz, Matthew 21-28, ed. Helmut Koester, vol. 40, Hermeneia - A Critical and Historical Commentary of the Bible (Minneapolis: Fortress Press, 1992); Ulrich Luz, *Matthew 8--20*, ed. Helmut Koester, vol. 40, Hermeneia - A Critical and Historical Commentary of the Bible (Minneapolis: Fortress Press, 2001). For a discussion on the significance of Luz's work within this field see, Roberts, "Introduction," 3-6.

7   Anthony C Thiselton, *Thiselton on Hermeneutics: The Collected Works and New Essays of Anthony Thiselton* (Aldershot: Ashgate, 2007).

8   Mark Knight, "*Wirkungsgeschichte*, Reception History, Reception Theory," *Journal for the Study of the New Testament* 33, no. 2 (2010): 137.

떤 지속적인 관련성을 지고 있는지에 관심을 갖는다. 이러한 의미에서 수용사적 분석은 독특한 형태의 회수 신학 방법에 해당한다. 따라서 이제 기독교 역사 2천 년 동안 싱글 기독교인의 삶에 관한 두 핵심 성경 본문이 주해적으로 어떻게 수용되고 신학적으로 어떻게 적용되어 왔는지 살펴보려 한다. 그러나 이를 수행하기 전에, 우선 몇 가지 방법론적 기준을 설정하고, 본 분석에 선택된 본문들(혹은 더 정확히 말하면 선택되지 않은 본문들)에 관한 실질적인 관찰을 제시할 필요가 있다.

루츠(Luz)는 '텍스트의 영향력 역사'를 이해하는 것이 또한 주석 이외의 매체—설교, 정경 문서, '문학'과 같은 언어 매체와 예술, 음악과 같은 비언어 매체—에서 텍스트가 어떻게 수용되고 구현되는지에 대한 이해를 수반해야 한다'고 주장하지만,[9] 본 논문의 한계와 목적상 기독교 전통 전반에 걸친 관련 서면 주석으로 제한할 수밖에 없다. 또한 중세 주석 일부분에 주목할 것이지만, 본 분석과 관련된 현존 역사적 자료의 대부분은 초대교회시대와 종교개혁시대, 근대 그리고 현대 시대에 저술된 것들이다. 따라서 본 장은 필연적으로 교회 역사 속 이러한 시대들 안에서 본 본문들의 수용에 초점을 맞출 것이다. 또한 본 장에서 검토하는 종교 개혁 이후 자료의 대부분이 광범위하게 개신교적 성격을 띠고 있지만, 그것들이 전적으로 그러한 것은 아니라는 점을 인지하고 있어야 한다. 어떤 개인, 학파 또는 집단도 성경 수용을 받아들이지 않으면 그 내용을 소유할 수 없다. 따라서 성경을 수용하고 있는 여러 관점을 살펴볼 때 풍요로움과 다양성 그

---

9 Luz, *Matthew 1–7*, 40, 61.

리고 객관화가 생겨나고 그 결과물의 가치가 더욱 상승하기 때문이다.[10] 이는 앞서 언급한 바와 같이 회수 신학을 교회를 위한 노력으로 삼겠다는 약속과 일맥상통한다.

본 장에서 검토하는 본문들에 관해, 수용사(Rezeptiongeschichte) 분석에서 회수 지향적 접근을 위하여 두 신약성경 본문을 선정하여 초점을 맞추려고 한다. 마태복음 22:23-33, 누가복음 20:27-40, 마가복음 12:18-27의 공관복음 병행 본문과 고린도전서 7:25-31이다. 비록 이전 장의 역사적 조사를 통해 두 구절 중 전자가 회수 작업에 미치는 결과를 어느 정도 입증했지만, 본 장의 분석이 이뤄지면 두 본문의 초점과 이 구절들을 특별히 선정한 이유가 더욱 명확히 드러날 것이다.

그러나 본 분석에서 관련성 있는 다른 구절들을 배제한 근거는 연관성이 명확하지 않기 때문이다. 이러한 본문에는 마태복음 19:10-12에 나오는 예수님의 '하나님 나라를 위하여 내린 자들'에 관한 담화와 요한계시록 14:1-5에 나오는 시온 산의 144,000명의 처녀들이 포함될 수 있다.[11] 이러한 본문들은 적어도 처음에는 수용사적 분석에 적합한 주제로 보인다. 실제로 두 구절 모두 동정성/독신과 종말론 사이의 명백한 연관성을 시사하는 듯하다. 그러나 실제로 이 두

---

10 Roberts, "Introduction," 7-8.

11 Perhaps the only other passage which might be regarded of potential exegetical and historical significance for our analysis herein is Mk. 13:4-9 (see pp. 144-146 for a discussion of its significance within the early and medieval church). However, as has been already noted, by the time of the Reformation this passage had fallen into exegetical irrelevance with respect to the topic at hand, and has certainly not had a resurgence since then. As such, it does not present itself as a useful subject for our reception history analysis herein.

구절은 전통이 동정성과 독신 그리고 독신 생활에 대해 가진 신학적, 제도적, 윤리적 관점에서 실질적인 역할을 한 적이 없다. 예를 들어, 초대 교회에서 '마태복음 19:11-12은 역할이 거의 없었으며 주로 성적 금욕을 정당화하기 위해 특히 지나친 금욕적 경향을 조절하기 위하여 사용되었다.[12] 중세 및 후대의 주석자들도 이 구절이 하나님 나라 지향적 독신 생활에 부여하는 종말론적 동기에 대해 많은 비중을 두지 않았다.[13]

요한계시록 14:1-5에 나오는 14만 4천 처녀에 대한 언급도 마찬가지다. 이 구절의 계시적 성격은 싱글 신학을 도출하는 데 있어 직관적인 자료로 활용하기 어려울 뿐만 아니라 관점에 따라 해석이 너무 다양하여 모호하기까지 하다. 따라서 요한계시록 14:1-5에 묘사된 구속받은 14만 4천 명의 모습은 주석자들에게 당혹스러울 수밖에 없다.[14] 실제로 주석자들은 '파르테노이(*parthenoi*)란 단어가 일반

12　Luz, *Matthew 8--20*, 40, 497.

13　A partial explanation for this may be found in the suggestion that infusing the v.12 r A partial explanation for this may be found in the suggestion that infusing the v.12 reference to kingdom of heaven" with eschatological significance may be exegetically erroneous (See, Barclay M. Newman and Philip C. Stine, *A Handbook on the Gospel of Matthew*, UBS Handbook Series (New York: United Bible Societies, 1988), 58. And Richard T. France, Matthew, ed. Leon Morris, Tyndale New Testament Commentaries (Downers Grove, Illinois: Inter-Varsity Press, 1985), 725, Note 39.) Amongst a small number of commentators who do regard this passage as significant for a theology of singleness are J. Knox Chamblin, *Matthew*, Mentor Commentary (N.p.: Mentor, 2010), 930-935. Luz, Matthew 8--20, 40, 502. David L Turner, *The Gospel of Matthew*, ed. Philip W. Comfort, Cornerstone Biblical Commentary (Illinois: Tyndale House Publishers, 2005), 463. Donald Alfred Hagner, *Matthew 14-28*, ed. Bruce M. Metzger, vol. 14, Word Biblical Commentary (Dallas, Texas: Thomas Nelson Incorporated, 1995), 550.

14　Daniel C. Olson, "'Those Who Have Not Defiled Themselves with Women': Revelation 14:4 and the Book of Enoch," *The Catholic Biblical Quarterly* 59, no. 3 (1997): 492.

적인 기독교적 독신을 옹호하는 데 사용될 가능성을 불식시키기 위해 자주 노력해왔으며, 그 결과 요한계시록의 파르테노이(*parthenoi*) 가 지닌 성격이 독신의 개념과 다르다는 것이 증명되었다.[15] 따라서, 종말론적으로 풍부한 싱글 신학을 구성하기 위하여 이 두 구절의 의 미를 열정적으로 탐구할 수는 있겠지만,[16] 그러한 시도는 복원보다는 신학적 혁신을 주된 특징으로 삼아야 할 것이다. 하지만 본 논문에서 는 싱글 신학이란 영역이 한국 교계에 존재하지도 않기에 주춧돌을 놓는다는 목표로 접근하기 때문에 모호한 것은 배제하는 것이 마땅 하며 싱글 기독교인의 삶에 종말론적 중요성을 확립하는 수준에 좌 표를 찍는 것이 바람직하므로 앞서 언급한 두 특정 구절에 집중하려 고 한다.

5.1. 부활의 본질과 결혼의 종말: '삼중 전통' 본문의 수용사적 고찰

예수께서 부활의 본질에 관해 사두개인들과 나눈 대화는 세 복음서 모두에 기록된 삼중 전통의 일부이다(마 22:23-33; 눅 20:27-40; 막 12:18-27). 누가는 메시지 구조가 마태보다 마가와 더 가깝고[17] 확 장된 서론과 결론으로 특징지어 지지만, 세 기록은 문맥상 평행선상 에 있다.[18] 이 본문은 사두개인들—요세푸스가 '영혼의 불멸성과 하

---

15 Lynn R. Huber, "Sexually Explicit? Re-reading Revelation's 144,000 Virgins as a Response to Roman Discourses," *Journal of Men, Masculinities & Spirituality* 2, no. 1 (2008): 6.

16 See Huber, "Sexually Explicit," 3-28.

17 Darrell L. Bock, *Luke: Volume 2 - 9:51-24:53*, ed. Moises Silva, vol. 2, Baker Exegetical Commentary on the New Testament (Grand Rapids, Michigan: Baker Books, 1996), 1617.

18 For further analysis of the exegetical differences and similarities between these

데스에서의 형벌과 상을 부정한다'고 묘사한 집단[19]—이 예수를 함정에 빠뜨리려고 수수께끼를 들고 다가온 사건을 서술한다. 그들의 질문은 레위 족속 결혼 관습에 관한 것이었다. 이 관습에 따르면 결혼한 이스라엘 남성이 자식 없이 죽을 경우, 그의 형제는 법적으로 죽은 남자의 자식으로 인정될 자식을 낳기 위해 그 과부와 결혼해야 했다(신명기 25:5-10). 예수를 심문하는 자들은 한 여인이 일곱 형제의 아내로 이어지는 표면상으로는 모순에 빠진 상황을 제시한다. 각 형제가 그녀와 자식을 남기지 못한 채 죽은 후, 일곱 형제가 차례로 그녀와 결혼한다는 것이다.[20] 그들은 만약 부활의 시대가 실제로 존재한다면 그 여인은 그 시대에 일곱 형제 중 누구의 아내인지를 묻는다. 예수님은 상대방의 질문에 답하시며, 부활 시대의 본질을 오해한 그들을 꾸짖으셨을 뿐만 아니라 사후 생명의 가능성을 근본적으로 부정하는 그들의 태도를 책망하셨다. 저명한 마태복음 학자이자 수용

---

passages see, Ian Paul, "Are we Sexed in Heaven? Bodily form, sex identity and the resurrection," in *Marriage, Family and Relationships: Biblical Doctrinal and Contemporary Perspectives*, ed. Thomas A. Noble, Sarah K. Whittle , and Philip S. Johnston (London, England: Apollos, 2017), 108-110.

19　Flavius Josephus, "The Jewish War: Book II," in *The Genuine Works of Josephus: Containing Four Books of the Jewish War* (Bridgeport: M. Sherman, 1828), 144 §8.14.

20　There is some thought that the scenario presented by the Sadducees may be an allusion to the apocryphal Book of Tobit, whose main female protagonist is said to 'have been given in marriage to seven husbands [but] Asmodeus, the evil demon, slew them before they could be with her' (Robert J. Littman, *Tobit: The Book of Tobit in Codex Sinaiticus*, Septuagint Commentary Series (Leiden, The Netherlands: Brill, 2008), 9, §3.8.). See for example Gundry who raises this possibility alongside the alternative suggestion that the narrative of 2 Macabees 7:1-41 (concerning seven martyred brothers) may otherwise form the contextual background to the Sadducees questioning of Jesus. Robert H. Gundry, *Mark: A Commentary on His Apology for the Cross, Chapters 9 - 16*, vol. 2 (Grand Rapids, Michigan: William B. Eerdmans Publishing Company, 1993), 705.

사 연구자인 울리히 루츠(Ulrich Luz)는 이 구절이 부활 자체를 변증하는 데 거의 활용되지 않았다고 지적한다. '이 이야기는 바울 이후 기독교 신학에서 관례적이었던 것처럼 예수님의 부활에 기반하여 부활의 희망을 제시하지 않았기 때문'이다.[21] 그러나 기독교 전통 전반에 걸쳐 신학적, 목회적 그리고 윤리적 중요성의 다양한 위치를 차지해 온 모티프는 부활의 시대에 사람들은 결혼하지 않고 시집도 가지 않는다는 예수님의 선언이다(마태복음 22:30; 누가복음 20:35; 마가복음 12:25). 실제로 이 구절의 해석과 적용은 교회 역사 전반에 걸쳐 결혼과 독신에 대한 관점의 핵심으로 여겨져 왔다.

초기 교회 주석자들이 특히 주목한 것은 다가올 시대의 삶에는 성적 친밀감이 없을 것이며, 따라서 성적 욕망 역시 없을 것이라는 선언으로 여겨진 부분이었다. 2세기 말경에 글을 쓴 알렉산드리아의 클레멘트는 여기서 '주님께서 결혼을 부정하시는 것이 아니라, 부활 시 육체적 욕망에 대한 기대를 정화하시는 것'이라고 주장했다.[22] 클레멘트는 지상의 '탄생 과정은 쇠퇴 과정으로 균형을 이루며, 한 번 이 세상의 삶에서 단절된 사람에게는 다시 그 세상이 주어지지 않는다'[23] 고 주장하며, 성관계(그리고 따라서 성적 욕망)는 다가올 시대에 존재할 수 없다고 단언했다. 오리겐도 동의하며 '죽음이 있는 이곳에서는 결혼과 자녀가 모두 필요하다. 그러나 불멸하는 곳에서는 혼인이나

---

21 Luz, *Matthew 21–28*, 40, 73.

22 Clement, *Stromateis: Books One to Three*, ed. Thomas P. Halton, trans. D.H. Williams, vol. 85, The Fathers of the Church (Washington D.C.: The Catholic University of America Press, 1991), 311, §3.12.87(2).

23 Clement, *Stromateis*, 85, 311, §3.12.87(3).

자손도 필요하지 않다"고[24] 언급했으며 후대의 주석자들도 이에 동의
했다. 4세기에 저술한 푸아티에의 힐라리우스(Hilary of Poitiers)는
예수께서 사두개파의 '사후 육체적 매력 지속에 관한 주장'[25]을 반박
하셨다고 기록했다. 아우구스티누스는 부활한 자들이 결혼하지 않을
것이라고 설교하며 그 이유를 '그들은 다시 죽기 시작하지 않을 것이
기 때문'이라 설명했다. 한 세대가 떠나면 다른 세대가 그 자리를 이
어받아야 하는 법이다. 그러므로 그곳에서는 쇠퇴할 책임이 없을 것
이다."라고 설명했다.[26] 후대에 쓰인 『불완전한 저작』(*Opus Imper-
fectum*)의 익명의 저자 역시 다음과 같이 설명했다:

"우리가 이 세상에서 죽는 것은 태어났기 때문이다. 그러므로 우리는 죽
음을 통해 감소된 것을 새로 태어남으로 대체하기 위해 아내를 맞이한
다. 죽어야 할 필요성이 사라지면, 태어남은 불필요해진다. 태어남의 이
점이 사라지면 결혼할 이유도 사라진다."[27]

초기 교회 주석자들은 또한 마태복음 22:30, 누가복음 20:35, 마

---

24 Homily 39 in Origen, *Homilies on Luke*, ed. Thomas P. Halton, trans. Joseph T.
    Lienhard, The Fathers of the Church (Washington, D.C.: The Catholic University of
    America Press, 1996), 159, §2.

25 Hilary, *Commentary on Matthew*, ed. David G. Hunter, trans. D.H. Williams, The
    Fathers of the Church (Washington D.C.: The Catholic University of America Press,
    2008), 236.

26 Sermon 362 in Augustine, *Sermons: III/10 (341–400)*, ed. John E. Rotell, trans. Ed-
    mund Hill, The Works of Saint Augustine: A Translations for the Twenty-First Cen-
    tury - Part III (New York, New York: New City Press, 1995), 322.

27 Homily 22 in Anonymous, *Opus Imperfectum - Incomplete Commentary on Mat-
    thew*, ed. Thomas Oden and Gerald L. Bray, trans. James A. Kellerman, vol. 2,
    Ancient Christian Texts (Downers Grove, Illinois: IVP Academic, 2010), 322.

가복음 12:25에 나오는 예수님의 말씀을 장차 다가올 시대에 성적 욕망과 활동이 없다고 여겨지는 것과 밀접하게 연결시켰다. 실제로 마태복음 22:30 초기 해석을 살펴보면, 천사들을 언급할 때 순결을 언급하지 않는 해석은 거의 없다.[28] 이에 대한 예로는 아우구스티누스가 반복적으로 강조한 '다음 생애에 부활하는 자들은 하나님의 천사들과 동등해질 것'이라는 주장,[29] 알렉산드리아의 키릴로스가 '새 생명으로 부활하는 자들은 육체적이지 않고 천사 같은 존재에 참여하도록 예정되었다'고 선언한 내용,[30] 그리고 키프리아누스가 처녀들에게 "우리가 모두 될 그 모습이 너희에게는 이미 시작되었느니라. 내세 부활의 영광을 너희는 이미 소유하였으니, 생명의 오염 없이 삶을 영위하고 있느니라. 순결과 처녀성을 견지함으로 너희는 하나님의 천사들과 동등하니라."고 언급한 것이 해당된다.[31] 다른 주석자들은 예수께서 천사의 삶에 대해 언급하신 내용의 해석에 더욱 신중해야 하며, 메시아의 말씀이 단순히 천사와의 유사성이나 동등성을 시사하는 것이 아니라 부활을 이룬 자들이 어떤 방식으로든 실제 천사의 상태로 변모할 것을 의미한다고 주장하였다. 이들 중 오리겐은 부활의 시대에 '천사와 같아질 자들은 그러므로 천사가 될 것'이라고 주장했다.[32] 이후 세기에 메토디우스 역시 처녀들은 '몸이 천사의 형상으로

---

28 Luz, *Matthew 21-28*, 40, 73.

29 Sermon 362 in Augustine, *Sermons: III/10 (341-400)*, 322.

30 Sermon 136 in Cyril, *A Commentary on the Gospel According to St. Luke*, trans. R. Payne-Smith (Oxford: Oxford University Press, 1859), 638.

31 Cyprian, *"Treatise IV: On the Dress of Virgins,"* in *The Treatises of S. Caecilius Cyprian* (Oxford: John Henry Parker, 1889), 129, §13.

32 Homily 39 in Origen, *Homilies on Luke*, 159, §2.

변화되는 것에 대해 명상하고 마음을 집중해야 한다'고 주장했다.[33]

이러한 의미에서, 복음서의 사두개인 이야기는, 이전 장에서 논의한 바와 같이, 초대 교회가 동정성과 순결 그리고 금욕주의에 집착하게 된 동기가 되었다. 이러한 특징은 4세기 금욕주의 관련 문헌의 저자들과 초기 기독교 수도원주의 옹호자들 사이에서 두드러지게 나타난다. 그들은 자신의 신념을 뒷받침하기 위해 예수와 사두개인들 사이의 논쟁을 자주 인용했다. 예를 들어, 이미 언급한 바와 같이 요한 크리소스톰 같은 교부들은 이렇게 주장했다:

> 결혼이 현세에만 국한되어 있고 장래에는 사람이 결혼하지도 않고 시집도 가지 않을 것이다. 현세가 끝을 향해 달려가고 부활이 문턱에 다가왔다면, 지금은 결혼할 때가 아니다. 우리는 세속적인 것들을 버려야 한다.[34]

또한, 이전의 선배들과 달리 이들 중 일부 주석자들은 예수께서 하신 말씀의 성취를 종말론적 미래로 유보하지 않고 이 땅에서 이미 '천사와 같아진' 금욕주의자들과 수도사들에게서 이루어지고 있다고 주장했다.[35]

---

33 Discourse II, Theophilia in Methodius, *The Writings of Methodius Etc.*, ed. Alexander Roberts and James Donaldson, Ante-Nicene Christian Library: Translations of the Writings of the Fathers (Edinburgh: T & T Clark, 1869), 19, §VII.

34 John Chrysostom, *"On Virginity,"* 109, §LXXIII.1.

35 François Bovon, *Luke 3: A Commentary on the Gospel of Luke 19:28-24:53*, ed. Helmut Koester, trans. James Crouch, Heremeneia - A Critical and Historical Commentary on the Bible (Minneapolis: Augusburg Fortress, 2012), 75. Here Bovon particularly has in mind ancient texts such as Cyprian, *Treatise II: On the Dress of Virgins*, 5.

이 땅의 삶과 부활한 삶 그리고 천사적 삶 사이의 정확한 관계에 관한 이견을 제외하면, 공관복음 본문 마태복음 22:30, 누가복음 20:35-36, 마가복음 12:25은 초기 교회 주석자 대다수가 놀라울 정도로 일관된 해석을 내놓았다. 이들은 결혼이 오직 이 땅에서만 개인을 남편과 아내로 묶어주는 제도라는 점을 명확히 인정했을 뿐만 아니라[36] 일관되게 불멸의 시대에는 성적 결합(그리고 성적 욕망)이 목적론적으로 소멸될 것이라는 점에 초점을 맞추었다. 이 구절에서 초대 교회의 '절제되지 않은 욕망의 짐으로부터의 해방이라는 종말론적 사회 윤리'가 탄생했다.[37] 이전에 이 의제가 주로 독신 및 금욕주의와 관련된 관행을 장려함으로써 실현되었으며, 결국 동정성의 종말론적 우월성에 대한 신학적 주장으로 이어졌음을 다룬 바 있다.

이 개념에 대한 신봉은 첫 천년기 후반 내내 줄곧 지속되었다. 비록 윤리적·목회적 적용에서는 항상 일관적이지 않았지만, 적어도 신학적 가르침에서는 분명히 그러했다. 실제로 데이비스와 앨리슨은 복음서에 등장하는 사두개파 관련 구절이 교회 역사 전체를 통틀어 너무나도 교훈적이어서 '천국에서 성관계를 가질 것이라는 생각

---

36 Tertullian is perhaps the closest example of a dissenting voice within the tradition. Whilst maintaining that Jesus had indeed taught that resurrected individuals would no longer be married to each other in the age to come, he does suggest that married couples would continue to enjoy an important degree of continuity in their relationship. 'In eternity, it is true, they neither marry nor are married, but shall be like the angels. Yet, does it follow that because the marriage relationship is not restored, therefore we shall not be bound to spouses who have gone before us in death? On the contrary, we shall be all the more closely bound to them since we are to lead a life superior to that which we have known before'. Tertullian, *Treatises on Marriage and Remarriage*, ed. Johannes Quasten and Joseph C. Plumpe, vol. 13, Ancient Christian Writers: The Works of the Fathers in Translation (Westminster, Maryland: The Newman Press, 1951), 92, §10.

37 Cloutier, "Composing Love Songs," 73.

을 품은 사람은 전혀 없다'고 지적한다.[38] 중세 후기에 궁정적 사랑 (*Courtly Love, Fin'amor*)이 등장하고, 그 시대 일부 사람들이 천상의 삶을 낭만화하고 성적으로 묘사하려는 시도가 있었음에도 불구하고,[39] 결혼적 유대 관계, 특히 성적 유대 관계가 현세에만 국한된다는 신학적 개념은 2천년기 전반기에 걸쳐 교회 지도자들과 성경 주석자들 사이에서 이견 없이 유지되었다.

여기서 궁정적 사랑의 영향과 중세신학의 형성을 이해할 필요가 있다. 11세기 말 남부 프랑스의 트루바두르(Troubadour) 전통에서 발원한 '궁정적 사랑'은 중세 후기 귀족 사회의 가치 체계를 재편한 독특한 문화적 현상이다. 이는 단순한 남녀 간의 애정을 넘어, 봉건적 충성심과 기독교적 금욕주의 그리고 문학적 상상력이 결합된 고도의 윤리적·사회적 규범으로 작용하였다. 궁정적 사랑의 가장 두드러진 특징은 봉건제의 '주종 관계'를 남녀 관계로 치환한 데 있다. 기사는 연모하는 여인을 자신의 주군(Lord)과 동일시하며, 자신을 그 아래 복속된 가신(Vassal)으로 설정한다.[40] 이러한 관계 설정은 여성을 성

---

38 William David Davies and Dale C. Allison Jr, *A Critical and Exegetical Commentary on The Gospel According to Saint Matthew*, vol. 3 (Edinburgh: T&T Clark, 2005), 320, n. 67.

39 For example, a twelfth century French court chaplain sought to depict heaven as a 'paradise of unlimited physical gratification [. . .] a dormitory of "bridal beds" where valiant knights chose their tender loves before indulging in carnal pleasures'. Andreas Capellanus, *On Love*, trans. P.G. Walsh (London: Duckworth, 1982), 113-115. McDannell and Lang note that Milton's depiction of the angelic life in Paradise Lost, similarly postulates the existence of sexual intimacy in the heavenly realms. See, Colleen McDannell and Bernhard Lang, *Heaven: A History* (New Haven, USA: Yale University Press, 1988), 232.

40 C. S. Lewis, *The Allegory of Love: A Study in Medieval Tradition*, Oxford University Press, 1936. Lewis identifies humility, courtesy, adultery, and the religion of love as the four core elements of courtly love.

녀화하거나 신성시하는 경향으로 이어졌으며, 세속적 정열을 종교적 헌신과 유사한 층위로 격상시켰다. 이 과정에서 사랑은 단순한 감정의 분출이 아닌, 엄격한 예절과 규범을 준수해야 하는 일종의 '수련'이 된다. 궁정적 사랑은 성취보다 '갈망' 자체에 가치를 둔다. 대개 도달할 수 없는 상층 계급의 유부녀를 대상으로 하는 이 사랑은 태생적으로 결핍과 고통을 내포한다.[41] 하지만 기사는 이러한 고통을 인격을 고양하고 기사도적 덕목을 완성하는 필수적인 과정으로 수용하였다. 특히 '순수한 사랑'(*Amor Purus*)라 불리는 관습은 육체적 결합을 유예하거나 절제함으로써 정서적·정신적 일치를 극대화하는 금욕적 성격을 지니는데, 이는 육체적 탐닉을 영혼의 하락으로 보았던 오리겐적 금욕주의의 세속적 변용으로도 해석될 수 있다. 이러한 사랑의 문법은 랜슬롯과 기네비어, 트리스탄과 이졸데 등 당대 로맨스 문학을 통해 정형화되었다. 문학 속에서 기사는 연인을 위해 불가능한 임무를 수행하며 자신의 용맹과 세련된 매너를 증명한다. 이러한 문화적 흐름은 거친 전사 계급이었던 기사들에게 시적 감수성과 세련된 예법(Courtesy)을 요구하게 되었으며, 결과적으로 유럽 문명 특유의 '에티켓'과 현대적 '로맨틱 러브'의 원형을 형성하는 데 기여하였다.[42] 중세 후기의 궁정적 사랑은 정략결혼이라는 경직된 제도 속에서 소외된 인간의 열망을 문화적·예술적 층위에서 해소하려는 시도였다. 비록 그것이 현실의 제도와 충돌하는 '혼외적' 성격을 띠었음

---

41 Maurice Valency, *In Praise of Love: An Introduction to the Love-Poetry of the Renaissance*, Macmillan, 1958.

42 Georges Duby, *The Knight, the Lady and the Priest: The Making of Modern Marriage in Medieval France*, (University of Chicago Press, 1983), 88-96.

에도 불구하고, 인간의 본능을 고귀한 예법과 정신적 가치로 승화시
켰다는 점에서 서구 정신사에서 중요한 위치를 점한다.

12세기 유럽은 '성모 마리아의 세기'라 불릴 만큼 성모 마리아 공
경(Mariology)이 급격히 확산된 시기였다. 동시대에 유행한 궁정적
사랑은 성모 공경의 언어와 형식에 강력한 영향을 끼쳤으며 교회는
세속적인 기사도적 열정을 성모를 향한 종교적 헌신으로 정화하여 흡
수하였다. 이러한 상호 작용은 세속과 성(聖)의 경계를 허물며 중세
특유의 여성 숭배 문화를 형성하였다. 마리나 워너(Marina Warner)
는 자신의 저서 『홀로 모든 성별 중에: 성모 마리아의 신화와 숭배』
(*Alone of All Her Sex: The Myth and the Cult of the Virgin
Mary*)에서 성모 마리아에 관한 역사적, 문화적, 신학적 분석을 다뤘
다. 그녀에 의하면, 궁정적 사랑에서 기사가 연인을 부르는 칭호 '나
의 주인'(Midons)과 그녀에게 바치는 절대적 복종은 신자가 성모 마
리아를 '하늘의 여왕'으로 모시며 스스로를 그녀의 '종'으로 자처하
는 종교적 태도와 구조적으로 일치한다.[43] 트루바두르들의 시 속에서
연인을 찬양하는 수사학은 성모 찬가(Hymn)의 표현법을 그대로 가
져온 경우가 많았으며, 이는 세속적 사랑에 종교적 신성함을 부여하
는 결과를 낳았다. 궁정적 사랑과 성모 공경은 서로를 거울처럼 비추
며 발전하였다. 세속적 사랑은 성모의 신성을 빌려 고귀함을 획득하
였고 종교적 신심은 기사도의 정열적인 언어를 빌려 대중적 설득력
을 얻었다. 이 두 흐름의 결합은 육체적 본능을 넘어선 '정신적 고귀

---

43 Marina Warner, *Alone of All Her Sex: The Myth and the Cult of the Virgin Mary*,
   Vintage, 1976, pp.162-176.

함'을 찬미했던 오리겐적 이상이 중세라는 토양 위에서 세속적 양식으로 재탄생한 결과물이라 평가할 수 있다.

이러한 상황적 배경 가운데 중세 교회는 종말론적 천사적 삶(*vita angelica*)을 선취하는 표현으로서의 동정성(virginity)이라는 모티프를 강조하기 위해 이 구절들을 계속 활용했다. 이는 12세기에 클레르보의 베르나르도(Bernard of Clairvaux)의 물음에서 잘 드러난다. "누가 독신으로 살겠다고 서원한 삶을 천상적이며 천사적이라고 부르는 것을 두려워하겠는가? 그들이 그러하듯 당신도 결혼하지 않았으니, 부활 후 언젠가 모든 선택받은 자들이 하늘의 천사처럼 될 그 모습 그대로, 오늘날에도 그렇게 되지 말아야 할 이유가 무엇이겠는가?"[44] 종교개혁자들은 이 공관복음서 단편에 대한 초대교회 선배들의 주해와 해석을 되풀이하는 경향이 있었다. 마태복음 설교에서 루터는 부활 때에는 결혼하지 않을 것이라고 주장했다:

일곱 형제는 아내를 두는 일에 신경 쓰지도 않을 것이며, 이 세상에서처럼 삶의 필수품을 요구하지도 않을 것이다. 그렇지 않으면 천국이 더러운 곳이 될 테니. 아내는 더 이상 남편의 소유가 아니다. 아내를 맞이하고 자녀를 낳는 일도 그때는 사라질 것이다.[45]

그는 고린도전서 해설에서도 이 기조를 반복한다: "요컨대, 세속적

---

44 Bernard, "*In Labore Messis 5*," 2, §255. Cited in Leclercq, *The Life of Perfection*, 30.

45 Martin Luther, "Matthew 18-24, Expounded in Sermons," in *Sermons on the Gospel of St. Matthew: Chapters 19-24*, ed. Benjamin T.G. Mayes, Luther's Works (Saint Louis: Concordia Publishing House, 2014), 138.

재화의 본질에 속하고 세속적 삶과 행위의 일부인 모든 것은 사라질 것입니다. 그것이 바로 그리스도께서 마태복음 22:30에서 가르치신 바입니다."[46] 그리고 창세기 강의에서 그는 이렇게 말했다. "천상의 삶(마태복음 22:30)에서는 육체적인 활동이 끝납니다. 죽음에서 부활한 후 먹지도, 마시지도, 결혼하지도 않을 것이기 때문입니다."[47] 루터의 친구이자 동료인 필립 멜랑흐톤(Philip Melanchthon)도 지상의 육체적 삶과 부활의 시대 사이의 불연속성을 언급하며, 예수님이 '부활 후에 행복하고 복된 자들의 상태를 우리에게 보여 주시고, 장차 올 세상에 관한 터무니없는 의견을 거부하신다'고 주장했다.[48] 칼뱅은 부활한 삶과 천상의 삶의 유사점(그리고 실제로는 차이점)을 다음과 같이 설명하였다:

그는 부활 시 하나님의 자녀들이 모든 면에서 천사와 같아진다는 뜻이 아니라, 단지 현세적 삶의 모든 연약함에서 벗어나 더 이상 쇠약함과 부패 상태에 따른 필요성에 종속되지 않을 정도로만 같아진다는 의미이다. 누가는 그들이 더 이상 죽지 않을 것이므로 지상에서처럼 후손을 늘릴 필요가 없어질 것이라고 말함으로써 이 비유의 의미를 더욱 명확히 한다.[49]

---

46 Martin Luther, "Commentary on 1 Corinthians 15," in *Commentaries on 1 Corinthians 7, 1 Corinthians 15; Lectures on 1 Timothy*, ed. Hilton C. Oswald, Luther's Works (Saint Louis: Concordia Publishing House, 1973), 172.

47 Martin Luther, "Lectures on Genesis: Chapters 1–5," in *Luther's Works*, ed. Jaroslav Pelikan, Luther's Works (Saint Louis: Concordia Publishing House, 1958), 111.

48 Augustin Malorat, ed. *A Catholike and Ecclesiasticall Exposition of the Holy Gospell After S. Mathewe: Gathered Out of All the Singular and Aproved Deuines (Which the Lorde Hath Geven to Hys Church)* (London: Marshe, Thomas, 1570), 509.

49 John Calvin, *A Harmony of the Gospels: Matthew, Mark, Luke - Volume III*, ed. David W. Torrance and Thomas F. Torrance, trans. A.W. Morrison, Calvin's Com-

에라스무스는 부활 시에 '아무도 아내를 취하지 않을 것이며 아무도 딸을 시집보내지 않을 것이요, 오히려 하늘에 있는 하나님의 천사들처럼 결혼을 알지 못하리니 그들 가운데 죽음이 없기 때문이라'고 주장하며, 가톨릭과 개신교 동시대인들에게 공통적으로 나타나는 해석적 일관성을 보여주었다.[50] 또한 2천년 중반의 신학자들은 초대 교회의 선배들과 마찬가지로, 다가올 시대가 현 시대의 직접적이고 연속적인 연장선상에 있지 않으며, 부활할 자들의 천사 같은 불멸성은 지속적인 번성을 필요로 하지 않을 것이라는 점에 동의했음이 분명하다. 부활한 삶에는 성적 결합이 자리할 수 없으므로, 남성과 여성은 더 이상 결혼으로 서로 묶일 필요와 그럴 욕구도 느끼지 않을 것이다.

그러나 종교개혁자들이 초기교회 신학자들과 해석학적 일치를 보였음에도 불구하고, 그들이 이 구절들의 종말론적 의미가 윤리적 행동에 미치는 중요성을 강조하지 않은 점은 수용사신학(reception history)에서 뚜렷한 차이가 있다는 것을 의미한다. 초대 교회가 독신 생활과 금욕주의 그리고 평생의 순결을 통해 기쁨으로 살아가는 독신 종말론을 기대했던 반면, 종교개혁자들은 부활 후 찾아오는 싱글 생활의 기쁨을 강조하므로 독신을 목적론적 미래 시대에 속한 현실로 제한하는 경향을 보였다. 즉, 그들은 독신 생활의 종말론적 의미에 관해 사두개파의 전통적인 해석을 유지하면서, 그러한 해석이 지금 기독교 개인에게 윤리적으로 시급한 문제일 수 있다는 느낌을

---

mentaries (Edinburgh: The Saint Andrew Press, 1972), 31.

50 Erasmus, *Paraphrase on Mark*, ed. Robert D. Sider, trans. Erika Rummel, Collected Works of Erasmus (Toronto: University of Toronto Press, 1988), 146. See also, Erasmus, *Paraphrase on Luke 11-24*, ed. Robert D. Sider, trans. Jane E. Phillips, Collected Works of Erasmus (Toronto: University of Toronto Press, 2003), 167.

약화시키려 했다.

이 성경 구절들에 대한 유사한 해석은 제2천년기(second millen-
nium) 후반부 내내 지속되었다. 19세기 중반에 글을 쓴 찰스 스펄전
은 '미혼자의 부활의 삶이 우리의 현재 자연적 삶보다 더 높은 차원의
것'이라고 단언했다.[51] 마찬가지로 라일(Ryle)도 주석하기를, "예수께
서 부활의 몸이 비록 육체적이긴 하지만 지금 가진 몸과는 매우 다른
구조와 다른 필요성을 지닌 몸이 될 것이라고 말씀하셨다. 결혼과 출
산 그리고 끊임없는 주민의 교체는 더 이상 필요하지 않을 것이다."라
고 했다.[52] 19세기 말 굴드(Gould) 역시 해석하기를, "예수께서 부활
하게 하실 뿐만 아니라 육체를 변화시켜 결혼이 부활에 포함되지 않
게 하실 권능도 가지셨다. 결혼은 미래 상태의 일부가 아니다."라고
했다.[53] 불과 몇 년 후 플러머(Plummer)는 '죽음의 폐지는 인류를 멸
종으로부터 보존하기 위한 목적을 가진 결혼의 폐지를 수반한다'고
썼다.[54] 20세기 초 주석자들도 이에 동조하며, 자신들이 알고 있는 삶
과 다른 무덤 너머의 삶을 상상할 수 없거나 상상하려 하지 않는 사두
개인들을 비판했다. 살몬드(Salmond)가 결론 지은 대로, "하나님의
능력은, 사두개인들이 상상한 것처럼, 하나의 존재 질서에 국한되지

---

51 C.H. Spurgeon, *Commentary on Matthew: The Gospel of the Kingdom* (Edinburgh:
The Banner of Truth Trust, 2010), 340.

52 J.C. Ryle, *Matthew: Expository Thoughts on the Gospels*, ed. J.I. Packer Alister Mc-
Grath, The Crossway Classic Commentaries (Illinois: Crossway Books, 1993), 233-4.

53 Ezra P. Gould, *A Critical and Exegetical Commentary on the Gospel According to St.
Mark*, ed. Samuel Rolles Driver, Alfred Plummer, and Charles Augustus Briggs, The
International Critical Commentary (Edinburgh: T. & T. Clark, 1897), 229.

54 Alfred Plummer, *The Gospel According to S. Luke*, ed. Alfred Plummer, Samuel
Rolles Driver, and Charles Augustus Briggs, 4th ed., The International Critical Com-
mentary (Edinburgh: T&T Clark 1901), 469.

않는다. 그분은 죽음과 출생 그리고 결혼도 없는 삶을 제공하실 수 있다."[55] 핀들레이(Findlay)는 예수님이 '성관계의 육체적 측면이 죽음 이후에 지속되지 않음을 분명히 하셨다'고 했으며,[56] 크리드(Creed)는 결혼이 '다음 세상에서는 더 이상 필요하지 않다'[57]고 했다.

그런데 19세기와 20세기 초 개신교 주석자들은 이처럼 일관된 해석을 선호했음에도, 그 해석에 현세적 기독교 생활에 주는 목회적·윤리적 의미를 내포시키지 않았다. 그들은 이 구절들이 기독교 내에서 싱글 생활을 적극적으로 장려할 수 있다는 의미에는 회의적이었을 뿐만 아니라, 19세기의 주석자들에게 반론을 제기하기도 했다:

우리는 묻는다. 지상에서 가장 거룩한 유대 관계가 저 곳에서도 지속되지 않겠는가? 죽음이 갈라놓을 때까지 서로 사랑했던 남편과 아내는, 그 생명을 얻기에 합당하다고 여겨지는 다른 이들과 다를 바 없겠는가? 개인적인 인식도, 과거의 기억 위에 세워진 사랑의 지속도 없을 것인가?[58]

결혼의 종말론적 소멸과 새 창조 속에서의 부부 간 지속적인 관계

---

55 S.D.F Salmond, *St. Mark: Introduction - Revised Version with Notes, Index and Map*, ed. W.F. Adeney, The Century Bible (Edinburgh: T.C. & E.C. Jack, Ltd, 1925), 334.

56 J. Alexander Findlay, *The Gospel According to St. Luke: A Commentary* (London: Student Christian Movement Press, 1937), 210.

57 John Martin Creed, *The Gospel According to St. Luke* (London: MacMillan and Co., Limited, 1930), 249.

58 Lewis W. Sunderland and Henry M. Booth, *The Preacher's Complete Homiletic Commentary on the Gospel According to St. Matthew* (Grand Rapids: Baker Book House, 1980), 520. See also, James Morison, *A Practical Commentary on the Gospel According to St. Matthew*, Seventh ed. (London: Hodder and Stoughton, 1890), 414.

적 친밀성에 관한 이러한 불안한 질문들은 가정 내 로맨틱한 사랑의
중심성과 그러한 사랑이 영원하다는 대중적 관념이 널리 퍼진 감수성
의 결과였다. 실제로 19세기의 '감정 혁명'은 대단히 두드러져서 그
세기 말에는 '하늘에서 떠난 가족을 만나는 것이 하나님과의 연합보
다 더 시급한 관심사가 되었으며 하늘에서의 낭만적 사랑과 감성적인
가정 생활이 중산층의 감성 구조에 깊이 뿌리내렸다'.[59]

그 결과 신학자와 교회 지도자 그리고 성직자 모두 '사후에도 결혼
이 지속된다는 점을 인정하면서도 '부활 때에는 사람이 아내도 없고
남편도 없으며 하늘에 있는 하나님의 천사들과 같이 되리라'는 가르
침을 고수하려는' 미묘한 경계선을 유지했다.[60] 그러한 예를 1851년
신학자 헨리 하버그(Henry Harbaugh)의 저작에서 찾아볼 수 있다.
그는 비록 지상의 결혼 제도가 내세로 이어지지는 않겠지만, '신비롭
고 영적인 의미에서 반드시 지속될 것이며 지상에서 아름답고 거룩했
던 그 애정은 하늘에서 완전하고 영원해질 것'이라고 주장했다.[61] 더
중요한 패러다임은 빅토리아 여왕의 궁정 목사 찰스 킹슬리(Charles
Kingsley)의 서신에서 발견된다. 그는 '결혼은 너무나 영적이고 영원
하며 순수하고 신비로워서 죽음이 깨뜨릴 수 없는 영원한 결합이다'
라고 믿었다.[62] 마태복음 22장에 대해 그는 이렇게 썼다:

---

59 McDannell and Lang, *Heaven: A History*, 229. Authors and poets such as Emmanuel
Swedenborg, John Milton, and Henry More were particularly instrumental in estab-
lishing such sensibilities.

60 McDannell and Lang, *Heaven: A History*, 259.

61 Henry Harbaugh, *Heavenly Recognition* (Philadelphia: Linday & Blakiston, 1851),
250.

62 Charles Kingsley, *His Letters and Memories of His Life*, ed. Fanny Kingsley (London:
Kegan Paul, Trench & Co., 1884), 75.

이 본문에 대해 내가 말할 수 있는 것은, 그것이 나와 내 아내와는 아무런 관련이 없다는 것뿐이다. 내가 믿는 이 결합은 내 영혼만큼 영원하다. 내가 말할 수 있는 것은, 내가 이 세상에서 그러하듯 저 세상에서도 아내를 온몸과 영혼으로 사랑하지 않는다면, 내 육체나 영혼의 부활이 아니라 다른 어떤 부활일 뿐이며, 나는 더 이상 내가 아니라는 것이다.[63]

킹슬리의 마태복음 22장 해석은 동시대 학자들 사이에서 소수에 불과하지만 궁지에 몰릴 때면 대체로 사두개인 관련 본문의 역사적 해석을 고수했다. 그의 저술은 19세기 및 20세기 초 주석자들이 고심했던 긴장감의 표출이다. '새롭게 발견된' 낭만적 사랑의 중심성과 영원히 지속되는 속성에 대한 신봉은 종종 사두개인들에게 하신 예수님의 말씀의 중요성을 더욱 약화시켰고, 심지어 이를 완전히 재해석하려는 시도까지 낳았다.

20세기 전반의 정치적 혼란으로 인해 사회의 시선이 가정에서 벗어나 국가적·세계적 차원에 집중되었다. 이 과정에서 낭만적 사랑의 영원한 지속성에 대한 집착이 불필요한 정도는 아니지만 분명히 덜 시급한 문제가 되었다. 그 결과 당시 사두개인들과 예수님의 대화에 대해 논평한 이들은 대체로 직설적인 해석학적 접근을 선호했다. 즉 예수님의 질문자들이 '자신들의 경험 범위 밖의 완전히 다른 질서를 창출할 수 있는 능력이 부족함을 드러냈다'고 지적하는 관점을 견지했다.[64] 주석자들은 예수께서 모든 결혼 관계의 종료를 설득력 있게

---

63 Kingsley, *His Letters*, 230-1. See also Kingsley, *His Letters*, 75, 312, 345, 357.

64 Henry Swete, *Commentary on Mark: The Greek Text with Introduction, Notes and Indexes* (Grand Rapids, Michigan: Kregel Publications, 1977), 280. See also, James

제시했다'고 보았다. 왜냐하면 인간은 자신의 인격으로 영원히 살아
가므로 지상의 삶을 미래로 이어갈 후손을 낳을 필요가 없기 때문이
다.[65] 이러한 의미에서 20세기 중반에 나온 주석은 일반적으로 '부활
에서는 삶과 결혼 그리고 출산이 무관하다'고 해석한다.[66]

몇몇 주목할 만한 예외를 제외하면,[67] 현대 성경 학자들은 대체로

Branscomb, *The Gospel of Mark*, ed. James Moffatt, The Moffatt New Testament Commentary (London: Hodder and Stoughton, 1937), 217–8; Jospeh Dillersberger, *The Gospel of Saint Luke* (Cork: The Mercier Press, 1958), 484. William Lane, *The Gospel According to Mark: The English Text with Introduction, Exposition and Notes* (London: Marshall, Morgan & Scott, 1974), 428; Swete, Commentary on Mark, 280.

65 Dillersberger, *Saint Luke*, 484.

66 William Foxwell Albright and Christopher Stephen Mann, *Matthew*, ed. William Foxwell Albright and David Noel Freedman, vol. 26, The Anchor Bible (New York: Double Day & Company , Inc. , 1971), 273.

67 A small number of contemporary theologians do propose alternative exegesis of these verses. Chief amongst them is Ben Witherington III who argues that 'Jesus is answering specifically the case in point without necessarily saying anything about marriage apart from Levirate marriage [. . .] Jesus does not say there will be no more marrying in the next age [. . .] The concept of bodily resurrection indicates that there is some continuity between this age and the next, which leaves the door open for continuity in the existence of marriage.' (Ben Witherington III, *Women in the Ministry of Jesus: a Study of Jesus' Attitudes to Women and their Roles as Reflected in his Earthly Life*, ed. R. MdL Wilson, vol. 51, Society for New Testament Studies: Monograph Series (Cambridge: Cambridge University Press, 1987), 150–1.) See also Ben Witherington III, *The Gospel of Mark: A Socio-Rhetorical Commentary* (Grand Rapids Michigan: Wm. B. Eerdmans Publishing, 2001), 328. A similar argument is made by Hans Schaeffer who argues that Jesus only speaks about there being no new marriages, and that whilst the 'marital relationship will of course in the eschaton have changed in character [. . .] the relational aspect, however, can have the same place as in the created reality we now experience'. See Schaeffer, *Createdness*, 340. Those who oppose this reading include Luz, *Matthew 21–28*, 40, 71, Note #19; John Nolland, *Luke 18:35–24:53*, ed. Ralph B. Martin, vol. 35c, Word Biblical Commentary (Nelson Reference & Electronic, 1993), 965–6; Robert H. Stein, *Mark*, ed. Robert W. Yarbrough and Robert H. Stein, Baker Exegetical Commentary on the New Testament (Grand Rapids, Michigan: Baker Academic, 2008), 554, Note #8. Other non-traditional readings have been proposed by J. Denney, "The Sadducees and Immortality," *Mark XII* (1894): 403; John J. Kilgallen, "The Sadducees and Resurrection from the Dead: Luke 20,27–40," Biblica 67, no. 4 (1986): 482–7; Bradley R. Trick, "Death, Covenants, and the Proof of Resurrection in Mark 12:18–27," *Novum Testamentum* 49, no. 3 (2007): 232–256.

동일한 해석적 흐름을 이어가고 있다. 최근 주석에서 일관되게 제기되는 주제는 사두개파의 기대, 즉 그러한 부활의 삶이 존재한다면 그것은 단순히 지상 생명의 연장일 것이라는 관점에 대한 비판이다. 예를 들어, 해그너(Hagner)는 마태복음 22장에서 사두개인들이 제기한 신학적 딜레마가 사실은 '현세 생활을 미래 세대로 잘못 추론한 데서 비롯된 상상의 문제'라고 지적한다.[68] 반면 블롬버그(Blomberg)는 부활한 육체가 '성관계 능력을 포함한 현재의 육체와 정확히 동일할 것'이라고 가정하는 그들의 태도를 비판한다.[69] 그린(Green)은 누가복음 서술에서 예수님의 답변이 '종말론적 비전의 재정립을 통한 인간 관계의 재정립'을 제시한다고 지적하고,[70] 만(Mann)은 마가복음 12장이 부활의 삶을 '완전히 다른 질서'로 묘사하며, 성경은 '그 모든 비유적, 시적, 또는 소박한 표현에도 불구하고 사두개인들이 저지른 것과 같은 혼란을 결코 일으키지 않는다'고 논평한다.[71] 현대 주석

---

68 Hagner, *Matthew 14-28*, 14, 641.

69 Craig L. Blomberg, *Matthew: an Exegetical and Theological Exposition of Holy Scripture*, vol. 22 (N.p.: B&H Publishing Group, 1992), 333. See also, Francis Wright Beare, *The Gospel According to Matthew: Translation, Introduction, and Commentary* (Cambridge, Massachusetts: Hendrickson Publishers, 1981), 441; Luz, *Matthew 21-28*, 40, 70; Sean Douglas O'Donnell, *Matthew*: All Authority in Heaven and on Earth, ed. R. Kent Hughes, Preaching the Word (Illinois: Crossway, 2013), 647; R.C. Sproul, *Matthew*, St. Andrew's Expositional Commentary (Wheaton, Illinois: Crossway, 2013), 639.

70 Joel B. Green, *The Gospel of Luke*, ed. Gordon D. Fee, The New International Commentary on the New Testament (Grand Rapids, Michigan: William B. Eerdmans Publishing Company, 1997), 720. See also, Nolland, *Luke 18:35-24:53*, 35c, 965; Phillip Graham Ryker, *Luke*, ed. Richard D Phillips and Philip Graham Ryken, vol. 2, Reformed Expository Commentary (Phillipsburg: P&R Publishing, 2009), 379; C. Marvin Pate, *Luke*, Moody Gospel Commentary (Chicago: Moody Press, 1995), 386; Bock, *Luke: Volume 2*, 2, 1662-3.

71 C.S. Mann, *Mark: A New Translation with Introduction and Commentary*, ed. William Foxwell Albright and David Noel Freedman, The Anchor Bible (New York: Doubleday & Company, Inc, 1986), 475. See also Paul Barnett, *The Servant King:*

자들도 부활의 삶에 결혼이 존재하지 않을 이유에 대해 선배 학자들의 견해에 대체로 동의한다. '번식은 출생과 성장 그리고 죽음이 없는 천상의 삶이 아닌 지상의 삶에 속하기 때문이다'.[72] 마찬가지로 스타인(Stein)은 논평하기를 '지상의 결혼은 번식을 목적으로 하지만 부활에서는 더 이상 번식이 필요하지 않다'고 했다.[73]

'이 천상의 시나리오에는 결혼 사상이 없다'[74]는 정통적인 해석의 명확한 집착에도 불구하고, 19세기에 들어서서 우려했던 해석들이 우후죽순 나타났다. 예를 들어, 라이커(Ryker)는 '행복한 결혼 생활을 영위하는 기독교인들에게 예수님의 결혼에 관한 말씀은 다소 실망스러우며, 많은 남편과 아내들이 자신들의 결혼이 영원히 지속되지 않을 것이라고 상상하기 어려울 것이다'라고 논평했다.[75] 오도넬(O'Donnell) 역시 다소 과장되게, "우리 대부분에게 '영원한 진정한 사랑'이라는 개념은 단순한 청소년기의 환상이 아니라 오히려 인간

Reading Mark Today (Sydney: Anglican Information Office, 1991), 475.

72 Richard T. France, *The New International Commentary on the New Testament: The Gospel of Matthew* (Grand Rapids, Michigan: Eerdmans, 2007), 839. See also, Chamblin, Matthew, 1090; George Martin, *Bringing the Gospel of Matthew to Life: Insight & Inspiration*, Opening the Scriptures (Ijamsville, Maryland: The Word Among Us Press, 2008), 479; Leon Morris, *The Gospel According to Matthew* (Grand Rapids, Michigan: Wm. B. Eerdmans Publishing, 1992), 560-1; Sproul, *Matthew*, 640; Turner, *The Gospel of Matthew*, 285.

73 Stein, Mark, 554. See also Bock, Luke: *Volume 2*, 2, 1623; R. Alan Cole, *The Gospel According to Mark: An iItroduction and Commentary*, ed. Leon Morris, The Tyndale New Testament Commentaries (Grand Rapids, Michigan: Wm. B. Eerdmans Publishing, 1989), 265; Ryker, Luke, 2, 381-2; Nicholas Thomas Wright, *The Resurrection of the Son of God*, vol. 3 (London: SPCK, 2003), 422.

74 Adela Yarbro Collins, *Mark*, ed. Harold W. Attridge, Hermeneia - A Critical and Historical Commentary on the Bible (Minneapolis: Augsburg Fortress, 2017), 562.

75 Ryker, *Luke*, 2, 379. Likewise, 'Those who have found some of the deepest joys of earthly life in the special bond of a married relationship may be dismayed to hear that that must be left behind'. France, *The Gospel of Matthew*, 839.

의 마음에 뿌리 깊게 박힌 슬로건이기 때문이다."라고 했다.[76] 이전의 동료들 중 일부가 그랬던 것처럼, 현대의 주석자들은 결혼 관계가 죽음 이후에도 지속되어야 한다고 주장함으로써 다가올 시대의 관계적 정체성과 사랑에 대한 더 웅장한 비전을 제시하는 경향이 있다. 스프롤(Sproul)은 말하기를, "결혼이 더 이상 천국에서 제도로 존재하지 않더라도 사랑은 존재할 것[77] 이며, 나는 아내에 대한 나의 사랑이나 그녀의 나를 향한 사랑, 또는 우리가 누리는 친밀함이 천국에서 사라질 것이라고 생각하지 않는다. 오히려 더 좋아질 것이다. 나는 그녀와의 관계가 지상에서 보다 천국에서 더 돈독해질 것이라고 믿는다."라고 했다.[78] 이러한 의미에서 배우자 간의 사랑이 소멸이 아니라 오히려 완성이라고 주장하는 주석자들도 있다. 라이커(Ryker)는 자신의 결혼 생활을 돌아보며 이렇게 기록했다. "나는 지금 아내에 대한 사랑이 얼마나 부족한지 그리고 다가올 시대에는 그 부족한 사랑이 더 완벽하게 충족될지를 기억하는 것은 현실에서 큰 도움이 될 것이다. 그녀는 나와 결혼하지 않은 채로 완벽하게 사랑받는 것이 훨씬 나을 것이다."[79] 이러한 의미에서 배우자 간의 사랑은 종종 결혼 자체보다 오래 지속되는 것으로 해석된다. 그러나 앞서 언급한 사례에도 불구하고, 이 완성된 배우자 사랑은 일반적으로 모든 성도들 사이의 완성된 사랑이라는 더 큰 영역 안에 그 자리를 찾는 것으로 이해된다. 그곳에서는 '인간이 결혼에서 한 사람과 나누는 친밀함이 천국

---

76   O'Donnell, *Matthew*, 642.

77   Sproul, *Matthew*, 640.

78   Sproul, *Matthew*, 640-1.

79   Ryker, *Luke*, 2, 379.

의 기쁨과 사랑 안에서 보편화된다'.[80] 그는 계속해서 언급하기를, "결혼 제도 내에만 존재하던 사랑의 배타성은 사라질 것이며, 지상에서 결혼했던 이들 사이에 존재할 우월하고 완성된 천상의 사랑은 궁극적으로 우리가 모든 성도들과 그런 교제와 그런 관계를 갖게 될 것이다."라고 했다.[81]

그러나 현대 주석자 대다수가 이 구절에 대해 전통 전반을 특징짓는 익숙한 해석을 따르고 있음에도 불구하고, 적지 않은 이들이 결혼의 일시성을 강조하는 해석을 거부하는 종교개혁 이후의 패턴을 따르고 있다. 초대 교회와 달리 현대 기독교는 영원한 독신 상태의 의미를 전적으로 아니더라도 아직 오지 않은 시대에 속하는 것으로 보는 경향이 있다. 결과적으로 현대의 주석자 대다수는 이 구절들이 (종말론적 증언의 잠재적 행위로서) 미혼의 현세적 삶을 찬양하는 신학적 동기를 제공한다고 보지 않으며, 더 나아가 기독교인이 현세에서의 결혼을 삼가며 다가올 시대를 예표하도록 권면하는 것으로 해석하지도 않는다. '현세에서의 희생적 독신과 내세에서의 비혼 사이의 잠재적 단절'에 관한 의문이 넘쳐나지만,[82] 그럼에도 마태복음 22:23-33, 누가복음 20:27-40, 마가복음 12:18-27은 현대 기독교 사상이나 실천에 그다지 중요한 역할을 하지 못했다는 사실은 변함이 없다. 무형의 영혼과 순결의 가치에 대한 믿음이 한때 이 구절을 소중한 보물로 만들었던 반면에 이 구절과 그 전제들은 반대의 입장에 서있는 많은

---

80 Michael Green, *The Message of Matthew* (N.p.: SPCK, 2014), 235.

81 Sproul, *Matthew*, 641. See also, Blomberg, *Matthew*, 22, 333.

82 For further discussion see Hobbs, "Protestant Theology of Celibacy," 186.

이들에게 문제가 되었고 중요한 것에서 주변적인 것으로 전락했다.[83]

5.2. 바울의 '종말론적 독신' 담론과 주석적 난제

독신에 관한 가장 널리 인정받는 핵심 성경 구절은 고린도전서 7장에 있다. 실제로 독신에 대한 신학적 윤리를 다루는 복음주의적 글과 설교 그리고 서적의 대다수는 주로 심지어는 오로지 이 본문만을 근거로 삼는 경향이 있다. 고린도전서 7장은 종종 독신과 관련된 다른 모든 성경 본문들을 해석하는 렌즈가 된다.

사도 바울이 싱글들에게 주는 권면은 결혼과 동정성과 약혼 그리고 부부 간의 성적 친밀함 및 기타 관련 문제들에 대한 윤리적 질문들을 다루기 위하여 전적으로 할애된 고린도전서 7장에 위치해 있다. 싱글 생활에 대한 논의가 7장 전체에 걸쳐 나타나지만, 종말론적 관점에서 본 회수 작업에 특히 중요한 구절은 고린도전서 7:25-31절이다. 이 여섯 구절이 '이 서신서에서 가장 어려운 부분'이라고 할 만큼 다양하고 복잡한 해석학적 문제들로 둘러싸여 있어서 매우 어렵지만 한편으로는 대단히 흥미롭기도 하다.[84] 논란의 여지가 있는 해석학적 문제들 중 본 논문의 범위를 벗어나는 것을 제외하고 범위 안에 있는 나머지 문제들에 대한 분석은 교회 역사 전반에 걸쳐 이 구절들이 어떻게 수용되어 왔는지에 대한 이해를 발전시키는 데 필수불가결하다는 것이 분명해질 것이다. 이러한 분석은 또한 바울이 싱

---

83 Davies and Allison Jr, *Saint Matthew*, 3, 230-1.

84 Sarah K. Whittle, "'Let Even Those Who Have Wives Be As Though They Had None': 1 Corinthians 7:29 and the Challenge of the 'Apocalyptic' Paul," in *Marriage, Family and Relationships*, ed. Thomas A. Noble, Sarah K. Whittle , and Philip S. Johnston (London: Apollos, 2017), 91.

글에 관한 자신의 언급을 특정 문화적·역사적 시점에 국한된 것으로 의도했는지 아니면 초월적 시점을 의도했는지를 파악하기 위하여 해석학적으로 광범위하게 접근해야 한다. 또한 29-31절을 25-27절의 바울적 논리의 연속으로 읽어야 하는지 아니면 별개의 (비록 잠재적으로 관련될 수 있지만) 논리적 흐름으로 읽어야 하는지에 대한 질문들도 포함해야 한다.

따라서 아래 분석은 본문의 전체적인 해석사에 관한 결론을 도출하기 전에, 몇 가지 주해적 핵심 질문들에 대한 역사적 수용(historical reception)에 초점을 맞출 것이다. 이 작업을 마치면, 이 구절들에 대한 최근 주석들이 교회의 과거 역사에서 특징지어졌던 것보다 훨씬 더 다양하고 논쟁적이며 풍성하다는 점이 드러날 것이다.

5.2.1. 신적 명령의 부재 속에 존재하는 신뢰할만한 견해

주목해야 할 첫 번째 해석학적 복잡성은 사도 바울이 '주님께서 주신 직접적인 명령은 없으나, 주님의 자비로 신뢰할 만한 자로서 내 의견을 제시한다'(25절)고 밝힌 서문에 있다. 오늘날 목회적 경향은 이 사도적 판단의 관련성과 중요성을 축소하는 성향이 있지만, 초기 기독교 주석자들은 그 적용적 의미와 권위에 대해 상당히 일관된 평가를 내렸다. 초대 교회가 싱글 생활을 실천하는 데 부여한 존중은 신자들을 위한 현명한 삶의 방식으로 바울의 사도적 견해를 수용했다는 것을 의미한다. 사도 바울은 자신이 사도적 권위를 인정받을 만큼 은혜를 받았기 때문에 조언을 한다고 말한다.[85] 실제로 초대 교회는

---

85 Ambrosiaster, *Commentaries on Romans and 1-2 Corinthians*, ed. Thomas C. Oden

사도 바울의 신뢰할 만한 판단을 토대로 싱글 생활을 장려했지만 현대에는 정반대의 입장을 취하려는 경향이 있다. 이에 대한 예로 제롬의 경우, 사도 바울이 순결을 명령하지 않은 이유는 예수께서 모든 사람이 그러한 삶을 '받아들일' 수 있다고 가르치지 않으셨음을 알았기 때문이라고 주장했다:

> 경주의 주인은 상을 내걸고, 참가자들을 경주로 초대하며, 동정성의 상을 손에 쥐고, 순결의 샘을 가리키며 큰 소리로 외친다. '목마른 자는 다 내게로 와서 마시라.' 그분은 '마셔야 한다, 달려야 한다, 원하든 원하지 않든'이라고 말씀하지 않으셨다. 그러나 달려가서 마실 의지와 능력이 있는 자는 승리할 것이며 만족할 것이다. 그러므로 그리스도께서는 처녀들을 다른 이들보다 더 사랑하시니, 그들은 명령받지 않은 것까지도 기꺼이 내어드리기 때문이다.[86]

개혁자들은 초대교회의 순결한 삶의 우월성을 거부했지만(예를 들어, 루터가 '명령이 없는 곳에는 하나님 앞에서 덕이나 보상도 없다'고 선언했다. 그러면 그 일은 그 자체로 절대적으로 독립적이 된다. 네가 미혼이든 아니든 하나님과는 무관할 것이다'[87]라고 선언한 것처

and Gerald L. Bray, trans. Gerald L. Bray, Ancient Christian Texts (Downers Grove, Illinois: IVP Academic, 2009), 154.

86 Jerome, *"Against Jovinianus: Book I,"* 355, §12.

87 Martin Luther, "Commentary on 1 Corinthians 7," in *Luther's Works: Commentaries on 1 Corinthians 7, 1 Corinthians 15; Lectures on 1 Timothy*, ed. Hilton C. Oswald (Saint Louis: Concordia Publishing House, 1973), 47.

럼), 사도적 명령과 개인의 판단을 구분하는 것은 중요하게 여겼다. 예를 들어, 정통 루터파(Gnesio-Lutheran)이며 독일의 종교 개혁자 틸레만 헤슈지우스(Tilemann Heshusius)는 사도가 명령보다는 조언의 말씀을 제시하므로 의도적인 절제를 보였다고 말한다:

주님께서 무엇인가를 명령하실 때는 회피나 망설임 없이 기꺼운 마음으로 순종해야 합니다. 그러나 인간의 권고에 대해서는 우리가 구속받지 않으며, 그것을 따를지 다른 것을 고려할지는 우리의 자유 의지에 맡겨져 있습니다.[88]

그러나 칼뱅에 따르면, 이러한 구별은 바울의 조언이 '그 안에 의심스러운 점이 있거나 거의 또는 전혀 확고하지 않은 것처럼' 쉽게 무시될 수 있다는 의미로 해석되어서는 안 되며, '분쟁 없이 확고히 지켜져야 할 확실한 것'으로 여겨져야 한다.[89] 16세기 중반 신학자 볼프강 무스쿨루스(Wolfgang Musculus) 또한 바울이 '자신의 판단을 언급할 때, 이는 그가 불확실한 의견 사항을 표현한다는 뜻이 아니다. 바울이 주는 조언은 확실히 선하다'고 확언했다.[90]

19세기 후반과 20세기 초반에 글을 쓴 주석자들은 대체로 이 의견

---

88 Tilemann Heshusius, *Explicatio Prioris Epistolae Pauli ad Corinthios. Proposita piae iuventuti in Academia Ienensi* (Jena: Typis Ernesti Gerani, 1573), 113v–114r. Cited in Scott M. Manetsch, ed. 1 Corinthians, vol. IXa, Reformation Commentary on Scripture (Downers Grove, Illinois: IVP Academix, 2017), 151.

89 Calvin, *Corinthians*, 1, 252.

90 Wolfgang Musculus, *In Ambas Apostoli Pauli ad Corinthios Epistolas Commentarii.* (Basel: Johannes Herwagen, 1566), 123. Cited in Manetsch, *1 Corinthians*, 152.

에 동의했다. 1897년 에드워즈는 바울이 조언을 '단순히 이 세상에서 지혜로운 사람처럼 한 것이 아니라, 그 정도를 초월하여 구원과 사도직의 은혜를 받은 자의 모든 신실함과 진실함으로'했다고 주장했다.[91] 비트(Beet)와 같은 다른 학자들은 대안적 해석을 제시했는데, 특히 바울이 주님으로부터 명령을 받지 않았다고 언급한 것은 해당 주제에 대해 그에게 직접 주어진 특별한 신적 명령이 없음을 말하는 것이 아니라, 오히려 '처녀들의 결혼에 관한 그리스도의 말씀이 복음서에는 발견되지 않는다'는 점을 인정하는 것이라고 주장했다.[92] 핫지(Hodge)와 배럿(Barrett)과 같은 20세기 중반의 주석자들은 사도 바울이 '이 문제에 대해 영감받거나 성령의 인도하심을 받아 명령하기보다는 권고했다'는 점을 인정하는 경향이 있었지만 그의 조언은 존중을 받을 만하다."라고 주장했다.[93] 즉, 비록 인간이었지만 바울은 사도로서 말했으므로, '주님의 직접적인 명령을 인용하지 않았을 때에도 신뢰할 수 있는' 인물이었다는 것이다.[94]

오늘날 복음주의 주석자와 학자들의 대다수는 바울의 권고가 사도적 권위를 갖고 있다고 인정한다. 비록 그 정확한 의미에 대해서는 합의하지 못하더라도 말이다. 예를 들어, 치암파와 로즈너(Ciampa and Rosner)는 바울이 '현대적 의미에서 중립적인 도움을 제공하

---

91 Thomas Charles Edwards, *A Commentary on the First Epistle to the Corinthians*, Third ed. (London: Hodder and Stoughton, 1897), 189.

92 Joseph Agar Beet, *A Commentary on St. Paul's Epistle to the Corinthians*, Fifth ed. (London: Hodder and Stoughton, 1892), 128.

93 Charles Hodge, *A Commentary on the First Epistle to the Corinthians*, Sixth ed., Geneva Series Commentary (London: The Banner of Truth Trust, 1964), 126.

94 Barrett, *Corinthians*, 174.

여 개인이 스스로 자율적인 결정을 내리도록 돕는 상담사처럼 행동한다'는 현대적 개념을 도입해서는 안 된다고 주장한다.[95] 즉, 바울이 명령이 아닌 조언을 제시하고 있지만, 그러한 조언은 가볍게 받아들이거나 개인의 변덕에 맡겨둘 수 있는 단순한 제안이 아니라는 것이다. 미첼(Mitchell)과 같은 다른 학자들은 '이는 바울의 조언이 그가 예수님의 말씀에서 인용한 것보다 덜 영감받은 것이라고 말하는 것이 아니다. 바울은 성령의 영감 아래 조언을 한다'고 주장한다.[96] 이 문제에 대한 사도성의 본질을 이해하고 적용하는 현대적 접근법은 또한 이 주제가 옳은 것 즉 독신으로 남거나 결혼하기로 한 결정과 그 반대의 것 사이의 이분법적 응답을 요구하는 주제가 아니라는 개념에 의해 형성되는 경향이 있다. 오히려 '문제 자체는 명령이 아니고 단지 조언이나 판단의 범주에 속한다'.[97] 따라서 이 문제는 '조언을 받는 이들의 결정과 동의를 요구하며, 그 구별은 옳고 그름 사이가 아니라 '옳은' 것과 '더 나은' 것 사이이다'.[98]

따라서 현대 주석자들은 일반적으로 바울이 (그가 이어서 설명할 신학적 원리에 기반한) 지혜롭고 중대한 조언을 전하고 있지만, 이는 초기 교회에 대한 사도적 권위 행사와 책임의 일부로서 이루어진 것이라고 해석한다. 요약하면, 그가 이렇게 표현한 것이 단순히 '신학

---

95 Ciampa and Rosner, *Corinthians*, 333.

96 Dan Mitchell, *The Book of First Corinthians: Christianity in a Hostile Culture*, ed. Mal Couch and Ed Hindson, Twenty-First Century Biblical Commentary Series (Chattanooga, Tennesse: AMG Publishers, 2004), 113.

97 Fee, *Corinthians*, 328.

98 Ciampa and Rosner, *Corinthians*, 333. See also Ronald L. Trail, *An Exegetical Summary of 1 Corinthians 1–9* (Dallas, Texas: SIL International, 2008), 286.

자 바울이 자신의 이름으로 말하는 것'일 뿐 아니라 '사도적 판단'을 내리는 것이 아니라고 단정하기는 어렵다'.[99]

그러나 오늘날 기독교 담론 내 많은 이들은 결국 이 본문을 단순히 '바울의 의견'으로 취급하며, 그래서 거의 귀 기울이지 않는다.[100] 실제로, 전통 전반에 걸쳐 일관되게 해석되어 온 이 문구의 의미와는 달리, 현대의 목회적 성향은 종종 바울의 조언을 권위와 상관없는 현명한 조언자의 견해로 축소시키는 경향을 보인다. 따라서 사도의 신뢰할 만한 의견인 26-27절의 사도적 판단을 종종 선택적 문제로 여겨 무시하는 경우가 자주 나타난다.

5.2.2. '현재의 고난'

26-27절에서 사도 바울은 '현재의 고난'($\dot{\epsilon}\nu\epsilon\sigma\tau\tilde{\omega}\sigma\alpha\nu$ $\dot{\alpha}\nu\dot{\alpha}\gamma\kappa\eta\nu$)으로 인해 '아내에게 속박되지 않은' 이들에게 계속적인 미혼 생활(ongoing unmarried life)을 권고한다. 이 짧은 구절은 아마도 이 구절에 대한 주석자들 사이에서 가장 중요한 논쟁의 핵심이다. 그러나 이 구

---

99 Joseph A. Fitzmyer, *First Corinthians: A New Translation with Introduction and Commentary*, ed. William Foxwell Albright and David Noel Freedman, The Anchor YaleBible (London: Yale University Press, 2008), 315. See also Lawrence R. Farley, *First and Second Corinthians: Straight from the Heart* (Ben Lomond, California: Concilar Press, 2005), 83; Robert Scott Nash, *1 Corinthians*, ed. Scott R. Nash, Smyth & Helwys Bible Commentary (Macon, Georgia: Smyth & Helwys Publishing Inc., 2009), 213; Pheme Perkins, *First Corinthians*, ed. Mikeal C. Parsons and Charles H. Talbert, Paideia Commentaries on the New Testament (Grand Rapids, Michigan: Baker Academic, 2012), 112. Other commentators suggest that Paul's "opinion" ought to be read within the context of contemporary philosophical rhetoric in which "opinions" were ethical maxims understood as 'clearly distinct from merely personal opinion [. . . but which] served as a kind of proof'. Raymond F. Collins, *First Corinthians*, ed. Daniel J. Harrington, vol. Volume 7., Sacra Pagina Series Collegeville, Minnesota: The Liturgical Text, 1999). 290.

100 Fee, *Corinthians*, 334.

절에 대한 가장 격렬한 논쟁은 과거보다는 현대 학계에서 비롯되었다는 점도 사실이다. 실제로 초기 교회 문헌에는 에네스토산 아낭켄 (ἐνεστῶσαν ἀνάγκην)의 해석에 관한 논평이 상대적으로 적으며, 중세 후기의 문헌에서는 더욱 드물다. 오늘날 이 구절들에 여전히 접근 가능한 초기 주석에서는 이 구절을 '마지막 시대'의 종말론적 재앙을 가리키는 것으로 이해하려는 경향을 보여준다:

바울은 동정성이 더 낫다고 가르치는데, 이는 단지 하나님께 더 기쁘게 여겨지기 때문만이 아니라, 종말의 시대인 현재 상황 속에서 따르는 것이 더 현명한 길이기 때문이다. 결혼하므로 견뎌내야 할 시대적 고난이 무엇인지, 또는 자녀를 잃거나 고아가 되는 비극적인 상황이 발생할지 알 수 없기 때문이다.[101]

마찬가지로, 제롬은 바울의 '현재의 고난'을 언급하면서 누가복음 21:23과 마태복음 24:19의 종말론적 성경구절과 연결시켰다. "결혼의 유대를 경멸하며 처녀의 자유를 갈망하는 이 고통은 무엇인가? 그 날에 임신한 자들과 젖먹이는 자들에게 화가 있으리라."[102]

종교 개혁 시기 주석자들은 '현재의 고난'에 대해 두 가지 가능성 있지만 서로 연관된 의미를 부여하는 경향이 있었다. 츠빙글리에 따르면, 에네스토산 아낭켄 (ἐνεστῶσαν ἀνάγκην)은 '복음에 대한 믿음

---

101 Ambrosiaster, *Romans and 1-2 Corinthians*, 154. The end-time focus of his interpretation of v. 25 is further explicated by his commentary on later verses in this passage, some of which will be referenced in the discussion to follow.

102 Jerome, "*Against Jovinianus: Book I*," 356, §12.

으로 인해 지금 압박받고 괴로워하는 현 생의 광범위한 고난과 시련'을 가리킨다.[103] 칼뱅도 이에 동의하며 바울이 기독교 생활의 일반적인 고난을 언급했다고 기록했다:

> 그 의미는 이렇다: "나는 성도들 모두가 이 세상에서 겪는 필연적 고통 때문에, 독신(celibacy)의 자유와 이점을 누리는 것이 바람직하다고 생각한다." 그러므로 나는 이 말씀이 모든 연령층에 적용된다고 보며, 성도들이 이 세상에서 종종 이리저리 쫓기고 수많은 폭풍우에 노출되어 있어서 그들의 처지가 결혼에 적합하지 않은 것으로 보인다는 의미로 이해한다.[104]

16세기 중반 신학자 볼프강 무스쿨루스(Wolfgang Musculus)는 기존 견해와 달리, '거의 모든 사람이 '고난'을 현세의 고통과 삶의 근심으로 이해한다'고 지적하면서,[105] 자신의 견해로 '현재의 고난'은 당시 기독교인들을 특히 억압하고 압박하던 특별한 어려움을 의미한다고 주장했다. 이 고통은 기독교인이라는 이유로 배우자가 분리되고 자녀마저 부모에게서 뜯겨 나가는 박해였다. 이 박해는 가장 굳건한 기독교인조차도 배우자에 대한 사랑과 자녀에 대한 애정 때

---

103 Huldrych Zwingli, *Annotatiunculae per Leonem, ex ore Zwinglij in utranue Pauli ad Corinthos Epistolam publice exponentis conceptae* (Zurich: Christoph Froschauer, 1528). Cited in Manetsch, *1 Corinthians*, 151.

104 Calvin, *Corinthians*, 1, 253.

105 Musculus, *In Ambas Apostoli Pauli*, 223; citing Gen. 2:18. Cited in Manetsch, *1 Corinthians*, 154.

문에 그리스도에 대한 믿음을 저버리도록 유혹했다.[106] 루터는 '현재의 고통'에 내재된 박해적 측면에 동의하면서도, 무스쿨루스가 이 조언을 특정 역사적 시점에 국한된 것으로 제한한 것에 대해서는 거부했다. 그는 오히려 이를 초월적 시의성을 지닌 것으로 보았다. 그는 그리스도인이 '복음을 위해 언제나 박해의 위협 아래 있으며, 재물과 친구와 생명을 잃을 끊임없는 위험 속에 살고, 추방이나 처형에 직면한다'고 주장했다. 이것이 바로 사도 바울이 '현재의 고통'이라고 표현한 것이다.[107] 이 예에서 볼 수 있듯이, 개혁자들이 에네스토산 아낭켄(ἐνεστῶσαν ἀνάγκην)에 대해 지배적으로 보인 해석학적 이해는 실제로 종말론적 성격을 띠고 있었으며, 동시에 일종의 묵시적 또는 목적론적 긴박성을 드러내고 있었다. 아이러니하게도, 바로 이 해석이 성직자의 독신 생활(clerical celibacy)과 봉헌된 동정성(consecrated virginity)에 대한 비난에 힘을 실어주었다. 루터는 자신의 시대에 미혼인 사람들을 언급하면서 이렇게 주장했다. "그들보다 더 안전한 사람들은 지상에 존재한 적이 없다. 따라서 모든 사람은 그들이 고통과 위험 때문에 동정성을 유지하는 것이 아니라(참조: 고린도전서 7:26), 안전을 위해 그리고 고통을 피하기 위해 그렇게 한다는 점을 인정해야 할 것이다. 이는 바로 사도 바울이 여기서 제시한 이유와 정반대이다. 수도원 제도와 교황권 전체가 얼마나 많은 궁핍과 위험에 시달리는지 여러분 스스로도 잘 알 수 있을 것이다. 그들은

---

106 Manetsch, *1 Corinthians*, 154.

107 Luther, "Commentary on 1 Corinthians 7," 49.

모두 살찐 돼지들이다, 그들 전부가 그렇다.”[108]

이후 수세기 동안 주석자들은 바울이 역사적 박해 사례를 언급하려 했는지('초대교회 기독교인들의 이미 존재하던 위험만으로도 여기 제시된 권고의 충분한 근거가 되었다'),[109] 아니면 부활 시기에 시작된 일반적인 종말론적 고통('그리스도의 재림을 앞둔 고통이 유력한 견해'),[110] 또는 임박한 재림에 대한 묵시적 인식('그가 매우 가까워졌다고 믿었던 재림 때문'),[111]을 가리키려 했는지에 대해 논쟁이 계속되었다. 바울이 일반적인 종말론적·묵시적 고통을 언급했다는 주장은 20세기 중반 여러 주요 주석자들의 지지를 받았다. 그들 중에 '고난은 시대의 종말을 알리는 환난의 시기를 의미하며, 그 징조들은 이미 나타나고 있다'고 주장한 브루스(Bruce)[112]와, '바울이 생각하는 것은 박해 그 자체가 아니라, 세상에 임박한 종말론적 재앙이며, 이는 이미 그리스도인들의 고통 속에서 예견되고 있다'고 주장한 배럿(Barrett)이 포함된다.[113] 그러나 1953년 앨버트 슈바이처가 제시한 주장, 즉 '바울의 사상은 항상 예수님의 즉각적인 재림에 대한 기대에 일관되게 지배받고 있다'는 주장은[114] 이 구절에서 바울의 비상 윤리'(emergency ethic)가 잘못된 임박한 종말론적 기대의 직접적

---

108 Luther, "Commentary on 1 Corinthians 7," 49.

109 Beet, *Corinthians*, 128.

110 Edwards, *Corinthians*, 190.

111 Robertson and Plummer, *First Epistle to the Corinthians*, 153.

112 F.F. Bruce, *1 and 2 Corinthians*, ed. Matthew Black, New Century Bible (London: Oliphants, 1971), 74.

113 Barrett, *Corinthians*, 175.

114 Albert Schweitzer, *The Mysticism of Paul the Apostle*, trans. B.D. Montgomery (London: The Johns Hopkins University Press, 1953), 52.

인 결과라는 개념에 새로운 생명을 불어넣었다.

바울의 에네스토산 아낭켄(ἐνεστῶσαν ἀνάγκην)에 대한 역사적 수용의 혼재는 20세기 후반과 21세기 초 주석들 안에서 드러난 광범위한 해석적 분열로 정점에 달했다. 실제로 현대 신학자들과 성경 학자들은 다양한 해석적 가능성 중 하나를 주장하며, 이 모든 해석은 해당 구절 전체와 기독교 생활에 대한 관련성에 서로 다른 함의를 낳는다. 비록 극소수의 현대 주석자들이 26절의 바울적 표현에 대해 독특한 해석을 제시하지만,[115] 대다수의 해석은 현재의 고난(ἐνεστῶσαν ἀνάγκην)을 일반적인 종말론적/묵시적 환난, 당시 고린도 교회의 특정 위기, 또는 이 둘의 결합(후자가 전자의 구체적 사례로 이해됨) 중 하나로 이해하는 경향이 있다.

이 해석들 중 첫 번째는 바울이 '모든 그리스도인의 몫인 메시아적 고통의 환난을 언급하며, 이는 그리스도의 재림을 예고하는 것'으로 이해하는 것이다.[116] 이는 일반적으로 29-31절의 문맥적 강화 속에서 ἐνεστῶσαν("임박한/다가온")과 ἀνάγκην("강제/압박")의 의미 분석에 근거한다. 따라서 피츠마이어와 같은 주석자들은 "'임박한 위기'에는 종말론적 뉘앙스가 있다 그것은 마지막 날의 고난을 의미한다."고 결론지었다.[117] 치암파와 로즈너(Ciampa and Rosner)는 이

---

115 For example, in equating "the present distress" in v. 26 with "worldly troubles/bodily affliction" in v. 28, Perkins asks 'What bodily affliction is associated with marriage? The only candidate applicable to both men and women is sexual passion itself'. Perkins, *First Corinthians*, 112.

116 Ciampa and Rosner, *Corinthians*, 336.

117 Fitzmyer, *First Corinthians*, 315.

해석이 현대의 주석자 대다수가 선호하는 해석이라고 주장하지만,[118] 최근 및 현행 학계를 조사한 결과, 현대 주석자 대다수는 실제로 '현재의 고통'을 당시 고린도 교회 교인들(그리고 아마도 더 넓은 고린도 공동체)을 괴롭혔던 특정 사건이나 문제를 가리키는 것으로 보는 해석을 선호한다.

'현재의 고통'에 대한 이 대안적 해석의 주요 근거는 에네스토산(ἐνεστῶσαν)의 논쟁적 의미, 특히 분사 번역에 있다. 위에서 언급한 바와 같이, 첫 번째 해석을 지지하는 사람들은 에네스토산(ἐνεστῶσαν)이 곧 일어날 것이라는 의미에서 '임박한'(impending) 또는 '촉박한'(imminent)으로 번역되어야 한다고 주장한다.[119] 따라서 지지자들은 '고난'을 계속될 미래의 종말론적 고통을 가리키는 것으로 이해한다. 그러나 다른 주석자들은 신약성경의 다른 모든 사례(갈 1:1; 히 9:9; 롬 8:38; 고전 3:22 참조)에서 이 분사형이 '항상 이미 존재하는 것을 가리킨다'고 주장하며,[120] 더 구체적으로는 '현재의 상황'을 가리킨다고 설명한다.[121] 따라서 이러한 주석자들은 바울이 염두에 두

---

118 Ciampa and Rosner, *Corinthians*, 336.

119 '[…] impend, be imminent, w. the connotation of threatening' in Walter Bauer, *A Greek-English Lexicon of the New Testament and Other Early Christian Literature*, s.v. "ἐνιστημι", ed. William F. Arndt and F. Wilbur Gingrich, Second (Chicago The University of Chicago Press, 1979), 266.

120 David E. Garland, *1 Corinthians* ed. Robert W. Yarbrough and Robert H. Stein, Baker Exegetical Commentary on the New Testament (Grand Rapids, Michigan: Baker Academic, 2003), 323.

121 Nash, *1 Corinthians*, 214. See also John M.G. Barclay, "Apocalyptic Allegiance and Disinvestment in the World," in *Paul and the Apocalyptic Imagination*, ed. Ben C. Blackwell, John K. Goodrich, and Jason Maston (Minneapolis: Fortress Press, 2016), 261, Note #261. Also Fee, *Corinthians*, 329. It should be noted that objections to the first reading on the basis of a "present" translation of ἐνεστῶσαν are perhaps unnecessarily binary in nature. After all, a reading which understands ἐνεστῶσαν ἀνάγκην as a reference to general eschatological woes does not regard

었을 위기의 '현재 상황'이 정확히 무엇인지에 대해 다양한 제안을 내놓는다. 소수의 학자들은 바울이 고린도 교회 공동체 내 만연한 질병을 언급한 것일 수 있다고 제안하는데, 이는 아마도 그들이 분별없이 주님의 만찬에 참여했기 때문일 것이라고 본다(고린도전서 11:30 참조).[122] 가랜드는 바울이 '공동체에 닥친 박해를 암시했을 가능성'을 계속 열어두지만,[123] 결국 그러한 해석은 추측에 불과하고 가능성이 낮다고 결론 내린다. 그러나 최근 가장 주목받는 제안은 브루스 윈터의 것으로, '현재의 고통'이 바울이 편지를 쓸 무렵 고린도 도시를 괴롭혔던 지역 기근(곡물 부족으로 인한)을 가리키는 것일 가능성이 매우 높다고 주장한다.[124] 윈터의 제안은 현대 주석계의 상상력을 사로잡았으며, 치암파와 로스너,[125] 미첼,[126] 바넷[127] 등 주요 고린도 주석자들 모두 기근과 그 지속적 영향(예: 사회적 불안, 소요, 폭동)이 사

---

such woes as *only* impending in the future, but as having already begun in the (Corinthian) present.

122 For example, 'In light of 11:30, where Paul says *many* of them "are weak and sick, and a number have fallen asleep", it is possible—indeed probable—that they are experiencing considerable "distress" within their community'. Fee, *Corinthians*, 329. See also, Paul Barnett, *1 Corinthians* (Frearn, Ross-shire: Christan Focus Publications, 2000), 125. Contra Gregory J. Lockwood, *1 Corinthians* (Saint Louis, Missouri: Concordia, 2000), 252.

123 Garland, *1 Corinthians* 324. See also, B. Ward Powers, *First Corinthians: An Exegetical and Explanatory Commentary* (Eugene, Oregon: Wipf & Stock, 2008), 165.

124 Bruce W. Winter, "Secular and Christian Responses to Corinthian Famines," *Tyndale Bulletin* 40, no. 1 (1989): 94. See also, Bradley B. Blue, "The House Church at Corinth and the Lord's Supper: Famine, Food Supply and the Present Distress," *Criswell Theological Review* 5, no. 2 (1991): 235–237.

125 Ciampa and Rosner, *Corinthians*, 335–6.

126 Mitchell, *First Corinthians*, 114.

127 Barnett, *1 Corinthians*, 125.

도의 언급 대상일 가능성을 제시하고 있다.[128] '바울이 편지를 쓸 당시 고린도 교회 교인들을 무겁게 짓눌렀던'[129] 그 '가혹한 압박'의 성격이 무엇이든, 이러한 해석의 논리적 결론은 바울이 제시한 목회적 조언이 역사적으로 특정 지어져야 한다는 것이다. 따라서 파워스는 '바울이 독신을 권장한 이유는 그가 글을 쓸 당시 존재했던 상황과 유사하지 않은 모든 시대의 원칙으로 강요될 수 없다'고 주장한다.[130]

위와 같은 견해가 널리 퍼져 있음에도 불구하고, 현대 성경 학자들 사이에서 점점 더 해석적 선호도를 얻고 있는 세 번째의 화해적 해석이 등장하고 있다. 예를 들어 테일러는 '현재의 위기'[131] 문제에 대해 양자 모두를 포용하는 접근법을 취하려는 경향'을 주장하며, 그 결과 두 해석(즉, 일반적으로 종말론적이거나 구체적으로 역사적인 해석)이 반드시 양립 불가능하거나 상호 배타적으로 이해될 필요는 없다고 본다. 이러한 해석은 ἐνεστῶσαν ἀνάγκην이 실제로 고린도에서 발생한 특정 역사적 상황을 가리킨다고 보면서도, 동시에 바울이 그 특별한 고난을 '마지막 날의 고통이 이미 시작되고 있다는 징조'로 보았다고 주장한다.[132] 따라서 만연한 질병과 박해 또는 곡식 부족에 대

---

128 It should be noted that other New Testament scholars reject Winter's theory. For instance, Barclay observes that the proposal relies on uncertain dating and somewhat speculative evidence. See, Barclay, "Apocalyptic Allegiance," 262. Similarly, Fitzmeyer argues that a grain shortage 'hardly suits the present context'. See Fitzmyer, *First Corinthians*, 315.

129 Leon Morris, *1 Corinthians*, ed. Leon Morris, Tyndale New Testament Commentaries (Leicester, England: Inter-Varsity Press, 1985), 112.

130 Powers, *First Corinthians*, 163.

131 Mark Taylor, *1 Corinthians*, ed. E. Ray Clendenen, vol. 28, The New American Commentary (Nashville, Tennessee: B&H Publishing Group, 2014), 186.

132 Paul Ellingworth and Howard A. Hatton, *A Handbook on Paul's First Letter to the Corinthians*, UBS Handbook Series (New York: United Bible Socities, 1994), 168.

한 암시는 '종말론적 차원에 대한 대안이 결코 아니다.[133]

그러나 다른 주석자들은 이러한 모든 접근법에 대해 여전히 신중한 입장을 취한다. 예를 들어, 치암파와 로즈너는 26절에서 특정 위기를 종말론적 환난의 한 사례로 해석하는 것이 29-31절의 문맥과 잘 부합하지만, '위기'라는 단어는 일반적으로 일시적인 기간을 지칭하므로 사도 바울이 그리스도의 재림까지 현재의 결혼 상태를 유지하기로 선택해야 한다고 주장하고 있다고 보기는 어렵다.[134] 바클리는 이 세 번째 해석이 ἀνάγκην에 내재된 제약이나 필연성의 의미를 상실한다고 주장하며 더욱 강하게 비판한다. 그는 "바울이 자신의 시대를 '메시아적 고통'이나 새 시대의 '산고'로 보았다는 어떠한 증거도 없다."고 지적한다.[135]

See also, William Baker, *1 Corinthians*, ed. Philip W. Comfort, Cornerstone Biblical Commentary (Carol Stream, Illinois: Tyndale House Publishers, Inc., 2009), 111; Barnett, 1 Corinthians, 125, 128; Fee, *Corinthians*, 329; Garland, *1 Corinthians* 324; Nash, *1 Corinthians*, 215.

133　Anthony C Thiselton, *The First Epistle to the Corinthians* (Grand Rapids, Michigan: WIlliam B. Eerdmans Publishing Company, 2000), 574.

134　Ciampa and Rosner, *Corinthians*, 337. There is, however, some conflict between their caution here and their later statement that 'Paul's point is that the "present crisis" (the famine) is *like* that of the End, which is approaching; in other words, the present woes of vv. 25–28 are in some senses typical of the Parousia woes alluded to in vv. 29–31 [. . .] but they are not the same thing.' Ciampa and Rosner, *Corinthians*, 343.

135　Barclay, "Apocalyptic Allegiance," 262. 'If there are "birth-pangs" they are the future (1 Thess 5:3), the immediate prelude to the Parousia.' Barclay, "Apocalyptic Allegiance," 262 Note 13. See also, Thiselton, *Corinthians*, 578–83. As a counter-proposal, Barclay contends that Paul uses "the present distress" to refer to the "constrained" experience of life in this "present evil age" (Gal 1:4) which is subject to the powers and authority of decay, and ultimately death (1 Cor 15:24–26), but whose ultimate defeat has been guaranteed by the resurrection. Because 'of this constraint, life is vulnerable to disease, pain and death and it would be wise to reduce that vulnerability where possible [. . .] To be married is to make oneself vulnerable to an additional set of dangers' (Barclay, "Apocalyptic Allegiance," 263–4).

요약하자면, 바울이 '현재의 고난'이라는 표현으로 의도한 의미를 규명하려는 노력—따라서 그의 독신 권고가 보편적 또는 특정적 관련성으로 어느 정도까지 간주되어야 하는지에 대한 논의—은 고린도전서 7:25-31의 역사적 수용 과정에서, 특히 최근 수십 년간 중요한 역할을 해왔다. 바울이 일반적인 메시아적 고통을 언급했는지 아니면 특정 역사적 위기를 염두에 두었는지에 대해 오랫동안 다양한 의견이 나왔지만, 상당수의 역사적 및 현대 학자들은 이 구절을 종말론적, 때로는 묵시적 틀을 통해 일관되게 해석해 왔다. 그들의 결론은 29-31절에 두드러지게 나타나는 종말론적 개념들의 영향을 받았으며, 이제 그 부분을 살펴보려고 한다.

5.2.3. '때가 짧아졌다'

29절에서 바울이 선언한 '때가 짧아졌다'(ὁ καιρὸς συνεσταλμένος ἐστίν)라는 표현의 정확한 성격과 적절한 번역 역시 수세기에 걸쳐 성경 주석자들 사이에서 상당한 논쟁의 대상이 되어 왔다. 사도가 언급한 "때"(καιρὸς)의 유형과 관련 분사(συνεσταλμένος)의 의도된 의미는 특히 29절 후반부터 31절 전반에 이르는 바울의 후속 윤리적 권고와 관련하여 특별한 관심을 받아왔다.

동정의 삶을 권면하기 위해, 터툴리아누스,[136] 알렉산드리아의 클

---

136 Tertullian, "*On the Apparel of Women*," in *Ante-Nicene Fathers: The Writings of the Fathers Down to A.D. 325*, ed. Alexander Roberts and James Donaldson (Massachusetts: Hendrickson Publishers, Inc, 1995), 23, §II:IX; Tertullian, "*To His Wife*," 42, §I:V; Tertullian, "On Monogamy," 61, §III.

레멘트,[137] 키프리아누스[138] 등 수많은 초기 교회 교부들은 특별히 29절 후반부와 그 뒤에 따르는 윤리적 명령들을 언급했다. 그럼에도 불구하고, 현대의 주석 학자들은, 의도적일 수도 있지만, 이 핵심 구절의 내용과 함의에 대한 초기 교회의 주석적 논의에 거의 접근하지 못하며 중세의 주석적 논의에는 더욱 그렇다. 아마도 현존하는 가장 엄밀한 해설은 4세기 후반의 저자 암브로시에스터(Ambrosiaster)에게서 찾을 수 있다. 그는 바울이 이 말로 세상의 끝이 곧 올 것임을 의미했으나 아직은 오지 않을 것임을 알고 있었다고 주장했다. 그는 말하기를 "그러나 그가 다르게 기록했어야 했다고 말하는 것은 옳지 않다. 왜냐하면 정말로 시간이 아주 얼마 남지 않았을 때 이 글을 읽는 사람들이 있을 것이기 때문이다. 논의되는 사건은 아직 먼 미래일 수 있으나, 이는 매우 유용한 경고이다! 일상생활의 무게에 짓눌려 준비되지 않은 채로 심판의 날을 맞이하지 않도록 앞을 내다보자."[139]라고 했다.

여기서 암브로시에스터는 이후 수세기 동안 주석자들 사이에서 논쟁과 논쟁의 대상이 될 점을 다루고 있다. '때'가 임박했다고 선언한 바울은 시간이 얼마 남지 않았다고(즉, 시간적으로 재림이 임박했다고) 선언한 것일까, 아니면 암브로시에스터가 제안한 것처럼 신학적

---

137 Clement, "*The Instructor*,"in *Ante-Nicene Fathers: The Writings of the Fathers Down to A.D. 325*, ed. Alexander Roberts and James Donaldson (Massachusetts: Hendrickson Publishers, Inc, 1995), 247, §II:III.

138 Cyprian, "*Three Books of Testimonies Against the Jews*," in *Ante-Nicene Fathers: The Writings of the Fathers Down to A.D. 325*, ed. Alexander Roberts and James Donaldson (Massachusetts: Hendrickson Publishers, Inc, 1995), 536, §III:XI.

139 Ambrosiaster, *Romans and 1-2 Corinthians*, 155.

의미에서 끝이 가까웠다고(즉, 그리스도의 재림과 심판의 날이 확실성 측면에서 임박했다고) 선언한 것일까?

흥미롭게도 종교개혁 시대의 주석자들은 ὁ καιρὸς συνεσταλμένος ἐστίν(때가 임박했다)에 대한 종말론적 또는 묵시적 해석을 피하는 경향이 있었다. 그들은 재림이 임박했다고 이해하기보다는, 일반적으로 이 본문을 지상 인간 존재의 덧없음을 말해주는 진술로 해석했다. 예를 들어, 칼뱅은 29절 후반부의 사도 바울의 말을 이렇게 의역했다:

> 사도 바울은 이렇게 말합니다. "우리가 지금 살고 있는 이 삶은 연약하고 짧습니다. 이 삶에 얽매이지 맙시다." 요점은 그리스도인의 마음이 세속적인 일에 사로잡히거나 그것에 안주해서는 안 된다는 것입니다. 우리는 매 순간 이 생을 떠날 준비가 되어 있는 것처럼 살아야 합니다.[140]

마찬가지로, 17세기 영국 성공회 주석자 존 트랩은 분사 'συνεσταλμένος'에 대한 해석적 분석에서 이 헬라어에서 '수축되고 말려진' 상태를 의미한다고 결론지었다. 이는 선박이 항구에 접근할 때 선원들이 돛을 처리하던 방식과 유사하다. 사도 바울은 말하길, "시간이 짧으니 너희가 완수할 일이 많으니 다른 일들(구애나 상업 등)은 제쳐두고 돛을 신경 쓰라. 교훈을 배우기도 전에 생을 마감하지 않도록 하라."라고 했다.[141]

---

140 Calvin, *Corinthians*, 1, 257.

141 John Trapp, *A Commentary or Exposition Upon All the Books of the New Testa-*

이처럼 29절에 대한 종교개혁 시대의 해석은 광범위한 의미에서만 종말론적 성격을 띠는 경향이 있었다. 다가오는 재림과 부활보다는 인간의 죽음에 대한 확신이 남은 '짧아진 시간'의 가장 시급한 특징으로서 종교개혁가들을 사로잡는 경향이 있었다.[142] 쉽게 말해서 우주적 종말보다는 개인적 종말에 초점을 맞추는 성향이 강했다.

반대로, 일부 19세기 및 20세기 초 주석자들은 유사한 해석을 선호했지만, 종종 인간 삶의 짧음을 보다 명시적인 종말론적 틀 안에서 맥락화 했다. 예를 들어, 비트(Beet)는 '죽음으로 끝나든 그리스도의 재림으로 끝나든'[143] 현재의 삶이 짧아졌다고 주장했으며, 브라운(Brown)은 '삶이 주는 봉사의 기회가 하나님에 의해 의도적으로 축소되었고 이는 주님의 재림이든 우리 자신의 죽음이든 상관없이 사실이다'라고 주장했다.[144] 엘리콧(Ellicott)과 같은 다른 학자들은 이 구절에 대해 보다 명확한 종말론적·묵시적 해석을 주장하며, 비록 '이 엄숙한 선언이 일부 주석자들에 의해 인간의 삶의 짧음과 덧없음으로 보일 수 있지만, 사도 바울의 말과 31절의 전반적 맥락은 주님을 간절히 기다리는 '재림'($\pi\alpha\rho\sigma\nu\sigma\acute{\iota}\alpha$)을 가리키는 것으로 보인다'고

---

ment (London: Elkins, 1656), 675. Cited in Manetsch, *1 Corinthians*, 154.

142 A notable exception to this is Tilemann Heshusius who, though aware that the 'time we spend in this world is brief and meagre [and] we must depart from here', framed his commentary on Paul's ethical advice in light of 'the hope of the future resurrection, and that they will be forever victors in the presence of the Lord in heaven'. Heshusius, *Explicatio Prioris*, 116r–117r. Cited in Manetsch, *1 Corinthians*, 154.

143 Beet, *Corinthians*, 129.

144 E.E. Brown, *The First Epistle of Paul the Apostle to the Corinthians*, ed. Laurence E. Browne, The Indian Church Commentaries (London: Society for Promoting Christian Knowledge, 1923), 131.

주장했다.[145] 토마스 찰스 에드워즈(Thomas Charles Edwards) 역시, 비록 기독교인의 지상에서의 삶은 내세와 연결됨으로써 단축되지만 그 기간의 짧음이 아니라 심판자가 나타나실 때의 확실성과 그분이 언제 오실지 모른다는 임재 시점의 불확실성이 기독교인의 경계심을 불러 일으켜서 선을 행하도록 이끄는 강력한 동기부여가 된다고 주장했다.[146] ὁ καιρὸς συνεσταλμένος ἐστίν에 대한 다양한 해석은 20세기를 거쳐 21세기에 이르기까지 계속되었으며, 현대 주석자들 중 소수만이 29절 후반부에서 바울의 의미를 종말론적으로 해석하는 것을 거부하고, 오히려 이를 '고린도에서 만연하던 상황(26절의 위기)에 대한 언급'으로 보는 것이 가장 적절하다고 주장한다.[147] 이러한 예외적인 사례에도 불구하고, 최근 및 현대 주석자 대다수(26절의 '현재의 고난'을 역사적으로 특정된 의미로 해석해야 한다고 주장하는 많은 학자 포함)는 실제로 '짧아진 시간'을 종말론적 진술로 이해한다. 그러나 해석상의 논쟁점은 여전히 남아 있다.

최근 논쟁의 주요 관심사는 암브로시에스터가 종말론적 임박성을 두가지로 구분한 데서 비롯된다. 즉, 남은 시간이 단축되거나 제한되었다는 의미로 이해할 것인지, 아니면 약속된 재림이 세속적 삶에 미치는 신학적 함의로 이해할 것인지(시간적 임박성과 무관하게)의 구분이다. 즉, 현대 학계의 주요 논점은 바울이 '시간을 단축하는 신적 행위'를 염두에 두었는지, 아니면 '원래 더 길었던 시간에 대한 언

---

145 Charles J. Ellicott, *St Paul's First Epistle to the Corinthians: With a Critical and Grammatical Commentary* (London: Longmans, Green, and Co., 1887), 131.

146 Edwards, *Corinthians*, 194.

147 Morris, *1 Corinthians*, 113-4.

급이 전혀 의도되지 않았는지'에 있다.[148] 전자를 선호하는 학자들은 '29절 후반부를 31절의 맥락에서 해석하는 것만으로도 충분하다'고 주장하며, 이는 '이제 남은 시간이 거의 없다'는 의미이며, '시간이 다 되어 가고 있다'는 뜻이라고 설명한다.[149] 그리고 이에 덧붙여 '시간이 다 되어 가고 있다'고 해석하는 것으로 충분하다고 주장한다.[150] 비록 그들의 입장이 슈바이처가 20세기 중반에 '바울의 사상은 항상 예수님의 즉각적인 재림에 대한 기대에 일관되게 지배된다'는 주장보다 더 복잡미묘한 경향이 있지만,[151] 이 해석을 지지하는 사람들은 사도 바울이 그리스도의 재림 전에 남은 시간의 양이나 지속 기간이 단축되었다는 점을 강조하고 있다고 이해하는 경향이 있다. 이러한 해석은 후속 구절에 주어진 지침들을 지상의 시간이 단축되었다는 믿음에 의해 지배되는 비상 윤리(emergency ethic)의 예로 연결시킨다.

데밍(Deming)과 같은 다른 학자들은 이 견해에 반대하며, 이 해석이 'συστέλλω(쉬스텔로)의 의미를 제대로 살리지 못한다'고 주장한다. 이 용어는 '더욱 간결해졌다는 의미에서만'(only in the sense that it is made more compact) 무언가를 '짧다'(short)거나 '짧

148　Walter Bauer, *A Greek-English Lexicon of the New Testament and Other Early Christian Literature*, s.v. "συστέλλω", ed. William F. Arndt and F. Wilbur Gingrich, Second (Chicago: The University of Chicago Press, 1979), 795.

149　Hans Conzelmann, *1 Corinthians: A Commentary on the First Epistle to the Corinthians*, ed. Helmut Koester, trans. James W. Leitch, Hermeneia: A Critical and Historical Commentary on the Bible (Philadelphia: Fortress Press, 1975), 133, Note 22.

150　Barrett, *Corinthians*, 176.

151　Schweitzer, *Mysticism of Paul*, 52. See also Whittle who asserts that 'Paul expected the end to come soon, probably in his lifetime' in Whittle, "Challenge of the 'Apocalyptic' Paul," 97.

은'(shorten)이라고 표현할 수 있을 뿐, '짧게 하다'(cut short)나 '빼내어 작게 하다'(made smaller by subtraction)는 의미로는 사용될 수 없다.[152] 바클리도 이에 동의하며, 29절 후반부는 시간이 빼앗김으로써 '단축되었다'는 의미가 아니라 시간(혹은 기회)이 압축되거나 축소되었다는 것을 암시하는 유례없는 표현이라고 기술한다.[153] 두번째 해석을 지지하는 학자들은 συστέλλω에 축소나 압축의 의미가 언어학적으로 내재되어 있으며 바울이 의도적으로 '일반적인 시간'을 나타내는 단어 '크로노스'(Χρόνος) 대신 '결정적인 시간'을 의미하는 '카이로스'(καιρὸς)를 사용했다고 설명하므로[154] 바울이 남은 시간의 지속 기간이나 양이 아니라 그 성격과 질을 강조하고 있다고 주장한다. 그렇다면 사도 바울은 '남은 시간의 양'이 아니라 '단축된 미래'에 대한 표현으로 현 시대에 새로운 관점을 조명해 주는 것이라고 봐야 한다.[155] 베이커 역시 바울이 '복음의 기회를 강조한, 시간상 독특한 순간'을 언급하고 있다고 논평한다.[156] '시간이 매우 소중하다' 또는 '기회가 얼마 안 남았다'로 이해하는 데밍의 해석[157]은 피

---

152 Willoughby Howard Deming, "Paul on Marriage and Celibacy: The Hellenistic background of 1 Corinthians 7" (PhD diss., The University of Chicago, 1991), 179-80.

153 Barclay, "Apocalyptic Allegiance,"260. Emphasis added. See also Thiselton, *Corinthians*, 580-3.

154 Nash, *1 Corinthians*, 218.

155 Fee, *Corinthians*, 339.

156 Baker, *1 Corinthians*, 111.

157 Deming, "Paul on Marriage and Celibacy,"180.

츠마이어[158]와 티셀턴[159] 두 학자에게 수용되었고 그들 역시 남은 시
간의 중대성을 강조했다.

부활 이후와 재림 이전 시기의 질적 특성에 대한 이러한 강조는
29-31절의 윤리적 지침을 남은 시간의 양에 따른 인위적 비상조치
가 아닌, 변화된 종말론적 삶의 필연적 결과로 맥락화한다. 부활과 재
림 사이의 거리가 줄어든 것이 아니라, 오히려 모든 것이 관점의 문
제라는 것이다. 가랜드는 주장한다. "바울은 종말이 분명히 눈앞에
다가왔기 때문에 그리스도인들은 마치 산 정상에 서 있는 것처럼 거
리가 단축되어 보인다고 논증한다. 이 유리한 지점에서 그들은 지상
역사의 종결과 그 목표를 볼 수 있다. 그들은 진정으로 중요한 것이
무엇인지 분별할 수 있으며, 그 분별에 따라 삶을 살아가야 한다."[160]

5.2.4. 이 세상의 형상이 사라지고 있다

29-31절의 윤리적 지침에 대한 근거(ὁ καιρὸς συνεσταλμένος
ἐστίν)는 사도 바울이 이어서 선언한 '이 세상의 형상이 사라지고 있
다'(παράγει γὰρ τὸ σχῆμα τοῦ κόσμου τούτου, 31절 후반)라는 말로
더욱 명확히 설명된다. 비록 앞의 구절들과 동일하게 논증을 해야 하
지만, 이 구절은 29절의 앞선 보충구보다 논란이 훨씬 덜하다. 실제
로 성경 연구 역사 전반에 걸쳐 대부분의 주석자들은 이 구절이 종
말론적 틀 안에서 가장 잘 이해된다는 주장에 거의 만장일치로 동의

---

158 Fitzmyer, *First Corinthians*, 317.

159 Thiselton, *Corinthians*, 579.

160 Garland, *1 Corinthians* 329.

해 왔다.

3세기 초반부터 오리겐과 같은 초대 교회 교부들은 '이 세상의 형상이 사라질 것'이라는 표현이 바울이 말한 세상의 종말을 가리킨다고 주장하였다.[161] 불과 한 세기도 지나지 않아, 메토디우스 역시 고린도전서 7장의 '사라짐' 개념이 '성경이 현 상태에서 더 나은 영광스러운 상태로의 세계 변화를 파괴라고 부르는 관례'와 일치한다고 주장했다.[162] 그러나 초기 주석자들이 강조한 점은 사라지는 것이 세계의 존재론적 구성 요소가 아니라 그 형태($\sigma\chi\tilde{\eta}\mu\alpha\ \tau o\tilde{\upsilon}\ \kappa\acute{o}\sigma\mu o\upsilon\ \tau o\acute{\upsilon}\tau o\upsilon$)라는 사실이다. 이레네우스가 주장한 바와 같이, '창조의 실체나 본질이 소멸되는 것이 아니라 [...] 세상의 형태가 사라지는 것이다'.[163] 암브로시에스터도 이에 동의하며 '바울은 이 세상의 실체가 아니라 그 형태가 사라진다고 말한다'고 논평했다.[164]

개혁주의 주석자들도 31절 후반부를 종말론적 의미로 가득한 구절로 이해하는 경향이 있었지만, 이 구절의 묵시적 의미에 대해서는 신중한 태도를 보였다. 헤슈시우스(Heshusius)와 같은 종교 개혁자들은 세상의 종말적 멸망에 초점을 맞추기보다는, 덧없고 불안정한 '영광, 형상, 부, 편의, 그리고 육신이 소중히 여기는 모든 것'에 있는 세상 축복의 일시적이고 썩어질 성격을 강조했다.[165] 칼뱅 역시 세상의

---

161 Origen, *On First Principles*, trans. G.W. Butterworth (New York: Harper & Row, Publishers, 1966), 166, §III:V.

162 Methodius, *The Writings of Methodius Etc.*, 144, §IX.

163 Ireneaus, *Five Books of S. Ireneaus, Bishop of Lyons, Against Heresies* (London: James Parker and Co., 1872), 536, §V, XXXVI.

164 Ambrosiaster, *Romans and 1-2 Corinthians*, 155.

165 Heshusius, *Explicatio Prioris*, 117v–118r. Cited in Manetsch, *1 Corinthians*, 155.

형상이 일시적이고 헛된 것임을 강조하며, 31절 하반절이 '단단하거나 견고한 것은 아무것도 없다. 그것은 단지 겉모습이나 외관일 뿐이다'라고 논증했다.[166] 이 구절이 '형태가 최고의 선이 아니다'[167]란 것을 보여주었다고 여겨졌기에, 루터 같은 개혁자들은 신자들에게 '사랑과 욕망으로든 고통과 권태로든 현재의 삶에 너무 깊이 빠지지 말고, 필요에 의해 잠시 사용하고 머무는 나그네처럼 행동하라'고 촉구했다.[168] 후대 주석자들은 31절 후반부의 종말론적 의미를 계속해서 선언하며, 영원에 대한 비전을 바라보며 이 세상의 형태에 속한 것들에 대한 집착을 버려야 한다고 주장하였다:

영원의 빛으로 밝혀진 바울의 눈에는 주변 세계의 외적 모습이 이미 사라져 가고 있었다. [...] 많은 이들이 현세적 삶을 최고의 선으로 기뻐할 뿐만 아니라, 자신들이 떠난 후에도 소유물과 명성이 남을 것이라는 생각에 기뻐한다. 그러나 바울은 우리에게 주변에 존재하는 모든 것이 잠시 취한 지나가는 모습의 일부일 뿐이며 곧 벗어 던질 것임을 상기시킨다.[169]

19세기 및 20세기 초중반 주석자들은 '창조 자체의 일시성'보다는 '사회적·상업적 제도 등에서 드러나는 외적 양상이 영속성을 지니지 못한다는 사실'을 강조하는 경향이 있었다.[170] 비록 그들은 이 구절이

---

166 Calvin, *Corinthians*, 1, 258.

167 Heshusius, *Explicatio Prioris*, 117v–118r. Cited in Manetsch, *1 Corinthians*, 155.

168 Luther, "Commentary on 1 Corinthians 7," 50.

169 Beet, *Corinthians*, 130.

170 Barrett, *Corinthians*, 178.

종말론적으로 중요한 의미를 지닌다는 점, 즉 '기독교 공동체의 삶의 상황은 마지막 시대의 마지막 계절에 존재하기 때문에 일시적이며 그 계절은 거의 끝나가고 있다'[171]는 점을 분명히 이해하고 있었지만, 초대 교회 주석자들이 주장했던 임박한 묵시적 함의를 계속 축소함으로써 종교 개혁자들의 발자취를 따랐다.

최근 주석자들은 또한 31절 후반부에서 '바울이 미래의 종말론적 사건이 아니라 이미 시작된 종말론적 과정을 말하고 있다'고 주장하는 경향이 있다.[172] 이러한 과정은 신자의 삶을 '다가올 왕국을 향해, 마치 이미 임한 것처럼 살아가도록' 재조정하는 것으로 이해된다. 왜냐하면 그것은 이미 임했기 때문이다.[173] 초대교회 선배들처럼 사라지는 것은 실체가 아니라 '형태' 또는 '이 세상의 외적 구조들'[174]이라는 점에는 동의하지만, 21세기 주석자들은 또한 '바울이 사회 구조들이 곧 붕괴될 것이라고 선언하는 것은 아니다'라고 주장한다.[175] 테일러가 결론지은 바와 같이, 비록 '이것들이 덧없지만, 이 생의 내용을 제공한다. 바울은 삶의 틀을 완전히 무시할 수 있다는 착각에 빠져 있지 않다'고 결론지었다.[176]

171　William F. Orr and James Arthur Walther, *1 Corinthians: A New Translation*, ed. William Foxwell Albright and David Noel Freedman, The Anchor Bible (New York: Doubleday and Company Inc., 1976), 221.

172　Ben Witherington Iii, *Jesus, Paul and the End of the World* (Downers Grove, Illinois: InterVarsity Press, 1992), 28.

173　Nash, *1 Corinthians*, 220.

174　Thiselton, *Corinthians*, 585.

175　Barclay, "Apocalyptic Allegiance," 267.

176　Taylor, *1 Corinthians*, 28, 191.

5.2.5. 기독교 전통 내 부활-독신 모티프의 종말론적 윤리 확립

고린도전서 7:25-31 내 핵심 해석적 요소들의 역사적 수용에 대한 분석은 바울의 독신 생활에 관한 윤리적 권면이 종말론적 동기를 전혀 포함하지 않는다고 믿는 주석자가 극소수에 불과하다는 것을 보여준다.[177] 대다수의 해석자들은 종말론이 어떤 의미에서든 이 구절의 논리적 흐름과 결혼 생활 및 독신 생활에 관한 목회적 권면의 핵심을 이룬다는 데 동의한다. 따라서 시대를 초월한 주석적 논쟁의 핵심은 종말론이 본문 내에서 어떠한 작용을 하는지가 아니라, 사도 바울이 싱글 생활의 '더 나은 점'(고전 7:38)에 대해 논증하는 데 종말론이 어느 정도까지 지배적 역할을 한다고 말할 수 있는지에 있었다. 이는 사도적 조언이 결혼과 독신에 대해 보여준 목회적 관련성이 전통의 역사 속에서 다소 일관성 없이 오르내린 이유를 어느 정도 설명해준다.

초대 교회 교부들 중 일부는 바울이 의도했던 것보다 더 임박한 종말론적 기대를 품고 있었으며, 일반적으로 이 구절들을 인용하여 싱글 생활의 우월성에 대한 그들의 헌신을 '지금 여기에서 종말론적 왕국의 가시적 표징이자 실현'으로 알려주고 확증하는 근거로 삼았다.[178] 그 결과, 그들의 주석은 바울의 종말론적 윤리를 '하나님을 더 기쁘시게 하는'[179] 것으로서, 그리고 순결함으로 인해 처녀가 '축복받은 신랑을 기다리는' 동안 자유롭게 하는 바람직한 삶의 방식으로 처녀성의 우월성을 지지하는 것으로 해석하는 경향이 있다.[180] 이 특정

---

177 For example and as previously referenced, Morris, *1 Corinthians*, 113-114.

178 Cloutier, "Composing Love Songs," 73.

179 Ambrosiaster, *Romans and 1-2 Corinthians*, 154.

180 Origen, "Commentary on First Corinthians," §3.39.51-52. Cited in Gerald L. Bray,

구절에 대한 현존하는 중세 주석은 부족하지만, 이전 장의 역사적 분석은 그 시대에 종말론적으로 우월한 것으로 싱글 생활을 지속적으로 높이는 경향이 있었음을 보여 주었다.

종교개혁자들은 당시 신학적으로 정당화된 싱글 생활이 타락했다고 인식한 데서 상당 부분 영감을 받아 개선하려고 많은 노력을 기울였으나, 목회적으로 본문을 적용하는 것에는 다소 신중한 태도를 보였다. 그들은 특히 지상 생명의 덧없음을 고려할 때 결혼과 가정 생활이 그리스도인에게 주는 어려움을 강조하는 경향이 있었다. 그들은 '싱글이 기혼자보다 더 평온하고 평화롭게 산다'고 주장했으며,[181] 그 이유는 무엇보다 '싱글은 한 몸뿐이므로 다른 사람을 돌볼 필요가 없다'는 점 때문이었다.[182] 그들의 주장에 따르면, 바울이 독신을 결혼보다 더 거룩한 삶의 방식으로 칭찬한 것이 아니라[183] 종말론적 혼란 속에 놓인 인간의 삶이 짧다는 점을 고려할 때 독신이 특별한 이점을 지닌다고 보았다. '독신 생활에 부여한 큰 가치와 언제든지 생을 떠날 것처럼 살아야 한다'고 강조한 점을 고려할 때 사도 바울은 독신의 중요성을 인정한 것이다.[184] 그러나 '아내나 자녀를 두는 것은 사도나 전도자의 직분을 맡는 데 상당한 걸림돌이 될 수 있다'는 점을 인정하

New Testament VII: 1-2 Corinthians, ed. Thomas Oden, Ancient Christian Commentary on Scripture (Downers Grove: InterVarsity Press, 1999), 70. See the following chapter for more detailed argumentation on this point.

181 Musculus, *In Ambas Apostoli Pauli*, 123. Cited in Manetsch, *1 Corinthians*, 153.

182 Luther, "Commentary on 1 Corinthians 7," 49.

183 Heshusius, Explicatio Prioris, 113v–114r. Cited in Manetsch, *1 Corinthians*, 152.

184 Calvin, *Corinthians*, 1, 257.

는데도 불구하고,[185] 종교개혁자들 대다수가 결혼을 선택했다는 사실은[186] 바울의 윤리적 권고를 현실에 적용하는 것에 상당히 신중한 태도를 취했음을 명확하게 보여주는 사례일 것이다.

이 구절에 대한 명확한 종말론적 해석과 그 윤리적 권고가 목회적으로 적용되는 진지함 심지어 긴급함의 정도 사이의 모호함은 오늘날까지 지속된다. 20세기와 21세기의 주석들은 이 구절들을 기독교인의 세속적 관심사를 현세적 절대화(secular absolutization)하는 태도에서 벗어나서 종말론적 상대화(eschatological relativization)할 필요성을 유도하는 근거로 삼아왔다. 여기에는 '주님의 재림과 부활 그리고 하나님 나라라는 미래 사건을 고려하여 이 생에서 진정으로 가치 있는 것에 대한 우선순위를 바로잡으라는 부르심'이 담겨 있다.[187] 티셀턴은 바울이 '종말론적 차원을 언급하지만 세속적 것들을 상대화하는 의미에서'라고 주장하며,[188] 터커는 본문 후반부에서 바울의 초점이 '이 시대에 사회적 정체성을 재조정하는 방식에 있다'

---

185 Zwingli, *Annotatiunculae per Leonem*, 61. Cited in Manetsch, *1 Corinthians*, 151.

186 Admittedly, this was sometimes despite the sincere objection and concern of some of their peers. For example, Luther's close friend and theological ally Philip Melanchthon was so opposed to prospect that Luther may marry that he was not invited to the nuptial ceremony when it took place. Melanchthon was appalled that 'Luther has married the woman Bora, without letting one who is his friend know of his intention [. . .] You may perhaps wonder at a time like this, when the good are suffering at every hand, he does not suffer with them, but rather, it seems, devotes himself to revelry and compromises his good name, at the very moment when Germany is in special need of all his mind and authority.' as cited byMichelle DeRusha, *Katharina & Martin Luther: The Radical Marriage of a Runaway Nun and a Renegade Monk* (Grand Rapids, Michigan: Baker Books, 2017), 162.

187 Alan F. Johnson, *1 Corinthians*, ed. Grant R. Osborne, The IVP New Testament Commentary Series (Downers Grove, Illinois: Inter Varsity Press, 2004), 126.

188 Thiselton, *Corinthians*, 119.

고 논한다.[189] 그럼에도 불구하고, 기독교인의 삶 안에서 결혼과 독신에 대한 종말론적 상대화를 요구하는 이 구절의 윤리적 중요성에 대한 현대적 인식은 여전히 대단히 약한 상태에 있다. 현대 기독교인에게 결혼이 규범적 가치로 제시될 뿐만 아니라, 이에 상응하여 장기간의 기독교적 독신 생활은 여전히 비정상적인 것으로 간주된다. 휘틀은 '여기서 바울에게 충실하려는 시도를 포기하는 경향[. . .]이 우리 중 많은 이들이 결혼에 대해 취하는 기본적이며 인정받지 못하고 탐구되지 않은 입장인 것 같다'고 결론지으며,[190] 독신 생활에 대해서도 마찬가지라고 덧붙인다.

5.3. 신약의 독신 담론에 관한 수용사적 고찰과 현대적 재중심화

대니락(Danylak)은 '구약성경 대부분에서 독신자와 미혼자에 대한 부정적 태도를 발견할 수 있지만, 신약성경에서는 훨씬 더 긍정적인 관점을 발견한다'고 지적한다.[191] 기독교 전통 전반에 걸쳐 주석자들은 앞서 논의한 핵심 신약성경 구절들이 실제로 신학적으로 깊이 있고 목회적으로 풍요로운 싱글 기독교인의 삶에 대한 틀을 제시한다는 점을 인정해왔다. 그들은 사두개인들의 비유가 결혼의 세속적 본질을 말할 뿐만 아니라, 부활한 독신 삶의 목적론적 운명을 찬양하고, 천사적 삶(vita angelica)과의 유사성을 기뻐하며, 그 예표적 가능성을 고려하는 것으로 일관되게 이해해왔다. 한편 고린도전서 7장

---

189 J. Brian Tucker, *Remain in Your Calling: Paul and the Continuation of Social Identities in 1 Corinthians* (Eugene, Oregon: Pickwick Publications, 2011), 211.

190 Whittle, "Challenge of the 'Apocalyptic' Paul," 99–100.

191 Danylak, "Secular Singleness," 21.

에 담긴 바울의 윤리적 권면은 오랫동안 종말론적 열망과 심지어 절박함을 시사하는 것으로 이해되어 왔다. 본 장에 대한 영향사적 분석(*Wirkungsgeschichte*, inspired analysis)은 기독교 전통이 이 구절들에 대한 응답과 관여 속에 신학적 회수 준비가 된 종말론적 함의를 담고 있음을 드러냈다.

그러나 특정 성경 구절에서 '종말론이 싱글들에게 특별한 의미가 있다'고 주장하는 성경 주석자들의 해석적 합의에도 불구하고,[192] 이러한 본문들의 결과와 중요성은 시간이 지남에 따라 담론과 실천 모두에서 점점 더 모호해지고 축소되어 왔다. 고린도전서 7:25-31과 같은 구절('어려운 시기에 싱글의 우월성'을 권고한다고 주장하는 본문)[193]이 초월적 상황과 종말론적으로 관련이 있다고 이해되거나, 마태복음 22:23-33 (및 그 복음서 병행구)가 영원히 어떤 기독교인도 다른 이성과 결혼하지 않을 것(그로 인해 비혼 상태의 현세적 삶에 일정한 목적론적 존엄성과 완전성을 부여함)을 말할 때조차, 현대 기독교 윤리 교육 내에서의 적용 가능성은 탐구되지 않거나 때로는 완전히 무시되기도 한다. 이는 과거 역사적 교회의 가르침과 극명한 대조를 이룬다. 역사적 교회는 이러한 성경 구절들이 개인과 교회 그리고 세상을 위해 싱글 기독교인의 삶에 내재된 위대한 종말론적 축복에 관해 제시하는 기여에 대해 확고하게 지지해왔다.

본 장의 의도는 이러한 종말론적 관점이 반영된 핵심 구절들에 대한 역사적 수용이 어떻게 현대적 기독교 싱글 생활에 대한 억제적 접

---

192 Repohl, "Spirituality," 366.

193 Clapp, *Families at the Crossroads*, 98.

근을 탈중심화할 수 있는지, 그리고 과거의 신실한 자원들이 어떻게 현재를 재중심화하기 위해 동원될 수 있는지 파악하는 데 있었다. 이러한 고려 사항들에 대한 상세한 탐구는 결론 장에서 다시 다루도록 하겠다. 이제 기독교 주석학 영역 내에서의 회수 작업에서 기독교 신학 영역 내에서의 회수 작업으로 이동하려고 한다.

제6장
위대한 전통으로의 항해

신학적 회수의 세 번째이자 마지막 과제는 히포의 성 아우구스티누스(St Augustine of Hippo, 약 354-430년), 에인셤의 엘프릭(Ælfric of Eynsham, 기원후 955-1010년경), 교황 요한 바오로 2세(Pope John Paul II, 기원후 1920-2005년), 스탠리 하우어워스(Stanley Hauerwas, 기원후 1940년생)가 제시한 싱글 신학에 관한 네 가지 종말론적 관점의 구성 요소에 집중하는 것이다. 이 인물들은 본 주제와 관련된 실질적 종말론적 관여와 더불어 기독교 역사 및 전통의 스펙트럼 전반에 걸쳐 서로 다른 위치에 존재한다는 점에서 중요하게 여겨져서 대화 상대로 선정했다. 그들의 싱글 기독교인 삶에 대한 설명은 매우 중요할 뿐만 아니라 차이가 상당히 크다.

6.1. 원류적 기초: 종말론적 존재론으로의 관문

결혼과 과부됨 그리고 동정성이라는 이 세 가지 주제에는 매우 복잡한 질문들과 다중적인 문제들이 존재한다.[1] 거의 2천 년 전에 쓰여졌음에도 불구하고 성 아우구스티누스의 결혼과 성에 관한 신학적·

---

1   Augustine, *"The Excellence of Widowhood,"* 125, §15,19.

목회적 논평은 현대 기독교 담론 내에서 여전히 막대한 영향력을 행사하고 있다. 그가 언급한 세 가지 '결혼의 유익'(*proles* 자손, *fides* 상호 충실함/신실함, *sacramentum* 성례적 결속)[2] 은 수세기에 걸쳐 기독교 도덕 신학의 기초로 입증되었을 뿐만 아니라, 그의 성에 대한 논의는 '몇 가지 중요한 측면에서 현재의 문화적 곤경을 반영'하고 있다.[3] 안타깝게도, 아우구스티누스가 처녀성, 과부, 독신 그리고 순결에 대해 행한 신학적 논의는 현대 신학 내에서 그다지 두드러진 위치를 차지하지 못하고 있다.

6.1.1. 동정성, 더 나은 은사

아우구스티누스의 개종(기원후 386년경)은 자신의 성적 과거, 욕망, 습관 그리고 유혹으로 인한 심각한 개인적 혼란 속에서 이루어졌다. 새롭게 변화된 그의 마음에는 싱글 생활이 분명 큰 매력을 지니고 있었지만, 이 문제에 대한 그의 내적 갈등의 깊이는 아마도 그가 하나님께 '순결과 절제를 허락하소서, 그러나 아직은 아니오'라고 간청한 악명 높은 기도에서 가장 잘 드러난다.[4] 그는 자신의 성적 갈망과 욕망을 이렇게 묘사했다. "내 육신의 옷자락을 살며시 잡아당기며 내 귀에 속삭이더라. '우리를 버리겠다는 말이냐? 그 순간 이후로 다

---

2   For a discussion on these Augustinian goods of marriage see Ramsey, "Human Sexuality," 66–73.

3   Bennett, *Singleness and the Church*, 70. The veracity of this observation shall be explored in the following discussion.

4   Augustine, *The Confessions*, ed. John E. Rotelle, trans. Maria Boulding, vol. 1, The Works of Saint Augustine: A Translation for the 21st Century (New York: New City Press, 1997), 198, §7.17.

시는 네 동반자가 될 수 없다는 말이냐…영원히…영원히 다시는? 그때부터 평생 동안 너에게 이런 것들은 금지될 것이다.'"5 결국 회심6 후 서양에서 아프리카로 돌아온 아우구스티누스는 가장 가까운 친구들과 함께 공동체 수도 생활을 시작했다. 피터 브라운(Peter Brown)은 '이 공동체 안에서 길러진 한결같은 인간적 유대감이 아우구스티누스가 가톨릭 주교로 보낸 남은 40년 동안 폭풍 속에서도 고요한 삶을 보내는 기초가 되었다'고 주장한다.7 아우구스티누스의 다양한 주제(동정성, 성, 결혼 등)에 대한 성찰은 그의 신학적 경력을 통해 지속적으로 발전하고 진화했다:

> 아우구스티누스의 성(性)에 관한 논증의 완성은 갑작스럽게 이뤄진 것이 아니라, 대안적 입장을 고려하고 거부하며 때로는 흡수하는 과정을 거쳐 형성되었다. 아우구스티누스의 초기 신념들은 깊이 파고들면 불분명하고 모순될 수 있는 전제에 기초를 두고 있는 경우가 많다. 후기 아우구스티누스는 많은 모호함과 상충적 신념들을 해결했고, 그때조차도 그의 입장은 여전히 역동적이며 더 나아가 진화할 여지를 남겨 놓았다.8

아우구스티누스의 관계적·성적 경험은 그의 대화와 성찰에 끊임없

---

5   Augustine, *Holy Virginity*, 1, 204, §11.26.

6   Poetically and impassionedly recounted in Augustine, *Holy Virginity*, 1, 193–194, §5.12.

7   Brown, *Body and Society*, 395.

8   Christopher Roberts, *Creation and Covenant: The Significance of Sexual Difference in the Moral Theology of Marriage* (New York, NY: Bloomsbury Publishing, 2008), 39.

는 동력이 되었으나, 이러한 주제들에 관한 그의 가르침이 지속적으로 발전하고 확산된 배경에는 의심할 여지없이 당대의 광범위한 신학적·목회적 논쟁, 특히 결혼과 독신에 관한 논쟁(본서 앞 장에서 입증된 바와 같이)이 크게 작용하고 영향을 미쳤다. 그리하여 5세기 초 20년 동안 아우구스티누스는 결혼, 처녀성, 과부 생활, 재혼 그리고 성(性)이라는 주제에 전념한 여러 논고들을 집필했으며, 그 모든 글들은 요비니우스의 이단적 견해와 그에 맞선 반대자들, 특히 제롬 사이에서 신실한 신학적 중도의 길을 모색하기 위한 것이었다. 이 중간 노선의 핵심적인 특징은 아우구스티누스가 결혼의 선함을 부정하거나 훼손함으로써 동정성의 우월함을 옹호하려고 하지 않았다는 사실이다.[9] 그는 단호하게 '결혼과 간음은 둘 중 하나가 더 나쁜 두 가지 악이 아니라, 결혼과 금욕은 두 가지 선한 것'이라고 주장했다.[10] 실제로 그는 고린도전서 7:28에 나오는 사도 바울의 진술이 '결혼의 죄 없음을 의심하는 것은 잘못이다'는 점을 분명히 했다고 확고히 주장했다.[11]

그러나 아우구스티누스는 결혼이 선하다고 주장하면서도, 적어도 현 시대에는 최선이 아니라고 보았다. 그는 '시대의 신비로운 차이'(*temporum secreta distintico*)[12] 때문에, 다른 시대의 섭리와 결혼에 관한 신적 목적의 중대한 역사적 변화'에 대해 말해야 한다고

---

9   See, Augustine, "*Holy Virginity*," 74, §12.12.

10   Augustine, "*The Excellence of Marriage*," 39, §8.8.

11   Augustine, "Marriage," 42, §10.11.

12   Augustine, *De Bono Coniugali: De Sancta Virginitate*, ed. Henry Chadwick, trans. P.G. Walsh, Oxford Early Christian Texts (Oxford, U.K.: Clarendon Press, 2001), 47, §15.17.

주장했다.[13] 아우구스티누스가 보기에, 이스라엘 민족은 그들의 독특한 시대에서 결혼을 '최선의' 것이었다. 당시 하나님의 목적 속에서 결혼과 자녀 출산은 그들이 하나님께 경건히 순종하며 살 수 있는 삶의 형태였기 때문이다:

> 인류 초기에, 특히 모든 민족의 왕이자 구세주가 선포되고 태어나실 하나님의 백성이 번성해야 할 필요성 때문에, 거룩한 사람들은 그 자체로는 바람직하지 않으나 다른 목적을 위해 필요한 결혼의 혜택을 이용해야 했다.[14]

따라서 구약 시대의 신실한 신자들은 결혼과 성적 결합에 참여할 때, 육체적 결합이나 낭만적 쾌락 그 자체를 주된 목적으로 삼지 않았으며, 오직 자녀들—궁극적으로는 예수 그리스도—가 하나님의 뜻에 따라 태어나도록 하기 위함이었다.[15] 그러나 아우구스티누스는 '그리스도의 오심 이후에도 육체적 결합은 여전히 자녀를 번식시키는 목적을 지니지만, 예수 그리스도의 출생을 위한 것은 아니므로 자손을 낳는 것은 이제 궁극적 의미를 상실했다'고 주장했다.[16] 그 결과 그는 현재 구원 역사의 섭리 속에서 결혼이 그 우월한 지위와 필요성을 상실했다고 주장했다. 사실 아우구스티누스에게 있어 결혼이 완전히 사라진다면 오히려 더 좋을 것이었다. 이미 '모든 민족으로부터 사람

---

13   Ramsey, "Human Sexuality," 73.

14   Augustine, "Marriage," 41, §9.9.

15   See also, Augustine, "Marriage," 48, §17.19; 50, §22.18; 53 §21.26.

16   Ramsey, "Human Sexuality," 73.

들이 넘쳐나서 성도의 수를 채우기에 충분'할 뿐만 아니라,[17] 결혼(그리고 그로 인한 자손)이 사라진다면 '하나님의 도시는 훨씬 더 빨리 완성되고 세상의 종말은 더 빨리 올 것'이라고 보았다.[18] 따라서 아우구스티누스는 이 부활 이후 시대에 동정성과 독신 생활이 결혼을 뛰어넘는 우월한 삶의 형태라고 이해했다. 실제로 그는 구약 시대 신실한 이들이 '신약 계시와 함께 지금 제시된 것과 동일한 선택지를 받았더라면 기쁨으로 이를 받아들였을 것'이라고 주장했으며,[19] 오히려 '결혼함으로써 거룩함의 한 단계 아래로 내려가는' 길을 자발적으로 선택하지 않았을 것이라고 보았다.[20]

아우구스티누스는 순결과 동정을 '더 나은 은사'라고 일관되게 언급했을 뿐만 아니라,[21] 이를 실천하는 이들에게 '결혼 상태보다 그들의 완전함을 더 소중히 여기라'고 촉구했다.[22] 왜냐하면 그들은 '기혼자보다 우월한 지위'를 차지하기 때문이다.[23] 아우구스티누스는 '결혼하는 것이 잘못된 일은 아니지만, 하지 않는 것이 더 낫다'는 점[24]을 과부의 재혼에도 적용하여 '남편을 잃은 후 재혼하는 믿음의 여인은 주 안에서 복되나, 과부로 남는 자는 주 안에서 더욱 복되다'고 결

---

17 Augustine, "*The Literal Meaning of Genesis*," in *On Genesis*, ed. Edmund Hill, The Fathers of the Church (New York: New City Press, 2002), 382, §9.7.12.

18 Augustine, "Marriage," 41, §10.10.

19 Augustine, "Marriage," 145, §13.15.

20 Augustine, "Marriage," 48, §17.19.

21 Augustine, "*Holy Virginity*," 77, §18.18.

22 Augustine, "*Holy Virginity*," 77, §18.18.

23 Augustine, "*Widowhood*," 114, §3.4.

24 Augustine, "*Holy Virginity*," 75, §15.15.

론지었다.[25] ‘결혼하지 않기로 선택한 자들은 결혼을 마치 죄의 구덩이인 양 피해서는 안 되며, 오히려 덜 웅장한 언덕을 넘어 더 높은 독신의 산에 정착해야 한다.’[26] 그러나 아우구스티누스에게 있어서 기독교인이 결혼을 더 나은 선택이자 적합한 길로 삼을 수 있는 합법적이며 심지어 의무적인 이유가 하나 있었다:

> 그러나 현 시대에는 육체적으로 자녀를 낳는 것이 미래에 그리스도의 육체적 탄생을 이루는 데 기여하지 않으므로, 결혼을 위해 육체의 고통이라는 짐을 지는 것은 완전히 어리석은 일이다. 유일한 예외는 자제력이 부족한 자들로, 그들이 사탄의 유혹에 굴복하여 치명적인 죄에 빠질 위험이 있을 때이다.[27]

즉, 아우구스티누스는 결혼이 ‘선(善)’이라 해도 그것보다 ‘더 나은 순결’ 대신 결혼을 선택하고 정당화할 수 있는 유일한 이유는 개인이 성적 유혹을 저항할 수 없는 경우 뿐이라고 주장했다. 아우구스티누스의 결론에 담긴 논리를 포괄적으로 탐구하는 것은 본 장의 범위를 훨씬 벗어나는 일이지만, 결혼을 ‘부활 이후 세상에서 의지가 약한 자들을 위한 지팡이’[28]로 보는 이러한 관점이, 그의 신학에 깊이 영향을 끼쳤다는 점은 주목할 만하다.

---

25 Augustine, *“Widowhood,”* 115, §4.5. See also, 114, §3.4 ; 125, §15.19.

26 Augustine, *“Holy Virginity,”* 78, §18.18. See also, Augustine, *“Widowhood,”* 116, §5.7.

27 Augustine, *“Holy Virginity,”* 76, §16.6. See also, Augustine, *“Holy Virginity,”* 80, §21.21; Augustine, *“Widowhood,”* 119, §8.11; Augustine, “Marriage,” 42, §10.11.

28 Bennett, *Water Is Thicker than Blood*, 72.

아우구스티누스는 '건전한 이성과 성경의 권위를 모두 근거로 삼을 때, 결혼이 죄라고 결론 내리지 않고 싱글 생활과 동등하게 여기지도 않는다'는 자신의 주장을 더욱 발전시키며,[29] 순결과 금욕의 우월한 '완전성'은 이를 받아들인 이들이 더 큰 영광과 축복을 받을 운명임을 의미한다고 주장했다. 또한 결혼한 성도와 동정성을 유지한 성도(married and virginal saints)는 천국에서 구원이라는 측면에서는 동등한 지위에 있겠지만, 후자가 더 큰 영광을 누릴 것이라고 주장했다. 그는 또한 '독신이 더 나은 것은 단지 이 생의 근심에서 자유로워지기 위함이지, 내세에 유익하기 때문이 아니다'라고 생각하면 안 된다고 단언했다.[30] 이것은 아우구스티누스가 특이하게 '예수께서 천국을 위하여 스스로 거세하는 자들에게 하신 말씀(마태복음 19:10-12)이 천국의 확장과 성장보다는 천국에서 자신의 지위를 위해 독신을 선택한 자들을 위한 것이라고 해석하는 이유를 어느 정도 보여준다.[31] 아우구스티누스는 또한 다른 성경 모티프를 활용하여 하나님의 동정녀와 동정남들을 위한 축복과 상급의 계층적 구조가 하나님 나라에 존재한다고 확언했다. 예를 들어, 그는 아버지의 하늘 집에 많은 방이 있음을 인정하면서도(요한복음 14:2), '많은 방들 가운데서 어떤 이들은 다른 이들보다 더 큰 영예를 누릴 것'이라고 주장했다.[32] 마찬가지로 그는 한 별이 다른 별과 광채가 다르듯이(고린도전서 15:41), 어떤 이들은 천상의 '영광을 얻게 될 것이며, 이는 모든

---

29 Augustine, "*Holy Virginity*," 78, §19.19.

30 Augustine, "*Holy Virginity*," 74, §13.13.

31 Augustine, "*Holy Virginity*," 81–82, §23.23.

32 Augustine, "*Holy Virginity*," 84, §26.26.

사람, 심지어 구원의 영생에 사는 사람과도 공유되지 않을 것'이라고 주장했다.[33] 그는 "비록 모두가 하나님의 소유된 백성이지만 동정성을 유지한 자가 누리는 특별한 기쁨은 그렇지 않은 자의 기쁨과 같지 않다."라고 확언하였다.[34]

아우구스티누스는 동정성의 우월성에 대한 이해를 공고히 하기 위하여 다양한 신학적 고려 사항을 사용했다. 예를 들어, 그는 기독교적 동정성이 교회와 마리아의 동정성 안에 자리잡고 있기 때문에 특별한 의미와 존엄성을 지닌다고 인식했다.[35] 더 나아가 아우구스티누스는 그리스도께서 동정성을 유지하셨고 실제로 겪으신 고통 때문에 동정성을 그리스도의 삶과 죽음 그리고 부활에 가장 직접적으로 참여하는 수단으로 여겼다.[36] 아우구스티누스는 또한 결혼이 그 자체로 선함에도 불구하고, 기독교인에게 '남편과 아내의 질투 어린 의심, 자녀를 낳고 양육하는 일, 과부의 슬픔과 걱정'과 같은 본질적이고 다양한 고통을 가져온다고 인식했다.[37] 그래서 그는 '결혼의 끈으로 자신을 묶은 사람 중 그 걱정들로 흔들리고 찢기지 않는 자가 누구인가?'라고 묻는다.[38] 반면에 그는 동정성의 삶을 그러한 분열된 헌신과 세

---

33 Augustine, *"Holy Virginity,"* 75, §14.14.

34 Augustine, *"Holy Virginity,"* 85, §27.27. See also 75, §14.14; 74, §13.12; 80, §21.21.

35 '[Since] the whole Church is a virgin betrothed to the one man Christ (2 Cor 11:2), what great honor is due to those of its members who preserve even in their bodies what the whole Church preserves by faith, in imitation of the mother of its spouse and Lord! For the Church too is both virgin and mother.' Augustine, *"Holy Virginity,"* 68, §2.2.

36 Bennett, *Water Is Thicker than Blood*, 102.

37   Augustine, *"Holy Virginity,"* 76, §16.16.

38 Augustine, *"Holy Virginity,"* 76, §16.16.

속적 방해로부터 자유로운 것으로 묘사했다(고린도전서 7:32-35).

결국 동정성이 현세에서 우월한 삶의 형태를 이루며 내세에서 더 큰 영광을 부여받는 결과로 이어진다는 아우구스티누스의 결론은 이 두 가지가 모두 하나님의 구속적 목적과 목적론적 계획 안에 포함되어 있다는 그의 이해의 가장 포괄적인 표징이다.

6.1.2. 동정성의 종말론적 중요성

다음 인용한 글을 보면 알 수 있듯이, 아우구스티누스는 지상의 동정 상태가 천상의 불멸을 예표한다고 인식했다:

동정성의 성실함(Virginal integrity)과 경건한 독신 생활(celibacy) 실천에서 비롯된 모든 성적 친밀함으로부터의 자유는 천사들에게 속한 것이며, 부패할 수 있는 육신 안에서 영원한 부패하지 않는 상태를 미리 맛보는 것이다. 모든 육체적 부모됨과 모든 결혼적 순결을 동정성과 필적할만한 것으로 올려놓으면 안 된다. 확실히 그 불멸의 상태는 육체의 결박을 벗어난 자들로 하여금 다른 이들 이상으로 특별한 것을 누리게 할 것이다.[39]

아우구스티누스는 아마도 사두개파 관련 복음서 구절을 염두에 두고, 동정성의 삶을 모든 신자들이 기다리는 부활의 삶 즉 천사 같은 삶에 가장 가까운 지상에서의 근사치이자 미리 맛보는 것으로 여겼을 것이다. 지상에서 동정성을 유지한 자들이 비록 제한적 의미에서

---

39 Augustine, *"Holy Virginity,"* 74, §13.12.

이지만 지금 여기에서 이미 종말론적 현실에 참여하고 있다는 사실은 아우구스티누스로 하여금 그들의 천상적 현실에는 반드시 지상 생애 동안 결혼한 이들에게는 주어지지 않을 어떤 우월한 영광과 지위 또는 축복이 포함될 것이라고 결론짓게 했다. 그러나 아우구스티누스의 종말론적으로 부여된 동정성의 우월성에 대한 개념은 거기서 끝나지 않았다. 주의 깊게 읽으면, 타락 이전의 성(性)과 결혼에 관한 그의 견해에 기반한 훨씬 더 복잡하고 미묘한 종말론적 근거가 드러난다.

제4장에서 밝힌 바와 같이, 아우구스티누스의 선배들과 동시대인 대다수는 결혼과 성관계가 타락한(즉, 타락 이후의) 인간 사회에 국한된 것이라고 주장했다. 아우구스티누스의 초기, 마니교에 대한 반감에서 비롯된 창세기에 대한 우화적 해석은 결혼 자체에 대해서는 아니더라도 성관계에 대해서는 타락 이후의 관점과 어느 정도 신학적으로 일치함을 시사한다.[40] 그러나 나중에 '창세기 1-2장에 대한 그의 영성화된 해석이 지나치게 금욕적인 윤리를 옹호했다'는 비난에 노출되었다는 점을 깨달으면서,[41] 아우구스티누스는 결국 타락 이전 인류의 육체성과 성적 측면에 대해 문자적인 해석을 받아들였다:[42]

---

40 '[. . .] the question is indeed very properly asked how this coupling of male and female before sin is to be taken, and this blessing with the words, "Increase and multiply and reproduce and fill the earth." Is it to be taken according to the flesh or according to the spirit? It is quite legitimate you see, for us to take it in a spiritual sense as well, and to believe that it was turned into a blessing of fertility in the flesh after sin'. Augustine, "*A Refutation of the Manichees: Book I*," 58, §19.30.

41 Elizabeth A. Clark, *St Augustine on Marriage and Sexuality*, vol. 1, Selections from the Fathers of the Church (Washington, D.C. : The Catholic University of America Press, 1996), 41.

42 For example, he held that God had 'formed the members suited for generation, and he ordained that bodies be born from bodies'. See Augustine, "*Marriage and Desire: Book Two*," in *Answer to the Pelagians*, II, ed. Roland J. Teske, The Fathers of the Church (New York: New City Press, 1998), 60, §4.12.

400년경부터 생애 말년까지 아우구스티누스는 아담과 하와를 우리와 동일한 신체와 성적 특성을 지닌 물리적 인간으로 일관되게 기술했다. 그들은 육체적 결합을 수반하는 백성(*populus*)을 일으키기 위해 낙원에 배치되었다.[43]

현대 신학적 감각으로는 이러한 해석이 별다른 의미가 없어 보일 수 있으나, 아우구스티누스의 타락 이전적 입장은 전통적 관점에서 성(性)과 결혼(그리고 적어도 그의 관점에서는 동정성/독신)이라는 주제에 대한 접근 방식에 지각변동을 일으켰다. 교회 역사상 이 시점까지, 교회는 목적론적 비전(적어도 결혼과 성에 관해서는)을 낙원적인 과거의 회복을 향한 방향으로 설정해왔다. 즉, 대부분의 초대 교회 교부들은 에덴의 이상을 회복하는 목적론적 모범으로서 독신과 성적 순결을 높이 평가하고 찬양했다. 그러나 아우구스티누스는 자신이 확립한 타락 이전의 입장으로 인해 매우 다른 결론에 도달했다. 그는 결혼과 성이라는 창조된 선함이 비록 죄로 인해 비극적으로 왜곡되었지만, 항상 '구원의 역사에 참여하게 할 것이라는 하나님의 의도 안에서 완전한 잠재력으로 창조되었다'고 주장했다.[44] 아우구스티누스는 이 두 창조된 현실(결혼과 성)이 '예수 그리스도를 중심으로 전개되는 창조와 화해 그리고 구속의 이야기'를 초월한 것이 아니라, '오직 이 이야기 속에서만 이해될 수 있는 것'으로 보았다.[45]

---

43 Brown, *Body and Society*, 400.

44 Bennett, *Water Is Thicker than Blood*, 60.

45 Banner, *Christian Ethics*, 297.

그 결과, 아우구스티누스는 기독교 결혼이 또한 '시대의 비밀스러운 차이'(*temporum secreta distinctico*) 내에서 종말론적 특권의 독특한 역할을 차지한다고 주장했는데, 그 이유는 기독교 남편과 아내 사이의 독특한 성례적 결속[46]은 인간 내면에서 완성된 '하나님의 나라에서의 최종적 일치'를 향해 목적론적으로 질서가 형성되었기 때문이다.[47] 아우구스티누스에게 성례적(sacramental) 결혼 제도는 '그리스도를 신랑으로 모시며 그리스도께서 세우신 남성과 여성 그리고 하나님 사이의 깨진 관계를 회복하는 이미지로 가득하다.[48] 이러한 종말론적 중요성은 아우구스티누스가 제롬과 그 밖의 다른 학자들에 의해 신학적으로 훼손된 결혼을 재평가하려는 수단 중 하나였다.

그러나 아우구스티누스는 또한 결혼적 결합의 종말론적 의미를 신학적 전략으로 활용하여 요비니우스의 가르침에 맞서고 기독교적 독신을 존중하고 심지어 높이는 근거로 삼았다. 이러한 주장은 타락 이전의 아담과 하와가 결혼과 성관계라는[49] 육체적 행위를 통해 하나님

---

46 Augustine, "Marriage," 49, §18.21.

47 Brown, *Body and Society*, 502.

48 Bennett, *Water Is Thicker than Blood*, 122.

49 In Augustine's earlier works the question of whether the first humans could have married and procreated whilst remaining physical virgins was still somewhat open. For example, in *The Excellence of Marriage* (c. AD 401), he suggested there 'is no need at present for us to investigate, and offer a definite opinion on the question. [. . .] Many different opinions have been held on this topic; and if we have to consider which of them accords best with the truth of the divine scriptures, it would be a task requiring long drawn-out discussion.' Augustine, "Marriage," 33, §2.2. However-er, in the more mature *The City of God* (composed 15-20 years later), Augustine contended that sexual intercourse was intrinsic to the 'command to increase and multiply and fill the earth, given before the fall [. . .] the begetting of children is a part of the glory of marriage', Augustine, The *City of God: Books VIII- XVI*, ed. Hermigild Dressler, trans. Gerald G. Walsh and Grace Monahan, vol. 14, The Fathers of the Church: A NewTranslation (Washington, D.C.: The Catholic University of America Press, 1952), 396, §14.21.

과 서로에게 그리고 더 나아가 피조물 전체와의 올바른 관계를 본연적으로 실천했을 것이라는 그의 견해 위에 기반을 두고 있었다.[50] 그는 특히 타락 이전에는 결혼과 성관계 그리고 출산이 '불안한 욕망' 없이 이루어졌을 것이라고 주장했다. 『신국론』(*The City of God*)에서 그가 쓴 대로, '이 정욕은 그들이 죄를 짓기 전에는 존재하지 않았다. 타락 이후에 그들의 본성이 육체에게 복종을 강요할 힘을 잃었을 때, 그들은 타락하고 그 상실의 상태에 이르렀다'.[51] 이에 대하여 배너는 이렇게 요약했다:

> 타락하지 않은 상태에서 인간의 성적 본능은 달랐을 것이다. 그 구성 요소들은 조용히 그리고 순종적으로 이성적 의지를 따랐을 것이며, 따라서 아담과 하와는 그들의 의식적 자아로부터 결코 소외되거나 통제 밖에 있지 않은 의도에 따라 결합되었을 것이다.[52]

비록 에덴동산에서는 인간이 '이성적 의지의 명령에 반하여 그렇게까지 격앙되지 않았지만, 다시 말해서 이성이 그들을 굴레에 얽매야 할 지경에 이르지 않았지만 지금은 사정이 다르다. 도덕적·종교적 자제심을 가진 삶을 사는 사람들조차 이 정욕들을 억제해야 할 지경에 이르렀고'[53] 죄의 재앙은 인간의 욕망, 특히 성적 욕망을 이성적 의지에 굴복시키는 능력에 치명적인 불일치를 초래하여, 이제 '지혜

---

50 Augustine, "*The Literal Meaning of Genesis*," 379, §9.3,6.

51 Augustine, *The City of God: Books VIII–XVI*, 14, 396, §14.21.

52 Banner, Christian Ethics, 298.

53 Augustine, *The City of God: Books VIII–XVI*, 14, 393, §14.19.

와 이성의 고삐와 재갈이 항상 필요하다'.[54] 아우구스티누스가 정욕
(concupiscence)이라는 신학적 개념을 통해 설명한 이 문제를 내적
혼란을 한탄하며 다음과 같이 잘 표현하였다:

내가 오랫동안 다짐해 온 대로 마침내 나의 하나님을 섬기기로 마음먹었
을 때, 그 길을 따르고자 하는 것도 나였고, 따르지 않으려 하는 것도 나
였다. 오직 나만 관여한 일이었다. 나는 온전히 원하지도 않았고 온전히
외면하지도 않았다. 나는 내 자신과 대립하며 스스로를 분열시키고 있었
다. 이 분열은 내 동의 없이 일어나고 있었다.[55]

아우구스티누스에게 이러한 내적 분열은 개인의 존재적 경험에 비
극적 결과를 초래할 뿐만 아니라, 타인과의 관계적 조화, 그리고 당연
히 창조주와의 관계에도 영향을 미쳤다. 베넷은 주장한다:

따라서 아우구스티누스의 타락 이야기는 창조에 관한 그의 설명에서 드
러난 관심사와 유사하다. 우리가 창조된 본성 안에서 하나님의 계명을
따름으로써 서로와 하나님과 교제해야 했던 것처럼, 타락 속에서 우리
는 서로와의 교제 밖에 놓여 있으며 더 이상 하나님의 계명을 따를 수 없
음을 발견한다.[56]

---

54 Augustine, *The City of God: Books VIII–XVI*, 14, 393, §14.19.

55 Augustine, *Holy Virginity*, 1, 202, §7.10,22.

56 Bennett, *Water Is Thicker than Blood*, 85.

타락의 지속적인 결과의 일부로서, 원초적 부부가 누렸던 축복받은 타락 이전의 상황—그들은 '인간이 정욕적이고 생식기적으로 혼란스러운 욕망에 사로잡히지 않으면서도 서로 관계를 맺을 수 있는 가능성의 지점에 서 있었다'[57]—은 그 이후로 다른 모든 이들에게는 실존적으로 불가능한 상태로 남아 있다. 아우구스티누스는 그리스도인들이 자신의 욕망, 이성, 행동 사이에 어느 정도 내재적·외재적 성적 재연결을 재구축할 수 있는 은총에 의한 제한된 수단이 존재함을 인정했지만,[58] 결국 지상에서의 결혼은 육욕적 정욕이 '진정한 화합을 가로막는 의지의 소용돌이를 필연적으로 만들어내는' 두 개인 간의 결합일 수밖에 없다.[59] 따라서 아우구스티누스는 세속적 결혼이 목적론적으로 영원 속에서 남성과 여성 그리고 하나님 사이의 완전한 관계를 예표하는 방향으로 질서 잡혀 있더라도 죄악된 현실은 그러한 특권이 상당한 정도의 좌절에 시달리는 상태로 남게 될 것이라고 보았다.

그러나 아우구스티누스는 동정성을 결혼상태와 동일선상에 놓고 말을 할 수 없었을 뿐만 아니라, 실제로 그렇게 해서도 안 되었다. 정욕과 육체의 부조화는 지상의 결혼 관계의 조화와 회복을 향한 목적론적 갈망을 상기시키는 역할을 하도록 운명 지어졌다면, 반면에 지

---

57 Bennett, *Water Is Thicker than Blood*, 90.

58 For example, 'It is, nonetheless, one thing to have intercourse only out of the desire to have children; that involves no sin. It is something else to seek the pleasure of the flesh by having intercourse [. . .] that involves a pardonable sin'. Augustine, "*Marriage and Desire: Book One*," 39, §15.17. See also, 30, §4.5 and 34, §8.9. Augustine elsewhere argues that 'the earlier [married couples] begin by mutual consent to abstain from carnal union', the better. See Augustine, "Marriage," 35, §3.3.

59 Brown, *Body and Society*, 402.

상의 동정성(그리스도의 생애와 죽음, 부활을 통해 재해석된)은 진정으로 긍정적이고 이해 가능한 삶의 형태가 되었을 뿐만 아니라, 바로 그 관계적 조화와 회복에 대한 목적론적 약속을 희망적으로 보여주는 증거가 되었다. 아우구스티누스는 동정성의 핵심 기능 중 하나가 삼중적 차원의 회복된 조화 가능성을 선취적으로 구현하는 것이라고 주장했다. 첫째, 동정성으로 인간의 욕망과 의지의 재정렬(대아관계), 둘째는 동정성을 유지하는 자들이 영원한 화합을 나누도록 예정된 그리스도의 몸으로서의 다른 구성원과의 관계(대인관계), 셋째는 동정성을 유지한 그리스도의 신부로서 하나님과의 관계(대신관계)이다. 타락 이전에는, 이러한 삼중적 삶이 정욕적이지 않고, 성적으로 활동적이며, 생식에 초점을 맞추고, 정욕에서 자유로운 결혼이 가능했다. 그러나 십자가 처형(인류가 죄의 영향에서 구속된 사건)과 부활(인류가 새 창조 안에서의 영생으로 지향된 사건) 이후, 성결과 순종과 조화로 특징지어지는 동정성은 그리스도인들이 하나님과 타인을 향한 의로운 삶을 현실적으로 실천할 수 있는 가장 이상적인 지상적 상태가 되었다. 이런 의미에서 아우구스티누스는 이 시대의 경건한 기독교적 동정성 유지의 삶이 타락 이전 에덴 동산 시대의 결혼 및 성적 생활과 신학적으로 매우 유사하다고 주장했다. 즉, 아담과 하와의 최초 상태는 비록 정확히 어떤 모습이었는지 완전히 알 수는 없지만 오늘날의 동정 상태와 어느 정도 유사성을 지니고 있다.[60] 물론, 이러한 주장은 아우구스티누스의 종말론적 희망이 이상화된 에덴으로의 회귀에 놓여 있다는 의미는 아니다. 오히려 그는 인류의 목적론적

---

60 Bennett, *Water Is Thicker than Blood*, 123.

종말이 하나님과의 관계와 서로 간의 관계 그리고 모든 피조물과의 관계에 있어서 인류에 대한 하나님의 원래 창조적 의도를 새롭게 변형된 방식으로 지향되어야 한다고 보았다. 따라서 그는 이러한 미래의 새롭고 창조적인 관계적 회복의 놀라운 최종 성취는 현재 창조 세계에서의 동정성의 삶을 통해 선취적으로 예시될 것으로 간주했다.

이 시점에서 그의 신학적 논리는 동정 상태를 육체적 성적 순결 그 이상을 가리키는 개념으로 확장되었다. 아우구스티누스에게 동정성은 종말론적 지향의 거룩함과 신실함 그리고 신이라는 덕스러운 삶을 구현하도록 부름받은 상황이었다. 동정성을 유지한 자들이 칭송받아야 하는 이유는 단순히 육체적으로 순결하기 때문이 아니라, 그들의 육체적 순결이 영적 순결을 생생히 보여주는 증거이기 때문이었다. 실제로 그는 그들을 찬양해야 하는 이유가 '그들의 동정성 때문이 아니라, 거룩한 정결함으로 하나님께 봉헌된 것 때문'이라고 주장했다.[61] 그러므로 그는 사람이 거세시킨 자들은 진정한 동정성의 높은 영예를 받을 자격이 없다고 주장했다. 왜냐하면 거세된 자들이 결혼하지 않는 이유는 영적 덕이 아니라 육체적 불가능 때문이기 때문이다.[62] 이러한 논리는 아우구스티누스가 과부와 홀아비에게 권면하는 근거가 되기도 한다. 과부가 된 자가 재혼하는 것은 비난받지 않는다.[63] 그러나 그의 생각에 과부의 의도적인 독신 생활은 재혼보다 더 고귀한 것이었다. 왜냐하면 그것은 개인이 '주님을 기쁘시게 하는 목

---

61 Augustine, "*Holy Virginity*," 73, §11.11. Emphasis added. See also, Augustine, "Marriage," 56, §23.23.

62 Augustine, "*Holy Virginity*," 82, §24.24.

63 Augustine, "*Widowhood*," 115, §4.5.

적에 다시 집중할 수 있게'했기 때문이다.[64]

따라서 서약한 동정성 봉헌(우발적이거나 심지어 우연한 독신과는 대조적으로)은 아우구스티누스 사상에서 주요한 신학적 중요성을 지닌다. 실제로 그는 봉헌이 대단히 중요하다고 여겨서 한번 서약한 이상 그 서약은 지켜야 하며, 그렇지 않으면 그들은 정당하게 저주를 받을 것이라고 주장했다. 왜냐하면 그들은 독신에 대한 약속을 지키려는 마음에서 결혼하려는 마음으로 변했기 때문이다.[65] 결국 동정성은 욕망과 정신과 행동의 일치를 여주는 덕목이기 때문에 아우구스티누스는 처녀와 과부들에게 이렇게 권면했다. "성스러운 독신 생활에 끌리는 정도가 어느 정도이든, 그 끌림을 하나님께서 주신 선물로 여기고 그분께 감사드려야 한다."[66] 다시 말해서 동정성 유지의 은 은혜로만 가능하며 은혜로 종말이 보장되는 삶이었다.

6.1.3. 중요성과 한계

아우구스티누스에게서 동정성의 의미와 가치 그리고 존엄성이 그의 종말론적 우선성에 깊이 뿌리내려 있음을 보았다. 그는 지상에서의 동정 생활이 다가올 천사적 영생의 맛보기이자 이를 실천하는 이들에게 주어지는 독특한 종말론적 축복의 전조라고 이해했을 뿐만 아니라, 결혼하지 않은 기독교인의 삶이 그리스도의 부활을 통해 현재의 종말론적 섭리 안에서 덕을 실천하고 목적론적 동기로 증언할

---

64 Augustine, "*Widowhood*," 129, §19.23.

65 Augustine, "*Widowhood*," 120, §9.12.

66 Augustine, "*Widowhood*," 126, §16.20. See also, Augustine, "*Holy Virginity*," 96, §41.42.

수 있는 이해 가능한 기회로 변모되었다고 인식했다. 복음의 렌즈를 통해 볼 때, 동정성은 '이미 왔으나 아직 오지 않은' 종말론적 시대에 특별한 의미를 지닌다. 이는 개인의 실존적 내면성 안에서, 그리스도의 몸의 다른 구성원과의 관계 속에서 그리고 궁극적으로 창조주 하나님과의 관계 속에서 구속되고 새롭게 되며 재정렬된 조화의 가능성을 가장 효과적으로 입증하는 삶의 상태이다. 이러한 종말론적 관련성과 그 내용의 특정 특징들을 신중하게 재조명한다면, 제2장에서 드러난 여러 문제적 경향과 결론들을 적극적으로 탈중심화할 수 있을 것이다. 또한 믿음의 공동체 내 미혼 기독교인의 성격과 가치 그리고 소속감에 대한 낙관적인 재중심화 개념을 제시할 수 있을 것이다.

그러나 아우구스티누스가 동정성의 종말론적 잠재력에 대해 보여준 특유의 평가를 풍부한 유산으로 남긴 것은 사실이지만, 독신 기독교인의 삶이 오직 헌신적 삶을 위한 성스러운 서약의 맥락 안에서만 진정한 목적을 지닌 것으로 인정받는다면, 그러한 삶을 적극적으로 선택하지 않은 독신 개인에게는 신학적 존엄성이 거의 남아 있지 않다. 이러한 기독교적 독신 형태에 대한 신학은 아우구스티누스의 결론에서 잘 드러난다. 그는 그러한 사람이 '결혼하고 자녀를 둔 다른 신자들과 마찬가지로 하나님의 집에서 동등한 권리를 가질 자격이 있지만, 그들에게 더 나은 특별한 자리를 부여하는 것만으로는 충분하지 않다'고 주장한다.[67] 이 자격 요건은 아우구스티누스의 사상이 본 논문의 특정 과제에 대해 가지는 중요성과 적용 가능성에 상당한 제약을 암시한다. 예를 들어, 종말론적으로 가치 있는 독신을 서

---

67 Augustine, *"Holy Virginity,"* 82, §24.24.

약한 봉헌의 영역으로 제한하는 그의 입장은 결국 특정 유형의 독신만이 진정으로 합법적이라고 간주되어야 한다는 결론을 강화하며, 이로 인해 수많은 미혼 기독교인들이 원치 않는 싱글 상태에 대해 불확실함과 낙담 심지어 원망까지 느끼게 한다. 이러한 가정은 또한 싱글 상태에 대한 불행한 실용주의적 정당화를 강화하는 데만 기여한다. 이는 미혼 기독교인의 삶의 의미가 그 상태 자체에 내재된 고유의 신학적 가치보다는 오로지 그 삶이 어떠했는지에만 초점을 맞추는 관점이다.

따라서 아우구스티누스의 동정성에 대한 이러한 접근 방식은 중요한 도전 과제를 제기한다. 즉, 헌신적인 기독교인에게 의도적으로 추구하고 심지어 평생 유지하는 싱글 생활을 합법적인 위치로 인정하지 않는 현대적, 특히 개신교적 거부를 탈중심화해야 한다는 점이다. 그러나 현대 교회는 진정으로 가치 있는 싱글 생활에 대한 아우구스티누스의 신학적 개념을 재고하는 것이 바람직할 것이다. 이러한 도전의 구조와 본질에 대한 보다 포괄적인 탐구는 최종 장에서 다시 다루겠지만, 현재로서는 아우구스티누스의 엄격히 제한된 동정성에 대한 평가가 그의 방대한 분량의 신학에 대한 과소평가에서 비롯된 결과라는 것을 부정할 수 없다. 쉽게 말해서 아우구스티누스의 신학 전체를 이해하지 못하면 그의 동정성에 대한 개념도 이해하기 어렵다.

아우구스티누스가 진정한 독신 생활은 반드시 서원한 서약 안에서 이루어져야 한다고 규정하여 내주하시는 성령의 능력으로 하나님의 뜻 안에 거할 수 있는 모든 그리스도인의 능력(그리고 실제로는 책임)을 과소평가한다는 것이다: "하나님의 뜻은 너희가 거룩하게 되는 것이니 곧 음행에서 떠나 각 사람이 자기 몸을 거룩함과 존귀함으로 다스리는 법을 배우는 것이라"(살전 4:3-4). 이러한 성경적 권면과 기대는 선택된 성별된 독신 생활이라는 맥락 안에서 그러한 경건한 삶에 더 큰 우월성과 영예를 부여하려는 아우구스티누스의 일관된 해석을 불안정하게 만든다. 이는 서원한 독신 생활이 서원하지 않은 독신 생활이라는 더 불확실하고 어쩌면 고통스러운 상황 안에서의 삶보다 우월하다는 주장이다.[68] 물론, 그의 관점에서는 전자가 더 정당하며 옳을 수밖에 없다. 왜냐하면 후자(즉 서원하지 않은 독신)는 항상 더 낮은 것(결혼)으로 교환될 가능성을 열어두므로 더 큰 은사의 영광을 암묵적으로 거부하기 때문이다. 이러한 논증의 예는 서약된 정결을 실천함으로써 '더 큰 은사의 영광'을 갈망하라는 과부들에게 준 조언에서 찾아볼 수 있다.[69] 그는 그들에게 경고하기를, 일단 그러한 은사를 '갈망하고 선택하며 서약했다면, 실제로 결혼할 경우뿐만 아니라 실제로 결혼이 이어지지 않고 결혼을 원하기만 해도 저주를 받게 된다'고 했다.[70] 아우구스티누스의 사상에서 독신의 우월한 상태를 결혼이라는 열등한 상태로 바꾸려는 욕망을 품는 것조차 저주받을 만한 일이기 때문에, 서원한 독신 생활—개인을 독신 상태로 묶어두고 그 생활에 전념하게 하는 것[71]—은 중요한 의미를 지닌다.[72]

---

68 And indeed, over and above such godly living within the context of monogamous marriage.

69 Augustine, "*Widowhood*," 129, §19.12

70 Augustine, "*Widowhood*," 129, §19.12

71 Of course, this position itself is also open to critique, for it arguably reflects an inverse overestimation of a vow's theological and practical usefulness for these purposes.

72 This apparent predication of salvation as (to some degree) based on the triumph of the will sits uncomfortably within Augustine's broader corpus, and especially his (later) denouncement of the Pelagian heresy concerning the sufficiency of human

그러나 바로 이러한 논증 때문에 아우구스티누스의 독신 생활에 대한 신학적 개념이 결국 과소평가되고 있다. 즉, 아우구스티누스가 독신 생활을 포괄적이고 진정한 선으로 규정한 것에 대하여 신학적으로 과소평가하는 것은 궁극적으로 결혼 자체를 진정한 선으로 평가한 그의 신학을 이해하지 못하므로 생긴 결과이다. 적어도 아우구스티누스의 중기 저작 시점에서는 결혼의 진정한 선함을 훼손하지 않으면서도 순결의 우월성을 옹호하려는 신학적 입장을 이해할 필요가 있다.

전술한 아우구스티누스의 싱글 신학을 정리하면 그는 독신생활의 금욕주의적 이상화와 결혼의 선함을 동시에 인정하는 입장을 취한다. 그는 결혼 자체를 죄나 열등한 상태로 보지 않았으며 오히려 하나님의 선한 창조 질서로 인정했다. 특별히 그가 결혼의 가치를 세 가지 선(*proles, fides, sacramentum*)으로 설명한 것은 개혁주의 신학에 결정적인 영향을 미쳤다. 그렇다면 서원한 독신은 '더 높은 선'(*bonum maius*)이며 더 고귀한 소명으로 평가한다. 왜냐하면 독신은 미래의 하나님 나라를 미리 살아내는 삶이며 육체적 결합에서 자유로워져서 하나님께 전적으로 헌신할 수 있기 때문이다. 이것은 고린도전서 7장의 사도 바울의 가르침과 정확히 일치한다. 특별히 그의 성(sexuality)에 대한 인식은 원죄론과 깊이 연관되어 있다. 성은 원래 고귀한 것이지만 타락이후 생겨난 성욕은 왜곡된 욕망이며 이것은 결혼 안에서의 성행위조차도 영향을 받는다고 여긴다. 결국 독신은 '성욕'을 억압하는 것이 아니라 욕망의 최종 목적지가 인간의 육체가 아닌 하나님을 향한 예배와 섬김이 되도록 이끄는 훈련이다.

---

will for the sake of salvation.

결론적으로 아우구스티누스에게 독신은 결혼을 부정하는 금욕이 아니라 미래의 하나님 나라를 현재에 증언하는 '사랑의 방향성'이다.

6.2. 성자전적 증언: 정당성의 서사

에인셤의 엘프릭(Ælfric of Eynsham, 약 955-1010년)은 중세 후기의 중요한 저술가이자 신학자이며, '배후에서 정치적 영향력을 행사한 인물'[73]이다. 그 시대의 마지막 몇 세기 동안 다소 잊힌 존재가 되었지만, 16세기에 들어와서 '로마의 것들과 구별되는 관습과 신념에 대한 선례를 찾고자 했던 초기 영국교회 성공회 변증론자들'의 주목을 받았다.[74] 엘프릭은 약 120편의 설교와 강론, 방대한 성인 전기 모음집, 그리고 여러 성경 주석을 집필했음에도 불구하고,[75] 현대 신학계에서는 거의 알려지지 않았으며, 그의 동시대적 중요성은 일반 대학의 중세사에 국한되어 있다. 그럼에도 불구하고, 그의 저작은 여기서 논의할 신학적 회수 작업의 중요한 자원이다. 그러나 관련 자료를 검토하기 전에, 먼저 그의 저작이 쓰여진 구체적인 역사적·신학적 상황을 탐구할 필요가 있다.

중세는 교회에서 뿐만 아니라 사회 전반에 걸쳐 역사적, 문화적, 정

---

73 Catherine Cubitt, "Apocalyptic and Eschatological Thought in England Around the Year 1000," *Transactions of the Royal Historical Society* 25 (2015): 35.

74 David Yerkes, "Aelfric," in *Dictionary of the Middle Ages*, ed. Jospeh Strayer (New York, NY: Charles Scribner's Sons, 1989), 61.

75 The majority of these were published in the two volumes of his *Catholic Homilies*, a resource designed to be used from the pulpit throughout the course of the ecclesiastical calendar. Ælfric, "The Sermones Catholici, Or Homilies: In the Original Anglo-Saxon, with an English Version, Volume I," by Benjamin Thorpe (The Aelfric Society, 1846); Ælfric, "The Sermones Catholici, Or Homilies: In the Original Anglo-Saxon, with an English Version, Volume II," by Benjamin Thorpe (The Aelfric Society, 1846).

치적, 신학적으로 복잡한 시대였다. 앵글로색슨족의 잉글랜드(기원후 400년경~1066년) 역시 이 시대를 특징짓는 다양한 내부적 압박과 외부적 위기에서 결코 예외가 아니었다. 엘프릭이 태어나기 약 2세기 전부터 앵글로색슨 지역은 북쪽에서 계속된 바이킹 침략에 특히 취약한 모습을 보였으며, 특히 첫 천년기(the millennium)의 마지막 50년 동안은 약탈과 더불어 몸값 및 공물 요구가 두드러지게 나타났다. 그 결과 발생한 정치적 불안과 내부 불화는 서기 1005년의 파괴적인 기근과 첫 천년기에 확산되었던 종말론적 공포로 인해 더욱 악화되었다. 이러한 모든 요인으로 인해 '임박한 종말론이 실제로 1000년 전후 수십 년간 앵글로색슨 저자들의 핵심 개념이 되었다.[76] 앵글로색슨 수도원적 이상은 9세기와 10세기에 걸쳐 다소 쇠퇴했으나(975년경 시작된 짧지만 격렬한 박해 기간을 포함하여), 10세기 말과 11세기 전반에는 잉글랜드가 매우 효과적인 수도원 개혁의 물결에 휩쓸렸다. 우스터의 던스턴(캔터베리 대주교), 오스왈드(요크 대주교), 에델울드(윈체스터 주교) 및 에인셤의 엘프릭[77]을 비롯한 여러 성직자들의 리더십 아래, 오래된 수도원들이 부활하고 새로운 생활 공동체가 형성되었으며 수도원 규율이 강화되었다. 소위 '베네딕트 개혁'(Benedictine Reform) 운동이 혈연관계로부터의 자유, 수

---

76 Malcolm Godden, "Millennium, Time, and History for the Anglo-Saxons " in *The Apocalyptic Year 1000: Religious Expectation and Social Change, 950-1050*, ed. Richard Landes, Andrew Gow, and David C. Van Meter (Oxford: Oxford University Press, 2003), 155.

77 Ælfric's specific contribution to the reform efforts was to 'provide educational materials that would help the reformers achieve their goals of reviving strict monastic discipline amongst English ecclesiastics and of instructing the laity in the basic tenets of Christianity'. Robert K. Upchurch, "The Hagiography of Chaste Marriage in Ælfric's Lives of Saints" (PhD diss., The City University of New York, 2001), 3.

도 생활의 통일성, 왕에 대한 의존 그러나 다른 세속인들에 대한 독립, 그리고 동정성 강조로 특징지어진다.[78] 이 중 마지막 요소는 베네딕트 개혁가들에게 특히 중요한 의미를 지녔고 그 중에서도 엘프릭이 가장 두드러졌다: "엘프릭의 동정성은 베네딕트적 관점 형성을 고려할 때 핵심 개념에 해당한다. 그가 동정성에 대한 생각을 표현하기 위하여 사용한 언어는 당시 유행하던 동정성 개념을 표현할 뿐 아니라 그 개념 자체를 형성했기 때문이다. 그의 저작들은 동정성에 대한 사회적 태도를 반영하고 동시에 창출했으며 사람들이 자신과 타인의 동정성을 인식하는 방식을 형성했다."[79]

6.2.1. 동정성과 결혼 그리고 결혼 내의 동정성에 관한 입장

엘프릭은 아우구스티누스, 제롬, 베다 같은 교부들의 저작에 영향을 받아 결혼보다 동정 생활의 일반적 우월성과 성직자 동정 생활의 의무 조항 그리고 출산을 위한 배우자 간 성관계의 중요성을 강조했다. 중세적 맥락에서 볼 때 이러한 신학적 접근은 매우 정통적이고 일관되며 반복적이고 독창성이 부족할 수밖에 없다.[80] 일부 현대 학자들은 이 관점이 당시 '텍스트 생산 공동체 내 강력한 합의'를 대표하

---

78 Kathryn Maude, "Female Virgins in Aelfric's Saints' Lives" (Academic diss., American University of Beirut), 8. For more on the Benedictine Reforms generally see Julia Barrow, "The Chronology of the Benedictine Reform," in Edgar, *Kind of the English 959–975*, ed. Donald Scragg (Woodbridge: The Boydell Press, 2008), 211–223.

79 Maude, "Female Virgins," 4.

80 Peter Jackson, "Ælfric and the Purpose of Christian Marriage: *a Reconsideration of the Life of Æthelthryth*, Lines 120–30," *Anglo-Saxon England* 29 (2000): 247.

는 지배적인 '성적 비관주의'의 결과라고 주장하지만,[81] 중세 시대에 동정성을 높이 평가한 실제 근거는 신학적으로, 특히 종말론적으로 훨씬 더 복잡하다. 종말론은 엘프릭의 접근 방식에서 매우 중요하다. 그의 저작은 '시간을 압축하는 방식으로 종말의 임박함에 대한 종말론적 강조'[82]와 '과거와 현재를 의도적으로 연결하여 기독교 역사와 종말론을 통합하는'[83] 특징을 보여준다. 그는 재림의 정확한 시기에 관한 묵시적 추측을 거부하며 '이 세상의 종말을 아는 피조물은 아무도 없으니 오직 하나님만이 아신다'고 주장했지만,[84] '종말의 시대에 살아가는 현존의 압박감에 시달렸다'.[85] 실제로 그는 자신의 가톨릭 설교집에 담긴 종말론적 동기를 명확히 인정한다:

이 때문에 나는 하나님을 신뢰하며 이 일을 감당하기로 결심하였으며, 또한 사람들이 특히 세상의 마지막이 다가온 이 시기에 선한 가르침이 필요하기 때문이다. 이러한 선한 가르침을 주는 책으로 힘을 얻으면, 하나

---

81 Hugh Magennis, ""No Sex Please, We're Anglo-Saxons"? Attitudes to Sexuality in Old English Prose and Poetry," *Leeds Studies in English* 26 (1995): 14, 15.

82 Kathleen Davis, "Boredom, Brevity and Last Things: Ælfric's Style And The Politics Of Time," in *A Companion to Ælfric*, ed. Hugh Magennis and Mary Swan (Leiden, The Netherlands: Brill, 2009), 328.

83 Daniel Harrison Strait, "Aelfric's Idea of 'Origin' in 'The Preface to Genesis'" (M.A. diss., Florida Atlantic University, 1991), 50. Ælfric also espoused the standard medieval rhetorical formula which ascribed varying levels of eschatological rewards to the states of marriage, virginity, and widowhood. See Ælfric, "Sexagesima Sunday," in *The Homilies of the Anglo-Saxon Church*, ed. Benjamin Thorpe (Cambridge: Cambridge University Press, 2013), 94–5.

84 Ælfric, "On the Nativity of Holy Virgins," in *The Sermones Catholici, Or Homilies: In the Original Anglo-Saxon*, with an English Version Volume I, by Benjamin Thorpe (The Aelfric Society, 1846), 569.

85 Cubitt, "Apocalyptic and Eschatological Thought," 43.

님께 힘을 입어 다가올 유혹을 더 쉽게 견딜 수 있을 것이다. 끝까지 믿음을 지키는 자들은 구원을 받을 것이니라.[86]

동정성에 대한 강력한 신학적·목회적 초점을 되찾으려는 개혁 운동의 핵심 지지자였음에도, 엘프릭은 동정성 그 자체에 관한 장문의 교리적 논문을 저술하지 않았다. 그러나 '동정성에 관한 논문이 없다는 것이 엘프릭이 동정성의 가치를 경시했다는 뜻은 아니다'.[87] 실제로 엘프릭은 '동정성'(*mægðhade*)이라는 신학적 개념을 말세의 기독교적 삶과 가르침에서 매우 중요한 측면으로 간주했으며, 따라서 이 주제를 저작 전반에 걸쳐 다루었다.[88] 그가 동정성에 접근한 담론 방식의 근본적 특징은 이를 성적 순결(clænnes)이라는 더 넓은 신학적 개념에 포함된 것으로 보았다는 점이다. 사실상 엘프릭에게 순결(clænnes)—'이 세상에서 다음 세상의 영생을 위한 열쇠'[89]—은 동정성(mægðhade)의 속성에 해당한다:

---

86 Ælfric, "Preface," in *The Sermones Catholici, Or Homilies: In the Original Anglo-Saxon, with an English Version, Volume I*, by Benjamin Thorpe (The Aelfric Society, 1846), 3-5.

87 Smith, "Virginity and Married-Virgin Saints," 82.

88 Of particular note are his "Letter to Sigefyrth" (Ælfric, "II. Be þære halgan clænnysse," in *Angelsächsische Homilien und Heiligenleben*, ed. Bruno Assmann (Kassel: Georg H. Wigan, 1889), 13- 23; his homily for the *Nativitas Sanctæ Mariæ Virginis* (Ælfric, "Nativitas Sanctæ Mariæ Virginis " in *Angelsächsische Homilien und Heiligenleben*, ed. Bruno Assmann (Kassel: Georg H. Wigan, 1889), 24- 48; and his hagiographic collection of the *Lives of the Saints*, which shall prove to be of particular focus herein (Ælfric, *Ælfric's Lives of Saints*, ed. W.W. Skeat, 2 vols., A Set of Sermons on Saints' Days formerly Observed by the English Church (London: Oxford University, 1966).

89 Alison Gulley, "Knockin' on Heaven's Door: Sexual Renunciation, Eschatology and Liminality in the Lives of the Virgin Spouses," *Journal of English and Germanic Philology* 117, no. 2 (2018): 151.

순결은 모든 사람에게 어울린다. 평신도의 정결함은 결혼 생활을 지키고, 인구를 늘리기 위해 합법적으로 자녀를 낳는 것이다. 성직자, 즉 하나님을 섬기는 이들의 정결함은 육체적 욕망을 철저히 절제하는 것이며, 평신도들은 이 세상에서 하나님께 자녀를 낳아 드리는 것이 마땅하다.[90]

클레네스(순결, mægðhade가 그 예시임)는 이처럼 궁극적 영적 실재의 육체적 현현, 즉 영적 거룩을 상징하는 육체적 거룩으로 이해되었다. 그 결과 지상의 육체적 속성인 육체적 순결을 영적 순결에 종속시키는 서사가 만들어졌다'.[91] 엘프릭은 모든 기독교인이 추구해야 할 클래네스(clænnes)를 최우선으로 여겼고 결국 맥드하데(mægðhade)에 대해 훨씬 확장된 시각을 선택했다. 이는 이미 살펴본 바와 같이 중세 후기 및 후기 중세 시대의 광범위한 신학적 분위기와 동일한 입장이었다. 엘프릭은 원래의 진정한 (육체적) 정의에서 동정성의 우월성을 계속 옹호했지만, 이 신학적 개념을 점점 더 상징적으로 다루면서 결국 그것을 모든 사람이 어느 정도는 달성할 수 있을 뿐만 아니라 어느 정도는 의무로 여겨야 한다는 순결 패러다임으로 구조화했다. 실제로 엘프릭의 사상에서는 결혼한 사람조차도 순결한 결혼 생활을 실천함으로써 동정성을 기대할 수 있었다.

중세 역사상 이 시점에서 정결한(chaste, 혹은 '영적인') 결혼이 완전히 생소한 개념은 아니지만, 엘프릭이 이를 강조한 빈도와 범위는

---

90 Ælfric, "Sexagesima Sunday," 95.

91 Alison Gulley, "Virginity, Chastity, and Modes of Female Piety: Aelfric's Virgin Martyr Legends and His Latin Sources" (PhD diss., The University of North Carolina, 1997), 22.

다소 특이한 수준이었다. 그의 설교는 결혼 생활 중 금욕(celibacy)에 초점을 맞추는 경우가 많았으며 그 횟수가 무려 열 아홉 편이나 된다.[92] 당시의 정결한 결혼은 일반적으로 부부 간 상호 합의된 성적 금욕 기간을 포함하거나, 오로지 출산을 목적으로 제한된 성관계를 수반하는 경향이 있었다. 엘프릭은 후자 유형의 정결한 결혼을 옹호하는 입장이었다. 사실상 그가 보기에 평신도에게 적합한 혼인 관계란 '허용된 시기에 자녀를 낳기 위해 동거하며 아내가 더 이상 아이를 낳을 수 없게 되면 동거를 중단하는 것'이다.[93] 이러한 의미에서 그는 모든 기독교 결혼이 결국 금욕적 결합으로 진화할 것이라고 전망했다. 그러나 엘프릭은 더 극단적인 정결 결혼 형태를 찬양하기도 했다. 이는 남편과 아내가 처음부터 상호(종종 비밀리에) 합의하여 성관계를 영원히 삼가기로 하는 것이었다. 즉 그는 그들이 '하나님이 그렇게 인도하신다면 결혼으로 자신을 숨기고 성관계를 포기할 수 있다'고 제안했다.[94] 결혼이라는 규율 아래 순결하게 살기를 기대할 만한 부부는 극히 경건한 경우를 제외하고는 없을 것이라는 견해도 있지만,[95] 그럼에도 엘프릭이 그러한 방식을 신성한 이상향으로 권장하는 사례는 여러 번 나타나며 그의 대표작 『성자들의 생애』(*The Lives of the*

92　Robert K. Upchurch, "For Pastoral Care and Political Gain: Ælfric of Eynsham's Preaching on Marital Celibacy," *Traditio* 59 (2004): 43. This number does not include the additional references to it within his hagiographical accounts. For a full list of these references see Upchurch, "Pastoral Care and Political Gain:," 43, Note #12.

93　Ælfric, "Sexagesima Sunday," 95.

94　Ælfric, "Monday. On the Greater Litany," 325.

95　Upchurch, "Pastoral Care and Political Gain:," 54.

Saints)가 가장 전형적이 예이다.[96]

　베드의 성자전 전통(hagiographical tradition)을 이어받은 『성
자들의 생애』(*The Lives of the Saints*, 첫 천년기 말기 집필)는 순
교자와 성인들의 약 40여 편의 전기이며 교회 축일 자료로 활용되고
있다. 이 성자전 기록들은 단순하지만 흥미로운 서사 이상으로, 청
중을 격려하고 교화하며 권면하기 위한 교훈적 신학적·목회적 도구
이다. 엘프릭의 기록집에는 여덟 명의 여성 성인의 이야기가 수록되
어 있으며, 그중 네 명은 결혼하지 않은 처녀로 살다 마지막을 맞이
했다. 나머지 네 여성 역시 결혼 생활 속에서 순결을 지켰으며, 그 중
세 명의 배우자 역시 결혼한 동정 성인의 반열에 포함되었다.[97] 엘프
릭이 기록한 이 결혼한 동정 부부들—즉 바실리사와 율리아누스,[98]
크리산투스와 다리아,[99] 세실리아와 발레리안[100]—에 대한 기록은 중
세 후기 ‘동정성의 이상화’를 고찰할 수 있는 ‘특유의 기회’를 제공한
다.[101] 따라서 이들은 종말론적 초점을 둔 신학적 회수 작업에 유익한
교훈을 제공해준다.

96　Ælfric, Angelsächsische. See also, Robert K. Upchurch, *Ælfric's Lives of the Virgin
Spouses, with Modern English Parallel-Text Translations* (Exeter: University of Ex-
eter Press, 2007).

97　The final female married-virgin saint, Æthelthryth, remained a virgin through her
two marriages, though neither of her husbands are counted amongst the number of
the saints.

98　Ælfric, "Julian and Basilissa (Latin Text and Translation)," in *Ælfric's Lives of the
Virgin Spouses, with Modern English Parallel-Text Translations*, ed. Robert K. Up-
church (Exeter: University of Exeter Press, 2007), 114-171.

99　Ælfric, "Chrysanthus and Daria (Latin Text and Translation)," 219-249.

100　Ælfric, "Cecilia and Valerian (Latin Text and Translation)," 172-217.

101　Smith, "Virginity and Married-Virgin Saints," 127.

6.2.2. 동정 결혼의 종말론적 이상향

중세 성자 전기의 주인공들은 일반적으로 '육체와 영혼의 접점 즉 지상과 천국의 경계선'에 위치한다.[102] 이러한 상황은 기독교적 삶의 종말론적 이분법을 반영하는 엘프릭의 동정성을 유지한 성자들에게 해당된다. 그 성자전에서 주인공들은 이 세상과 저 세상 사이에 걸쳐 있는 존재로 묘사된다. 그들은 세속 사회 안에 존재하지만 그 요구와 명령을 거부하며, 육적 세계와 영적 세계 사이의 암묵적 불협화음을 증언한다. 이 주제에 관한 선구적 연구에서 스미스는 결론짓기를, "모든 기독교인이 얽매여 있는 세상의 구분점이 동정을 유지한 인물로 드러난다. 그들은 기독교 패러다임의 근본적 전환을 구현했으며 영원한 생명을 끊임없이 기대하며 살았다."고 했다.[103] 이러한 모습은 그의 세 쌍의 결혼한 정결한 성인에게서 드러난다.

엘프릭이 당시의 이념적 '성적 비관주의'(sexual pessimism)에 동기 부여되었다고 주장하는 논평가들은 일반적으로 결혼한 동정 성자의 이야기를 담은 『순교록』(*passiones*)을 '파괴적이고 성적이며 위협적인 세상과 무성애적이고 포용적인 영성 사이의 권력 투쟁'을 극단적으로 묘사한 과장된 은유로 분류한다.[104] 엘프릭의 기록이 성적 영역과 영적 영역의 양립 불가능을 어느 정도 인정하는 것은 사실이지만, 이러한 서사들 안에서 그가 동정성을 제시하는 방식은 그러한 논평이 파악한 것보다 훨씬 더 종말론적으로 미묘하고 포괄적이

---

102 Gulley, "Knockin' on Heaven's Door," 142. Gulley, "Knockin' on Heaven's Door," 142.

103 Smith, "Virginity and Married-Virgin Saints," 125.

104 Magennis, "No Sex Please," 3.

다. 실제로 이 기록들 속 여러 핵심 모티프들은 결혼한 동정 성인들을 '재림을 준비하며 현세적 삶을 다음 영원한 세계를 위해 적절히 준비하며 살아가는 기독교적 모범'으로 표현한다.[105] 엘프릭은 다양한 방식으로 이를 보여주는데, 그 중에는 결혼한 동정성인들이 금욕을 지속하기로 한 결정을, 동정성의 종말론적 '비사회적'(asocial) 특성에 대한 교부 시대의 찬양의 연속으로 묘사한 것도 포함된다. 예를 들어 바실리사(Basilissa)와 율리아누스(Julian)의 이야기에서, 율리아누스의 부모는 가문의 번성을 위해 결혼을 권유한다. 부모의 기대에 짓눌린 율리아누스는 결정을 위해 기도할 수 있는 일주일간의 유예 기간을 요청하지만, 이 요청으로 인해 부모는 '슬픔에 빠지고 번민에 사로잡힌다'.[106] 이 기간 동안 율리아누스는 예수께서 그에게 다음과 같이 권면하는 환상을 본다. "너를 더럽혀 나를 떠나게 하지 않게 할 동정녀, 너를 위해 처녀로 남을 동정녀를 아내로 맞이하라."[107] 결국 율리아누스는 결혼하기로 결심하지만 동정성을 유지하기로 결심한다. 엘프릭이 전하는 이 이야기는 율리아누스가 처한 사회적 의무(특히 귀족 가문의 젊은이로서)와 신에 대한 헌신의 상징으로 동정성을 지키려는 갈망 사이의 딜레마를 강조한다. 율리아누스가 결국 결혼하기로 한 결정은 어느 정도 부모의 바램을 달래 주었지만, 그가 선택한 순결은 부모의 세속적 사회 질서에 대한 거부이자 새로운 세계 질서와 현세적 차원이 아닌 영원함에 대한 충성을 의미한다. 순결

---

105 Gulley, "Knockin' on Heaven's Door," 142.

106 Ælfric, "Julian and Basilissa," 117.

107 Ælfric, "Julian and Basilissa," 117.

은 천상의 군대들의 삶이며, 하나님의 가장 사랑하는 종들의 지상적 삶이고, 하늘과의 유대 외에는 모든 유대를 포기하는 삶이다.[108] 이처럼 이 이야기에서 엘프릭은, '결혼과 혈연의 유대 속에 공동체의 희망을 두는 기존의 세속성'에 맞서, 동정성(mægðhade)을 강력한 종말론적 대척점으로 삼았던 교부학적 전통을 능숙하게 재현해낸다.[109] 이를 통해 그는 동정을 지키는 남편이나 아내를 현실과 천상의 세계 양쪽에 걸쳐 있는 과도기적 존재로 제시할 뿐만 아니라, 정상적인 사회적 기대를 거부함으로써 세상에서 갈망하는 천상의 세계로 이동 중에 있는 존재로 묘사한다.[110]

세속적 전통의 중심성 상실은 결혼한 동정 성자들(married-virgin saints)의 서사 속에 등장하는 종말론적 동정(貞潔)의 또 다른 이점을 낳는다. 10세기 수도원 개혁의 핵심 관심사는 성직자들이 평신도 더 나아가 후대 개혁가들의 혐오의 대상이자 육신의 부모이기도 했던 결혼한 사제들 그리고 소위 '수도사'들이 구별되길 바라는 열망이었다.[111] 따라서 엘프릭은 '성례적 세례와 성령을 통해 교회로 태어난' 영적 자녀들의 순결한 사제적 출산에 강조점을 두었다.[112] 실제로 영적 출산을 위한 종말론적 갈망은 엘프릭의 결혼한 동정 부부들의 『순교록』(passiones)에서 본질적인 구성 요소이다. 여기서도 바

---

108 Smith, "Virginity and Married-Virgin Saints," 149.

109 Banner, *Christian Ethics*, 25.

110 Gulley, "Knockin' on Heaven's Door," 142.

111 Upchurch, "Chaste Marriage," 39–40.

112 Ælfric, "Homily 1" in *Homilies of Ælfric*, by John C Pope (Oxford: Oxford University Press, 1967), 213. See also, Ælfric, "Sexagesima Sunday," 95.

실리사와 율리아누스의 이야기는 특히 교훈적이다. 엘프릭은 기도 중 예수께서 율리아누스에게 나타나 '너희 둘을 통해 많은 이들이 내게 순결을 봉헌하게 하라'며 순결한 아내를 맞이할 것을 명령했다고 기록한다.[113] 하나님의 약속은 그들의 결합이 '순결을 위한 모범적이고 복음적인 사례가 되어, 그들을 통해 다른 많은 이들의 순결이 하나님께 거룩하게 봉헌되리라'는 것이었다.[114] 그러한 성화가 동정 부부의 영적 그리고 번식적 노력을 통해 이루어지도록 의도되었다는 것은 이 부부가 수도원 설립에 재정적·영적으로 기여함으로써 '세상의 고통과 옥죄어 오는 가시덤불 속에서 영적 수확을 거두었다'는 사실로 확인된다.[115] 율리아누스는 '수만 명의 수도사들의 아버지'가 되었고 바실리사는 처녀와 아내들로 이루어진 군대를 거룩으로 이끌었으며, 지극히 순결한 영혼으로 하나님 나라에 이르게 했다'.[116] 세실리아(Cecilia)의 이야기에서도 유사한 부분이 발견된다. 그녀의 남편은 아내의 증언으로 개종한 후[117] 자신의 형제 티부르티우스(Tiburtius)를 개종시키고, 티부르티우스는 다시 그들을 박해하던 막시무스(Maximus)를 개종시키는 등 연쇄적인 개종이 이어졌다.[118] 마찬가

---

113 Ælfric, "Julian and Basilissa," 117.

114 Smith, "Virginity and Married-Virgin Saints," 137.

115 Ælfric, "Julian and Basilissa," 123.

116 Ælfric, "Julian and Basilissa," 123.

117 Ælfric, "Cecilia and Valerian," 177-181.

118 Ælfric, "Cecilia and Valerian," 183-197, 203-205. Another example is found in the *passione* of Æthelthryth who, having remained a virgin throughout the course of two marriages came to be 'instituted as abbess in the monastery of Ely, and [set] over many nuns, whom she trained as a mother by her good example in the religious life'. Gulley, "Knockin' on Heaven's Door," 156.

지로, 크리산투스(Chrysanthus)는 동정녀 다리아(Daria)가 이교 숭배를 버리고 하나님을 믿도록 설득한 후 개종한 그녀와 '결혼을 가장한 연합을 이루었다'.[119] 그들의 연합은 '육체의 열기가 아니라 성령의 열정'[120]에 의한 것이었기 때문에, '수많은 남자들이 크리산투스를 통해 그리스도의 은혜 가운데로 몰려들었다.[121] 결혼 내 성관계를 거부함으로써, 즉 그것이 목적으로 이해되던 육체적 번식에 대한 기대를 거부함으로써, 부활의 자녀로서의 동정 부부들은 더 많은 영적 자녀들을 낳기에 가장 적합한 위치에 이르렀다.[122]

엘프릭의 『순교록』(passiones)에는 결혼한 동정적 삶이 천사의 삶(vita angelica)과 유사하다는 점에서 종말론적 공명이 더욱 뚜렷이 드러난다. 성 세실리아(St. Cecilia)의 이야기는 이 모티프를 특히 잘 보여주는 사례이다. 세실리아와 그녀의 신랑 발레리아누스(Valerian)가 혼인식장에서 동정 결혼을 서약한 후 천사가 그들에게 찾아와 이중 관을 씌워주었다. 천상의 전령은 이 왕관들이 낙원에서 지상으로 직접 가져온 것이라서 '결코 시들지 않을 것이며, 색채를 잃거나 꽃을 잃지도 않을 것이고, 향기가 줄어들지도 않을 것이며, 정결함을 기뻐하는 이들에게만 보일 것'이라고 선언했다.[123] 이 두 지상의 인간에게 천상의 장식품이 주어졌다는 사실—동일한 순결을 다짐하지 않은 자들은 인식할 수 없음—은 세실리아와 발레리아누스가 천상의

---

119 Ælfric, "Chrysanthus and Daria," 237.

120 Ælfric, "Chrysanthus and Daria," 237.

121 Ælfric, "Chrysanthus and Daria," 237.

122 Gulley, "Knockin' on Heaven's Door," 156.

123 Ælfric, "Cecilia and Valerian," 181.

영광 속 천사적 삶에 미리 참여하고 있음을 분명히 보여주기 위한 것이다. 그러나 이 관들은 또한 동정성의 고결하고 영원한 상을 상징한다는 점에서 더 깊은 종말론적 의미를 지닌다. 발레리아누스와 세실리아와 함께, 율리아누스(Julian)와 바실리사(Basilissa) 역시 지속적인 순결을 약속한 대가로 동일한 장식을 받는다. 이 선물은 그들이 지상에서 종말론적 삶에 참여하고 있음을 나타낼 뿐만 아니라, 더 나아가 그들이 결혼한 상태에서의 순결을 지키려는 헌신이 이 세상의 쾌락에 맞선 싸움에서의 선취적 승리임을 가시적으로 확인시켜 준다: "두 사람이 흰 옷을 입고 각자 관을 들고 와서 그들에게 말하며 관을 들어 올렸다. '일어나라. 너희가 이겼고 천사들의 무리에 속한 자로 인정받았으니.'"[124] 따라서 동정 부부의 면류관은 그들을 기다리는 종말론적 천상의 상급이 현재에 물리적으로 드러난 것이며, 동정 생활의 보화와 그에 상응하는 미래의 영광에 대한 기적적인 증거이다.[125]

엘프릭의 기혼 동정 성자들에 관한 연대기 속에 담긴 마지막이지만 정말 중요한 종말론적 주제는 성적 순결과 관계적 조화의 목적론적 갱신을 바라는 교부들의 희망을 반영한다. 엘프릭은 성인들의 순결한 결혼을 종말론적 미래에 대한 수행적 예표로 묘사한다. 그 미래에는 죽음이 패배하고 인류가 서로와 하나님과의 관계 속에서 영원히 구속되고 회복됨으로써 성관계가 더 이상 필요하지 않게 될 것이다. 엘프릭은 결혼한 동정성의 삶을 부부가 함께 노력해야 하는 것으

---

124 Ælfric, "Julian and Basilissa," 121.

125 Smith, "Virginity and Married-Virgin Saints," 41.

로 묘사함으로써[126] 동정성을 독점적이지는 않더라도 적어도 여성 특유의 특성으로 이해하는 당시의 광범위한 신학적 경향을 거부했다. 엘프릭 접근 방식의 논리적 결론은 '부부의 순결한 삶에 대한 헌신이 완성되면 남편과 아내 사이의 성적 차이는 본질적으로 사라진다'는 것이다.[127] 만약 이것이 사실이라면, 이러한 관점은 '첫 인간에게서 차별화된 성적 본성의 출현은 단순히 타락으로 인해 만들어진 새로운 상태에 대한 이차적이고 필요한 조정일 뿐'이라고 주장한 니사의 그레고리(Gregory of Nyssa) 같은 교부 저자들의 타락 이후 논증을 연상시킬 것이다.[128] 이미 살펴보았듯이 이러한 이해는 아우구스티누스 이전 교회가 육화된 부활 생명에 대해 고찰한 많은 내용, 특히 '성적 분열의 고통이 사라질 미래 시대에 대한 기대'에 모범적인 틀을 제공했다.[129]

그러나 엘프릭을 지나치게 과도하게 해석의 대상으로 삼아서 신학적 해석의 선을 넘는 지경에까지 이르지는 말아야 한다. 그가 순결한 결혼을 하나님이 정하신 그 특정 결합의 목적에서 성적인 부분이 대체로 무의미한 영역으로 묘사한 것은 사실이지만, 현세나 내세에서 성별 자체를 신학적으로 부정하는 것은 아니다. 엘프릭은 성별을 지

---

126 While each account does reflect differentiation in terms of which spouse instigates a desire for celibacy within their relationship, and while various reasons are provided for the other marital participant's eventual agreement, each couple is ultimately presented as equally vested in their chaste marriage.

127 Smith, "Virginity and Married-Virgin Saints," 130.

128 Brown, *Body and Society*, 295-6.

129 Brown, *Body and Society*, 382. This position came under theological fire by Jerome whose focus on the physicality of the resurrection body entailed an argument that sexual distinction would continue to exist in the new creation. See Brown, *Body and Society*, 381-4.

녔으나 금욕적인 배우자들에 대한 서사를 통해 미묘한 해석을 제안한다. 인간의 성(性)이 단순히 남편과 아내의 성적 결합을 용이하게 하는 것 이상의 더 광범위한 목적을 지닌다는 것이다. 즉, 엘프릭은 결혼한 동정 부부들의 『순교록』(*passiones*)을 통해 독신(순결) 속에서 발현되는 '목적론적·관계적·성적으로 구별된 완성'(teleological, relational, and sexually differentiated perfection)의 가능성을 주장했으며 그리고 이러한 완성을 통해 '성별과 관계없이 모든 기독교인은 하나가 되어 하나님을 경배하고, 하나님 과 서로 순수한 유대 속에서 살아가게 될 것'이라고 단언했다.[130]

6.2.3. 중요성과 한계

현대 기독교인에게 엘프릭의 '동정적 결혼' 개념은 낯설고 모호하며, 어쩌면 문제적인 자료일 수 있다. 엘프릭은 결혼 생활과 동시에 동정성을 유지하는 삶을 묘사할 뿐만 아니라 칭송할 수 있다고 보았지만, 앞에서 살펴본 바와 같이 이러한 개념은 오늘날 기독교적 맥락에서는 거의 무의미하다. 개인의 결혼 경험이 싱글 생활의 본질적 특성과 유사할 뿐만 아니라 적극적으로 공유할 수 있다는 생각은 현대적 사고 방식에서 본질적으로 모순이다. 더욱이, 기독교인에게 결혼이 규범적이라는 이전 분석과 생물학적 핵가족(따라서 출산)을 기초로 삼는 것에 초점을 맞춘 점 그리고 인간의 번성에 성관계가 필수적이라는 인식에 비추어 보면 의도적이고 완전히 동정적인 기독교 결혼이라는 개념이 현대적 감각에 터무니없게 들릴 수밖에 없다. 사

---

130 Smith, "Virginity and Married-Virgin Saints," 147.

실, 동정성을 유지하기 위해 결혼을 선택한 이 남녀들에 대한 엘프릭의 성자전적 찬사는 현대 신학적·목회적 상상력에 단순히 난해해 보일 뿐만 아니라, 어쩌면 위험까지 여겨질 수 있다. 그러나 바로 이 점이 중세 저자를 당면한 과제에서 주목할 만한 대화 상대로 만드는 이유다. 엘프릭의 결혼한 동정 성자들에 대한 성자전 기록은 현대 교회를 위한 싱글에 관한 풍부한 신학의 회수에 여러 독특한 함의를 제시할 수 있다.

예를 들어, 엘프릭의 저작들은 당시 광범위한 수도원 개혁의 맥락에서 형성되었으며, 여기에는 성직자에게 의무화된 독신 생활에 대한 재조명도 포함되었지만, 아우구스티누스나 다음에 살펴볼 교황 요한 바오로 2세와 달리 엘프릭은 합법적일 뿐만 아니라 우월한 독신 생활을 수도회 소속이나 성별된 동정성을 유지한 이들에게만 제한하지 않는다. 수도원적 맥락이 확실히 『순교록』(*passiones*)의 암묵적인 배경을 형성하고 있으며, 율리아누스와 바실리사의 경우 명확한 배경이 되고 있지만, 엘프릭이 관심을 둔 것은 더 광범위한 신학적 구조로서의 순결이다. 엘프릭은 자신의 동정 생활에 관한 글이 '독자 각기 다른 방식으로 이해할 것'을 인식했다.[131] 그럼에도 의미의 다의성에도 불구하고, 엘프릭의 혼인적 동정 생활에 대한 서술은 일관되게 종말론적 의미로 가득 차 있었다. 『순교록』(passiones) 이야기에는 동정 생활이 천사적 삶(vita angelica)에의 선취적 참여라는 신학적 개념이 넘쳐흐른다. 관계적·성적 조화의 천상적 실현에 대한 목적론적 소환, 육체적 번성을 넘어서는 영적 번성의 종말론적 우선성 사

---

131 Gulley, "Knockin' on Heaven's Door," 158.

례, 우월한 천상적 보상의 촉매제 그리고 결코 사소하지 않게 그리스
도의 초림과 약속된 재림 사이 시기의 종말론적 긴급성을 증언하는
독특한 비정형적 추구로서의 동정적 삶에 대한 공개적 증언이다. 동
정성(특히 결혼 내에서의 동정성)에 관한 엘프릭의 저술은 하나의
'동의어 반복 의미 부여의 순환'을 보여준다. 즉, 영원함이 동정성에
의미를 부여하고, 기표(signifier)로서의 동정성은 끊임없이 그 '영원
함'을 지칭하는 순환 구조이다.[132]

엘프릭이 동정성을 종말론적으로 중대한 것으로 위치시킨 것의 함
의를 요약하면, 아마도 그의 두명의 주요 주석자 리슬 루스 스미스
(Liesl Ruth Smith)와 앨리슨 걸리(Allison Gulley)의 결론에서 가
장 잘 드러난다. 『순교록』(passiones)에 관한 박사 학위 논문에서 스
미스는 엘프릭의 동정성 제시가 성례적 의미로 가득하다고 주장한
다. 그녀가 말하는 것은 엘프릭이 동정성을 성례로 간주한다는 뜻이
아니라, 동정성에 성례적 가치가 있다고 보았다는 것이다. 왜냐하면
동정성은 '분명하고 피할 수 없는 육체적 현실이고, 빵과 포도주처럼,
적절한 상황 안에서 물리적인 것을 넘어서는 무언가를 상징할 수 있
기' 때문이다.[133] 따라서 스미스는 엘프릭에게 '동정성의 물리적 현실
은 비록 일시적이고 취약하지만, 영원한 것들과 성자들의 초월성을
상징하는 역할을 한다'고 결론지었다.[134] 이는 동정성이 갖는 '비정상
성'에 정당성을 부여할 뿐만 아니라, 신학적 개념으로서의 동정성이

---

132 Smith, "Virginity and Married-Virgin Saints," 141.

133 Smith, "Virginity and Married-Virgin Saints," 193.

134 Smith, "Virginity and Married-Virgin Saints," 161.

사실상 그 특유의 '사회적 일탈성'에 긍정적으로 의존하고 있음을 시사해준다. 쉽게 말해서 엘프릭의 동정성 개념이 사회적 통념(결혼하면 성관계를 갖는다는 개념처럼)과 부합한다면 특별한 신앙적 헌신이나 신앙적 선언이 될 수 없다는 것을 의미한다.

정리하면 엘프릭은 동정 성자들—결혼한 동정성자조차도—을 문학적·교훈적 경계 지점에 위치시킨다고 봐야 한다. 엘프릭의 종말론적 동정성 추앙은 '다가올 종말을 준비해야 한다'는 신약성경의 가르침[135]을 강하게 연상시키며, 그것에 따라 삶을 영위해야 한다는 것을 의미한다. 엘프릭의 동정 배우자들은 말세의 올바른 삶의 본보기로 존재하도록 의도되었을 뿐만 아니라, '문턱에 선 사람들'[136]로서 이 세상에서 다음 세상으로 넘어가는 과정에 있는 자들로 묘사되었다. 그들은 결혼한 상태이면서도 동시에 동정(virginity)이라는 모순된 존재로 마치 '한 발은 이 세상에 다른 한 발은 저 세상에 걸친, 경계에 서 있는 존재들'로 인식되는 인물들이었다.[137] 이러한 동정성의 이중적 개념—성례적으로 중요한 종말론적 가치와 특권적인 경계성으로 가득한 상태—은 현대 교회를 위한 싱글 신학 회수 작업의 토대이고 필수불가결한 통찰을 제공한다.

6.3. 현상학적 종합: 몸의 혼인적 의미

기독교적 싱글에 대한 세 번째 종말론적 관점에서의 설명은 교황

---

135 Gulley, "Knockin' on Heaven's Door," 159.

136 Here Gulley draws upon the work of Victor Turner, *The Ritual Process: Structure and Anti-Structure* (Piscatawy, New Jersey: Transaction Press, 1996).

137 Gulley, "Knockin' on Heaven's Door," 159.

요한 바오로 2세(1978년 이전에는 본명 카롤 요제프 보이티와로 알려짐)에게서 찾아볼 수 있다. 엘프릭이 '사회적 일탈로서의 동정성'을 강조했다면, 요한 바오로 2세는 이를 현대적이고 인격주의적인 관점에서 집대성했다. 요한 바오로 2세의 사목 활동은 결혼과 독신이라는 쌍둥이 주제를 포함하여 인간 존재의 본질에 대한 지속적인 철학적·신학적 탐구로 특징지어진다. 그의 여러 사도적 권고문들이 이 주제들을 어느 정도 다루었지만,[138] 요한 바오로 2세의 가장 포괄적인 논의는 그의 핵심 저작인 『몸의 신학』(*The Theology of the Body*)[139]에 담겨 있다. 이 저작은 1979년 9월부터 1984년 11월까지 진행된 129회의 주간 일반 강화를 바탕으로 작성되었으며, 이후 단행본으로 출판되었다. 이 강화는 '성경적 계시에 비추어 본 인간 존재와 성(性) 그리고 결혼의 신체적 차원에 대한 교리 교육'이며,[140] 현대 로마 가톨릭의 신학적 인간학 접근법에 기초적인 통찰력을 제공한다.

여기서 특히 관련성이 높은 것은 교황 강화의 두 가지 특정 주기이

138　John Paul II, "*Familiaris Consortio: The Role of the Christian Family in the Modern World*," Apostolic Exhortation, accessed 2019, December 18, http://www.vatican.va/content/john-paul-ii/en/apost_exhortations/documents/hf_jp-ii_exh_19811122_familiaris-consortio.html; John Paul II, "*Christifideles Laici*," Post-Synodal Apostolic Exhortation, accessed December 18, 2019, http://www.vatican.va/content/john-paul-ii/en/apost_exhortations/documents/hf_jp-　　ii_exh_30121988_christifideles-laici.html; John Paul II, "Redemptionis Donum," Apostolic Exhortation, accessed December 18, 2019, http://w2.vatican.va/content/john-paul- ii/en/apost_exhortations/documents/hf_jp-ii_exh_25031984_redemptionis-donum.html; John Paul II, "*Vita Consecrata*," Apostolic Exhortation, accessed December 18, 2019, http://www.vatican.va/content/john-paul-ii/en/apost_exhortations/documents/hf_jp- ii_exh_25031996_vita-consecrata.html.

139　John Paul II, *The Theology of the Body: Human Love in the Divine Plan* (Boston, Massachusetts: Pauline Books & Media, 1997).

140　John Paul II, *The Theology of the Body*, 17.

다. 첫 번째 주기(1981년 11월 11일~1982년 2월 10일)는 부활의 몸을 고려한 결혼과 싱글 생활의 문제를 중심으로 다루었고, 두 번째 주기(1982년 3월 19일~1982년 7월 14일)는 하나님 나라를 위한 순결에 대한 요한 바오로 2세의 이해에 대한 논의였다. 이 두 차례의 강화에서 교황 요한 바오로 2세는 결혼과 독신 생활(그가 동정성 또는 절제라고도 다양하게 언급함)이 본질적으로 상호 보완적이라고 주장한다. 그는 독신 생활의 문제가 '결혼에 대한 반대'로 이해되어서는 안 되며, '결혼의 중요성에 대한 부정적 판단에 근거한 것도 아니다'라고 주장한다.[141] 실제로 그는 결혼과 독신 생활의 관계가 매우 복잡하게 통합되어 있어 '이 두 가지 '상태'는 어떤 의미에서 공동체와 기독교인의 생활을 설명하며 완성한다'고 인식했다.[142] 그의 접근 방식은 결혼과 독신의 역사적, 신학적 현실이 '시작'과 '끝'을 모두 성찰해야만 진정으로 이해될 수 있다는 확신으로 특징지어진다. 요한 바오로 2세는 '창조적 측면과 종말론적 측면이 타락한 남성과 여성의 현재 역사적 상황을 이해하는 데 기초가 된다'고 이해했기 때문에,[143] 후자에 주된 관심을 집중하기 전에 전자를 간략히 논할 필요가 있다.

6.3.1. 창조와 시작

요한 바오로 2세의 몸의 신학(그리고 결혼과 독신 생활에 관한 신학)의 핵심은 인간 본성의 통일성과 성별된 인간성의 이원성이 동시

---

141 John Paul II, *The Theology of the Body*, 263.

142 John Paul II, *The Theology of the Body*, 276.

143 Hobbs, "Protestant Theology of Celibacy," 137.

에 이루어 내는 존재론적 조화에 대한 이해에 있다. 그는 이러한 이분
법적 통일성과 이원성을 남성과 여성 사이에 존재하는 독특한 인격
적 친교(*communio personarum*)의 기초로 인식하며, 이것은 '모
범이 되시는 분을 투영하는 형상'의 역할을 한다.[144] 즉, 그의 사고에
서 남성과 여성 관계의 본질은 신적 삼위일체의 하나됨을 의도적으
로 반영하는 아이콘이다. 요한 바오로 2세는 인간 인격체가 삼위일체
하나님의 능동적인 투영으로 서로에게 자신을 선물하기 위해 창조되
었다고 주장한다. 이것이 그가 몸의 혼인적(nuptial) 의미라고 지칭
하는 것이다. 인간의 위격은 자기 자신을 타인에게 주는 자기 증여적
사랑(self-giving love)을 진실하게 표현함으로써 선물이 되며 이를
통해 자기 존재와 현존의 깊은 의미를 실현한다.[145]

　요한 바오로 2세는 창세기 기록이 인간 공동체(*communio per-
sonarum*)의 근본적 구조가 남편과 아내 사이의 계약 안에 위치한다
고 주장한다. 그는 결혼이 창조된 현실의 필수적 부분일 뿐만 아니라
'창조 성례'(sacrament of creation)의 중심점이라고 표현하며 이
러한 의미에서 결혼은 '원초적 성례'(primordial sacrament)에 해
당한다.[146] 결혼은 다른 모든 성례의 원형이자 인간의 육체가 이 세
상에서 하나님의 신비를 가시화하는 근본적인 방식이다. 이러한 교
리적 주제는 창세기 서사에만 존재하는 것이 아니다. 요한 바오로 2
세는 마태복음 19장 3-12절에서 예수께서 혼인의 '원초적' 중요성

144　John Paul II, *The Theology of the Body*, 46.

145　John Paul II, *The Theology of the Body*, 125.

146　John Paul II, *The Theology of the Body*, 335.

을 재확인하셨고 더 나아가 혼인은 태초부터 인간 고유의 특성으로 하나님이 제정하신 결합이라고 보았다. 따라서 홉스는 요한 바오로 2세에게 결혼은 '모든 시대 모든 남녀의 원초적이고 근본적 인간 경험'이라고 결론지었다.[147]

6.3.2. 종말과 끝

요한 바오로 2세는 진정한 신학적 인간학의 출발점이 반드시 '태초'(창조)이어야 한다고 확신하지만, 동시에 창조론적 틀과 종말론적 틀이 모두 필요하다는 신념을 갖고 있어서 혼인과 독신(동정)은 '시작'(창조)과 '끝'(종말)이라는 두 가지 기둥을 의미한다고 여겼다. 쉽게 말해서 혼인과 독신은 서로 충돌하는 것이 아니라 인간 존재의 '시작'과 '끝'을 각각 증언하는 양대 기둥 같은 소명이라는 것이 그의 관점이다. 그래서 그는 마태복음 22:23-33이 인간의 종말과 '인간의 삶의 완전히 새로운 상태'를 계시한다고 주장한다.[148] 예수께서 적대적인 사두개인 논객들에게 주신 답변, 특히 종말론적 미래에는 사람들이 '결혼하지도 않고 시집도 가지지 않을 것'(마 22:30)이라는 말씀에 대해 요한 바오로 2세는 예수께서 '인간 신비의 완전히 새로운 차원을 계시하신 것'으로 이해한다.[149] 비록 결혼이 이 창조된 시대에 인간적 교제의 '원초적' 성례이자 근본적 경험이지만, 교황 요한 바오로 2세의 견해에 따르면, 인간 존재의 종말론적 의미가 '그 시

---

147 Hobbs, "Protestant Theology of Celibacy," 117.

148 John Paul II, *The Theology of the Body*, 238.

149 John Paul II, *The Theology of the Body*, 233.

대에는 태초부터 그리고 이후 지상 존재의 전 차원에서 존재했던 방식과는 완전히 다른 방식으로 구성되고 이해될 것이다'.[150] 결과적으로, 그는 (인간 간의) 결혼이 오직 현재 시대에 국한된 제도이며 '인간의 종말론적 미래를 구성하지는 않는다'는 역사적 해석에 동의한다.[151] 정확히 말하면 인간의 종말론적 미래는 결혼하지 않은 독신 생활(unmarried celibacy)일 것이라는 견해를 갖고 있다.

미혼이며 독신으로 존재하는 부활 생명의 임박한 현실은 일반적으로 요한 바오로 2세의 신학적 인간학, 특히 몸의 혼인적 의미와 삼위일체적 중요성에 대한 그의 이해에 중대한 의미를 지닌다. 예를 들어, 그는 종말론적 인류의 급진적인 미래가 어떻게 인간이 태초부터 참여했던 것에서 분리되지 않을 수 있는지를 설명하려고 했다.[152] 다음 섭리에 대한 인류의 희망과 현재 섭리에서 정해진 것 사이의 연속성에 관한 그의 주장의 핵심은 지상의 육체와 영원한 영혼을 플라톤적으로 구분하는 것을 거부하는 데 있다. 요한 바오로 2세는 고린도전서 15장과 마태복음 22:23-33과 같은 성경 구절을 인용하면서 인류의 종말론적 미래가 정신적 육체적 지상 존재론과 일관성을 유지할 것이라고 주장한다. 인간의 종말론적 완전성과 행복은 영혼만의 상태로 이해될 수 없으며[153] 오히려 영혼과 육체의 결정적이고 완벽하게 '통합된' 결합을 통해서만 이해될 수 있다.[154] 그 결과, 요한

---

150 John Paul II, *The Theology of the Body*, 243.

151 John Paul II, *The Theology of the Body*, 238.

152 John Paul II, *The Theology of the Body*, 248.

153 John Paul II, *The Theology of the Body*, 240.

154 John Paul II, *The Theology of the Body*, 240.

바오로 2세는 종말론적 동정성의 삶에 성숙한 개인적 주체성과 완성된 대인관계를 위해 남성과 여성이라는 성적 이원성이 여전히 중요한 의미를 지닐 것이라고 주장한다. '부활한 영광스러운 몸에 남성성과 여성성을 유지할 것'[155]이라는 사실은 현세에서 독신을 지키는 이들의 성(Sexuality)이 갖는 중요성에 대해 여러 가지 중대한 시사점을 던져준다.

첫째, 종말론적 시대 안에서도 성별적 이원성은 미혼 인간의 경험을 계속해서 특징짓기 때문에, 독신자의 성적 정체성과 잠재력은 세속적 금욕을 통해 낭비되거나 부정되는 것이 아니다. 달리 말하면, 현재 두 시대가 중첩된 상황에서 육체적 성별을 지닌 존재로서 진정하게 자신을 드러내기 위해 반드시 성교에 참여할 필요는 없다. 둘째, 비록 타락한 피조계 안에서 인간은 육체와 영혼 사이의 실존적 갈등을 경험하지만(사도의 탄식이 로마서 7:23에 잘 드러남), 목적론적 차원에서 육체와 영혼의 통일성은 '종말론적 인간이 그러한 대립으로부터 자유로워질 것'이라는 사실을 증언한다.[156] 따라서 아우구스티누스를 인용하며, 교황 요한 바오로 2세는 장차 올 시대에 개인이 인간적 완성(humanization)과 영적 완성(spiritualization)의 상태를 동시에 달성할 것이라고 주장한다. 이러한 목적론적 실현은 그의 통합적 정신-육체적 구성(integral psychosomatic constitution)과 동시에 '인격적 공동체'(*communio personarum*)에 참여하고 경험하는 방식으로 완성될 것이다:

---

155 John Paul II, *The Theology of the Body*, 244.

156 John Paul II, *The Theology of the Body*, 241.

부활을 통한 미래 생명 속에서 육체적 혼인의 의미는 남성과 여성으로서의 인간이 하나님의 '형상과 모습'대로 창조된 인격체라는 사실과 이 형상이 인격적 친교 안에서 실현된다는 사실에 완벽히 부합할 것이다.[157]

몸에 내재된 혼인적 의미(nuptial meaning)의 목적론적 완성은 신성화된 의미(divinized meaning)의 목적론적 완성도 동반할 것이다. 왜냐하면 창조 시점에서 인격적 교제(*communio personarum*)가 신적 삼위일체 관계의 아이콘이자 원형으로 의도되었다면, 종말론적으로 실현된 인간 인격은 실제 '하나님 자신의 내적 삶에 참여하는 것'을 경험하게 될 것이며, '본질적으로 인간적인 것이 본질적으로 신성한 것에 스며듦으로 정점에 이를 것이다'.[158] 이처럼 신체의 혼인적 의미와 신성화된 의미는 모두 '인간이 지상 생활에서는 결코 도달할 수 없었던 진리와 사랑의 경험'을 통해 완전히 실현될 것이다.[159] 목적론적으로 실현된 인간 존재야 말로 진정한 인간 존재이며, 이 진정한 인간 존재는 다른 인간 존재와 결혼하지 않은 자일 것이다. 따라서 요한 바오로 2세는 결혼을 이 시대의 '원초적' 성례이자 인간 공동체의 근본적 경험으로 여전히 고수하면서도 결혼 그 자체가 남성과 여성 그리고 몸으로서 존재하는 것의 근본적 의미를 규정하지는 않는다고 결론지었다. 결혼과 출산은 단지 역사적 차원에서 그 의미에 구체적 실체를 부여할 뿐이다. 그리고 부활은 역사적 차원의 종말

---

157 John Paul II, *The Theology of the Body*, 247.

158 John Paul II, *The Theology of the Body*, 242.

159 John Paul II, *The Theology of the Body*, 242.

을 가리킨다.[160] 이처럼 요한 바오로 2세는 새로운 차원에 속한 육화된 인간 존재에 대한 섬세한 탐구와, 현재적 차원에서 싱글 기독교인 삶에 대한 풍성한 신학에 대한 종말론적 의미를 묘사하기 시작한다.

6.3.3. 독신의 종말론적 프레임

요한 바오로 2세는 신약성경의 여러 본문(예: 마태복음 19:3-12; 22:23-33; 고린도전서 7장)에서 싱글 생활(동일한 의미로 동정성, 드물게 절제와 혼용됨)에 부여된 존엄성이 구약성경의 증언에서는 찾기가 어렵다는 사실에 주목한다. 실제로 그는 '구약 시대 백성의 영적 지도자로 알려진 인물들 가운데 말이나 모범으로 독신 생활을 선포한 사람은 단 한 명도 없다'고 주장한다.[161] 그 시대에는 결혼과 출산이 모두 '종교적으로 특권적인 상태'였다.[162] 따라서 그는 신약성경이 동정적, 미혼적 그리고 생식적으로 열매 맺지 않는 삶을 가치 있게 여기는 방향으로 전환한 것을 성경적 인간학에서의 급진적 전환점으로 간주한다. 이러한 전환은 '그때에는 장가도 가지 않고 시집도 가지 않으리라'(마태복음 22:30)는 다가올 시대의 종말론적 의미에 의해 예고되고 정당화된다.

앞서 언급했듯이, 요한 바오로 2세는 종말론적 인간이 '혼인하지 않고 성적으로 동정성을 지키는 천상적 존재 상태' 안에서 자신의 육

---

160 John Paul II, *The Theology of the Body*, 247.

161 John Paul II, *The Theology of the Body*, 265. JPII contends that Jeremiah's celibate state was intended to be a prophetic sign of the coming wrath of God (which would make the position of spouse and parent one of great hardship and grief), whilst Jephthah's daughter's virginity was cause for great sorrow and lament.

162 John Paul II, *The Theology of the Body*, 268.

화되고(embodied) 공동체 지향적인 인격성이 지닌 궁극적인 목적
론적 의미를 발견하게 될 것이라고 주장한다. 정리하면 지상의 혼인
과 천상의 혼인(구세주와의 결합) 사이의 결정적인 차이와 연속성을
설명하면서 '혼인'이라는 개념을 인간 관계를 넘어 하나님과의 관계
로 확장시켰다. 그의 표현을 채용하여 설명하면, 지상 혼인에서의 '몸
의 혼인적 의미'가 배우자에게 자신을 내어주는 자기 증여 속에 자리
잡고 있듯이, 몸의 궁극적인 혼인적 의미가 '천상 배필(신랑되신 예수
그리스도)을 향한 사랑의 응답, 즉 구세주와의 혼인적 사랑에 보답하
기 위해 자기 자신을 혼인적으로 내어드리는 것'이라고 본다.[163] 이 동
정적 혼인의 사랑은 자신의 성별을 포기할 것을 요구하지 않으며, 오
히려 인류의 육화된 성적 이원성의 궁극적이고 영원한 실현이다. 따
라서 남성과 여성의 '신체 구조는 현대 용어의 성적 본능이 아니라',
하나님을 향하고 그분을 위할 뿐만 아니라 타인을 향하고 타인을 위
하는 자유롭고 사랑 넘치는 '자기 증여'(self-donation)의 선택 안
에서 가장 잘 이해된다.[164] 결과적으로, 요한 바오로 2세에게 있어서
몸의 동정적 상태는 신체의 혼인적 의미의 목적론적, 공동체적 성취
와 일관될 뿐만 아니라 더 나아가 그것이 바로 그 의미 그 자체이다.

요한 바오로 2세는 몸에 내재된 목적론적으로 완성된 혼인적 의미
가 아직 완전히 실현되지 않았지만 그럼에도 불구하고 인간 경험의
역사적 차원 안에서 즉 천국을 위한 절제된 삶(즉 독신 생활)을 통해
그 의미가 표현될 수 있고 또 표현되어야 한다고 주장한다. 이러한

---

163 John Paul II, *The Theology of the Body*, 282.

164 Hobbs, "Protestant Theology of Celibacy," 143.

삶은 여러 가지 의미에서 '천국을 위한 특별한 설득력과 의미를 지닌다'.[165] 첫째로 요한 바오로 2세는 동정이고 미혼인 개인이 그리스도 안에서 종말론적으로 완성된 천국의 지상적 예표인 하나님 나라의 형성에 참여할 수 있는 독특한 위치에 있다고 주장한다. 특히 예수께서 천국을 위해 스스로 고자가 된 자들에 대해 말씀하신 마태복음 서술(마 19:12)과 사도 바울의 고린도전서 7장을 인용하며, 미혼자가 '내적 통합과 일체감으로 특징지어져, 그로 하여금 모든 차원에서 하나님 나라에 완전히 헌신할 수 있게 한다'고 주장한다.[166] 이것은 결혼의 분열과 산만함으로 괴로워하지 않으면서 절제하는 개인이 지향할 유일하고 독점적인 목표이다. 그렇게 함으로써, 온전히 '주님의 일을 염려하는'(고전 7:32) 미혼자가 '이 종말론적인 하나님 나라를 세속적인 조건 속에서 살아가는 모든 사람들의 삶에 가까이 가져오고, 어떤 면에서는 세상 가운데에 현존하게 한다'.[167]

절제하는 삶(continent life)이 종말론적 미래를 현재 속으로 들여온다는 것은 그러한 삶(절제하는 삶)을 통해 미래의 삶을 지상에서 먼저 살아낸다는 것을 의미한다. 요한 바오로 2세는, 수많은 초기 교회 교부들을 연상시키는 주장을 통해, 독신 생활(동정 상태)의 목적론적 운명이 무덤이 아닌 영광에 있다는 것을 알리는 은사적 표징(charismatic sign)이라고 주장한다.[168] 요한 바오로 2세는 독신 기독교인들이 '미래를 바라보며 지금 여기에서 빛의 삶을 기대한다'고

---

165 John Paul II, *The Theology of the Body*, 273.

166 John Paul II, *The Theology of the Body*, 293.

167 John Paul II, "*Redemptionis Donum*," §V.11.

168 John Paul II, *The Theology of the Body*, 267.

주장하며 이런 방식으로 그들은 태초부터 하나님의 궁극적 계획을 드러내며 세상에서 '하나님 나라는 여기에 있다'고 선포한다.[169] 그런데 이 점에 관한 요한 바오로 2세의 주장은 더욱 광범위하다. 여러 사도적 권고에서 그는 독신 생활이 단순히 예언적으로 새 창조를 기대하는 것 이상이라고 주장한다. 새 창조에서는 완성된 정신적·육체적 인간이 마침내 진정한 목적론적 의미를 실현할 것이며 금욕적 삶이 실제로 '새 창조의 시작'이고,[170] '이미 인간의 완전한 변화를 위해 작용하고 있는 다가올 세상의 예표'라고 주장한다.[171] 따라서 독신자는 하나님 나라의 수립에 명확히 기여하고 공개적으로 이를 예표할 뿐만 아니라, 말 그대로 종말론적 미래의 특정 측면을 현재에 구현하는 경계적 인물이다. 요한 바오로 2세의 사고에서 독신으로 사는 세속적 삶은 이처럼 특별한 종말론적 존엄성으로 가득하다.

6.3.4. 적합한 종말론적 기틀

그러나 요한 바오로 2세의 신학적 동정성 윤리를 제대로 이해하려면, 그가 올바르게 정립된 것으로 보는 매우 특정한 기틀을 인정해야 한다. 요한 바오로 2세에게 있어 동정적 삶 그 자체는 종말론적이든 다른 측면에서든 특별한 의미나 우월성을 지니지 않는다. 그의 신학적 틀 안에서 절제와 독신 그리고 동정적 삶(즉, 오늘날 일반적으로 '싱글 상태'라 불리는 것과 동등한 개념)은 특정 원칙들을 참조하여 실

---

169 West, *Theology of the Body Explained*, 278.

170 John Paul II, "*Redemptionis Donum*," §III.8.

171 John Paul II, "*Vita Consecrata*," §II.26.

천할 때에만 신학적 가치와 윤리적 존중을 인정받는다.

이러한 원칙 중 첫 번째는 궁극적으로 '복음적이며 진정한 기독교적 순결과 절제의 우월성'을 결정하는 것은 어떤 동기(motivation)를 가졌느냐와 관련되어 있다.[172] 요한 바오로 2세는 하나님 나라를 위하여 스스로 거세하는 자들에 관한 예수님의 가르침(마태복음 19:12)과 사도 바울이 주님의 일에 온전히 그리고 산만함 없이 헌신하는 삶을 영위할 수 있다는 점에서 독신 생활을 칭찬한 것(고린도전서 7:32-35)을 언급하며, 절제의 가치가 성적 금욕이 아니라 신학적 지향성에 있다고 주장한다. 즉, 동기(하나님 나라를 위하여)가 적절하고 구체적이며 객관적인 내용으로 완전히 채워지지 않는다면 절제의 의미와 본질을 완전히 이해하는 것은 불가능하다'고 말한다.[173] 따라서 독신이 하나님 나라의 선포와 선취를 향한 종말론적 지향에 직접적으로 동기를 부여받지 않는다면, 그것은 신약성경적 정당화의 범위를 벗어난다. 실제로 요한 바오로 2세는 독신 생활을 자발적으로 선택한 이들은 '어떠한 다른 계산'이 부분적으로도 포함되지 않은, 완전히 진실되고 절대적으로 배타적인 동기로 독신을 선택해야 한다고 주장한다.[174]

이 근본 원리에 근거하여 기독교인의 진정한 절제 생활 역시 필연이나 우연이 아닌 선택에 의해 이루어져야 한다. 따라서 요한 바오로 2세는 하나님 나라를 위하여 스스로 독신을 선택한 자가 '스스로 그

---

172 John Paul II, *The Theology of the Body*, 275.

173 John Paul II, *The Theology of the Body*, 278.

174 John Paul II, *The Theology of the Body*, 280.

렇게 하였기' 때문에 '그 목적을 달성하기 위해 즉 절제하면서 성령
님이 주시는 영적 결실을 재발견하기 위해 깊은 신앙에 근거하여 끊
임없이 선택하며 흔들리지 않는 의지를 갖고 살아야 한다'고 주장한
다.[175] 종말론적 존경을 받을 만한 유일한 절제된 삶은 미혼자가 하나
님 나라와 완전히 동일시되고 포괄적으로 기여할 수 있게 하는 삶이
므로 결혼을 선택할 사람의 절제는 동일한 신학적 특권을 지닌다고
말할 수 없다. 더 나아가 요한 바오로 2세에 따르면, 절제를 추구하는
자의 선택은 최종적이어야 한다. 왜냐하면 진정한 기독교적 독신 생
활은 일시적이거나 잠정적인 기간으로 존재할 가능성을 허용하지 않
기 때문이다. 하나님 나라를 위해 독신을 추구하는 자는 '그것을 자
신의 온전한 지상 생애의 근본적 상황이나 상태로 삼는다'.[176] 이러한
최종적 결심은 지속적으로 재확인되어야 한다. 왜냐하면 '천국을 위
해 자발적으로 절제를 선택한 자는 매일 그 선택에 대한 충실함을 생
생하게 증언해야 하기' 때문이다.[177]

요한 바오로 2세의 사상에서 기독교인의 절제된 삶이 정당화되고
존중받는 것으로 이해되는 마지막이자 논리적으로 상호 연관된 원칙
은 그 상태가 부여된 소명적 성격에 근거한다는 사실이다. 요한 바오
로 2세는 독신 생활이 의지적인 선택으로 이루어져야 하지만 하나님
나라 지향적인 내시(kingdom-oriented eunuch)가 되는 것은 오
직 '이 말을 받을 수 있는 자'만이 가능하다는 예수님의 말씀을 강조

---

175 John Paul II, *The Theology of the Body*, 270–1.

176 John Paul II, *The Theology of the Body*, 271.

177 John Paul II, *The Theology of the Body*, 301.

한다(마 19:11). 따라서 절제된 삶을 선택하는 개인은 그러한 선택을 할 수 있는 은사를 받은 자만이 그러한 선택을 할 수 있다. 요한바오로 2세는 그들의 선택이 '성령이 주시는 특별한 은사에 대한 성숙한 응답'이며[178] 사도 바울이 고린도 전서 7:7에서 이를 언급한 것으로 간주한다. 실제로 그는 절제나 결혼 중 하나를 자신의 '고유한 은사, 즉 적합한 은사'로 받는다고 주장하며[179] 따라서 두 상태 모두 '삶의 소명'으로 올바르게 이해되어야 한다고 설명한다:[180]

> 기독교 계시는 인간 존재 전체가 사랑을 실현하는 두 가지 구체적인 길을 인정한다. 결혼과 동정 즉 독신 생활이다. 이 둘은 각각 고유한 형태로 인간에 관한 가장 깊은 진리, 즉 '하나님의 형상대로 창조되었다'는 사실의 실현이다.[181]

이 논증은 절제의 소명이 주로(비록 독점적이지는 않지만) 완성을 추구하는 제도적 서원 생활 안에서 수행되어 온 로마 가톨릭 전통과 일치한다.[182]

요약하자면, 요한 바오로 2세는 종말론적 하나님 나라에 대한 관심으로 동기 부여되지 않으며, 자유롭고 영구적으로 선택되지 않고, 초자연적 권능으로 부여된 소명으로서 실천되지 않는 독신 생활은 '그

---

178 John Paul II, *The Theology of the Body*, 290.

179 John Paul II, *The Theology of the Body*, 295.

180 John Paul II, *The Theology of the Body*, 295.

181 John Paul II, *"Familiaris Consortio,"* §2.11.

182 John Paul II, *The Theology of the Body*, 277.

리스도의 말씀의 범위를 벗어나고 기독교적 독신 생활에 부합하지 않는다'고 주장한다.[183] 이러한 원칙은 교리적 사고에서 기독교 독신의 비범함을 부각시키고, '태초부터'[184] 존재했던 결혼이 왜 '이 생의 일반적 규칙'으로 남아있는지를 입증한다.[185] 요한 바오로 2세에게 역사적으로 인간은 결혼을 위해 만들어졌고[186] 따라서 결혼은 보편적인 규칙이지만 독신은 그 규칙을 더욱 빛나게 하는 거룩한 예외이다.

6.3.5. 중요성과 한계

요한 바오로 2세의 독신과 절제 그리고 순결에 대한 신학적·윤리적 탐구는 오늘날 독신성에 대한 신학적 재조명에 중요한 의미를 지닐 수 있는 독특하고 통찰력 있는 관점들을 제시하고 있다.

요한 바오로 2세는 독신생활을 금욕적 실천정도로 여기지 않고 종말론적 질서의 표징으로 이해한다. 그의 이러한 관점은 현대 사회가 독신생활에 찍어놓은 부정적 낙인을 지워내고 오히려 그것을 인류가 지향해야 할 목적론적 궤적(teleological trajectory)의 정점으로 재설정하는 결정적 계기를 제공한다. 비록 그의 방대한 고찰이 '태초(시작)'와 '종말(끝)' 모두에 초점을 맞추고 있으나, 이는 통합적이고 응집력 있는 방식으로 전개된다. 이를 통해 그는 혼인과 독신을 향한 하나님의 경륜 속에 내재된 목적론적 방향성을 식별해낸다. 요한 바오로 2세는 미혼자의 종말론적 운명을 개인의 주체성과 삼위일체 하

---

183 West, *Theology of the Body Explained*, 280.

184 John Paul II, *The Theology of the Body*, 248.

185 John Paul II, *The Theology of the Body*, 264.

186 West, *Theology of the Body Explained*, 306.

나님과의 관계 그리고 타인과의 완전한 교제 측면에서 인간 존재의 진정한 성취로 묘사한다. 이러한 묘사는 완전하고 공동체적인 종말론적 존재에 대한 기대보다 결혼의 관계적 궁극성을 우위에 두려는 현대적 경향에 대한 정면 도전이다. 요한 바오로 2세는 다가올 종말론적 현실이 '인간이 현세에서는 결코 도달할 수 없던 진리와 사랑'을 경험하는 곳이 될 것이라고 결론 지음으로,[187] 지상의 혼인적 결합을 목적론적으로 창조된 이상적 경험으로 지나치게 신성시하여 종말론적 상태와 동일시하는 모든 관점에 대하여 강력히 비판한다.[188] 그는 창조와 재창조라는 하나님의 의도 안에서 결혼 생활과 독신 생활의 상호 보완성을 확립함으로써, 결혼 상태와 독신 상태를 미덕이나 존엄성 측면에서 경쟁적으로 보는 경향에서 벗어나게 하려고 적극적으로 노력했다.

요한 바오로 2세의 종말론적 독신 생활 해석에서 또 다른 가치 있는 측면은 개인적 주체성과 완전한 대인관계를 위해 성별적 이원성이 종말론적 동정 생활에서도 여전히 중요하게 유지될 것이라는 그의 논증에 있다. 특히, 부활한 자들이 '영광스러운 몸에서 남성성과 여성성을 유지할 것'이라는 그의 주장[189]은 독신자의 성별이 성적 행위와는 상관없이 존재론적으로 매우 중요하다는 점을 시사한다. 이러한 결론에 대한 추가 탐구는 현대 복음주의가 성별의 의미를 결혼의 성적

---

187 John Paul II, The Theology of the Body, 242.

188 This, of course, does not negate the fact that there is a theological sense in which the union of marriage does represent an ultimate ideal of relationship. But marriage prefigures such as an ideal as being between Christ and the church, rather than between individuals within the eternal *communio personarum*.

189 John Paul II, *The Theology of the Body*, 244.

결합 및 성적 본능의 충족과 동일시하는 경향에 대하여 결정적인 비판을 제시할 것이다. 마지막으로, 요한 바오로 2세의 종말론적 독신 개념은 하나님 나라 지향적 미혼 개인이 미래 현실에 기여할 뿐만 아니라 실제로 그 미래를 현재로 이끌어 오므로 독특하게 확장하고 있다. 요한 바오로 2세에게 지상에서의 동정성은 이 역사적 차원 안에서 이미 종말론적 새 창조를 현실적으로 구현한 실체이다.

그러나 요한 바오로 2세가 종말론적으로 특권화된 독신 상태(그의 용어로는 독신이나 동정 혹은 절제)를 특정한 틀 안에 제한한 것은 본 논문의 목적에 문제가 될 수 있는 몇 가지 제약을 불러일으킨다. 오직 한 가지 유형의 독신 생활에만 종말론적 의미와 세속적 정당성을 부여함으로 그의 독신에 관한 신학 윤리는 아우구스티누스의 것을 강하게 연상시킨다. 비록 풍부한 내용을 담고 있음에도 불구하고, 교황 요한 바오로 2세의 저작은 '독신 생활(금욕)에 헌신하지 않은 독신 자들의 교회 내 위치'에 대해서는 거의 언급하지 않는다.[190] 『몸의 신학』에 대한 여러 해설서를 쓴 크리스토퍼 웨스트 역시 이 문제에 대한 요한 바오로 2세의 사상에 신학적·목회적 적용에서 이러한 공백이 있다는 것을 지적한다. 그는 '과거에 비해 오늘날 더 많은 싱글들이 존재한다'고 지적하며, '이 새로운 현실은 목회적 대응의 현실성을 요구한다"고 말한다.[191] 그러나 웨스트는 결혼과 독신이라는 소명 상태에 관한 요한 바오로 2세의 광범위한 주장을 방어하고 적용하려는 과정에서, 선택에 의한 독신이 아닌 사람도 여전히 '배우자를 찾거나

---

190 Hobbs, "Protestant Theology of Celibacy," 177.

191 West, *Theology of the Body Explained*, 290.

성스러운 독신 생활에 대한 소명을 유지하면서 타인을 섬기는 풍요로운 삶을 살 수 있다'는 다소 미약한 위안만을 제시했다.[192] 이러한 권고는 사실상 본 논문 제2장의 분석과 일맥상통한다. 즉, 현대 신학 윤리는 비선택적이거나 비자발적 독신의 경우에 그 존엄성과 가치 면에서 어떻게 유익하게 활용되거나 현실을 견뎌내는지를 제시하는 수단적 측면에 불과하다는 점을 이미 지적한 바 있다.

요한 바오로 2세의 『몸의 신학』 내에서 고찰된 독신(Celibacy)은 단순한 사회학적 상태나 금욕적 포기를 넘어, 인간 존재의 궁극적 소명인 '자기 증여(Self-gift)'와 '성화(Divinization)'를 선취하는 실존적 성소이다. 본고에서 논의한 요한 바오로 2세의 독신 신학은 다음과 같은 결론에 도달한다. 첫째, 독신은 인간 몸이 지닌 '혼인적 의미'의 완전한 실현이다. 요한 바오로 2세는 독신을 혼인의 결핍이 아닌, 하나님을 향해 자신을 완전히 내어주는 또 다른 방식의 능동적 사랑으로 규정하였다. 둘째, 독신은 부활 이후 인류가 마주할 궁극적 실재를 현세에서 증거하는 '예언적 표징'으로서 역사의 완성을 지시하는 나침반 역할을 수행한다. 셋째, 독신의 생명력은 '영적 부성'과 '모성'을 통해 공동체의 가족성을 보편적으로 확장하며, 혈연 중심의 가족주의를 극복하는 복음적 대안이 된다. 결론적으로, 요한 바오로 2세의 사상은 현대 교회의 싱글 미니스트리가 단순한 '사회적 배려'나 '기혼자로의 이행 과정'을 지원하는 차원을 넘어, 독신 상태 그 자체에 내재한 숭고한 신학적 위상을 회복시키는 방향으로 나아가야 함을 시사한다. 교회가 싱글 성도들의 삶을 '하나님 나라를 위한 거룩

---

192 West, *Theology of the Body Explained*, 290.

한 헌신'으로 인정하고 그들의 영적 리더십을 제도화할 때, 비로소 기독교가 지향하는 '사랑의 문화'가 온전하게 실현될 수 있을 것이다.

6.4. 교회론적 비판: 독신의 예언적 증언

기독교 독신에 대한 종말론적 관점을 바탕으로 한 마지막 논의는 미국의 현대 신학자 스탠리 하우어워스(Stanley Hauerwas, 1940~)의 견해에 비추어 그 안에 담긴 회복 가능성을 살펴볼 필요가 있다. 2001년 타임지로부터 '미국 최고의 신학자'라는 찬사와 동시에 '현대 신학계의 가장 저명한 지적 도발가'로 평가받은[193] 하우어워스는 반세기에 걸쳐 많은 저서를 남겼으며 신학적 헌신과 목회적 영향력으로 특징지어진다. 특별히 현대 기독교 윤리학과 신학계에서 가장 영향력 있는 인물 중 한 명으로 꼽히며 '공동체 신학자'이자 '덕(Virtue)의 윤리학자'로 불린다.

그는 평신도로서 글을 쓰는 인물로 다양한 교파와 교회 구성원으로 활동했으며 지금도 매우 적극적으로 참여하고 있다. 감리교 가정에서 자랐고, 재세례파 신학과 교회 정치에 강한 영향을 받았으며, 가톨릭의 특정 부분에 대하여 동조적 태도를 보이기도 한다. 현재는 성공회 신자로 활동하며, 교회 생활과 평안에 대한 깊은 관심을 드러내고 있다. 그러나 하우어워스의 기독교 사상은 어느 정도 성장 배경의 산물임이 분명하지만 동시에 매우 독자적이어서 특정 교회의 전

---

193 Jean Bethke Elshtain, "Theologian: Christian Contrarian," *TIME Magazine*, September 17, 2001, 76.

통 안에 끼워 맞출 수 없을 정도이다.[194]

실제로 자신이 가톨릭 신자로서 글을 쓰는지 개신교 신자로서 글을 쓰는지 고민할 때 하우어워스 자신도 이렇게 인정한다. "나는 올바로 수행된 신학이 가톨릭적이거나 개신교적이라고 믿지 않는다. 신학자의 탐구 대상은 단순히 가톨릭이나 개신교가 아닌 오직 하나님이다."[195] 하우어워스의 다소 절충적인 신학은 그가 대화를 나누는 사상가들의 폭넓은 스펙트럼에서도 드러난다. 예를 들어, 1991년 저서 『기독교 세계 이후』(*After Christendom*)의 한 챕터를 할애하여 미국 가톨릭 신학 협회(Catholic Theological Society of America)의 저작물과 페미니스트 법학자이자 저술가 캐서린 매킨넌(Catherine MacKinnon) 그리고 20세기 무신론자 버트런드 러셀(Bertrand Russell)의 사상을 다루고 있다.[196] 작품 전반에 걸쳐, 하우어워스는 칼 바르트, 라인홀트 니버와 H. 리처드 니버 형제, 알라스데어 매킨타이어(Alasdair MacIntyre)를 비롯한 수많은 주요 대화 상대들을 반복적으로 언급한다. 그러나 하우어워스에게 존 하워드 요더(John Howard Yoder)만큼 중대하면서도 동시에 문제적인 대화 상대는 없었을 것이다. 요더는 1990년대 초 장기적인 성적 학대와 성추행 혐의가 공개되기 훨씬 전부터 하우어와스의 친구이자 멘토이고 동료였던 인물이다.[197]

---

194 Healy, *Hauerwas*, 10.

195 Stanley Hauerwas, *The Peaceable Kingdom* (London: SCM Press, 1983), xxvi.

196 Stanley Hauerwas, *After Christendom?* (Nashville, TN: Abingdom Press, 1991), 113-131.

197 Over 20 years after the revelation of such allegations and Yoder's subsequent death in 1997, Hauerwas still publicly wrestles with the question of how to receive

하우어워스의 이질적인 접근법은 본 논문의 회수 작업에 상당히 유용한 방식을 제공해준다. 그러나 그는 오랫동안 '체계화된 신학'을 거부해 왔기 때문에 그의 주요 업적은 본 연구를 매우 복잡하게 만들었다.[198] 그는 기독교 신앙이 끊임없이 탐구하고, 수정하며, 발견되는 요소들이 그물망처럼 얽혀 있어야 한다는 원칙에 전념하고 있기 때문에,[199] 독신에 관한 그의 자료는 방대한 저작의 광범위한 논증 전반에 복잡하게 얽혀 있다. 따라서 관련 자료가 비교적 쉽게 분리되고 독립적으로 완결된 형태를 띠었던 이전 대화 상대들과는 다소 다른 접근법을 취해야 한다. 하우어워스의 광범위한 신학적·윤리적 패러다임을 어느 정도 세밀하게 확립해야 비로소 독신 신학의 재발견을 위한 그의 중요성을 정확히 파악할 수 있을 것이다.

6.4.1. 독특한 윤리적 공동체로서의 교회

하우어워스가 현대의 체계적 접근법—어느 한 시점에서 하나의 독단적 근거를 중심 노드(central node)로 설정하고 그로부터 다른 모든 것이 방사형으로 이해되는 방식—을 거부한 것은 그러한 방법이 필연적으로 신학과 윤리 사이의 허위적이고 무익한 이분법을 초래한

Yoder's theological work (much of which he continues to view as highly significant) 'without that reception seeming to imply that his behaviour does not matter'. Stanley Hauerwas, "In Defence of "Our Respectable Culture": Trying to Make Sense of John Howard Yoder's Sexual Abuse," *ABC Religion and Ethics*, October 18, 2017, accessed on March 4, 2019, https://www.abc.net.au/religion/in-defence-of-our-respectable-culture- trying-to-make-sense-of-jo/10095302.

198 Stanley Hauerwas, *Approaching the End: Eschatological Reflections on Church, Politics, and Life* (Grand Rapids, Michigan: Wm. B. Eerdmans Publishing, 2013), 4.

199 Stanley Hauerwas, *Sanctify Them in the Truth: Holiness Exemplified* (Edinburgh: T&T Clark, 1998), 2.

다는 우려에서 비롯되었다. 하우어워스는 한때 '초대 기독교인들이 기독교윤리가 존재하지 않았기 때문에 자신의 신앙과 행동을 구분할 수 없었다'는 사실[200]에도 불구하고, 현대 신학은 교리를 윤리보다 더 근본적인 것으로 정립해왔다고 본다. 기독교 교리가 곧 기독교 윤리라는 관점을 가진 그는 이 두가지를 구분하는 움직임이 최근의 방법론적 발명품이며 그 뿌리는 신학에서 윤리의 개념을 재구성할 수밖에 없었던 종교개혁의 논쟁적 용어에 있다고 주장한다:

> 행위가 아닌 믿음이 그리스도인과 하나님 사이의 관계를 결정한다는 개념 때문에 개신교인들에게 기독교적 삶은 율법과 은혜 사이에 항상 긴장이 존재하는 방식으로 특징지어진다.[201]

이러한 바람직하지 않고 지나치게 환원주의적인 발전(reduction-ist development)은 '기독교적 신념이 세상을 보는 방식을 만들고, 세상을 보는 방식이 올바르게 사는 방식을 형성한다'는 점을 입증하지 못했다.[202] 결과적으로 하우어워스는 기독교 윤리의 과제를 '규칙과 원칙에 관한 것이 아니라 세상을 진실하게 보기 위해 자아가 어떻게 변형되어야 하는가에 관한 것'으로 간주한다.[203] 맥킨타이어의 연

---

200 Stanley Hauerwas, "On Doctrine and Ethics," in *The Cambridge Companion to Christian Doctrine*, ed. Colin E. Gunton, Cambridge Companions to Religion (Cambridge: Cambridge University Press, 1997), 20.

201 Hauerwas, *Sanctify Them*, 27.

202 Hauerwas, *Approaching the End*, 6.

203 Hauerwas, *The Peaceable Kingdom* 33.

구를 바탕으로,[204] 하우어워스는 기독교 윤리를 어려운 딜레마와 곤경의 중심으로 삼으려는 현대적 경향을 거부하며, 윤리적 과업의 핵심은 기독교인이 무엇을 '해야' 하는지를 결정하는 데 있지 않고, 오히려 기독교인이 어떤 사람이 '되어야' 하는지에 있다고 주장한다. 하우어워스에게 기독교 윤리는 '기독교 언어를 명료히 하여 사회 생활 속에서 진리를 구현하는 과제가 명확해지도록 하는 활동'이다.[205]

하우어워스는 이러한 노력은 필연적으로 공동체적이어야 한다고 확신한다. 그의 주장에 의하면, 성경은 유럽 계몽주의가 개인적 자아를 가장 중요한 윤리적 단위로 여기는 것과 전혀 관계가 없으며[206] 공통된 서사에 기반한 정체성과 가치에 대한 인식만이 개인을 유도하여 사회적 행동을 일으키므로 진리를 구현할 수 있다. 그러나 그러한 형성적 과업을 수행할 수 있는 것은 그저 어떤 서사나 공동체가 아니다. 하우어워스에 따르면, 기독교회는 기독교 윤리의 발발 장소일 뿐만 아니라 사실상 유일하고 진정한 윤리적 공동체이다:

기독교는 개인으로서 공동체에 기반을 두어야 하는 이유가 혼자 사는 것보다 함께 사는 것이 더 나은 삶이기 때문이라고 말하지 않는다. 교회가 진리이기 때문에 교회 안에서 사는 삶이 더 낫다는 것이다. 교회는 진리, 즉 길이요 진리요 생명이신 예수 그리스도를 중심으로 형성된 유일

---

204 Alasdair MacIntyre, *After Virtue: A Study in Moral Theology* (University of Notre Dame Press, 1981).

205 William Werpehowski, *American Protestant Ethics and the Legacy of H. Richard Niebuhr* (Washington, D.C.: Georgetown University Press, 2002), 72.

206 Stanley Hauerwas and William H. Willimon, *Resident Aliens: Life in the Christian Colony, vol. Nashville* (Abingdon Press, 1990), 81.

한 공동체이다.[207]

따라서 하우어워스의 신학 윤리는 악명 높을 정도로 당당하게 '교회 중심적'이다. 실제로 그는 '교회의 본질과 형태에 대한 질문이 기독교 윤리를 발전시키려는 모든 시도의 핵심'이라고 주장한다.[208] 하우어워스 사상의 가장 두드러진 측면은 문화에 대항하기보다는 변화시키려는 기독교적 시도 일명 그가 '콘스탄티누스주의'(Constantinianism)라 명명한 실천을 거부하는 것이다. 그는 현대(특히 미국) 복음주의의 최고 지성들이 기독교인들을 권력에 참여하게 하고 권력자가 신앙을 신뢰할 수 있는 상태로 만들어 이용하게 하는 콘스탄티누스적 작업에 동원시켜 왔다고 한탄한다.[209] 하우어워스에 따르면, 민주적 서구 국가들을 하나님 나라의 지상적 모형으로 빚어내려는 노력은 재앙이었으며, 단지 '복음을 왜곡하여 복음이 결코 주장하지 않았던 것 즉 예수 그 자체와 그 백성을 왜곡되고 추상화된 사상으로 변형시켰다'.[210] 그의 주장에 따르면, 교회가 자신만의 독특한 서사와 참된 공적·정치적 사명에 대한 자가-당착적 쇠퇴(self-defeating

---

207 Hauerwas and Willimon, *Resident Aliens*, Nashville, 81.

208 Hauerwas, *The Peaceable Kingdom* 95. Some commentators and critics are uncomfortable with Hauerwas's rejection of any dogmatic approach to the task of Christian ethics alongside his clearly ecclesial-centric ethical approach. For example, Brock and Hargaden observe the criticism of some that 'Hauerwas seems to be presenting the church itself as the horizon for intelligible action [. . . thus] leaving the church to do all the work in his theology'. Brian Brock and Kevin Hargaden, "Afterword: The End was There in the Beginning," in *Beginnings: Interrogating Hauerwas*, ed. Stanley Hauerwas and Brian Brock (London: T&T Clark, 2017), 295.

209 Hauerwas and Willimon, *Resident Aliens*, Nashville, 22.

210 Hauerwas and Willimon, *Resident Aliens*, Nashville, 21.

diminishment)에 이르고, 동시에 개인 각자가 타인의 권리를 침해하지 않는 범위에서 스스로 정의한 '좋은 삶'을 자유롭게 추구할 수 있어야 한다고 여기는 공동체 파괴적 개인주의(destructive individualism)가 그만큼 힘을 얻어 왔다.[211] 이러한 자유지상주의적 이상이 기독교 윤리에 침투함으로써 기독교 신자들은 자신의 주요 정치적·사회적·윤리적 공동체(즉 교회)로부터 분리되도록 부추겨졌을 뿐만 아니라, 교회 자체도 단지 '개인의 성취를 장려하기 위해 존재하는 또 하나의 소비자 지향적 조직'으로 재편되었다.[212]

따라서 하우어워스가 21세기 현재 교회와 세상의 콘스탄티누스적 통합이 붕괴되는 것을 축하할 일로 보는 것은 놀랍지 않다. 결국 그는 교회가 모든 민족에 대응하는 선제적인 정치적 대안으로서 정립되어야 하며, 그리스도의 서사에 의해 거듭난 자들이 사회적 삶의 양식을 증거하는 위상을 지녀야 한다고 결론짓는다.[213] 그의 설명에 따르면, 바로 이것이 기독교적 삶이 마주하는 위대한 모험이며 이러한 과업을 수행하기 위해 '재류 나그네(resident aliens)' 공동체인 교회는 세상 속 어디에 속해야 하는가라는 당위적 질문에 매몰될 것이 아니라, 오히려 세상 속에서 '어떠한 방식, 어떠한 형태, 또한 어떠한 목적을 지니고 어떻게 다르게 존재할 것인가'라는 실천적 문제에 집중해야 한다.[214]

---

211 Hauerwas, *Community*, 14.

212 Hauerwas and Willimon, *Resident Aliens, Nashville*, 33.

213 Hauerwas, *Community*, 10.

214 Hauerwas and Willimon, Resident Aliens, Nashville, 43.

하우어워스는 이러한 질문들에 대한 해답이 교회의 근간을 이루는 독특하고 차별적인 서사에 대한 이해에 기반한다고 가정한다. 그의 견해에 따르면, 기독교회의 고유성은 단순히 자체적인 서사를 소유하고 있다는 사실에만 있는 것이 아니라, 그 삶의 양식을 결정짓는 서사의 '종류'(kind)에도 존재한다.[215] 이러한 독특한 서사, 더 나아가서 교회의 정치적 사명에서 절대적 기초가 되는 것은 견고하게 통합된 종말론이다. 하우어워스는 기독교인들이 '콘스탄틴주의적 주장을 영구히 포기해야 한다'고 역설한다. 이는 '예수 그리스도의 역사적 사건이 지닌 결정적이고 종말론적인 성격을 끊임없이 망각하기 때문'이다.[216] 현대 기독교는 예수 그리스도의 역사적 사건이 지닌 계시적(apocalyptic) 차원을 소홀히 다루므로 '체념과 안도 속에서 현상 유지의 필연성과 그에 따른 정당성'을 무비판적으로 수용했다.[217] 하우어워스의 사상에서 요더가 끼친 영향력의 중요성이 부각되는 지점이 바로 여기이다. 하우어워스는 스승인 요더의 종말론적 연구를 토대로, 콘스탄티누스가 교회의 일원이 되었을 때 발생한 근본적인 문제는 국교화(establishment)가 교회의 자기이해를 어떻게 변질시켰는가에 있다고 분석한다. 콘스탄틴주의의 영향 아래 교회는 더 이상 자신이 '두 시간대'를 동시에 살아가고 있다는 사실을 인식하지 못하게 되었다. 이제 종말론은 시간의 성격을 변화시키는 현재적 실재가 아

---

215 Hauerwas, *Community*, 4.

216 Hauerwas and Willimon, *Resident Aliens*, Nashville, 29.

217 Stanley Hauerwas, *Dispatches from the Front: Theological Engagements with the Secular* (London: Duke University Press, 1995), 114.

니라 먼 미래로 밀려난 하나의 이상(ideal)으로 전락했다. 그 결과 교회는 스스로를 진정한 예언자들의 순종적 계보에 서서 하나님 나라를 증거하는 존재로 여기지 않게 되었다. 그 대신에 현 체제의 기득권을 갖게 되었으며, 제의적 수단(cultic means)을 동원해 그 질서를 정당화하려는 유혹에 빠졌다.[218]

현대 기독교인들은 유수의 학자들로부터 종말론을 경계하도록 훈련받았으며, 그 결과 종말론적 사유를 현실의 기독교적 참여를 저해하는 '내세 중심적 기복주의'로 규정해 왔다.[219] 즉, 종말론이라는 토대 없이 예수의 윤리적 가르침만을 수용하려 하는 것이다.[220] 하지만 하우어워스는 이러한 시도가 성립 불가능함을 역설한다. 기독교 윤리의 서사는 오직 나사렛 예수의 생애와 수난 그리고 부활이라는 지점 위에 세워지기 때문이다.[221] 메시아의 역사적 현현은 기존의 모든 역사적 기제와 배열을 단절시킨 결정적인 신적 개입이었으며 이제 신앙 공동체는 바로 그 구속사적 사건을 기점으로 시간의 의미를 규정한다.[222] 하우어워스에 따르면, 이 새로운 시간을 규정하는 핵심이자 그 시간의 본질적 발현은 하나님 나라이다. 그는 이에 대하여 다

---

218 Hauerwas, *Approaching the End*, 28–29. Argued with reference to John Howard Yoder, *The Original Revolution: Essays on Christian Pacifism* (Scottdale, PA: Herald, 2003), 65.

219 Hauerwas and Willimon, *Resident Aliens*, Nashville, 87.

220 Mark Coffey, *The Theological Ethics of Stanley Hauerwas: A Very Concise Introduction*, Grove Ethics Series (Cambridge, UK: Grove Books, 2009), 21.

221 Hauerwas and Willimon, *Resident Aliens*, Nashville, 71, 75; Stanley Hauerwas, ed. *Matthew*, Brazos Theological Commentary on the Bible (Grand Rapids, Michigan: Brazos Press, 2006), 23; Hauerwas, *The Peaceable Kingdom* 76.

222 Stanley Hauerwas, *The Work of Theology* (Grand Rapids, Michigan: Wm. B. Eerdmans Publishing, 2015), 100.

음과 같이 논증한다:

> 하나님 나라의 도래와 현존 그리고 종말론적 완성을 선포하는 것은 곧 하
> 나님의 통치 방식과 그 통치가 예수 그리스도의 전 생애적 사건을 통해
> 확립되었음을 천명하는 것이다. 그러므로 복음서에 나타난 예수는 종래
> 에 실현 불가능하다고 간주되었던 윤리적 이상향을 제시하는 데 그치지
> 않는다. 오히려 그분은 하나님에 의해 현시점에서 가능해진 새로운 삶의
> 양식을 직접 선언하며 그 자체로 체현(embody)하신다.[223]

나사렛 예수의 삶과 사역은 이 땅에 도래한 하나님 나라의 종말론
적 현시이다. 그분 안에서 하나님 나라의 윤리적 본질은 온전히 가시
화되고 규명된다. 즉, 예수의 생애는 '종말론적 삶의 전형'으로서, 세
상이 궁극적으로 도달해야 할 본연의 질서가 무엇인지를 여실히 보
여준다.[224]

하우어워스는 기독교 내러티브의 종말론적 차원을 회복하는 것
이 교회의 본질적 정체성 확립과 정치적 소명 수행의 관건이라고 본
다.[225] '시작, 전개, 결말'을 갖춘 신적 서사 속에 존재하는 교회는[226]
'초림과 재림 사이의 긴장된 시기'를 인내하며 통과해야 하는 공동체
이다.[227] 하우어워스는 요더를 인용하며, 중첩된 두 시대 속에서 교회

---

223 Hauerwas, *The Peaceable Kingdom* 83.

224 Hauerwas, *The Peaceable Kingdom* 85.

225 Hauerwas, *Approaching the End*, xi.

226 Hauerwas, The Peaceable Kingdom 82.

227 Hauerwas and Willimon, *Resident Aliens*, Nashville, 86.

의 윤리적 행위가 어떻게 형성되는지를 다음과 같이 상술한다:

> 이 시대(aeons)들은 연대기적으로 분리된 것이 아니라 동시적으로 존재
> 한다. 두 시대의 차이는 본질과 지향점에 있다. 한 시대가 그리스도 이전
> 의 인류 역사를 향해 소급한다면, 다른 시대는 하나님 나라의 완성을 미
> 리 맛보는 전표(foretaste)를 향해 나아간다. 이 두 시대는 각각 구체적
> 인 사회적 양태로 드러나는데, 옛 시대는 '세상'으로, 새 시대는 '그리스
> 도의 몸'인 교회로 가시화된다.[228]

하우어워스에게 있어 '이미/아직 아니'(already/not yet)를 구분
하는 사선(/)은 단순한 기호 이상의 의미를 지닌다. 그는 이 사선에
두 시대가 교차하는 '세대적 중요성'(aeonic significance)이 함축
되어 있다고 판단한다.[229] 즉, 이 사선은 교회가 집단적 삶과 상호 관
계의 토대를 하나님 나라에 근거해 설정하고, 그 통치 질서에 따라
자신을 끊임없이 빚어가는 공동체로서 존재할 것을 촉구하는 신학적
경계선이다. 기독교적 삶의 여정에서 가장 중요하고 핵심적인 요소
는 다음과 같다:

> 종말론적 지평에서 이해하는 제자도는 예수 그리스도를 통해 이미 종
> 언을 고한 세속적 가치 보존 방식과 의미 부여 체계로부터 탈피하기 위

---

228 John Howard Yoder, "Peace Without Eschatology?," in *The Royal Priesthood: Essays Ecclesiological and Ecumenical*, ed. Michael G. Cartwright (Scottdale, Pennsylvania: Herald Press, 1998), 146.

229 Hauerwas, "On Being a Church Capable of Addressing a World at War," 437.

한 일종의 '확장된 훈련(extended training)'이다. 이는 인간 중심의 기획을 내려놓고 세상의 지향점과 본질을 규정하는 하나님의 주권적 통치 즉 하나님 나라에 근거하여 삶을 재편하는 의탁의 과정을 의미한다.[230]

6.4.3. 종말론과 창조

하우어워스는 종말론을 교회론적 형성과 정체성, 나아가 선교적 사명을 규정하는 근간으로 상정한다. 다만 그는 교회가 피조성(creatureliness)을 지닌 존재들의 공동체라는 현실적 지점 또한 간과하지 않는다. 이러한 맥락에서 종말론과 창조론의 교리적 상관관계에 대한 그의 통찰은 그의 기독교 윤리 체계 전체를 관통할 뿐 아니라, 구체적으로 싱글상태(singleness)를 대하는 그의 시각에 있어서도 핵심적인 기초가 된다.

하우어워스는 자신의 저서 『종말에 다가가기』(Approaching the End)의 서두에서, 창조에 관해 서술하려 할 때 '시작 안에 종말이 있다'는 제목이 즉각 떠올랐다고 고백한다.[231] 이는 우리가 종말을 목격했기에 비로소 시작이 있었음을 알기 때문이다.[232] 하우어워스는 사도신경과 같은 신앙고백들이 우리에게 피조 세계나 창조 사역 자체를 믿으라고 요구하는 것이 아니라, 창조주이신 하나님을 믿으라고 촉구한다는 바르트의 통찰에 주목한다.[233] 이는 기독교의 창조 신앙이 신적 계시에 대한 응답으로서 수행되는 믿음의 행위임을 의미한

---

230 Hauerwas and Willimon, *Resident Aliens*, Nashville, 88-89.

231 Hauerwas, *Approaching the End*, 3.

232 Hauerwas, *Approaching the End*, 3.

233 Hauerwas, *Approaching the End*, 9.

다. 바르트의 주장처럼, 창조에서도—구속에서와 마찬가지로—'하나님과 그분의 사역이라는 동일한 신비'에 직면한다.[234] 따라서 존재하는 모든 것은 자생적인 것이 아니라 하나님의 말씀을 위해, 그리고 그 말씀의 의미와 목적 안에서 말씀에 의해 존재한다.[235] 바르트와 대화하며 하우어워스는 하나님의 '무로부터의 창조(creation ex nihilo)'를 신적 은총의 행위로 결론짓는다. 하나님께서 성령을 통해 성자를 영화롭게 하시고자, 성자를 위하여 피조물을 의지하시고 창조하셨기 때문이다.[236] 만일 창조가 목적론적(teleological) 의도 아래 수행된 것이 사실이라면, 창조의 계시는 오직 종말론의 빛 아래에서만 이해될 수 있다. 이런 의미에서 종말은 진실로 시작 안에 거한다. 결과적으로 하우어워스는 그리스도 사건을 본래 '시공을 초월한 진리'였던 창조 질서 속에 뒤늦게 개입한 신의 새로운 조치로 규정하려는 모든 신학적 시도를 거부한다. 창조는 언제나 '그리스도의 위엄으로 충만'했기에,[237] 피조물로서의 우리 존재에 대한 이해는 그리스도 안에서 종말론적으로 확립된 하나님의 목적론적 의도에 의해 규정되어야만 한다.

이러한 결론은 하우어워스로 하여금 기독교 윤리의 형성과 실천을 위한 연대기적 우선순위나 독립적 토대로서 '자연 질서'에 호소하는 모든 시도를 깊이 불신하게 만든다. 여기서 그는 창조주로서 인간을

---

234 Karl Barth, *Dogmatics in Outline* (New York: Harper Torchbook, 1959), 50.

235 Barth, *Dogmatics in Outline*, 57.

236 Hauerwas, *Approaching the End*, 12.

237 Stanley Hauerwas, *Hannah's Child: A Theologian's Memoir* (Grand Rapids, Michigan: Wm. B. Eerdmans Publishing, 2012), 52.

만나시는 하나님은 '새롭고 낯선 것을 요구하는 새롭고 낯선 하나님'
이 아니라, 바로 그리스도 예수 안에서 인간을 만나시는 동일한 하나
님이라는 바르트의 논증에 다시금 호소한다.[238] 따라서 하우어워스는
하나님께서 역사의 어느 시점에 이르러 새로운 신학적 동인(즉, 종
말론)을 발동시키고 그분의 백성을 새로운 윤리적 행위로 인도하셨
다는 관념을 거부한다. 사실 이러한 주장은 올리버 오도너반(Oliver
O'Donovan)과 같은 동료 신학적 윤리학자들의 작업에 대한 비판으
로 이어진다. 하우어워스는 오도너반이 그리스도 부활의 종말론적
증언에 의해 규제되지 않는 자연법 설명을 추구한다고 비판하며 다
음과 같이 역설한다:

그리스도인으로서 우리가 아는 모든 질서가 곧 부활이기에, 우리는 부활
과 도덕 질서를 별개로 서술할 수 없다. 나는 우리가 선한 창조주의 피조
물이라는 사실을 부정하는 것이 아니다. 다만 우리 그리스도인들이 그리
스도의 부활과 상관관계에 있는 실천들과 분리된 창조에 대해서는 아는
바가 없음을 의미한다.[239]

모든 기독교적 윤리 실천은—진실로 모든 기독교 신학이 그러하
듯—그 동기와 성격에 있어 본질적으로 종말론적이기 때문에, 유일

---

238 Karl Barth, *Church Dogmatics*, trans. G.W. Bromiley and T.F. Torrance (Edinburgh:
T&T Clark, 1961), 35.

239 Hauerwas, *Dispatches from the Front*, 175. Hauerwas use of the phrase "natural
law" refers to the broad ethical methodology in which human moral action is
determined primarily in response to what is understood to be a creative-based
natural rule or order. See our earlier discussion on pp. 94- 96.

한 참된 윤리적 공동체로서의 교회는 그에 상응하는 종말론적 동기와 성격을 지닌 공유된 정치적 삶으로 부름받았다. 이러한 종말론적 관점의 우위 속에서 마침내 목적지(하우어워스의 싱글 신학)에 도달한다. 하우어워스에 따르면 싱글상태(singleness)는 '교회가 교회를 종말론적 공동체로 이해하는 데 있어서 결정적인 요소'이다.[240]

6.4.4. 실패한 종말론 공동체

'독신의 위치에 관한 기독교적 확신은 현대 교회의 가장 중요한 정치적 과제일 수 있다'는[241] 스탠리 하우어워스(Stanley Hauerwas)의 고찰은 독신이라는 개념이 현대 신학 및 윤리적 담론 내에서 격하된 상태라고 분석하는 점에서 본고의 문제의식과 궤를 같이한다. 그는 '사회가 결혼하고 자녀를 양육해야 할 정당한 이유를 상실했다면, 독신을 유지해야 할 정당한 이유는 그보다 더욱 심각하게 상실한 것으로 보인다'고 지적한다.[242] 이러한 문제적 현실이 일반 사회를 넘어 교회에까지 침투해 있다는 사실은 결혼과 가족 그리고 성(性)에 내재된 하나님의 종말론적 목적에 대한 이해가 빈곤한 결과이다. 지난 40여 년간 하우어워스는 본 논문의 1, 2장에서 고찰한 바와 같이, 결혼과 핵가족의 신성함을 보존하고 수호하려는 기독교계의 성향을 우려하며 다음과 같이 기술했다:

---

240 Hauerwas, *Community*, 284.

241 Hauerwas, *Community*, 189.

242 Hauerwas and Willimon, *Resident Aliens*, Nashville, 66.

이러한 담론은 대개 가정이 국가와 사회의 중추(backbone)와 같이 매우 중요한 것이라는 관찰 혹은 그와 유사한 관점에서 부터 시작된다. 이에 따라 가정은 그 자체로 내재적 가치를 지닌 목적(an end in itself)이며, 인간이 온전한 도덕적 존재로 성장하기 위한 필수 조건으로 간주된다. 또한 현대 사회가 도덕적 붕괴의 시대를 맞이했으며, 과거의 의무와 책임의 윤리가 쾌락주의적인 자아실현 윤리로 대체됨에 따라 가정이 가장 우선적이고 결정적인 희생양이 되었다는 주장이 제기되기도 한다.[243]

이러한 위기의 순환에 대응하여, 현대 교회는 부도덕이라는 해악으로부터 가정을 구하기 위해 '전통적 가치로의 회귀'를 지속적으로 촉구해 왔으며, 이는 가정을 구함으로써 사회를 구원할 수 있다는 믿음에 근거하고 있다.[244] 그러나 하우어워스 (Hauerwas)는 신앙 공동체가 스스로 문제가 실재한다고 상정만 하고 해결하려는 그 문제의 본질을 제대로 파악하려고 하지 않았다고 반박한다. 그는 교회가 앞서 언급한 주장이 왜 타당한지, 그리고 왜 그에 따른 대응이 필요한지에 대한 일관되고 지속적인 논거를 제시하지 않았을 뿐만 아니라, 그러한 논거가 존재해야 할 필요성 자체조차 인식하지 못했다고 비판한다.

이러한 아포리아(aporia, 난관)의 결과로, 현대 교회는 '가정이 어떠해야 하는지, 혹은 왜 가정을 가장 기초적인 도덕적 제도로 간주하

---

243 Hauerwas, *Community*, 155.

244 Hauerwas, *Community*, 155.

는지에 대해 더 이상 기술할 수 없게' 되었다.[245] 이와 유사한 실패는
결혼에 대한 신학적 기술 및 그에 따른 윤리적 접근에서도 나타난다.
특히 결혼이 '기독교화된 낭만적 이상주의'에 종속되고 심지어 굴복
당한 현상에서 두드러진다. 하우어워스는 결혼 및 가족 관계에 집착
하는 이유가 그것을 주로 '애정을 주고받으며 배우는 장소'이자[246] 삶
의 목적까지는 아니더라도 최소한 하나의 '닻'(anchor)을 제공해 주
는 곳으로 기대하기 때문이라고 관찰한다.[247] 결과적으로 결혼과 가
족에 대한 기독교적 개념은 '어떤 대가를 치르더라도 외부의 침입으
로부터 보호받아야 할 특권적인 감정적 보루'로 여겨지게 되었다.[248]
그러나 이러한 기대의 무게는 개인이 감당하기에 너무나 무거운 짐이
며, 안타깝게도 그러한 이해 방식이 개인적으로나 정치적으로나 재
앙적임을 시사하는 증거는 도처에 산재해 있다.[249]

　　하우어워스(Hauerwas)는 현대 교회가 성(sex)에 대한 신학적·윤
리적 태도를 시급히 재평가해야 할 책임을 방기해 왔다고 주장한다.
실제로 그는 1970년대 후반 이미, 당시의 담론이 '현 문화가 제공
하는 다양한 선택지들을 일관성 없이 차용'하고 있다는 것을 지적하
며,[250] 기독교 윤리학자들의 성 윤리에 관한 현대적 성찰은 난장판(a

245　Hauerwas, *Community*, 156.

246　Hauerwas, "Radical Hope," 510.

247　Hauerwas, "Radical Hope," 510.

248　Hauerwas, *Community*, 159.

249　Hauerwas, *After Christendom?*, 126.

250　Hauerwas, "Sex in public: How Adventurous Christians are Doing It," 484.

mess)이라는 결론을 내린 바 있다.[251] 그는 현대 기독교의 성에 대한 접근 방식이 두 가지 경향으로 특징지어진다고 피력했다. 하나는 '청소년을 포함하여 사람들은 절제가 어려워 어차피 성생활을 할 것이기 때문에 피해라도 최소화하자'는[252] 방식의 '탈신비화 현실주의'(demystifying realism)이며, 다른 하나는 성에 관한 근본적인 질문을 '성적 표현이 사랑의 표현'이라는 '낭만적 이상화'(romantic idealization)이다.[253] 이러한 이분법적 해석에 대한 궁극적인 응답은[254] 성(sexuality)을 진정한 인간적 자아실현의 장으로 상정하고 찬양하는 태도로 나타났다:

기독교 윤리학자들은 성에 대해 앞다투어 경쟁적으로 긍정적인 평가를 내놓았다. 그들은 하나님이 우리를 성적인 존재로 창조하셨다고 말한다. 아담이 온전해지기 위해 하와가 필요했으며, 그들은 '한 몸'을 이루었고, 그것이 바로 하나님의 본래 의도였다고 역설한다.[255]

하우어워스는 성, 로맨스, 결혼, 그리고 가족을 사랑과 친밀감, 이상화된 개인적 쾌락, 개인적 성취의 궁극적 패러다임으로 설정하는 방식이 예수 그리스도 안에서 하나님의 목적론적(teleological) 의

---

251 Hauerwas, *Community*, 175.

252 Hauerwas and Verhey, "Conduct to Character," 13.

253 Hauerwas, *After Christendom?*, 116.

254 For a fuller exploration of Hauerwas' realism and romanticism dichotomy see Hauerwas, "War be Eliminated," 484-488.

255 Hauerwas and Verhey, "Conduct to Character," 13.

도에 의해 규정되고 추종되는 '종말론적 공동체'보다는 '현대 자유주의'의 이상에 훨씬 더 부합한다고 결론지었다. 교회는 이러한 패러다임에 대하여 고유한 종말론적 정체성 및 사명에 부합하게 설명하지 못하므로 세속적인 관계 및 성적 규범들을 의도적으로 채택하거나 무의식적으로 흡수하게 되었다. 결과적으로 이 모든 규범은 자연법의 이름으로 세례를 받고 마치 본질적으로 기독교적인 것인 양 표방하기에 이르렀다.[256]

하우어워스(Hauerwas)의 결정론적인 '자연 질서(natural order)'에 기반하여 도출된 윤리 사상의 타당성에 관해 살펴보면, 이러한 현대적 성향에 대한 그의 반응은 그리 놀라운 것이 아니다. 하우어워스는 결혼과 가족 그리고 성(性)을 '자연적' 제도로 묘사함으로써 그 외의 모든 대안적 형태, 특히 독신을 '인간 의지의 산물이며 따라서 자의적이고 변덕스러운(arbitrary and capricious) 것'으로 치부하는 기독교 내 사고방식을 단호히 거부한다.[257] 교회가 이 영역들에 대한 신학적 평가와 윤리적 실천을 수행하지 못하므로 결혼을 성생활의 일차적 모드(first mode)으로 당연시하게 되었으며, 그 결과 (결혼한 자가 아닌) 싱글이 자신의 삶의 방식을 정당화해야만 하는 상황에 놓이게 되었다는 것이 하우어워스의 결론이다.[258]

이와 같이 하우어워스(Hauerwas)는 기독교 공동체가 자율성이 아닌 공동체성을 지향하는 집단으로서 존재하며 그 고유한 집단적 성격

---

256 Hauerwas, *Community*, 177.

257 Hauerwas, *Community*, 167-168.

258 Hauerwas, *Community*, 189.

을 반영하고 그로부터 지탱되는 결혼, 가족, 성, 그리고 독신에 관한 충실한 서사(account)를 구축하지 못한 현실을 한탄한다. 기독교적 부르심은 자아 실현의 자유가 아닌 타인을 향한 봉사(service)를 향해 있으며, 공동체의 종국적 목적 및 의도와 분리되어 논의될 수 있는 인간의 성(human sexuality)은 존재하지 않는다.[259] 또한 '사랑이 결혼의 필요조건'이라는 주장이 옹호되어서도 안 된다. 사실 결혼은 당사자들에게 충족감을 주는 경험이기에 유지되는 것이 아니라, 더 넓은 공동체 내에서 결혼의 토대를 마련해 주는 도덕적·사회적 목적을 체현함으로써 유지되기 때문이다.[260]

> 기독교인과 비기독교인이 결혼에 대해 이견을 보인다면, 그것은 결혼의 성립과 유지에 필요한 대인 관계의 질(quality)에 대한 이해에 있지 않다. 오히려 그것은 결혼의 본질 및 결혼이 기독교 공동체와 국가 공동체 내에서 차지하는 위치에 관한 견해 차이여야 한다.[261]

하우어워스는 기독교인 각자가 '이미(already)'와 '아직 아니(not yet)'라는 시대적 사선(aeonic slash) 사이에 위치한 종말론적 공동체의 일원이라는 확신으로 회귀할 것을 주장한다. 교회는 창조와 종말을 상호 대립하는 윤리적 동기 부여의 영역으로 여기지 말고 더 나아가 자신의 종말론적 존재의식과 소명을 적극적으로 수용해야 하며

---

259 Hauerwas, *After Christendom?*, 118.

260 Hauerwas, *Community*, 168.

261 Hauerwas, *After Christendom?*, 127.

그렇게 하므로 결혼, 가족, 성 그리고 독신을 포함한 모든 윤리적 관점을 그리스도 안에 나타난 하나님의 목적론적(teleological) 의도에 비추어 해석해야 한다. 그는 윤리가 곧 '텔로스'(telos, 목적) 즉 종말의 함수(function)라고 주장한다. 왜냐하면 세상의 종말을 어떻게 간주하느냐에 따라 이 세상에 대한 모든 관점이 달라지기 때문이다.[262]

6.4.5. 종말론적 중요성에 대한 증인으로서의 독신

하우어워스(Hauerwas)는 앞서 언급한 결론을 확고히 정립하고 나자 기독교인의 독신 생활이 지닌 종말론적 의의와 중심성에 대해 확신을 가지고 논할 수 있게 되었다. 그는 교회가 그 태동기 즉 초대교회시기부터 독신을 타당한(valid) 삶의 방식 중 하나로 간주했을 뿐만 아니라 진정으로 가치 있는(valuable) 삶의 양식으로 여겼다고 주장한다:

> 독신은 교회가 그리스도의 십자가와 부활 그리고 승천을 통해 하나님께서 확증하신 그 소망을 수용하고 그에 참여하기를 열망하고 있음을 가장 심오하게 드러내는 교회의 실천이다. 독신은 하나님의 나라가 이미 도래하였고, 현재 실재하며, 또한 장차 완성될 것이라는 기독교적 소망을 체현(embody)한다.[263]

하우어워스는 독신의 목적, 그 '우선성(primacy)'에 관한 이러한

---

262 Hauerwas and Willimon, *Resident Aliens*, Nashville, 61.

263 Hauerwas, "Radical Hope," 512.

이례적인 주장의 근거는 무엇인가? 역설적으로 보이는 그의 주장의의 출발점은 하나님의 백성의 종말론적 생육(procreation)과 그에 따른 결혼 및 성이 지니는 의의를 적절하게 이해하는 것에서 시작된다.

하우어워스(Hauerwas)의 견해는 현대의 그리스도인 개인이 '자녀를 갖는 것은 단순한 자연적 사건이 아니라 자신의 가장 깊은 신념에 기반한 결정'으로 간주한다는 본 논문 제2장의 결론과 일치한다.[264] 그러나 그는 이 문제에 관한 현대의 많은 사고 체계가 '세계의 본질 및 세계와 하나님의 관계에 대한 실질적인 관점'이 결여된 채 형성되어 왔음을 지적한다.[265] 그는 독자들로 하여금 기독교의 가장 결정적인 차별성 중 하나에 주목하게 한다. 그것은 유대교 선조들과 달리 기독교 신자들은 신앙 공동체의 일원이 되기 위해서 공동체 성장에 기여하고 이를 담보하기 위해 육체적으로 생육(procreate)할 필요가 없다는 사실이다.[266] 오히려 기독교인은 예수 그리스도 안에 나타난 하나님의 목적론적 의도를 이해하므로 '자연적인 재생산(natural regeneration)이 아니라 증언과 회심을 통해 백성을 회복시키시는 하나님"을 믿는 자들이다.[267]

이러한 신학 중심적 윤리 맥락 내에서, 종말론적 방향성을 지닌 교회가 독신을 '생물학적 귀속(biological ascription)'이 아닌 증언과

---

264 Stanley Hauerwas, "Theological Reflections on In Vitro Fertilization," in *Suffering Presence: Theological Reflections on Medicine, the Mentally Handicapped, and the Church* (Notre Dame, Indiana: University of Notre Dame Press, 1986), 148.

265 Hauerwas, "In Vitro Fertilization," 147.

266 Hauerwas, "Radical Hope," 512.

267 Hauerwas and Willimon, *Resident Aliens*, Nashville, 60.

이방인에 대한 환대'를 통해 성장한다는 사실을 일깨워 주는 필수적이며 시급하게 상기(reminder)시켜주는 기제로 이해하는 것이 타당하다.[268] 그 결과, 기독교인에게 독신의 타당성과 가치를 긍정하는 것은 종말론적 현재(eschatological present) 속에서 결혼과 가족 심지어 성(性)을 '자연적' 기대나 '창조적(creative)' 의무로 간주하려는 그 어떠한 인식도 단호히 거부하는 결과를 낳는다. 실제로 하우어워스에게 독신보다 '더 급진적인 행위'는 존재할 수 없다. 왜냐하면 독신은 개인의 미래가 혈연 가족이 아닌 교회에 의해 담보된다는 사실을 드러내는 가장 선명한 제도적 표현이기 때문이다.[269] 물론 하우어워스 사상의 거시적 지평에서 볼 때, 교회의 미래는 오직 교회의 주인이신 예수 그리스도에 의해서만 보장될 뿐이다.

이러한 신학적 이해를 바탕으로 독신(singleness)은 결혼과 더불어 지극히 고유하고 구별되며 심지어 '영웅적인' 소명으로 재규정된다. 하우어워스(Hauerwas)가 단언하듯, 결혼하거나 독신을 유지하는 데에는 단 하나의 타당한 이유가 존재할 뿐이며, 그것은 바로 제자도(discipleship)이다.[270] 그는 교회가 유전적 상속이 아닌 제자도에 기초한 '종말론적으로 조율된 가족(eschatologically orchestrated family)'이기 때문에, 미혼 기독교인은 '영적 부모(spiritual parenthood)'라는 중요한 소명으로 부름받았다고 주장한다. 모든 기독교인 '자녀'는 생물학적 기제가 아니라 그들의 영적 거듭남을 나타내

---

268 Hauerwas, *After Christendom?*, 128.

269 Hauerwas, *Community*, 190.

270 Hauerwas and Willimon, *Resident Aliens*, Nashville, 66.

는 성례전적 표징인 세례를 통해 종말론적 공동체로 편입된다.[271] 또한 세례는 모든 성인 기독교인을 부모로 만들며, 그들에게 이 자녀들을 복음으로 인도해야 할 의무를 부여한다. 이는 회집한 전체 공동체가 공적인 세례 서약을 통해 가족으로 영입된 자녀들의 부모가 될 것을 약속하기 때문이다.[272] 이러한 맥락에서 부모 됨의 과업에 관한 진정한 기독교적 사유는 결코 생물학적 조건을 공유하는 이들에게 국한되거나 정의되어서는 안 된다. 오히려 기독교적 부모라는 직무는 기혼과 독신 여부를 막론하고 공동체의 모든 구성원에게 열려 있을 뿐만 아니라, 실제로 모든 구성원에게 요구되는 것이기도 하다.

그럼에도 불구하고 기혼자와 독신 기독교인 모두가 영적 부모의 직무를 공동으로 부여받았다는 사실과는 별개로, 독신 기독교인의 사명적 소명은 독특하고도 시급한 성격을 지닌다. 하우어워스(Hauerwas)는 독신이 제자도를 향한 종말론적 지향성과 유독 깊은 공명(resonance)을 일으킨다고 주장한다. 왜냐하면 기독교적 소망이 결혼이나 가족이라는 창조 제도(creative institutions)가 아니라 하나님의 목적론적 약속에 확고히 뿌리박고 있으며 그것을 독신이 독보적으로 입증하기 때문이다:

> 우리는 독신자가 치르는 '희생'이 단순히 '성을 포기하는 것'이 아니라, 그보다 훨씬 중대한 의미를 지닌 '상속자를 포기하는 것'임을 기억해야 한다. 개인의 미래가 가족이 아닌 교회에 의해 담보된다는 사실을 독신

---

271 Hauerwas, "Abortion, Theologically Understood," 612.

272 Hauerwas, "Abortion," 612.

보다 더 선명하게 보여주는 제도적 표현은 존재할 수 없다. 따라서 하나님 나라의 전령(harbinger)인 교회는 이제 기독교인의 일차적인 충성의 대상이 된다.[273]

독신 기독교인에게는 독특하고도 임박한 증언의 과업이 부여된다. 즉, '텔로스(telos, 목적) 곧 종말이 선택에 의미를 부여하며[274] 시대가 중첩되는 시기를 살아가게 한다는 사실이다. 하나의 삶의 양식으로서 독신은 기혼 기독교인들에게 다음과 같은 사실을 비할 데 없이 예리하게 상기시킨다. 즉, 자녀는 부모의 소유가 아니며,[275] 생물학적 단위가 아닌 교회가 기독교인의 일차적 가족이라는 점이다. 나아가 육체적 생육보다 영적 생육을 지속적으로 우선시하는 교회의 태도는 하나님에 대한 신뢰의 표징이자, '도처에 널린 반증(evidence)에도 불구하고 하나님께서는 이 세상을 포기하지 않으셨다'는 생생한 증거가 된다.[276] 맥카시(McCarthy)가 요약하듯, 하우어워스는 독신의 종말론적 소명을 '하나님의 통치에 대한 믿음과 소망으로 살아가는 공동체를 위한 실천적 표징이자 중요한 삶의 방식'으로 간주한다.[277]

6.4.6. 중요성과 한계

273　Hauerwas, *Community*, 190.

274　Hauerwas and Willimon, *Resident Aliens*, Nashville, 66.

275　Hauerwas, "In Vitro Fertilization," 152.

276　Hauerwas, *Community*, 191.

277　David Matzko McCarthy, "Carrying on With Family," in *Unsettling Arguments: A Festschrift on the Occasion of Stanley Hauerwas's 70th Birthday*, ed. Charles R Pinches, Kelly S Johnson, and Charles M Collier (Oregon: Cascade Books, 2010), 218.

앞선 대화 파트너들과 마찬가지로, 독신에 관한 하우어워스(Hau-erwas)의 설명 역시 그 성격과 비중 면에서 종말론적이다. 그러나 아우구스티누스와 엘프릭 그리고 요한 바오로 2세의 담론이 (현세와 내세 모두에서) 결혼하지 않은 기독교인 '개인'이 누리는 종말론적 의의와 유익에 초점을 맞추는 경향이 있었다면, 하우어워스의 주장은 이들과 다소 구별된다. 그의 논의에서 근간을 이루는 확신은, 교회의 종말론적 성격과 의의 및 사명이 '신학적으로 밀도 높은(theologically thick)' 독신 개념의 중심을 형성하며, 역으로 그러한 독신 개념 또한 교회의 성격과 의의 및 사명에 핵심적이라는 사실이다.

교회를 종말론적 윤리의 진원지로 설정하는 이러한 관점은 본고가 수행하는 '회수(retrieval)'의 과업에서 매우 귀중한 자원이 된다. 왜냐하면 독신의 지위와 목적에 관한 진정한 기독교적 이해는 반드시 교회의 정치적 사명이라는 공동체적 환경(milieu) 내에서 그 맥락을 찾아야 하기 때문이다. 이러한 접근은 독신이라는 기독교적 삶의 양식이 모든 기독교적 삶의 근본 모드인 '제자도'가 추상화되는 것을 방지하며, 결과적으로 독신이 시대의 중첩(overlap of the ages) 속에 살아가는 공동체 내에서 본질적으로 중대한 소명으로 인식되고 실천되어야 할 필요성을 드러낸다. 하우어워스가 주장하듯, 독신 기독교인은 신앙 공동체와 이를 지켜보는 세상을 향해 다음과 같이 증언한다. 즉, "교회 내에서 결혼과 가족이 삶의 일차적인 방식이 아니며, 이 세상에 태어난 자녀들 또한 부모의 소유가 아닌 하나님의 소유라는 사실을 드러냄으로써, '지금/아직 아니(now/not yet)'의 시대적 긴장 속에서 공동체의 우선순위를 반영하는 고유한 위치를 점유한다."[278]

하우어워스(Hauerwas)의 작업은 현대 싱글 신학의 기초가 되는 두 가지 문제적 경향, 즉 '수동적이고 억제적인(passive and palliative)' 성격을 탈중심화(decentering)한다는 점에서 독보적인 의의를 지닌다.[279] 우선, 하우어워스는 독신, 결혼, 가족 그리고 성(性)에 관한 문화적 통념(doxic norms)을 기독교가 부적절하게 전유해 온 실태에 대해 신학적 비판을 심층적이고 지속적으로 제기한다. 특히 주목할 점은 낭만적·성적 이상주의가 어떻게 가족과 결혼 그리고 성을 하나님의 백성이라는 공동체 내부의 정치적·신학적 목적에서 분리 및 추상화했는가에 관한 그의 해설이다. 이러한 추상화 과정은 결과적으로 독신 기독교인들을 더욱 변두리로 내몰았다. 특히 흥미로운 대목은, 자연 질서(natural order)에 대한 신학적 호소를 통해 이러한 세속적 이상들을 '재세례(rebaptism)'하려는 교회의 시도를 하우어워스가 정면으로 반박했다는 점이다. 그는 세속적 문화 규범의 부적절한 차용과 그 뒤를 잇는 창조(creation)의 신학적·윤리적 함의에 대한 근시안적 집중 사이의 공생 관계를 간파함으로써, 앞서 언급한 두 가지 문제점 사이의 연결 고리를 식별해 낸다. 하우어워스는 '종말은 시작 안에 있다'는 신학적 확신에 따라 이른바 '자연법'에 기초한 그 어떤 윤리적 호소도 반드시 종말론적 렌즈를 통해 해석되어야 한다고 주장함으로써, '변증적 이유를 근거로 결혼이 자연적이며 일차적인 제도라는 광범위한 전제를 추인'(underwrite)하는 현대 교

---

278 Hauerwas, "In Vitro Fertilization," 152.

279 Hintz, "Choosing Celibacy," 49.

회의 경향을 거부할 수 있는 중대한 논거를 제공한다.[280]

하우어워스(Hauerwas)가 서사의 시작(창조)이 그 종결(종말)에 의해 규정되도록 허용하는 정도에 대해서는 견해가 갈릴 수 있겠으나,[281] 그의 광범위한 종말론적 논거가 독신에 관한 현대 기독교의 주류적 접근과 차별화된다는 점은 의심의 여지가 없다. 아울러 이러한 차별성은 본고에서 앞서 다룬 대화 상대자들(특히 아우구스티누스와 요한 바오로 2세)과 비교했을 때도 두드러진다. 이들은 종말론에 기반한 독신론을 전개하면서도 그 맥락에 있어 상당히 제한을 두었기 때문이다. 반면 하우어워스가 독신이라는 기독교적 삶의 양식에 부여하는 품격과 가치는 그 삶을 살아내는 방식이나 이유, 혹은 어떠한 상황에서 그 삶이 영위되는가에 의해 제약받지 않는다. 물론 이것이 그가 독신의 도구적(instrumental) 가치를 전적으로 부정한다는 의미는 아니다. 실제로 그는 초대 교회가 독신을 존중했던 근거 중 일부가 교회의 사명이 '시대 사이'(between the times)에 놓여 있기 때문에 하나님 나라를 위해 전적으로 헌신할 수 있는 자들을 필요로 한다는 결론에 기초했음을 관찰한다.[282] 그러나 하우어워스는 미

---

280 Hauerwas, *Community*, 167.

281 A number of Hauerwas's commentators suggest that his emphasis on the eschatological reveals a rushed tendency to too quickly 'absorb the whole of [the Christian story's] plot into the story's end', Gilbert Meilaender, "Time for Love: The Place of Marriage and Children in the Thought of Stanley Hauerwas," *Journal of Religious Ethics* 40, no. 2 (2012): 259. Banner wonders whether the prominence of eschatology in Hauerwas's thought reveals an 'account of the eschaton which is not governed by belief in creation which he avows', Banner, *Christian Ethics*, 19. Gustafon goes even further, concluding that for Hauerwas, 'nature is of no theological significance, and that God was absent, or something, until Jesus' resurrection',. James M. Gustafson, "A Response to Critics," *The Journal of Religious Ethics* 13, no. 2 (1985): 191.

282 Hauerwas, *Community*, 190.

혼이라는 기독교적 삶의 형태 그 자체에 내재된 고유하고 인식 가능한 가치를 식별해 냄으로써, 단순히 독신의 도구적 효용을 인정하는 차원을 넘어선다:

> 교회 내에는 다양한 역할이 존재하지만, 특히 독신과 결혼의 역할은 공동체의 정체성으로부터 직접 도출되기에 지극히 근본적이다. 따라서 '독신'은 특정 과업이나 기능에 의해 일차적으로 정당화되는 것이 아니라, 교회가 스스로를 종말론적 공동체로 이해하는 데 있어 상징적으로 결정적인 역할을 하기 때문에 정당화된다.[283]

하우어워스에게 있어 기독교인의 독신(그것이 선택된 것이든, 처지에 의한 것이든, 일시적이든, 혹은 평생에 걸친 것이든 간에)은 본질적으로 종말론적 가치를 내포한다. 왜냐하면 독신은 교회의 독특한 종말론적 공동체 내부에서 영위되며, 그 공동체에 필수불가격한 기여를 하는 하나의 삶의 양식이기 때문이다.

---

283 Hauerwas, *Community*, 284, Note #27.

3부 •
성경적 에클레시아를 향한 항해

제7장
싱글 상태의 목적

  본 논문의 서론에서 '선'(the good)을 추구함에 있어 인간 행위의 명료성(intelligibility)이 지닌 본질과 필연성에 관한 알래스데어 매킨타이어의 주장을 언급한 바 있다. 이러한 명료성은 궁극적으로 주체를 둘러싼 광범위한 의미 형성의 사회적 맥락 안에서 발현되며, 명료한 것을 비로소 향유 가능한(inhabitable) 것으로 변모시킨다는 점을 제안했다. 하우어워스는 이러한 논의가 지닌 함의를 다음과 같이 부연 설명한다:

> 한 행위의 명료성은 행위자의 삶 속에 존재하는 서사적 연속성(narrative continuities)에 의존한다. 그러나 자신의 삶을 서술하는 능력은 자신의 고유한 삶을 스스로 만든 것이 아닌 어떤 종국적 목적(end)으로 인도하는 공동체의 서사 안에 안착시키는 가용 서사(available narratives)의 존재 여부에 달려 있다. 나는 기껏해야 내 삶의 공동 저자(co-author)에 불과할 뿐이다.[1]

---

1 Stanley Hauerwas, "The Virtues of Alasdair Macintyre," *First Things*, no. 176, October, 2007, accessed on 6 December, 2019, https://www.firstthings.com/article/2007/10/the-virtues-of- alasdair-macintyre.

본 논문의 제1부에서는 현대의 독신에 관한 신학적 서사가 독신 기독교인 본인들에 의해 쓰여진 것이 아님이 입증되었다. 또한 그 서사의 목적 역시 일차적으로 그들이 설정한 것이 아니었다. 물론 이러한 현실 자체가 본질적으로 문제가 되는 것은 아니다. 사실상 본 논문이 취하고 있는 '회수(retrieval)' 방법론의 핵심은 신학 작업이 어느 한 개인이나 특정 인구학적 집단이 아니라 시간과 공간 그리고 전통을 초월한 '공동체적 교회'(corporate church)에 속해 있다는 사실 때문이다. 그럼에도 불구하고, 오늘날 기독교적 독신과 관련하여 '실천의 현대적 조건 및 서사 형태의 현대적 가용성'이 극도로 부실하게 규정되어 있다는 점은 부정할 수 없는 사실이다.[2] 결과적으로 현재 상황에서 미혼이라는 형태의 기독교적 삶은 명료하게 이해될 수 없고 온전히 살아낼 수도 없는(unintelligibly uninhabitable) 지경에 이르렀다.

이러한 결론은 오늘날 미혼 기독교인들이 처한 위태롭고 격하된 지위와 가치 그리고 공동체적 소속감을 고찰한 본 논문 제2장의 상세한 분석을 통해 특히 극명하게 입증되었다. 현대 기독교 담론 내에서 싱글 신학이 이처럼 빈약한 상태(theologically anemic)가 된 원인은 두 가지 지배적인 경향이 작용했기 때문이다.

첫째, 결혼과 독신 그리고 성(sexuality)의 문제에 대한 상상력이 우리가 거주하고 움직이며 존재하는 문화적 상황에 의해 저항할 수 없을 수준으로 형성되어 있기 때문이다.[3] 신앙 공동체는 결혼과 독

---

2   MacIntyre, "Intelligibility," 76.

3   Grant, *Divine Sex*, 57.

신에 관한 자신의 근본적 신념이 이러한 외부적 문화 패러다임에 의해 형성되었다는 사실을 인식하지 못했을 뿐만 아니라, 오히려 이러한 패러다임 중 일부를 '하나님의 온전하신 뜻' 혹은 '성경적 모델'이라는 이름으로 손쉽게 '세례(baptize)'를 주어 정당화해 왔다.[4] 이같이 교회는 세례받은 패러다임(baptized paradigm)에 지배받으며 세대를 이어서 지속적으로 성경적 사상이며 개념으로 받아들이며 행동하게 이끌었다.

이러한 신학적·사목적 상상력의 결핍은 이와 결부된 두 번째 경향, 즉 결혼과 (함축적으로는) 독신에 접근함에 있어 기독교 담론이 '자연 질서' 혹은 '창조-근시안적'(creative-myopic) 신학에 치중해 온 경향에 의해 정형화되었을 뿐만 아니라 더욱 악화되었다. 창세기의 첫 두 장의 내용 다른 관련 성경 텍스트들을 해석하기 위해 이런 근시안적 신학을 유일한 주해적 열쇠(hermeneutical key)로 삼아 지속적이고 거의 배타적으로 집중하므로 두 가지 결론이 고착화되었다. 하나는 창세기의 권위에 근거하여 성적인 삶의 선함과 끊임없는 생육(progeneration)을 긍정하는 것에 일차적 기능을 두는 결혼 신학이며,[5] 다른 하나는 그에 상응하는 결론으로서 '독신은 부자연스러운 것이고 인간의 본성에 반하는 것'이라는 인식이다.[6]

이러한 이중적 문제로 인해, 현대의 신학적·목회적 담론은 미혼 기독교인의 삶을 대개 수용해야 할 예외적인 기적, 해결해야 할 과제,

---

4   Callaway, *Marriage Idol*, 47.

5   Ramsey, "Human Sexuality," 82.

6   Maken, *Getting Serious*, 28.

인내해야 할 과도기 혹은 애도해야 할 비극 중 하나로 묘사한다. 기독교적 독신이 이러한 특정한 영역 이외에서 타당성과 가치를 지닐 수 있다는 생각은 21세기 서구 교회와 한국 교회 내에서 논리적으로 성립 불가능한(incoherent) 명제가 되어버렸다. 이러한 문제에 뒤따르는 곤경은 단순히 신학적으로 추상적인 문제 정도로 치부하면 안 된다.

결혼과 가족을 그토록 이상화하고 우상화하는 지배적인 신학적 시대정신(zeitgeist)은 독신 구성원들을 목회의 변두리로 내몰았을 뿐만 아니라, 기혼자들의 삶의 양식 또한 점차 향유 불가능한(uninhabitable) 상태로 만들고 있다. 이는 결혼으로 짊어져야 할 기대의 무게가 지나치게 무거워졌기 때문이다. 이러한 딜레마는 독신 기독교인과 기혼 기독교인 모두에게 염려스러운 결과를 초래하며 현재 두 삶의 양식이 지닌 몰이해성과 향유 불가능성은 더욱 심각한 문제를 내포한다. 이러한 시대정신의 발현은 궁극적으로 우리가 '하나님의 권속(Household of God)이 무엇인지 이해하지 못하고 있다는 사실에 대한 방증이다.[7]

기독교인의 독신생활과 기혼생활 양식이 명료하며(intelligible) 향유 가능한(inhabitable) 형태로 개혁되기 위해 요구되는 것은 사물이나 현상을 인식하는 근본적은 틀을 완전히 바꾸는 '게슈탈트 전환'(gestalt shift)다.[8] 본 논문은 이러한 전환의 동력과 내용이 '기

---

7 Bennett, *Water Is Thicker than Blood*, 130.

8 Cameron defines "gestalt" as the 'interwoven totality' or 'the music we make of our habitat. It's essential to our consciousness; we act in response to it; yet the bulk of it lies in our unawareness'. Cameron, *Joined-Up*, 72–73.

원'(origins)이 아닌 '운명'(destiny) 즉 성경적 서사 속에서 인류가 지향하는 '텔로스'(telos)—다시 말해 '하나님 나라의 온전함'—에 대한 새롭게 갱신된 초점에서 발견될 수 있음을 직시해 왔다.[9] 그러나 교회가 새로운 것을 발견하는 것이 가능할지라도, 진정한 발견이 성경을 필두로 교회의 역사와 전통이라는 '증여된 자산'(givens)에서 고립된 채 일어날 것이라고 생각해서는 안 된다.[10] 이에 따라 본 논문은 현재의 헌신과 우려를 보완(본고에서 '재중심화'라 명명한 활동)하고 비판('탈중심화'로 지칭한 활동)하기 위해, 독신에 관한 종말론적 지향의 게슈탈트 전환이 교회의 역사로부터 어떻게 회수(retrieve) 작업이 진행될 수 있는지를 규명하고자 노력해 왔다. 이러한 접근법이 현재의 종말론적 순간 속에서 갱신된 기회 혹은 그간 과소평가 되었던 기회들을 창출할 잠재력이 있다고 확신한다.

본 논문에서 연구를 진행하며 언급했듯이, 이러한 작업이 결코 단순하거나 평탄한 과정이 아니다. 과거와 현재 사이의 연속성 및 불연속성의 역동적(dynamic)이고 책임감 있는 조율(negotiation)을 요구한다. 따라서 본 논문은 단순히 현재의 신학적 상상력을 보강하려는 '참호 구축(retrenchment)'이나 역사적으로 이상화된 '황금기'를 재현하려는 '복고주의'(repristination)를 지양하고, '레소스망'(ressourcement)을 위한 회수를 추구하였다. 이는 과거를 책임

---

9   Paul, "Sexed in Heaven," 102–103.

10   Frances Clemson, "Taking Time Over Marriage: Tradition, History and Time in Recent Debates," in *Thinking Again About Marriage: Key Theological Questions*, ed. John Bradbury and Susannah Cornwall (London UK: SCM Press, 2016), 77. While Clemson specifically has in mind the discovery of "new" things about marriage it is, of course, our contention that the same also applies to the discovery of "new" things about singleness.

감 있게 회고하는 동시에 신실하게 미래로 나아가는 작업이며, 역사에 대한 암묵적 견해와 기독교 전통의 지속적인 유효성을 정당화하는 교리적·사회적 요소들을 결합하여 각 전통의 고유성과 공명하는 방식으로 회수 작업의 긴장을 조율하는 과정이다.[11]

　이제 본 논문은 지금까지 그 끝자락만을 조심스럽게 탐색해 온 여러 회수의 실타래들을 본격적으로 엮어내는 작업으로 나아가고자 한다. 이 과정에서 복잡하지만 완벽하게 짜인 최종적인 신학적 태피스트리(tapestry)를 완성하려는 과도한 야심을 품기보다는 회수를 통해 얻은 이 실타래들이 어떻게 현대 교회를 위한 싱글 신학의 기초적 구성 요소(constitution)로 활용될 수 있는지를 고찰하고자 한다. 은유를 조금 더 확장하자면, 본 결론장에서는 다음과 같은 논의를 전개할 것이다. 첫째, 정확한 '시대 서술'(telling of time)로서의 종말론적 해석학이 어떻게 태피스트리의 구조적 긴장을 유지하는 '날줄(warp)'을 형성하는지 살필 것이다. 둘째, 독신에 관한 다양한 '재중심화' 및 '탈중심화'의 실타래들이 이 기초적인 세로실의 위아래를 가로지르며 어떻게 전체의 무결성과 형태를 갖추는 '들줄(weft)'로 작용하는지 고찰할 것이다. 마지막으로, 이 정교한 신학적 태피스트리를 협력적으로 완성해 나갈 미래의 연구자들을 위해 본 논문의 논의가 어떠한 질감의 지침을 제공할 수 있을지 제언하고자 한다.

7.1. 시간의 서사: 창조, 목적 그리고 종말

　하나님께서 이 세계와 그 안에 거하는 모든 존재를 친히 만드신 창

11　Buschart and Eilers, *Theology as Retrieval*, 275.

조주라는 명제는 기독교 신앙의 근간이다. 이러한 신학적 전제는 피조물이 여타의 피조 세계 및 창조주와 바른 관계를 맺기 위해 어떻게 행해야 하는지를 결정할 때 '본성(nature)' 혹은 '자연'에 호소할 수 있는 강력한 근거를 제공한다.[12] 그러나 이와 동시에 기독교 신앙에 있어서 핵심적인 확신은 이 피조 세계가 언제나 목적론적 목표(teleological goal), 즉 하나님에 의하여 질서 잡힌 완성을 향해 거부할 수 없이 이끌려 왔다는 점이다(사 65:17; 로마서 8:18-21; 계 21:1-4 참조). 예수 그리스도는 피조 세계의 텔로스(telos)에 있어서 중심이실 뿐만 아니라, 그분의 부활은 '피조 세계의 운명을 알리는 표징이자 신비로운 소망의 실체'이다.[13] 실제로 부활하신 그리스도는 새 창조의 첫 열매이시며, 우리는 그분 안에서 우리의 기원(origin)과 텔로스, 즉 피조 세계의 본래 의도와 동시에 그것이 지시하고 갈망하는 바'를 인식할 수 있다.[14]

피조 세계가 언제나 목적론적 운명(teleological destiny)을 지녀왔으며 비록 최종적은 아니지만 그리스도의 부활을 통해 일차적으로 성취되었다는 확신은 '현세'(the here and now)의 삶 속에 연속성과 불연속성이라는 긴장감을 유발한다. 예수의 탄생과 공생애와 죽음 그리고 부활은 혁신(innovation)인 동시에 지속(continuation)인 하나님의 역사이다. 우선, 메시아는 전에 감추어져 있던 기존의 비밀을 추가적으로 드러낸 것이 아니다. 오히려 현존 체계 안에서 실

---

12 See discussion on pp. 94-96.

13 Waters, *The Family*, 165.

14 Oliver O'Donovan, *Resurrection and Moral Order: An Outline for Evangelical Ethics*, Second ed. (Leicester, England: Inter-Varsity Press, 1986), 55.

질적으로 '새로운 것'을 실행하셨으며, 그 결과 이 피조 세계의 궤적 안에는 지금 이 순간에도 실재적이고 새로운 변화가 일어나고 있다. 그럼에도 불구하고, 이러한 기독론적 단절(disruption)은 본래 존재한 질서와 전적으로 연관되어 있으며 일관성을 유지한다. 에링턴(Errington)이 결론지었듯이, 그것은 '심오하게 새로운 것일지라도, 이전의 것과 전적으로 무관하다는 의미에서의 새로움은 아니다.'[15] 예수의 피조물적 탄생은 하나님의 창조의 선하심에 대한 확증이며, 예수의 피조물적 죽음은 하나님의 피조 세계에 대한 구속(redemption)의 보장이다. 그리고 예수의 '새로운-피조물적' 부활은 피조 세계의 변화(transformation)에 대한 표징이다. 즉, 종말(the end)은 시작과 다르면서도 동시에 목적론적으로는 시작과 일관성을 지닌다.

이러한 이원적 패러다임은 그리스도 부활을 통한 '새 창조'의 서막과 그 완성인 '파루시아(재림)' 사이의 시간, 즉 현존하는 시기 속에서의 윤리적 행위에 일종의 모호함을 부여한다. 이는 이미 그리스도 안에서 새로운 피조물이 되었으나(고후 5:17), 여전히 기존 창조의 영역 안에서 윤리적 행위를 지속해야 하는 이들에게 '올바른 삶'의 의미가 무엇인지를 묻게 한다. 바로 이 지점이 창조와 종말론 사이의 긴장이 발생하는 지점이며, 그리스도의 부활이 기독교 도덕 행위에 결정적인 의미를 갖는다는 점에 동의하는 학자들 사이에서도 논쟁이 되는 부분이다. 본 논문의 한계 때문에 이러한 긴장을 온전히 탐구할 수는 없으나, 현대 신학계의 주요 지형을 간략히 살펴보는 것은 논의

---

15 Andrew Errington, "Living the Meantime: An Outline of Christian Ethics," *Luke's Journal* 23, no. 3 (2018): 8.

의 맥락을 파악하는 데 유익할 것이다.

기독교 윤리에서 부활의 목적론적 우선순위(teleological priority)를 주장하는 가장 저명한 현대 신학자는 영국 성공회 사제인 올리버 오도노반(Oliver O'Donovan)이다. 오도노반은 그의 대표작인 『부활과 도덕 질서』(Resurrection and Moral Order)를 비롯한 여러 저술에서,[16] 그리스도의 부활이 현재의 질서를 '선하고 객관적인 실재'로서 확증(vindicate)함과 동시에,[17] 그 질서의 일시적 성격을 선포하고 목적론적 변혁을 보증한다고 선언한다. 오도노반에 따르면, 기독교 윤리 실천은 다음의 두 가지 인식에 의해 특징지어진다. 첫째, 인간의 지상에서의 삶은 하나님께 중요하며, 따라서 하나님이 부여하신 질서에 순응해야 한다.[18] 둘째, 하나님께서 창조하신 모든 것을 성취(fulfilment)하기 위해 그리스도 안에서 역사하셨다는 복음적 사실이다.[19] 따라서 신학적 윤리의 과업은 창조 질서의 '기원'과 '종말'이라는 양측면을 동시에 조망해야 한다. 즉, 세상의 자연 구조를 존중하는 동시에 그 구조의 변혁을 고대해야 한다.[20] 결과적으로 오도노반은 기독교의 도덕 행위가 '창조' 혹은 '하나님 나라' 중 어느 하나만을 절대적인 것으로 간주하려는 유혹을 물리쳐야 한다고 주장

---

16 O'Donovan, *Resurrection and Moral Order*.

17 For example, Oliver O'Donovan, *Self, World, and Time: Ethics as Theology*, vol. 1 (Grand Rapids, Michigan: Wm. B. Eerdmans Publishing, 2013); Oliver O'Donovan, *Finding and Seeking: Ethics as Theology*, vol. 2 (Grand Rapids, Michigan: Wm. B. Eerdmans Publishing, 2014); Oliver O'Donovan, *Entering Into Rest: Ethics as Theology*, vol. 3 (Grand Rapids, Michigan: Wm. B. Eerdmans Publishing, 2017).

18 O'Donovan, *Resurrection and Moral Order*, 17.

19 O'Donovan, *Resurrection and Moral Order*, 15.

20 O'Donovan, *Resurrection and Moral Order*, 58.

한다. 때로는 질서의 '새로움', 때로는 '원초성'을 강조할 수 있으나, 어느 한쪽의 이름으로 다른 한쪽을 전복하거나 부정해서는 안 된다는 것이 그의 관점이다.[21]

반면, 스탠리 하우어워스(Stanley Hauerwas)는 오도노반의 윤리적 방법론이 장차 기독교 신학의 고전이 될 것이라고 극찬했음에도 불구하고, 이후 오도노반이 종말론적으로 동기 부여된 윤리적 행위를 우선적으로 다루지 않는 것에 대해 비판적 견해를 표명했다.[22] 하우어워스 역시 도덕적 삶이 피조물로서의 과업을 수행하는 과정이라는 점을 부정하지는 않는다. 그러나 그는 피조물이 '올바른 피조물적 삶'을 판별할 수 있는 유일한 근거는 오직 그리스도의 부활에 비추어 볼 때만 가능하다고 주장한다.

이러한 확신에 근거하여 하우어워스는 '그리스도 부활의 종말론적 증언에 의해 통제되지 않는 어떠한 자연법'도 거부한다.[23] 그는 기독교인이 자비와 같은 윤리적 덕목을 실천해야 하는 이유가 '창조의 온전성'에 호소하기 위함이 아니라, 그들의 삶이 '예수의 몸과 피를 통해 서로를 섬기도록 부름받았을 때에만 의미를 갖기 때문'이라고 역설한다.[24] 어링턴(Errington)은 하우어워스와 오도노반의 차이를 '자연 질서를 지닌 창조와 구속 사이의 긴장을 어떻게 설명하느냐'의 문

---

21 O'Donovan, *Resurrection and Moral Order*, 15.

22 Stanley Hauerwas, "Commendation," in *Resurrection and Moral Order: An Outline for Evangelical Ethics*, ed. Oliver O'Donovan (Leicester, England: Inter-Varsity press, 1986), Back cover.

23 Hauerwas, *Dispatches from the Front*, 175.

24 Hauerwas, *Dispatches from the Front*, 175.

제로 파악한다.[25] 오도노반이 도덕 질서를 그리스도의 부활이라는 렌즈를 통해 **인식**할 수 있다고 본다면, 하우어워스는 도덕 질서가 부활을 통해서만 **정의**되며, 부활 없이는 결코 존재할 수 없다고 주장한다.

현대 신학적 인류학자인 데이비드 켈시(David Kelsey)는 앞선 논의들과는 차별화된 **제3의 입장**을 견지한다. 그는 하나님께서 자신의 창조 및 화해 사역과 더불어, "성부로부터 아들과 함께 파송된 성령으로서 인간을 종말론적 완성으로 이끄시기 위해 그들과 관계 맺기로 선택하셨다"고 주장한다.[26] 켈시에 따르면, 그리스도의 부활로 개시된 종말론적 축복의 약속은 그 목적지를 향해 나아가는 이들에게 '환희에 찬 소망'(joyous hopefulness)이라는 윤리적 응답을 촉구한다.[27]

켈시 논의의 신학적 독창성은 하나님이 행하시는 종말론적 활동과 창조적(및 구속적) 활동을 연계하는 구체적인 방식에 있다. 그는 창조와 종말 사이에 단일한 서사 구조를 가진 '통합된 구속사'를 상정하는 대신, 하나님의 창조(creative), 완성(consummative), 그리고 화해(reconciliatory)의 사역을 세 가지 상이하고 구별된 '신적 플롯(divine plots)'으로 묘사한다. 켈시는 이러한 신적 행위의 관계성을 각각의 독자적인 '논리'에 의해 구동되는 **생화학적 원자 사슬**에 비유하여 설명한다.[28]

---

25 Andrew Errington, *Every Good Path: Wisdom and Practical Reason in Christian Ethics and the Book of Proverbs* (Edinburgh: T & T Clark, 2019), 200.

26 David H Kelsey, *Eccentric Existence: A Theological Anthropology*, 2 vols. (Louisville: Westminster John Knox Press, 2009), 125–126.

27 Kelsey, *Eccentric*, 502.

28 Paul Dafydd Jones, "Review of *Eccentric Existence: A Theological Anthropology*,"

- **독립성과 상호연결성:** 각 사슬은 그 자체로 분리 가능하며 고유한 논리를 지니지만, 동시에 다른 사슬들과 개방적인 방식으로 선회하고 나선형으로 얽히며 '다양성 속의 온전함(whole-ness-in-diversity)'이라는 복합적인 삼중 나선을 형성한다.[29]

- **삼위일체론적 목적론:** 이 관점에서 켈시는 각 '플롯'이 삼위일체론적 목적론 안에서 동등한 중요성을 지닌다고 본다. 각 사슬은 고유하지만, 결코 자율적으로 고립되지는 않는다.

- **윤리적 함의:** 이는 '창조'와 '하나님 나라'를 신적 행위의 두 구별된 영역으로 간주하게 한다. 이 두 영역은 인간의 윤리적 행위에 동등한 동기를 부여하지만, 결코 하나의 단일한 영원한 목적을 구성하지는 않는다.

켈시는 다음과 같은 질문을 던지며 자신의 논거를 강화한다. "삼위일체 하나님의 경륜 속에서, 하나님이 오직 하나의 통합된 목표만을 가져야 한다고 주장해야 할 이유가 무엇인가?"[30]

이상 세 가지 견해는 기독교 윤리 실천에 있어 '창조/자연'과 '종말/하나님 나라'라는 이원적 동력을 조율하려는 현대의 다양한 시도들을 보여주는 예시일 뿐, 결코 그 전부를 포괄하는 것은 아니다. 본 논문에서 중요한 점은 이들 견해의 다양성이 아니라 그들 사이의 일

Journal of the American Academy of Religion 80, no. 3 (2012): 796.

29 Kelsey, *Eccentric*, 898.

30 David H Kelsey, "God and Teleology: Must God have Only One 'Eternal Purpose'?," *Neue Zeitschrift für Systematische Theologie und Religionsphilosphie* 54, no. 4 (2012): 364.

관성(uniformity)에 있다. 각 신학자는 창조적 충동과 목적론적 충동 사이의 관계를 미묘하게 다른 방식으로 정립하고 있으나, '지금 여기'에서 목적론적으로 지향된 윤리 행위가 필수적이라는 점을 인식한다는 사실에는 전적으로 동의하고 있다. 즉, 각각의 입장은 그리스도 안에서 이루어지는 세계의 종말론적 변혁이 기존 창조 세계의 단순한 반복도 그렇다고 완전한 부정(negation)도 아니라는 점을 확증한다. 그것은 창조의 성취(fulfilment)이자 텔로스(telos), 곧 목적이다. 이는 기원이 갖는 역사적 목적지이며, 창조가 본래 의도되었고 지향하며 갈구하는 지점이기도 하다.[31] 앞서 언급한 신학자들을 포함한 수많은 이들은 그리스도의 부활을 통해 심오하게 새롭고 은총 가득한 목적론적 사건이 발생했다고 주장한다. 이는 곧 "우리의 행위가 지향해야 할 목적지가 변화했으며, 우리에게 새로운 과업이 요구되었음"을 의미한다.[32] 그러므로 기독교 윤리 과업의 핵심은 '시간을 분별하는 능력'(the ability to tell time), 구체적으로 말해서 '인간 행위의 목적지가 근본적으로 변화한 시대'를 포착해내는 능력에 있다.

정확한 시간의 분별을 위해서는 흔히 동의어로 오용되곤 하는 두 신학적 개념, 즉 '텔로스'(telos, 목적)와 '에스카톤'(eschaton, 종말)의 명확한 구분이 필수적이다. 두 개념 모두 '끝(end)'에 관해 서술하나 그 함의는 상이하다. '텔로스'가 목적론적(purposive) 내용을 담고 있다면, '에스카톤'은 연대기적(chronological) 내용을 담고 있기 때문이다. 즉, 에스카톤은 텔로스가 실현되는 '시간'이라 할 수 있

---

31 Waters, *The Family*, 163.

32 Errington, *Every Good Path*, 210.

다. 그리스도의 부활을 통해 신적 목적론의 의지가 시작되었으며, 그리스도는 새 창조의 첫 열매가 되셨고 우리 또한 그와 연합하게 되었다. 그러나 창조의 완전한 목적론적 변혁은 그분이 재림하실 때 비로소 온전히 실현될 것이다. 따라서 텔로스가 집행되는 시간인 에스카톤은 이미 시작되었으나(inaugurated), 아직 완성되지는(consummated) 않은 상태이다. 그러므로 종말론적 미래는 현재에도 선취적으로(proleptically) 현존하며, '미래의 능력'으로서 현재 속에 내주하여 변혁적 영향력을 행사한다. 아우구스티누스가 '시간의 신비로운 구분'(*temporum secreta distintico*)'이라 칭했던[33] 이 기묘한 종말론적 '중간기'(meanwhile)의 시대를 산다는 것은 두 산이 중첩되어 마치 두 산이 붙어 있는 것처럼 보이는 곳에 서 있는 것과 같다.[34] 이 조망 지점에서 그리스도인들은 지상 역사의 종말과 그 목적지를 식별할 수 있다. 그들은 무엇이 진정으로 가치 있는 것인지 분별할 수 있으며, 그에 합당한 삶을 영위해야 한다.[35]

올바른 시간 분별 능력, 즉 이 '중간기'(already/not yet)가 그리스도께서 교회에게 거주하도록 허락하신 시간임을 인식하는 것은 그리스도인으로 하여금 다가올 성취를 기다리는 동시에,[36] 현재의 창조 질서 안에서 '예기치 못하고, 공로 없이 주어지며, 계획되지 않은 가

---

33 Trevor Hart, "Imagination for the Kingdom of God? Hope, Promise and the Transformative Power of an Imagined Future," in *God Will Be All In All: The Eschatology of Jürgen Moltmann*, ed. Richard Bauckham (Edinburgh: T&T Clark, 1999), 64. Here Hart is espousing Moltmann's argument linking teleology and eschatology.

34 Augustine, *De Bono Coniugali: De Sancta Virginitate*, 47, §15.17.

35 Garland, *1 Corinthians* 329.

36 Clemson, "Taking Time Over Marriage," 75.

능성’을 향한 근본적 재지향(reorientation)을 기쁘게 수용하도록 독려한다.[37] 이 종말론적 순간 속에서 영위되는 인간의 일상적 실재(quotidian realities)는 무효화되거나 전복되지 않는다. 다만, 그리스도 안에 있는 자들이 완성이 임박한 새 창조의 시민이라는 신학적 실재에 의해 상대화(relativized)될 뿐이다. 결론적으로, 기독교적 삶의 양식인 독신과 결혼 모두 ‘지금 이 시대’에 갖는 정확한 의미를 다가올 종말(eschaton)로부터 부여받아야 한다.[38]

이러한 주장은 결혼—그리고 필연적으로 독신—에 관한 신학적, 윤리적 그리고 목회적 논의를 창세기 창조 기사에 나타난 신적 목적의 서막(preliminary overture)에만 국한하려는 현대 기독교의 지배적인 해석학적 경향에 대한 강력한 비판과 동시에 화해를 위한 도전을 의미한다. 물론 일부 신학자나 교파 및 운동(특히 복음주의 진영) 내에서는 지상에서의 결혼이 그리스도와 교회 사이의 천상적 연합을 예표한다는 종말론적 의미를 강조하는 데 열성적이다(엡 5:25-32; 계 21:2 참조). 그러나 이러한 접근 방식은 주로 결혼에 대한 긍정적인 신학적 함의(즉, 종말론적 예표로서 지상 결혼이 갖는 중대한 중요성)에만 초점을 맞추는 경향이 있다. 반면, 현대의 담론적 맥락에서는 다소 불편하게 받아들여질 수 있지만 동등하게 중요한 ‘결혼의 목적론적 상대화’(teleological relativization)—즉, 결혼은 오직이 일시적인 피조 세계에만 속한 것이라는 사실—는 간과된다. 결과적으로 현대 교회는 결혼의 종말론적 의미에 관해서는 자신들이 말

---

37 Kelsey, “God and Teleology,” 480.

38 Banner, *Christian Ethics*, 304.

하고자 하는 바를 일관되게 선택적으로 취하며, 동시에 독신의 종말론적 의미에 대해서는 어떠한 언급도 하지 않으려는 일반적인 태도를 보이고 있다.

7.2. 싱글 상태의 실존적 목적

본 논문은 앞서 독신의 목적(end)이 결혼의 종말과 불가분 얽혀 있으며, 특히 인간의 결혼이 오직 현 피조 세계에만 국한된(indigenous) 제도라는 주장과 직결됨을 논증한 바 있다. 이러한 주장의 일차적인 성경적 근거는 부활의 시대에는 장가도 시집도 가지 않는다는 예수 그리스도의 선언(마 22:23-33; 눅 20:27-40; 막 12:18-27)과 결혼을 이 세상의 일시적인 외형의 일부로 규정한 사도 바울의 판단(고전 7:29-31)에서 발견된다. 본 연구의 역사적, 주석적 그리고 신학적 분석을 통해 확인한 바에 따르면, 인류의 생식적 결합인 결혼이 종말론적으로 완성된 인간 존재의 일부를 구성하지 않을 것이라는 점에 대해 기독교 전통 전반에 걸쳐 광범위한 합의가 존재한다.

이제 본 논문은 기독교적 삶과 공동체 내에서 독신에 관한 '심층 신학'(thick theology)을 복원하기 위해, 그 기본적 형상과 내용을 기술하고자 한다. 이는 종말론이라는 수직적인 '날실'(warp) 사이로 가로질러 교차하는 '들실'(weft) 가닥을 엮어내는 작업과 같다. 이 과정에 앞서 복원이 가능하다고 판단한 독신의 다양한 목적(ends)을 통합하고 더욱 심화시켜 발전시킬 것이다. 이제 본 논문은 다음과 같은 두 단계의 과업을 수행할 것이다. 첫째, **신학적 재중심화(Recentering) 및 재형성(Reinforming) 잠재력 탐구**: 독신의 목적이 '마땅히 어떠해야 하는 상태'를 어떻게 식별해내는지 고찰한다. 둘째, **탈**

중심화(Decentering) 및 비판적(Critiquing) 기능 규명: 이러한 목적들이 '현재 실재하지만 마땅치 않은 상태'를 어떻게 지적하고 비판하는지 규명한다.

7.2.1. 긍정적 재중심화

본 논문에서 반드시 글 상태가 왜 존재해야 하는가에 대한 물음을 던지고 그 답을 반드시 제시해야 한다. 결혼 상태의 목적이 존재하듯이 싱글 상태의 목적 역시 명확하게 존재하기 때문이다. 결혼이 아무 이유 없이 존재하는 것이 아니듯이 독신 역시 아무 이유 없이 존재하는 것은 아니다. 싱글 신학은 근본적으로 이러한 물음에 대하여 명확히 답을 제시해야 하고 그 답을 통해 싱글 기독인이 삶의 의미를 찾고 존재 이유를 깨달어서 시간을 낭비하지 않고 막연한 과도기적 인생이 아닌 명확하고 분명한 목적 가운데 삶을 영위하도록 인도해야 한다.

7.2.1.1 종말론적 문턱에서 기독교적 삶의 재중심화

교회사 초기 1,500년 동안의 해석학 및 신학적 전통을 관통하는 핵심 모티프는 현세의 독신과 장차 도래할 '천사적 시대' 사이의 성경적 상관관계였다. 마태복음 22:30, 누가복음 20:35, 마가복음 12:25에 기록된 이와 관련한 예수의 선언은 키프리아누스(Cyprian),[39] 암

---

39 'You possess already in this world the glory of the resurrection [. . .] you are equal unto the Angels of God'. Cyprian, *Treatise II: On the Dress of Virgins*, 5, 436, §22.

브로시우스(Ambrose),[40] 아우구스티누스 (Augustine)[41]와 같은 초기 신학자들 사이에서 방대한 양의 주석적 논의가 산출되었다. 이러한 성구들의 편재적(pervasive) 중요성은 '천사들이 하늘에서 행하는 바를 지상에서 행한다'고 평가받았던 동방의 초기 금욕주의 전통에서 더욱 구체화되었다.[42] 지상에서의 동정(virginity)과 '천사적 삶'(vita angelica) 사이의 상관 관계는 중세 시대를 거치며 더욱 발전하고 강조되었다. 일례로, 클레르보의 베르나르도(Bernard of Clairvaux)는 동정의 삶을 사는 독자들에게 '그대들 역시 그들(천사들)처럼 혼인하지 않았으니, 모든 선택된 자들이 부활 후 언젠가 이르게 될 그 모습, 곧 하늘의 천사들과 같은 모습으로 오늘을 살지 못할 이유가 무엇인가?'라고 반문하며 이를 독려하였다.[43] 이와 유사하게, 엘프릭(Ælfric)이 저술한 '기혼 동정 성인들'의 성자전 서사에서 주인공들에게 천사 메신저들이 빈번하게 등장하는 것은 그들이 독신을 통해 천상의 영광 속에서 누릴 천상의 삶에 선취적으로 참여하고 있음을 전달하려는 의도였다.

밀레(Millett)는 교부 및 중세 문헌에 관한 고찰을 통해 다음과 같이 유익한 요약을 제시했다. 즉, 지상의 그리스도인들은 비록 천상의 예루살렘으로부터 유배된 자들이나, 동료 시민인 천사들의 삶을 모

---

40 'Virginity has brought from heaven that which it may imitate on earth'. Ambrose, "*Concerning Virgins: Book I*," 365, §3.11.

41 'Virginal integrity [. . .] that comes with the devout practice of celibacy, belongs with the angels, and in corruptible flesh is a foretaste of eternal incorruptibility'. Augustine, "*Holy Virginity*," 74, §12.13.

42 Brown, *Body and Society*, 331.

43 Bernard, "*In Labore Messis 5*,"2: 255. Cited in Leclercq, *The Life of Perfection*, 30.

방함으로써 자신들의 미래 상태를 예견할 수 있다는 것이다. 천사들은 지상의 정욕으로부터 자유로우며 중단 없는 '하나님 관조'(contemplation of God)에 전념하는 존재들이기에, 금욕주의자의 목표는 인간이 도달할 수 있는 한계 내에서 최대한 그들을 모방하는 데 있었다.[44]

비혼의 기독교적 삶과 하늘 천사들의 삶 사이의 연관성을 강조할 때, 과거의 주석자들은 일반적으로 지상의 동정녀들이 말 그대로 천사가 되었거나 혹은 천사가 되어가는 과정에 있다고 주장하지는 않았다. 또한 부활 이후 인간이 실질적으로 천사적 존재로 변모할 것이라고 가정한 것도 아니었다. 오히려 그들의 강조점은 불멸하는 천사의 본성과 동정적 신자의 지상적 삶 사이의 한 가지 상관관계, 즉 두 존재 모두 '비혼'이며 '성적 금욕' 상태에 있다는 사실에 집중되어 있었다. 칼뱅(Calvin)은 이러한 상관관계의 신학적 토대를 다음과 같이 부연하여 설명한다:

예수님의 말씀은 부활 때 하나님의 자녀들이 모든 면에서 천사와 같아진다는 의미가 아니라, 오직 현재 삶의 모든 연약함에서 벗어나 더 이상 질병과 부패라는 존재론적 필연성에 구속되지 않는다는 점에 국한된다. 그들은 더 이상 죽지 않기에, 지상에서와 같이 종족을 번식시킬 필요성 또한 사라지게 된다.[45]

---

44 Millett, "Introduction," xxviii.

45 Calvin, *A Harmony of the Gospels*, 31.

이 모티프가 역사적으로 반복해서 강조된 것은 지상의 동정 상태가 영원한 영역에서의 천사와 인간 삶의 불멸적 특성을 가장 밀접하게 닮아 있으며 심지어 이를 선취적으로 경험(proleptically participate)한다는 인식 때문이었다. 스미스(Smith)가 결론지었듯이, '천사적 삶'(vita angelica)은 부패할 인간의 몸에 모든 피조물이 매여 있는 쇠락의 공포로부터의 자유를 미리 맛보게 한다. 동정의 몸은 이러한 부활의 자유를 보여주는 전형적 사례이다.[46]

초대 교회에서 이러한 전제는 초기 수 세기를 특징지었던 '타락 후'(postlapsarian) 신학과 불가분 연결되어 있었다. 오리게네스(Origen)는 '아담이 낙원에서 몸을 가졌으나, 낙원에서 하와를 알지 못했다'고 하였으며,[47] 제롬(Jerome)은 '인류 태초부터 동정(virgitity)은 낙원에 의해 성화되었고, 결혼은 지상에 의해 성별되었다'고 주장했다.[48] 다른 교부들 역시 아우구스티누스 이전까지는 결혼과 성(sex)이 반역한 인류에게 하나님이 베푸신 '낙원 이후의 신적 양보'(divine concessions)라는 관점을 견지했다. 초기 교부들은 비혼과 성적 순결의 삶을 에덴적 이상(Edenic ideal)의 회복을 보여주는 목적론의 전형으로 추앙하고 찬양했다. 즉, 비혼의 금욕은 '상실된 원초적 온전함의 상징이자, 유한한 삶 속에서 경험되는 영원의 강렬한 이미지'였다.[49] 이러한 관점의 중요성은 결혼과 성에 대한 아우구스티누스의 '타락 전'(prelapsarian) 관점이 대두되기 시작한 5세기에

---

46 Smith, "Virginity and Married-Virgin Saints," 39.

47 Jenkins, "Origen on I Corinthians II," 370, Fr.29.

48 Jerome, "*Against Jovinianus: Book I*," 368, §29.

49 Wogan-Browne, *Saints' Lives*, 20.

이르기까지 사실상 약화되지 않고 지속되었다.

아우구스티누스적 '타락 전 상태'(prelapsarian)에 대한 확신에 굳건히 뿌리를 둔 현대 신학적 감각으로 볼 때, 동정(virginity)은 인간을 향한 하나님의 본래의 창조 의도였을 수 있다는 개념은 기껏해야 기이하게 최악의 경우 경악스럽게 받아들여진다. 실제로 '독신은 부자연스러우며, 인간의 본성 자체에 반하는 것'[50]이라는 인식이 지배적인 현대 신학의 풍토 속에서, 동정을 낙원의 정결함으로의 종말론적 귀환을 예표하거나 심지어 그 상태에의 선취적 참여로 고양시켰던 초대 교회의 관점은 다분히 비상식적으로 보이기까지 한다. 따라서 21세기의 기독교인들이 비혼의 기독교적 삶에 대한 초대 교회 시대 신학자들의 지대한 찬사를 순진한 신학적 오류의 결과로 치부해버리고 싶은 유혹을 느끼는 것은 무리가 아니다. 그러나 그렇게 하는 것은 핵심적인 논점 중 하나를 간과하는 일이다. 초대 교회가 동정(독신의 연대기적 신학적 유의어로서)에 부여했던 신학적 평가가 오늘날 갖는 현대적 의의는 고대의 '타락 후(postlapsarian)' 명제들을 재구축하는 데 있는 것이 아니라, 그들의 '종말론적 확신'을 재발견하는 데 있기 때문이다. 즉, 인류의 (동정적) 목적론적 목표와 에덴에서의 원초적 타락 전 상태를 연결한 초기 교부들의 신학적 논거의 구체적인 내용이 무엇이든 간에, 본 논문의 목적에 비추어 볼 때 그들의 진정한 중요성은 인류의 '목적론적 운명(teleological destiny)'을 교리적·윤리적 사안으로 간주했다는 사실에 있다. 홈즈(Holmes)가 주장하듯, '결혼의 윤리적 위치에 대한 초대 교회의 지대한 관심은 지극

---

50 Maken, *Getting Serious*, 28.

히 당연한 것이었다. 그것은 죽은 자의 부활이라는 확실한 소망에서 기인한 결과였다. 순교자들의 교회는 부활을 믿었기 때문에 결혼 문제와 치열하게 씨름할 수밖에 없었다.'[51]

현대 교회는 믿음의 선진들과 발을 맞추어, 이 '중간기'(meanwhile)의 시대를 살아가는 독신 및 금욕적 그리스도인들이 장차 도래할 내세의 특정 측면들을 실존적으로 체현(instantiation)하는 이들이 될 수 있다는 것을 인정해야 한다. 그런데 이러한 시도 가운데 '과잉 실현 종말론'(over-realized eschatology)을 조장하려는 유혹을 반드시 경계해야 한다. 즉, '우리에게 약속된 부활이 그대들(동정성을 유지한 자들)에게는 이미 임해 있다'는 암브로시우스의 주장[52]에 대해서는 선취적으로(proleptically) 소유한 것이 아니며 오직 잠정적(provisional)일 뿐이고 완전한 상태는 아니라는 반론을 받아 들어야 마땅하다. 실재와 진리에 대한 질문의 최종적인 해답은 사도 바울이 언급했듯이 우리가 온전히 알려진 것 같이 우리 또한 온전히 알게 될 그 종말론적 순간까지 유보되어야 하기 때문이다.[53] 여기에 바로 종말론적 역설이 존재한다. 즉, '미래의 능력'이 현재 속에 실재하며 변혁적 영향력을 행사할 수 있음을 역설하면서도,[54] 동시에 그러한 미래는 여전히 궁극적인 성취의 대상으로 남아 있다는 점을 견지하는 것이다.

---

51 Stephen Holmes, "Sex, Death and Marriage" of *Shored Fragments*, (2015). Accessed on December 3, 2015, http://steverholmes.org.uk/blog/?p=7570.

52 Ambrose, "*Concerning Virgins: Book I*," 371, §9.52.

53 Hart, "Imagination for the Kingdom of God," 64.

54 Hart, "Imagination for the Kingdom of God," 64.

지상의 동정과 영원한 천사 사이의 신학적 상관관계에 관한 전통의 일관된 증언을 현대 독신 신학을 위해 어떻게 유익하게 복원할 수 있을 것인가? 이 질문에 대해 중세 학자인 리즐 루스 스미스(Liesl Ruth Smith)와 앨리슨 걸리(Alison Gulley)는 매우 유익하며 그들 연구의 중세적 특수성을 고려할 때 놀라울 정도로 유효한 통찰을 제공한다. 스미스는 엘프릭(Ælfric)의 기혼 동정 『성자전』(passiones)에 관한 박사 학위 논문에서, 중세 성자전 작가가 묘사한 동정(virginity)이 성례전적 의미(sacramental significance)로 충만하다고 결론짓는다. 그녀는 엘프릭이 동정을 하나의 '성례'(sacrament)로 규정했다기보다는 '성례전적 가치'를 지닌 것으로 보았다고 주장한다. 그녀에 따르면 동정은 '빵과 포도주처럼, 적절한 문맥 안에서 단순히 물리적인 차원을 넘어선 무언가를 지시할 수 있다.[55] 천사의 금욕과 엘프릭이 묘사한 중세 동정 부부의 동정 사이의 연관성을 성례전적으로 이해하는 스미스의 논지는 다음과 같다:

지상에서 '천사적 삶(vita angelica)'을 영위하는 것은 오직 동정자뿐일지 모르나, 그/그녀는 천국에 거할 모든 기독교인의 미래를 예고한다. 동정자의 희생적인 삶, 그 삶의 가시적 표징으로서의 기능 그리고 그리스도의 몸(body of Christ)을 재현하는 모습은 모든 기독교인에게 중대한 의미를 지닌다."[56]

---

55 Smith, "Virginity and Married-Virgin Saints," 193.

56 Smith, "Virginity and Married-Virgin Saints," 203. It should be noted that while Smith sees the correlation of the virginity with the *vita angelica* as a key sacramental motif within Ælfric's work, she also acknowledges that 'In the writings of Ælfric [. . .] the sign of virginity offers up multiple layers of meaning and plays many roles'.

이 시대의 독신 기독교인들은 개별 인격체 간의 결혼이 부재한 상태로 특징지어지지만 사실상 '부활한 인류의 목적론적 미래'를 예표하고, (비록 제한적이나마) 그 미래에 능동적으로 참여함으로써 다가올 세대에서 하나님의 백성을 기다리고 있는 목적론적 미래를 가시화한다. 이들은 교회사 속 '신실한 동정녀'의 현대적 현현으로서, 현대 교회 내에서 **성례전적 차원의 역할**을 수행하도록 부름받았다. 이들은 태초부터 세우신 하나님의 궁극적 계획을 독특하게(물론 배타적이지는 않으나) 조명하고, 세상에 '하나님의 나라가 여기 있다'고 선포하는 자들이다.[57] 따라서 현대 교회의 기혼 구성원들은 비혼 형제 자매들이 신앙 공동체에 제공하는 이 독특하고 성례전적으로 존엄한 은사를 존중하도록 부름받았다.

결론적으로, 모든 시대와 모든 장소에서 하나님 백성의 공동체가 '영원한 것들의 표징이자 성도의 타계성(other-worldliness)의 징표'로서 성례전적인 삶을 영위하는 신실한 기독교적 독신의 모범들을 인식하고 존중하는 것은 매우 중요하다.[58] 교회가 이 과업을 수행해야 하는 이유는 단순히 개별 독신 그리스도인의 목회적 안녕을 위해서만이 아니다. 교회 스스로가 자신의 종말론적 정체성과 운명을 진정으로 기억하고 인식하기 위함이며, 나아가 그리스도 안에서 세상을 향한 하나님의 목적을 온전히 증언하기 위함이다. 따라서 독신을 단순한 '결핍'이나 '선택'이 아닌 공동체 전체를 위한 '성례적 은

Smith, "Virginity and Married-Virgin Saints," 195.

57 West, *Theology of the Body Explained*, 278.

58 Smith, "Virginity and Married-Virgin Saints," 160-1.

사'로 격상시킬 필요가 있다.

걸리(Gulley)는 그녀의 저서 『천국의 문을 두드리며』(Knockin'
on Heaven's Door)에서 이러한 논의를 더욱 확장하여 엘프릭(Æl-
fric)이 묘사한 기혼 동정 성인들이 지니는 성례전적 의의는 그들
이 '천상의 삶을 이행하는 독특한 경계적 인격'(liminal personae)
으로 묘사된다는 점에 있다고 결론짓는다.[59] 앞서 살펴보았듯, 걸리
는 인류학자 빅터 터너(Victor Turner)의 이론을 원용하여, 기이해
보이는 중세 인물들을 이곳도 저곳도 아닌, 그 사이(betwixt and
between)에 처한 '문턱에 선 사람들'(threshold people)로 규정한
다.[60] 동정의 '경계성(liminality)'에 관한 걸리의 논의는 엘프릭의 『
성자전』(passiones) 주인공들을 구체적인 대상으로 삼고 있으나, 동
정 부부들을 현세와 내세에 걸쳐 있는 존재로 여긴 그녀의 통찰은 이
들과 21세기의 비혼 기독교인들 사이의 역사적·신학적 연속성을 확
보해 준다. 중세의 기혼 동정자들과 마찬가지로, 현대의 독신 기독
교인들 또한 현 피조 세계의 제도와 복락을 초연하게 대함으로써 이
미 다가올 세상의 문턱에 서 있는 자들이다. 이러한 관점은 몰트만
(Moltmann)의 종말론적 윤리 명령에 의해 더욱 강화된다:

하나님의 미래를 소망하며 산다는 것은 기대되는 하나님 나라의 미래에
의해 자신의 현재가 결정되도록 내버려 두는 것을 의미한다. 하나님 나

---

59 Gulley, "Knockin' on Heaven's Door," 149.

60 Victor Turner, *The Ritual Process: Structure and Anti-Structure* (Piscatawy, NJ:
Transaction Press, 1995), 95.

라를 대망하는 것은 아직 그 나라 자체는 아니지만, 그 소망에 의해 결정되는 삶이다.[61]

평생의 헌신이든 혹은 특정 시기의 삶이든, 결혼의 부재 속에서 신실한 독신(금욕)을 추구함으로써 독신 기독교인은 자신의 현재 삶이 영원 속의 인간 삶에 의해 결정되고 이를 반영하도록 준비된다. 비록 제한적일지라도 매우 실제적인 의미에서 그들은 성적 금욕을 지키는 사람들이 서로 혼인하지 않는 종말론적 하나님 나라에 이미 그리고 독특하게 참여하고 있다. 그렇게 함으로써 그들은 진정으로 '땅과 하늘, 이생과 내생 사이의 경계적 공간'(liminal space)에 거한다.[62]

물론 기혼 그리스도인들에 대해서도 이와 유사한 논거를 타당하게 제시할 수 있다. 결혼의 언약적 관계 또한 그리스도와 그분의 교회 사이에 이루어질 영원한 혼인 연합을 예망(anticipation)하는 성례전적 목적을 지니고 있기 때문이다.[63] 이처럼 기독교적 삶의 두 가지

---

61 Jürgen Moltmann, "The Liberation of the Future and it's Anticipations in History," in *God Will Be All In All: The Eschatology of Jürgen Moltmann*, ed. Richard Bauckham (Edinburgh: T&T Clark, 1999), 286.

62 Gulley, "Knockin' on Heaven's Door," 156.

63 The sacramental character of marriage has long been a matter of theological contention between Protestantism and the Roman Catholicism. The latter regards the marital 'covenant between baptized persons [to have been] raised by Christ the Lord to the dignity of a sacrament'. Catholic Church, *Catechism*, 2.2.3.7.§1601. Generally speaking, however, most Protestant denominations hold marriage to have sacramental value, while not affording it the status of actual sacrament. For instance, the Anglican 39 Articles of Religion asserts there 'are two Sacraments ordained of Christ our Lord in the Gospel, that is to say, Baptism, and the Supper of the Lord. Those five commonly called Sacraments, that is to say, Confirmation, Penance, Orders, Matrimony, and extreme Unction, are not to be counted for Sacraments of the Gospel, being such as have grown partly of the corrupt following of the Apostles, partly are states of life allowed in the Scriptures; but yet have not like nature of Sacraments with Baptism, and the Lord's Supper, for that they have not any visible sign or ceremony ordained of God'. Anglican Church League,

양식인 결혼과 독신은 인류의 영원한 목적론적 종착지(telos)에 관한 중대한 측면들을 선취적으로(proleptically) 표징하며, 각각 '경계적 의의'(liminal significance)를 함축하고 있다는 점에서는 공통적이다. 그러나 바로 이 대목에서 두 양식 사이에는 엄연하고도 중요한 차별성이 존재한다.

지상에서의 결혼은 종말론적인 천상 결혼과의 일관성(consistency) 덕분에, '지금 여기'에서 영원을 보여주는 중요한 예표(foreshadowing)로서의 기능을 한다. 모든 그림자가 그러하듯, 결혼의 본질은 투영된 대상과의 연속성을 표현하면서도 동시에 어느 정도 모호한 인상을 남긴다. 이러한 의미에서 지상의 결혼 제도는 그리스도와 교회 사이의 천상적 혼인 연합에 대한 기독교인의 사려 깊은 기대를 돕는 동시에, 그 연합이 지닌 정교한 세부 사항과 경험적 충만함을 온전히 묘사하기에는 한계가 있음을 자인하게 한다. 이는 인간의 결혼이 천상 결혼과 일관성을 갖기는 하나, 후자가 전자의 단순하고 완전한 연장선상에 있는 것은 아니기 때문이다.

실제로 두 시대(aeons) 사이의 결혼에서 발견되는 결정적인 불연속성 중 하나는 관찰되는 배우자들의 정체성과 경험적 관점의 차이에 근거한다. 지상의 연합은 한 개인이 다른 개인과 맺는 배타적이며 개별적인 언약 관계로 경험되도록 의도된 반면, 천상의 연합은 '아무

"The 39 Articles (Articles of Religion)," accessed July 31, 2020, http://acl.asn.au/the-thirty-nine-articles, §XXV. While this distinction is clearly of significant doctrinal and historical importance within both traditions, it is not specifically relevant or problematic for our discussion of the comparable sacramental value of marriage and singleness herein. Even as marriage is not generally recognised as a literal sacrament within Protestant theology and practice, it is nonetheless still considered to have sacramental significance and it is this which forms the basis of our discussion below.

도 능히 셀 수 없는 큰 무리'(계 7:9)인 교회 공동체가 그리스도와 함께 배타적 언약 관계로 들어가는 공동체적(corporate) 경험을 지향한다. 지상의 신부와 달리, 그리스도의 신부는 독특하고 실존적인 공동체적 실재로서 결혼에 임한다. 따라서 지상의 남편과 아내들이 장차 도래할 궁극적 실재에 현재로서 선취적으로 참여(proleptically participate)하고 있다고 말할 수는 없다. 오히려 그들은 궁극적 실재를 예표하는 실루엣(silhouette)에 참여하는 특권을 누리는 것이며, 이 실루엣은 그리스도와 교회 사이의 종말론적으로 완성된 혼인이 밝게 동터 올 때 비로소 흩어지고 사라지게 될 것이다.

반면, 비혼의 삶은 영원의 찰나적인 예표가 아니라, 특정한 의미에서 인류의 영원한 텔로스(telos)를 미리 맛보는 실재적인 선경험(foretaste)이다. 독신자들은 교회 안에서 이미 다른 모든 이들에게 (남편이나 아내가 아닌) 형제 혹은 자매로 존재하기 때문에, 그들의 삶의 양식은 영원까지 실제로 지속될 '인간 상호 간의 형제애적 유대'에 대한 선취적 참여가 된다. 다른 표현을 빌리자면, 결혼을 통해 특정 개인과 배타적 언약을 맺지 않은 독신 기독교인들은 목적론적인 '인격적 친교'(communion personarum)의 첫 열매로서의 삶을 경험하고 있는 것이다.

이러한 전제 하에 지상의 기혼 기독교인들 역시 목적론적 '인격적 친교'에 참여하고 있다는 점은 부인할 수 없다. 그리스도 안에서 그들 또한 모든 세례받은 신자들과 마찬가지로 서로에게 형제와 자매가 되었기 때문이다. 그러나 그들 연합이 지닌 특권—즉, 인간 관계 중 하나에 반드시 부여되어야 하는 배타성—은 그들로 하여금 독신자들이 경험하는 '평등한 형제애'의 충만한 의미를 현재로서는 온전히 누리지 못하게 한다. 물론 독신 기독교인이 누리는 인격적 친교에 대한 독특하고 선취적인 참여 역시 이 기묘한 종말론적 '중간기'의 시간 속에서는 불완전한 상태로 남아 있다는 점을 유념해야 한다. 그들이 이 세상 속에서 경험하고 증언하는 형제애적 유대는 죄로 인해 비극적으로 훼손되어 있으며 그 잠재력 또한 제한적이기 때문이다. 따라서 그들의 경계적·성례전적 의의가 '과잉 실현'되지 않도록 주의해야 한다. 그럼에도 불구하고, 결혼의 성례전적 경계성이 불완전한 '연속성'과 '불연속성'을 동시에 지니는 반면, 독신의 성례전적 경계성은 단순히 (비록 불완전할지라도) '연속성'을 지닌다고 말할 수 있다.

요약하자면, 지상의 남편과 아내는 불완전한 결혼의 참여자가 된다는 것이 무엇인지 이해하지만, 영원한 신적 결혼에 대해서는 아직 알지 못한다. 그러나 지상의 독신자는 배타적 유대 없이 오직 형제자매로서 그리스도의 몸에 불완전하게 나마 참여하는 것이 무엇인지 이해하며, 따라서 그들의 참여는 천상의 완전함 속에 존재하게 될 공동체의 독특한(여전히 불완전하지만) **첫 열매**가 된다. 아이러니하게도, 천상의 신부가 지닌 인격 간의 특성을 가장 밀접하게 닮아 있는 것은 바로 비혼의 삶이다. 이러한 관점에서 볼 때, 기독교 공동체라는 친밀한 맥락 안에서 하나님을 의지하며 신실하게 수행되는 금욕적 독신은 단순히 인류의 개별적 목적론적 운명과 일관성을 갖는 데 그치지 않는다. 오히려 특정한 의미에서 독신은 비록 현 피조 세계 내에서 불완전할지라도 바로 **그 목적론적 의미 그 자체**라고 할 수 있다.[64] 그러므로 모든 독신 기독교인은 진정한 의미의 '문턱에 선 사람

---

64 See our earlier discussion concerning the meaning of the resurrection nuptial body

들'(threshold people)이며, 그들의 삶의 양식은 영원을 향해 더욱 투명(transparent)하게 열려 있다.

이러한 결론은 서원한 독신(vowed celibacy)의 신학적 우위를 주장했던 아우구스티누스와 요한 바오로 2세(JPII)의 견해에 대한 중요한 반론(rejoinder)에 해당한다. 독신이 지닌 본질적 성례전성은 궁극적으로 개인의 의지가 얼마나 온전한가 혹은 공식적인 서원을 했는가에 좌우되는 것이 아니기 때문이다. 독신이 자발적이든 비자발적이든 아니면 선택에 의한 것이든 환경에 의한 것이든 혹은 일시적이든 평생 지속되든 관계없이, 모든 비혼 그리스도인의 삶의 양식에는 그리스도 안에서 성취되었고 또 성취될 인류를 향한 하나님의 목적론적·관계적 의도를 증언한다는 본질적인 존엄함이 내재되어 있다.

그러나 독신의 경계성(liminality)과 성례전성이라는 결론은 현대 교회 구성원들에게 두 가지 중요한 과제를 제기한다. 그중 첫 번째는 독신 그리스도인 자신을 향한 도전이다. 비혼이며 금욕적인 기도교인의 삶은 그 형식 자체로 천사들의 종말론적 삶과 성례전적 유사성을 지니지만, 그러한 형식만으로 경계성을 획득하는 것은 아니다. 영원의 문턱에 거하는 자로서의 삶을 보여줄 수 있는 풍성한 잠재력(potentiality)은 반드시 주체적으로 수용되고 실행되어야 한다. 또한 하나님의 미래 통치를 자신의 경험과 표현 속에서 선취적으로 반영하려는 의지 없이 비혼의 삶을 영위하는 것은 얼마든지 가능하다. 그러나 이러한 태도는 독신이 지닌 성례전적 존엄의 효력을 가릴 뿐만 아니라, 그 고유의 경계적 성격을 거부하는 것과 다름없다. 따라

---

according to JPII on pp. 225–227.

서 독신의 '목적(end)'을 위한 근원(원천)으로의 레소스망(ressou-rcement)은 다음과 같은 실천적 도전을 함축한다. 첫째로 **적극적 인식과 활용**이다. 독신 그리스도인들은 자신이 종말론적 문턱에 서 있다는 고유한 상황을 적극적으로 인식하고, 이를 신앙적으로 활용(exploit)해야 한다. 둘째로 **의도적 수용**이다. 이는 그리스도 안에서 부여된 성례전적 특권을 의도적이고 열정적으로 포용하는 행위이다. 셋째는 **세속적 가치의 거부이다.** 이러한 태도는 대개 개인의 쾌락주의적 자유만을 지향하는 독신의 세속적 목적을 단호히 거부하는 공적인 선언이 된다.

마지막으로 이 종말론적 '중간기'(meanwhile)의 시기에 기독교적 독신이 점유하는 경계적 위치는 현재의 상황에 안주하려는 유혹에 빠진 현대 교회를 향해 중대한 도전을 제기한다. 종말론적 문턱에 선 독신 기독교인은 하나님의 백성 공동체 내에서 '미래를 향해 살아가며 현재 속에서 세상에 존재하는 대안적인 방식'을 자극하는 존재이다.[65] 그 결과, 싱글들의 성례전적 경계성은 파루시아(Parousia, 재림) 이전에 '지상의 삶을 다가올 영원한 세상을 향한 합당한 준비로 영위하는' 모든 제자에게 하나의 모델이자 격려 역할을 하는 특권을 누린다.[66] 이제 본 논문은 싱글의 목적(end)이 이러한 과업을 향해 정립되는 구체적인 방식들을 고찰하고자 한다. 다음은 논지 요약과 결론적 통찰이다.

---

65 Hart, "Imagination for the Kingdom of God," 75.

66 Gulley, "Knockin' on Heaven's Door," 142.

· **교회를 향한 자극제**: 싱글 기독교인은 공동체가 현세에 안주하지 않도록 '대안적 존재 방식'을 제시하는 역할을 수행한다.
· **보편적 제자도의 모델**: 싱글의 삶은 모든 기독교인이 지향해야 할 '영원을 준비하는 삶'의 전형을 가시적으로 보여준다.
· **성례전적 특권**: 단순히 결혼하지 않은 상태가 아니라, 공동체 전체가 종말론적 정체성을 회복하도록 돕는 신학적 장치이다.

싱글이 이러한 역할과 기능을 감당할 때 교회가 현실 지향적 구조에서 벗어나서 하나님 나라 지향적인 구조로 재편될 수 있다.

7.2.1.2. 교회의 목적 지향적 사회로의 재중심화

본 논문의 전반부에서 심도 있게 다룬 역사적·신학적 분석에 따르면, 독신을 '비전형적인'(abnormal) 기독교적 삶의 형태로 간주하는 인식은 비단 우리 시대만의 고유 현상은 아니다. 실제로 역사적으로 전통 속에서 동정(virginity)을 높게 평가했던 교회의 수많은 선조들 역시 비혼 기독교인의 삶이 그 성격과 관계적 측면에서 전형적이지 않다는 점에는 동의했다. 그러나 과거 교회와 현대 교회가 독신의 '특이성'을 인식하는 지점은 같을지라도, 그 인식에 대한 반응에 있어서는 노선을 달리한다.

현대 작가 데비 메이컨(Debbie Maken)은 '독신은 부자연스러우며 인간의 본성 자체를 거스르는 것'[67]이므로 성경은 '오직 제한적인

---

67 Maken, *Getting Serious*, 28.

이유에서만 독신을 허용하며',[68] '기준을 충족하지 못한 채 독신으로 지내는 것은 혼외 성관계만큼이나 비성경적'[69]이라고 주장한다. 제2 장에서 규명했듯이, 이러한 견해는 현대 기독교 담론 내의 고립된 소수만의 의견이 아니다. 오늘날의 교회, 특히 복음주의 교회는 비혼 기독교인의 삶을 기독교적 순종과 성숙의 궁극적 표현인 결혼과 가정의 우선순위를 약화시키는 '광범위한 전염병'[70]으로 간주하는 경향이 있다.

그러나 이미 확인했듯이, 역사적으로 교회는 이러한 관점을 품고 있지 않았다. 실제로 초기 1,500년 동안 기독교회는 독신이 지닌 그 '비전형성(abnormality)' 때문에 가치 있게 여겼고 더 나아가 찬양하기까지 했다. 이러한 특별한 삶은 기독교 신앙과 공동체가 지닌 독특한 성격의 가시적 현현으로 간주되었다:

모든 그리스도인이 처해 있던 현세와 내세라는 두 세계 사이의 분열은 자신에게 부과된 모든 사회적·성적 요구를 거부하는 동정(virgin)의 형상을 통해 가시적으로 드러났다. 동정은 그러한 유대와 의무로부터 분리되어 있으므로 기독교의 근간이 되는 패러다임의 전환을 구현했다.[71]

---

68 Maken, *Getting Serious*, 37.

69 Maken, *Getting Serious*, 32. Such reasons/criteria relate to whether the unmarried individual has been especially gifted with a spiritual empowerment to lifelong celibacy so that they might wholly devote their time and energies to Christian service and ministry.

70 Segal, "Good News," 99.

71 Smith, "Virginity and Married-Virgin Saints," 125.

종교개혁 이전까지 신앙 공동체 내 비혼 기독교인의 존재는 그리스도 안에서 '종말론적으로 변화된 개인의 몸이 특정 타인과 특별히 밀접하거나 심화되는 관계를 맺지 않으며, 그 타인의 권리가 신앙이나 다른 모든 관계의 권리보다 우선하지 않는다'[72]는 사실에 대한 증언이었다. 즉, 동정자들은 '사회적 결속의 근거에 대한 새로운 이미지'[73]를 묘사하는 새 언약적 유대의 인격화된 표상이었다. 이는 그들을 둘러싼 세속적 사회는 물론 조상들의 구약적 사회와도 구별되는 것이었다. 진실로, 성적으로 순결한 독신 기독교인은 브라운(Brown)이 기독교의 결정적인 특징으로 언급한 '비사회성'(asociality)—즉 자연적으로 정의된 사회에 속하지 않는 성격—을 상기시키는 가시적 지표로서 찬사를 받았다.[74]

이러한 신학적 관점은 과거 교회의 수많은 수도원 운동의 배후에 자리 잡고 있었다. 이 운동들은 전형적으로 고착된 사회 질서 관념을 거부했을 뿐만 아니라 부부 관계나 공유된 혈통이 아닌 그리스도 안에서의 연합과 공유된 영적 교제에 의해 그 관계가 규정되는 **대안적 공동체**를 우선시했다. 중세의 정결 혼인(chaste marriage) 또는 영적 혼인(spiritual marriage) 관습 역시 그러한 헌신의 또 다른 예이다. 이러한 부부들은 부부간의 정결을 통해 자신들의 관계를 규정하는 제도 자체의 중요성을 의도적으로 축소하고자 했다. 사실, 이러한

---

72 Kelsey, *Eccentric*, 508.

73 Brown, "Notion of Virginity," 429.

74 '[. . .] the virgin body was abnormal largely because it was, by normal categories, profoundly asocial—it did not belong to society as naturally defined'. Brown, "Notion of Virginity," 435. See the following pages for a discussion on the suitability of such a term.

관습의 가장 단호한 사례들(결합이 결코 완성되지 않았으며 가문의 대를 잇는 것을 고려하지 않았던 경우)은 기독교 공동체의 독특한 구조를 보여주는 강력한 표현이었다.

독신의 '건설적 비전형성'(constructive abnormality)에 대한 이러한 역사적 관점은 현대 교회 내에서 약화된 정도가 아니다. 오히려 그것은 기독교 독신의 '전염병'이 왜 그토록 문제가 되는지에 대한 원인으로 간주되곤 한다. 즉, 현대 교회가 독신을 비하하는 것은 곧 공동체의 선(good)이 인간적인 공동체의 가능성을 초월하는 근본적인 비특수성(non-particularity) 속에서 실현될 것이라는 소망을 표현하는 삶의 양식을 거부하는 것과 같다. 이러한 소망은 단순히 기호로서만이 아니라, 인간 공동체를 구성하는 결혼과 혈연의 유대를 넘어서는 공동체인 교회라는 실재 속에 존재한다."[75]

여기에 기독교 독신의 성례전적이며 경계적인 잠재력이 현대 교회 내에서 지니는 중대한 재중심화(recentering)의 의의가 있다. 공동체 한복판에 독신자들이 존재한다는 사실 자체가 교회 스스로의 종말론적 구조를 일깨워 주는 시의적절한 상기제(reminder) 역할을 하기 때문이다. 하나님의 백성은 더 이상 가문으로 정의되고 혈연으로 묶이며 이 세대의 삶을 지향하는 배타적 사회가 아니다. 그 대신 '중간기'(meanwhile)의 교회는 아직 궁극적이지는 않으나 '영원'(forever) 속에서 마주할 모습으로 이미 변화되었다. 즉 그리스도 안에서의 연합으로 정의되고, 내주하시는 성령으로 결속되며, 다가올 세대의 삶을 지향하는 확장적 공동체가 되었다. 따라서 그리스도의 몸 안

---

75 Banner, *Christian Ethics*, 306.

에 비혼 지체들을 온전히 포함하고 통합하는 것은 교회가 정확히 누구이며 어디를 향해 가고 있는지에 대한 자기 이해의 필수요소이다.

비록 브라운(Brown)이 교회의 재정의된 종말론적 구성을 설명하기 위해 '비사회성'(asociality)이라는 언어를 사용했지만 용어적·신학적 이유로 그러한 명명이 문제가 있다고 본다. 첫째, 용어적 측면에서 옥스퍼드 영어 사전은 '비사회적'(asocial)이라는 단어를 "사회적이지 않은; 사회나 사회 질서에 적대적인" 것으로 정의한다.[76] 브라운이 교회의 본질적 성격을 묘사하기 위해 이 용어를 사용한 것은 초기 신앙 공동체가 사회적 유대 자체를 전면 거부했다는 암시로 들릴 여지가 있다. 물론 그러한 암시는 명백히 부정확하며 사실 초대 교회의 사회적 헌신에 대한 그의 분석과도 상충한다. 이런 의미에서 브라운의 "비사회적"이라는 표현의 사용은 본의 아니게 자신의 중요한 결론을 훼손할 수 있다.

또한 교회의 유대를 "비사회적"이라고 규정한 그의 표현은 신학적 부적절함으로 인해서도 문제가 된다. 브라운은 초대 교회가 자신들의 변화된 집단 정체성을 '자연적으로 정의된 사회에 속하지 않는 것'[77]으로 이해했음을 입증하기 위해 구체적으로 "비사회적"이라는 형용사를 선택했다. 어떤 면에서 이러한 묘사는 교회의 종말론적으로 재구성된 구성 방식이 지닌 "비전형성"을 정확하게 통찰하고 있다. 하지만 그렇게 함으로써, 그는 이 비전형성을 본질적으로 '부자

---

76 *A Supplement to the Oxford English Dictionary*, s.v. "asocial", ed. R.W. Burchfield, (Oxford: Oxford University Press, 1972), 134.

77 '[. . .] the virgin body was abnormal largely because it was, by normal categories, profoundly asocial—it did not belong to society as naturally defined'. Brown, "Notion of Virginity," 435.

연스러운'(unnatural) 것, 즉 인류를 향한 하나님의 선하신 창조 의
도에 반하는 것으로 설정해 버리는 우를 범하고 있다. 자연스럽게 형
성된 사회 자체가 하나님의 작품이기 때문이다.

예수 그리스도를 통해 형성되고 종말론적으로 재정의된 교회는 본
질적으로 자연에 반하는 것이 아니라 자연을 초월하는 것으로 이해되
어야 한다. 즉, 기독교회 안에서 전형적으로 나타나는 신학적으로 변
화된 개념과 질서 그리고 구조는 피조 세계의 사회 질서를 거부하지
않는다. 오히려 새로운 창조라는 목적론적 사회 질서에서 말미암은
내용과 의미 그리고 동력을 얻음으로 기존의 질서를 넘어서서 포용
한다. 따라서 본 논문에서는 교회의 독특한 특성을 브라운처럼 '비사
회적(asocial)'이라고 부르기보다는 **'목적 지향적 사회'**(teleo-ori-
ented society)라고 표현하고자 한다. 이러한 명칭은 신앙 공동체 내
에 사회적 관계가 지속적으로 유효하며 동시에(즉, 교회는 반사회적
이지 않다), 그 관계가 목적론적 관점에서 자연 세계의 관계보다 훨
씬 더 본연의 의미에서 사회적인 결속으로 변모되었음을 의미한다.

종말론적 완성(eschaton) 단계에서의 궁극적인 사회성은 생물학
적 공유가 아니라 그리스도 안에서의 연합에 의해 형성된다. 따라서
독신의 공동체적 목적(corporate end)이 갖는 핵심적 측면은 비혼
제자의 '목적 지향적 사회성(teleo-oriented sociality)'에서 발견된
다. 즉, 그들의 존재와 현존은 교회가 궁극적으로 '이 세상에 속하지
않았으며, 그 중심부에서 세상과 상충하는 실재를 선포하고 있음'을
기억하도록 촉구한다.[78] 더 나아가, 독신의 다양한 시기와 형태는 교

---

78 Varnell, "It is Good," 3-4.

회의 '목적 지향적 사회' 구성을 독특하고도 활기차며 미묘하게 예시하는 역할을 수행한다. 독신은 다음과 같은 경우가 있을 수 있다:

- **평생 독신**: 종말론적으로 구성된 하나님의 백성 공동체 내에서 발견되는 확실하고 풍성한 관계적 충만함에 대해 흔들림 없는 신뢰의 모델을 제시한다.
- **환경에 의한 독신**: 결혼에 열려 있거나 이를 간절히 갈망할지라도, 자신을 신앙 공동체의 진정한 일원으로 확립하는 관계적 소망이 결코 막연하거나 불확실한 것이 아니라 확실하고 견고함을 입증할 독특한 위치에 있다.
- **다시 독신(이혼·사별 등)**: 결혼과 육체적 가족의 유대는 필연적으로 일시적이지만, 교회의 본질적인 '목적 지향 사회'는 죽음의 저주나 이혼의 비극으로부터 자유로우며 그리스도 안에서 영원히 안전하다는 사실을 전형적으로 보여준다.

현대 교회가 독신 특유의 비-전형성에 대한 탄식을 그만두고 종말론적 관점에서 격려(celebration)한다면, 비혼 기독교인이 신학적으로 도출된 자신의 성격과 가치 그리고 소속감을 인식하는 방식은 반드시 풍성해질 것이다. 그러나 독신의 이러한 목적이 주는 유익은 독신 기독교인 개인에게만 국한되지 않는다. 독신의 '목적 지향적 사회성'에 대하여 신학적으로 깊이 존중하면 현대 교회는 교회 자체의 성격과 가치 그리고 소속감을 풍성하게 만들어 갈 수 있을 것이다. 만일 교회가 싱글 지체들의 이러한 종말론적 특권을 존중하지 않거나 더 나아가 그들의 비혼 상태를 본질적으로 문제적이고 위협적인 것으로 규정한다면, 이는 결국 가족의 혈연이 아니라 종말론적 하나님 나라에 의해 집단적 삶이 구성되는 교회 고유의 정체성을 스스로 훼손하는 결과만을 초래할 뿐이다. 그러므로 교회는 교회 공동체를 위해서라도 싱글의 '목적 지향적 사회성'의 레소스망(ressourcement, 원천으로의 귀환)적 복원을 받아들여야만 한다.

7.2.1.3. 출산과 부모됨의 재중심화

본 논문의 신학적 회수 작업을 통해 도출된 독신의 또 다른 목적은 앞선 논의와의 상관관계 속에서 발생한다. 교회사 초기 1,500년 동안의 교회는 그리스도의 부활이 현 세대의 중첩기 속에서 결혼의 절대성을 상대화했다는 사실을 (비록 항상 일관되지는 않았으나) 특별하게 인식하고 있었다. 그러나 지상 결혼의 우선순위가 약화된 것은 단순히 독신이 새 창조의 목적론적 삶을 선취적으로 예시한다는 점에만 기인한 것은 아니었다. 오히려 현세에서 결혼의 상대화는 지상 결혼의 근본적인 목적 중 하나인 '자녀 출산과 양육'과의 관계 속에서 이루어졌다.

앞 장의 담론 분석에 따르면, 자녀 출산을 기독교인의 소망이자 규범 더 나아가 의무로 간주하는 현대적 관점은 창세기 1:28의 창조 명령이 지닌 연속성과 지속적인 긴급성에 대한 인식과 복잡하게 얽혀 있다. 본 논문에서 수행한 회수 분석을 통해 하나님의 이야기의 '시작'에만 근시안적으로 초점을 맞추는 태도로 인해 결국 동일한 이야기의 '끝', 즉 이 대목에서 강조하는 '목적 지향적 사회'라는 종착지가 지닌 중대한 의의를 제대로 평가하지 못하고 있음을 파악했다.

타락 이전에도 하나님이 인류의 번성과 충만을 의도하셨다는 일반적인 신학적 입장은 죄와 죽음의 유입으로 인해 그 존재가 지상적 차원에 묶여버린 타락한 인류에게 자녀 출산이 더욱 긴박한 사안이 되었다는 점 또한 인지하고 있다. 홈즈(Holmes)가 서술하듯, "에덴의 동쪽에서 우리는 자녀를 갖기 위해 결혼하며, 자녀를 갖는 이유는 우리가 죽을 것을 알기 때문이다."[79] 개인은 가문의 계승을 통해 죽음 너머로 '생존'하고자 했을 뿐만 아니라, 그에 못지않게 하나님의 언약적 약속 또한 생육에 의존하고 있었다. 즉, 아브라함 언약은 하나님의 나라를 이룰 족장의 생물학적 후손들의 번식에 달려 있었으며, 기독론적인 새 언약은 마리아의 성령 잉태와 성육신하신 그리스도의 물리적 탄생에 의존하고 있었다. 그리하여 아우구스티누스는 '인류의 가장 초기 시대에 거룩한 자들은 그 자체로 바람직해서가 아니라 다른 무언가 때문에 결혼의 유익을 이용해야만 했다'고 단언했다.[80] 여기서 '다른 무언가'란 자녀의 잉태와 출산 그리고 궁극적으로는 '베이비 예수 그리스도'의 잉태와 탄생을 의미한다.

이러한 이유로 '에덴의 동쪽'에서 육체적 생육은 삶의 근간을 이루었으나, '부활의 동쪽'에서의 생육은 그 긴급성의 성격이 변화하였다. 하나님의 백성과 맺으신 새로운 언약 관계는 더 이상 개인이 육체적으로 태어난 생물학적 가족에 의존하지 않는다. 오히려 그것은 종말론적인 교회 공동체 가족으로의 '영적 재탄생' 즉 거듭남을 통해 경험된다. 아우구스티누스와 크리소스톰 같은 초대 교부들의 저술부터 엘프릭(Ælfric) 같은 중세 저자들의 성자전적 기여, 그리고 하우

---

79 Holmes, "Sex, Death and Marriage."

80 Augustine, "Marriage," 41, §9,9; See also, 47, §16.18.

어워스(Hauerwas)와 같은 현대 신학적 목소리에 이르기까지,[81] 본
고가 수행한 신학적 복원 작업은 이 '중간기(meanwhile)'의 시기
속에서 재구성되고 재정립된 생육 모티프를 거듭 확인했다. 앙헬름
(Aldhelm)에 따르면, 이처럼 종말론적으로 지향되고 고무된 생육은
'신령한 말씀의 씨앗을 통하여 교회의 잉태라는 비옥한 태로부터 탄
생한 재생의 은혜'이다.[82]

교회가 "세례와 믿음을 통하여 새로운 지체들을 신앙 안으로 인도
할 때 영적 출산을 하는 것"[83]은 '시대적 구별(*temporum secreta
distinctico*)' 속에 있는 교회에 명백하고도 중대한 의미를 지닌다.
물론 건전한 종말론적 지향이 육체적 생육의 우선순위와 목적을 재
조정할 필요가 있다고 해서, 그것이 지속적인 창조적 선으로서의 출
산을 비하하는 것은 아니다. 또한 기혼 기독교인에게 자녀를 갖지 말
라고 요구하는 것도 아니다. 실제로 그렌츠(Grenz)는 하나님의 목적
론적 의도 안에서 결혼과 생물학적 가족이 갖는 지속적인 활력에 대
해 다음과 같이 논증한다:

생육은 더 이상 구약 시대처럼 하나님의 공동체를 세상에 불러오는 관점

---

81 We have seen that the theme of spiritual parenthood is present throughout the
    Hauerwasian corpus. Yet, his most specific argument on this topic is found in the
    record of a mid-1980s presentation to a secular medical ethics board on the topic
    of Christians and in vitro fertilisation (still a new technology at that time). Hauerwas
    concludes that 'no Christian should support or engage in such research, as it can
    only appear to us a pretentious and unjust attempt to substitute biological identity
    for the moral convictions that should be the substance of familial identity'. Hauer-
    was, "In Vitro Fertilization," 155.

82 Aldhelm, *The Prose De Virginitate*, 59–60, §II.

83 Upchurch, "Pastoral Care and Political Gain:," 69.

에서 이해되어서는 안 된다. 오히려 그것은 이제 해당 공동체의 맥락 안에서 교회의 확장적 본성과 선교적 명령의 표현으로 간주되며, 자연스럽게 그 사명을 수행하는 도구로서의 역할을 한다.[84]

그럼에도 불구하고, 기독교인에게 있어 생물학적 재생산의 지속적인 중요성과 타당성을 강조한다고 해서 종말론적으로 지향된 교회의 일차적으로 나아가야 할 영적 생육 즉 '제자 삼기'가 지닌 명료함을 뒤덮으면 안 된다. 간단히 말해, 기독교인에게 생물학적 자녀를 낳는 것이 그 자체로 궁극적인 선이나 목적이 되어서는 안 된다는 것이다. 마찬가지로 기독교적 부모 됨은 자녀가 안전하고 건강하며 책임감 있는 성인으로 자라나도록 준비시키는 것 그 이상의 과업을 수행해야 한다. 아우구스티누스는 육체적으로 출산하는 이들이 '성례를 통해 자녀들을 거룩하게 하므로 그리스도의 지체가 되도록 서두른다'[85]고 관찰하며, '그들이 육체적 탄생으로는 불가능한 존재, 즉 그리스도의 제자가 되게 하려고 이 거룩한 출산에 협력한다'[86]고 언급함으로써 바로 이 점을 분명히 하였다. 새 언약적 신앙 공동체 안에서 부모의 직분은 궁극적으로 회심자의 거듭남과 제자 양육을 지향하기 때문에, 생물학적 요소는 더 이상 이 '중간기(meanwhile)'를 살아가는 기독교인에게 부모의 역할을 정의하거나 결정하며 혹은 제한하는 요인으로 간주되지 않는다:

84　Grenz, *Sexual Ethics*, 59.

85　Augustine, *"Holy Virginity,"* 71, §6.6.

86　Augustine, "Holy Virginity," 71, §7.7.

기독교인들이 생육을 자연적·도덕적 필연성으로 여기던 지배적 관념과 단절했기 때문에, 자녀에 대한 그들의 헌신은 매우 중요하며 그 기조가 변해야 한다. 그들은 자녀가 자신의 소유가 아니라 하나님의 소유임을 인식해야 한다. 생물학조차 소유권을 결정할 수 없으며 이는 자녀가 그들의 소유가 아니기 때문이다. 그러므로 생물학적으로 결정짓는 것이 전부가 아닌 부모됨의 도리를 도덕적으로 설명하며 바른 길로 인도해야 한다.[87]

이처럼 영적 부모됨은 교회의 사명과 정체성의 핵심에 해당하기 때문에, 혼인 상태나 생물학적 관계와 무관하게 모든 기독교인이 열정적으로 지향해야 할 특권이라 할 수 있다. 혼인하지 않은 기독교인들은 가정이라는 생물학적 울타리 내에서 육적 후사를 가질 가능성을 포기하는 것이지만, 교회라는 종말론적 가족 안에서 영적 후사를 가질 가능성까지 포기하는 것은 아니다.

사실, 신실하게 회수 작업이 이뤄진 싱글 신학은 비혼 기독교인들로 하여금 아무런 유대나 책임이 없는(unencumbered) 세속적 싱글의 개념을 거부하도록 권고할 것이다. 그대신 그들이 기혼 기독교인 형제자매의 생물학적 자녀들(그리고 실제로는 다른 성인을 포함한 모든 영적 '연소자' 기독교인들)에게 부모와 같은 영적 영향력을 발휘하기 위해 희생적으로 헌신하도록 독려한다. 이러한 실천을 통해 싱글들은 기혼 지체들로 하여금 자신의 부모 된 책임이 단순히 혈관 속에 같은 피가 흐르는 이들에게만 국한되지 않는다는 종말론적 비전을 포착하도록 도전을 줄 수 있다.

---

87 Hauerwas, "In Vitro Fertilization," 152.

복음이 부모의 직분을 배타적인 성격에서 평등한 적용으로 변화시켰기 때문에, 다양한 연령과 단계 혹은 시기에 있는 싱글 기독교인은 이러한 특별한 목적에 응답하기 에 유리한 위치에 있다. 싱글 기독교인 특유의 '목적 지향적 사회성'은 부모라는 가장 '자연적인' 직분조차 이제 자연을 초월한 상황에 처한 이들에 의해 점유되는 이 '중간기(meanwhile)' 시대의 독특한 성격을 예시하도록 도울 뿐만 아니라, 그들에게는 유아기부터 그리스도 안에서의 성숙에 이르기까지 다양한 연령과 단계 그리고 수많은 상황에 처한 '자녀'들의 영적 부모가 될 수 있는 독특한 실천적 자유(또는 고전 7:35의 표현을 빌리자면 '흐트러짐 없는 헌신')가 주어져 있다.

따라서 영적 부모의 역할은 결코 육적 자녀를 가질 수 없는 이들을 위한 사소한 위안이 아니다. 오히려 그것은 복음의 명령을 완수하는 교회가 경험해야 하는 진정한 기쁨이다.[88] 싱글 기독교인의 삶은 재중심화된 종말론적 목소리가 울려 퍼지게 한다. 그것은 교회의 진정한 소망이 육체적 탄생과 자녀 양육이라는 지상의 자연적 과정에 근거하지 않고 영적 재탄생과 제자 양육이라는 신적이고 목적론적인 약속에 근거함을 입증한다. 이사야 54장의 잉태하지 못하는 여인이 자신의 애통을 노래로 바꾸는 이유가 바로 여기에 있다. 하나님의 목적론적 의도 안에서, '좌우로 퍼져 나가며 열방을 얻고 황폐한 성읍들을 사람 살 곳이 되게 할' 이들은 바로 그녀의 자손들이기 때문이다(사 54:3).

---

88 Barry Danylak, *A Biblical Theology of Singleness* (Cambridge, UK: Grove Books Limited, 2007), 15.

7.2.1.4. 확장적 성 신학의 재중심화

기독교 담론이 '성적 끌림과 사랑이 인간 행복의 결정적 요소이
며 진실한 감정이 느껴지는 곳에서 성적 결합이 이루어져야 한다'
는 도식화된(doxic) 이데올로기를 무비판적으로 수용한 결과[89] 오늘
날 하우어워스(Hauerwas)가 현대 기독교 성 윤리의 '뒤죽박죽 상
태'(mess)라고 일컫는 상황에 이르렀다.[90] 본 논문의 앞선 분석(특히
제2장)에서 드러났듯이, 복합적인 신학적 관점으로 정당하게 평가받
아야 할 인간의 성(sexuality)은 오늘날 개인의 실존적 성취를 위한
필수 요소로서 개인의 육체적 충족을 지향하는 수준으로 주로 환원
되고 말았다. 그 결과 교회는 성관계라는 행위 자체를 벗어난 지점
에서 성적 본성을 이해할 수 있는 언어, 논리, 신학 그리고 주석적 토
대를 더 이상 갖추지 못하게 되었다. 이러한 결론은 독신(celibacy)
을 잔인하고 비현실적이며 억압적인 것, 심지어는 '성적 왜곡'(sex-
ual perversion)로 간주하는 지배적인 기독교적 시각에서 잘 드러
난다.[91] 이러한 시대정신 속에서 비혼 기독교인의 성에 대한 긍정적
인 이해는 최소한 논쟁의 대상이 되거나, 최악의 경우 불합리한 것
으로 치부된다.

그러나 본 논문의 회수 작업은 싱글 기독교인의 종말론적 성적 본
성이 기독교 교리와 공동체 내에서 어떻게 더 성경적으로 정통하고

89　John Haldane, "Against Erotic Entitlements," *First Things*, no. 11 November, April
　2012, accessed on February 15, 2017, https://www.firstthings.com/article/2012/04/
　against-erotic- entitlements.

90　See, Hauerwas, *Community*, 175.

91　McClymond, "Last Sexual Perversion," 224.

확장적이며 지속 가능한 성 신학을 형성할 수 있는지를 여러 방안으로 제시했다. 사실, 성에 관한 더욱 복합적이고 소망 있으며 신실한 신학을 위해 독신이 지닌 재중심화(recentring)의 잠재력은 매우 풍부하여, 이러한 목적을 탐구하는 것만으로도 완전히 별개의 학위 논문이 될 수 있을 정도이다. 다만 여기서는 그러한 잠재력에 대한 제한적이고 소박한 시연만을 제공하고자 한다.

우선, 기독교적 독신이 지닌 종말론적 경계성은 그 참여자들에게 이 '중간기'(meanwhile)을 살아가는 제자들에게 속한 특유의 자유를 증언할 유례없는 기회라는 특권을 부여한다. 가장 근본적인 수준에서 볼 때, 비혼 기독교인의 성적 절제(sexual self-control)는 최소한 이론적으로 '결혼은 성적 존재로서 하나님을 영화롭게 하는 데 매우 중요한 부분이며 결혼하지 않고 도덕적으로 버텨낼 수 있는 사람이 있을지 모르겠다'[92]라고 단언하는 현대의 결여된 접근 방식을 거부한다는 것을 의미한다. 그러나 독신 기독교인이 절제라는 성령의 열매를 전형적으로 보여주기에 자유롭다는 논거 속에 어느 정도 의의가 담겨 있기는 하지만 이러한 결론은 환원주의적일 수 있으며—특히 기혼 저자, 지도자, 혹은 설교자에 의해 제시될 때—대개는 생색내기식의 훈계로 인식되곤 한다. 따라서 독신의 성적 목적에 대하여 더욱 미묘하고 확장적인 복원을 시도하면서 귀중한 통찰을 제공하는 주요 대화 파트너들에게 주목할 필요가 있다.

아우구스티누스는 기독교적 동정이 하나님의 은혜로 말미암아 인

---

92 Watters, *Get Married*, 32. (Unreferenced and approving quotation from one of Watters' mentors, Mary Morken.)

간의 의지와 욕망의 재정렬을 의로운 비혼의 삶을 통해 경험하고 예시될 수 있는 특유의 상태로 여겼음을 확인했다. 이와 유사하게, 요한 바오로 2세의 동정론은 부활한 몸이 지닌 혼인적 의미(nuptial meaning)라는 목적론적 의의와 깊이 결합되어 있으며 이 안에서 체현된 인격적 인간화와 완성된 영성화가 궁극적으로 회복될 것임을 천명한다. 이 두 사상가는 금욕적인 비혼 제자가 단순히 성적 자기 제어의 성화적 도달 가능성을 증언하는 특권을 누릴 뿐만 아니라, 더 나아가 그리스도 안에서 인격적 성의 재통합과 회복 그리고 갱신이라는 목적론적 소망을 선취적으로 구체화하는 존재라고 보았다. 바로 이 지점이 우리가 붙잡고 추론해야 할 회수의 실마리이다. 왜냐하면 이 신학자들은 특유의 성적 자유가 기독교적 독신의 삶에 내재되어 있다고 가정하기 때문이다.

이러한 모티프는 성이 생리적인 인간의 '욕구'라고 주장하는 현대의 세속적 담론과 성적 욕망을 저항하기 위해 성령의 특별한 은사가 필요한 유혹으로 간주해 온 종교개혁 이후의 지배적 신학을 부정한다. 따라서 성령에 의해 가능해진 성적 자기 제어와 재통합의 종말론적·선취적 가능성은 그것을 금욕적 독신을 통해 표현하든 혹은 성적으로 신실한 결혼 생활을 통해 표현하든 관계없이 모든 기독교인에게 강력한 가능성이자 사실상 명령이다.

그러나 이 모티프는 한 걸음 더 나아가, 성적으로 거룩한 독신 기독교인이 무질서한 특히 정욕에 사로잡힌 내면성에 지배당하지 않는 '체현된 성적 존재'(embodied sexual being)로서 인류의 목적론적 운명을 보여주는 종말론적 모범으로서의 역할을 감당할 잠재력이 있다고 주장한다. 물론 이러한 회수 작업의 실마리가 지닌 의의를 지나치게 과장하지 않는 것이 중요하며, 특히 현 세대의 모든 인류가 지닌 (성적 본성을 포함하여) 지속적으로 죄악 되고 무질서한 본성이라는 다른 중대한 교리적 맥락들과 어떻게 조화롭게 엮여야 하는지에 대한 더 지속적이고 절제된 신학적 탐구가 선행되어야 한다.

몇몇 유보 조항에도 불구하고, 신앙 공동체 내의 싱글들이 금욕 (celibacy)을 통해 성적 욕망과 성적 절제 그리고 성적 순결 사이의 목적론적 재정렬—비록 아직 완성되지는 않았으나 소망이 있는—을 입증하는 과업에 헌신하기에 적절한 위치에 있다는 점은 변함없는 사실이다. 이러한 목적은 마땅히 교회가 영원 속에서 부활 후의 몸으로 체현되는 '금욕적 성적 본성'을 현실에서 누릴 수 있다는 사실에 대한 낙관적이고 긍정적인 가치 평가를 촉구한다. 더 나아가 이러한 회수 작업은 개인의 욕망과 이성 그리고 행위 사이의 조화로운 재결합의 소망만을 제공하는 것이 아니다. 그것은 교회라는 체현된 백성들 사이의 그리고 하나님과 그분의 체현된 백성 사이의 갱신되고 회복된 조화에 대한 종말론적 함의 또한 지니고 있다. 즉 종말론적 통찰에 기초한 독신의 성적 목적은 성적 본성이라는 신체적 충족을 향한 부름이 아니라 진정한 공동체를 향한 소명으로 승화해야 한다는 사실을 현대 교회가 인식하도록 재중심화하는 것이다.

아우구스티누스에 따르면, 동정(virginity)은 에덴 경륜 속 타락 이전의 혼인 및 성적 삶과 강력한 신학적 유사성을 지님으로써, 타인 및 하나님과 함께하는 공동체 안에서 회복된 의로운 삶을 선취적으로 실천하기에 가장 적합한 성적 삶의 형태이다. 이와 유사하게, 엘프릭(Ælfric)의 기혼 동정 『성자전』(passiones)은 금욕적 친교 속에서 아름답게 표현되는 남녀 간의 깊고 성적으로 체현된 친밀감의 목

적론적 가능성을 불러일으킨다. 한편, 요한 바오로 2세(JPII)는 남성
과 여성이라는 성적 차별성을 포함한 인류의 신체성이, '그들 자신이'
선물이 되는 사랑을 표현함으로써 자신의 존재와 실존의 깊은 의미를
성취하는 실존적 능력을 반영한다고 단언한다.[93] 따라서 이에 대하여
그는 다음과 같이 기술한다:

> 미래의 삶인 부활 안에서 몸의 혼인적 의미(nuptial meaning)는 인간
> 이 남녀로서 하나님의 '형상과 모양'대로 창조된 인격이라는 사실과 이
> 형상이 인격적 친교(communion of persons) 안에서 실현된다는 사실
> 모두에 완벽하게 부합하게 될 것이다.[94]

아우구스티누스와 엘프릭 그리고 요한 바오로 2세의 이러한 논거
들에 대한 분석은 개인의 목적론적 성적 본성이 단순히 인이 자신의
성기를 가지고 무엇을 하기로 선택(혹은 갈망)하느냐에서 궁극적인
의미를 찾지 않는다는 신학적 가능성을 시사한다. 오히려 이 신학자
들의 종말론적 논거가 도달하는 논리적 결론은 성(sexuality)이란 궁
극적으로 성적으로 차별화되고 체현된 인간 피조물이 다양한 능력과
상황 속에서 타인들—특히 교회 내의 모든 타인들—과 **어떻게, 그리
고 왜** 관계를 맺는가에 관한 것이라는 점이다.

'확장적 텔로스'(expansive telos)는 성의 목적이 배우자와의 육
체적 결합(축소적)에 국한되지 않고 공동체 전체를 향한 인격적 헌신

---

93 John Paul II, *The Theology of the Body*, 125.

94 John Paul II, *The Theology of the Body*, 247.

과 연결(확장)로 승화되는 것을 의미한다. 이는 '타인에게 손을 내밀어 함께 하려는 신비로운 욕구의 이면에 자리한 성의 정서적·심리학적 차원'의 능력이다.[95] 자신의 체현되고 차별화된 성적 자아를 내어줌으로써 타인 및 궁극적으로 하나님과 공동체를 이루라는 부름은 인류의 창조 목적에서 결정적으로 중요한 측면이다. 동시에 이는 인류가 목적론적으로 예정된 존재라는 것이 무엇을 의미하는지를 보여주는 핵심적 요소이기도 하다.

비록 전통적으로 이어져 온 신학적 합의가 다가올 세대에는 결혼이 존재하지 않을 것으로 일치하고 있다. 그러나 이러한 합의(특히 아우구스티누스의 타락 이전 관점이 정립된 이후의 견해들)는 체현된 성적 이원성(sexual duality)이 종말 단계의 체현된 인간 본성에서도 여전히 필수적인 특성으로 지속될 것임을 확언하는 경향이 있다. 쉽게 말해서 부활 후에도 남성과 여성이라는 존재 양식은 사라지지 않으며 오히려 성관계가 배제된 순수한 친교 안에서 그 차이가 지닌 신학적 아름다움이 완성된다는 관점이다. 따라서 새 창조 안에서 인간 성의 텔로스는 성의 억압이나 폐지가 아니라 하나님 및 타인과의 회복된 금욕적인 영원한 친교를 통해 표현되는 **성의 완성**이라 할 수 있다.

따라서 이 '종말론적 중간기'(meanwhile)에 필요한 심층적 성(sexuality) 신학은 일차적으로 생식기적 충족을 얻는 데 관심을 두기보다, 인간 성이 지닌 더 확장적인 관계적·공동체적 목적에 주목해야 한다. 에이미 버드(Aimee Byrd)가 다뤘듯이, 인간은 '삼위일

---

95 Grenz, *Sexual Ethics*, 17.

체 하나님과 사람 간의 친교를 위해 창조되었다. 성(sexuality)은 침실보다 더 많은 장소에서 표현된다. 특히 성경은 우리가 형제와 자매로서 인간관계를 맺으며 살아갈 때 우리의 성이 공동체적 사랑으로 표현된다고 본다.'[96] 이처럼 신학적으로 더 넓은 성에 대한 이해 안에서 싱글 기독교인이 행하는 절제는 단순히 자신의 성적 본성을 억압하거나 무시 혹은 부정하는 것으로 치부되어서는 안 된다. 오히려 싱글 기독교인은 금욕을 통해 자신의 성적 본성이 지닌 확장성을 누릴 수 있으며, 영원을 예표하는 방식으로 자신의 체현된 자아를 타인에게 선물하는 기쁨을 영위할 수 있다. 그렌츠(Grenz)는 이러한 '확장적 성'(expansive sexuality)—혹은 그가 명명한 '정서적 성'(affective sexuality)[97]—을 비유적으로 수용하는 것이, 언제나 환대하는 교회의 성격과 세상 속에서의 교회의 위치를 재중심화하는 데 매우 중요한 역할을 한다고 논증한다:

싱글이 형성하는 결속은 두 사람 사이의 친밀한 성적 행위의 산물이 아니라, 배타적 경계를 넘어 열려 있는 사랑의 역동성에서 자발적으로 발생한다. 그 자체로 그것은 사랑의 울타리 밖에 있는 이들을 포함하기 위해 끊임없이 그 원을 넓혀가는 신적 사랑의 개방성을 반영한다.[98]

---

96 Aimee Byrd, *Why Can't We Be Friends?: Avoidance is Not Purity* (N.p.: P&R Publishing, 2019), 49.

97 Grenz, Sexual Ethics, 17. See also, William F. Kraft, *Whole and Holy Sexuality: How to Find Human and Spiritual Integrity as a Sexual Person* (Eugene, Oregon: Wipf & Stock Publishers, 1989), 37.

98 Grenz, *Sexual Ethics*, 195.

싱글의 확장적 목적의 성이 지닌 구체적인 함의는 이러한 '우정의 신학'(theology of friendship)의 중요성에 대하여 교회가 새롭게 집중하게 하는 것이어야 한다.[99] 바넬(Varnell)은 현대의 위계적 관계 구조에서 우정이 종종 최하위에 위치하는 현상에 주목한다. 성장과 발달의 주요 지점이나 시기에 우정은 중요하고 가치 있는 것으로 여겨지지만, 남녀가 사춘기에 접어들고 그 이후가 되면 이성교제 그리고 결혼과 자녀가 우정보다 우선순위를 차지한다.[100] 싱글은 '수많은 사람과의 우정 형성에 개방적인 태도를 유지함으로써 인류의 하나됨을 목표로 역사하시는 하나님의 형상을 제공하는 역할'[101]을 하며 우정의 의의와 우선순위를 폄하하는 모든 시도를 단호히 거부하고 교정하는 특권을 누린다.

다행히도 최근에 들어서서 기독교 담론 내에서는 우정의 본질과 의의에 관한 신학적 성찰이 어느 정도 부활하는 양상을 보였다. 이러한 변화가 가져온 구체적인 결과 중 하나는 기독교 공동체 내에서 '영적/언약적/서약적'(spiritual/covenantal/vowed) 우정을 실천하는 사례가 점점 더 널리 퍼지고 있다는 점이다.[102]

신앙 공동체 내에서 의도적이고 헌신적이며 심지어 공적으로 인정받는 우정의 중요성을 강조하는 구조에는 긍정적인 요소가 많다. 특히 어느 한쪽의 변덕이나 요구에 따라 언제든 해체될 위기에 처

---

99 For an extended argument on this topic, see Varnell, "It is Good," 84-89.

100 Varnell, "It is Good," 87.

101 Grenz, *Sexual Ethics*, 218.

102 See for example, Hill, *Spiritual Friendship*; James Jackson, *Covenant Friendship: An Ex-Loner's Guide to Authentic Friendships* (N.p.: Banlican Publishing House, 2014).

하는 것으로 치부되는 우정의 보편적 경박함을 거부한다는 점이 그러하다. 실제로 웨슬리 힐(Wesley Hill)이 『영적 우정』(*Spiritual Friendship*) 이라는 제목의 논문(동명의 저서)을 집필하게 된 동기는 사회와 교회 모두에서 우정의 성격이 '자유롭고 구속력이 없는' 것으로 수용되는 상황에 대한 그의 고요하지만 지속적인 불편함 때문이었다.[103] 힐은 그리스도인들이 '우정을 우리가 흔히 생각하는 것보다 더 안정적이고 영속적이며 구속력 있는 것으로 생각할 기회나 필요'가 있지 않을까 자문한다.[104] 고락을 함께하며 변함없이 평생을 묶여 있는 형제자매처럼 우정의 관계에서도 동일한 관념이 적용되는 것이 적절하며 심지어 시급한 일은 아닐까? 우정에도 가족 관계에서 처럼 동일한 영속성과 중요성을 부여해야 하지 않을까? 어쩌면 우정을 결혼을 생각하는 방식과 유사하게 고려해야 할지도 모른다.[105]

본 논문에서 지금까지 주장하던 대로, 독신이라는 삶의 양식이 결혼으로 할 수 없거나 해서도 안 되는 방식으로 성(sexuality)의 확장성을 고유하게 모델링할 때, 우정 관계에서 결혼의 배타적 언약을 모방하거나 심지어 직접적으로 모델링하려고 의도적으로 설계하는 것에 대해서는 철저히 지양해야 한다. 즉, 배우자 간의 우정은 부부 관계의 지극히 바람직하고 근간이 되는 요소이나(즉, 결혼과 우정 사이에는 단방향적 상호의존성이 존재함), 우정이 지닌 본질적으로 환대적인 성격(즉, '사랑의 울타리 밖에 있는 이들을 포함하기 위해 끊임

---

103 Hill, *Spiritual Friendship*, x.

104 Hill, *Spiritual Friendship*, xv.

105 Hill, *Spiritual Friendship*, xv.

없이 그 원을 넓혀가는 것'으로 정의되는 성격)[106]은 결혼의 배타적이고 공적 책임이 동반되며 언약적인 성격과는 극도로 대치된다는 사실을 이해해야 한다. 따라서 언제든 우정을 배신하거나 철회하고 혹은 해체하는 선택이 우정의 본질에 내재된 것인지에 대해 의문을 제기하는 것은 가능하며 오히려 권장할 만한 일이지만, 우정을 고유한 관계적 목적과 맥락 그리고 헌신을 지닌 혼인 관계와 유사한 것으로 재해석하는 것은 상당히 문제가 된다. 그러므로 우정의 신학적 의의에 대한 갱신되고 재초점화된 헌신이 결혼의 고유한 언어나 기대 혹은 헌신과는 분리하여 이 우정 관계가 지닌 지속적이고 헌신적인 성격에 관한 중요한 질문에 직면해야 한다.

마지막으로, 종말론적으로 각성된 싱글 신학이 지닌 재중심화의 목적은 20세기 초 신학자 찰스 윌리엄스(Charles Williams)의 견해와 상당히 일치한다. 그는 사랑, 성, 미, 욕망, 열정 등에 관한 모든 인간적 경험과 표현 안에 일종의 '성례전성'이 존재한다는 가설을 제시했다. 그는 진실하고 순수한 인력(attraction)이 개입된 모든 인간관계 안에서의 상징적인(iconic) 의의는 개인이 일시적으로나마 '하나님의 현존 즉 비록 충만한 영광으로 나타나지는 않으나 그 어떤 방식보다도 충만하고 보편적으로 나타나는 현존'[107]을 인식하게 한다는 점에서 드러난다고 주장한다.[108] 윌리엄스는 또한 '우정을 가지고 그 어떤 의미에서도 자신을 위해서가 아니라 하나님 나라를 위해서 온전

---

106 Grenz, *Sexual Ethics*, 195.

107 Charles Williams, *Outlines of Romantic Theology* (Berkeley, CA: Apocryphile Press, 2005), 69.

108 Williams, *Romantic Theology*, 72.

한 열정을 드러내는 자는 택하신 때에 스스로를 나타내실 그 나라로
부터 결코 멀리 있지 않다'고 피력한다.[109] 현대 신학자 네이트 콜린
스(Nate Collins) 역시 이러한 인력의 성례전적 성격과 인간의 성 사
이에 분명히 연관성이 있다고 주장하며, '우리가 너무나 아름답고 순
수하여 이 세상에만 속한 것일 리 없다고 느끼는 무언가에 대한 갈망
(ache)을 경험할 때 비로소 성의 의미를 마주하는 데 가장 가까이 다
가가게 된다'고 역설한다.[110] 본 논문의 목적과 관련하여 이 논의가 지
닌 적실성은 (여타의 인력 관계와 더불어) 올바르게 정립된 성적 욕
망에 대한 그리스도인의 감각이 비록 찰나적일지라도 종말론적 '현
재' 속에서 영원을 인식하게 하는 진정한 성례전적 통찰의 특권을 부
여할 수 있다는 점에 있다.

개인의 성적 본성에서 비롯된 이러한 실존적 경험—그것이 결혼 관
계 내의 성행위로 나타나든, 혹은 독신 생활 속에서 금욕을 향한 신
실한 지향으로 나타나든—은 각 개인이 신적 현존의 아름다움을 갈
망하도록 이끄는 성례전적 기초가 된다. 그래서 새 창조 안에서 누
리게 될 목적론적으로 완성된 하나님과의 친밀함을 일시적으로나마
엿볼 수 있게 한다. 즉, 싱글이든 기혼이든 관계없이 올바르게 방향
을 잡은 기독교인의 성(sexuality)은 비록 스쳐 지나가는 순간일지라
도 그들로 하여금 '기독교적 소망과 미래의 운명을 맛보게' 하는 통
로가 될 수 있다.[111]

---

109 Williams, *Romantic Theology*, 72.

110 Nate Collins, *All but invisible: Exploring identity questions at the intersection of faith, gender and sexuality* (Grand Rapids, Michigan: Zondervan, 2017), 214.

111 Grant, *Divine Sex*, 153.

성적 존재로서의 독신 기독교인이 경험하는 실존 특히 성관계라는 행위와 분리되어 인식되고 이해되는 그들의 경험은 모든 부활한 인격이 새 창조 안에서 체현되고 공동체적인 존재로서 누리게 될 삶에 대한 목적론적(비록 아직 완전히 완성되지는 않았으나) 예시가 된다. 이와 같이 독신이 지닌 이러한 목적은 현대 교회를 '이전과 다르길 갈망하며 배워가는 일련의 실천들'[112]로 재중심화하며, '성'(sex)이란 실제로는 하나님에 관한 것이며 하나님을 향해 느끼는 깊은 갈망에 관한 것임을 이해하게 한다. 즉, 성은 기독교인이 추구하는 최종적이고 궁극적인 연합에 관하여 실존 속에 짜여 있는 고귀한 단서이다.[113]

7.2.1.5. 종말론적 제자도의 소중한 본질의 재중심화

기독교의 동정(virginity) 담론을 특징짓는 교회사 초기 1,500년 동안의 일관된 모티프 중 하나는 그에 따른 더 높은 천상적 보상에 대한 기대였다. 초대 교회에서 막대한 대가를 지불하는 동정의 삶은 신앙 안에서 도달할 수 있는 최고 수준의 성취, 즉 완덕(perfection, 스탠리 하우어워스의 표현)으로 간주되었다. 그 결과, '부르심에 응답할 의지와 불굴의 정신을 갖추고 이를 통해 다른 그리스도인들을 능가하는 인격의 강인함과 순결함을 입증하는'[114] 이들은 단순히 다른 종류의 보상을 넘어, 아마도 더 큰 천상적 영광과 복락을 받기로 예정된 자들로 여겨졌다. 아우구스티누스는 동정자에게 속한 기쁨은 천

112　Holmes, "Sex, Death and Marriage."

113　Sarah Coakley, *The New Asceticism* (London: Bloomsbury Continuum, 2015), 96.

114　Smith, "Virginity and Married-Virgin Saints," 33.

국에 있는 비동정인들이 누리는 기쁨과는 종류가 다르며, 다른 모든 이들이 누리는 즐거움과 구별되는 독특한 것이라고 단언했다. 그것은 '그리스도의 동정자들이 그리스도에 관하여, 그리스도 안에서, 그리스도와 함께, 그리스도를 따르며, 그리스도를 통하여, 그리스도 때문에' 누리게 될 기쁨이다.[115]

이러한 개념은 중세 교회 내에서 더욱 발전하고 강조되었다. 이미 살펴본 바와 같이, (봉헌된) 동정자와 과부 그리고 기혼자라는 범주를 성경에 나타난 100배, 60배, 30배의 천상적 보상과 연결한 3단계 계층적 보상은 '중세의 도덕적 우열을 판가름하는 기준'으로 확립되었다.[116] 동정적 삶에 대한 이러한 종말론적 격상은 결과적으로 동정이 모든 이가 갈망해야 할 미덕인 '정결'(chastity)이라는 광범위한 신학적 유의어와 밀접하게 결합하도록 재협상되는 데 기여했다. 그리하여 '동정녀와 과부 그리고 기혼 여성은 그리스도의 세례를 통과했다면 모두 동등한 공로를 지닌다'고 주장하여 초대교회 시대에 '이단' 취급받았던 요비니아누스(Jovinian)의 견해는[117] 결국 종교개혁에 이르러 복권되었다. 종교개혁 지도자들은 '기혼 여성이 최고의 영적 보상에서 배제되지 않는다는 전통을 계승하여, 여인들이 부엌과 육아실에서도 하나님을 발견하도록' 독려하였다.[118]

독신 기독교인이 더 큰 종말론적 보상을 받도록 예정되었을 수 있

---

115 Augustine, "*Holy Virginity*," 85, §27.27. Emphasis added. See also 74, §13.12; 75, §14.14; 80, §21.2.

116 Jussen, "Virgins-Widows-Spouses," 15.

117   Jerome, "*Against Jovinianus: Book I*," 348, §1.3.

118 Atkinson, "Precious Balsam," 142.

다는 개념은 혼인 여부와 상관없이 대부분의 현대 개혁주의 기독교인들에게는 '배척되어야 할 사상'(anathema, 저주)이다. 이러한 반응은 의심할 여지없이 천상적 보상이라는 개념 자체에 대해 개혁주의(Protestant)가 지닌 보편적 불편함에서 기인한다. 결국 은혜의 완전한 충분성을 강조하는 개혁주의적 태도는 '천국을 향유하는 정도가 기독교인으로 어떻게 사느냐에 달려 있다는 전제 즉 한 개인이 믿음을 통한 칭의와 행위를 통한 성화라는 구도'가 결코 공존할 수 없기 때문이다.[119] 따라서 천상적 보상의 신학적 당위성에 관한 논의가 일부 존재함에도 불구하고,[120] 현대 개혁주의 담론은 위계적일 가능성이 있는 천상적 복락의 함의를 탐구하는 데 있어 보편적으로 주저하거나 심지어 거부하는 경향을 보인다. 이와 같이 헌신적인 독신 기독교인이 고유하고 우월한 천상적 복락을 받도록 예정되어 있다는 제안 자체가 현대적 토양에서는 단순히 낯설뿐만 아니라 명백히 환영받지 못하는 것이 사실이다. 이러한 수용적이지 못한 반응은 독신 그 자체가 받아온 '수동적이고 억제적인'(passive and palliative)[121] 대우

---

119 Craig L. Blomberg, "Degrees of Reward in the Kingdom of Heaven," *Journal of the Evangelical Theological Society* 35, no. 2 (1992): 159.

120 For example, in the sermons of eighteenth-century North American theologian Jonathan Edwards ('There are different degrees of happiness and glory in heaven [. . .] The glory of the saints above will be in some proportion to their eminency in holiness and good works here' Jonathan Edwards, *The Works of Jonathan Edwards, A.M.: With an Essay on His Genius and Writings*, ed. Henry Rogers, 2 vols., vol. 2 (London: William Ball, 1839), Sermon VIII, 902. See also the more recent theological approach of "Christian Hedonism" promoted by John Piper ('I think there really are distinctions of reward in heaven. They're not poisonous, and we're not going to feel envious or resentful'. John Piper, "Why Will Some of Us Get Fewer Rewards in Heaven?," *Desiring God*, April 23, 2018, accessed on November 29, 2019, https://www.desiringgod.org/interviews/why-will- some-of-us-get-fewer-rewards-in-heaven).

121 Hintz, "Choosing Celibacy," 49.

로 인해 더욱 악화될 뿐이다. 즉, 독신을 본질적으로 결핍되고, 이례적이며, 일탈적이고, 유독 죄에 취약하며, 성취되지 못한 상태로 간주하는 환경 속에서, 그러한 삶을 영위하는 자들이 궁극적으로 기혼자들보다 더 높은 영적 보상을 받게 될 것이라는 관념은 무의미할 뿐만 아니라 심지어 불쾌한 것으로 여겨진다.

이 특정한 회수 작업의 실마리에 대한 역사적 기독교의 증언이 오늘날에도 여전히 유의미할 수 있다고 제안하는 것이 곧 초대 및 중세 교회가 동정(virginity)을 지속적으로 격상시키기 위해 내세웠던 구체적인 신학적 근거들이 정당했다고 결론짓는 것은 아니다. 또한 역사적 전통이 이 모티프를 다룰 때 염두에 두었던 '동정'은 예외 없이 (보통은 봉헌 서원과 헌신적인 공동체 내에서) 자신의 비혼 금욕 생활을 경건한 봉사로 단호하게 지향했던 헌신자의 것이었음을 재차 강조할 필요가 있다. 즉, 그들의 시야에는 현대의 비선택적 독신 기독교인이 들어와 있지 않았다. 그럼에도 불구하고, 이러한 유보 조항들과 앞서 서원적 금욕의 강제성이 지닌 문제점에 대해 제기했던 비판을 고려하더라도, 비혼 기독교인의 삶을 그 고유한 종말론적 보상의 관점에서 가치 있게 여겼던 역사적 증언은 현대 싱글 신학을 구축하는 데 있어 여전히 중요한 함의를 지닌다.

이러한 주장의 근거는 동정의 종말론적 보상이라는 구체적인 원리가 신학적으로 정당한 것으로 간주될 수 있는지 여부와 상관없이, 그 역사적 표현이 결과적으로 종말론적 '중간기'(meanwhile)를 살아가는 비혼 기독교인의 삶이 고유하고 값비싼 제자도를 요구한다는 사실을 인정하는 역할을 했기 때문이다. 기독교적 독신이라는 위치가 무거운 희생을 요구한다는 사실은 교회의 첫 2,000년 동안 그러했듯

오늘날에도 여전히 유효하다. 비혼 기독교인이 수단과 방법을 가리지 않고 추구하고 싶은 로맨틱한 만족을 거부하고, 방종한 성적 쾌락주의 대신 절제된 금욕을 실천하며, 포용적이고 광범위한 플라토닉 우정을 추구하고, 교회라는 '목적 지향적 사회'(teleo-oriented society) 안에서 소속감을 찾으며, 자기 자녀를 갖고 싶은 욕망을 내려놓는 일은 일관되고 의도적이며 값비싼 헌신을 요구하기 때문이다.

따라서 현대 교회가 독신에게만 배타적으로 주어지는 고유한 천상적 보상을 근거로 독신을 우월한 지위로 격상시키는 데 주저한다 할지라도, 일관되게 이어져 온 이 역사적 복원의 실마리는 독신에 관한 신선하고도 재중심적인 관점을 제시한다. 이는 시대가 중첩되는 종말론적 시기 속에서, 신실한 비혼 기독교인들이 감당하는 값비싼 제자도가 그들 자신뿐만 아니라 영적 가족의 구성원들에 의해 어떻게 인식되고, 존중받으며, 관대한 감사함으로 높여져야 하는지에 대한 재평가를 촉구한다. 이러한 회수작업은 영적 보상이라는 현대적 개념을 신학적으로 재구성하고 재상상할 가능성을 열어준다. 이러한 보상의 가능성을 불쾌한 '행위 구원론적' 해석학에 따라 해석(하고 그 결과를 거부)하기보다는, 교회의 신학적 선진들이 그토록 일관되게 증언했던 더 큰 천상적 찬란함을 '실존적 결단의 목적론적 귀결'로 이해하는 것이 가장 적절할 것이다. 즉, 아마도 마지막 날에 독신 기독교인은 자신의 지상적 삶이 내내 가리켜 왔던 바의 참된 의미를 마침내 헤아리고, 그 독특한 의의를 마침내 온전히 향유하도록 예정되어 있을지 모른다. 그러한 기쁜 보상은 분명히 수용(receiving)의

단계에 위치할 것이다.[122]

심도 있는 레소스망(ressourcement, 자원복원)의 렌즈를 통해 볼 때, 이렇게 복원된 목적은 교회가 독신을 가련하거나 의심스럽고, 혹은 위협적인 삶의 양식으로 바라보던 시각을 거두도록 도전한다. 대신 공동체로 하여금 결혼과 독신 모두를 '중간기'를 살아가는 제자에게 동등하게 가치 있고, 각기 다른 방식으로 대가가 지불되며, 어쩌면 고유한 보상이 따르는 삶의 양식으로 바라볼 것을 촉구한다. 이 과정에서 독신 싱글 기독교인 자신에게도 상응하는 도전이 제기된다. 독신에 관한 세속적 관점에 내재된 개인주의, 자유, 쾌락주의라는 이상과는 대조적으로, 자원 복원은 싱글들에게 그들의 삶의 양식이 참으로 (물론 전적으로는 아닐지라도) 독특하게 값비싼 대가를 치르는 삶임을 상기시킨다:

물론 그것은 어려울 것이다. 영적이고 사랑이 넘치는 독신의 삶은 결코 쉬운 것이 아니었다. 그러나 우리에게는 믿어야 할 약속이 있다. 무엇보다도, 우리 중 한 사람으로 살아가셨고 우리 모두를 위해 자신의 생명을 내어 주신 '한 독신자(Single Person)'가 계신다.[123]

---

122 Of course, a similar argument could and should be mounted regarding specific heavenly blessings awaiting those who were married on earth. Arguably, those whose privilege it was to participate in the earthly foreshadow (cf. Eph 5:21; Rev 21:1-11) may be uniquely rewarded in eternity through a full and perfected eschatological appreciation of the ultimate union to which their relationship had imperfectly testified. See also pp. 78, 264, 271.

123 Susan Annette Muto, *Celebrating the Single Life* (Garden City, N.Y.: Doubleday, 1985), 188.

이와 같이 선택되고 봉헌된 금욕에 주로 초점을 맞추었던 역사적 전통과는 반대로 모든 형태, 범주, 상황의 비혼 기독교인의 삶은 이 종말론적 '중간기'를 살아가는 제자의 삶이 필연적으로 복잡하고 고비용의 과정을 수반할 것이라는 성경적 원리를 예시할 잠재력을 지닌다.

물론, 기독교적 삶의 비혼 양식이 고난과 슬픔 그리고 도전과 불안을 독점하고 있는 것은 아니다. 그러나 앞에서 언급했듯이, 현대 서구 사회에서 기혼 및 가정 생활은 기독교인으로 하여금 비록 선한 것이나 궁극적으로는 일시적인 것들을 이상화하여 숭배하도록 유혹하는 '안주의 세속성'(settled worldliness)에 빠지게 할 특유의 위험성을 지니고 있다. 따라서 독신의 뚜렷한 목적 중 하나는, 많은 독신자가 흔히 경험하는 '지속적인 불안정과 갈망 그리고 희생' 속에 자리한다. 이는 아마도 실존적 해결이라는 궁극적 보상에 대한 갈망일 것이며, 지금은 단지 전조(foretaste)로만 경험하는 것의 온전하고 최종적인 성취에 대한 갈망일 것이다. 그러므로 이러한 개인은 기독교 공동체가 '종말론적 유배' 상태에 있음을 상기시키는 특별한 역할을 감당 할 수 있다. 즉, '다시는 사망이 없고 애통하는 것이나 곡하는 것이나 아픈 것이 다시 있지 아니하리니 처음 것들이 다 지나갔음이러라'(계 21:4)라고 선포된 그 실재가 지상에서의 결혼이나 로맨스 혹은 성(sex)이나 가족 안에서가 아니라, 영원 속 그리스도의 현존이라는 목적론적 완성 안에서만 이루어질 것임을 교회에 상기시킨다. 이들은 영원의 문턱에 담대히 서서, 그 문턱을 마침내 넘어서게 될 날, 즉 하나님의 백성 모두가 진정으로 그분에게로, 그리고 서로에게로 '귀향'(come home)하게 될 그날을 공적으로 예표한다.

7.2.2. 결정적인 탈중심화

제3장에서 신실한 과거의 유산을 회수하는 작업이 진보주의적 이데올로기의 가상적 우월성을 기꺼이 거부하는 태도를 수반함을 확인하였다. '교회 안에서 우리보다 앞서 살았던 이들과의 초문화적 상호작용을 통해 우리의 문화적 우상들을 폭로할 수 있기' 때문이다.[124] 따라서 책임감 있는 독신 신학의 회수 과정은 단순히 해당 삶의 양식이 지닌 긍정적인 '재중심화(recentering)' 목적을 수립하는 데 그쳐서는 안 되며, 그와 연계된 문제적 원칙들에 대한 비판적 고찰 또한 병행해야 한다. 이에 이제 싱글 상태의 목적으로서의 '탈중심화'(decentering)를 시도하기 위하여 비판적인 시각으로 간략히 살펴보고자 한다.

7.2.2.1. 이상향과 우상: 낭만과 결혼

본고의 제1장과 제2장에서는 행복을 약속하는 낭만적 사랑에 대한 관점이 역사적으로 어떻게 형성되어 왔는지를 고찰해 보았다.[125] 고찰한 바와 같이, 현대 세속 사회의 '감상주의 중독'[126]은 기독교 담론 내에 무분별하게 수용되었으며, 그 결과 인간적인 선(good)으로서의 낭만적 사랑에 대한 성경적 찬사는 낭만적 사랑을 인간의 궁극적인 선(ultimate good)으로 간주하는 '디즈니화된(Disneyfied)' 프리즘을 통해 재구성되기에 이르렀다. 이에 본 논문에서는 심층적인 싱글

---

124 Barrett, "Interview with Todd Billings".

125 Allen, *Love*, 87.

126 Haldane, "Erotic Entitlements".

신학이 혼인의 영속성을 '사랑의 영원성'으로 대체하려는 기독교적 충동을 비판적으로 탈중심화할 뿐만 아니라,[127] 이를 매우 반어적이고 전복적인 의도로 수행하려고 한다.

교회 내에서 싱글이라는 삶의 양식에 대해 빈번히 제기되는 비판 중 하나는 그것이 이기주의의 발로이고 자기 방종을 조장한다는 점이다. 물론 싱글 기독교인이 (사실상 모든 그리스도인이 그러하듯) 이러한 경향을 경계해야 한다는 주장에는 의심의 여지가 없지만, 이러한 희화화는 현재 기독교의 혼인 관념을 지배하는 낭만적 이데올로기가 종종 그 자체의 특수한 자기중심적 집착에서 비롯된다는 사실을 간과하고 있다. 즉, 낭만적 사랑에 대한 기독교적 이상화는 상당 부분 '친밀한 관계를 자신을 가장 온전히 표현하고 실현할 수 있는 영역'으로 여겨서 진정성을 찾으려는 현대적 자아에 대한 고착화된 내면 탐구에 의해 생성되었다.[128] 클랩(Clapp)이 주장하듯, "낭만적 사랑 서사의 치명적인 아이러니는 사랑의 대상에 대한 숭배를 표방함에도 불구하고, 실제로는 낭만적 사랑이 특정한 개인을 사랑하는 것이 아니라 사랑이라는 자기 감정 자체와 사랑에 빠지는 것이라는 점이다."[129] 그 결과, 이른바 '하나님이 예비하신 짝'(God mate)을 찾는 기독교화된 탐구는 하나님이 혼인 연합에 부여하신 개인적·공동체적 신학적 목적의 전 범위에 참여하려는 갈망만큼이나 '배우자 모양의 결

---

127 Oliver O'Donovan, *Marriage and Permanence*, vol. 26, Grove Booklet on Ethics (Bramcote, Notts: Grove Books, 1978), 16.

128 Grant, *Divine Sex*, 30–31. Emphasis original. We traced a potted history of the development of this narrative within our first chapter.

129 Clapp, "Family Values," 198.

핍'(spouse-shaped hole)을 채워줄 대상을 찾음으로써 개인의 자아를 완성하려는 욕구에 의해 변함없이 강력하게 동기 부여된다.[130]

따라서 싱글 제자들이 누리는 문턱의 특권(liminal privilege) 중 하나는 낭만적 사랑의 자기 중심적이고 일시적이며 지상에 고착된 성격을 능동적으로 비판하도록 초대받았다는 점에 있다. 즉, 싱글 기독교인은 낭만적 결합을 인간이 목적론적으로 창조된 이상적인 관계적 경험으로 간주하는 '과실현된 종말론적(over-realized es-chatological)' 구별을 비판하기에 유리한 위치에 있다. '문턱의 사람들'(threshold people)로서 싱글들은 낭만적 사랑이 분명 창조된 선(good)이기는 하나 결코 궁극적인 선(ultimate good)은 아님을 증명한다. 인류의 목적론적 운명은 하나님의 모든 백성이 '인간이 지상에서의 삶에서는 결코 도달할 수 없을 사랑'을 경험하는 것이기 때문이다.[131] 결과적으로, 스스로 언약적 혼인 관계에 들어가지 않은 싱글들은 기혼자들을 향해 지상의 낭만적 관계가 아무리 선할지라도 그것은 교회 지체들이 어린 양의 혼인 잔치에서 공동으로 실현하게 될 영원하고 완성된 로맨틱한 관계의 전조일 뿐임을 기억하도록 권고할 수 있다.

이러한 의미에서 신실한 싱글 신학은 결혼과 가족이 '온전한' 인간이 되기 위해 필요한 개인적 성취의 일차적 기관이라는 파괴적인 가

---

130 Maken, *Getting Serious*, 24. She further argues that, '[t]his is why spinsters often come in pairs. They are clogging up each other's spouse-shaped hole, but not filling it the way God intended.' Maken, *Getting Serious*, 36.

131 John Paul II, *The Theology of the Body*, 242.

정에서 탈중심화할 수 있으며,[132] 또한 변덕스럽고 덧없는 로맨스가 결혼처럼 까다로운 관계를 지탱할 수 있다는 감상적 확신을 단호하게 비판할 수 있다.[133] 싱글 상태의 이러한 목적은 현대의 결혼 신학이 일차적인 감정적 탐닉에서 벗어나 신앙 공동체 내에서의 필수적인 기능을 감당하도록 재지향하게 만드는 것이다. 그래서 '결혼과 교회가 서로를 강화하는 관계를 공유하며, 따라서 결혼은 공동체의 신앙과 세상을 향한 증언을 하고, 교회는 각 결혼을 지탱하는 데 필요한 가설물(scaffolding)을 제공한다'는 견해를 구축할 필요가 있다.[134] '결혼의 지복으로 여겨지는 낭만적 이데올로기의 안개'를 제거함으로,[135] 기독교적 결혼을 가상의 환상 세계로부터 회수하여 공동체적 교회의 종말론적 삶과 선교 안에서 마땅히 차지해야 할 중추적인 자리를 되찾도록 도울 수 있다.

7.2.2.2. 이상향과 우상: 성과 결혼

독신의 두 번째 탈중심화 목적은 첫 번째 목적과 궤를 같이한다. 낭만적 성취를 강조하는 최근 이데올로기와 병행하여, '인간으로서의 텔로스(목적)는 혼인(그리고 물론 성관계) 없이는 달성될 수 없다'고 주장하는 묵시적 전제가 존재해 왔다.[136] 성(sex)이 우리 인격의 필수

---

132 Hauerwas, *Community*, 172.

133 Callaway, *Marriage Idol*, 172.

134 Grant, *Divine Sex*, 162.

135 Brock and Hargaden, "Afterword," 180.

136 Dylan Pahman, "Losing Our Virginity: Collateral Damage of the Marriage Debate," *Ethika Politika*, July 16, 2013, accessed on November 11, 2019, https://ethikapolitika.org/2013/07/16/losing-our-virginity-collateral-damage-of-the-marriage-

적인 측면이기에 온전한 존재가 되려면 반드시 성적 행위가 있어야 한다는 세속적 통념(doxa)이 기독교 내로 유입되었다는 것은 독신을 가리켜 '해소될 수 없는 욕망을 억누르고 있어서 곧 폭발할 것 같은 상태에 있고 필연적으로 성적 범죄'로 이어지는 경우가 빈번하다고 묘사하는 사례들을 통해 입증된다.[137] 홈스(Holmes)는 성을 단순히 도덕적 추론에 의해 적절히 위치시키기만 하면 되는 '인간적 선'으로 규정하는 현대 기독교적 구도는 '기독교 성윤리가 아니라, 그리스도의 부활을 믿지 못하기에 성을 숭배하는 이교도적 종교 윤리'라고 주장한다.[138]

앞서 심도 있게 회수되고 종말론에 초점을 맞춘 싱글 신학은 인류의 확장적 성을 더욱 환영하고 창조적으로 양육하며 성경에 근거한 이해의 자리로 이끌 수 있다. 그러나 이러한 긍정적인 재중심화와 병행하여, 심층 싱글 신학은 성행위를 사람으로서의 온전함(integrity)의 필수 요소로 간주하는 현대 교회의 경향에 대해 강력한 탈중심화적 비판을 제기한다. 즉, 신학적 통찰을 가진 싱글은 그리스도의 지체들에게 다음의 두 가지를 동시에 일깨워 줄 수 있다. 첫째, 부부 사이의 유대를 강화하고 자녀를 낳기 위한 성적 행위는 여전히 하나님이 주신 선한 복이므로 계속해서 소중히 여겨야 한다. 둘째, 그러면서도 동시에 '결혼'과 '출산'이라는 것이 종말의 때에는 새로운 질서로 재편될 것이다. 인류의 궁극적인 운명이 무엇인지 드러남에 따라, 지금

---

debate. First emphasis original.

137 MacArthur, *Children in the Shade*, 3:25mins.

138 Holmes, "Sex, Death and Marriage."

이 땅을 살아가는 기독교인에게 성행위가 갖는 우선순위와 중요성은 (영원한 가치에 비추어 볼 때) 상대적으로 낮아졌음을 식별하게 해준다. 한마디로 정리하면 싱글은 결혼한 사람들에게 '성은 좋은 것이지만, 전부는 아니다'라는 사실을 삶으로 보여주는 영적 이정표와 같다. 영적으로 성숙한 금욕적 싱글들은 성관계를 잠재적 즐거움과 개인적 만족의 통로로 만드신 하나님의 선하심을 인정하면서도 그러한 육체적 충족이 진정한 행복과 동의어라거나 인간의 번영(flourishing)을 위한 필수 조건이라는 전제를 거부할 수 있다. 이러한 싱글은 비록 자신의 지상적 삶과 관계 속에서 그러한 선한 축복의 부재를 슬퍼할지라도, '현재의 성적 욕망은 영원의 지평에서 바라볼 때 매우 작게 보인다'는 사실을 증언하기에 가장 적절한 위치에 서 있다.[139]

금욕적 비혼 기독교인은 진정한 성경적 성 신학을 세속적 이데올로기로 점차 대체해 온 현대 교회에게 사랑 안에서 도전을 주도록 부름 받았다. 동정(virgin) 여부나 선택 혹은 상황에 의한 독신, 미혼, 이혼, 혹은 사별 등 구체적 상황과 관계없이, 싱글 기독교인이 보여주는 천사 같은 금욕적 삶—지금 이 순간에도 영원으로부터 현재로 선취적(proleptically)으로 울려 퍼지는 그 삶—은 성(sex)과 그 결과로서의 결혼이 인간의 궁극적 이상이자 우상으로 구성되는 모든 시도에서 탈중심화한다.

7.2.2.3. 이상향과 우상: 현대적 핵가족과 결혼

마지막으로 살펴볼 싱글 신학의 '탈중심화'(즉, 잘못된 중심을 옮

---

139 Grant, *Divine Sex*, 147.

기는 역할)는 현대 교회 안에서 핵가족과 결혼이 차지하고 있는 절대적인 위치를 분석한 결과에서 나온다. 과거부터 지금까지 가족의 모습이 어떻게 변해왔는지 살펴보면, 가족이 오직 자기들 내부로만 침잠하여 자신들끼리만 친밀하고 행복하면 그만인 폐쇄적인 섬처럼 변해버렸다. 하지만 이는 인류 역사 전체를 통틀어 가족이 본래 담당해왔던 더 넓은 사회적, 관계적 그리고 경제적 목적에서 크게 벗어난 모습이다.[140] 이러한 핵가족 단위의 위치 설정이 지닌 역사적 생소함에도 불구하고, 20세기 및 21세기의 개혁주의, 특히 복음주의 교회는 이러한 관점을 고착화하는데 열을 올렸을 뿐만 아니라, 그것을 인간 공동체, 특히 교회를 향한 하나님의 의지와 정확히 일치하는 것으로 성역화(baptizing)해 왔다.

내부 지향적인 핵가족이 기독교회의 기본 단위로 점차 자리매김하면서 가족이 건강해야 교회가 건강하다는 구호에만 집착하고,[141] 동시에 핵가족이 변질되거나 심지어 무너질 수 있다는 위기의식이 팽배하기 시작했다. 그 결과 20세기 후반의 교회는 기독교 핵가족이 교회와 가계의 문 바로 밖에 서 있는 타락하고 부패한 사회로부터 위협받고 있다는 점에 집착하게 되었다. 이러한 관념은 핵가족의 사회적 생존을 현대 교회의 가장 시급한 우선 순위 중 하나로 격상시켰으며, 그 결과 하우어워스(Hauerwas)가 2001년에 냉소적으로 관찰했듯, 기독교의 가장 큰 미덕은 일종의 가족 수호를 위해 제공하는 방어벽

---

140 Waters, *The Family*, 132.

141 For example, Scot McKnight, *It Takes a Church to Baptize: What the Bible Says about Infant Baptism* (Grand Rapids, Michigan: Brazos Press, 2018), 2.

으로 전락했다.[142]

만약 '가족적 유대와 관념들이—비유적으로 사용되어 한계치까지 늘어난 그 단어들 자체와 마찬가지로—그리스도 안에서 깨어지고 부서졌다가 다시 합쳐지며 재구성되는" 것이라면,[143] 현대 기독교의 핵가족 숭배는 신학적으로 부적절할 뿐만 아니라 목회적으로도 위험하다. 인간 사이의 친밀감과 소속감을 향한 기독교인의 실존적 갈망이라는 무게를 견디도록 부름받은 것은 생물학적 가족이 아니다. 그 특권과 책임은 종말론적으로 구속된 그리스도의 몸인 교회에 속한 것이다.

이러한 환경 속에서, 싱글 고유의 '목적 지향적 사회'(teleo-oriented society) 기능은 비판적 탈중심화 역할을 수행할 특권을 부여받는다. 비혼 기독교인이 처한 상황적 특수성은 그가 혈통이 아닌 은혜로 형성되는 영원한 공동체에 온전히 편입되었음을 증언할 뿐만 아니라, 현재 속에서 그 영원한 공동체가 지니는 선취적 우선성을 입증한다. 따라서 독신 기독교인은 교회를 일차적으로 개별 가족들의 집합체로 구성된 결사체로 간주하는 관념을 견제할 수 있다.[144] 또한 이들은 교회가 가족을 보조하기 위해 존재한다는 현대적 확신을 거부하고, 오히려 기독교 가족이 더 위대한 가치를 섬기도록 의도되었음을 주장하기에 유리한 위치에 있다. 클랩(Clapp)이 논증하듯, "가족

---

142 Hauerwas, "Radical Hope," 511.

143 Bennett, *Water Is Thicker than Blood*, 119. cf. Mt 12:46–50.

144 'The nucleus of the church is the family, and "family" includes a single-person family as well as families with bundles of little children running around'. McKnight, *It Takes a Church to Baptize*, 2.

의 강건함과 행복은 중요한 일이다. 그러나 그것은 가족보다 더 큰 하나님 나라를 섬길 때 나타나는 부수적인 결과물이지 그 나라를 섬기는 목적 그 자체가 될 수는 없다."[145]

적절히 고려되고 심도 있게 적용된 싱글 신학은 앞서 독신 고유의 가치로 규명한 종말론적 존중을 특징으로 삼아 '하나님 나라를 위해' 생물학적 출산과 양육에만 몰두하는 근시안적인 기독교적 집착에 능동적으로 대처할 것이다. 싱글 기독교인은 미래를 확증하고 보장하는 주체가 핵가족이 아니라 (그리스도 자신의 몸인) 교회 공동체라는 신뢰에 뿌리내리고[146] 생육과 번성의 의지가 제자를 삼는다는 더 환대적이고 광범위한 기독교적 사명 안으로 유입(subsuming)되도록 증언하기 위하여 부름받았다. 싱글의 이러한 증언이 없으면, 기독교 가정(특히 생물학적 자녀를 갖는 것에 대한 기독교적 집착)은 신학적으로 결함이 생길뿐만 아니라 목회적으로도 가족을 최우선순위에 두는 파괴적인 '목적론적 궁극성'을 너무 쉽게 취하게 된다.[147] 가정이 '성경적인 근거가 충분하지 않은데도 불구하고 너무나 큰 희생을 요구하는 유사 교회'(quasi-churches)가 될 때,[148] 찬양받던 바로 그 대상은 자기 내부로 침잠하여 붕괴될 위험에 처하게 된다. 오늘날 수많은 가정이 제 기능을 감당하지 못하고 무너지며 해체되는 이유와 원인을 파악하지 않는다는 것은 교회를 지속적으로 위기 가운데로 몰

---

145 Clapp, *Families at the Crossroads*, 163.

146 Hauerwas, *Community*, 190.

147 See for example Jesus'theological redefinition of the Christian order of family in Mt 12:46–50.

148 Hauerwas, *After Christendom?*, 127.

아넣는 것과 다를 바 없다.

물론 탈중심화의 목적은 이론적일 뿐만 아니라 실천적이어야 한다. 즉 견고한 싱글 신학이 교회의 종말론적 삶 내에서 우선순위로 실행 되려면 기혼자들과 혈연으로 연결된 지체들이 싱글 지체들과 나란히 '기독교인의 일차적 정치 단위가 된 교회를 중심으로 기독교 가정 중심의 기초 정치 단위로서의 질서를 어떻게 삭제할 것인가'를 시급히 고민해야 한다.[149] 이러한 고찰은 자칫 평범해 보일 수 있는 교회론적 특징과 실천들을 심도 있는 변화로 이끌 것이다. 특정 회중 모임을 '가정 예배'로 지칭하는 것부터 설교 중 결혼 및 가족 관련 예화가 지배적으로 사용되는 현상에 이르기까지, 또한 자녀 및 가정 사역의 중요성에만 매몰되어 있는 일관되게 편협한 관점부터 싱글 지체들을 리더십과 영향력 있는 위치에서 본능적으로 배제하는 관행에 이르기까지 산재해 있는 신학적 공백을 메우려면 정교하며 탄탄한 싱글 신학이 존재해야 한다. 싱글의 가치와 중요성에 대한 신학적 이해는 신앙 공동체로 하여금 그들의 공유된 삶이 '목적 지향적 사회' 형성과 종말론적 사명을 더욱 정확하게 반영하게 한다. 만약 오늘날의 신앙 공동체가 신학적으로 정립된 법적 정체성을 진정으로 고수하려고 한다면, 이러한 싱글 신학을 통한 탈중심화가 시급한 윤리적 중요성을 지닌 사안으로 간주되어야 한다.

---

149 Mary C. Moorman, "Confronting the Household Gods: The Church's Family as the Basic Political Unit," *Wesleyan Theological Journal* 47, no. 1 (2012): 132.

7.3. 다음 연구를 위한 결론적 통찰과 제안

하우어워스(Hauerwas)는 '싱글 상태를 이해 가능하게 만드는 종말론적 맥락이 없으면, 타락한 대안적 설명에 저항하기가 매우 어렵다'고 결론지은 바 있다.[150] 본 논문은 일련의 '재중심화' 및 '탈중심화'의 목적을 제시함으로써 싱글 상태의 종말론적 명료성(intelligibility)을 요약적으로 복원하고자 하였으며, 이를 통해 타락한 대안적 설명이 끊임없이 유혹하는 현대 기독교 내에서 싱글의 위상뿐만 아니라 그 필수적인 위치를 복원하고자 시도하였다. 그래서 먼저 종말론적 '시간-서사화(time-telling)'의 가닥들이 이러한 명료성의 구조적 온전함을 위해 필요한 인장력 있는 '날실'(warp)을 적절히 구축할 수 있음을 논증하였다. 둘째로그 세로 가닥들의 아래와 위, 그리고 주위로 독신의 여러 일차적 목적들을 엮어가는 과정을 통해서만 전체적인 구조에 통합적인 세부 사항을 제공할 수 있다. 이제 현대 교회를 위한 싱글 신학 구성의 협력적 지속 과정에서 핵심이 되어야 한다고 사료되는 두 가지 함의적 통찰―혹은 본고의 비유를 따르자면 '질감적 관찰'textural observations)―을 제시하며 본 장의 결론을 맺고자 한다.

7.3.1. 소명으로서의 싱글

신학적으로 심층적인 싱글이라는 직물의 질감이 '소명'(vocation)에 의해 특징지어져야 한다. 이를 긍정함에 있어, 싱글 기독교인의 삶이 '하나의 소명', 즉 신앙 공동체 내의 특정 직분이나 부르심으로

---

150 Hauerwas, *After Christendom?*, 129.

간주되어야 한다고 제안하는 것이 아니다. 또한 현대 기독교 담론 내에서 반복적으로 확인하고 반박해 온 도구적이고 공리주의적인 확인 절차로 독신의 가치를 제한하려는 것도 아니다. 오히려 종교개혁가들처럼, 이 용어를 '평범하고 일상적인 존재를 변모시키고 그것에 영적인 의미와 하나님의 현존'을 묘사하기 위해 사용한다.[151] 즉, 견고한 싱글 신학은 싱글 상태의 목적이 비혼의 삶의 양식을 평범한 것에서 영적으로 중대한 것으로 변모시킨다는 점을 필히 인식해야 한다.

이러한 소명 의식에 대한 신학적 구성은 몇 가지 특징들에 의해 적절히 설명되며, 이는 싱글의 소명에 관한 논지에 중요한 함의를 부여한다. 먼저 개별 제자는 여러 구체적인 삶의 양식에 동시에 참여하기 때문에, 기독교인의 삶은 '소명의 다중성'(vocational multiplicity)을 지닌다. 맥파랜드(McFarland)는 '아들, 형제, 남편, 아버지, 교사, 시민, 그리고 소비자로서의 지위는(가장 공적인 것들만 나열하더라도) 모두 하나님으로부터 온 부르심이며 그중 어느 것도 하나님이 주신 소명을 고갈시키지는 않는다'고 기술한다.[152] 이와 마찬가지로, 싱글 상태가 소명적으로 유의미하다고 해서 비혼 기독교인의 소명적 기여가 오직 그들의 혼인 여부에 의해서만 정의되거나 그쪽으로만 지향되어야 한다는 결론으로 이어지지는 않는다. 싱글 제자가 다양한 재중심화 및 탈중심화의 목적을 예시할 특권을 지니고 있음에도 불구하고, 그러한 중요한 소명적 책임이 그들의 일상생활에 부여된 영적

---

151 Gene Edward Veith and Patrick Henry College, "Vocation: The Theology of the Christian Life," *Journal of Markets & Morality* 14, no. 1 (2011): 129.

152 Ian A. McFarland, "The Saving God," in *Sanctified by Grace: A Theology of the Christian Life*, ed. Kent Eilers and Kyle Strobel (London, UK.: Bloomsbury, 2014), 67.

의미의 총합을 대변하는 것은 아니다. 기혼 기독교인이 소명적으로 남편이나 아내 그 이상인 것과 마찬가지로, 싱글 기독교인 또한 소명 적으로 '남편이나 아내 아닌 것' 그 이상의 존재이다.

기독교적 소명의 또 다른 특징은 그 궁극적 지향점이 개별 신자로 부터 신앙 공동체로 향한다는 점에 있다. 이러한 주장은 현대 세속 사 회가 몰두하고 있는 개인주의와 정면으로 대치된다. 이 개인주의를 기독교적 렌즈로 재구성하면 '소명이란 하나님의 시선 안에서 진정 한 자아를 추구하고 그 자아가 되어가는 것'이라는 결론에 이른다.[153] 그러나 기독교적 소명은 (비록 하나님에 의해 이해된 자아일지라도) 일차적으로 자아를 추구하지 않는다. 오히려 소명은 마땅히 '각 지체 가 고유하면서도 결코 타인과 분리될 수 없는 자리를 차지하는 그리 스도의 몸'을 향한다.[154] 싱글의 삶도 (기혼의 삶과 마찬가지로) 커다 란 개인적 만족과 행복이 존재하지만, '소명 안에서 사랑하고 헌신한 다는 것은 개인적 성취를 추구하는 것이 아니라 타인을 위해 자기 부 정을 실천하는 것'이다.[155] 따라서 기독교적 싱글의 소명적 가치는 일 차적으로 비혼자 개인의 풍요로움이 아니라, 그 개인이 교회를 풍성 하게 하고 세상을 향한 복음적 사명에 특유의 방식으로 기여할 수 있 다는 점에 있다.

그러나 기독교적 삶의 소명적 지향점이 일차적으로 그리스도의 몸 을 세우고 그 목적을 달성하는 데 있다 할지라도, 개별 기독교인의 소

---

153 James M. Francis, "Discipleship and Vocation: Living Theology Today," *Rural Theology* 7, no. 2 (2009): 76.

154 McFarland, "The Saving God," 64.

155 Veith and College, "Vocation," 128.

명적 분투가 지닌 고유한 잠재성은 여전히 유효하다. 다시 말해, 수많은 삶의 양식들이 동시에 다수의 개인에 의해 점유되는 소명적 과업이라 할지라도, 그것은 어디까지나 수많은 '개별적인' 인격들에 의해 수행되는 과업으로 남는다는 것이다. 결과적으로, 소명적 의미가 가득한 기독교인 싱글이 공유된 신학적 확신에 의해 형성되고 '중간기'(meanwhile)에 복음 지향적인 공동체적·선교적 삶이라는 공통의 목표를 향해 나아갈지라도, 각 비혼 개인이 지닌 소명적 잠재성은 어떤 면에서 매우 경이로울 정도로 개별적(idiosyncratic)이다. 22세의 미혼 대학생, 11명의 손주를 둔 73세의 사별한 노인, 홀로 아이를 키우는 44세의 이혼 여성 그리고 동성에게 이끌림을 느끼며 금욕을 실천하는 55세의 기독교인 남성 모두는 동일한 '재중심화 및 탈중심화'라는 신학적 악보를 바탕으로 일제히 연주하도록 부름받았다. 그럼에도 불구하고, 각자가 자신의 고유한 상황에 비추어, 고유의 인격과 일치된 모습으로, 각자의 고유한 짐을 짊어지고 고유한 복을 누리며 소명의 삶에 참여할 때, 그 최종적인 결과는 교향악적 연주의 다양성을 통해 더욱 강력해지는 소명의 화음으로 나타난다.

이러한 결론은 역사적 논의 내에서 가장 쟁점이 되는 사안 중 하나로 반복해서 비판해 온 문제, 즉 종말론적으로 유의미한 독신을 오직 '성별되거나 서약한 상황'(수도 서원 등)으로만 한정 짓는 태도와 특별한 관련이 있다. 여기에는 기독교적 싱글의 모든 상황과 시기가 지닌 소명적 성격과 '하나님 나라에서의 소명을 완수하기 위해 결혼을 영구히 희생한' 이들 사이에 긴장이 존재한다.[156] 이러한 모티프의

---

156 Grenz, *Sexual Ethics*, 197. Here Grenz employs the term "vocation" to refer to a

현대적 발현은 헌신된 금욕과 상황적 독신 사이의 구체적인 소명적 차이를 강하게 유지하려는 그렌츠(Grenz)나 브래드버리(Bradbury)와 같은 신학자들의 작업에서 발견된다.[157] 의도적으로 평생의 금욕을 추구하기로 서약한 개인의 상황과 선택이 아닌 상황에 의해 싱글(혹은 돌싱)이 된 개인의 상황 사이에 모종의 구분—심지어 소명적 구분—이 존재할 수 있고 존재해야 한다는 점은 의심의 여지가 없다. 그러나 독신의 소명적 잠재력은 모든 형태의 독신에 내재해 있다. 맥락과 상황에 관계없이, 모든 비혼 제자들은 상호 간에—비록 다소 차별화된 방식일지라도—그들 삶의 양식이 지향하는 특정한 재중심화 및 탈중심화된 종말론적 목적을 향해 나아갈 수 있다.

7.3.2. 결혼과 싱글의 상호 균형

이제 광범위하게 복원된 싱글 신학 그 자체의 질감보다는 싱글의 소명과 그 대응점인 혼인의 소명 사이에 존재해야 할 중요한 질감적 관계에 초점을 맞추려고 한다. 교회사 전체에 걸쳐 기독교인들이 자신의 삶과 공동체 내에서 혼인과 싱글의 위치 설정을 '제로섬 게

---

specific office and special calling, as 'distinguished from other expressions of singleness by its chosen and (foreseeably) permanent nature'. Grenz, *Sexual Ethics*, 197.

157 'Single [as opposed to celibate] people are open to sexual relationship and the kind of exclusive commitment that might be found within marriage. They therefore enter into relationships with other people within the world in a very different way from people called and committed to celibacy'. John Bradbury, "Called to Become: A Vocational Theology of Marriage," in *Thinking Again About Marriage: Key Theological Questions*, ed. John Bradbury and Susannah Cornwall (London UK: SCM Press, 2016), 148. Here Bradbury is seeking to explicate a *difference* between the vocational character of singleness and celibacy rather than to suggest that one is superior to the other. See also, Grenz, *Sexual Ethics*, 197-8.

임'(zero sum game)으로 취급해 온 일관된 경향이 확인되었다. 초대 및 중세 교회가 세속적 혼인보다 동정/금욕을 노골적이고 우월하게 이상화했던 반면,[158] 종교개혁과 계몽주의 시대를 거쳐 현대 교회에 이르는 과도한 개혁으로 인해 혼인을 기독교적 삶의 규범적이고 필수적인 양식으로 정착시켰으며, 그 결과 싱글을 상대적으로 결핍된 삶의 형태로 남겨두었다. 성적 존재로서의 정체성을 표현하는 '대등하고 상호적인 두 가지 선택지'로서 혼인과 싱글이 지니는 상호보완성은 사실상 교회사 대부분의 실제 관행과는 거리가 멀었다.[159] 독보적인 아우구스티누스조차 어느 한쪽을 폄하하지 않으면서 다른 한쪽을 일관되게 존중하는 것에는 한계를 보인 듯하다.[160]

혼인과 싱글이 교회의 2천 년 역사 동안 일관되게 대립하고 심지어 경쟁적인 삶의 양식으로 위치해 왔다는 사실, 향후 공동체의 미래에 더욱 신실하고 균형 잡힌 관점이 정착될 것이라는 낙관론에 회의를 품게 할 수도 있다. 그럼에도 불구하고 교회가 싱글과 혼인을 동등하게 유효한 삶의 양식으로 간주하는 것 사이에 어느 정도 긴장이 존재함에도 불구하고, 두 가지 모두 하나님 나라를 증언하는 역사적 기관으로서의 교회 생활을 구성하는 데 필수적인 상징적 제도이다.[161] 이 두 가지 삶의 양식 중 어느 것도 '그 자체만으로는 피조물의 시간적 질서의 구조와 목적에 대하여 완전한 증언을 수행하지 못하기 때

---

158 We have noted numerous historical examples of this pattern, not the least being Augustine's overestimation of the value of consecrated celibacy as dependent on his corresponding underestimation of marriage's goodness.

159 Grenz, *Sexual Ethics*, 163.

160 See p. 209.

161 Hauerwas, *Community*, 191.

문에,[162] 이 두가지는 사실상 상호 보완적인 관계에 있다. 따라서 싱글이 지닌 고유하고 종말론적인 소명적 의의가 축소되면, 혼인이 지닌 고유하고 종말론적인 소명적 의의 또한 필연적으로 축소되는 결과를 초래한다. 이러한 결과는 결국 혼인을 도덕적 요구사항이나 '신성한 의무'[163] 정도로 전락시키며, 결과적으로 '끔찍한 짐'으로 남게 한다.[164] 그러나 신앙 공동체 내에서 싱글이 소명적으로 귀하게 여겨질 때, 혼인 또한 그 고유하고 중대한 소명적 품격으로 인해 비로소 그에 상응하는 소중한 대우를 받게 될 것이다.[165]

어느 한편에 깃든 종말론적 소명의 본질을 신실하게 파악할 때 비로소 비로소 다른 한편이 지닌 진정한 종말론적 품격을 온전히 감상할 수 있다. 그러기에 하우어워스(Hauerwas)는 '기독교적 결혼에 대한 이해의 토대와 명료성은 오직 '싱글'에 대한 정당성과의 관계 안에서만 가장 강력하게 의미를 갖는다'라고 주장하며,[166] 요한 바오로 2세 또한 '이 두 가지 '상태'는 어떤 의미에서 공동체의 실존과 기독교

---

162 Waters, *The Family*, 238.

163 Maken, *Getting Serious*, 16.

164 Hauerwas, "Abortion," 613.

165 A 2020 digital article provides a specific example of precisely this (though not one with a specific eschatological orientation). McClean argues that the contemporary Christian church's diminishment of singleness' goodness so often leaves Christians feeling desperate to marry and, therefore, willing to forgo necessary consideration about the importance of spousal compatibility for a healthy and godly marriage. She writes that because 'marriage is optional, singleness is good. And [because singleness is good] we can afford to consider compatibility' as that which will help married Christians 'model sacrificial love [and] pursue sanctification'. Brianna McClean, "If Marriage is Optional, Compatibility Matters," *The Gospel Coalition*, March 2, 2020, accessed on March 12, 2020, https://au.thegospelcoalition.org/article/if-marriage-is-optional-compatibility-matters/.

166 Hauerwas, *Community*, 189.

적 삶에 관하여 서로를 설명하고 보충한다'라고 역설한다.[167] 만약 이러한 결론이 참이라면—즉, '싱글과 결혼이 거대한 악보 안에서 서로 다른 화음을 연주함으로써 천국의 실재, 곧 만물의 진정한 모습을 반영하는 것'이라면[168]—여기에 매우 중대한 마지막 함의가 뒤따른다.

이미 살펴보았듯이 현대 기독교가 싱글이라는 삶의 양식을 본질적으로 결핍된 상태로 간주했다. 싱글이 일관되게 '비혼(unmarried)' 또는 '결혼하지 않은(not married)' 자로 정의됨에 따라, 그들의 상황은 일차적으로 그들이 '가지지 못한 것'이나 '그들이 아닌 존재'에 의해 식별된다고 상정하였다. 이러한 프레임은 종종 싱글을 주변부로 밀어낼 뿐만 아니라, 스스로를 가련하고 비참한 '타자'로 인식하도록 내면적으로 설득하는 결과를 초래한다. 따라서 싱글을 혼인의 부재로 정의하는 행위 자체가 싱글 기독교인이 스스로를 향한 긍정적인 내적·사회적 정체성을 구축하려는 노력을 저해하고 있다.

그러나 '교회 안에서 앞서간 이들과의 교차 문화적 상호작용'을 마무리하는 이 시점에서, 본고는 동일한 사안에 대하여 전적으로 차별화된, 그리고 독보적으로 긍정적인 해석을 옹호하고자 한다. 본고는 기독교의 역사적·해석학적·신학적 전통이 독신의 매우 중요하고 종말론 지향적인 '재중심화' 및 '탈중심화' 목적들을 복원할 수 있는 풍부한 자원들을 제공해 주었음을 논증해 왔으며, 이는 현대 기독교 교회 전체를 위한 과업이기도 하다. 그러나 본고가 이 과정을 통해 논리적으로 함축했거나 구체적으로 식별해 낸 사실은, 독신의 이러한 모

---

167 John Paul II, *The Theology of the Body*, 276.
168 Grant, *Divine Sex*, 159.

든 목적이 오직 **'그것이 결혼이 아니기 때문에'** 비로소 기독교적 독신에 속하게 된다는 점이다. 즉, 기독교적 삶의 핵심 양식으로서 독신이 지닌 고유한 명료성과 특권적인 거주 가능성은, 바로 그 삶의 양식 속에 **결혼이 부재한다**는 사실에 구체적으로 위치한다.

따라서 신학적 복원 작업을 수행하기 이전에는 독신을 정의하는 '부재'라는 개념이 '결핍'을 의미한다고 시사했으나, 이제 본고는 **그 부재야말로 실제로는 치명적인 중요성을 발견하는 지점**이라고 결론짓는 바이다. 참으로 현재 기독교적 독신이 지닌 정확한 의의는 바로 그 부재의 개념 안에 존재한다. 왜냐하면 그 부재 안에서 그리스도의 영원—그리고 우리의 영원—의 현존이 선취적으로(proleptically) 자리 잡고 있기 때문이다.

그러나 '교회 안에서 앞서간 이들과의 교차 문화적 상호작용'[169]을 마무리하는 이 시점에서, 동일한 사안에 대하여 전적으로 차별화된 그리고 독보적으로 긍정적인 해석을 옹호하고자 한다. 기독교의 역사적·해석학적·신학적 전통이 싱글의 매우 중요하고 종말론 지향적인 '재중심화' 및 '탈중심화' 목적들을 복원할 수 있는 풍부한 자원들을 제공해 주었다는 것을 논증했으며, 이는 현대 기독교 교회 전체를 위한 과업이기도 하다. 그러나 이 과정을 통해 논리적으로 함축했거나 구체적으로 식별해 낸 사실은 싱글의 목적이 **'결혼이 아닐 때'** 비로소 기독교적 싱글에 속하게 된다. 즉, 기독교적 삶의 핵심 양식으로서 싱글이 지닌 고유한 명료성과 특권적인 거주 가능성은 바로 그 삶의 양식 속에 **결혼이 부재한다**는 사실에 구체적으로 위치한다.

---

169 Barrett, "Interview with Todd Billings".

따라서 신학적 회수 작업을 수행하기 이전에는 싱글을 정의하는 '부재'라는 개념이 '결핍'을 의미한다고 시사했으나, 사실상 **그 부재야 말로 실제로는 결정적인 중요성을 발견하는 지점**이다. 참으로 현재 기독교적 싱글이 지닌 정확한 의의는 바로 그 부재의 개념 안에 존재한다. 왜냐하면 그 부재 안에 그리스도의 영원한 그리고 우리의 영원한 현존이 선취적으로(proleptically) 자리 잡고 있기 때문이다.

제8장
교회의 존재 목적

현대 기독교 공동체는 '정상 가족주의'라는 강력한 문화적 타당성 구조 내에 고착되어 있다. 사회학자 윌리엄 오그번이 제시한 '문화 지체(Cultural Lag)' 현상은 교회라는 특수한 하부 구조 내에서 더욱 선명하게 나타난다. 인구 구조의 급격한 싱글화(singularity)라는 물질적 조건의 변화에도 불구하고, 교회의 적응적 문화는 여전히 결혼과 출산을 성인기 및 신앙 성숙의 필수적인 이정표로 간주하는 지배 담론을 재생산하고 있다. 이러한 괴리는 싱글 기독교인을 존재론적 결핍 상태로 타자화하는 '싱글리즘(singlism)'을 강화하며, 그들의 삶을 공동체적 논의의 주체가 아닌 사적인 '안줏거리'나 목회적 해결의 대상으로 전락시키는 구조적 모순을 야기한다. 그렇다면 초대교회의 동정성 신학은 오늘날의 교회에 어떤 가치가 있는지를 살펴볼 필요가 있다.

8.1. 초대교회 동정성 신학의 존재론적 의미와 현대적 가치

현대 교회가 싱글을 '미달'로 간주하는 것과 달리, 초대교회의 동정성(virginity) 신학은 혼인 중심의 가부장적 질서에 저항하는 가장 급진적인 영적 특이점(singularity)이었다. 피터 브라운(Peter Brown)

이 분석하듯, 초기 기독교인들에게 동정성은 단순히 성적인 금욕을 넘어 가문과 국가의 재생산 논리로부터 탈주하여 그리스도와 직접 연합하는 종말론적 자유를 의미했다.[1] 교부 오리게네스(Origenes) 와 메토디오스(Methodius)에게 동정성은 인간이 타인과의 결합을 통해서만 온전해질 수 있다는 '완성 서사'를 전복하는 증거였다. 그 들에게 동정적 삶이란 오직 신적 실재 안에서 개인이 이미 온전한 주 체임을 선포하는 행위였으며, 이는 현대 싱글들이 겪는 "누군가에 의 해 보충되어야 한다"는 존재적 결핍감을 치료할 수 있는 강력한 신학 적 항체를 제공한다.[2] 따라서 동정성 신학의 회수는 싱글의 삶을 '잠 정적 유예'가 아닌 그 자체로 충만한 '종말론적 선취'로 격상시키는 신학적 토대가 된다. 그리고 현대 사회윤리 신학자들은 교회가 사회 적 싱글리즘을 비판하기는커녕, 오히려 이를 신학적으로 정당화하고 있다는 점을 신랄하게 비판한다. 벨라 드파울로(Bella DePaulo)가 명명한 '싱글리즘'은 교회 내에서 '성장 서사'와 결합하여, 싱글 성도 를 영적으로 미성숙하거나 헌신에 결함이 있는 존재로 낙인찍는다.[3] 자나 베넷(Jana M. Bennett)은 현대 교회가 혼인을 그리스도와 교 회의 관계를 보여주는 유일한 모형으로 독점시킨 결과, 싱글의 존재 가 교회의 성사적 풍성함을 방해하는 이물질처럼 취급받게 되었다고 지적한다.[4] 이러한 구조적 불합리함 속에서 싱글들은 정책적 배제(세

---

1 Peter Brown, *The Body and Society: Men, Women, and Sexual Renunciation in Early Christianity*, (New York: Columbia University Press, 1988), pp. 5-32.

2 Methodius of Olympus, *The Banquet of the Ten Virgins*, 1.1-3.

3 Bella DePaulo, *Singled Out: How Singles Are Stereotyped, Stigmatized, and Ignored, and Still Live Happily Ever After*, (New York: St. Martin's Press, 2006), pp. 2-15.

4 Jana Marguerite Bennett, *Singleness and the Church: A New Theology of the Single*

제, 복지)와 정서적 배제(소외감, 투명인간 취급)라는 이중고를 겪는다. 교회가 추구하는 환대(hospitality)는 싱글들에게는 작동하지 않으며, 도리어 그들을 정상성이라는 틀 안으로 강제 편입시키려는 '교정적 폭력'으로 나타난다. 현대 교회가 이러한 모순을 극복하고 싱글리티의 시대를 담아내기 위해서는 다음과 같은 근본적인 개혁의 원리가 필요하다.

첫째, '존재적 온전함(Ontological Wholeness)'의 회복이다. 교회는 혼인 여부와 관계없이 모든 인간이 그리스도 안에서 이미 온전한 존재임을 선포해야 한다. 싱글 상태를 '미달'이 아닌 '또 다른 방식의 충만'으로 정의하는 신학적 재개념화가 필요하다. 이는 싱글을 목회의 대상으로만 보는 시각을 교정하여, 그들이 지닌 자율과 영적 헌신 그리고 개인적 능력을 공동체의 핵심 동력으로 인정하는 것을 의미한다.

둘째, '대안적 가족 담론'으로서의 교회론 재정립이다. 교회의 본질은 혈연이나 혼인에 근거한 '핵가족의 집합'이 아니라, 그리스도의 피로 맺어진 '영적 가족'에 있다. 하우어워스(Stanley Hauerwas)가 강조하듯, 교회는 혼인한 자들이 싱글들을 환대하고, 싱글들이 혼인한 자들의 우상이 가족주의로 흐르지 않도록 견제하는 상호 보완적 공동체가 되어야 한다.[5]

Life, New York, NY: Oxford University Press, 2017, pp. 19-45.

5   Stanley Hauerwas, *The Hauerwas Reader*, ed. John Berkman and Michael Cartwright, Durham, NC: Duke University Press, 2001, pp. 503-510. Hauerwas argues that celibacy is essential to the Christian community because it is the most powerful sign demonstrating that the kingdom of God does not depend on the continued existence of the family.

셋째, 담론적 실천의 민주화와 사생활권 보호이다. 싱글의 삶을 공동체의 가십거리나 '안줏거리'로 소비하는 언어적 폭력을 중단해야 한다. 관심이 간섭이 될 수 있고 별 뜻 없이 던진 말이 비수가 되고 꽂힐 수도 있다. 역으로 싱글의 목소리를 듣는 문화가 필요하다. 싱글들이 원하는 것은 결혼여부를 묻는 것이 아니라 칭찬과 격려이다. 그리고 그 목소리를 들어주는 것이다. 싱글 성도들이 자신의 삶을 스스로 정의할 수 있는 발언권을 보장하고, 그들의 사생활을 존중하는 윤리적 가이드라인을 수립해야 한다.

요약하면, 현대 교회의 개혁은 싱글들을 위한 소수의 프로그램을 만드는 차원을 넘어, 교회의 타당성 구조 자체를 재편하는 작업이어야 한다. 초대교회의 동정성 신학이 보여주었던 그 급진적 자유와 자율성을 현대의 싱글리티와 결합할 때, 교회는 비로소 정상 가족주의의 질식할 것 같은 압박으로부터 해방될 수 있다. 싱글들이 공동체 내에서 보이지 않는 존재가 아니라, 주체적인 신앙의 동반자로 자리 잡을 때 교회의 거룩함과 보편성은 비로소 완성될 것이다.

8.2. 게마인샤프트와 게셀샤프트의 긴장을 통한 한국 교회 개혁론

퇴니스가 정의한 게마인샤프트(Gemeinschaft, 공동사회)와 게셀샤프트(Gesellschaft, 이익사회)는 현대 교회의 구조적 결함과 공동체성을 진단에 매우 유효한 사회학적 틀을 제공한다. 이를 성경적 원형 교회와 한국 전통의 '두레마을' 개념과 결합하여 한국 교회를 향한 개혁 지침을 구성해보고자 한다.

8.2.1. 사회학적 범주: 게마인샤프트와 게셀샤프트의 본질

퇴니스는 사회적 결합의 의지를 두 가지로 구분하였다. '본질 의지'에 바탕을 둔 게마인샤프트는 혈연, 인근, 우정에 기반한 유기적이고 본능적인 공동체이며, '선택 의지'에 기반한 게셀샤프트는 목적 달성을 위해 계약과 계산으로 묶인 기계적 조직이다.[6] 현대 교회의 비극은 본질적으로 게마인샤프트적 속성을 지향해야 함에도 불구하고, 성장을 목표로 하는 게셀샤프트적 운영 방식과 폐쇄적인 혈연 중심의 게마인샤프트가 기묘하게 결합되어 싱글리티를 지닌 지체들을 배제한다는 점에 있다.

8.2.2. 성서적 전형과 한국의 두레마을: '카할'과 '에클레시아'의 실천

구약의 카할(Qahal)은 하나님의 부르심이라는 절대적 가치 아래 모인 언약적 게마인샤프트였다. 이는 단순한 혈연 공동체를 넘어 하나님의 통치라는 목적을 공유하는 신령한 연대였다. 신약의 에클레시아(Ekklēsia) 역시 세속적 신분과 혼인 여부를 초월하여 '그리스도 안에서의 새로운 가족'을 형성함으로써 게마인샤프트의 지평을 영적으로 확장하였다.[7] 이러한 성서적 원형 교회는 한국 전통의 두레마을 개념과 일맥상통한다. 두레는 단순한 노동 교환을 넘어 '상부상조'와

---

6 Ferdinand Tönnies, *Community and Society (Gemeinschaft und Gesellschaft)*, trans. Charles P. Loomis, East Lansing: Michigan State University Press, 1957, pp. 42-47.

7 Bonhoeffer emphasizes that the church is not merely a community bound by human emotions, but a divine Gemeinschaft formed by Christ the 'mediator'. Dietrich Bonhoeffer, *Life Together*, New York: Harper & Row, 1954, pp. 21-25.

'공동 운명체'라는 정신적 유대를 바탕으로 한 한국적 게마인샤프트의 전형이다. 두레 안에서 개인은 고립되지 않으며, 마을의 대소사는 모두의 일이 된다. 특히 두레마을의 환대 정신은 소외된 자들을 공동체의 품으로 끌어안는 포용력을 지니고 있었다.[8]

8.2.3. 한국 교회를 향한 제언: '의도적 게마인샤프트'로의 회귀

오늘날 한국 교회는 외적으로는 게셀샤프트적 대형화에 매몰되어 있고, 내적으로는 '정상 가족'이라는 협소한 게마인샤프트에 갇혀 있다. 이러한 이중적 폐쇄성은 싱글 성도들을 공동체의 이방인으로 만든다. 이에 다음 장에서 고찰할 본회퍼와 몰트만의 신학을 토대로 한국 교회의 개혁 방향을 제시한다.

첫째, '폐쇄적 가족주의'를 넘어선 '우정의 게마인샤프트'를 구축해야 한다. 한국 교회는 혈연 중심의 가족을 보존하는 기관이 아니라, 그리스도의 부르심에 응답한 모든 단독자가 우정을 나누는 두레마을적 환대를 회복해야 한다. 싱글리티를 지닌 성도들이 교회의 보조적인 역할에 머무는 것이 아니라, 공동체의 주체로서 '영적 가족'의 서사를 함께 써 내려갈 수 있도록 구조를 개방해야 한다.

둘째, '목적 지향적 게셀샤프트'의 속성을 신앙적 본질로 여과해야 한다. 교회 성장을 위한 도구로 성도들을 동원하는 계약적 관계를 지양하고, 한 영혼의 실존적 고통과 외로움에 공명하는 유기적 결합을 우선시해야 한다. 싱글리즘이라는 사회적 낙인에 시달리는 이들에게

---

8   Korea's 'Dure' was central to the cultural legitimacy structure that maintained the cohesion of village communities, extending beyond mere economic necessity. See Kim Jin-hong, *The Story of Dure Village*, (Seoul: Hongseongsa, 1995), pp. 88-92.

교회는 계산된 친절이 아닌, 본질적인 생명의 연대를 제공하는 도피처이자 안식처가 되어야 한다.[9]

셋째, 한국적 공동체 유산인 '두레'의 영성을 교회론에 접목할 필요가 있다. 두레가 지녔던 공동 노동과 공동 분배, 그리고 소외된 자 없는 축제의 문화를 교회 안에서 복원해야 한다. 싱글의 삶이 '안줏거리'로 소비되지 않고 공동체의 귀한 '분복'으로 인정받는 문화적 토양을 조성할 때, 한국 교회는 비로소 세상을 향해 열린 '참된 카할'이 될 수 있을 것이다.

8.2.4. 유대 공동 유목 문화와 한국 두레 문화의 영성

유대 유목 공동체의 공동 목양 방식과 한국 전통의 두레 문화는 각기 다른 생태적 환경 속에서도 '공동의 생존'과 '지체 간의 유기적 책임'이라는 본질적인 공통성을 공유하고 있다. 유대 유목 문화에서 마을의 양 떼를 하나의 울타리 안에서 공동으로 책임지며 목양하는 방식은 개별 가문의 소유권을 인정하면서도 도적의 위협과 들짐승의 공격 그리고 척박한 광야 환경 앞에서 단 하나의 '목양 공동체'로 존재했음을 보여준다.[10] 유대 유목 사회에서 여러 가문의 양 떼가 하나의 공동 울타리(sheepfold) 안에 섞여 밤을 지새우는 관습은 현대의 파편화된 개인주의에 경종을 울리는 강력한 신학적 상징이다. 아침이

---

9 Jürgen Moltmann, *The Church in the Power of the Spirit*, p. 115. Moltmann argues that the church can fulfill its messianic mission only when it rejects the world's hierarchical order and realizes a politics of 'open friendship'.

10 Roland de Vaux, *Ancient Israel: Its Life and Institutions*, trans. John McHugh, (New York: McGraw-Hill, 1961), pp. 3-10. The author elaborates that communal grazing in nomadic life fostered a powerful sense of solidarity that transcended individual tribes.

되어 목자가 문어귀에서 자기 양의 이름을 부를 때, 오직 그 목자의 음성을 아는 양만이 무리 중에서 빠져나와 목자를 따른다.[11] 이는 싱글리티를 지닌 개별 '단독자'들이 세상의 허망한 소음(싱글리즘적 편견)이 아닌, 그리스도의 고유한 부르심(vocation)에 반응하여 자신의 정체성을 찾아가는 과정을 의미한다. 여기서 중요한 것은 양들이 섞여 있는 '공동의 울타리'가 개별성을 말살하는 공간이 아니라, 오히려 서로의 생명을 보호하며 각자의 음성을 분별하게 하는 안전한 '에클레시아'였다는 점이다. 이는 한국의 두레 문화가 모내기나 물대기 등 집중적인 노동력이 필요한 시기에 개별 농가의 경계를 넘어 마을 전체가 하나의 노동 단위로 움직였던 것과 궤를 같이한다.

이러한 분별과 보호의 영성은 한국 전통 두레 문화의 '기치'(旗幟)와 '풍물'에서 그 상응점을 찾을 수 있다. 두레 공동체는 '두레기'를 앞세우고 풍물을 울리며 이동했는데, 이 소리는 마을 씨알들에게는 일치와 신명의 신호였고 외부의 침해에 대해서는 강력한 저항의 선언이었다. 유대 목자의 음성이 양들에게 생명의 이정표가 되었듯이, 두레의 가락은 소외된 개인을 공동의 노동과 축제로 불러모으는 '사회적 종소리'였다.[12] 함석헌이 강조한 '생각하는 백성'은 바로 이 소리를 분별할 줄 아는 존재들이다. 그들은 권력과 제도의 강압적인 목

---

11 Kenneth E. Bailey, *The Good Shepherd: A Thousand-Year Journey from Psalm 23 to the New Testament*, (Chicago: InterVarsity Press, 2014), pp. 192-195. The author conducts an in-depth analysis of the personal bond and discernment process between sheep and shepherd through the shared shepherding practices of the Middle East.

12 Joo Kang-hyun, *Dure: The Historical Structure of Community Formation*, (Seoul: Minseokwon, 2006), pp. 88-91. This study examines how Dure folk music performed a semiotic function beyond simple music, serving to confirm village boundaries and strengthen cohesion.

소리에 길들여지지 않고, 오직 진리의 음성(속알)에만 반응하며 공동체의 울타리를 지키는 주체적인 씨알들이다.[13]

이 두 문화의 핵심적인 공통점은 '사적 소유의 절대성'을 '공동체적 안녕' 아래에 두는 의도적 게마인샤프트(intentional gemeinschaft)의 실천에 있다. 유대인들의 공동 울타리는 양 한 마리의 손실을 그 주인만의 불행이 아닌 공동체 전체의 책임으로 간주하게 했으며, 두레의 마당은 일손이 부족한 홀로 된 이(싱글)나 빈곤층의 경작을 무상으로 돕는 환대의 공간이었다.[14] 이러한 전통은 본회퍼가 강조한 '그리스도로 매개된 신령한 공동체'의 구체적인 역사적 전형이라 할 수 있으며,[15] 함석헌이 주장한 '생각하는 백성'들이 자발적으로 연대하여 생명의 가치를 지켜내는 씨알 영성의 발로이기도 하다.

이러한 고대와 전통의 지혜를 바탕으로 현대 도시 교회에서 구현 가능한 '두레 모델'을 신학적으로 제언한다. 첫째, 현대 도시 교회가 지닌 혈연 중심의 폐쇄적 가족주의를 해체하고, 싱글과 기혼자가 영적으로 상호 책임지는 '종합적 목양 울타리'를 구축해야 한다. 이는 단순히 소그룹을 나누는 차원을 넘어, 경제적·정서적 위기 발생 시 공동체가 함께 짐을 지는 실천적 네트워크를 의미한다.[16] 몰트만(J.

---

13 Ham Seok-heon, *Only Thinking People Can Survive*, (Seoul: Hangilsa, 2009), pp. 115-117. Ham Seok-heon emphasizes that independent thinking, uninfluenced by external voices, is the vitality of the seed.

14 Kim Pil-dong, *The Communal Tradition in Korean Society*, (Seoul: Akanet, 2010), pp. 142-145. It examines how the philosophy of communal labor and shared distribution inherent in the Dure system served as a safety net protecting the socially vulnerable.

15 Dietrich Bonhoeffer, *Life Together*, (New York: Harper & Row, 1954), pp. 34-35.

16 Dietrich Bonhoeffer, *Life Together*, New York: Harper & Row, 1954, pp. 90-95. Bonhoeffer viewed the bearing of one another's burdens as an essential process for

Moltmann)이 제안한 '열린 우정'의 개념을 도시 교회의 행정 구조
에 도입하여, 가족이 없는 이들도 교회라는 거대한 '두레 울타리' 안
에서 안전을 보장받는 메시아적 안전망을 형성해야 한다.[17]

둘째, 공간의 활용을 사적인 영역에서 공동체적 '마당'의 영역으로
전환해야 한다. 도시 교회의 유휴 공간을 싱글리티를 지닌 이들과 지
역사회가 소통하는 '두레 마당'으로 개방함으로써, 교회가 성도들만
의 요새가 아닌 세상을 향한 환대의 거점이 되게 할 필요가 있다.[18] 여
기서 싱글 성도들은 목양의 객체가 아니라, 함석헌의 표현대로 스스
로 사유하고 행동하는 '주체적 씨알'로서 이 공동체적 환대를 기획하
고 주도하는 사역의 중심에 서야 한다.

결론적으로 한국 현대 도시 교회의 두레 모델은 유대 유목민의 공
동 울타리가 가졌던 '안전과 책임'의 영성과, 한국 두레가 가졌던 '노
동과 축제'의 영성을 융합한 형태여야 한다. 교회가 혈연 이기주의라
는 좁은 울타리를 걷어내고 그리스도를 유일한 목자로 모신 '하나의
거대한 울타리'로 거듭날 때, 비로소 싱글리티 시대의 고독은 공동체
적 풍요로 승화될 것이며, 한국 교회는 이 시대의 예언자적 에클레시
아로서의 본질을 회복하게 될 것이다.[19]

---

fulfilling the 'law of Christ'.

17 Jürgen Moltmann, *The Power of the Powerless*, (San Francisco: Harper & Row, 1983), pp. 104-106. Moltmann argues that the future of the church lies in a communal transformation that breaks free from power-centered hierarchical structures and where members call one another friends.

18 Jürgen Moltmann, *The Open Church*, (Philadelphia: Fortress Press, 1978), pp. 52-54.

19 Ham Seok-heon, *Korean History Viewed Through the Lens of Spirit*, (Seoul: Hangil-sa, 2003), pp. 312-315. Ham Seok-heon emphasizes that the essence of the Christian spirit lies in the oppressed people uniting to create a new history.

4부 •

제2의 종교개혁을 향한 항해

제9장
고난의 현장에서 피어난 에클레시아

　본 장은 현대 사회의 거대한 인구학적 파고인 '싱글리티'(singularity) 현상을 기독교 신학의 핵심적 가치로 수용하고, 이를 가로막는 교회의 구조적 모순인 '싱글리즘'(singlism)'을 해체하기 위한 신학적 개혁 방안을 모색하는 데 그 목적이 있다. 오늘날 한국 교회는 1인 가구의 급증이라는 물질적 토대의 변화에도 불구하고, 여전히 혼인과 핵가족을 신앙 성숙의 절대적 지표로 삼는 '문화 지체(cultural lag)' 현상에 함몰되어 있다. 이러한 정상 가족주의 이데올로기는 싱글 기독교인들을 존재론적 결핍 상태로 타자화하며, 그들의 삶을 주체적 소명이 아닌 사적인 돌봄이나 교정의 대상으로 전락시키는 신학적 실책을 범하고 있다.

　이에 본고는 세 명의 선구적 사상가—디트리히 본회퍼와 위르겐 몰트만 그리고 함석헌—의 신학적 통찰을 통해 싱글리티의 존재론적 정당성을 확보하고자 한다. 먼저 본회퍼의 '타자를 위한 존재'와 '단독자' 개념을 통해, 교회의 본질이 혈연적 유대감을 넘어 그리스도 앞에 홀로 선 개별자들의 역동적 연합체인 '에클레시아'(*ekklēsia*)에 있음을 논증할 것이다. 이어 몰트만의 '열린 우정'의 신학을 도입하여, 폐쇄적 가족주의를 극복하고 모든 지체가 그리스도 안에서 평등하게 연결되는 메시아적 공동체의 모델을 제시하고자 한다. 특히 한국적 실존의 맥락에서 함석헌의 '씨알 사상'은 본 연구의 논의를 심화시키는 결정적 토대가 된다. 함석헌이 강조한 '생각하는 백성'으로서의 씨알은 제도적 관습과 껍데기뿐인 교리에 저항하며, 자신의 실존을 '속알'로서 하나님 앞에 직접 세우는 주체적 존재이다. 싱글리티는 바로 이러한 씨알적 주체성이 가장 선명하게 드러나는 지점이며, 교회가 가족 이기주의라는 껍데기를 뚫고 참된 공동체성을 회복하게 하는 예언자적 기제이다.

정리하면 본 연구는 초대교회의 동정성 신학이 지녔던 종말론적 자유와 한국 전통 두레마을의 보편적 환대 정신을 현대적으로 회수(retrieval)함으로써, 싱글과 기혼자가 그리스도라는 단 하나의 기초 위에서 서로를 환대하는 '의도적 게마인샤프트'로서의 교회 개혁 지침을 제안할 것이다. 싱글리티는 교회가 직면한 위기가 아니라, 오히려 교회가 잃어버린 '카할(Qahal)'의 역동성을 회복하고 하나님 나라의 미래를 현재 속에서 선취하게 하는 거룩한 특이점임을 밝히고자 한다.

9.1. 고난 속에서 피어난 싱글리티와 공동체 사상

국경과 인종을 초월하여 이러한 신학자와 사상가의 이 땅에서의 현존은 곧 공동체의 역사가 되고 미래의 가이드라인이 되었다는 사실을 미리 파악하며 대처하는 교회는 사실상 존재하지 않는 것으로 보인다.

9.1.1. 디트리히 본회퍼: 타자를 위한 죽음

디트리히 본회퍼의 신학은 '안락한 상아탑'이 아닌 '게슈타포의 감옥'에서 완성되었다. 촉망받는 천재 신학자였던 그는 히틀러라는 반인륜적 범죄자의 출현 앞에 "미친 운전자가 모는 차에 치여 죽는 사람들을 돌보는 것보다, 그 운전자를 차에서 끌어내리는 것이 신앙적 의무"임을 천명하며 저항 운동에 투신한다. 그의 생애 마지막 순간, 플로센뷔르크 수용소(Flossenbürg Concentration Camp)의 교수대로 향하며 남긴 "이것은 끝이지만, 나에게는 생명의 시작이다."라는 고백은 그의 신학이 관념이 아닌 실존적 사건이었음을 증명한다.[1] 이 짧은 한마디에는 그의 신학적 신념과 삶의 태도가 고스란히 녹아 있다. 우선 죽음을 넘어서는 희망을 의미한다.

신학자로서 그는 육체적 죽음이 끝이 아니라 하나님 앞에서의 새로운 삶이 시작되는 관문이다. 또한 행동하는 신앙의 근거를 담고 있다. 그는 "악을 보고도 침묵하는 것은 악이다."라고 말하며 히틀러 암살 계획에 가담했다. 그의 죽음 앞에서의 당당함은 자신의 선택과 새로운 삶에 대한 확신에서 나왔다. 그리고 그는 교수대에 오르기 직전까지도 매우 평안하게 기도드렸고 그 모습 주위 삶들에게 깊은 감동을 주었다. 당시 본회퍼 근처에서 지낸 페인 베스트라는 사람은 그 당시 상황을 이렇게 회고한다:

본회퍼는 매우 겸손하고 부드러웠다. 그는 항상 지극히 작은 일 하나에

---

1   Eberhard Bethge, *Dietrich Bonhoeffer: A Biography*, rev. ed., (Minneapolis: Fortress Press, 2000), pp. 624-626.

도 기쁘고 행복해했다. 살아있다는 단순한 사실 하나만도 그에게 깊은 감사의 분위기를 가지게 하는 것 같았다. 나는 그와 같이 진실한 사람을 별로 만나보지 못했다.[2]

본회퍼에게 교회는 '세상 위에 군림하는 종교적 요새'가 아니라 '타자를 위해 존재하시는 그리스도' 그 자체였다. 그는 교회가 세상의 고통 한복판에서 타자를 위해 고난받을 때에만 비로소 참된 '에클레시아'가 될 수 있다고 주장했다. 그의 신학적 여정은 교회를 혈연과 종교적 위계라는 폐쇄적 게마인샤프트에서 해체하여, 그리스도의 부르심(qahal)에 따라 세상 속으로 파송되는 역동적인 공동체로 재정의하였다.[3]

본회퍼(Dietrich Bonhoeffer)의 신학적 유산은 현대의 싱글리티(singularity)를 '결핍'이나 '유예된 상태'가 아닌, 그리스도 앞에 선 가장 순수하고 역동적인 실존으로 재개념화하는 강력한 존재론적 근거를 제시한다. 본회퍼 신학의 중핵은 교회를 제도적 종교 조직이나 인간적 친밀감에 기초한 게마인샤프트(gemeinschaft)로 환원하지 않고, '타자를 위해 존재하시는 그리스도'가 공동체로서 실존하는 사건(*Christus als Gemeinde existierend*)으로 정의하는 데 있다.[4]

---

2 Young-chul Tak, The Power of Singles (Seoul: Happy & Books, 2020), p. 272.

3 Dietrich Bonhoeffer, *Letters and Papers from Prison*, ed. Eberhard Bethge, (New York: Macmillan, 1971), pp. 381-383. Bonhoeffer left behind the famous proposition in a letter written from prison: "The church is only the church when it exists for others."

4 Dietrich Bonhoeffer, *Sanctorum Communio: A Theological Study of the Sociology of the Church*, ed. Clifford J. Green, trans. Reinhard Krauss and Nancy Lukens, (Minneapolis: Fortress Press, 1998), pp. 121-125. Bonhoeffer asserts that the church is not merely a collection of believers but 'Christ existing as a community,'

이러한 정의는 교회의 구성 원리가 혈연이나 혼인이라는 세속적 매개에 의존하는 것이 아니라, 오직 그리스도의 현존과 그분의 부르심에 있음을 명시한다.

본회퍼의 교회론에서 싱글리티와 가장 밀접한 연관성을 지니는 개념은 바로 '단독자'(der einzelne)로서의 부르심이다. 그는 자신의 저서 『나를 따르라』(*Follow Me*)를 통해 그리스도의 소명이 인간을 기존의 모든 직접적인 사회적 관계(가족, 국가, 민족)로부터 분리하여 오직 주님 앞에 홀로 세우는 사건임을 역설한다.[5] 이는 싱글의 삶이 배우자라는 보충적 존재를 통해 비로소 완성을 향해 나아가는 '미완의 과정'이 아니라, 부르심의 순간 이미 그리스도 안에서 온전하고 독립적인 주체성을 획득하고 있음을 시사한다. 따라서 본회퍼의 신학 체계 안에서 싱글리티는 공동체의 주변부가 아니라, 그리스도와의 직접적 연합을 가장 선명하게 증거하는 신앙적 핵심 지점으로 격상된다.

나아가 본회퍼가 감옥에서 고찰한 '비종교적 기독교'와 '대리적 책임'의 윤리는 싱글리티가 지닌 사회적 소명을 예언자적 차원에서 조명한다. 그는 교회가 자기 보존의 본능에 함몰되어 가족주의적 폐쇄성으로 흐르는 것을 '심리적 공동체'의 위험성으로 경계하였다. 본회퍼(Dietrich Bonhoeffer)는 그의 저서 『성도의 공동생활』(*Life Together*)에서 기독교 공동체의 본질을 규명하기 위해 두 가지 개

---

thereby emphasizing the church's social reality.

5　Dietrich Bonhoeffer, *Follow Me*, translated by Son Kyu-tae and Lee Shin-geon, (Seoul: The Christian Publishing House, 2010), pp. 118-120. Bonhoeffer asserts that "Jesus' call separates us from direct relationships with people," emphasizing that becoming a disciple is a decision made as a solitary individual.

념, 즉 '심리적 공동체'(seelische gemeinschaft)와 '신령한 공동체'(geistliche gemeinschaft)를 엄격히 구분한다. 이 구분은 교회가 인간적인 감정이나 친목에 기반한 집단인지, 아니면 그리스도에 의해 매개된 영적 실재인지를 가르는 핵심적인 잣대가 된다.[6]

'심리적 공동체'(seelische gemeinschaft)는 어원인 'psyche'(혼/심리)에서 알 수 있듯이, 이는 인간의 본능적인 욕구, 감정, 심리적 일치에 기반한 모임이다. 따라서 인간적인 애착, 비슷한 취향, 정서적 유대감, 혹은 강력한 지도자의 카리스마에 대한 열광에 기반을 둔다. 타자를 있는 그대로 보지 않고, 내가 원하는 모습으로 소유하거나 지배하려 한다. 여기서 '나'와 '너' 사이의 직접적인 감정적 충돌이 일어나며 서로를 자신의 심리적 욕구를 채우는 도구로 삼기 쉽다. 겉으로는 뜨겁고 친밀해 보이지만, 실제로는 인간적인 탐욕(eros)이 지배하는 공동체이다. 본회퍼는 이를 '어둠의 사귐'이라 경고하며, 인간의 감정이 식으면 공동체도 함께 무너진다고 보았다.

'신령한 공동체'(geistliche gemeinschaft)는 'pneuma'(영/성령)에 기반한 공동체로, 오직 예수 그리스도를 통해서만 맺어지는 사귐이다. 그 기반은 인간의 감정이 아닌 '하나님의 말씀'과 '하나님의 부르심'이다. 항상 타자와 나 사이에 그리스도가 중보자로 계신다. 따라서 나는 타자를 직접적으로 소유하거나 조종하려 하지 않고, 그리스도께서 그를 위해 죽으셨다는 사실 안에서 그를 자유롭게 놓아둔

---

6 Dietrich Bonhoeffer, *Life Together*, trans. John W. Doberstein, (New York: Harper & Row, 1954), pp. 31-35. Bonhoeffer strictly distinguishes between a community based on human affection and psychological harmony (seelische Gemeinschaft) and a community mediated by Christ in the Holy Spirit (geistliche Gemeinschaft).

다. 여기에는 인간적 매력이나 조건이 개입할 자리가 없다. 내가 저 사람을 사랑하는 이유는 그가 매력적이어서가 아니라, 그리스도께서 나를 사랑하신 것처럼 그도 사랑하시기 때문이다.

싱글리티는 가부장적 가계 계승이나 핵가족의 이기주의적 담론으로부터 상대적으로 자유로운 위치를 점유하기 때문에, 본회퍼가 강조한 '세상의 한복판에서 고난받는 타자를 향해 나아가는 삶'을 실천하기에 가장 적합한 영적 태세를 갖춘다. 즉, 싱글리티는 가족이라는 협소한 울타리를 넘어 세계 전체를 교회의 지평으로 확장하는 '우주적 우정'과 '대리적 책임'을 수행하는 주체가 된다.

본회퍼의 신학은 싱글리티를 향한 교회의 시선을 '치유와 교정'에서 '존중과 소명'으로 전환할 것을 강력히 촉구한다. 그리스도께서 각 사람을 개별적인 단독자로 부르셨다는 사실은 혼인 여부가 영적 성숙이나 공동체적 지위를 결정짓는 기준이 될 수 없음을 단언한다.[7] 본회퍼의 사상에 근거할 때, 싱글리티는 교회를 혈연 중심의 폐쇄적 질서에서 해방시켜 그리스도의 고난에 동참하는 '신령한 공동체'로 변혁시키는 거룩한 동력이 된다.

9.1.2. 위르겐 몰트만: 포로수용소의 절망에서 발견한 희망의 하나님

---

7 In his unfinished manuscript Ethics, Bonhoeffer explains the 'Mandates' that define human life, clarifying that each Mandate (labor, marriage, government, church) bears direct responsibility before God and is mutually complementary. This means that a specific Mandate, such as marriage, cannot subordinate other Mandates or an individual's existential value. See Dietrich Bonhoeffer, Ethics, (New York: Macmillan, 1955), pp. 207-210.

위르겐 몰트만의 신학적 출발점은 2차 세계대전 당시 영국군 포로 수용소에서의 처절한 경험이었다. 전쟁의 패배와 조국이 저지른 홀로코스트의 죄책감 속에서 절망하던 청년 몰트만은 시편 22편의 "나의 하나님, 나의 하나님, 어찌하여 나를 버리셨나이까?"라는 구절에서 자신과 함께 고통받으시는 '십자가에 못 박히신 하나님'을 만난다.[8] 이 극적인 만남은 그의 평생 과업인 '희망의 신학'과 '정치적 에클레시아'의 근간이 되었다.

그의 생애는 과거의 전통에 묶여 있는 교회를 미래의 희망, 즉 다가올 하나님 나라를 향해 개방된 공동체로 변혁하는 여정이었다. 몰트만에게 교회는 단순히 신자들의 집합소가 아니라, 성령의 능력 안에서 세상의 불의와 고통에 저항하며 하나님의 미래를 현재로 앞당겨 사는 '메시아적 공동체'이다. 그는 교회가 폐쇄적인 가족주의를 넘어 '열린 우정'의 공간이 되어야 함을 강조하며, 사회적 약자와 소외된 자(싱글 포함)들이 이 우정의 핵심 지체가 되어야 한다고 역설했다.[9]

이와 같이 위르겐 몰트만(Jürgen Moltmann)의 신학은 고통받는 현장에서 발견된 '희망'과 그 희망을 공유하는 '메시아적 공동체'의 역동성에 기초한다. 그의 신학적 사유는 싱글리티(singularity)를 사회적 기능의 결핍이나 불완전한 상태가 아닌, 다가올 하나님 나라를 현재 속에서 선취(prolepsis)하여 보여주는 종말론적 표징으로 재해

---

8   Jürgen Moltmann, *The Crucified God*, trans. R. A. Wilson and John Bowden, New York: Harper & Row, 1974, pp. 1-4. Moltmann reveals through his autobiographical confession that his theology is a 'theology of the field' born in the midst of suffering.

9   Jürgen Moltmann, *The Church in the Power of the Spirit*, trans. Margaret Kohl, (New York: Harper & Row, 1977), pp. 64-65.

석할 수 있는 신학적 지평을 제공한다. 그리고 몰트만 신학의 출발점은 십자가에서 죽임당한 그리스도 안에서 고통받는 자들과 연대하시는 하나님의 '희망'에 있다. 그는 교회를 단순히 과거의 전통을 보존하는 정적인 제도가 아니라, 성령의 능력 안에서 미래를 향해 개방된 '메시아적 공동체'로 정의한다.[10] 이러한 관점에서 싱글리티는 중차대한 신학적 위치를 점유한다. 몰트만은 기독교인이 이 세상의 자연적인 질서인 혈연, 가문, 종족에 종속되지 않고, 그리스도를 통해 새로운 가족 관계 안으로 편입되었음을 강조한다.[11] 이는 싱글의 실존이 결혼을 위한 '대기 상태'가 아니라, 그 자체로 하나님의 새로운 가족 질서를 선포하는 종말론적 실존임을 의미한다.

특별히 몰트만이 제시한 '열린 우정'(open friendship)의 개념은 싱글리티를 포용하는 교회론의 정수를 보여준다. 그는 전통적인 가족주의가 교회를 폐쇄적인 집단으로 변질시킬 위험을 경계하며, 예수 그리스도가 보여주신 사랑의 모델은 혈연을 넘어선 '친구됨'에 있다고 주장한다.[12] '우정'은 혼인이나 혈연처럼 의무나 생물학적 본능에 결속된 관계가 아니라, 자유로운 인격적 선택과 하나님 나라에 대한 공통의 희망에 기반한 영적 결합이다. 따라서 싱글리티를 지닌 지체들은 교회의 부수적 존재가 아니라, 오히려 교회가 혈연 중심의 이

---

10 Jürgen Moltmann, *The Church in the Power of the Spirit: A Contribution to Messianic Ecclesiology*, pp. 64-66.

11 Jürgen Moltmann, *Theology of Hope*, translated by Lee Shin-geon, (Seoul: The Christian Publishing House, 2002), pp. 142-145. Moltmann emphasizes that becoming a new creation in Christ relativizes the existing social and biological order.

12 Jürgen Moltmann, *The Open Church*, trans. M. Douglas Meeks, (Philadelphia: Fortress Press, 1978), pp. 50-55. Moltmann views 'friendship' as the freest and most mature form of Christian love, emphasizing that the church must become a 'community of friends'.

기주의를 탈피하여 보편적인 '하나님 나라의 가족'으로 확장되게 하는 핵심적인 동력이 된다.

나아가 몰트만의 종말론적 시각에서 싱글리티는 '하나님 나라의 선취'라는 예언자적 사명을 갖는다. 싱글은 이 세상의 가시적인 재생산 질서(혼인과 출산)에 전적으로 의존하지 않으면서도, 영적 유대와 환대를 통해 풍성한 생명을 잉태할 수 있음을 증명하는 존재이다. 이는 "부활 때에는 장가도 아니 가고 시집도 아니 가고 하늘에 있는 천사들과 같으니라"(마 22:30)는 복음의 선언을 현재의 시간 속에서 구현하는 삶이다.[13] 몰트만에게 있어 교회는 이러한 싱글들의 삶을 '결핍'으로 규정하는 세속의 가치관에 저항하며, 그들을 '하나님 나라의 특별한 증언자'로 환대하는 해방의 공간이어야 한다.

결국 몰트만의 신학은 싱글리티를 교회의 구조적 난제가 아닌, 교회를 더욱 교회답게 만드는 '메시아적 우정의 꽃'으로 전환한다. 교회가 혈연 중심의 폐쇄적 게마인샤프트를 넘어 몰트만이 역설한 열린 우정의 공동체로 나아갈 때, 싱글과 기혼자가 차별 없이 어우러져 하나님이 뜻하시는 미래를 함께 일구는 참된 에클레시아(Ekklēsia)로 거듭날 수 있을 것이다.

9.1.3. 함석헌의 사상을 통한 한국적 교회 개혁의 심화

함석헌 선생의 '씨알 사상'과 '고난의 역사' 철학은 한국 교회의 제

---

13 Jürgen Moltmann, *The Coming of God: Christian Eschatology*, trans. Margaret Kohl, (Minneapolis: Fortress Press, 1996), pp. 243-247. Moltmann explains the unique symbolic significance inherent in marriage and celibacy from an eschatological perspective, particularly valuing the testimonial value of celibacy (singleness) for the 'world to come'.

도적 경직성과 가족 이기주의를 타파할 수 있는 강력한 죽비(竹篦)가 된다. 특히 『생각하는 백성이라야 산다』와 『역사가 지시하는 우리의 사명』에 담긴 '생각하는 힘'과 '고난의 사명'을 앞서 논의한 싱글리티 담론에 결합하여 한국 교회를 향한 개혁을 추구할 필요가 있다.

함석헌은 『생각하는 백성이라야 산다』에서 스스로 생각하기를 포기하고 제도와 권력에 길들여진 민중을 비판했다. 그는 '생각하는 사람만이 참으로 살 수 있다'고 역설하며, 외부에서 주어지는 교리와 관습에 맹목적으로 순종하는 것이 아니라 주체적인 '생각'을 통해 진리에 도달할 것을 촉구했다.[14] 이러한 관점은 한국 교회가 강요하는 '정상 가족주의' 담론에 직격탄을 날린다. 교회는 싱글들에게 '왜 결혼하지 않는가?'라는 제도적 질문을 던지기 전에, 각 개인이 하나님 앞에서 단독자로서 자신의 실존을 어떻게 '생각'하고 있는지 존중해야 한다. 함석헌의 표현을 빌리자면, 싱글 기독교인은 교회가 정해 놓은 생애주기에 끼워 맞춰진 부속품이 아니라, 스스로의 삶을 신앙 안에서 사유하고 개척하는 '생각하는 씨알'이 되어야 한다. 교회의 개혁은 성도들을 생각하지 않는 '신도'로 만드는 것이 아니라, 주체적으로 고뇌하는 '씨알'로 깨우는 데서 시작된다.

또한 『역사가 지시하는 우리의 사명』에서 함석헌은 한국 역사를 '고난의 역사'로 규정하면서도, 그 고난 속에 인류를 구원할 거룩한 사명이 숨겨져 있다고 보았다.[15] 그에게 고난은 제거해야 할 불행이

14　Ham Seok-heon, *Only Thinking People Can Survive*, (Seoul: Hangilsa, 2009), pp. 45-48. Through this essay, Ham Seok-heon sharply criticized the blind conformity and absence of critical thinking in Korean society after the Korean War.

15　Ham Seok-heon, *Korean History Viewed Through Its Spirit*, (Seoul: Hangilsa, 2003), pp. 312-315. "The Mission History Points to for Us" is the core theme forming the

아니라, 진리에 도달하기 위해 통과해야 할 필수적인 관문이다. 현대 한국 교회가 싱글의 고독을 '해결해야 할 불행'이나 '치유가 필요한 결핍'으로 보는 것은 함석헌의 고난 철학에 비추어 볼 때 지극히 세속적이다. 싱글리티가 마주하는 고립과 소외는 오히려 가족 이데올로기에 매몰된 한국 사회를 일깨우는 '거룩한 고난'의 자리가 될 수 있다. 싱글은 가족이라는 울타리에 안주하지 않기에 오히려 더 넓은 세계의 고통에 공명할 수 있는 '사명적 위치'에 서 있다. 함석헌이 말한 역사의 사명은 가족을 넘어 인류 전체를 형제와 자매로 껴안는 '씨알의 일체감'에 있으며, 이는 본회퍼와 몰트만이 지향했던 '타자를 위한 존재' 및 '우정의 공동체'와 정확히 공명한다. 함석헌 선생의 사상을 토대로 한 추가적인 개혁 지침은 다음과 같다.

첫째, '껍데기 신앙'을 벗고 실존적 '속알(씨알)'을 회복하라. 교회는 결혼 여부나 직분 같은 껍데기로 사람을 판단하는 '싱글리즘'을 회개해야 한다. 함석헌은 참된 것은 껍질이 아니라 그 안의 '속알'에 있다고 보았다. 성도는 누군가의 배우자나 부모이기 전에 하나님 앞에 홀로 선 씨알이다. 한국 교회는 외적인 가족의 형태가 아닌, 그 영혼의 '속알'이 하나님과 어떻게 소통하고 있는지를 사역의 중심으로 삼아야 한다. 둘째, 고난을 환대하는 '씨알 공동체'를 구축하라. 한국 교회가 추구해온 '축복과 번영'의 복음은 고난받는 싱글들을 배제해왔다. 이제 교회는 고난을 사명으로 끌어안았던 두레마을과 씨알의 정신을 회복하여, 외로움과 투쟁하는 싱글들의 고통을 공동체의 '거룩한 고난'으로 함께 짊어져야 한다. 고난 속에서만 참된 사명이 지

---

concluding discourse of this book.

시되듯, 싱글리티의 외로움은 교회가 '끼리끼리'의 모임을 넘어 '우주적 우정'으로 나아가게 하는 역사의 부름이다.[16]

9.1.4. 한국 교회 개혁의 가이드라인

본회퍼와 몰트만의 생애적 통찰 그리고 씨알 사상을 결합할 때, 현대 교회가 지향해야 할 구체적인 개혁 가이드라인이 다음과 같이 도출된다. 첫째, '타자를 위한 존재'로서의 정체성 회복이다(본회퍼 원리). 교회는 스스로의 안녕과 교인 수의 증가라는 '자기 보존적 게셀샤프트'의 속성을 폐기해야 한다. 특히 정상 가족 서사에 부합하지 않는 싱글들을 목회적 대상으로 객체화하는 대신, 그들이 세상 속에서 단독자로서 수행하는 고유한 헌신을 교회의 본질적 사역으로 인정해야 한다. 따라서 교회의 예산과 조직은 내부의 가족적 친목이 아닌, 세상의 고통받는 자들과 소외된 이들을 향해 전면적으로 재배치되어야 한다. 둘째, '열린 우정'을 통한 가족 이데올로기의 해체이다(몰트만 원리). 교회는 혈연과 혼인 중심의 폐쇄적 게마인샤프트를 해체하고, 성령 안에서 모든 이가 평등하게 연결되는 '메시아적 우정의 공동체'로 거듭나야 한다. 싱글리티를 지닌 성도들을 '미성숙한 존재'로 낙인찍는 담론적 폭력을 중단하고, 혼인 여부와 상관없이 하나님 나라의 희망을 함께 공유하는 '우정의 정치'를 교회 구조 내에 정착시켜야 한다. 셋째, 종말론적 단독자로서의 부르심(Qahal) 강화이다. 교회는 성도 개개인을 '가족의 일원'으로만 규정하기보다, 하나님 앞에

---

16 Park Jae-soon, *Philosophy and Religious Thought of Ham Seok-heon*, (Seoul: Knowledge Industry Press, 2005), pp. 201-205.

선 '단독자'로서의 소명을 일깨워야 한다. 싱글들이 겪는 문화적 지체와 싱글리즘에 맞서, 초대교회의 동정성 신학이 가졌던 저항적 에너지를 회수함으로써 교회가 세상의 지배적 가치관(정상 가족주의)에 매몰되지 않도록 신학적 타당성 구조를 재구축해야 한다.[17] 넷째, 속알이 가득한 씨알을 배출해야 한다(함석헌의 원리). 씨알은 주체성을 가진 민중을 의미하며 속알은 씨알이 갖춰야 할 내면적 가치를 뜻한다. 싱글은 주변화된 객체의 상태에서 벗어나서 하나님의 뜻으로 가득한 주체가 되어야 한다. 속 빈 강정은 결국 환경과 다른 사람에 의하여 휘둘리는 존재가 될 수밖에 없다.

9.2. 한국교회의 가족 중심주의의 탈중심화와 싱글의 재중심화

한국 교회가 직면한 '싱글리티'라는 시대적 도전은 목회적 배려의 차원을 넘어, 교회론의 근본적인 패러다임 전환을 요구한다. 본고는 본회퍼, 몰트만 그리고 함석헌의 사상을 교차시킴으로써, 기존의 가족 중심주의에서의 탈중심화(Decentralization)와 싱글의 공동체적 재중심화(Recentralization)를 골자로 한 교회 개혁 지침을 제안하고자 한다.

9.2.1. '정상 가족' 담론의 탈중심화: 혈연에서 씨알로

한국 교회의 가장 강고한 타당성 구조인 '정상 가족주의'는 함석헌

---

17 Jana Marguerite Bennett, *Singleness and the Church*, p. 188. Bennett synthesizes Bonhoeffer and Moltmann's theories of community, proposing a "theology of friendship" as an alternative where singles and married individuals complement each other's limitations and bear witness to the future of God's kingdom.

의 씨알 사상에 비추어 볼 때 반드시 해체되어야 할 '껍데기'이다. 함석헌은 제도나 관습, 혈연과 같은 외적 조건에 매몰된 신앙을 '종교의 시체화'로 규정하며, 오직 하나님 앞에 단독자로 서는 '속알'의 주체성을 강조했다.[18] 교회 개혁의 첫걸음은 교회를 가족 단위의 집합소로 보는 협소한 시각에서 벗어나, 혼인 여부와 상관없이 각 성도를 독립적인 '씨알'로 대우하는 인식의 탈중심화에 있다. 이러한 탈중심화는 본회퍼가 경계했던 '심리적 게마인샤프트(seelische Gemein-schaft)'를 파괴하는 작업이기도 하다. 비슷한 가족 배경을 가진 이들 간의 정서적 유대를 '은혜'로 포장하는 관행을 중단하고, 하나님의 말씀이라는 단 하나의 기초 위에 세워지는 '신령한 공동체(geistliche Gemeinschaft)'로 회귀해야 한다:

혼적인 공동체는 인간의 욕망과 어두운 충동의 결합이지만, 신령한 공동체는 성령 안에서 그리스도의 부르심에 순종하는 이들의 사귐이다. 전자는 사람을 속박하지만, 후자는 사람을 자유롭게 한다.[19]

가족이 공동체의 중심이 아니라, 그리스도라는 단 하나의 중심 앞에 선 만인이 평등한 '단독자'임을 선포할 때 한국 교회는 비로소 세

---

18 Ham Seok-heon, *Only Thinking People Can Survive*, pp. 52-55. Ham Seok-heon urges a spirituality that pierces through the illusion of institutions, stating, "The shell must go, leaving only the kernel (seed)."

19 Dietrich Bonhoeffer, *Gemeinsames Leben*, **DBW** Bd. 5, hrsg. von Gerhard Ludwig Müller und Albrecht Schönherr (Gütersloh: Kaiser, 1987), S. 31-33. According to Bonhoeffer, the spiritual community is a community of 'indirect relationships' established not through direct bonds between humans, but solely through the 'third mediator' that is Jesus Christ.

속적 이익사회(Gesellschaft)의 속성을 탈피할 수 있다. 본회퍼의 공동체론에서 '직접적 관계'와 '간접적 관계'는 '혼적인 것'과 '신령한 것'을 나누는 가장 결정적인 잣대이다. **직접적 관계(Direct Relationship/Unmittelbare Gemeinschaft)**는 인간의 감정, 열정, 심리적 매력 혹은 비슷한 배경(혈연, 지연, 학벌)에 기반하여 사람과 사람이 **일대일로 직접 충돌하거나 결합**하는 상태이다. 나(I)와 너(Thou) 사이에 아무런 중보자가 없기 때문에, 강한 자가 약한 자를 심리적으로 지배하거나 소유하려 한다. 본회퍼는 이를 '혼적인 사랑'(seelische Liebe)'이라 부르며, 이것이 결국 공동체를 우상숭배나 전체주의로 몰아넣는다고 경고한다. **간접적 관계(In-direct Relationship/Vermittelte Gemeinschaft)는** 나와 너 사이에 반드시 '예수 그리스도'라는 제3의 중보자가 계시는 상태이다. 나는 상대방을 내 방식대로 판단하거나 바꾸려 하지 않고, 그리스도께서 그를 위해 죽으셨다는 사실을 먼저 받아들인다. 즉, **그리스도를 통해서만** 상대에게 다가가고 따라서 상대방의 독립성과 타자성을 온전히 존중한다. 이것이 본회퍼가 말한 진정한 '신령한 공동체'의 모습이다. 그러므로 본회퍼는 기독교적 사귐이 인간적인 친밀함이나 정서적 일체감이라는 '직접적 관계'에 매몰되는 것을 단호히 거부한다. 진정한 공동체는 오직 예수 그리스도를 중보자로 삼는 '간접적 관계' 위에서만 성립된다. 이러한 관계 속에서 그리스도인은 상대방을 자신의 욕망이나 영향력 아래 두려 하지 않고, 그리스도의 말씀 아래 있는 자유로운 존재로 대하게 된다.[20]

---

20 Dietrich Bonhoeffer, *Life Together*, trans. John W. Doberstein, (New York: Harper

9.2.2. 싱글의 재중심화: 메시아적 우정의 주체

탈중심화된 자리에 새롭게 세워져야 할 원리는 몰트만이 역설한 '열린 우정'이다. 싱글리티는 교회의 주변부나 보조적인 인력이 아니라, 교회를 혈연 이기주의로부터 해방하는 '재중심화된 주체'가 되어야 한다. 몰트만의 관점에서 싱글은 다가올 하나님 나라의 질서를 현재 속에 선취하여 보여주는 '종말론적 표징'이다.[21] 따라서 싱글 성도들이 지닌 자율성과 네트워크 역량은 교회의 선교적 지평을 지역사회와 세계라는 광의의 우정으로 확장하는 핵심 동력이 된다. 싱글의 재중심화는 제도적 혁신을 동반해야 한다. 교회 내 의사결정 기구에 싱글 성도의 참여를 보장하고, 모든 예배와 교육 프로그램이 '정상 가족'의 문법으로만 서술되지 않도록 담론의 구조를 재편해야 한다. 함석헌이 『생각하는 백성이라야 산다』에서 주장했듯이, 싱글리티를 지닌 씨알들이 스스로의 실존을 사유하고 공동체의 미래를 기획하는 '주체'로 설 때, 한국 교회는 비로소 역사적 사명을 자각한 신앙인으로 거듭날 수 있다.[22]

9.2.3. 두레 영성을 통한 '의도적 게마인샤프트'의 구현

결론적으로 한국 교회의 개혁은 가족이라는 폐쇄적 원을 지우고,

& Row, 1954), pp. 31-35. Bonhoeffer defines human direct kinship as 'spiritual,' emphasizing that "Christ stands as the mediator between my brother and me. Without Christ, I cannot know my brother, and without Christ, I cannot approach my brother."

21　Dietrich Bonhoeffer, *Life Together*, pp. 31-33. Bonhoeffer sternly warns that communities founded on human affection can hinder fellowship with Christ.

22　Jürgen Moltmann, *The Church in the Power of the Spirit*, (New York: Harper & Row, 1977), pp. 114-116.

그리스도를 향한 '우정의 망'(Network)을 짜는 과정이다. 이는 한국적 공동체 유산인 '두레'의 정신과 맞닿아 있다. 두레는 혈연을 넘어선 상부상조와 환대를 통해 소외된 자 없는 공동체를 지향했다. 한국교회는 본회퍼의 '단독자 소명', 몰트만의 '메시아적 우정', 함석헌의 '주체적 씨알'을 융합하여, 싱글과 기혼자가 차별 없이 어우러지는 '의도적 게마인샤프트'를 구현해야 한다.[23] 싱글리티의 회복은 단순히 소외된 계층을 돌보는 자선이 아니라, 교회가 잃어버린 '참된 에클레시아'의 알맹이를 되찾는 거룩한 저항이다. 다음 장에서는 마지막으로 한국교회의 실존적 변화를 위한 싱글 신학을 정립하고 가장 한국적인 교회 개혁의 구체적인 모델을 제시하려고 한다.

---

23 Park Jae-soon, *Philosophy and Religious Thought of Ham Seok-heon*, pp. 201-203.
The author elaborates on how the harmony between individuality and wholeness
inherent in the seed-grain philosophy contributes to modern democracy and com-
munity theory.

제10장
한국 교회의 실존적 변화를 위한
싱글 신학

초대교회부터 종교개혁이후까지 싱글 신학의 변천에 따른 회수 과정을 거치며 현대 교회에의 적용을 위한 싱글 신학을 구성하는 것은 본 논문에서 피할 수 없는 과제이다. 이에 한스 큉과 옥한흠의 교회론에 근거하여 오늘날 위기에 직면한 한국교회를 위한 싱글 신학을 정립하고 가장 한국적인 개혁 모델을 제시하려고 한다.

현대 사회의 인구 구조 변화 중 가장 두드러진 특징은 1인 가구의 급증과 이른바 '싱글(Single)' 계층의 확산이다. 통계청 자료에 따르면 한국 사회의 1인 가구 비중은 이미 전체 가구의 40%를 상회하고 있으며, 이는 비단 미혼뿐만 아니라 비혼, 사별, 이혼 등 다양한 형태의 싱글 사후적·선택적 삶을 포괄한다. 그러나 이러한 사회적 흐름에도 불구하고 한국 교회는 여전히 '정상 가족' 담론에 기반한 가족 중심적 목회 구조에 머물러 있다.[1] 이로 인해 교회 내 싱글 성도들은 공동체의 주변부로 밀려나거나, 결혼을 통해 완성되어야 할 '미완의 존

---

1   https://www.amennews.com/news/articleView.html?idxno=30933. It points out the reality that most programs in Korean churches are structured as 'family packages' centered on couples and children, leaving singles feeling marginalized.

재'로 타자화되는 경향을 보인다.

이러한 문제의식 속에서 본 연구는 현대 신학의 거두인 한스 큉(Hans Küng)과 한국 교회의 실천적 목회 신학을 정립한 옥한흠의 교회론을 주목한다. 한스 큉은 교회의 제도적 위계주의를 비판하며 '하나님 백성'의 본질적 평등과 '보편적 사제직'을 강조하였다.[2] 한편, 옥한흠은 '제자훈련'을 통해 평신도를 단순한 목양의 대상이 아닌 세상으로 보냄 받은 '주체적 제자'로 재정립하였다.[3] 따라서 두 신학자의 교회론적 접점을 통해 싱글을 가정이라는 틀에 묶인 존재가 아닌, 그리스도의 몸 된 교회를 구성하는 독립적이고 온전한 주체로 세우는 신학적 작업이 절실히 요구된다.

따라서 본 연구의 목적은 이미 살펴본 싱글 신학의 회수 작업과 한스 큉의 교회론 그리고 옥한흠의 제자도 철학을 고찰하여 현대 교회 내 싱글들을 위한 신학적 정체성을 확립하고 이들을 위한 사역적 대안을 제시하는 데 있다. 구체적인 목적은 다음과 같다. 첫째, 한스 큉의 보편적 사제직(칼뱅의 만인 제사장설) 관점에서 싱글 **기독교인이** 지닌 신학적 권위와 오늘날 교회를 위한 고유의 은사를 재발견한다. 둘째, 옥한흠의 제자훈련론을 바탕으로 싱글의 삶의 양식이 하나님 나라를 향한 헌신과 소명에 어떻게 최적화될 수 있는지를 논증한다.

2　Hans Küng, *The Church*, trans. Ray and Rosaleen Ockenden (London: Burns & Oates, 1967), 363-365. He emphasizes that all Christians possess direct priestly authority before God, based on New Testament grounds.

3　Ok Han-heum, *Awakening the Laity: Practical Principles of Discipleship Training* (Seoul: International Discipleship Training Institute, 1984), 45-47. Ok Han-heum defines the essence of the church as both a 'community called out' from the world and a 'community sent out' into the world, emphasizing the vocational subjectivity of the laity.

셋째, 이를 통해 가족 중심적 교회 구조를 넘어선 '영적 가족'으로서의 공동체성 회복 방안을 모색하고자 한다.

본 챕터는 문헌 연구 방법(literature review)을 중심으로 진행된다. 한스 큉의 저서 중 특히 『교회론』(*Die Kirche*)를 중심으로 그의 초기 교회론에 나타난 평등 공동체 정신을 분석하며, 옥한흠의 『평신도를 깨운다』와 관련 설교집을 통해 그가 주창한 평신도 주체성 신학을 고찰한다.

연구의 범위는 다음과 같이 한정한다. 첫째, 싱글의 개념을 미혼에 국한하지 않고 비혼과 이혼 그리고 사별을 포괄하는 포괄적 범주로 다루되, 신학적 논의의 초점은 이들의 '교회론적 지위'에 맞춘다. 둘째, 한스 큉의 신학에서는 제도적 교권주의에 대한 비판적 대안으로서의 '사역'에 집중하며, 옥한흠의 신학에서는 '제자도'의 선교적 역동성에 주목한다. 마지막으로 두 인물의 신학적 차이점보다는 '평신도 중심성'이라는 공통된 지향점을 추출하여 싱글 신학의 실천적 원리를 도출하는 데 주력할 것이다.

10.1. 한스 큉의 신학 사상과 교회론

한스 큉(Hans Küng, 1928-2021)은 현대 가톨릭 신학계에서 가장 논쟁적이면서도 영향력 있는 인물 중 한 명이다. 그의 신학 여정은 교회의 구조적 개혁에서 시작하여 기독교의 본질을 거쳐 말년에는 '종교 간의 평화'와 '세계 윤리'로 확장되었다. 한스 큉은 제2차 바티칸 공의회의 신학 고문으로서 교회의 현대화(*Aggiornamento*)를 주도했다. 그러나 그는 교황 무오성에 대한 비판으로 교수직을 박탈당한 후, 오히려 가톨릭이라는 울타리를 넘어 인류 전체가 공유할 수 있는 윤리적 토대를 모색하기 시작했다. 본 논문은 킹의 후기 사상인 '세계 윤리'가 현대 사회의 개인(싱글)과 인류 공동체에 어떤 신학적 지침을 제공하는지 고찰한다. 따라서 그의 신학 체계에서 '싱글'(single) 즉 '독신'의 문제는 단순히 가톨릭 교회의 사제 독신제도 비판에 국한되지 않는다. 그의 사상은 '하나님 앞에서의 인간적 자율성'과 '세계 윤리적 책임'이라는 두 축을 중심으로 현대 사회를 살아가는 1인 가구 및 싱글들에게 새로운 실존적 의미를 부여한다. 현대 사회는 급격한 가족 해체와 1인 가구의 증가를 경험하고 있다. 전통적인 가톨릭 신학이 혼인과 가정, 혹은 수도원적 독신만을 규범적 삶의 형태로 제시해 온 것과 달리, 한스 큉은 인간의 '인간다움(Huma-num)'을 신학적 제1원리로 삼는다. 그는 기독교 신앙이 개인의 삶의 형태와 상관없이 어떻게 보편적 인간성을 실현할 수 있는지 묻는다.

10.1.1. 사제 독신제 비판을 넘어선 '선택의 자유'

한스 큉은 그의 저서 『가톨릭 교회』(*Die katholische Kirche: Eine kurze Geschichte*)에서 의무적 독신제가 성경적 근거가 희박하며, 오히려 복음의 자유를 억압하는 구조로 작용해 왔음을 비판한다. 하지만 그의 비판은 단순히 '결혼의 허용'을 주장하는 데 그치지 않는다. 그는 인간이 자신의 삶의 방식을 스스로 결정하는 '양심의 자유'를 강조한다:

교회 안에서의 독신은 카리스마(은사)로서 받아들여져야지, 법적인 강제로 강요되어서는 안 된다. 인간은 하나님께서 주신 이성을 통해 자신의

삶을 기획할 권리가 있다.[4]

이러한 논리는 현대의 싱글들에게 중요한 신학적 토대를 제공한다. 싱글의 삶은 '결혼하지 못한 결핍'이 아니라, 하나님께서 허락하신 '자율적 삶의 한 양식'으로 격상된다. 한스 큉(Hans Küng)이 주장한 '선택의 자유'는 단순히 사제 개인의 권리 주장을 넘어 복음의 본질적 자유와 현대인의 주체성을 결합한 신학적 결단이다. 그는 독신(Celibacy)이 신앙적 은사(Charisma)가 될 수는 있지만, 법적 강제(Law)가 되어서는 안 된다고 보았다. 한스 큉이 독신제 비판을 넘어 '선택의 자유'를 강조한 이유는 크게 세 가지 신학적 근거에 기반한다. 첫째, 성경적·역사적 정당성의 부재이다. 그는 역사적 비판 신학의 관점에서 예수나 사도들이 독신을 보편적 법으로 제정한 적이 없음을 지적한다. 베드로를 비롯한 초기 교회의 지도자들은 기혼자였으며, 독신제는 11세기 이후 교회의 정치적·경제적(교회 재산 사유화 방지) 목적에 의해 강화된 '인간적 제도'일 뿐이라는 것이다.[5] 따라서 이를 '불변의 신적 법'에서 '가변적인 인적 법'으로 환원하여, 개인의 선택 영역으로 돌려주어야 한다고 주장했다. 둘째, 은사(charisma)로서의 독신이다. 그에게 독신은 하나님 나라를 위한 '특별한 선물'이지, 직무 수행을 위한 '자격 요건'이 아니다. 강제된 독신은 은사의 자발성을 훼손하며, 오히려 목회자의 정서적 고립과 이중생활이라는

4　Hans Küng, *Die katholische Kirche: Eine kurze Geschichte* (München: Siedler, 2001), p. 215.

5　Hans Küng, *Die katholische Kirche: Eine kurze Geschichte* (München: Siedler, 2001), p. 118. He analyzes the process by which celibacy was codified into law, starting with the First Lateran Council of 1123, as a shift in the power structure.

부작용을 낳는다고 보았다. '선택의 자유'를 보장할 때만이 독신을 선택한 이들의 삶도 진정으로 거룩한 증거가 될 수 있다. 셋째, 인간다움(Humanum)의 원리 때문이다. 그의 신학 제1원리인 '인간다움'에 비추어 볼 때, 종교적 의무가 인간의 기본적인 행복권(가족을 이룰 권리)을 근본적으로 침해한다면 그것은 더 이상 복음적이지 않다. 그는 신앙이 인간성을 억압하는 도구가 되어서는 안 된다고 확신했다.

10.1.2. 싱글의 은사성과 공동체적 기여

한스 큉의 신학적 지평에서 싱글의 삶은 단순한 개인적 선택이나 사회적 신분을 넘어, 교회의 본질적인 '자유'와 '봉사'를 증거하는 강력한 신학적 표징으로 이해된다. 킹은 교회를 단순히 제도적 조직이 아닌 '하나님 백성의 공동체'로 정의하며, 그 안에서 각 개인이 받는 다양한 은사(charisma)의 역동성을 강조한다.[6] 이러한 맥락에서 독신은 모든 기독교인에게 강요될 수 있는 법적 의무가 아니라, 공동체의 유익을 위해 성령이 부여하시는 특별한 은사로서 그 존재론적 가치를 지닌다.

우선, 큉의 신학에서 싱글리티(singleness)는 하나님 나라를 향한 '전적인 가용성'(total availability)을 상징한다. 킹은 그리스도의 제자직이 지닌 급진성을 논하면서, 독신자들이 가정이라는 실존적 울타리에 매이지 않음으로써 얻게 되는 영적 자유에 주목한다. 이 자유는 고립을 위한 자유가 아니라, 공동체의 결핍된 곳을 채우고 소외된

---

6 Hans Küng, *The Church*, trans. Ray and Rosaleen Ockenden (New York: Sheed and Ward, 1967), 179-181. Küng emphasizes that the gifts of the Holy Spirit are distributed diversely not only among ministers but throughout the entire community.

이들을 돌보는 사역에 자신을 온전히 투신할 수 있게 하는 '사역적 자유'이다.[7] 즉, 싱글은 교회 내에서 특정 가족 단위의 이기주의를 넘어 전체 공동체를 가족으로 품는 보편적 사랑의 가능성을 실천적으로 보여주는 존재이다.

또한, 한스 큉은 독신의 은사가 지닌 '비판적 거리두기'의 기능에 주목한다. 그는 교회가 세속적 가치나 가부장적 질서에 과도하게 동화되는 것을 경계했는데, 독신자들의 삶은 지상의 혈연 중심적 질서가 절대적이지 않음을 몸소 증명하는 종말론적 대안이 된다.[8] 싱글들은 결혼과 출산이라는 인간의 보편적 생산성이 구원의 조건이 아님을 선포함으로써, 교회가 오직 하나님의 은혜에만 기초하고 있음을 상기시킨다. 이는 교회가 현세의 제도에 안주하지 않고 끊임없이 개혁되어야 한다는 킹의 '교회 개혁론'과도 맥을 같이 한다.[9]

결론적으로 한스 큉에게 있어 싱글은 교회 공동체의 거룩함을 지탱하는 '기능적 소수'가 아니라, 공동체가 지향해야 할 종말론적 자유와 전적인 헌신을 가시화하는 핵심적인 지체이다. 싱글의 존재는 교회로 하여금 생물학적 가족주의의 한계를 극복하게 하며, 그리스도 안에서 맺어진 영적 유대의 우월성을 입증하는 신학적 증거가 된다.[10]

---

7   Hans Küng, *The Church*, 438-440. Küng explicitly states that the 'freedom' possessed by celibacy holds instrumental value for proclaiming the Gospel and serving one's neighbor.

8   Hans Küng, *On Being a Christian*, trans. Edward Quinn (New York: Doubleday, 1976), 260-262. This is an analysis of the radical nature of celibacy as manifested in Christ's discipleship.

9   This critical perspective connects with King's reflective stance that the church must return to the essence of the gospel without becoming mired in institutionalized 'Doxa'.

10 Hans Küng, *The Church*, 443. Küng argues that the true communal value of cel-

따라서 킹의 관점에서 싱글의 사역적 가치를 회복하는 것은 교회의
공동체성을 온전하게 복구하는 핵심 과제라 할 수 있다.

10.1.3. 한국 교회: 유교적 가족주의와 1인 가구 사이의 가교

한국 사회는 전통적인 유교적 가족 공동체에서 급격한 '개인화'(s-
ingleness) 사회로 이동 중이다. 이러한 시류 속에서 한스 큉의 신학
은 한국 교회에 다음과 같은 시사점을 준다. 첫째, 싱글 상태를 결혼
상태로 옮겨가는 과도기가 아니라 하나의 삶의 양태로 보며 그 가치
를 긍정적으로 인정한다. 한국 교회 내에서 미혼자(싱글)들은 종종
'결혼 준비 단계'에 있는 불완전한 존재로 인식하고 있다. 그러나 한
스 큉의 자율적 선택론은 혼자 사는 삶 그 자체로 하나님 앞에 온전
한 실존임을 긍정하는 신학적 근거가 된다.[11] 둘째, 성(sexuality)에
대한 성숙한 논의가 가능해진다. 성적 욕구를 억압의 대상으로만 보
던 기존 관점에서 벗어나, 책임 있는 자유와 인격적 파트너십이라는
관점으로 목회 방향을 전환하도록 촉구한다. 특별히 성을 출산과 욕
구 충족이라는 생물학적 한계와 제약에서 벗어나 그것이 지닌 공동
체적 사랑과 사랑의 실천 그리고 핵가족이라는 범주를 넘어서 교회
라는 확장된 가정 공동체의 유대를 위한 종말론적 예표로서의 기능
을 회수하도록 이끈다. 셋째, 실천적 윤리의식의 구성이 가능해진다.

---

ibacy is only revived when it is restored as a voluntary gift of the Spirit, not as a
compulsory law.

11　Hans Küng, translated by Jonghan Lee, *Living Humanly* (Seoul: Bundo Publishing,
2005), p. 142. He emphasizes that the various problems of isolation faced by mod-
ern people must be sublimated into communal solidarity through 'responsible free-
dom'.

싱글과 기혼이라는 생활양식의 형태를 넘어서 타락 전 상태와 부활 이후 상태를 예표하는 기준점을 제시하므로 목표나 목적이 아닌 기독교인다운 삶의 모습과 지침으로서의 역할을 할 수 있는 토대가 된다. 넷째, 유교 문화에서의 탈중심화가 가능해진다. 조선시대부터 이어져온 유교 중심 문화가 한국 교회에 유입이 되면서 마치 성경적인 사상인 양 교육과 체제 구성 그리고 평가와 판단이 이뤄지고 있다. '상투를 틀지 않으면 어른이 아니다'란 의식은[12] 절대로 성경의 개념이 아니다. 종교개혁의 사제 독신제에 대한 반발이 근현대 한국의 유교사상과 맞물려 성경의 진리로 둔갑한 한국 기독교계의 담론을 명확하고 냉철하게 비판하지 않으면 교회 밖에서 방황하는 수많은 싱글들을 포용하지 못하고 하나님 나라의 군사로 양성하지 못하는 현 사태가 지속될 수밖에 없다.

결국 한스 큉이 주장한 선택의 자유는 '신앙은 강요된 체계가 아니라, 인간의 주체적 응답이어야 한다'는 점을 명시한다. 이는 사제뿐만 아니라 가족 중심의 전통적 교회 구조 안에서 소외된 현대의 '싱글'들에게도 자신의 삶을 신학적으로 긍정할 수 있는 힘을 실어준다. 교회는 더 이상 제도 유지의 논리가 아닌, 개인의 양심과 자율성이 하나님의 은혜 안에서 어떻게 꽃피울 수 있는지를 고민해야 한다는 것이 한스 큉이 남긴 유산이다.

---

12 Kang Myeong-gwan, *Scenes from the Back Alleys of Joseon* (Blue History, 2003), pp.316-318. The author explains the custom in the Joseon Dynasty where even young people who married were treated as adults, while older unmarried individuals were called "children" and treated with disrespect. He emphasizes that the topknot was not merely a hairstyle but symbolized the social right to adulthood in that society.

10.1.4. 한국 교회 목회 현장에서의 적용: 1인 가구와 평신도 주체성을 중심으로

한스 큉의 사상을 바탕으로 한 '싱글 신학'과 '자율적 선택의 자유'가 오늘날 한국 교회와 사회의 구체적인 현안(1인 가구 목회 및 평신도 주체성)에 어떻게 적용될 수 있는지를 다루는 본 논문의 적용 실천 방안은 한국교회에 결정적인 역할을 할 것이다. 한스 큉의 신학적 자산은 '정상 가족' 담론에 갇혀 있는 한국 교회가 급변하는 인구 구조(1인 가구 비중 40% 돌파)[13]에 대응할 수 있는 강력한 이론적 도구를 제공한다.

첫째, 1인 가구 목회를 위해서 싱글을 '결핍'에서 '은사'로의 인식 전환이 필요하다. 한국 교회 내에서 미혼자나 사별/이혼 등으로 혼자 사는 이들은 목회의 '대상'에 포함되지도 않았다. 기꺼해야 '배려의 대상'으로 치부되는 경우는 있지만 실제로는 한국교회의 주변부에 머물거나 겉도는 상황이 계속되었다. 그러나 한스 큉의 '선택의 자유'와 '은사론적 접근'을 적용하면 다음과 같은 변화가 가능하다. 하나는 실존적 온전성 승인이다. 혼인 여부와 상관없이 하나님 앞에 선 '단독자'(싱글)로서의 인간다움(humanum)을 교회론의 중심에 두어야 한다. 싱글의 삶은 혼인으로 가는 중간 단계가 아니라 그 자체로 완성된 그리스도인의 삶의 양식임을 선포해야 한다. 다른 하나는 자

---

13 https://www.seoul.co.kr/news/life/2024/03/05/20240305500064. For the first time in Korean history, a photo exhibition centered on single-person households has been held. This phenomenon signifies that singles have transitioned from a minority to a mainstream presence, extending beyond media, corporations, and government policies to the cultural sphere, acknowledging that this has become a serious issue in modern Korean society.

발적 고독의 영성이다. 한스 퀑이 강조한 '자율성'은 혼자 사는 이들이 겪는 '소외'를 '거룩한 고독'(solitude)으로 승화시킬 수 있는 신학적 근거가 된다. 고독은 사역, 사업, 학문, 운동 등 인간의 삶에 반드시 필요한 영역이다. 기도하는 사람의 영성은 근본적으로 고독에 전제로 이뤄진다. '단독자'(싱글)로서 하나님 앞에 홀로 설 줄 모르면 즉 자발적 고독의 영성이 없으면 신앙은 온전히 유지될 수 없으며 사역의 길은 요원하기만 할 것이다. 특별히 싱글 기독교인은 고독을 외로움으로 해석하여 자기 연민이나 결핍 혹은 부정적 자아상에 빠져서 인생을 허비하며 주변을 어렵게 만드는 선택에 이르지 말아야 한다.

둘째, 평신도 주체성과 '책임의 윤리'의 정립이다. 사제 독신제 비판에서 드러난 한스 퀑의 핵심 의도는 '성직자 중심주의'의 타파이다. 이는 개신교의 고질적인 병폐인 권위주의를 극복하는 데 시사하는 바가 크다. 한국교회의 모든 사역이 여전히 교역자 중심으로 이뤄지며 교역자 수급이 어려워지면 교회 사역자체가 축소되거나 사라지는 현상이 심화되어 있다. 제1의 종교 개혁이 성경을 사제의 손에서 평신도에게 넘겨주는 것이었다면 제2의 종교개혁은 사역을 교역자의 손에서 평신도에게 넘겨주는 것이다. 이와 관련하여 특별히 옥한흠은 평신도가 사역의 대상이 아니라 사역의 주체라는 사실을 목회 철학으로 삼고 수많은 교역자들을 대상으로 강력하게 역설하며 교육한 바 있다.[14] 그러나 현 사회는 사역의 주층이 되어야 할 만 35~65

---

14 Ok Han-heum, *The Shattered Layperson* (Seoul: International Discipleship Training Institute, 2020), pp.100-110. This was essentially the starting point for this paper. Curiosity about Pastor Ok Han-heum's evaluation of Hans Küng, particularly his ecclesiology, and the influence he received, led to data collection and research. Realizing how profound and intense the theological concerns about the church had

세의 평신도가 사회 생활과 가정 유지를 위해 모든 에너지와 시간 그리고 열정을 쏟아붓고 있어서 사역은 커녕 출석조차 힘겨운 현실이다. 따라서 진정한 만인 사제직이 현대에 구현되려면 싱글을 변방에서 중심부로 이끌어서 사역의 주체가 되야 한다. 이것은 오늘날 한국교회의 유일한 생장점이며 빈곤한 사역에 대한 결정적 해결책이다.

셋째, 만인제사장설의 현대적 구현이다. 한스 큉은 기독교인이 세계 윤리(weltethos)의 주체라고 보았다. 혼자 사는 평신도들은 가족 이기주의에서 비교적 자유롭기 때문에 그가 제안한 '비폭력, 경제 정의, 남녀 평등'의 가치를 사회 속에서 더 역동적으로 실천할 수 있는 '세상 속의 사도'가 될 수 있다. 사실상 한국교회의 치명적인 위기는 일꾼의 부재라고 해도 과언이 아니다. 맞벌이에 자녀양육과 하우스푸어라는 삼중고가 일상을 옥죄고 있는 시대는 한 사람의 수입으로 4인 가족이 생계를 이어가고 문화생활까지 영위할 상황을 허락하지 않는다. 현대 사회에서는 중산층의 삶을 유지하려면 더블-인컴(double-income)에 더하여 엑스트라 수입을 위하여 아르바이트를 병행해야 한다. 이러한 상황에서 만인 사제직을 구현한다는 것은 거의 불가능하다. 이것을 메울 수 있는 유일한 방책은 싱글 친화적 교회(single-friendly church)로 변해야 한다. 사실상 미국의 성장하는 교회들은 한결같이 싱글 중심적 교회(single-centered church)라는 사실을 간과하지 말아야 한다. 바나 리서치 그룹의 2024년 보고서에 따르면, 싱글 친화적 환경을 구축한 교회는 그렇지 않은 교회

---

been among countless Church Fathers and theologians over 2000 years, I attempted to open up the horizon of single theology.

보다 청장년층 유입률이 2.4배 높게 나타났다. 더 나아가 싱글들은 기혼자보다 재정적 기여도와 사역 참여도가 평균 15% 이상 높다는 결과는 '싱글이 교회를 살린다'는 명제를 실증한다.[15]

넷째, 진정한 민주적 공동체 구성이다. 교역자에게 집중된 의사결정권을 평신도와 공유하며, 다양한 삶의 형태(싱글, 한부모 등)를 가진 이들이 교회의 의사결정 과정에 주체적으로 참여하는 '소통하는 교회'를 지향해야 한다. 결혼을 안 했거나 이혼을 겪으면 모든 의사결정에서 배제되는 것이 현재 교회들의 일반적인 구조이다. 싱글이 아무리 섬기며 봉사해도 교회의 주체가 아닌 객체로만 존재해야 한다는 것을 의미한다. 모두가 하나가 되고 사람 위에 사람 없고 사람 아래 사람 없는 기독교적 민주주의 공동체 구성의 가장 우선적인 조건은 의식적이든 무의식적이든 싱글 차별을 인지하고 그것을 제거하려는 개혁이다. 마틴 루터의 주도로 종교개혁이 일어난 지 오백 년이 훌쩍 넘은 시점에서 개혁주의라고 해서 개혁을 하지 않아도 된다는 의식은 오만이며 쇠락의 길을 걷는다는 것을 의미한다. 더욱이 개혁 이전의 신학에 대한 무지성적 거부와 배타적 태도는 또 다른 콘스탄티즘(constantinianism)을 추구하는 것과 다를 바가 없다. 따라서 한국교회는 이제 연대하는 싱글 공동체를 구성할 지점에 와있다. 결국 한스 큉의 사상을 한국적 맥락에서 재해석한다면, 교회는 '가족 모임'을 넘어 '깨어 있는 싱글들의 자발적 연대'가 되어야 한다. 이는 혈연

---

15 Barna Group, "The Single Soul Research Report" (2024). Barna Group is a leading research and polling firm that focuses on the intersection of faith and culture. Founded in 1984, it has become one of the most influential sources of data for the Christian church in the United States, tracking spiritual trends, leadership health, and generational shifts.

중심의 공동체성을 넘어 보편적 인류애와 책임 윤리를 실천하는 '세계 윤리적 공동체'로의 진화를 의미한다.[16]

10.2. 옥한흠의 교회론: 제자훈련과 평신도의 주체성

옥한흠 교회론의 출발점은 교회를 제도나 조직이 아닌 '존재'와 '사명'의 역동적 관계로 이해하는 데 있다. 그는 교회의 본질을 '세상으로부터 부름받은 하나님의 백성'(*ecclesia*)인 동시에 '세상으로 보냄받은 그리스도의 제자'(*diaspora*)라는 이중적 정체성으로 정의한다.[17] 이러한 정의는 교회를 단순히 성도들이 모여 위로받는 내향적 공동체에 가두지 않고, 세상을 변화시키기 위해 파송된 외향적 군대로 변모시킨다. 특히 '보냄받은 제자'로서의 성격은 성도의 사회적 신분이나 가정적 환경보다 '그리스도와의 관계'와 '세상을 향한 소명'을 우선시하게 만든다. 따라서 그의 교회론에서 모든 성도는 결혼 여부와 관계없이 그리스도의 통치 아래 있는 동등한 제자로 간주된다. 이것은 기존의 핵가족 중심의 사역구조와 교회 체제 자체가 성경적인 근거가 희박하며 현대 사회의 인구 구조와 가구 형태의 변화에 비추어 봐도 비합리적이라는 사실에 대한 논증에 해당한다.

옥한흠은 종교개혁의 '보편적 사제직' 원리를 현대 목회 현장에서

16　Kang Young-an, *Modern Society Through the Lens of Theology* (Seoul: IVP, 2018), p. 210. The author suggests that Hans Küng's discussion of subjectivity could serve as a link connecting the individualized faith of the Korean church to public responsibility.

17　Ok Han-heum, *Awakening the Laity* (Seoul: International Discipleship Training Institute, 1984), 52-54. Ok Han-heum cautioned against 'spiritual obesity,' describing a state where one remains solely in the grace of being called while lacking the responsibility of being sent, thus highlighting the church's dual structure.

'평신도의 주체성'으로 구체화하였다. 그는 평신도를 단순히 목회자의 돌봄을 받아야 하는 수동적인 객체나 목회의 보조자로 보지 않고, 교회의 사역을 분담하고 수행하는 '동역자'(co-worker)로 재발견하였다.[18] 이는 교회 내의 위계 구조를 타파하고 성경적 의미의 '성도'가 지닌 영적 권위 즉 사역적 지위를 회복하려는 시도였다. 이러한 평신도 주체성 신학은 교회의 공적 직분(장로, 집사 등)뿐만 아니라 성도의 삶의 자리 자체가 사역의 현장이 됨을 의미한다. 여기서 성도의 가치는 그가 속한 가정의 형태가 아니라, 그가 그리스도의 제자로서 얼마나 주체적인 헌신을 드리고 있는가에 의해 결정된다. 다시 말해서, 결혼 여부나 결혼 상태로 사역자의 지위와 위치를 규정하는 것은 현대 사회 속에서 세속화된 의식과 신앙관에 대한 방증이며 가장 우선적인 개혁의 대상이다.

따라서 옥한흠의 제자훈련 철학을 싱글 성도에게 적용할 때, 싱글의 삶은 더 이상 '결혼 전의 과도기'나 '결핍된 상태'가 아닌, 그 자체로 온전한 '소명(vocation)'의 자리가 된다.[19] 옥한흠이 강조한 '광인론'(狂人論)적 제자도는 예수 그리스도에게 미친 자로서의 철저한 헌신을 요구하며 이는 싱글 성도가 가진 시간적, 공간적 자유와 결합할 때 가장 강력한 선교적 동력을 발생시킨다. 싱글은 가정이라는 사적인 울타리에 안주하지 않고 하나님 나라라는 보다 공적이고 보편적

---

18 Ok Han-heum, *Awakening the Laity*, 88-90. The author emphasizes that the prima-ry duty of pastors, based on Ephesians 4:11-12, is to equip the saints for the work of ministry, thereby affirming the ministerial agency of laypeople.

19 Ko Sang-seop, "A Study of Lay Theology in Ok Han-heum's Ecclesiology" (Master's Thesis, Chongshin University Graduate School of Theology, 2015), 42-45. For Ok Han-heum, all aspects of life—whether single, unmarried, or married—serve as a backdrop for practicing discipleship.

인 공동체를 위해 전적으로 헌신할 수 있는 '정예 제자'로서의 잠재력을 지닌다.[20] 결국 옥한흠의 교회론은 싱글 성도들에게 "너희는 미완성된 존재가 아니라, 이미 세상을 향해 파송된 그리스도의 온전한 군사"라는 신학적 자존감을 부여하며, 이들을 교회 사역의 핵심 주체로 세우는 이론적 근거를 제공한다.

정리하면 한스 큉의 교회론과 옥한흠의 제자훈련 목회 철학은 서로 다른 신학적 배경을 지니고 있음에도 불구하고, '평신도의 주체성 회복'이라는 지점에서 강력하게 수렴된다. 한스 큉은 교회를 '카리스마적 공동체'로 정의하며, 성령의 은사가 특정 직분에 국한되지 않고 모든 기독교인에게 보편적으로 주어진다고 주장한다.[21] 이는 옥한흠이 평신도를 '동역자'로 격상시킨 논리와 일맥상통한다. 두 연구자의 대화를 통해 도출되는 싱글 신학의 핵심은 '가족 중심주의의 극복'과 '보편적 공동체성의 확립'이다. 한스 큉의 교회론은 싱글을 교회의 법적·제도적 틀 안에 가두지 않고, 그들이 가진 고유한 카리스마(은사)를 발휘할 수 있는 신학적 공간을 제공한다. 한편 옥한흠의 제자도는 그 공간 속에서 싱글이 어떻게 '보냄 받은 제자'로서 선교적 삶을 살 것인가에 대한 실천적 동력을 부여한다. 결국 싱글은 가정이라는 사적 영역에 매몰되지 않고, 큉이 강조한 '세상 속에 현존하는 교회'와

---

20 The discipleship of singles can be seen as a contemporary reinterpretation of the "devotion without distraction, seeking to please the Lord" mentioned by the Apostle Paul in 1 Corinthians 7. Ok Han-heum's theory of discipleship opens a theological horizon that allows the spirituality of such biblical solitary individuals to be embraced as the core driving force of lay ministry.

21 Hans Küng, *Die Kirche* (Freiburg: Herder, 1967), 442-445. Hans Küng, citing 1 Corinthians 12, emphasizes that all offices within the church should be charisms of service, not ruling authorities.

옥한흠이 강조한 '흩어지는 교회'의 사명을 가장 역동적으로 수행할 수 있는 '자유로운 단독자'로서 재정의된다.[22]

10.3. 싱글 사역을 위한 실천적 제언

본 연구는 한스 큉과 옥한흠의 교회론을 통해 싱글 성도가 교회의 주변인이 아닌 중심적 사역 주체임을 논증하였다. 이를 바탕으로 한국 교회 싱글 목회를 위한 실천적 제언을 제시하고자 한다.

첫째, **목회 패러다임의 전환**이 시급하다. 교구 편성을 가족 단위로만 구성하는 기존의 방식에서 벗어나, 한스 큉이 주장한 '은사 중심적 소공동체' 모델을 도입해야 한다. 결혼 여부가 아닌 사명과 은사를 중심으로 성도를 배치할 때, 싱글은 비로소 교회의 온전한 지체로 기능할 수 있다. 이것은 싱글이 교회의 사역적 주체로서의 역할을 감당하는 토대가 되고 쇠퇴일로에 있는 교회에 강력한 활기와 생동감을 불어넣어 중흥의 길로 들어서는 전환점이 될 것이다. 이에 더하여 교회 주변부에 머물거나 아예 상관없이 세속적인 삶의 양태를 유지하는 싱글들을 위하여 동호회 중심의 소그룹 역시 절대적으로 필요하다. 교회 내에 일반적으로 싱글 부서가 없는 관계로 신앙적 분위기에서 성장한 싱글들조차도 세속적 모임이나 동호회를 찾아다니며 활동하거나 반대로 아예 고립되어 있는 경우가 대부분이다. 이러한 싱

---

22 This concept of the 'free solitary individual' resonates with Kierkegaard's spirituality and can be seen as a modern adaptation of the 'madman' discipleship emphasized by Ok Han-heum. According to Kierkegaard, humans discover their true selves when they become the 'solitary individual' (Den Enkelte) standing alone before God, not buried within the Mass. He insisted that the 'single individual' (single) is an essential category of Christian spirituality. See Søren Kierkegaard, *The Sickness unto Death*, trans. Lim Chun-gap (Seoul: Chiu Publishing, 1980), p. 124.

글들을 곧바로 사역 중심의 소그룹 공동체로 끌어당기며 안착시킨다는 것은 절대로 현실적이지 않다. 싱글들이 가장 필요로 하는 것은 부담이 되거나 짐을 지워주지 않고 항상 응원하며 같은 편이 되어 주는 가족 같은 공동체이다. 실제로 싱글 즉 1인 가구 지원의 가장 핵심적이고 중차대한 요건은 그들이 속하며 존재하고 활동하며 교류할 수 있는 공동체이다.[23]

둘째, 싱글에 대한 **기존관념의 전환**이다. 싱글에 대한 관점과 인식이 변하지 않으면 교회 공동체 전체가 기대치 역시 결혼과 가정 구성이라는 담론에 머물 수밖에 없다. 본 논의는 기존 한국 교회의 '정상 가족 담론'(normal family discourse)'이 지닌 신학적 편향성을 비판하고, 싱글 성도를 하나님 나라의 온전한 주체로 재정립하기 위한 신학적 전제와 논리, 그리고 구체적인 실천 방안을 제시하는 데 목적이 있다. 싱글 신학의 정립과 이를 토대로 싱글에 대한 인식의 공동체적 전환을 위한 제언을 한다. 무엇보다 신학적 전제와 논리는 '가족'에서 '종말론적 제자도'로의 패러다임 시프트이다. 싱글에 대한 기존 관념을 바꾸기 위한 첫 번째 신학적 전제는 **'생물학적 가족'의 우상화를 해체**하는 것이다. 역사적으로 기독교는 혈연 중심의 유대교적 가문을 넘어 그리스도의 피로 맺어진 새로운 영적 가족을 주창하며

---

23 Yoo Seunghyun, Seoul National University, *Health and Social Research*, Vol.45, No.2, pp.422-450. In this article, the author argues that single-person households need a community to belong to above all else, and thus advocates for establishing policies that accommodate the diversity and autonomy of local communities. Standardized support criteria and methods, along with output- and quantity-focused evaluations, struggle to reflect the true nature of communities. Providing spaces where communities can operate and connect may serve as an alternative form of support. Diversifying support for local communities also requires efforts to identify case studies and share information.

등장했다.[24] 실제로 구약성경에 나타나는 유대민족 내에서의 하나님은 부족신과 민족신에 불과했으며 세상의 복음화보다는 유대민족의 신앙 공동체로서의 결속에 치중했다. 그러나 예수 그리스도의 초림과 십자가 사건 그리고 부활 사건으로 복음적 방향성의 대전환이 이뤄졌다.[25] 하우어워스가 지적하듯, 신약성경의 관점에서 싱글(독신)은 단순히 '결혼하지 않은 상태'가 아니라, 하나님 나라가 이미 임했기에 더 이상 혈연을 통해 자신의 미래와 안전을 보장받을 필요가 없음을 몸소 보여주는 '종말론적 표징'이다.[26] 두 번째 논리는 '보편적 사제직과 은사적 회복'이다. 한스 큉의 주장처럼 교회의 본질이 모든 성도에게 부여된 성령의 은사(charisma)에 있다면, 싱글 성도의 가치는 가정을 이루었느냐가 아니라 그가 어떠한 은사로 공동체에 기여하느냐에 따라 결정되어야 한다.[27] 따라서 싱글은 '도움이 필요한 대상'이 아니라, 오히려 결혼의 매임으로부터 자유로운 상태에서 공동체의 보편적 사제직을 가장 역동적으로 수행할 수 있는 '자유로운 단독자'로서의 신학적 지위를 갖는다.

---

24 Stanley Hauerwas, *A Community of Character* (Notre Dame: University of Notre Dame Press, 1981), 190. Hauerwas points out the shock Jesus's view of family caused in the bloodline-centered Jewish society of his time, and criticizes the church for once again making 'family' a religious idol.

25 Acts 1:8, "But you will receive power when the Holy Spirit comes on you; and you will be my witnesses in Jerusalem, and in all Judea and Samaria, and to the ends of the earth"

26 Stanley Hauerwas, *A Community of Character*, 174-175. According to him, Christian celibacy is a public confession of faith that affirms, "Even without children, the future of God's kingdom is assured."

27 Hans Küng, *Die Kirche* (Freiburg: Herder, 1967), 445-447. Hans Küng emphasizes that every Christian participates directly in Christ's ministry through their own gifts.

위와 같은 신학적 전제를 바탕으로, 교회 공동체 내의 구체적인 변화를 위한 인식의 전환이 필요하다. 현재 대부분의 교회 구조는 '연령'과 '결혼 여부'를 기준으로 성도를 분절시킨다. 이는 싱글 성도들을 공동체의 주변부로 몰아넣는 구조적 요인이 된다. 이를 개선하기 위해 결혼 여부와 상관없이 **사명(mission)과 은사(gift)를 중심으로 한 사역형 소그룹**을 활성화해야 한다.[28] 싱글 성도가 기혼 성도들과 사역의 동역자로 만날 때, 서로의 삶의 양식을 존중하는 통합적 공동체가 형성될 수 있다. 이것을 위하여 먼저 시행해야 하는 것은 **교회 언어와 의례의 재구성이다.** 설교나 기도, 광고 등에서 '가정의 복'을 오직 '자녀의 번성'이나 '부부 관계의 원만함'으로만 한정 짓는 수사학적 관행을 중단해야 한다. 그대신 하우어워스가 제안한 '대조 사회'로서의 교회상을 반영하여, 다양한 형태의 삶(single, DINK, one-parent 등)가 하나님의 통치 아래 있는 거룩한 삶의 양식임을 공적 예배를 통해 끊임없이 선포해야 한다.

셋째, 싱글 특화 제자훈련 프로그램의 개발이다. 옥한흠의 제자훈련 정신을 계승하되, 기혼자 중심의 예화나 삶의 적용에서 탈피하여 싱글의 라이프스타일에 최적화된 영성 형성 과정을 구축해야 한다.[29] 이는 싱글들이 자신의 고독을 사회적 영성으로 승화시키고, 하나님 나라를 위한 '정예 제자'로 헌신하게 하는 토대가 될 것이다. 싱글 특

---

28 Ok Han-heum, *Awakening the Laity* (Seoul: International Discipleship Training Institute, 1984), 115-118. Ok Han-heum emphasizes that the purpose of perfecting the saints is not the well-being of a specific class, but rather 'the work of ministry.'

29 Lee Seung-gu, "The Direction of Lay Education in the Korean Church in the 21st Century" (Korean Reformed Theology, Vol. 45, 2015), pp. 112-115. He points out the need for educational alternatives to transform the temporal excellence of singles into missionary energy.

화 제자훈련 프로그램은 기존의 가족 중심적 커리큘럼을 단순히 수정한 수준을 넘어, 싱글의 실존적 상황과 선교적 가능성을 반영한 독자적인 설계가 필요하다. 이를 위한 개발 원리는 다음과 같다. 제1원리는 **'관계적 고립'을 '영적 연대'로 전환하는 구조**이다. 1인 가구 싱글들이 겪는 가장 큰 실존적 문제는 외로움이다. 프로그램은 단순한 지식 전달이 아닌, 키에르케고르가 강조한 '하나님 앞의 단독자'들이 서로의 고유성을 존중하며 결합하는 소그룹 역동성을 지향해야 한다.[30] 제2원리는 **'가용 자원의 극대화'**이다. 기혼자에 비해 시간적·심리적 에너지를 독자적으로 결정할 수 있는 싱글의 강점을 살려, 집중적인 영성 형성과 사회적 실천이 가능하도록 설계해야 한다. 옥한흠 목사가 강조한 '광인론(狂人論)'적 제자도는 이러한 싱글의 집중력 있는 삶의 양식과 결합할 때 최대의 시너지 효과가 나타난다.[31] 제3원리는 **객체에서 주체로의 재정립**(repositioning)이다. 싱글은 대체로 교회 출석조차 힘겨우며 그나마 찾아볼 수 있는 몇몇 싱글들은 봉사자의 위치에서 조용히 섬기는 경우가 대부분이다. 특별히 성인이 되어 교회의 주류로 살아보지 못하고 누군가에 의해 알지도 못한 채 결정되는 것에 순응하는 신앙생활이 일반적이다. 따라서 먼저 소그룹에서 주체가 되어 의사 결정을 하고 리더십을 훈련하며 어려움도 이겨보므로 교회의 기둥 같은 일꾼이 되기 위한 준비를 마치는 것이 바람직하다. 교회 공동체 내에서 싱글이 목양의 수동적 '객체(Object)'

---

30 Søren Kierkegaard, *The Sickness unto Death*, trans. Lim Chun-gap (Seoul: Chiu Publishing, 1980), p. 142-145.

31 Ok Han-heum, *Awakening the Laity* (Seoul: International Discipleship Training Institute, 1984), 210-213. Ok Han-heum emphasizes that discipleship training is a battle of 'focus' that fixes the entire life of the believer to Christ.

에서 사역의 능동적 '주체(subject)'로 재정립(repositioning)되기 위한 신학적 근본 원리는 두 가지이다. 하나는 '은사적 보편성'의 회복이다. 한스 큉의 교회론에 따르면, 교회 내의 모든 직분과 역할은 성령이 각 사람에게 자유롭게 부여하시는 '카리스마'(은사)에 기초한다.[32] 그간 한국 교회가 싱글을 '가정이 없으므로 미성숙한 존재'로 간주해온 것은 성경적 카리스마론보다는 유교적 가부장주의에 기인한 바가 크다. 따라서 싱글 성도는 자신의 존재 자체로 이미 성령의 권능을 받은 사역적 주체임을 자각해야 하며, 교회는 이들이 가진 고유의 은사를 공적으로 승인해야 한다. 다른 하나는 '제자적 단독성'의 강화이다. 옥한흠 목사의 제자도에서 핵심은 한 개인이 그리스도와 맺는 일대일의 인격적 관계이다. 옥한흠은 성도가 세상으로부터 부름받은 '하나님의 백성'으로서의 자기 정체성을 확립할 때 비로소 주체적 사역이 가능하다고 보았다.[33] 싱글 성도는 가족이라는 중간 매개체 없이 하나님 앞에 단독자로 서는 영적 훈련을 통해, 기혼자가 갖기 어려운 '영적 민첩성'과 '집중력'을 사역의 동력으로 전환할 수 있다.

싱글을 교회 공동체의 객체가 아닌 주체로 포지셔닝을 위한 구체적 실천적 방법은 다음과 같다. 우선, 의사결정 기구로의 참여 확대(structural inclusion)이다. 싱글 성도가 주체로 서기 위해서는 교회의 주요 의사결정 과정(제직회, 사역 기획팀 등)에 이들의 목소리

---

32 Hans Küng, *Die Kirche* (Freiburg: Herder, 1967), 448-450. He criticizes that the diversity of spiritual gifts is the richness of the church, and institutional barriers that obstruct this limit the work of the Holy Spirit.

33 Ok Han-heum, Awakening the Laity (Seoul: International Discipleship Training Institute, 1984), 82-84. The author emphasizes that for laypeople to stand as true disciples, they must break free from dependence on pastors and restore direct obedience to Christ.

가 반영되어야 한다. 한스 퀑이 강조한 '민주적 공동체'로서의 교회
는 특정 계층(기혼 남성 등)에 권력이 집중되는 것을 경계한다.[34] 싱
글 성도를 정책 결정의 파트너로 세우는 것은 그들을 단순한 봉사 인
력이 아닌, 교회의 미래를 함께 고민하는 경영의 주체로 포지셔닝하
는 가장 확실한 방법이다. 둘째, 사도행전 1:8에 기초한 '선교적 자
율권' 부여이다. 옥한흠의 제자훈련이 지향하는 최종 단계는 평신도
를 '작은 목자'로 세우는 것이다. 싱글 성도들이 주도적으로 1인 가구
사역, 도시 빈민 사역, 혹은 전문직 선교 소그룹을 기획하고 운영할
수 있도록 자율권을 부여해야 한다. 그들이 '주는 선교'를 경험하고
스스로 사역의 장을 개척할 때, 싱글은 더 이상 돌봄의 대상이 아닌,
교회의 지경을 넓히는 '증인'으로서의 주체성을 확립하게 된다.[35] 셋
째, 하우어워스적 '대안적 가족 관계'의 주도적 형성이다. 싱글 성도
들은 혈연 중심의 가족 이기주의를 돌파하는 '영적 가족'의 선구자가
되어야 한다. 교회 내에서 싱글들이 주축이 되어 세대와 계층을 아우
르는 상호 돌봄의 네트워크를 형성할 때, 교회는 비로소 세상과 대조
되는 '대조 사회(contrast society)'로서의 가시성을 확보하게 된다.
이는 싱글이 교회의 문화를 수동적으로 수용하는 단계를 넘어, 교회
의 본질을 새롭게 빚어가는 '문화 형성자(culture maker)'로 재정립
하게됨을 의미한다.

---

34 Hans Küng, *The Church*, 355-357. Küng demonstrates that the New Testament
   church was not an authoritarian hierarchical structure, but an egalitarian structure
   in which all members cooperated organically.

35 Ok Han-heum, *Awakening the Laity*, 145-147. Ok Han-heum warns that failing to
   entrust laypeople with ministry is tantamount to leaving them as eternal 'spiritual
   infants.'

넷째, **'영적 가족'으로서의 공동체성 강화**이다. 생물학적 혈연 공동체로서의 가정을 넘어, 그리스도 안에서 새로운 관계를 맺는 확대 공동체 경험을 제공해야 한다. 이는 싱글 성도들이 겪는 소외감을 근본적으로 해결하며, 교회가 진정한 의미의 '하나님 백성들의 모임'이 되게 하는 핵심적인 길이 된다.[36] 이 시점에서 하우어워스에게 교회는 세상에 도덕적 훈수를 두는 곳이 아니라, 세상과는 다른 삶의 방식이 가능하다는 것을 몸소 보여주는 '대안적 공동체'라는 사실을 복기해야 한다. 교회가 생물학적 가정을 우상화하는 것을 경계하며 기독교 공동체 내에서 '독신'(singleness)이 '결혼'과 동등하게 존중받아야 한다고 주장한다. 왜냐하면 독신은 '하나님 나라가 이미 임했으며, 우리는 더 이상 혈연을 통해 미래를 보장받을 필요가 없다'는 것을 증명하는 종말론적 표징이기 때문이다.[37] 교회는 세상의 가치(성공, 번영, 혈연 보존)와 대조되는 삶을 사는 사람들(싱글, 가난한 자, 장애인 등)을 공동체의 핵심으로 받아들임으로써 세상을 향해 '대조 사회'로서의 가시성을 드러낸다. 그래서 하우어워스는 교회가 세상의 윤리를 뒤따르는 곳이 아니라, 세상과는 근본적으로 다른 원리로 움직이는 '대조 사회'(contrast society)가 되어야 한다고 역설한다.[38] 그

---

36 Stanley Hauerwas, *The Peaceable Kingdom* (Notre Dame: University of Notre Dame Press, 1983), 190-192. Hauerwas emphasizes that the church can become a true contrast society when it prioritizes discipleship over family.

37 Stanley Hauerwas, *A Community of Character: Toward a Constructive Christian Social Ethic* (Notre Dame: University of Notre Dame Press, 1981), 174-175. Hauerwas argues here that celibacy is as essential a calling within the Christian community as marriage—or even more so.

38 Stanley Hauerwas, *The Peaceable Kingdom: A Primer in Christian Ethics* (Notre Dame: University of Notre Dame Press, 1983), 96-102. This passage emphasizes that the way the church becomes a political alternative to the world is 'to be the Church itself.'

에 따르면, 기독교 공동체는 혈연적 가족 관계를 절대화하는 세상의 관습을 거부하고, 그리스도 안에서 맺어진 새로운 가족 관계를 우선시해야 한다. 특히 그는 독신(singleness)을 기독교의 가장 혁명적인 삶의 방식으로 평가하는데, 이는 싱글의 존재가 '우리의 미래가 자녀라는 생물학적 연속성이 아니라 하나님의 신실하심에 달려 있음'을 선포하는 예언적 행위가 되기 때문이다.[39] 따라서 옥한흠의 제자도가 세상 속으로 침투하는 공격적 영성이라면, 하우어워스의 대조 사회론은 싱글 성도들이 교회 안에서 어떠한 신학적 존엄성을 지니며, 그들이 어떻게 세상을 향한 강력한 '대안적 메시지'가 될 수 있는지를 이론적으로 뒷받침해 준다.

넷째, 싱글 라이프스타일을 고려한 '영적 가족' 인프라 구축이다. 1인 가구의 증가에 발맞추어 공동 식사, 주거 공유, 상호 돌봄 체계 등 실질적인 공동체 인프라를 교회 내에 마련해야 한다. 이는 싱글을 사역의 도구로만 보는 것이 아니라, 그들이 겪는 실존적 고독을 공동체적 사랑으로 승화시키는 실천적 제자도의 발현이 될 것이다. 싱글 성도의 라이프스타일을 반영한 '영적 가족' 인프라 구축은 단순히 사역 프로그램을 제공하는 차원을 넘어, 교회의 구조적·공간적·사회적 기반을 재설계하는 작업이다.

첫째는 공간적 인프라이다. '제3의 장소'로서의 교회 공유 주거와 공간 개방을 고려할 필요가 있다. 현대 싱글들의 가장 큰 실존적 결핍은 '안전하고 친밀한 공유 공간'의 부재에 있다. 교회가 혈연 중심

---

39 Stanley Hauerwas, *Resident Aliens: Life in the Christian Colony*, with William H. Willimon (Nashville: Abingdon Press, 1989), 56-59. He defines the church as a 'colony' or 'community of strangers,' explaining its identity distinct from the world.

의 개별 가정을 보완하는 '영적 가족'이 되기 위해서는 물리적 공간의 변모가 선행되어야 한다. 하우어워스가 강조한 '대조 사회'로서의 교회는 세상의 부동산 자본주의 논리와 대조되는 '환대와 공유의 공간'을 창출해야 한다.[40] 구체적으로는 교회 인근 유휴 공간을 활용한 '선교적 공유 주택(missional shared housing)' 모델을 구축할 수 있다. 이는 싱글 성도들이 독립된 주거권을 유지하면서도 공동 식사와 예배, 상호 돌봄을 실천하는 현대적 수도원(new monasticism)의 형태를 띤다. 또한, 교회 건물을 싱글들의 재택근무나 소셜 라이징을 위한 '코워킹 스페이스(co-working space)'로 상시 개방함으로써, 교회가 일요일의 예배 처소를 넘어 싱글들의 일상을 지탱하는 삶의 토대가 되도록 해야 한다.

둘째로 제도적 인프라이다. 상호 돌봄 네트워크와 '영적 후견인' 제도는 매우 실천적이며 유용한 방안이 될 것이다. 싱글 라이프스타일의 취약점은 질병이나 노후, 심리적 위기 상황에서 즉각적인 '돌봄의 안전망'이 부족하다는 점이다. 이를 해결하기 위해 옥한흠 목사의 제자훈련 소그룹인 '다락방'이나 '셀'의 기능을 '상호 돌봄 인프라'로 심화시켜야 한다.[41] 또한 싱글 성도와 기혼 가정을 유기적으로 연결하는 '영적 후견인(spiritual mentorship) 제도'를 도입할 수 있다. 이는 기혼 가정이 싱글을 '동정의 대상'으로 여기지 않고, 서로의 삶의

40　Stanley Hauerwas, *Resident Aliens* (Nashville: Abingdon Press, 1989), 112-115. Hauerwas emphasizes that the church must become the only alternative space where 'gratuity' and 'hospitality' are practiced in a world dominated by the logic of capital.

41　Ok Han-heum, *Awakening the Laity*, 162-164. The author emphasizes that small group communities must become 'living organisms sharing vitality,' transcending mere study gatherings.

양식을 배우는 수평적 동역 관계를 지향한다. 싱글은 기혼 가정의 자녀들에게 영적 멘토가 되어주고, 기혼 가정은 싱글에게 정서적 안식처와 비상 시 돌봄을 제공함으로써, 생물학적 가족을 넘어선 성경적 '하나님 가족'의 실체를 제도화하는 것이다.[42]

셋째로 경제적·사회적 인프라이다. '은사적 자원 공유'와 라이프 케어를 기본으로 경제적 도움을 줄 수 있는 시스템은 사실상 선택이 아닌 필수요소이다. 한스 큉이 주장한 '보편적 사제직'은 성도들이 각자의 은사(charisma)로 서로를 섬기는 경제적 연대까지 포함한다.[43] 경제적 독립성이 높으나 미래에 대한 불안감이 높은 경우와 경제적 자립도가 낮아서 현생활에 어려움을 겪는 경우를 위하여 교회는 싱글들이 가진 전문 지식과 자원을 공유할 수 있는 '은사 뱅크'(talent bank)를 구축하므로 싱글 간에 도움을 주고받고 더 나아가 실버 세대나 한부모 가정에게 도움을 줄 수 있도록 해야 한다. 특별히 한부모 가정과 실버세대 그리고 청년세대를 위한 정부 정책은 다양하며 광범위하지만 정보가 없어서 활용하지 못하는 경우가 비일비재하다. 이에 더하여 법률·의료·금융 분야의 은사를 가진 성도들이 싱글들의 생애 주기별 자산 관리나 건강 관리를 돕는 '라이프 케어(Life Care)' 시스템을 운영할 수 있다. 이는 단순한 복지 차원을 넘어, 사도행전

---

42 Christine A. Colon and Bonnie Kristian, *Ages of Singleness: Faith and Ministry in a Single-Majority Culture* (Downers Grove: IVP Academic, 2024), 205-208. The authors suggest that institutional-level intergenerational networks are essential for singles to feel a sense of belonging within the church.

43 Hans Küng, *Die Kirche*, 452. Küng believes that the nature of material sharing characteristic of the charismatic community in the early church should be restored in the modern church as well, extending beyond the ministerial priesthood to become a practical solidarity among the laity.

적 유무상통(有無相通)의 정신을 현대 싱글의 라이프스타일에 맞게 재해석한 것이다. 이러한 인프라 안에서 싱글은 자신의 필요를 채움 받는 동시에 자신의 전문성으로 공동체를 섬기는 '주체적 기여자'로 참여할 수 있다.[44]

마지막은 **돌봄과 교제 그리고 섬김을 위한 리더 양성**이다. '싱글 신학'과 '싱글 미니스트리'에 대한 이해와 식견을 갖춘 전문 사역자 양성이 이뤄지지 않으면 사실상 앞서 제기한 제안이 모두 무의미하다. 시대는 급변하고 있으며 그것을 반영하지 못하는 교회는 자연도태의 시류를 벗어날 수 없다. 양의 시대에서 질의 시대를 지나 격의 시대를 맞이하고 있다. 한국 교회는 지난 수십 년간 '양적 성장'에 몰입하며 가시적인 성과를 일궈왔다. 그러나 최근 사회적 인식의 변화는 교회가 단순히 규모(quantity)나 세련된 프로그램(quality)을 넘어, 그리스도 공동체만이 지닐 수 있는 '영적 품격'(dignity/class)을 갖출 것을 요구하고 있다. 이는 조신영이 언급한 바와 같이 우리 사회가 생존과 효율을 중시하던 시대를 지나 존재의 가치를 묻는 '격의 시대'로 진입했기 때문이다.[45] 옥한흠의 제자훈련이 추구했던 궁극적인 지표 역시 평신도를 단순히 사역의 도구로 양성하는 '질적 개선'에 그치지 않고, 그리스도의 인격을 닮은 '격이 있는 제자'를 세우는 데 있

---

44 Such infrastructure provides the physical and institutional foundation for singles to transition from being 'objects' to 'subjects' within the church, serving as the minimum communal safety net necessary to fulfill the missionary mandate of Acts 1:8.

45 Cho Shin-young and Park Hyun-chan, *Class* (Seoul: Wisdom House, 2011), p. 32. The authors define 'class' as "the inherent dignity revealed by the essence of a thing," explicitly stating that it is a concept distinct from the functional notion of 'quality'.

었다.[46] 따라서 싱글 신학 역시 싱글 성도를 교회의 통계적 수치(양)나 관리 대상(질)으로 보지 않고, 하나님 나라의 고귀한 품격을 지닌 독립적 주체(격)로 대우할 때 비로소 그 정당성을 확보하게 된다. 그러나 교회의 신학적 인식은 무속신앙과 기복신앙의 수준을 벗어나지 못하고 있으며 교회의 사역은 베이비 붐 세대가 구축해 놓은 시스템에서 표류하고 있다.

'새 포도주는 새 부대에 담아야 한다'(막 2:22; 마 9:17; 눅 5:38)는 선언은 복음의 역동성이 기존의 낡은 제도나 고착화된 틀에 갇힐 수 없음을 의미한다. 새 포도주를 헌 부대에 담으면 발효과정을 거치면서 부피팽창으로 터져버리듯이, 새 시대는 그에 걸맞은 인식과 신학 그리고 시스템에 담아야 한다. 이를 싱글 신학과 싱글 미니스트리의 맥락에서 해석하면, 급변하는 인구 구조와 싱글 성도들의 영적 갈망이라는 '새 포도주'를 담아내기 위해 교회는 '정상 가족 중심주의'라는 '낡은 부대'를 반드시 갱신해야 한다는 당위성을 제공한다. **새 포도주**는 싱글 성도의 주체성과 종말론적 소명을 의미한다. 새 포도주는 발효의 힘이 강력하여 팽창하는 성질을 지닌다. 현대 교회 내에서 싱글 성도들은 바로 이러한 '팽창하는 영적 에너지'를 상징한다. 옥한흠 목사의 제자도 관점에서 이들은 단순히 결혼을 기다리는 미완의 존재가 아니라, 그리스도의 군사로 무장하여 세상의 '땅 끝'(행 1:8)으로 나아갈 준비가 된 역동적인 주체들이다. 또한 하우어워스가 지

---

46 Ok Han-heum, *Awakening the Laity*, 110-112. The 'whole person' emphasized by Ok Han-heum refers not merely to a believer with outstanding knowledge and skills, but to a disciple possessing a personal 'calibre' where Christ's character permeates their life.

적하듯, 이들의 독신(singleness) 그 자체는 혈연적 미래에 저항하는 강력한 복음의 증언이며, 이는 기존의 가족 중심적 신학으로는 다 설명할 수 없는 '새로운 복음의 정수'이다.[47] 그리고 **낡은 부대**는 가족 우상주의와 고착화된 목회 구조를 의미한다. 낡은 가죽 부대는 신축성을 잃어 새 포도주의 발효를 견디지 못하고 터져버린다. 한국 교회의 낡은 부대는 '핵가족 중심의 목회 체제'와 '결혼을 성숙의 척도로 삼는 유교적 가치관'이다. 싱글 성도들을 '청년부'라는 연령적 틀에 가두거나, 기혼자 위주의 교구 편성(가족 단위 심방, 부부 소그룹 등)에 억지로 끼워 맞추는 행위는 결국 새 포도주를 쏟아버리고 부대까지 망가뜨리는 결과를 초래한다. 한스 큉의 교회론적 비판에 따르면, 교회가 제도적 경직성에 빠져 성령의 다양한 카리스마(은사)를 수용하지 못할 때 공동체는 생명력을 상실하게 된다.[48] 그렇다면 **새 부대**는 유기적 공동체와 싱글 특화 인프라이다. 따라서 싱글 미니스트리는 단순히 새로운 프로그램을 도입하는 수준을 넘어, **공동체의 구조적 유연성**을 확보하는 '새 부대'가 되어야 한다. 첫째, 가족 단위의 교구제를 탈피하여 은사와 사명 중심의 '유기적 소그룹'으로의 전환이 필요하다. 둘째, 싱글의 라이프스타일을 고려한 영적 가족 인프라(공유 주거, 돌봄 네트워크 등)를 구축하여 이들이 공동체의 주권적 일원으로 정착하게 해야 한다. 셋째, 조신영이 언급한 '격(格)의 시대'

---

47 Stanley Hauerwas, *A Community of Character* (Notre Dame: University of Notre Dame Press, 1981), 175. Hauerwas emphasizes that the eschatological radicalism inherent in Christian celibacy possesses the power of new wine to overturn the existing ideology of the family.

48 Hans Küng, *Die*, 455-458. Küng warns of the spiritual paralysis that occurs when the church clings to institutional structures and rejects the Holy Spirit's new dynamism (Charisma).

에 걸맞게, 싱글 성도를 관리의 대상(질)이 아닌 고귀한 하나님의 형상(격)으로 존중하는 문화적 토양을 마련해야 한다.[49]

결국 새 포도주를 새 부대에 담는 과정은 싱글 성도라는 특정 계층을 위한 시혜적 조치가 아니라, 교회가 잃어버렸던 '복음의 보편성'과 '종말론적 공동체성'을 회복하는 길이다. 낡은 가죽 부대를 찢고 새 부대를 준비할 때, 교회는 비로소 결혼 여부와 상관없이 모든 성도가 그리스도의 장성한 분량에 이르는 '격'이 있는 공동체로 거듭날 수 있을 것이다.[50]

10.4. 하워드 스나이더의 구조 갱신론을 통한 싱글 신학의 완성

결론적으로, 싱글 신학은 단순히 특정 계층을 위한 배려가 아니라, 교회의 본질적 사제직과 제자도를 회복하는 시금석이다. 한스 큉과 옥한흠이 남긴 교회론적 유산은 현대 한국 교회가 싱글 성도들과 함께 새로운 하나님 나라의 역사를 써 내려가는 데 있어 견고한 신학적 이정표가 될 것이다. 그리고 초대교회 교부들과 종교개혁자 그리고 근현대의 신학자들의 신학적 유산은 싱글 신학 회수 작업을 통해 오늘날 절체절명의 한국교회를 일으켜 세울 도구가 될 것이다. 특별히 스탠리 하우어워스의 교회를 향한 간절함과 학문적 역량은 이 시대에 화두를 던지는 정도에 그치지 않고 반드시 필요한 제2의 종교개혁

---

49 Cho Shin-young and Park Hyun-chan, *Class*, p. 128. The authors emphasize that to embrace new values, a fundamental shift in existing ways of thinking and attitudes—a "change in class"—must accompany it.

50 Ok Han-heum, *Awakening the Laity*, 215. Ok Han-heum suggests that the goal of discipleship training lies in the "renewal of the congregation"—transforming believers bound by outdated traditions into "vibrant disciples."

을 향한 위대한 걸음을 내딛도록 동기부여와 더불어 용기와 확신 그리고 이론적 배경을 제공해주었다.

본 연구는 한스 큉의 보편적 사제직과 옥한흠의 주체적 제자도를 축으로, 현대 사회의 급증하는 싱글 성도들을 위한 신학적 정체성과 목회적 대안을 모색하였다. 논의를 종합하며 하워드 스나이더의 '새 부대' 이론을 빌려 본 논문의 결론을 맺고자 한다. 하워드 스나이더(Howard A. Snyder)의 기념비적 저작 『새 포도주는 새 부대에』(*The Problem of Wineskins*)는 교회의 본질적인 생명력과 그것을 담아내는 제도적 구조 사이의 긴장을 다룬다. 스나이더는 교회의 본질인 '유기체적 생명(포도주)'이 제도라는 '조직적 구조(부대)'보다 우선되어야 함을 역설한다.[51] 그가 지적하듯, 만약 부대가 포도주의 발효를 견디지 못할 만큼 경직되어 있다면 부대를 과감히 교체해야 한다. 오늘날 한국 교회가 마주한 '새 포도주'는 바로 결혼 여부와 상관없이 하나님 나라의 주체로 부름받은 싱글 성도들의 역동적인 영성과 그들의 존재적 소명이다. 이들은 기존의 '정상 가족 중심주의'라는 낡은 가죽 부대에 갇히기에는 너무도 강력한 선교적 잠재력을 지니고 있다.

따라서 본 연구가 제안하는 싱글 신학의 요체는 다음과 같은 '부대의 갱신'으로 집약된다. 첫째, **제도 중심에서 유기체 중심의 공동체로의 전환**이다. 스나이더는 교회가 '조직'(organization)이 아닌 '유

---

51 Howard A. Snyder, *The Problem of Wineskins: Church Structure in a Technological Age* (Downers Grove: InterVarsity Press, 1975), 154-156. Snyder argues that the work of the Holy Spirit is always fluid, and the structure of the church must be continually renewed so as not to hinder that fluidity.

기체'(organism)로 존재할 때 비로소 만인 사제직이 실현된다고 보았다.[52] 싱글 성도를 가족 단위의 하부 조직으로 관리하는 낡은 방식에서 벗어나, 한스 큉이 강조한 카리스마적 은사를 따라 그들이 자율적으로 사역하고 연대할 수 있는 유기적 네트워크를 구축해야 한다.

둘째, **종말론적 증인 공동체의 회복**이다. 옥한흠 목사가 사도행전 1:8을 통해 주창한 '보냄 받은 제자'의 사명은 싱글 성도들에게서 가장 선명하게 나타난다. 스나이더가 강조하듯 교회는 세상을 향한 '하나님 나라의 대리자'이며,[53] 특히 싱글 제자들은 혈연의 제약을 넘어 '땅 끝'을 향해 민첩하게 움직임으로써 교회가 추구해야 할 격(格) 높은 제자도의 본을 보여준다.

셋째, **실천적 인프라를 통한 '새 부대'의 가시화**이다. 하우어워스의 '대조 사회'론과 스나이더의 '소그룹 역동성'을 결합하여, 싱글의 라이프스타일을 수용하는 공유 주거나 상호 돌봄 체계를 마련해야 한다. 이는 단순히 싱글을 돕는 복지 차원이 아니라, 교회가 자본과 혈연의 논리를 극복한 '영적 가족'임을 증명하는 시대적 증언이 될 것이다.

결론적으로, 싱글 신학은 교회 내의 소외된 소수자를 위한 변증이 아니다. 그것은 복음의 본질인 '새 포도주'를 회복하고, 이를 담아내기에 합당한 '새 부대'로 교회를 개혁하는 본질적인 갱신 작업이다.

---

52 Howard A. Snyder, *The Problem of Wineskins: Church Structure in a Technological Age*, 82-84. He warns that as the church becomes more organized, the gifts of the laity are suppressed and a hierarchical structure centered on ordained ministers becomes entrenched.

53 Howard A. Snyder, *The Community of the King* (Downers Grove: InterVarsity Press, 1977), 12-15. For Snyder, the church is not an end in itself but an agent for proclaiming the kingdom of God.

한국 교회가 양과 질의 시대를 넘어 '격의 시대'로 나아가기 위해서는, 싱글 성도들을 그리스도의 온전한 제자로 환대하고 그들과 함께 하나님 나라의 지경을 넓혀가는 공동체적 결단이 반드시 수반되어야 한다.[54]

10.5. 싱글의 종말론적 주권(Sovereignty)을 향하여

본 연구의 신학적 탐구는 하나의 절박한 요청, 즉 기독교 싱글의 삶을 존재론적 공백이나 단순한 일시적 과도기로 전락시켜 온 '창조론적 근시(creationist myopia)'[55]를 해체해야 한다는 필연성에 의해 진행되었다. 체계적인 담론 분석을 통해, 우리는 현대 교회 구조가 핵가족을 우상숭배적으로 중심에 둠으로써 복음의 급진적이고 종말론적인 부르심을 어떻게 길들여 왔는지 밝혀냈다. 본 연구는 이러한 가부장적·가정 중심적 시각이 기독교 전통의 본래적 특징이 아니라 사회 역사적 구성물, 즉 엄격한 신학적 회복(retrieval)을 요하는 해석학적 협소화의 결과임을 주장하였다.

이 복잡한 담론을 헤쳐 나가기 위해, 본 연구는 기독교 역사의 지평에서 각각 독특한 '경계적 페르소나'(liminal persona)[56] 역할을

---

54 Ok Han-heum, *Awakening the Laity*, 215-218. Ok Han-heum emphasizes that the success or failure of discipleship training hinges on a 'structural decision' to break the traditional framework of the church and establish each individual believer as a subject of ministry.

55 The term "Creationist Myopia" is utilized here to describe the theological tendency to over-realize the creation mandate (Genesis 1:28) while neglecting the eschatological reorientation of human relationships inaugurated by Christ (Matthew 22:30).

56 Victor Turner, *The Ritual Process: Structure and Anti-Structure* (Chicago: Aldine, 1969), 95. Turner's concept of *liminal personae* or "threshold people" provides the theoretical framework for understanding the single Christian as one who occupies

수행하는 네 명의 핵심 인물에 대한 레소스망(자원 회복, Ressou-rcement)을 수행하였다. 욕망에 관한 성 아우구스티누스의 불안정한 존재론에서부터 '정당한 싱글'(legitimate single)에 대한 에인샴의 엘프릭의 성자전적 입증에 이르기까지 그리고 혼인적 몸에 대한 요한 바오로 2세의 현상학적 통합[57]에서부터 생물학적 후손에 대한 스탠리 하우어워스의 교회론적 비판에 이르기까지—이 대화 상대자들은 공동으로 '주권적 싱글'(sovereign singleness)을 증언해 왔다. 이 주권은 고립으로 특징지어지는 것이 아니라, 삼위일체 하나님과의 직접적이고 매개 없는 관계를 통해 다가올 하나님 나라의 예언적 표징으로 기능하는 것을 의미한다.

이러한 주권의 원천으로서 '동정성 신학'(theology of virginity)을 회복하는 것은 교회의 현재 근시안적 시각을 교정하기 위한 필수적인 '교정 렌즈'를 제공한다.[58] 본 연구가 입증했듯이, 싱글은 결혼을 통한 완성을 기다리는 '결핍된 주체'가 아니다. 오히려 그들은 그 존재 자체가 '찰라'(tsalach, צָלַח)[59]즉, 번식의 명령이라는 시간적 제약을 뚫고 전진하며 새 창조의 '이미(already)'를 현시하는 일차적인

---

a creative space between established social structures.

57 John Paul II, *Man and Woman He Created Them: A Theology of the Body*, trans. Michael Waldstein (Boston: Pauline Books & Media, 2006). His "nuptial meaning of the body" serves as a crucial bridge between biological reality and eschatological vocation.

58 For a comprehensive sociological and historical analysis of the Church's response to singlehood, see Christine A. Colon and Bonnie Kristian, *Ages of Singleness: Faith and Ministry in a Single-Majority Culture* (Grand Rapids: Baker Academic, 2024).

59 The Hebrew root Tsalach (צָלַח) conveys the dynamic movement of "prospering" as a "breaking through" or "surging forward," which characterizes the spiritual efficacy of those rooted in the Word, regardless of their marital status. See Psalm 1:3.

종말론적 주체이다.

요컨대, '주권적 싱글 신학'은 '싱글 다수 문화(single-majority culture)' 속에서 교회가 나아갈 길을 제시한다. 이는 영적 가족 관계를 교회(ecclesia)의 일차적 유대로 인식하고, 싱글의 몸을 신적 계시의 장소이자 희망의 선봉으로 찬양하는 교회론을 촉구한다. 이러한 상실된 존엄성을 되찾음으로써, 교회는 비로소 기독교 싱글을 창조 질서의 예외가 아니라, 창조의 최종적이고 종말론적인 성취를 보여주는 영광스러운 구현체로 바라보게 될 것이다.

교회가 낭만적 사랑이라는 지체된 신화에 머무는 한, 그것은 세속적 이익사회의 변종에 불과할 것이다. 그러나 교회가 싱글의 고독을 그리스도의 고난과 결합하고, 그들의 자율성을 하나님 나라의 자유로 선포할 때, 교회는 비로소 혈연의 쇠창살을 뚫고 나와 세상을 환대하는 하나님 나라의 진정한 가족이 될 것이다. 싱글리티는 교회의 종말이 아니라, 진정한 공동체성이 시작되는 거룩한 문턱이다.

참고 문헌

Ælfric. *Ælfric's Lives of Saints*. A Set of Sermons on Saints' Days formerly Observed by the English Church. Edited by W.W. Skeat. 2 vols. London: Oxford University, 1966.

———. "Cecilia and Valerian (Latin Text and Translation)." In *Ælfric's Lives of the Virgin Spouses, with Modern English Parallel-Text Translations*, edited by Robert

K. Upchurch, 172–217. Exeter: University of Exeter Press, 2007.

———. "Chrysanthus and Daria (Latin Text and Translation)." *In Ælfric's Lives of the Virgin Spouses, with Modern English Parallel-Text Translations*, edited by Robert K. Upchurch, 219–249. Exeter: University of Exeter Press, 2007.

———. "Homily 1 " In *Homilies of Ælfric*, edited by John C Pope. Oxford: Oxford University Press, 1967.

———. "II. Be þære halgan clænnysse." In *Angelsächsische Homilien und Heiligenleben*, edited by Bruno Assmann, 13–23. Kassel: Georg H. Wigan, 1889.

———. "Julian and Basilissa (Latin Text and Translation)." In *Ælfric's Lives of the Virgin Spouses, with Modern English Parallel-Text Translations*, edited by Robert

K. Upchurch, 114–171. Exeter: University of Exeter Press, 2007.

———. "Monday. On the Greater Litany." Translated by Benjamin Thorpe. In *The Homilies of the Anglo-Saxon Church*, edited by Benjamin Thorpe, 315–332.

Cambridge: Cambridge University Press, 2013.

———. "Nativitas Sanctæ Mariæ Virginis." In *Angelsächsische Homilien und Heiligenleben*, edited by Bruno Assmann, 24–48. Kassel: Georg H. Wigan, 1889.

———. "On the Nativity of Holy Virgins." In *The Sermones Catholici, Or Homilies: In the Original Anglo-Saxon, with an English Version Volume I*, edited by Benjamin Thorpe: The Aelfric Society, 1846.

———. "Preface." *In The Sermones Catholici, Or Homilies: In the Original Anglo-Saxon, with an English Version, Volume I*, edited by Benjamin Thorpe: The Aelfric Society, 1846.

———. "The Sermones Catholici, Or Homilies: In the Original Anglo-Saxon, with an English Version, Volume I." edited by Benjamin Thorpe: The Aelfric Society, 1846.

———. "The Sermones Catholici, Or Homilies: In the Original Anglo-Saxon, with an English Version, Volume II." edited by Benjamin Thorpe: The Aelfric Society, 1846.

———. "Sexagesima Sunday." Translated by Benjamin Thorpe. *In The Homilies of the Anglo-Saxon Church*, edited by Benjamin Thorpe, 89–98. Cambridge: Cambridge University Press, 2013.

Albright, William Foxwell, and Christopher Stephen Mann. Matthew. The Anchor Bible. Edited by William Foxwell Albright and David Noel Freedman. Vol. 26, New York: Double Day & Company , Inc. , 1971.

Aldhelm. "*The Prose De Virginitate.*" Translated by Michael Lapidge and Michael Herren. In *Aldhelm the Prose Works*, edited by Michael Lapidge and Michael Herren, 59–132. Cambridge: D.S. Brewer, 1979.

Allberry, Sam. *7 Myths About Singleness.* Translated by 7 Myths. Wheaton, Illinois: Crossway, 2019.

———. *How do Churches Unintentionally Undermine Biblical Teaching on Singleness?*

The Gospel Coalition, 2017. Video. Accessed May 4, 2017. https://www. thegospelcoalition.org/article/how-do-churches-unintentional-ly-undermine-biblical-teaching-on-singleness.

———. *The Most Common Misconception About Singleness in the Church-*

es Today. The Gospel Coalition, 2016. Video. Accessed May 4, 2017. https://www.thegospelcoalition.org/article/sam-allberry-most-common- misconception-singleness-churches-today.

———. "Why Single is Not the Same as Lonely." *The Gospel Coalition*, July 11, 2016. Accessed March 28, 2017. https://www.thegospelcoalition.org/article/why-single-is-not-same-as- lonely.

Allen, Diogenes. *Love: Christian Romance, Marriage, Friendship*. Eugene, Oregon: Wipf and Stock Publishers, 2006.

Allen, Katherine R. *Single Women/Family Ties: Life Histories of Older Women.*

Newbury Park: Sage Publications, 1989.

Allen, Michael. "Reformed Retrieval." In *Theologies of Retrieval: An Exploration and Appraisal*, edited by Darren Sarisky, 67–79. London,UK: Bloomsbury T&T Clark, 2017.

Allen, Michael, and Scott R. Swain. *Reformed Catholicity: The Promise of Retrieval for Theology and Biblical Interpretation*. Grand Rapids, Michigan: Baker Academic, 2015.

Ambrose. "*Concerning Virgins: Book I.*" Translated by H. de Romestin, E. de Romestin and H.T.F. Duckworth. In *Some of the Principal Works of St. Ambrose*, edited by Henry Wace and Philip Schaff. Nicene and Post-Nicene Fathers, Second Series, 361–373. Buffalo, NY: Christian Literature Publishing Co., 1995.

Ambrosiaster. *Commentaries on Romans and 1–2 Corinthians*. Translated by Gerald L. Bray. Ancient Christian Texts. Edited by Thomas C. Oden and Gerald L. Bray. Downers Grove, Illinois: IVP Academic, 2009.

Amos, Clare. "Marriage—and its Alternatives: An Anglican Perspective, Yesterday and Today." *Islam and Christian–Muslim Relations* 17, no. 3 (2006): 269–279.

Amtower, Laurel, and Dorothea Kehler. *The Single Woman in Medieval and Early Modern England: Her Life and Representation*. Vol. 263, Tempe, Arizona: Arizona Center for Medieval and Renaissance Studies,

2003.

Anderson, C. Thomas, and Maureen Anderson. N.p,: *Making Marriage a Love Story*. Windword Publishing, 2005.

Andronoviene, Lina. "Involuntarily Free: Single Women in the Believing Community." *Journal of European Baptist Studies* 3, no. 1 (2002): 5–18.

———. "Transforming the Struggles of Tamars: Singleness in Intentional Baptistic Communities." PhD diss., International Baptist Theological Seminary of the European Baptist Federation (Czech Republic), 2012.

Anglican Church League. "The 39 Articles (Articles of Religion)." Accessed July 31, 2020. http://acl.asn.au/the-thirty-nine-articles.

Anonymous. *The Blue Laws of New Haven Colony, Usually Called Blue Laws of Connecticut [. . .] Interesting Extracts*. Hartford: Case, Tiffany & Company, 1838.

———. "Comments on 'Marriage is Very Good. Singleness May Be Even Better'." The Gospel Coalition. Accessed June 28, 2017. https://www.thegospelcoalition.org/article/marriage-is-very-good-singleness-even-better#comment-3384904314.

———. *Old Maids: Their Varieties, Characters and Conditions*. London: Smith, Elder and Co., 1835.

———. *Opus Imperfectum - Incomplete Commentary on Matthew*. Translated by James

A. Kellerman. Ancient Christian Texts. Edited by Thomas Oden and Gerald L. Bray. Vol. 2, Downers Grove, Illinois: IVP Academic, 2010. Anyabwile, Thabiti. "Some Basic Thoughts on Manhood: Singleness." *The Gospel Coalition*, August 20, 2012. Accessed March 29, 2017. https://blogs.thegospelcoalition.org/thabitianyabwile/2012/08/20/some-basic-thoughts-on-manhood-singleness/.

Apatow, Judd. "The 40 Year Old Virgin." 116 minutes. USA: Universal Pictures, 2005.

Aquinas, Thomas. *Summa Theologica*. Irvine, California: Xist Publishing,

2015. Arasaratnam, Lily A. *P.S. I'm Single: Reflections on Singleness*. Australian Pentecostal Studies Supplementary Series. Chester Hill: Alphacrucis College Press, 2011.

Arnold, John. "The Labor of Continence: Masculinity and Clerical Virginity." In *Medieval Virginities*, edited by Anke Bernau, Ruth Evans and Sarah Salih, 102–118. Toronto: University of Toronto Press, 2003.

Arnold, Lisa, and Christina Campbell. "The High Price of Being Single in America." The Atlantic. Accessed September 5, 2018. https://www.theatlantic.com/sexes/archive/2013/01/the-high-price-of-   be-ing-single-in-america/267043/.

Atkinson, Clarissa W. "'Precious Balsam in a Fragile Glass': The Ideology of Virginity in the Later Middle Ages." *Journal of Family History* 8, no. 2 (1983): 131–143.

Augustine. *The City of God: Books VIII–XVI*. Translated by Gerald G. Walsh and Grace Monahan. The Fathers of the Church: A NewTranslation. Edited by Hermigild Dressler. Vol. 14, Washington, D.C.: The Catholic University of America Press, 1952.

———. *The Confessions*. Translated by Maria Boulding. The Works of Saint Augustine: A Translation for the 21st Century. Edited by John E. Rotelle. Vol. 1, New York: New City Press, 1997.

———. *De Bono Coniugali: De Sancta Virginitate*. Translated by P.G. Walsh. Oxford Early Christian Texts. Edited by Henry Chadwick. Oxford, U.K.: Clarendon Press, 2001.

———. "*The Excellence of Marriage*." Translated by Ray Kearney. In *Marriage and Virginity*, edited by David G. Hunter. The Works of St Augustine: A Translation for the 21st Century, 33–58. New York: New City Press, 1996.

———. "*The Excellence of Widowhood*." Translated by Ray Kearney. In Marriage and Virginity, edited by David G. Hunter. The Works of Saint Augustine: A Translation for the 21st Century, 113–135. New York: New City Press, 1996.

———. "*Holy Virginity*." Translated by Ray Kearney. In *Marriage and Vir-*

ginity. The Works of Saint Augustine: A Translation for the 21st Century, 68–105. New York: New City Press, 1996.

———. "*The Literal Meaning of Genesis.*" Translated by Matthew O'Connell. In *On Genesis*, edited by Edmund Hill. The Fathers of the Church, 168–506. New York: New City Press, 2002.

———. "*Marriage and Desire: Book One.*" In *Answer to the Pelagians, II*, edited by Roland J. Teske. The Fathers of the Church, 28–53. New York: New City Press, 1998.

———. "*Marriage and Desire: Book Two.*" In *Answer to the Pelagians, II*, edited by Roland J. Teske. The Fathers of the Church, 54–97. New York: New City Press, 1998.

———. "*A Refutation of the Manichees: Book I.*" Translated by Matthew O'Connell. In *On Genesis*, edited by Edmund Hill. The Fathers of the Church, 39–68. New York: New City Press, 2002.

———. *The Retractions.* Translated by M. Inez Bogan. The Fathers of the Church. Edited by Roy Joseph Deferrari. Washington, D.C.: The Catholic University Press, 1968.

———. *Sermons: III/10 (341–400).* Translated by Edmund Hill. The Works of Saint Augustine: A Translations for the Twenty-First Century – Part III. Edited by John E. Rotell. New York, New York: New City Press, 1995.

Aune, Kristin. *Single Women: Challenge to the Church?* Carlisle: Paternoster Press, 2002.

Aune, Michael B. "What's Needed in Theology? World-view Construction, Retrieval, or⋯?" *Currents in Theology and Mission* 39, no. 4 (2012).

Australian Bureau of Statistics. "2016 Census Quickstats." ABS. 2018. Accessed May 14, 2018.

http://www.censusdata.abs.gov.au/census_services/getproduct/census/2016/quickstat/036.

Australian Institute of Family Studies. "Marriage in Australia Source Data." Accessed December 16, 2019. https://aifs.gov.au/facts-and-figures/marriage-australia/marriage-australia-source-data.

B.C. "Trump's Papal Problem Reopens Some Old Fault Lines." *The Economist*, February 19, 2016. Accessed https://www.economist.com/democracy-in-america/2016/02/19/trumps-papal-problem-reopens-some-old-fault-lines.

Bachman, Daniel, and Akrur Barua. "Single-Person Households: Another Look at the Changing American Family" of Behind the Numbers: 2015. Accessed on February 6, 2017.

Baker, William. *1 Corinthians*. Cornerstone Biblical Commentary. Edited by Philip

W. Comfort. Carol Stream, Illinois: Tyndale House Publishers, Inc., 2009. Banner, Michael. *Christian Ethics and Contemporary Moral Problems*. Cambridge, UK: Cambridge University Press, 1999.

Baoku, Hafeez. "That Relationship Will Not 'Complete You'." *The Gospel Coalition*, August 7, 2014. Accessed March 29, 2017. https://www.thegospelcoalition.org/article/that-relationship-will-not-complete-you.

Barclay, John M.G. "Apocalyptic Allegiance and Disinvestment in the World." In *Paul and the Apocalyptic Imagination*, edited by Ben C. Blackwell, John K. Goodrich and Jason Maston, 257–274. Minneapolis: Fortress Press, 2016.

Barlow, Jill. "What if Singleness is My Fairy Tale?" *The Gospel Coalition*, March 18, 2015. Accessed March 29, 2017. https://www.thegospelcoalition.org/article/what-if-singleness-is-my-fairy- tale.

Barna Group Inc. "Barna Group." Accessed May 8, 2017. https://www.barna.com/.

Barnett, Paul. *1 Corinthians*. Frearn, Ross-shire: Christan Focus Publications, 2000.

———. *The Servant King: Reading Mark Today*. Sydney: Anglican Information Office, 1991.

Barnhart, Robert K. *Chambers Dictionary of Etymology*, s.v. "single". London, U.K.: Chambers, 2015.

Barrett, C.K. *The First Epistle to the Corinthians*. Black's New Testament

Commentaries. Second ed. London: Hendrickson Publishers, 1993.

Barrett, Matthew. "Interview with Todd Billings on Union with Christ." *Credo*, January 17, 2012. Accessed March 23, 2019. https://credomag.com/2012/01/interview-with-todd-billings-on-union-with-christ/.

Barrow, Julia. "The Chronology of the Benedictine Reform." In *Edgar, Kind of the English 959–975*, edited by Donald Scragg, 211–223. Woodbridge: The Boydell Press, 2008.

Barth, Karl. *Church Dogmatics*. Translated by G.W. Bromiley and T.F. Torrance. Edinburgh: T&T Clark, 1961.

———. *Dogmatics in Outline*. New York: Harper Torchbook, 1959.

———. *Protestant Theology in the Nineteenth Century: Its Background & History*. London: SCM Press, 1972.

Bauer, Walter. "ἐνίστημι." *In A Greek-English Lexicon of the New Testament and Other Early Christian Literature*. William F. Arndt and F. Wilbur Gingrich ed.

Second ed, Chicago The University of Chicago Press, 1979.

———. "συστέλλω." In *A Greek-English Lexicon of the New Testament and Other Early Christian Literature*. William F. Arndt and F. Wilbur Gingrich ed. Second ed, Chicago: The University of Chicago Press, 1979.

Beare, Francis Wright. *The Gospel According to Matthew: Translation, Introduction, and Commentary*. Cambridge, Massachusetts: Hendrickson Publishers, 1981.

Beattie, Cordelia. *Medieval Single Women: The Politics of Social Classification in Late Medieval England*, Oxford Scholarship Online, 2008.

Beckett, Joshua. "Desire in Singleness: Ascetics and Eternity (or, Why Christians Don't Need to Get Married)." In *Breaking the Marriage Idol: Reconstructing our Cultural and Spiritual Norms*, by Kutter Callaway, 193–211. Downers Grove, Illinois: IVP Books, 2018.

Beet, Joseph Agar. *A Commentary on St. Paul's Epistle to the Corinthians*. Fifth ed. London: Hodder and Stoughton, 1892.

Bell, Rudolph M., and Virginia Yans-McLaughlin. *Women on their Own :*

Interdisciplinary Perspectives on Being Single. New Brunswick, N.J.: Rutgers University Press, 2008.

Bennett, Jana Marguerite. "Mary and Martha Meet Saint Augustine: Marriage, Virginity, and Household Formation." PhD diss., Duke University, 2005.

———. *Singleness and the Church: A New Theology of the Single Life*. New York, NY: Oxford University Press, 2017.

———. *Water Is Thicker than Blood: An Augustinian Theology of Marriage and Singlehood*. New York, NY: Oxford University Press, 2008.

Bennett, Judith, and Amy Froide. "A Singular Past." *In Single Women in the European Past*, edited by Judith M. Bennett and Amy Froide, 1–37. Philadelphia: University of Philadelphia Press, 1999.

Berlinerblau, Jacques. "Ideology, Pierre Bourdieu's Doxa, and the Hebrew Bible." *Semeia*, no. 87 (1999): 193.

Bernard. "*In Labore Messis 5*." In *Sancti Bernardi Opera Omnia*, edited by Jean Leclercq and C.H. Talbot. Rome: Cistercienses, 1957.

Bernard-Allan, Valerie Y. "It is Not Good to be Alone; Singleness and the Black Seventh-Day Adventist Woman." PhD diss., UCL Institute of Education, 2016.

Billings, J. Todd. "Afterword: Rediscovering the Catholic-Reformed Tradition for Today: A Biblical, Christ-Centered Vision for Church Renewal." In *Reformed Catholicity: The Promise of Retrieval for Theology and Biblical Interpretation*, edited by Michael Allen and Scott R. Swain. Grand Rapids, Michigan: Baker Academic, 2015.

Blomberg, Craig L. "Degrees of Reward in the Kingdom of Heaven." *Journal of the Evangelical Theological Society* 35, no. 2 (1992): 159–172.

———. *Matthew: an Exegetical and Theological Exposition of Holy Scripture*. Vol. 22. N.p: B&H Publishing Group, 1992.

Blue, Bradley B. "The House Church at Corinth and the Lord's Supper: Famine, Food Supply and the Present Distress." *Criswell Theological Review* 5, no. 2 (1991): 221–239.

Bock, Darrell L. *Luke: Volume 2 - 9:51–24:53*. Baker Exegetical Commentary on the New Testament. Edited by Moises Silva. Vol. 2, Grand Rapids, Michigan: Baker Books, 1996.

Bohlinger, Tavis. "Don't Call it 'Retro': Retrieval Theologians are Looking Back to Move Forward" of *The LAB: The Logos Academic Blog:* 2018. Accessed on April 11, 2019. https://academic.logos.com/ dont-call-it-retro-retrieval-theologians-are-looking-back-to-move-forward/.

Bourdieu, Pierre. *The Logic of Practice*. Stanford University Press, 1990.

―――. *Outline of a Theory of Practice*. Translated by Richard Nice. Cambridge Studies in Social and Cultural Anthropology. Cambridge: Cambridge University Press, 1977.

―――. *Practical Reason: On the Theory of Action*. Stanford University Press, 1998. Bourdieu, Pierre, and Loïc J. D. Wacquant. An Invitation to Reflexive Sociology. Chicago: University of Chicago Press, 1992.

Bovon, François. *Luke 3: A Commentary on the Gospel of Luke 19:28–24:53*. Translated by James Crouch. Heremeneia – A Critical and Historical Commentary on the Bible. Edited by Helmut Koester. Minneapolis: Augusburg Fortress, 2012.

Bradbee, Cheryl. "Standing Alone in the Church." *The Presbyterian Record*, Toronto: Presbyterian Church in Canada, 2013, 27–28.

Bradbury, John. "Called to Become: A Vocational Theology of Marriage." In *Thinking Again About Marriage: Key Theological Questions*, edited by John Bradbury and Susannah Cornwall, 135–151. London UK: SCM Press, 2016.

Branner, Leanna. "My Dream Singleness: An Anthem for Unmarried Women." *Desiring God*, January 26, 2017. Accessed March 29, 2017. http://www.desiringgod.org/articles/my-dream-singleness.

Branscomb, James. *The Gospel of Mark*. The Moffatt New Testament Commentary. Edited by James Moffatt. London: Hodder and Stoughton, 1937.

Bray, Gerald L. *New Testament VII: 1–2 Corinthians*. Ancient Christian

Commentary on Scripture. Edited by Thomas Oden. Downers Grove: InterVarsity Press, 1999.

Bridgett, Diana. "True Love Waits Sexual Purity Mov't Celebrates 20 Years." *The Christian Post*, February 8, 2013. Accessed September 22, 2017. https://www.christianpost.com/news/true-love-waits-sexual-puri-ty-movt- celebrates-20-years-89747.

Brock, Brian, and Kevin Hargaden. "Afterword: The End was There in the Beginning." In *Beginnings: Interrogating Hauerwas*, edited by Stanley Hauerwas and Brian Brock, 291–304. London: T&T Clark, 2017.

Brooks, David. "The Nuclear Family Was a Mistake." *The Atlantic*, March, 2020. Accessed February 18, 2020. https://www.theatlantic.com/magazine/archive/2020/03/the-nuclear-family-was-a-mis-take/605536/.

Brown, E.E. *The First Epistle of Paul the Apostle to the Corinthians*. The Indian Church Commentaries. Edited by Laurence E. Browne. London: Society for Promoting Christian Knowledge, 1923.

Brown, Peter. *The Body and Society: Men, Women, and Sexual Renunciation in Early Christianity*. New York: Columbia University Press, 1988.

――――. "The Notion of Virginity in the Early Church." In *Christian Spirituality: Orgins to the Twelfth Century*, edited by Bernard McGinn and John Meyendorff, 427–443. London: Routledge & Kegan Paul, 1986.

Brownback, Lydia. *Fine China is For Single Women Too*. Phillipsburg: P&R Publishing Company, 2003.

Bruce, F.F. *1 and 2 Corinthians*. New Century Bible. Edited by Matthew Black. London: Oliphants, 1971.

Brundage, James A. *Law, Sex and Christian Society in Medieval Europe*. Chicago: The University of Chicago Press, 1987.

Budgeon, Shelley. "Couple Culture and the Production of Singleness." *Sexualities* 11, no. 3 (2008): 301–325.

Bugge, John. *Virginitas: An Essay in the History of a Medieval Idea*. Springer Science+Business Media Dordrecht, 1975.

Burchfield, R.W. *A Supplement to the Oxford English Dictionary*, s.v. "asocial". Oxford: Oxford University Press, 1972.

Burke, D. J. "Singleness as a Christian lifestyle." *Review & Expositor* 74, no. 1 (1977): 75–80.

Burns, Jim, and Stephen Arterburn. *Creating an Intimate Marriage: Rekindle Romance Through Affection, Warmth and Encouragement*. Bethany House Publishers, 2007.

Burr, Lyndsey. "Dating Naked (U.S.)." VH1 Television, 2014–2016. Buschart, W. David, and Kent Eilers. *Theology as Retrieval: Receiving the Past, Renewing the Church*. Downers Grove, Illinois: InterVarsity Press, 2015.

Byassee, Jason. "Emerging From What, Going Where? Emerging Churches and Ancient Christianity." In *Ancient Faith for the Church's Future*, edited by Mark Husbands and Jeffrey P. Greenman, 249–263. Downers Grove, Illinois: IVP Academic, 2008.

Byrd, Aimee. *Why Can't We Be Friends?: Avoidance is Not Purity*. N.p.: P&R Publishing, 2019.

Byrne, Anne. "Single Women in Ireland: A Re-examination of the Sociological Evidence." In *Women on Their Own: Interdisciplinary Perspectives on Being Single*, edited by Rudolph M. and Virginia Yans Bell, 16–29. New Brunswick: Rutgers University Press, 1997.

———. "Singular Identities Managing Stigma, Resisting Voices." *Women's Studies Review* 7 (2000): 13–24.

Byrne, Anne, and Deborah Carr. "Caught in the Cultural Lag: The Stigma of Singlehood." *Psychological Inquiry* 16, no. 2-3 (2005): 84–90.

Caesarius. *Sermons: Volume 1 (1–80)*. Translated by Sister Mary Magdeleine Mueller. The Fathers of the Church: A New Translation. Edited by Hermigild Dressler. Vol. 31, Washington D.C.: The Catholic Univteisy of America Press, 1977.

Callaway, Kutter. *Breaking the Marriage Idol: Reconstructing our Cultural and Spiritual Norms*. Downers Grove, Illinois: IVP Books, 2018.

Calver, Clive. "Foreword." In *One of Us: Single People as Part of the Church*, edited by Steve Chilcraft, 11–13. Milton Keynes: Nelson Word, 1993.

Calvin, John. *Commentary on the Epistle of Paul to the Corinthians*. Translated by Reverend John Pringle. Vol. 1, Grand Rapids, Michigan: Christian Classics Ethereal Library, 1979.

———. *Commentary on the Epistles of Paul the Apostle to the Corinthians*. Translated by John Pringle. Grand Rapids, Michigan: Wm. B. Eerdmans Publishing Company, 1948.

———. "Epistle Dedicatory to Francis." In *Institutes of the Christian Religion*, edited by John T. McNeill. The Library of Christian Classics. Philadelphia: Westminster Press, 1960.

———. *A Harmony of the Gospels: Matthew, Mark, Luke - Volume III*. Translated by A.W. Morrison. Calvin's Commentaries. Edited by David W. Torrance and Thomas F. Torrance. Edinburgh: The Saint Andrew Press, 1972.

———. *Institutes of the Christian Religion (Vol.1)*. Translated by Ford Lewis Battles. The Library of Christian Classics. Edited by John Baillie, John T. McNeill and Henry P. Van Dusen. Vol. 20, Philadelphia: Westminster John Knox Press, 1960.

Cameron, Andrew J.B. *Joined-Up Life: A Christian Account of How Ethics Works*. Eugene, Oregon: Wipf and Stock Publishers, 2011.

Capellanus, Andreas. *On Love*. Translated by P.G. Walsh. London: Duckworth, 1982.

Cargan, Leonard. Being Single on Noah's Ark. N.p.: Rowman & Littlefield, 2007. Carlson, Cindy L., and Angela Jane Weisl, eds. *Constructions of Widowhood and Virginity in the Middle Ages*. Edited by Bonnie Wheeler, The New Middle Ages. New York: St Martin's Press, 1999.

Carlson, Eric Josef. "Clerical Marriage and the English Reformation." *Journal of British Studies* 31, no. 1 (1992): 1–31.

Carter, Joe. "How the Shortage of Young Men in Churches Affects Marriage." *The Gospel Coalition*, August 24, 2019. Accessed September 5, 2019. https://www.thegospelcoalition.org/article/shortage-young-men-churches- affects-marriage/.

Catholic Church. *Catechism of the Catholic Church.* [Libreria Editrice Vaticana]. Homebush, Australia: St Pauls - Society of St Paul, 1994.

Challies, Tim. "Books I Recommend: Dating & Courtship." Accessed September 7, 2018. https://www.challies.com/recommendations/dating-and-courtship/.

———. "I Survived I Kissed Dating Goodbye." (2018), November 26, 2018. Accessed February 19, 2020. https://www.challies.com/articles/i-survived- i-kissed-dating-goodbye/.

———. "What is the Gift of Singleness?" Challies, September 28, 2016. Accessed July 14, 2017. https://www.challies.com/articles/what-is-the-gift-of- singleness.

Chalvon-Demersay, Sabine. "An Elective Society." *Land [Online]* (1996). Accessed February 10, 2017. https://journals.openedition.org/terrain/3392.

Chambers-Schiller, Lee Virginia. *Liberty, A Better Husband: Single Women in America: The Generations of 1780–1840.* New Haven: Yale University Press, 1984.

Chamblin, J. Knox. *Matthew.* Mentor Commentary. N.p.: Mentor, 2010. Chandler, Joan, Malcolm Williams, Moira Maconachie, Tracey Collett, and Brian Dodgeon. "Living Alone: Its Place in Household Formation and Change." http://socresonline.org.uk/9/3/chandler.html.

Cheatham, Karen. "They Hasten Toward Perfection: Virginal & Chaste Monks in the High Middle Ages." PhD diss., University of Toronto, 2010.

Chenault Roberts, Christopher. *Creation & Covenant: The Significance of Sexual Difference in the Moral Theology of Marriage.* New York, NY: T&T Clark International, 2007.

Cherry, Debby. "Emotional Affairs." *Focus on the Family - Couples Edition*, no. December 3, January 1, 2008. Accessed https://www.focusonthefamily.com/marriage/emotional-affairs/.

Chilcraft, Steve. *One of Us: Single People as Part of the Church.* Milton

Keynes: Nelson Word, 1993.

Chiu, Joyce. "A Single-Minded Church." Barna Trends. Accessed April 12, 2017. https://www.barna.com/single-minded-church/.

Christianity Today. "Christianity Today." Accessed May 8, 2017. http://www.christianitytoday.com/.

Ciampa, Roy E., and Brian S. Rosner. *The First Letter to the Corinthians.* The Pillar New Testament Commentary. Edited by D.A. Carson. Grand Rapids, Michigan: Wm. B. Eerdmans Publishing Co., 2010.

Cho, Shin-young and Park Hyun-chan, Class. Seoul: Wisdom House, 2011

Clapp, Rodney. *Families at the Crossroads: Beyond Tradition & Modern Options.* Downers Grove, IL.: InterVarsity Press, 1993.

———. "From Family Values to Family Virtues." In *Virtues and Practices in the Christian Tradition,* edited by Brad J. Kallenberg, Nancey Murphy and Mark Thiessen Nation, 185–201. Harrisburg, Pennsylvania: Trinity Press International, 1997.

Clark, Elizabeth A. *St Augustine on Marriage and Sexuality.* Selections from the Fathers of the Church. Vol. 1, Washington, D.C. : The Catholic University of America Press, 1996.

Clark, Katherine. "Purgatory, Punishment, and the Discourse of Holy Widowhood in the High and Later Middle Ages." *Journal of the History of Sexuality* 16, no. 2 (2007): 169–203.

Clement. "*The Instructor.*" In *Ante-Nicene Fathers: The Writings of the Fathers Down to A.D. 325,* edited by Alexander Roberts and James Donaldson, 207–298. Massachusetts: Hendrickson Publishers, Inc, 1995.

———. *Stromata.* The Library of Christian Classics: Alexandrian Christianity – Selected Translations of Clement and Origen. Edited by John Ernest Leonard Oulton and Henry Chadwick. Vol. 2, London: SCM Press, 1954.

———. *Stromateis: Books One to Three.* Translated by D.H. Williams. The Fathers of the Church. Edited by Thomas P. Halton. Vol. 85, Washington D.C.: The Catholic University of America Press, 1991.

Clemson, Frances. "Taking Time Over Marriage: Tradition, History and Time in Recent Debates." In *Thinking Again About Marriage: Key Theological Questions*, edited by John Bradbury and Susannah Cornwall, 62–81. London UK: SCM Press, 2016.

Cloutier, David M. "Composing Love Songs for the Kingdom of God?: Creation and Eschatology in Catholic Sexual Ethics." *Journal of the Society of Christian Ethics* 24, no. 2 (2004): 71–88.

Coakley, Sarah. *The New Asceticism*. London: Bloomsbury Continuum, 2015. Coffey, Mark. *The Theological Ethics of Stanley Hauerwas: A Very Concise Introduction*.

Grove Ethics Series. Cambridge, UK: Grove Books, 2009.

Cole, R. Alan. *The Gospel According to Mark: An Introduction and Commentary*. The Tyndale New Testament Commentaries. Edited by Leon Morris. Grand Rapids, Michigan: Wm. B. Eerdmans Publishing, 1989.

Collins, Adela Yarbro. *Mark*. Hermeneia – A Critical and Historical Commentary on the Bible. Edited by Harold W. Attridge. Minneapolis: Augusburg Fortress, 2017.

Collins, Nate. *All but invisible: Exploring identity questions at the intersection of faith, gender and sexuality*. Grand Rapids, Michigan: Zondervan, 2017.

Collins, Raymond F. *First Corinthians*. Sacra Pagina Series. Edited by Daniel J. Harrington. Vol. Volume 7., Collegeville, Minnesota: The Liturgical Text, 1999.

Colón, Christine A., and Bonnie Field. *Singled Out: Why Celibacy must be Reinvented in Today's Church*. Grand Rapids, Michigan: Brazos Press, 2009.

Colon, Christine A. and Bonnie Kristian, *Ages of Singleness: Faith and Ministry in a Single-Majority Culture*. Downers Grove: IVP, 2024.

Conti, Allie. "Is Getting Married to Yourself the Next Hot Self-Esteem Trend?" *Vice* (2015), January 23, 2015. Accessed February 20, 2020. https://www.vice.com/en_us/article/8gdp8b/marry-yourself.

Conzelmann, Hans. *1 Corinthians: A Commentary on the First Epistle to the Corinthians*. Translated by James W. Leitch. Hermeneia: A Critical and Historical Commentary on the Bible. Edited by Helmut Koester. Philadelphia: Fortress Press, 1975.

Coontz, Stephanie. *Marriage, a History: From Obedience to Intimacy or How Love Conquered Marriage*. New York, New York: Viking, 2005.

———. *The Way We Never Were: American Families and the Nostalgia Trap*. New York, New York: Basic Books, 1992.

Creed, John Martin. *The Gospel According to St. Luke*. London: MacMillan and Co., Limited, 1930.

Crittenden, Danielle. *What our Mothers Didn't Tell Us: Why Happiness Eludes the Modern Woman*. New York, NY: Simon and Schuster, 1999.

Crough, Stacy. "Singles Don't Miss Out on Sanctification." *Desiring God*, April 20, 2016. Accessed March 29, 2017. http://www.desiringgod. org/articles/singles-don-t-miss-out-on- sanctification.

Crowe, Cameron. "Jerry Macguire." 139 minutes. USA: Sony Pictures Entertainment (SPE), 1996.

Crutwell, Lydia. "An Affirmation of Celibacy." *Canadian Mennonite*, Waterloo: Mennonite Publishing Service, 2014, 14.

Cubitt, Catherine. "Apocalyptic and Eschatological Thought in England Around the Year 1000." *Transactions of the Royal Historical Society* 25 (2015): 27–52.

Cullum, Pat. "'Give me Chastity': Masculinity and Attitudes to Chastity and Celibacy in the Middle Ages." *Gender & History* 25, no. 3 (2013): 621–636.

Cyprian. "*Three Books of Testimonies Against the Jews*." In *Ante-Nicene Fathers: The Writings of the Fathers Down to A.D. 325*, edited by Alexander Roberts and James Donaldson. Massachusetts: Hendrickson Publishers, Inc, 1995.

———. *Treatise II: On the Dress of Virgins*. Ante-Nicene Fathers. Vol. 5, Edinburgh: T&T Clark, 1995.

———. "Treatise IV: On the Dress of Virgins." In *The Treatises of S. Caecilius Cyprian*, 116–130. Oxford: John Henry Parker, 1889.

Cyril. *A Commentary on the Gospel According to St. Luke*. Translated by R. Payne- Smith. Oxford: Oxford University Press, 1859.

D'Avray, D.L., and M. Tausche. "Marriage Sermons in ad status Collections fo the Central Middle Ages." *Archives d'histoire doctrinale et littéraire du Moyen Age* 47 (1980): 71–119.

D'Vera Cohn, Jeffrey S Passel, Wendy Wang, and Gretchen Livingston. "Barely half of US adults are married–A record low." *Pew Research Social & Demographic Trends* (2011).

Daiter, Karen. "The Experience of Competent, Never Married, Over Forty Adults." PhD diss., Institute for Clinical Social Work (Chicago), 2010.

Dalfonzo, Gina. *One by One: Welcoming the Singles in Your Church*. Grand Rapids, Michigan: Baker Books, 2017.

Daniel, Bert. "Single Pastors, Biblical Counseling, and the Local Church." *9Marks Journal*, March 20, 2017. Accessed August 12, 2018. https://www.9marks.org/article/single-pastors-biblical-counseling-and-the- local-church/.

Danylak, Barry. *A Biblical Theology of Singleness*. Cambridge, UK: Grove Books Limited, 2007.

———. *Redeeming Singleness : How the Storyline of Scripture Affirms the Single Life.*

Wheaton, Ill.: Crossway, 2010.

———. "Secular Singleness and Paul's Response in 1 Corinthians 7." PhD diss., University of Cambridge, 2012.

Davies, William David, and Dale C. Allison Jr. *A Critical and Exegetical Commentary on The Gospel According to Saint Matthew*. Vol. 3, Edinburgh: T&T Clark, 2005.

Davis, Kathleen. "Boredom, Brevity and Last Things: Ælfric's Style And The Politics Of Time." In *A Companion to Ælfric*, edited by Hugh Magennis and Mary Swan, 321–344: Leiden, The Netherlands: Brill, 2009.

de Vaus, David, and Lixia Qu. "Demographics of Living Alone." *Journal of the Home Economics Institute of Australia* 22, no. 1 (2015): 27.

DeMars, Sean. "Folding Singles into Family in the Life of the Church." *9Marks Journal*, March 20, 2017. Accessed August 12, 2018. https://www.9marks.org/article/folding-singles-into-family-in-the-life-of- the-church/.

Deming, Willoughby Howard. "Paul on Marriage and Celibacy: The Hellenistic background of 1 Corinthians 7." PhD diss., The University of Chicago, 1991.

Denney, J. "The Sadducees and Immortality." *Mark XII* (1894): 18–27. DePaulo, Bella. "Everything You Think You Know About Single People is

Wrong." Everything You Think, *The Washington Post*, February 9, 2016. Accessed October 13, 2019. https://www.washingtonpost.com/news/in- theory/wp/2016/02/08/everything-you-think-you-know-about-single- people-is-wrong.

———. "Marriage and Happiness: 18 Long-Term Studies." *Psychology Today*, no. 9 February, March 15, 2013. Accessed July 16, 2018.
https://www.psychologytoday.com/blog/living-single/201303/marriage-and-happiness-18-long-term-studies.

———. "Single in a Society Preoccupied with Couples." In *Solitude*, edited by Coplanm Robert J. and Julie C. Bowker, 302–316: Wiley Blackwell, 2014.

———. "Think Single People are Selfish? The Research Proves Otherwise." *The Washington Post*, May 25, 2018. Accessed October 3, 2019. https://www.washingtonpost.com/news/soloish/wp/2018/05/25/think- single-people-are-selfish-the-research-proves-otherwise.

———. "Unselish Singles: They Give More Time, Money and Care." *Psychology Today*, no. December 3 (2017), February 24, 2017. Accessed September 15, 2017. https://www.psychologytoday.com/au/blog/living-single/201702/unselfish-singles-they-give-more-time-money-and-care.

DePaulo, Bella M, and Wendy L Morris. "Singles in Society and in Science." *Psychological Inquiry* 16, no. 2 & 3 (2005): 57–83.

DeRusha, Michelle. *Katharina & Martin Luther: The Radical Marriage of a Runaway Nun and a Renegade Monk*. Grand Rapids, Michigan: Baker Books, 2017.

Deshpande, Lakshmi. *Singled Out or One in the Body? : An Exploration of Singleness in the Church Today*. Cambridge: Grove Books, 2001.

DeWitt, Steve. "'That's Odd': On Bias Against Single Pastors." *The Gospel Coalition*, March 26, 2011. Accessed March 28, 2017. https://www.thegospelcoalition.org/article/thats-odd-on-bias-against-single-pastors/.

DeYoung, Kevin. "What Not to Say to the Single Women in your Church." *The Gospel Coalition*, November 4, 2011. Accessed March 28, 2017. https://blogs.thegospelcoalition.org/kevindeyoung/2011/11/04/what-not- to-say-to-single-women-in-your-church/.

Dillersberger, Jospeh. *The Gospel of Saint Luke*. Cork: The Mercier Press, 1958. Dobson, James. *Singleness: Waiting For God's Best, Part 1, Family Talk*. 2012. Podcast.

Accessed May 4, 2017. http://www.oneplace.com/ministries/family- talk/listen/singleness-waiting-for-gods-best-i-248325.html.

———. *Singleness: Waiting For God's Best, Part 2, Family Talk*. 2013. Podcast.

Accessed May 4, 2017. http://www.oneplace.com/ministries/family-talk-weekends/listen/singleness-waiting-for-gods-best-ii-321158.html.

Dobson, James, and Gary Bauer. *Children At Risk*. N.p.: Thomas Nelson Incorporated, 1991.

Dodson, Karen. "The Price of Virtue for the Medieval Woman: Chastity and the Crucible of the Virgin." *English Studies: A Journal of English Language and Literature* 99, no. 6 (2018): 593–608.

Driscoll, Mark. "How is Your Friendship With Your Boyfriend, Girlfriend, or Spouse?" *Patheos*, January 4, 2017. Accessed June 28, 2017. http://www.patheos.com/blogs/markdriscoll/2017/01/how-is-your-friendship-with-your-boyfriend-girlfriend-or-spouse/.

———. *Real Marriage: The Truth About Sex, Friendship & Life Together.* Nashville, Tennessee: Thomas Nelson, 2012.

———. *Single Like Jesus, 1 Corinthians - Christians Gone Wild.* 2006. Sermon. Accessed May 4, 2017. https://markdriscoll.org/sermons/single-like-jesus/.

———. "Single Pastors?" *Ministry Today*, January 9, 2014. Accessed December 14, 2018. https://ministrytodaymag.com/leadership/personal-character/20636- mark-driscoll-single-pastors.

Dulles, Avery Cardinal. "Tradition and Creativity in Theology." *First Things*, no. 27 (1992): 20–27.

Earls, Aaron. "True Love Waits Relaunched, Refocused as True Love Project." *The Ethics & Religious Liberty Commission*, February 11, 2014. Accessed May 29, 2018. https://erlc.com/resource-library/articles/true-love-waits- relaunched-refocused-as-true-love-project.

Edwards, Jonathan. *The Works of Jonathan Edwards, A.M.: With an Essay on His Genius and Writings.* Edited by Henry Rogers. 2 vols. Vol. 2, London: William Ball, 1839.

Edwards, Thomas Charles. *A Commentary on the First Epistle to the Corinthians.* Third ed. London: Hodder and Stoughton, 1897.

Edwards, Tyler. "Singleness Isn't a Problem." *Relevant Magazine*, February 20, 2017. Accessed March 28, 2017. https://relevantmagazine.com/article/singleness-isnt-a-problem/.

Eichler, Margrit. "Marriage in Canada." Historica Canada. Accessed December 18, 2019. http://www.thecanadianencyclopedia.ca/en/article/marriage-and- divorce/.

Eldredge, John. *Wild at Heart: Discovering the Secret of a Man's Soul.* Nashville, TN: Thomas Nelson Publishers, 2001.

Eldredge, John, and Stasi Eldredge. *Captivating: Unveiling the Mystery of a Woman's Soul.* Nashville, TN: Thomas Nelson Inc, 2010.

Ellicott, Charles J. *St Paul's First Epistle to the Corinthians: With a Critical and Grammatical Commentary.* London: Longmans, Green, and

Co., 1887.

Ellingworth, Paul, and Howard A. Hatton. *A Handbook on Paul's First Letter to the Corinthians.* UBS Handbook Series. New York: United Bible Socities, 1994.

Elliot, Dyan. *Spirtual Marriage: Sexual Abstinence in Medieval Wedlock.* Princeton, New Jersey: Princeton University Press, 1993.

Ellis, Havelock. "Studies in Psychology of Sex, Vol II: Sexual Inversion." In British *Women's History: A Documentary History from the Englightenment to World War I*, edited by Alison Twells, 37-39. London, UK: L.B. Tauris & Co. Ltd, 2007.

Elshtain, Jean Bethke. "Theologian: Christian Contrarian." *TIME Magazine*, New York, N.Y.: TIME, USA, September 17, 2001, 76-77.

Erasmus. *Paraphrase on Luke 11-24.* Translated by Jane E. Phillips. Collected Works of Erasmus. Edited by Robert D. Sider. Toronto: University of Toronto Press, 2003.

————. *Paraphrase on Mark.* Translated by Erika Rummel. Collected Works of Erasmus. Edited by Robert D. Sider. Toronto: University of Toronto Press, 1988.

Errington, Andrew. *Every Good Path: Wisdom and Practical Reason in Christian Ethics and the Book of Proverbs.* Edinburgh: T & T Clark, 2019.

————. "Living the Meantime: An Outline of Christian Ethics." *Luke's Journal* 23, no. 3 (2018): 8-11.

Ervine, Clyde. "Single in the Church: Eunuchs in the Kingdom." *Churchman* 119, no. 3 (2012): 217-232.

Eugene, Paul. "Comments on 'Marriage is Very Good. Singleness May Be Even Better'." Gospel Coalition. Accessed June 28, 2017. https://www.thegospelcoalition.org/article/marriage-is-very-good-singleness-even-better#comment-3384904314.

Eurostat. "Eurostat: Crude Marriage Rate, Selected Years, 1960-2014 (per 1000 Inhabitants) " In *Statistics Explained*, 2016.

————. "Marriage and Divorce Statistics." 2016. Accessed August 29, 2019.

https://ec.europa.eu/eurostat/statistics-explained/index.php/
Marriage_and_divorce_statistics.

———. "People in the EU - Statistics on Household and Family Structures."
2017.

Accessed August 30, 2019. https://ec.europa.eu/eurostat/statistics- ex-
plained/index.php/People_in_the_EU_-_statistics_on_household_
and_family_structures#Single-person_households.

Evans, Tony. *Living Single*. Chicago, IL: Moody Publishers, 2013.

Ewen, Stuart. *Captains of Consciousness: Advertising and the Social Roots
of the Consumer Culture*. N.p.: Basic Books, 2008.

Farley, Lawrence R. *First and Second Corinthians: Straight from the Heart*.
Ben Lomond, California: Concilar Press, 2005.

Fee, Gordon D. *The First Epistle to the Corinthians*. The New International
Commentary on the New Testament. Grand Rapids, Michigan: Wm.
B. Eerdmans Publishing Co., 1987.

Fielding, H. *Bridget Jones' Diary*. London: Viking Press, 1996.

Findlay, J. Alexander. *The Gospel According to St. Luke: A Commentary*.
London: Student Christian Movement Press, 1937.

Fitzmyer, Joseph A. First Corinthians: *A New Translation with Introduction
and Commentary*. The Anchor YaleBible. Edited by William Foxwell
Albright and David Noel Freedman. London: Yale University Press,
2008.

Focus on the Family. "Boundless." Accessed May 20, 2017. http://www.
boundless.org/.

———. "Our Vision." Accessed 7th September, 2019, https://www.focuson-
thefamily.com/about/foundational-values.

Folger, Jane. *What's a Girl to Do?: While Waiting For Mr Right*. Colorado
Springs, CO: Multnomah Books, 2004.

Foucault, Michele. *The Archaeology of Knowledge and the Discourse of
Language*. Translated by A.M. Sheridan Smith. New York: Pantheon
Books, 1972. France, Richard T. *Matthew*. Tyndale New Testament
Commentaries. Edited by

Leon Morris. Downers Grove, Illinois: Inter-Varsity Press, 1985.

―――. *The New International Commentary on the New Testament: The Gospel of Matthew*. Grand Rapids, Michigan: Eerdmans, 2007.

Francis, James M. "Discipleship and Vocation: Living Theology Today." *Rural Theology* 7, no. 2 (2009): 75-82.

Franck, Dennis. *Reaching Single Adults: An Essential Guide for Ministry*. Grand Rapids, Michigan: Baker Books, 2007.

Frazee, Charles A. "The Origins of Clerical Celibacy in the Western Church." *Church History* 57, no. Supplement: Centennial Issue (1988): 108-126. Frisbie, David, and Lisa Frisbie. *Becoming Your Husband's Best Friend: Secrets to Loving the Man You Married*. Eugene, Oregon: Harvest House Publishers, 2011.

Froide, Amy M. *Never Married: Singlewomen in Early Modern England*. Oxford: Oxford University Press, 2005.

Fuchs, Ken. "The Bachelor (U.S.)." Warner Bros. Television Distribution, 2002- 2019.

―――. "The Bachelorette (U.S.)." Warner Bros. Television Distribution, 2003- 2019.

Gadamer, Hans-Georg. *Truth and Method*. Revised Edition ed. New York, NY: Continuum International Publishing Company, 2004.

Garcia, Patricia. "Why Women Are Choosing to Marry Themselves." *Vogue* (2017), October 6, 2017. Accessed Februry 20, 2020. https://www.vogue.com/article/women-marrying-themselves-sologamy.

Garland, David E. 1 Corinthians Baker Exegetical Commentary on the New Testament. Edited by Robert W. Yarbrough and Robert H. Stein. Grand Rapids, Michigan: Baker Academic, 2003.

―――. *First Corinthians*. Baker Exegetical Commentary on the New Testament. Edited by Robert W. Yarbrough and Robert H. Stein. Grand Rapids, Michigan: Baker Academic, 2004.

Gasparro, Giulia Sfameni. "Asceticism and Anthropology: Enkrateia and "Double Creation" in Early Christianity." In Asceticism, edited by Vincent L. Wimbush and Richard Valantasis, 127-46. New York:

Oxford University Press, 1998.

Gesselman, Amanda N., Gregory D. Webster, and Justin R. Garcia. "Has Virginity Lost Its Virtue? Relationship Stigma Associated With Being a Sexually Inexperienced Adult." *The Journal of Sex Research* 54, no. 2 (2017/02/12 2017): 202–213.

Gillespie, Michael Allen. *The Theological Origins of Modernity.* Chicago, Illinois: The University of Chicago Press, 2008.

Gillis, John R. *A World of their Own Making: Myth, Ritual, and the Quest for Family Values.* Cambridge, Massachusetts: Harvard University Press, 1997.

Godden, Malcolm. "Millennium, Time, and History for the Anglo-Saxons ". In *The Apocalyptic Year 1000: Religious Expectation and Social Change, 950–1050,* edited by Richard Landes, Andrew Gow and David C. Van Meter, 155–177. Oxford: Oxford University Press, 2003.

Goffman, Erving. *Stigma: Notes on the Management of Spoiled Identity.* New York: Jason Aronson, 1963.

Gordon, Tuula. *Single Women: On the Margins?* Women in Society: A Feminist List. Edited by Jo Campling. Basingstoke: Macmillan, 1994.

Gould, Ezra P. *A Critical and Exegetical Commentary on the Gospel According to St. Mark.* The International Critical Commentary. Edited by Samuel Rolles Driver, Alfred Plummer and Charles Augustus Briggs. Edinburgh: T. & T. Clark, 1897.

Gould, Thomas. *Platonic Love.* New York: Free Press of Glencoe, 1963. Graham, Elaine L. "The 'Virtuous Circle': Religion and the Practices of Happiness." In *The Practices of Happiness: Political Economy, Religion and Wellbeing,* edited by J. Atherton, E. Graham and I. Steedman, 224–234. London: Routledge, 2011.

Grant, Jonathan. *Divine Sex: A Compelling Vision for Christian Relationships in a Hypersexualized Age.* Grand Rapids, Michigan: Brazos Press, 2015.

Green, Cassandra. "King, Mother, Soldier, Whore. Multiple Performances of Virginity in Anglo-Saxon Prose Saints' Lives: The Heterogeneity of an Ideal." PhD diss., The University of Manchester, 2007.

Green, Joel B. *The Gospel of Luke*. The New International Commentary on the New Testament. Edited by Gordon D. Fee. Grand Rapids, Michigan: William B. Eerdmans Publishing Company, 1997.

Green, Michael. *The Message of Matthew*. N.p.: SPCK, 2014.

Gregory. *"On Virginity."* In *A Select Library of the Christian Church*, edited by Philip Schaff and Henry Wace. Nicene and Post-Nicene Fathers: Second Series, 343–371. Massachusetts: Hendrickson Publishers, 1995.

Greitemeyer, Tobias. "Stereotypes of Singles: Are Singles What We Think?" *European Journal of Social Psychology* 39, no. 3 (2009): 368–383.

Grenz, Stanley James. *Sexual Ethics: An Evangelical Perspective*. Louisville, Kentucky.: Westminster John Knox Press, 1990.

Griffin, Deborah. *Single For a Season, Married for a Reason*. Lake Mary, Florida: Creation House, 2007.

Griffith, Ryan. "Is My Singleness a Gift?" *Desiring God*, April 25, 2016. Accessed March 28, 2017. http://www.desiringgod.org/articles/ is-my-singleness-a- gift.

Gropp, Betty M. "Celibacy in Matthew 19:10–12: A Judeo-Christian approach." M.A. diss., University of Ottawa (Canada), 1969.

Gubernskaya, Zoya. "Changing Attitudes Toward Marriage and Children in Six Countries." *Sociological Perspectives* 53, no. 2 (2010): 179–200.

Gulley, Alison. "Knockin' on Heaven's Door: Sexual Renunciation, Eschatology and Liminality in the Lives of the Virgin Spouses." *Journal of English and Germanic Philology* 117, no. 2 (2018): 141–159.

———. "Virginity, Chastity, and Modes of Female Piety: Aelfric's Virgin Martyr Legends and His Latin Sources." PhD diss., The University of North Carolina, 1997.

Gundry, Robert H. *Mark: A Commentary on His Apology for the Cross, Chapters 9 - 16*. Vol. 2, Grand Rapids, Michigan: William B. Eerdmans Publishing Company, 1993.

Gustafson, James M. "A Response to Critics." *The Journal of Religious Ethics*

13, no. 2 (1985): 185–209.

Hagner, Donald Alfred. *Matthew 14–28*. Word Biblical Commentary. Edited by Bruce M. Metzger. Vol. 14, Dallas, Texas: Thomas Nelson Incorporated, 1995.

Haldane, John. "Against Erotic Entitlements." *First Things*, no. 11 November, April 2012. Accessed February 15, 2017. https://www.firstthings.com/article/2012/04/against-erotic-entitlements.

Hale, Mandy. *The Single Woman: Life, Love, and a Dash of Sass*. Nashville, Tennessee: Thomas Nelson Inc, 2013.

Hall, Christopher A. "Tradition, Authority, Magisterium: Dead End or New Horizon?". In *Ancient Faith for the Church's Future*, edited by Mark Husbands and Jeffrey P. Greenman, 27–52. Downers Grove, Illinois: IVP Academic, 2008.

Hammond, Michelle McKinney. *How to be Found by the Man You've Been Looking For*. Eugene, Oregon: Harvest House Publishers, 2008.

Hansen, Collin. "Singleness is Not a Curse." *The Gospel Coalition*, January 17, 2013. Accessed March 28, 2017. https://www.thegospelcoalition.org/article/singleness-is-not-a-curse.

Harbaugh, Henry. *Heavenly Recognition*. Philadelphia: Linday & Blakiston, 1851. Harding, Linda. *Better than or Equal to? A Look at Singleness*. N.p.: Pioneer Perspectives, 1993.

Harford, Fabienne. "Sex and the Single Woman." *The Gospel Coalition*, October 16, 2014. Accessed March 28, 2017. https://www.thegospelcoalition.org/article/sex-and-the-single-woman.

Harris, Joshua. *Boy Meets Girl: Say Hello to Courtship*. Colorado Springs, Colorado: Multnomah Books, 2005.

————. *I Kissed Dating Goodbye*. Colorado Springs, Colorado: Multnomah, 2003.

————. "A Statement on *I Kissed Dating Goodbye*." Accessed September 2, 2019, https://joshharris.com/statement/.

Hart, Trevor. "Imagination for the Kingdom of God? Hope, Promise and the Transformative Power of an Imagined Future." In *God Will Be

All In All: The Eschatology of Jürgen Moltmann, edited by Richard Bauckham, 49–70. Edinburgh: T&T Clark, 1999.

Harvey, Katherine. "Episcopal Virginity in Medieval England." *Journal of the History of Sexuality* 26, no. 2 (2017): 273–293.

Hauerwas, Stanley. "Abortion, Theologically Understood." In *The Hauerwas Reader*, 603–622. London: Duke University Press, 2001.

———. *After Christendom?* Nashville, TN: Abingdom Press, 1991.

———. *Approaching the End: Eschatological Reflections on Church, Politics, and Life*. Grand Rapids, Michigan: Wm. B. Eerdmans Publishing, 2013.

———. "Commendation." In *Resurrection and Moral Order: An Outline for Evangelical Ethics*, edited by Oliver O'Donovan, Back Cover. Leicester, England: Inter- Varsity press, 1986.

———. *A Community of Character*. Notre Dame, Indiana: Notre Dame Press, 1981.

———. *Dispatches from the Front: Theological Engagements with the Secular*. London: Duke University Press, 1995.

———. *Hannah's Child: A Theologian's Memoir*. Grand Rapids, Michigan: Wm. B. Eerdmans Publishing, 2012.

———. "In Defence of "Our Respectable Culture": Trying to Make Sense of John Howard Yoder's Sexual Abuse." *ABC Religion and Ethics* (2017), October 18, 2017. Accessed March 4, 2019. https://www.abc.net.au/religion/in-defence-of-our-respectable-culture-trying-to-make-sense-of-jo/10095302.

———. "Knowing How to Go On When You Do Not Know Where You Are: A Response to J Cobb, Jr." *Theology Today* 51, no. 4 (1995): 563–569.

———, ed. *Matthew*. Edited by R.R. Reno, Robert W. Jenson, Robert Louis Wilken, Ephrain Radner, Michael Root and George Sumner, Brazos Theological Commentary on the Bible. Grand Rapids, Michigan: Brazos Press, 2006.

———. "On Being a Church Capable of Addressing a World at War." In The *Hauerwas Reader*, 426–458. London: Duke University Press, 2001.

————. "On Doctrine and Ethics." In T*he Cambridge Companion to Christian Doctrine*, edited by Colin E. Gunton. Cambridge Companions to Religion, 21–40. Cambridge: Cambridge University Press, 1997.

————. "The Past Matters Theologically: Thinking Tradition." In *Theologies of Retrieval: An Exploration and Appraisal*, edited by Darren Sarisky, 37–49. London,UK: Bloomsbury T&T Clark, 2017.

————. *The Peaceable Kingdom* London: SCM Press, 1983.

————. "The Radical Hope in the Annunciation: Why Both Single and Married Christians Welcome Children." In *The Hauerwas Reader*, edited by John Berkman and Michael Cartwright, 505–518. Durham: Duke University Press, 2001.

————. *Sanctify Them in the Truth: Holiness Exemplified. Edinburgh*: T&T Clark, 1998.

————. "Sex in public: How Adventurous Christians are Doing It." In *The Hauerwas Reader*, 481–504. London: Duke University Press, 2001.

————. "Theological Reflections on In Vitro Fertilization." In *Suffering Presence: Theological Reflections on Medicine*, the Mentally Handicapped, and the Church, 142–156. Notre Dame, Indiana: University of Notre Dame Press, 1986.

————. "The Virtues of Alasdair Macintyre." *First Things*, no. 176 (2007), October, 2007. Accessed 6 December, 2019. https://www.firstthings.com/article/2007/10/the-virtues-of-alasdair- macintyre.

————. *The Work of Theology*. Grand Rapids, Michigan: Wm. B. Eerdmans Publishing, 2015.

Hauerwas, Stanley, and Allen Verhey. "From Conduct to Character: A Guide to Sexual Adventure." *The Reformed Journal* 36, no. 11 (1986): 12–16.

Hauerwas, Stanley, and William H. Willimon. *Resident Aliens: Life in the Christian Colony*. Vol. Nashville, Abingdon Press, 1990.

Healy, Nicholas M. *Hauerwas: A (Very) Critical Introduction*. Grand Rapids, Michigan: Wm. B. Eerdmans Publishing, 2014.

Henig, Robin Marantz. "What Is It About 20-Somethings?" *The New York*

Times (2010), August 18, 2010. Accessed February 13, 2017. http:// www.nytimes.com/2010/08/22/magazine/22Adulthood-t.html.

Heshusius, Tilemann. *Explicatio Prioris Epistolae Pauli ad Corinthios. Proposita piae iuventuti in Academia Ienensi.* Jena: Typis Ernesti Gerani, 1573

Hetherington, E Mavis, and John Kelly. *For Better or for Worse: Divorce Reconsidered.* WW Norton & Company, 2003.

Hilary. *Commentary on Matthew.* Translated by D.H. Williams. The Fathers of the Church. Edited by David G. Hunter. Washington D.C.: The Catholic University of America Press, 2008.

Hill, Christopher. *Society and Puritanism in Pre-Revolutionary England.* Middlesex, England: Penguin Books Ltd., 1986.

Hill, Wesley. *Sprirtual Friendship.* Grand Rapids, Michigan: Brazos Press, 2015. Hintz, Marcy. "Choosing Celibacy: How to Stop Thinking of Singleness as a Problem." *Christianity Today* 52, no. 9 (2008): 46–49.

Hobbs, Russell Joseph. "Toward a Protestant Theology of Celibacy: Protestant Thought in Dialogue with John Paul II's 'Theology of the Body'." PhD diss., Baylor University, 2006.

Hodge, Charles. *A Commentary on the First Epistle to the Corinthians.* Geneva Series Commentary. Sixth ed. London: The Banner of Truth Trust, 1964.

Hofmann, Melissa. "Virginity and Chastity for Women in Late Antiquity, Anglo- Saxon England, and Late Medieval England: On the Continuity of Ideas." *TCNJ Journal of Student Scholarship* 9 (2007): 1–10.

Holden, Katherine. *The Shadow of Marriage: Singleness in England, 1914– 60.* Manchester: Manchester University, 2007.

Holmes, Phillip. "Single You Will Be the Married You." *Desiring God*, October 20, 2015. Accessed March 28, 2017. http://www.desiringgod. org/articles/single-you-will-be-the-married-you.

Holmes, Stephen. "On Not Handling Snakes: Late-Modern Cultural Assumptions About Sexuality." In *Marriage, Family and Relationships*, edited by Thomas A. Noble, Sarah K. Whittle and Philip S. Johnston,

256–276. London: Apollos, 2017.

———. "Sex, Death and Marriage" of *Shored Fragments*: 2015. Accessed on December 3, 2019. http://steverholmes.org.uk/blog/?p=7570.

Horrell, Sara, and Jane Humphries. "Women's Labour Force Participation and the Transition to the Male-Breadwinner Family, 1790-1865." *The Economic History Review* 48, no. 1 (1995): 89–117.

Hsu, Albert Y. *The Single Issue*. Leicester: Inter-Varsity Press, 1998.

Huber, Lynn R. "Sexually Explicit? Re-reading Revelation's 144,000 Virgins as a Response to Roman Discourses." *Journal of Men, Masculinities & Spirituality* 2, no. 1 (2008): 3–28.

Hunt, June. *Singleness: How to be Single and Satisifed*. Torrance, California: Rose Publishing, 2014.

Hunter, David G. *Marriage, Celibacy and Heresy in Ancient Christianity: The Jovinianist Controversy*. Oxford Early Christian Studies. Edited by Gillian Clark and Andrew Louth. Oxford: Oxford University Press, 2007.

Hunter, Drew. "The Beauty and Challenges of Singleness." *The Gospel Coalition*, February 9, 2016. Accessed March 28, 2017. https://www.thegospelcoalition.org/article/the-beauty-and-challenge-of- singleness.

Hunter, James Davison, and Helen V. L. Stehlin. "Family: Toward Androgyny." In *Evangelicalism: The Coming Generation*, edited by James Davidson Hunter, 76–115. Chicago, Illinois: The University of Chicago, 1987.

Husbands, Mark. "Introduction." In *Ancient Faith for the Church's Future*, edited by Mark Husbands and Jeffrey P. Greenman, 9–23. Downers Grove, Illinois: IVP Academic, 2008. Ireneaus. *Against the Heresies: Book I*. Translated by Dominic J. Unger. Ancient Christian Writers: The Works of the Fathers in Translation. Edited by Walter J. Burghardt, Thomas Comerford Lawler and John J Dillon. Vol. 1, New York, N.U.: Paulist Press, 1992.

———. *Five Books of S. Ireneaus, Bishop of Lyons, Against Heresies*. London: James Parker and Co., 1872.

Jackson, James. *Covenant Friendship: An Ex-Loner's Guide to Authentic Friendships*. N.p.: Banlican Publishing House, 2014.

Jackson, Peter. "Ælfric and the Purpose of Christian Marriage: *a Reconsideration of the Life of Æthelthryth*, Lines 120–30." *Anglo-Saxon England* 29 (2000): 235–260.

Jauss, Hans Robert. *Toward an Aesthetic of Reception: Theory and History of Literature*. Translated by Timothy Bahti. Minnesota, USA: University of Minnesota Press, 1982.

Jayakumar, Shashi. "Reform and Retribution: The 'Anti-Monastic Reaction in the Reign of Edward the Martyr'." In *Early Medieval Studies in Memory of Patrick Wormald*, edited by Stephen Baxter, Catherine Karkov, Janet L. Nelson and David Pelteret, 337–52. Burlington, VT: Ashgate, 2009.

Jenkins, Bethany. "Turning 40 While Single and Childless." *The Gospel Coalition*, October 5, 2016. Accessed March 28, 2017. https://www.thegospelcoalition.org/article/turning-40-while-single-and- childless.

Jenkins, Claude. "Origen on I Corinthians II." *The Journal of Theological Studies* os- IX, no. 35 (1908): 353–372.

———. "Origen on I Corinthians III." *The Journal of Theological Studies* os-IX, no. 36 (1908): 500–514. Jerome. "*Against Jovinianus: Book I*." Translated by W.H. Fremantle, G. Lewis and W.G. Martley. In *Jerome: Letters and Select Works*, edited by Philip Schaff and Henry Wace. Nicene and Post-Nicene Fathers: Second Series, 346–386. Massachusetts: Hendrickson Publishers, 1995.

———. "*Against Jovinianus: Book II*." Translated by W.H. Fremantle, G. Lewis and W.G. Martley. In *Jerome: Letters and Select Works*, edited by Philip Schaff and Henry Wace. Nicene and Post-Nicene Fathers: Second Series, 387–416. Massachusetts: Hendrickson Publishers, 1995.

Jett, Bethany. *The Cinderella Rule: A Young Woman's Guide to Happily*

Ever After. Grand Rapids, Michigan: Revell, 2013.

John Chrysostom. "On Virginity." Translated by Sally Rieger Shore. In *John Chrysostom: On Virginity; Against Remarriage*. Studies in Women and Religion, 1–128. New York: The Edwin Mellen Press, 1983.

John Paul II. "Christifideles Laici." Post-Synodal Apostolic Exhortation. Accessed December 18, 2019. http://www.vatican.va/content/john-paul- ii/en/apost_exhortations/documents/hf_jp-ii_exh_30121988_christifideles- laici.html.

———. "*Familiaris Consortio: The Role of the Christian Family in the Modern World*." Apostolic Exhortation. Accessed 2019, December 18. http://www.vatican.va/content/john-paul- ii/en/apost_exhortations/documents/hf_jp-ii_exh_19811122_familiaris- consortio.html.

———. "*Redemptionis Donum*." Apostolic Exhortation. Accessed December 18, 2019. http://w2.vatican.va/content/john-paul- ii/en/apost_exhortations/documents/hf_jp-ii_exh_25031984_redemptionis- donum.html.

———. *The Theology of the Body: Human Love in the Divine Plan*. Boston, Massachusetts: Pauline Books & Media, 1997.

———. "*Vita Consecrata*." Apostolic Exhortation. Accessed December 18, 2019. http://www.vatican.va/content/john-paul- ii/en/apost_exhortations/documents/hf_jp-ii_exh_25031996_vita-consecrata.html.

Johnson, Alan F. *1 Corinthians*. The IVP New Testament Commentary Series. Edited by Grant R. Osborne. Downers Grove, Illinois: Inter Varsity Press, 2004.

Johnson, Rick. *Romancing Your Better Half: Keeping Intimacy Alive in Your Marriage*. Grand Rapids, Michigan: Revell, 2015.

Johnson, Todd M, and Brian J Grim. *The World's Religions in Figures: An Introduction to International Religious Demography*. West Sussex, UK: John Wiley & Sons, Ltd., 2013.

Johnson, Todd M., Gina A. Zurlo, Albert W. Hickman, and Peter F. Crossing.

"Christianity 2017: Five Hundred Years of Protestant Christainity."
International Bulletin of Mission Research 41, no. 1 (October 2016):
1–12.

Jones, Paul Dafydd. "Review of *Eccentric Existence: A Theological Anthro-
pology.*" *Journal of the American Academy of Religion* 80, no. 3
(2012): 787–800.

Josephus, Flavius. "The Jewish War: Book II." Translated by WIlliam Whis-
ton. In The *Genuine Works of Josephus: Containing Four Books of
the Jewish War.* Bridgeport: M. Sherman, 1828.

Jussen, Bernhard. "'Virgins-Widows-Spouses': On the Language of Moral
Distinction as Applied to Women and Men in the Middle Ages." *The
History of the Family* 7 (2002): 13–32.

Kalantzis, George. "The Radical-ness of the Evangelical Faith." In *Evan-
gelicals and the Early Church: Recovery, Reform, Renewal,* edited
by George Kalantzis and Andrew Tooley, 242–252. Eugene, Oregon:
Cascade Books, 2012.

Kang, Young-an, *Modern Society Through the Lens of Theology.* Seoul:
IVP, 2018

Karssen, Gien. *Getting the Most of out Being Single.* Colorado Springs, Col-
orado: Navpress, 1982.

Kaufmann, Jean-Claude. *The Single Woman and the Fairytale Prince.* Cam-
bridge, UK: Polity Press, 2008.

Keller, Timothy. "Gospel Community, Singleness, Marriage and Fam-
ily." *Monergism,* November, 2001. Accessed March 28, 2017.
https://www.monergism.com/gospel-community-singleness-mar-
riage-and- family.

———. *The Meaning of Marriage: Facing the Complexities of Commitment
with the Wisdom of God.* London: Hodder & Stoughton Ltd, 2011.

Kelly, K.C. *Performing Virginity and Testing Chastity in the Middle Ages.*
London: Routledge, 2000.

Kelsey, David H. *Eccentric Existence: A Theological Anthropology.* 2 vols.
Louisville: Westminster John Knox Press, 2009.

————. "God and Teleology: Must God have Only One 'Eternal Purpose'?" *Neue Zeitschrift für Systematische Theologie und Religionsphilosphie* 54, no. 4 (2012): 361–376.

Kendall, Jackie. *Lady in Waiting: Becoming God's Best While Waiting for Mr. Right.* Shippensburg, PA: Destiny Image Publishers, 2005.

————. *A Man Worth Waiting for: How to Avoid a Bozo.* N.p.: FaithWords, 2008. Kenny, Katie, and Brittany Mann. "New Zealand a 'Marital Wasteland'." The Press, June 19, 2014. Accessed October 16, 2017. http://www.stuff.co.nz/the-press/news/10175961/New-Zealand-a-marital- wasteland.

Khalaf, Jad Jamal. "A Variety of Questions Christian Singles May Ask that Require Honest and/or Biblical Answers." PhD diss., Louisiana Baptist University, 2007.

Kidder, Annemarie S. *Women, Celibacy, and the Church: Toward a Theology of the Single Life.* New York, NY: Herder & Herder, 2003.

Kierkegaard, Søren, *The Sickness unto Death*, trans. Lim Chun-gap. Seoul: Chiu Publishing, 1980.

Kilgallen, John J. "The Sadducees and Resurrection from the Dead: Luke 20,27- 40." Biblica 67, no. 4 (1986): 478–495.

King, Michael Patrick. "Sex and the City." USA: Home Box Office (HBO), 1998- 2004.

Kingsley, Charles. *His Letters and Memories of His Life.* Edited by Fanny Kingsley. London: Kegan Paul, Trench & Co., 1884.

Kingston, Chelsea. "Jesus, Eunuchs and the (Almost) 30-Year-Old-Virgin." *The Gospel Coalition,* July 24, 2014. Accessed March 28, 2017. https://www.thegospelcoalition.org/article/jesus-eunuchs-and-the-almost- 30-year-old-virgin.

Knight, Mark. "*Wirkungsgeschichte*, Reception History, Reception Theory." *Journal for the Study of the New Testament* 33, no. 2 (2010): 137–146.

Ko, Sang-seop, "A Study of Lay Theology in Ok Han-heum's Ecclesiology" Master's Thesis, Chongshin University Graduate School of Theology, 2015.

Köstenberger, Andreas J. "Do You Have the Gift of Singleness? (Part 1)." *Biblical Foundations*, August 18, 2006. Accessed March 28, 2017. http://www.biblicalfoundations.org/the-gift-of-singleness.

———. "Do You Have the Gift of Singleness? (Part 2)." *Biblical Foundations*, August 25, 2006. Accessed June 27, 2017. http://www.biblicalfoundations.org/the-gift-of-singleness-part-2/.

Köstenberger, Andreas J, and David Wayne Jones. *God, Marriage, and Family*. Wheaton, Illinois: Crossway, 2004.

Kraft, William F. *Whole and Holy Sexuality: How to Find Human and Spiritual Integrity as a Sexual Person*. Eugene, Oregon: Wipf & Stock Publishers, 1989.

Kreider, Alan. "Ressourcement and Mission." *Anglican Theological Review* 96, no. 2 (2014): 239–261.

Küng, Hans, *Die katholische Kirche: Eine kurze Geschichte*. München: Siedler, 2001.

Küng, Hans, translated by Jonghan Lee, *Living Humanly*. Seoul: Bundo Publishing, 2005.

Küng, Hans, *The Church*, trans. Ray and Rosaleen Ockenden. London: Burns & Oates, 1967.

Labossiere, Stephan. *God, Where is My Boaz?* N.p.: Highly Favoured Publishing, 2013.

LaHaye, Tim. *The Battle for the Family*. N.p.: Fleming H. Revell Co, 1982. Lambert, Olivia. "Kidults are Getting Themselves into Crippling Debt." *News.com.au*, June 3, 2016. Accessed April 13, 2018. http://www.news.com.au/finance/money/budgeting/kidults-are-getting-themselves-into-crippling-debt/news-story/5ea4ae-2c5a182757a0bf39ecf0446bda.

Lane, William. *The Gospel According to Mark: The English Text with Introduction, Exposition and Notes*. London: Marshall, Morgan & Scott, 1974.

Lanser, Susan S. "The Rise of the British Nation and the Production of the

Old Maid." In *Single Women in the European Past 1250–1800*, edited by Judith M. Bennett and Amy Froide, 292–317. Philadelphia: University of Philadelphia Press, 1999.

Larsen, Frank Alexander. "From Fatherhood to Bachelorhood: An Analysis of Masculinities in the 1950s US through Forbidden Planet, Invasion of the Body Snatchers." PhD diss., University of Oslo, 2012.

Larson, Craig Brian. "The Top 25 Most Influential Preachers." *Christianity Today*, February 1, 2006. Accessed June 28, 2017. https://web.archive.org/web/20060201142833/http://www.christianitytoday.com/anniversary/features/top25preachers.html. Archived from the original: http://www.christianitytoday.com/anniversary/features/top25preachers.ht ml.

Leclercq, Jean. *The Life of Perfection: Points of View on the Essence of the Religious State*. Translated by Leonard J Doyle. Collegeville, MN: Liturgical Press, 1961.

———. "Virginity." In *Encyclopedia of the Middle Ages*, edited by André Vauchez: James Clarke & Co, 2001.

Lees, Paris. "I'm Not All That My Name Has Come to Mean." *British Vogue*, Conde Nast, 2019, 172–179; 255.

Leutwiler, Carolyn. *Singleness Redefined*. N.p.: P&R Publishing Company, 2008. Leventhal, Barry R. "Becoming Best Friends in Marriage." *Crosswalk.com*, November 6, 2003. Accessed http://www.crosswalk.com/family/marriage/becoming-best-friends-in- marriage-1190429.html.

Lewis, C.S. *The Four Loves*. New York, New York: Harcourt Books, 1988.

———. *Surprised by Joy: The Shape of My Early Life*. New York: Harcourt, Brace & World, 1966.

Littman, Robert J. *Tobit: The Book of Tobit in Codex Sinaiticus*. Septuagint Commentary Series. Leiden, The Netherlands: Brill, 2008.

Lloyd, Carrie. *Prude: Misconceptions of a Neo-Virgin*. Redding, CA: Red Arrow Media, 2016.

———. *The Virgin Monologues: Confessions of a Christian Girl in a Twen-*

ty-First Century World. Milton Keyes, UK: Authentic Media Limited, 2014.

Loader, William. *The New Testament on Sexuality*. Grand Rapids, Michigan: Wm. B. Eerdmans Publishing, 2012.

———. *Sexuality in the New Testament: Understanding the Key Texts*. London, UK: Society for Promoting Christian Knowledge, 2010.

Lockwood, Gregory J. 1 Corinthians. Saint Louis, Missouri: Concordia, 2000.

Loyn, H.R. "Monasticism." In *The Middle Ages: A Concise Encyclopedia*, edited by H.R. Loyn. London: Thames and Hudson, 1989.

Ludy, Leslie. *Sacred Singleness: The Set-Apart Girl's Guide to Purpose and Fulfillment*. Eugene, Oregon: Winston and Brooks Inc, 2009.

Luedke, Katelynn. "The Unwanted Good Gift of Singleness." *Desiring God*, November 18, 2015. Accessed March 28, 2017. http://www.desiringgod.org/articles/the-good-unwanted-gift-of-singleness.

Luhmann, Maike, Wilhelm Hofmann, Michael Eid, and Richard E. Lucas. "Subjective Well-Being and Adaptation to Life Events: A Meta-Analysis on Differences Between Cognitive and Affective Well-Being." *Journal of Personality and Social Psychology* 102, no. 3 (11/07 2012): 592–615.

Luther, Martin. "Commentary on 1 Corinthians 7." In *Luther's Works: Commentaries on 1 Corinthians 7, 1 Corinthians 15; Lectures on 1 Timothy*, edited by Hilton C. Oswald, 1–56. Saint Louis: Concordia Publishing House, 1973.

———. "Commentary on 1 Corinthians 15." Translated by Martin H. Bertram. In *Commentaries on 1 Corinthians 7, 1 Corinthians 15; Lectures on 1 Timothy*, edited by Hilton C. Oswald. Luther's Works, 57–214. Saint Louis: Concordia Publishing House, 1973.

———. "The Estate of Marriage." In *Luther's Works: The Christian in Society II*, edited by W.I. Brandt, 17–49. Philadelphia: Muhlenberg Press, 1962.

———. "Exhortation to the Knights of the Teutonic Order That They Lay Aside False Chastity and Assume the True Chastity of Wedlock."

In *Luther's Works*, edited by Helmut T. Lehmann. Philadelphia: Muhlenberg Press, 1523.

———. "The Judgment of Martin Luther on Monastic Vows." In *Luther's Works: The Christian in Society I*, edited by James Atkinson, 251–400. Philadelphia: Fortress Press, 1966.

———. "Lectures on Genesis: Chapters 1–5." Translated by George V. Schick. In *Luther's Works*, edited by Jaroslav Pelikan. Luther's Works, 74–140. Saint Louis: Concordia Publishing House, 1958.

———. "Matthew 18–24, Expounded in Sermons." Translated by Kevin G. Walker. In *Sermons on the Gospel of St. Matthew: Chapters 19–24*, edited by Benjamin T.G. Mayes. Luther's Works, 135–140. Saint Louis: Concordia Publishing House, 2014.

Luz, Ulrich. *Matthew 1–7*. Hermeneia - A Critical and Historical Commentary of the Bible. Edited by Helmut Koester. Revised Edition ed. Vol. 40, Minneapolis: Fortress Press, 2007.

———. *Matthew 8-20*. Hermeneia - A Critical and Historical Commentary of the Bible. Edited by Helmut Koester. Vol. 40, Minneapolis: Fortress Press, 2001.

———. *Matthew 21–28*. Hermeneia - A Critical and Historical Commentary of the Bible. Edited by Helmut Koester. Vol. 40, Minneapolis: Fortress Press, 1992.

MacArthur, John. *1 Corinthians: Godly Solutions for Church Problems*. Nashville, Tennessee: Thomas Nelson, 2015.

———. *Children in the Shade, Council for Biblical Manhood and Womanhood*. 2016. Conference Recording. Accessed May 4, 2017. https://cbmw.org/uncategorized/2016-cbmw-conference-media/.

Macguire, Sharon. "Bridget Jones' Diary." Miramax, 2001.

MacIntyre, Alasdair. *After Virtue: A Study in Moral Theology*. University of Notre Dame Press, 1981.

———. "The Intelligibility of Action." In *Rationality, Relativism, and the Human Sciences*, edited by Joseph Margolis, Michael Krausz and Richard M. Burian. Greater Philadelphia Philosophy Consortium

Book 1, 63–80. Dordrecht: Martinus Nijhoff Publishers, 1986.

―――. *A Short History of Ethics: A History of Moral Philosophy from the Homeric age to the 20th Century*. Great Britain: Routledge & Kegan Paul Ltd, 1967.

Macvarish, Jan. "What is 'the Problem' of Singleness?" *Sociological Research Online* 11, no. 3 (2006).

Magee, Nell. "Singleness as a Christian Life-Style, II." *Review & Expositor* 74, no. 1 (1977): 81–85.

Magennis, Hugh. ""No Sex Please, We're Anglo-Saxons"? Attitudes to Sexuality in Old English Prose and Poetry." *Leeds Studies in English* 26 (1995): 1–27.

Maken, Debbie. *Getting Serious about Getting Married: Rethinking the Gift of Singleness*. Wheaton, Illinois: Crossway Books, 2006.

Malorat, Augustin ed. *A Catholike and Ecclesiasticall Exposition of the Holy Gospell After S. Mathewe: Gathered Out of All the Singular and Aproved Deuines (Which the Lorde Hath Geven to Hys Church)*. London: Marshe, Thomas, 1570.

Manetsch, Scott M., ed. *1 Corinthians*. Edited by Timothy George Vol. IXa, Reformation Commentary on Scripture. Downers Grove, Illinois: IVP Academix, 2017.

Mann, C.S. *Mark: A New Translation with Introduction and Commentary*. The Anchor Bible. Edited by William Foxwell Albright and David Noel Freedman. New York: Doubleday & Company, Inc, 1986.

Marcus Minucius Felix. *The Octavius of Marcus Minucius Felix*. Translated by G.W. Clarke. Ancient Christian Writerts: The Works of the Fathers in Translation. Edited by Johannes Quasten, Walter J. Burghardt and Thomas Comerford Lawler. Vol. 39, New York, N.Y.: Newman Press, 1974.

Markus, Robert Austin. *The End of Ancient Christianity*. Cambridge, UK: Cambridge University Press, 1990.

Marshall, Jennifer A. *Now and Not Yet: Making Sense of Single Life in the Twenty-First Century*. Colorado Springs, Colorado: Multnomah

Books, 2007.

Martin, George. *Bringing the Gospel of Matthew to Life: Insight & Inspiration.* Opening the Scriptures. Ijamsville, Maryland: The Word Among Us Press, 2008.

Maude, Kathryn. "Female Virgins in Aelfric's Saints' Lives." Academic diss., American University of Beirut.

Maxson, J. Robin, and Garry Friesen. Singleness, *Marriage, and the Will of God: A Comprehensive Biblical Guide.* Eugene, Oregon: Harvest House Publishers, 2012.

McAleese, Aaron, Miriam Pepper, and Ruth Powell. "Comparing Church and Community: A Demographic Profile." Strathfield, Australia: NCLS Research, 2018.

McCabe, Marita P, Robert A Cummins, and Yolanda Romeo. "Relationship Status, Relationship Quality, and Health." *Journal of Family Studies* 2, no. 2 (1996): 109–120.

McCarthy, David Matzko. "Carrying on With Family." In *Unsettling Arguments: A Festschrift on the Occasion of Stanley Hauerwas's 70th Birthday,* edited by Charles R Pinches, Kelly S Johnson and Charles M Collier, 210–228. Oregon: Cascade Books, 2010.

McClanahan, Andrea Michelle. "Completely Single? Representations of Single Women through Multiple Media Narratives." PhD diss., Ohio University, 2003.

McClean, Brianna. "If Marriage is Optional, Compatibility Matters." *The Gospel Coalition* (2020), March 2, 2020. Accessed March 12, 2020. https://au.thegospelcoalition.org/article/if-marriage-is-optional-compatibility-matters/.

McClymond, Michael J. "The Last Sexual Perversion: An Argument in Defense of Celibacy." *Theology Today* 57, no. 2 (July 2000): 217–231.

McCulley, Carolyn, Jennifer Marshall, and Betsy Childs. *How to Honor and Encourage the Singles in Your Church.* The Gospel Coalition, 2014. Video. Accessed May 4, 2017. https://www.thegospelcoalition.org/article/how-to- honor-and-encourage-singles-in-our-churches.

McDannell, Colleen, and Bernhard Lang. *Heaven: A History. New Haven*, USA: Yale University Press, 1988.

McFarland, Ian A. "The Saving God." In *Sanctified by Grace: A Theology of the Christian Life*, edited by Kent Eilers and Kyle Strobel. London, UK.: Bloomsbury, 2014.

McKnight, Scot. *It Takes a Church to Baptize: What the Bible Says about Infant Baptism*. Grand Rapids, Michigan: Brazos Press, 2018.

McLaughlin, Megan. "The Bishop in the Bedroom: Witnessing Episcopal Sexuality in an Age of Reform." *Journal of the History of Sexuality* 19, no. 1 (2010): 17– 19.

McNicol, Glynnis. "The Unexpected, Exhilirating Freedom of Being Single at 41." *New York Magazine*, New York: New York Media LLC, 13 November, 2015.

McVeigh, Kate. *Single and Loving it: Living Life to the Fullest*. N.p.: Harrison House Incorporated, 2003.

Meilaender, Gilbert. "Time for Love: The Place of Marriage and Children in the Thought of Stanley Hauerwas." *Journal of Religious Ethics* 40, no. 2 (2012): 250–261. Methodius. *The Symposium: A Treatise on Chasity*. Translated by Herbert Musurillo. Ancient Christian Writers. Edited by Johannes Quasten and Joseph C. Plumpe. Vol. 27, London, U.K.: Longmans, Green and Co., 1958.

———. *The Writings of Methodius Etc.* Ante-Nicene Christian Library: Translations of the Writings of the Fathers. Edited by Alexander Roberts and James Donaldson. Edinburgh: T & T Clark, 1869.

Milan, Anne. "Marital Status: Overview 2011." Statistics Canada. Canada: Ministry of Industry. 2013. Accessed February 4, 2017. http://www. statcan.gc.ca/pub/91-209-x/2013001/article/11788-eng.pdf.

Millett, Bella. "Introduction." In *Hali Meidhad*, edited by Bella Millett, xiii–lvi. London: Oxford University Press, 1982.

Mitchell, Dan. *The Book of First Corinthians: Christianity in a Hostile Culture*. Twenty- First Century Biblical Commentary Series. Edited by Mal Couch and Ed Hindson. Chattanooga, Tennesse: AMG Publishers, 2004.

Mohler, Albert. "Looking Back at 'The Mystery of Marriage' - Part Two." *Albert Mohler*, August 20, 2004. Accessed June 28, 2017. http://www.albertmohler.com/2004/08/20/looking-back-at-the-mystery- of-marriage-part-two/.

———. "The Marks of Manhood." Boundless, October 30, 2009. Accessed May 28, 2017. http://www.boundless.org/adulthood/2009/the-marks-of-manhood.

———. *The Mystery of Marriage - Part 1*. 2004. Sermon. Accessed June 28, 2017. http://www.albertmohler.com/2004/08/01/the-mystery-of-marriage-part- 1/.

———. *The Mystery of Marriage - Part 2*. 2004. Sermon. Accessed June 28, 2017. http://www.albertmohler.com/2004/08/01/the-mystery-of-marriage-part- 2/.

———. "Recommendation." In *Getting Serious about Getting Married: Rethinking the Gift of Singleness*. Wheaton, Illinois: Crossway Books, 2006.

Molloy, Marie S. "'A Noble Class of Old Maids': Surrogate Motherhood, Sibling Support, and Self-Sufficiency in the Nineteenth-Century White, Southern Family." *Journal of Family History* 41, no. 4 (2016): 402–429.

Moloney, L., Weston, R., Qu, L., & Hayes, A. " Families, Life Events and Family Service Delivery: A Literature Review." In *Research Report No. 20*. Melbourne: Australian Institute of Family Studies., 2012.

Moltmann, Jürgen. "The Liberation of the Future and it's Anticipations in History." In *God Will Be All In All: The Eschatology of Jürgen Moltmann*, edited by Richard Bauckham, 265–289. Edinburgh: T&T Clark, 1999.

———. *Theology of Hope: On the Ground and the Implications of a Christian Eschatology*. N.p.: Fortress Press, 1993.

Moore, Jennifer A., and H. Lorraine Radtke. "Starting 'Real' Life: Women Negotiating a Successful Midlife Single Identity." *Psychology of*

Women Quarterly 39, no. 3 (September 2015): 305–319.

Moorman, Mary C. "Confronting the Household Gods: The Church's Family as the Basic Political Unit." *Wesleyan Theological Journal* 47, no. 1 (2012): 127–140.

Morgan, Teresa. "Bridget Jones's Theology: Reflections on Involuntary Singleness:." *Theology* 108, no. 841 (January 2005): 32–39.

Morison, James. *A Practical Commentary on the Gospel According to St. Matthew*. Seventh ed. London: Hodder and Stoughton, 1890.

Morris, Leon. *1 Corinthians*. Tyndale New Testament Commentaries. Edited by Leon Morris. Leicester, England: Inter-Varsity Press, 1985.

———. *The First Epistle of Paul to the Corinthians: An introduction and commentary*. Tyndale New Testament Commentaries. Edited by Leon Morris. Grand Rapids, Michigan: Wm. B. Eerdmans Publishing, 1985.

———. *The Gospel According to Matthew*. Grand Rapids, Michigan: Wm. B. Eerdmans Publishing, 1992.

Morris, Wendy L, Bella M DePaulo, Janine Hertel, and Lindsay C Taylor. "Singlism—Another Problem that has No Name: Prejudice, Stereotypes and Discrimination Against Singles." In *The Psychology of Modern Prejudice*, edited by M. A. Morrison and T. G. Morrison, 165–194. New York: Nova Science Publishers, 2008.

Morris, Wendy L., Stacey Sinclair, and Bella M. DePaulo. "No Shelter for Singles: The Perceived Legitimacy of Marital Status Discrimination." *Group Processes & Intergroup Relations* 10, no. 4 (2007): 457–470.

Morse, Greg. "The Girl You Want May Not Exist: How Pride Keeps Some Men Single." *Desiring God*, August 13, 2019. Accessed September 5, 2019. https://www.desiringgod.org/articles/the-girl-you-want-may-not-exist.

Murphy, Nancey. *Virtues and Practices in the Christian Tradition*. Harrisburg, Pennsylvania: Trinity Press International, 1997.

Musculus, Wolfgang. *In Ambas Apostoli Pauli ad Corinthios Epistolas Commentarii*. Basel: Johannes Herwagen, 1566.

Muto, Susan Annette. *Celebrating the Single Life*. Garden City, N.Y.: Doubleday, 1985.

Mysak, Charlie, Michael Fitzpatrick Lawrence Jr., and Nick Petrie. "Married at First Sight (U.S.)." A + E Networks, 2014–2019.

Nash, Damien K.H. *#CompletelySingle: Learning How to Become the Right One Before Meeting the Right One*. N.p.: TNG Publishing, LLC, 2015.

Nash, Robert Scott. *1 Corinthians*. Smyth & Helwys Bible Commentary. Edited by Scott R. Nash. Macon, Georgia: Smyth & Helwys Publishing Inc., 2009.

Newman, Barclay M., and Philip C. Stine. *A Handbook on the Gospel of Matthew*. UBS Handbook Series. New York: United Bible Societies, 1988.

Nicholson, Virginia. *Singled Out: How Two Million British Women Survived Without Men After the First World War*. New York, NY: Oxford University Press, 2008.

Nolland, John. *Luke 18:35–24:53*. Word Biblical Commentary. Edited by Ralph B. Martin. Vol. 35c, Nelson Reference & Electronic, 1993.

Nouwen, Henri J. M. "Celibacy." *Pastoral Psychology* 27, no. 2 (1978): 79–90.

Ok, Han-heum, *Awakening the Laity: Practical Principles of Discipleship Training* (Seoul: International Discipleship Training Institute, 1984.

Ok Han-heum, *The Shattered Layperson*. Seoul: International Discipleship Training Institute, 2020.

O'Donnell, Sean Douglas. *Matthew: All Authority in Heaven and on Earth*. Preaching the Word. Edited by R. Kent Hughes. Illinois: Crossway, 2013.

O'Donovan, Oliver. *Entering Into Rest: Ethics as Theology*. Vol. 3, Grand Rapids, Michigan: Wm. B. Eerdmans Publishing, 2017.

———. *Finding and Seeking: Ethics as Theology*. Vol. 2, Grand Rapids, Michigan: Wm. B. Eerdmans Publishing, 2014.

———. *Marriage and Permanence*. Grove Booklet on Ethics. Vol. 26, Bramcote, Notts: Grove Books, 1978.

————. *Resurrection and Moral Order: An Outline for Evangelical Ethics.* Second ed. Leicester, England: Inter-Varsity Press, 1986.

————. *Self, World, and Time: Ethics as Theology.* Vol. 1, Grand Rapids, Michigan: Wm. B. Eerdmans Publishing, 2013.

O'Hanlon, Gerry. "Towards a Theology of the Single Life." *The Furrow* 41, no. 5 (1990): 267–276.

Ogburn, William Fielding. *Social Change with Respect to Culture and Original Nature.* N.p.: BW Huebsch, Incorporated, 1922.

Olivera, Bernardo. "Celibacy as Love Relationship." *Cistercian Studies Quarterly* 39, no. 4 (May 2004): 421–438.

Olson, Daniel C. "'Those Who Have Not Defiled Themselves with Women': Revelation 14:4 and the Book of Enoch." *The Catholic Biblical Quarterly* 59, no. 3 (1997): 492–510.

Origen. *Homilies on Luke.* Translated by Joseph T. Lienhard. The Fathers of the Church. Edited by Thomas P. Halton. Washington, D.C.: The Catholic University of America Press, 1996.

————. *On First Principles.* Translated by G.W. Butterworth. New York: Harper & Row, Publishers, 1966.

————. "Prayer." Translated by John J. O'Meara. In *Origen: Prayer and Exhortation to Martyrdom*, edited by Johannes Quasten and Joseph C. Plumpe. Ancient Christian Writers: The Works of the Fathers in Translation, 22–64. New York, N.Y.: Newman press, 1954.

Orr, William F., and James Arthur Walther. *1 Corinthians: A New Translation.* The Anchor Bible. Edited by William Foxwell Albright and David Noel Freedman. New York: Doubleday and Company Inc., 1976.

Otten, Willemien. "Augustine on Marriage, Monasticism, and the Community of the Church." *Theological Studies* 59, no. 3 (1998): 385–405.

Pagitt, Doug. "The Emerging Church and Embodied Theology." In *Listening to the Beliefs of the Emerging Churches*, edited by Robert Webber, 117-143. Grand Rapids, Michigan: Zondervan, 2007.

Pahman, Dylan. "Losing Our Virginity: Collateral Damage of the Marriage Debate." *Ethika Politika*, July 16, 2013. Accessed November 11,

2019. https://ethikapolitika.org/2013/07/16/losing-our-virgini-ty-collateral- damage-of-the-marriage-debate.

Pate, C. Marvin. *Luke*. Moody Gospel Commentary. Chicago: Moody Press, 1995.

Paul, Ian. "Are we Sexed in Heaven? Bodily form, sex identity and the resurrection." In *Marriage, Family and Relationships: BIblical Doctrinal and Contemporary Perspectives*, edited by Thomas A. Noble, Sarah K. Whittle and Philip S. Johnston. London, England: Apollos, 2017.

Payer, Pierre J. *The Bridling of Desire: Views of Sex in the Later Middle Ages*. Toronto: University of Toronto Press Incorporated, 1993.

Penman, Robyn. "Current Approaches to Marriage and Relationship Research in the United States and Australia." *Family Matters*, no. 70 (2005): 26.

Perkins, Pheme. *First Corinthians*. Paideia Commentaries on the New Testament. Edited by Mikeal C. Parsons and Charles H. Talbert. Grand Rapids, Michigan: Baker Academic, 2012.

Pesta, Abigail. "Why I Married Myself." *Cosmpolitan*, Hearst Communications, Inc., 20 December, 2016.

Pierre, Jeremy. "Pastoring Discontented Singles." *9Marks Journal*, March 20, 2017. Accessed March 10, 2018. https://www.9marks.org/article/pastoring- discontented-singles/.

Pignotti, Monica, and Neil Abell. "The Negative Stereotyping of Single Persons Scale." *Research on Social Work Practice* 19, no. 5 (2009): 639–652.

Piper, John. *Marriage, Singleness, and the Christian Virtue of Hospitality, Desiring God*. 2007. Sermon. Accessed May 4, 2017. http://www.desiringgod.org/messages/marriage-singleness-and-the-christian-virtue-of-hospitality.

―――. "Married or Single: For Better or Worse." *Desiring God*, May 3, 2007. Accessed March 28, 2017. http://www.desiringgod.org/articles/married-or- single-for-better-or-worse.

―――. *Q&A On Singleness*. Desiring God, 2008. Podcast Audio. Accessed

May 4, 2017. http://www.desiringgod.org/messages/q-a-on-singleness.

———. *Single in Christ: A Name Better Than Sons and Daughters, Desiring God.* 2007. Sermon. Accessed May 4, 2017. http://www.desiringgod.org/messages/single-in-christ-a-name-better-than- sons-and-daughters.

———. "Why Will Some of Us Get Fewer Rewards in Heaven?" *Desiring God* (2018), April 23, 2018. Accessed November 29, 2019. https://www.desiringgod.org/interviews/why-will-some-of-us-get-fewer-rewards-in-heaven.

Plummer, Alfred. *The Gospel According to S. Luke.* The International Critical Commentary. Edited by Alfred Plummer, Samuel Rolles Driver and Charles Augustus Briggs. 4th ed. Edinburgh: T&T Clark 1901.

Powell, Ruth, Sam Sterland, and Miriam Pepper. "Demographics Paint a Picture Local Church Leaders." National Church Life Survey, 2018.

Powers, B. Ward. *First Corinthians: An Exegetical and Explanatory Commentary.* Eugene, Oregon: Wipf & Stock, 2008.

Pullinger, David. *The Eyes of the Perceiver: The Numbers and Issues of Single People in Churches.* Cambridge, United Kingdom: Deedot Press, 2015.

———. "The Numbers of Single Adults Practicing Christian Worship." Accessed May 2, 2017. http://www.singlefriendlychurch.com/downloads/yougovsccvmlowresrpt2 5jan2015-(2).pdf.

———. "Singleness in the UK Church." Single Friendly Church. Accessed May 8, 2017. http://www.singlefriendlychurch.com/what-do-single-christians-say- about-church/about-the-research.

———. "Singleness in the UK Church: Data- Survey Numbers Summarised." Single Friendly Church. Accessed May 8, 2017. http://www.singlefriendlychurch.com/downloads/data--survey-numbers-summarised.pdf.

Qu, Lixia, and Grace Soriano. "Trends: Forming Couple Relationships: Adolescents' Aspirations and Young Adults' Actualities." *Family Matters,* no. 68 (2004): 43.

Rabin, Andrew "Holy Bodies, Legal Matters: Reaction and Reform in Ælfric's Eugenia and the Ely Privilege." *Studies in Philosophy* 110, no. 2 (2013): 220–265.

Rainey, Dennis, and Barbara Rainey. "Why Romance is Important." FamilyLife Today. Accessed December 2, 2019. https://www.oneplace.com/ministries/familylife-today/read/articles/why-romance-is-important-12241.html.

Ramsey, Paul. "Human Sexuality in the History of Redemption." *Journal of Religious Ethics* 16, no. 1 (1988): 56–86.

Rankiin, Grace. "Valentine's Day for Single Christians." *Desiring God*, February 14, 2017. Accessed March 29, 2017. http://www.desiringgod.org/articles/valentine-s-day-for-single-christians.

Reaoch, Stacy. "Singleness Is Not a Problem to Be Solved." *Desiring God*, August 2, 2016. Accessed March 28, 2017. http://www.desiringgod.org/articles/singleness-is-not-a-problem-to-be- solved.

Reichenbach, Bruce R. "The Gift of Singleness." *Reformed Journal* 32, no. 3 (1982): 4–5. Relevant Magazine. "The Relevant Story." Accessed May 21, 2017. https://relevantmagazine.com/about/.

Repohl, Roger. "The Spirituality of Singleness." *America* 135, no. 17 (November 1976): 365–367.

Reynolds, Jill, and Stephanie Taylor. "Narrating Singleness: Life Stories and Deficit Identities." *Narrative Inquiry* 15, no. 2 (2005): 197–215.

Rice, Nicole R. "'Temples to Christ's Indwelling': Forms of Chastity in a Barking Abbey Manuscript." *Journal of the History of Sexuality* 19, no. 1 (2010): 115–132.

Richardson, John. *God, Sex & Marriage: Guidance from 1 Corinthians 7.* Biblical Application Series. Surrey, United Kingdom: The Good Book Company, 1998.

Roberts, Christopher. *Creation and Covenant: The Significance of Sexual Difference in the Moral Theology of Marriage.* New York, NY: Bloomsbury Publishing, 2008.

Roberts, Jonathan. "Introduction." In *The Oxford Handbook of the Reception History of the Bible*, edited by Michael Lieb, Emma Mason, Jonathan Roberts and Christopher Rowland, 1–8. Oxford, UK: Oxford University Press, 2011.

Roberts, Vaughan. *The Christian and Singleness*. 2009. Sermon. Accessed May 4, 2017. https://s3.eu-west-2.amazonaws.com/ebbesaudio/2009/2009-08-16_1000_Vaughan_Roberts_God_Sex_and_Marriage_(2009)- 1_Corinthians_7-25-40_The_Christian_and_singleness.mp3.

———. "Four Things God Says to Singles." *The Gospel Coalition*, September 2, 2014. Accessed March 28, 2017. https://www.thegospelcoalition.org/article/four-things-god-says-singles.

———. *God and Singleness*. 2006. Sermon. Accessed May 4, 2017. https://s3.eu-west-2.amazonaws.com/ebbesaudio/2006/2006-11-26_0000_Vaughan_Roberts_God_Sex_and_Marriage_(2006)-1_Corinthians_7-1-40_God_and_Singleness.mp3.

———. *Singleness*. 2014. Sermon. Accessed May 4, 2017. https://s3.eu-west-2.amazonaws.com/ebbesaudio/2014/160314_Vaughan_Roberts_The_Maker's_Instructions-_God_Sex_and_Marriage-1_Corinthians_7-25- 40_Singleness.mp3.

Robertson, Archibald Thomas, and Alfred Plummer. *A Critical and Exegetical Commentary on the First Epistle to the Corinthians*. 2nd ed. T. & T. Clark, 1914.

Ruether, Rosemary Radford. *Christianity and the Making of the Modern Family*. N.p.: Beacon Press, 2001.

Ryker, Phillip Graham. Luke. Reformed Expository Commentary. Edited by Richard D Phillips and Philip Graham Ryken. Vol. 2, Phillipsburg: P&R Publishing, 2009.

Ryle, J.C. *Matthew: Expository Thoughts on the Gospels*. The Crossway Classic Commentaries. Edited by J.I. Packer Alister McGrath. Illinois: Crossway Books, 1993.

Salem Media Group. "Crosswalk.com." Accessed May 8, 2017. http://www.

crosswalk.com/.

Salih, Sarah. *Versions of Virginity in Late Medieval England*. Cambridge, UK: D.S. Brewer, 2001.

Salih, Sarah, Anke Bernau, and Ruth Evans. "Introduction: Virginities and Virginity Studies." In *Medieval Virginities*, edited by Anke Bernau, Ruth Evans and Sarah Salih, 1–13. Toronto: University of Toronto Press, 2003.

———. *Medieval Virginities*. Edited by Anke Bernau, Ruth Evans and Sarah Salih. Toronto: University of Toronto Press, 2003.

Salisbury, Joyce E. "Fruitful in Singleness." *Journal of Medieval History* 8, no. 2 (1982): 97–106.

Salmond, S.D.F. *St. Mark: Introduction - Revised Version with Notes, Index and Map*. The Century Bible. Edited by W.F. Adeney. Edinburgh: T.C. & E.C. Jack, Ltd, 1925.

Salt, Jenny. *Singleness*. 2012. Conference Talk - Audio. Accessed May 4, 2017. http://resources.thegospelcoalition.org/library/singleness-en.

Salt, Jenny, Lydia Brownback, and Carrie Sandom. *What Does God Say About Singleness, Difficult Questions*. 2012. Video. Accessed May 4, 2017. http://resources.thegospelcoalition.org/library/what-does-god-say-about- singleness.

Sarisky, Darren. "Introduction." In *Theologies of Retrieval: An Exploration and Appraisal*, edited by Darren Sarisky, 1–5. London,UK: Bloomsbury T&T Clark, 2017.

———. "Tradition II: Thinking with Historical Texts - Reflections on Theologies of Retrieval." In *Theologies of Retrieval: An Exploration and Appraisal*, edited by Darren Sarisky, 193–209. London,UK: Bloomsbury T&T Clark, 2017.

Schaeffer, Hans. *Createdness and Ethics: The Doctrine of Creation and Theological Ethics in the Theology of Colin E. Gunton and Oswald Bayer*. Berlin: Walter de Gruyter, 2012.

Schreiner, Thomas R. "Did Paul Prefer Singleness?" *9Marks Journal*, March

20, 2017. Accessed September 6, 2018. https://www.9marks.org/ article/did- paul-prefer-singleness/.

Schulenburg, Jane Tibbetts. *Forgetful of Their Sex: Female Sanctity and Society, ca. 500–1100.* Chicago: The University of Chicago Press, 1998.

Schweitzer, Albert. *The Mysticism of Paul the Apostle.* Translated by B.D. Montgomery. London: The Johns Hopkins University Press, 1953.

Segal, Marshall. "Good News for the Not-Yet-Married." In *Designed for Joy: How the Gospel Impacts Men and Women, Identity and Practice,* edited by Jonathan Parnell and Owen Strachan, 99–109. Wheaton, Illinois: Crossway, 2015.

———. "Hope for the Unhappily Single." *Desiring God,* August 11, 2015. Accessed March 28, 2017. http://www.desiringgod.org/articles/ hope-for-the- unhappily-single.

———. "Nine Lies in the Not-Yet-Married Life." *Desiring God,* February 13, 2014. Accessed March 28, 2017. http://www.desiringgod.org/ articles/nine-lies- in-the-not-yet-married-life.

———. "Nine Prayers for the Not-Yet-Married." *Desiring God,* June 20, 2016. Accessed March 28, 2017. http://www.desiringgod.org/arti- cles/nine- prayers-for-the-not-yet-married.

———. *Not Yet Married: The Pursuit of Joy in Singleness and Dating.* Wheaton, Illinois: Crossway Books, 2017.

Selby, Matthew L. "The Relationship Between Scripture and Tradition According to the Council of Trent." M.A. diss., University of Saint Thomas, 2013.

Seyfarth, Jutta, ed. *Speculum Virginum* Vol. 5. Turnhout: Brepols, 1990.

Sharp, Elizabeth A., and Lawrence Ganong. "'I'm a Loser, I'm Not Married, Let's Just All Look at Me': Ever-Single Women's Perceptions of Their Social Environment." *Journal of Family Issues* 32, no. 7 (2011): 956–980.

Shaw, Ed. "How Can You Live Without Sex?" *The Gospel Coalition,* May 2, 2017. Accessed May 3, 2017. https://www.thegospelcoalition.org/

article/how- can-you-live-without-sex.

———. *The Plausibility Problem*. Nottingham, England: Inter-Varsity Press, 2015.

———. *Singleness*. 2010. Sermon. Accessed May 4, 2017. https://emmanu-elbristol.org.uk/sermons/singleness/.

Shaw, Teresa M. "Sex and Sexual Renunciation I." In *The Early Christian World*, edited by Philip F. Esler. London: Routledge, 2017.

Sheldrake, P. "Context and Conflicts: The Beguines." In *Spirituality and History: Questions of Interpretation and Method*, edited by P. Sheldrake, 133–149. London: SPCK, 1991.

Silver Ring Thing. "Silver Ring Thing." Accessed September 7, 2018, https://www.silverringthing.com/.

Simpson, Roona. "Book Review." Review of *The Shadow of Marriage: Singleness in England 1914-1960*, by Katherine Holden. *Feminist Review*, no. 96 (2010): 19–22.

Singal, Jesse. "The New Science of Single People." *The Cut*, August 16, 2016. Accessed September 5, 2018. https://www.thecut.com/2016/08/the-new- science-of-single-people.html.

Smalley, Erin, and Greg Smalley. *Crazy Little Thing Called Marriage: 12 Secrets For a Lifelong Romance*. Illinois: Focus on the Family, 2017.

Smit, Laura A. *Loves Me, Loves Me Not: The Ethics of Unrequited Love*. Grand Rapids, Michigan: Baker Academic, 2005.

Smith, David L. "Towards a Theology of Singleness." *Didaskalia* (Otterburne, Man.), no. 1 (1989): 34–41.

Smith, Liesl Ruth. "Virginity and the Married-Virgin Saints in Ælfric's Lives of Saints, the Translation of an Ideal." PhD diss., University of Toronto, 2000.

Snyder, Howard A., *The Left Hand of God: Essays on Discipleship and the Kingdom*. Grand Rapids: Francis Asbury Press, 1991.

Snyder, Howard A., *The Community of the King*. Downers Grove: InterVarsity Press, 1977.

Southern Baptist Convention. "The Baptist Faith and Message." Accessed

May 4, 2017. http://www.sbc.net/bfm2000/bfm2000.asp.

Sowle Cahill, Lisa. "Creation and Ethics." In *The Oxford Handbook of Theological Ethics*, edited by Gilbert Meilaender and William Werpehowski, 7–24. Oxford: Oxford University Press, 2005.

Sproul, R.C. *Matthew*. St. Andrew's Expositional Commentary. Wheaton, Illinois: Crossway, 2013.

Spurgeon, C.H. *Commentary on Matthew: The Gospel of the Kingdom*. Edinburgh: The Banner of Truth Trust, 2010.

Stagg, Frank. "Biblical Perspectives on the Single Person." *Review & Expositor* 74, no. 1 (1977): 5–19.

Stein, Robert H. *Mark*. Baker Exegetical Commentary on the New Testament. Edited by Robert W. Yarbrough and Robert H. Stein. Grand Rapids, Michigan: Baker Academic, 2008.

Steinmetz, David C. "Things Old and New: Tradition and Innovation in Constructing Reformation Theology." *Reformation & Renaissance Review* 19, no. 1 (2017).

Steward, Columba. "Monasticism." In *The Early Christian World*, edited by Philip F. Esler. London: Routledge, 2017.

Stone, Lawrence. *The Family, Sex and Marriage in England 1500–1800*. Vol. 43, Citeseer, 1979.

Strachan, Owen. "Singleness in Modern Culture." *9Marks Journal*, March 20, 2017. Accessed March 10, 2018. https://www.9marks.org/article/singleness-in- modern-culture.

Strait, Daniel Harrison. "Aelfric's Idea of 'Origin' in 'The Preface to Genesis'." M.A. diss., Florida Atlantic University, 1991.

Stross, Jean Marie. "Intentional Living: Expanding Lifestyle Options for Christian Women in the 21st Century." PhD diss., Union Institute Graduate College, 2001.

Stuart, Ben. "Love the Single Chapter of Your Life." *Desiring God*, August 5, 2014. Accessed March 28, 2017. http://www.desiringgod.org/articles/love-the- single-chapter-of-your-life.

Stylianopoulos, Theodore G. "Scripture and Tradition in the Church." In

The Cambridge Companion to Orthodox Christian Theology, edited by Mary Cunningham and Elizabeth Theokritoff, 21–34. Cambridge: Cambridge University Press, 2008.

Sunderland, Lewis W., and Henry M. Booth. *The Preacher's Complete Homiletic Commentary on the Gospel According to St. Matthew.* Grand Rapids: Baker Book House, 1980.

Swete, Henry *Commentary on Mark: The Greek Text with Introduction, Notes and Indexes.* Grand Rapids, Michigan: Kregel Publications, 1977.

Tak Young-chul, *Waiting Is Hope.* Seoul: New Wave Plus, 2017.

Taylor, Anthea, Dr. *Single Women in Popular Culture : The Limits of Postfeminism.* [in English] Basingstoke: Palgrave Macmillan, 2011.

Taylor, Charles. *Sources of the Self: The Making of the Modern Identity.* Cambridge, Massachusetts: Harvard University Press, 1989.

Taylor, Mark. *1 Corinthians.* The New American Commentary. Edited by E. Ray Clendenen. Vol. 28, Nashville, Tennessee: B&H Publishing Group, 2014.

Tertullian. *"An Exhortation to Chastity."* Translated by William P. Le Saint. In *Treatises on Marriage and Remarriage*, edited by Johannes Quasten and Joseph C. Plumpe. Ancient Christian Writers: The Works of the Fathers in Translation, 37–64. Westminster, Maryland: The Newman Press, 1951.

———. *"On Monogamy."* In *Ante-Nicene Fathers: The Writings of the Fathers Down to A.D. 325*, edited by Alexander Roberts and James Donaldson, 59–73. Massachusetts: Hendrickson Publishers, Inc, 1995.

———. *"On the Apparel of Women."* In *Ante-Nicene Fathers: The Writings of the Fathers Down to A.D. 325*, edited by Alexander Roberts and James Donaldson, 14–26. Massachusetts: Hendrickson Publishers, Inc, 1995.

———. *"To His Wife."* In *Ante-Nicene Fathers: The Writings of the Fathers Down to A.D. 325*, edited by Alexander Roberts and James Donaldson, 39–49. Massachusetts: Hendrickson Publishers, Inc, 1995.

———. *Treatises on Marriage and Remarriage.* Ancient Christian Writers: The Works of the Fathers in Translation. Edited by Johannes Quasten and Joseph C. Plumpe. Vol. 13, Westminster, Maryland: The Newman Press, 1951.

The Pew Research Center. "Marital Status by Religious Group." Accessed April 26, 2016, http://www.pewforum.org/religious-landscape-study/marital- status.

———. "Share of Married Adults Varies Widely Across U.S. Religious Groups." Pew Research Center, 2018.

Thielman, Frank. "How Did Paul Pastor Singles?" *9Marks Journal*, March 10, 2017. Accessed April 22, 2018. https://www.9marks.org/article/how-did-paul- pastor-singles/.

Thiselton, Anthony C. *The First Epistle to the Corinthians.* Grand Rapids, Michigan: WIlliam B. Eerdmans Publishing Company, 2000.

———. *The First Epistle to the Corinthians: A Commentary on the Greek Text.* The New International Greek Commentary. Edited by I. Howard Marshall and Donald A. Hagner. Vol. 7, Grand Rapids, Michigan: Wm. B. Eerdmans Publishing, 2000.

———. *Thiselton on Hermeneutics: The Collected Works and New Essays of Anthony Thiselton.* Aldershot: Ashgate, 2007.

Thomas, Gary. *Sacred Marriage: What If God Designed Marriage to Make Us Holy More Than to Make Us Happy?* Grand Rapids, Michigan: Zondervan, 2002.

Thompson, John. "Celibacy: The Forgotten Gift." Touchstone 3, no. 1 (1989): 11. Trail, Ronald L. *An Exegetical Summary of 1 Corinthians 1–9.* Dallas, Texas: SIL International, 2008.

Traister, Rebecca. *All the Single Ladies: Unmarried Women and the Rise of an Independent Nation.* New York, NY: Simon and Schuster, 2016.

———. "The Single American Woman." *The Cut*, February 21, 2016. Accessed May 6, 2017. http://nymag.com/thecut/2016/02/political-power-single- women-c-v-r.html.

Trapp, John. *A Commentary or Exposition Upon All the Books of the New Testament.* London: Elkins, 1656.

Trevenna, Andrea. *The Heart of Singleness: How to be Single and Satisified.* United Kingdom: Good Book Company, 2013.

Trick, Bradley R. "Death, Covenants, and the Proof of Resurrection in Mark 12:18–27." *Novum Testamentum* 49, no. 3 (2007): 232–256.

Trimberger, E Kay. *The New Single Woman.* Boston, MA: Beacon Press, 2005.

Tucker, J. Brian. *Remain in Your Calling: Paul and the Continuation of Social Identities in 1 Corinthians.* Eugene, Oregon: Pickwick Publications, 2011.

Turner, David L. *The Gospel of Matthew.* Cornerstone Biblical Commentary. Edited by Philip W. Comfort. Illinois: Tyndale House Publishers, 2005.

Turner, Victor. *The Ritual Process: Structure and Anti-Structure* Piscatawy, NJ: Transaction Press, 1995.

———. *The Ritual Process: Structure and Anti-Structure.* Piscatawy, New Jersey: Transaction Press, 1996.

Tushnet, Eve. "Beyond Religious Life and Marriage: A Look at Friendship as Vocation." *America: The Jesuit Review,* no. August 13, January 24, 2017. Accessed April 18, 2018. http://www.americamagazine.org/faith/2017/01/24/beyond-religious-life-   and-marriage-look-friendship-vocation.

———. *Gay and Catholic: Accepting My Sexuality, Finding Community, Living My Faith.* Notre Dame, Indiana: Ava Maria Press, 2014.

U.S. Census Bureau. "Table H1: Households by Type and Tenure of Householder for Selected Characteristics: 2016 ": Current Population Survey, 2016 Annual Social and Economic Supplement, 2016.

Unaltered Ministries. "What is Unaltered?". Accessed September 7, 2019, https://www.unaltered.org/whatisunaltered.

United Nations. "World Fertility Report 2009." Population Division Department of Economic and Social Affairs. United Nations Publication.

2011.

Upchurch, Robert K. *Ælfric's Lives of the Virgin Spouses, with Modern English Parallel- Text Translations*. Exeter: University of Exeter Press, 2007.

———. "For Pastoral Care and Political Gain: Ælfric of Eynsham's Preaching on Marital Celibacy." *Traditio* 59 (2004): 39–78.

———. "The Hagiography of Chaste Marriage in Ælfric's Lives of Saints." PhD diss., The City University of New York, 2001.

Ursy, Jason. "Comments on Desiring God's Facebook post, 'We Live and Date in a Society of Now'." Facebook. Accessed June 28, 2017. https:// www.facebook.com/DesiringGod/posts/10156082518954240?com ment_id=10156083514674240&comment_tracking=%7B%22t- n%22%3A%2 2R9%22%7D.

Vantassel, S. "Celibacy: The Forgotten Gift of the Holy Spirit." *The Journal of Biblical Counselling* 12, no. 3 (1994): 20–23.

Van Vlastuin, Willem. "Between Tradition and Renewal: Some Considerations about the Use of Tradition in Reformed Theology." *In die Skriflig/In Luce Verbi* 47, no. 1 (2013): 1–8.

Varnell, Bradley. "It Is Good: Theological Reflections on Celibacy and Sexual Life." Hons diss., Baylor University, 2016.

Vasconcellos, Joann Maria. "Befriending Ambivalence: Single Women Constructing Identity." PhD diss., Boston College, 1999.

Vauchez, Andre. "Between Virginity and Spiritual Espousals: Models of Feminine Sainthood in the Christian West in the Middle Ages." *The Medieval History Journal* 2, no. 2 (1999): 349–359.

Veith, Gene Edward, and Patrick Henry College. "Vocation: The Theology of the Christian Life." *Journal of Markets & Morality* 14, no. 1 (2011): 119–131.

Virden, Holly, and Michelle McKinney Hammond. *If Singleness Is a Gift, What's the Return Policy?* Nashville, TN: Thomas Nelson Inc, 2003.

Wagner, C. Peter. *Your Spiritual Gifts Can Help Your Church Grow*. Bloomington, Minnesota: Chosen Books, 2012.

Waite, Linda, and Maggie Gallagher. *The Case for Marriage: Why Married People are Happier, Healthier and Better Off Financially*. New York, NY: Broadway Books, 2002.

Waldron, Brooke. "Singleness with Purpose." *The Gospel Coalition*, November 17, 2010. Accessed March 28, 2017. https://www.thegospelcoalition.org/article/singleness-with-purpose.

Ward, Donna. *She I Dare Not Name: A Spinster's Meditations on Life*. Crows Nest, Australia: Allen & Unwin, 2020.

Warner, Marina. *Alone of All Her Sex: The Myth and The Cult of the Virgin Mary*. London: Weidenfield and Nicolson, 1976.

Waters, Brent. *The Family in Christian Social and Political Thought*. Oxford University Press on Demand, 2007.

Watson, Amy. "Religious Books Sales Revenue in the United States in 2017 and 2018." *Statista* (2019), October 30, 2019. Accessed February 20, 2020. https://www.statista.com/statistics/251467/religious-books-sales-revenue- in-the-us/.

Watters, Candice. *Get Married: What Women Can do to Help it Happen*. Chicago, IL: Moody Publishers, 2008.

Webber, Robert E. *Common Roots: The Original Call to an Ancient-Future Faith*. Grand Rapids, Michigan: Zondervan, 2009.

Webster, John. "Ressourcement Theology and Protestantism." In *Ressourcement: A Movement for Renewal in Twentieth-Century Catholic Theology*, edited by Gabriel Flynn and Paul D. Murray.Oxford Scholarship Online, 2012. https://www.oxfordscholarship.com/view/10.1093/acprof:oso/978019955   2870.001.0001/acprof-9780199552870-chapter-31.

——. "Theologies of Retrieval." In *The Oxford Handbook of Systematic Theology*, 583–599. Oxford, UK: Oxford University Press, 2007.

Weedon, Chris. *Feminist Practice & Poststructuralist Theory*. 2nd ed. N.p.: Wiley- Blackwell, 1996.

Wehr, Kathryn. "Virginity, Singleness and Celibacy: Late Fourth-Century and Recent Evangelical Visions of Unmarried Christians." *Theology*

& Sexuality 17, no. 1 (2011): 75–99.

Wellum, Stephen J. "Can a Single Person Fully Image God?" *9Marks Journal* (2017), March 20, 2017. Accessed May 11, 2018. https://www.9marks.org/article/can-a-single-person-fully-image-god/.

Wemple, Suzanne Fonay. "Women's Religious Orders." In *Dictionary of the Middle Ages*, edited by Jospeh Strayer, 682–689. New York, NY: Charles Scribner's Sons, 1989.

Werpehowski, William. *American Protestant Ethics and the Legacy of H. Richard Niebuhr*. Washington, D.C.: Georgetown University Press, 2002.

West, Christopher. *Theology of the Body Explained: A Commentary on John Paul II's" gospel of the Body"*. Leominster, UK: Gracewing Publishing, 2003.

Wharton, Kate. *Single-Minded: Being Single, Whole and Living Life to the Full*. Oxford, England: Monarch Books, 2013.

Wheeler, Sondra. "Christians and Family." In *The Oxford Handbook of Theological Ethics*, edited by Gilbert Meilaender and William Werpehowski, 343–359. Oxford: Oxford University Press, 2005.

Whittle, Sarah K. "'Let Even Those Who Have Wives Be As Though They Had None': 1 Corinthians 7:29 and the Challenge of the 'Apocalyptic' Paul." In *Marriage, Family and Relationships*, edited by Thomas A. Noble, Sarah K. Whittle and Philip S. Johnston, 86–100. London: Apollos, 2017.

Wilkinson, Eleanor. "Single People's Geographies of Home: Intimacy and Friendship beyond 'the Family." *Environment and Planning A* 46, no. 10 (October 2014): 2452–2468.

Williams, Charles. *Outlines of Romantic Theology*. Berkeley, CA: Apocryphile Press, 2005.

Williams, D.H. "Similis et Dissimilis: Gauging our Expectations of the Early Fathers." In *Ancient Faith for the Church's Future*, edited by Mark Husbands and Jeffrey P. Greenman, 69–89. Downers Grove, Illinois: IVP Academic, 2008.

Williams, Daniel Day. *The Spirit and Forms of Love*. New York: Harper and Row, 1968.

Williams, Rowan. *Why Study the Past? The Quest for the Historical Church*. Sarum Theological Lectures. London, UK: Darton, Longman and Todd Ltd, 2005.

Wilson, Douglas. "Seven Reasons Young Men Should Marry Before Their 23rd Birthday." Blog & Mablog, April 11, 2016. Accessed December 2, 2019. https://dougwils.com/s7-engaging-the-culture/7-reasons-young-men-marry- 23rd-birthday.html.

Wilson, P. Bunny. *Your Knight in Shining Armor: Discovering Your Lifelong Love*. N.p.: Harvest House Publishers, 2006.

Wilson, Philip B. *Being Single in the Church Today : Insights From History and Personal Stories*. Harrisburg, PA.: Morehouse Publishing, 2005.

Winner, Lauren F. *Real Sex: The Naked Truth about Chastity*. Grand Rapids, Michigan: Brazos Press, 2005.

Winter, Bruce W. "Secular and Christian Responses to Corinthian Famines." *Tyndale Bulletin* 40, no. 1 (1989): 86–106.

Witherington III, Ben. *The Gospel of Mark: A Socio-Rhetorical Commentary*. Grand Rapids Michigan: Wm. B. Eerdmans Publishing, 2001.

———. *Jesus, Paul and the End of the World*. Downers Grove, Illinois: InterVarsity Press, 1992.

———. *Women in the Ministry of Jesus: a Study of Jesus' Attitudes to Women and their Roles as Reflected in his Earthly Life*. Society for New Testament Studies: Monograph Series. Edited by R. MdL Wilson. Vol. 51, Cambridge: Cambridge University Press, 1987.

Wittig, Joseph. "Review of Bugge, 'Virginitas'." Speculum 52 (1977): 938–41. Wogan-Browne, Jocelyn. *Saints' Lives and Women's Literary Culture c.1150–1300: Virginity and its Authorizations*. Oxford: Oxford University Press, 2001.

———. "Virginity Now and Then: A Response to *Medieval Virginities*." In Medieval Virginities, edited by Anke Bernau, Ruth Evans and Sarah Salih, 234–253. Toronto: University of Toronto Press, 2003.

Wright, Nicholas Thomas. *The Resurrection of the Son of God.* Vol. 3, London: SPCK, 2003.

Yerkes, David. "Aelfric." In *Dictionary of the Middle Ages*, edited by Jospeh Strayer, 61–62. New York, NY: Charles Scribner's Sons, 1989.

Yoder, John Howard. *The Original Revolution: Essays on Christian Pacifism.* Scottdale, PA: Herald, 2003.

———. "Peace Without Eschatology?". In *The Royal Priesthood: Essays Ecclesiological and Ecumenical*, edited by Michael G. Cartwright, 143–167. Scottdale, Pennsylvania: Herald Press, 1998.

———. *Singleness in Ethical and Pastoral Perspective.* N.p.: Associated Mennonite Biblical Seminaries, 1974.

Yoo, Seunghyun, Seoul National University, *Health and Social Research*, Vol.45, No.2.

Youkhehaz, Dominique. "Self-Marriage Ceremonies." Accessed 9 February 2017, http://www.selfmarriageceremonies.com/.

Zahl, Simeon. "Tradition and its 'Use': the Ethics of Theological Retrieval." Scottish Journal of Theology 71, no. 3 (2018): 308–323.

Zwingli, Huldrych. *Annotatiunculae per Leonem, ex ore Zwinglij in utranue Pauli ad Corinthos Epistolam publice exponentis conceptae.* Zurich: Christoph Froschauer, 1528.